AUFBRUCH IN DIE URBANITÄT
Theologische Reflexion kirchlichen Handelns in der Stadt

QUAESTIONES DISPUTATAE

Begründet von
KARL RAHNER UND HEINRICH SCHLIER

Herausgegeben von
PETER HÜNERMANN UND THOMAS SÖDING

QD 252

AUFBRUCH IN DIE URBANITÄT
Theologische Reflexion kirchlichen Handelns in der Stadt

Internationaler Marken- und Titelschutz: Editiones Herder, Basel

AUFBRUCH IN DIE URBANITÄT

Theologische Reflexion kirchlichen Handelns in der Stadt

Herausgegeben von
Michael Sievernich und Knut Wenzel
unter konzeptioneller Mitarbeit von Ottmar John

FREIBURG · BASEL · WIEN

MIX
Papier aus verantwor-
tungsvollen Quellen
FSC® C106847

© Verlag Herder GmbH, Freiburg im Breisgau 2013
Alle Rechte vorbehalten
www.herder.de
Umschlaggestaltung: Verlag Herder
Satz: Barbara Herrmann, Freiburg
Herstellung: fgb · freiburger graphische betriebe
www.fgb.de
Printed in Germany
ISBN 978-3-451-02252-4

Inhalt

Einleitung – Die Stadt als Versprechen 7
Michael Sievernich und Knut Wenzel

Christsein an den Crossroads der Städte
Zwischen Nicht-Orten und neuen Räumen der Gnade,
von Passagen, Schwellen und Rasthäusern 27
Margit Eckholt

Stadterkundung – Zur Pastoral des Urbanen 66
Martin Wichmann

Soziosemiotik und Diakonie in den lateinamerikanischen
Großstädten 119
Federico Altbach

Der urbane Raum als Ort des Christentums 166
Michael Sievernich S.J.

Aufgebrochen durch Urbanität
Transformationen der Pastoralmacht 215
Rainer Bucher, Graz

Die Stadt als Ort der Warenzirkulation
Über eine vernachlässigte Bedingung des Handelns der Kirche 251
Ottmar John

Gott in der Stadt
Zu einer Theologie der Säkularität 330
Knut Wenzel

Nachwort: „Wohnt Gott in der Stadt?" 390
Michael Sievernich und Knut Wenzel

Autoren und Herausgeber 408

Einleitung
Die Stadt als Versprechen

Michael Sievernich und Knut Wenzel

„Als Gott die Stadt verließ, da war es nicht sein Ernst"[1] – so spricht ein Trinker in einem Stadtroman, ansonsten ein hübsches Nichts aus Worten, das hier aber in der verdrehten Perspektive des Protagonisten eine Wahrheit festhält: nur dass Gott im Ernst die Stadt eben nicht verlassen hat. Was hätte ihn auch dazu veranlassen sollen? Selbst an Babel hat ihn ja nicht das Städtische gestört, sondern der dort offensichtlich grassierende Zwang zur Homogenität und Eindeutigkeit der Lebensweisen; Zerstreuung und Vielsprachigkeit sind dann Wiederherstellung der Schöpfungsordnung und nicht Strafe.[2] Und sie sind Verwirklichung von Urbanität und nicht deren Antithese.

In einer wilden, amtlich nicht beglaubigten Topo-Chronologie ließe sich womöglich ein Projekt Gottes mit „der Stadt" behaupten: von Babylon über Ninive, Jerusalem/Zion und Rom bis hin zur „Stadt der Engel"; und sei es auch nur, dass die Menschen eine solche Hauptkammlinie ihrer Stadtgeschichte mit dem Interesse und der Initiative Gottes verbinden. Nie hat Gott die Stadt verlassen; er hat sie – jenseits der Grenzen des Paradiesgartens, in dem er sich erging – vielmehr aufgesucht. Jener Gott aber, der zur Mittagszeit die Fluren und Haine durchstreift, ist Pan. Und auch könnte das realgeschichtliche Gegenstück zu Gottes Garten Eden ein innerstädtischer Garten gewesen sein, als welcher er nämlich umhegt und geschützt wäre.

Eine Stadt kann um eine Tempelanlage sich bilden, ist deswegen aber kein Heiligtum. Sie kann um eine Burg, ein Schloss sich lagern, ist aber kein *court*. Sie kann aus einer Garnison entstehen, ist aber kein Lager. Sie kann an einer Brücke sich niederlassen, ist aber keine

---

[1] Martin Mosebach, *Der Mond und das Mädchen*, München 2010, 166.
[2] Vgl. Christoph Uehlinger, *Weltreich und „eine Rede". Eine neue Deutung der sogenannten Turmbauerzählung (Gen 11,1–9)*, Freiburg (CH)/Göttingen 1990 (= OBO 101),

Zollstation. Auch kann sie einem Industriekomplex zugeplant werden, und ist doch mehr als eine Schlafbarackensiedlung.[3] Die Stadt ist stets mehr als ihre Genealogie. Sie mag aus funktionalen Zusammenhängen entstanden sein; als Stadt hat sie aus ihnen sich gelöst und ist in diesem „Je mehr" etwas qualitativ anderes. Was sie in ihrer Bedeutung unreduzierbar auf ihre Entstehungsgeschichte sein lässt – was ihr eine davon abgezogene, absolute Bedeutung gibt –, lässt die Stadt Projekt Gottes sein.

Und wenn dies andererseits bedeutete, dass keine Stadt bisher als „Stadt" entstanden ist, dass es also keine rein städtische Genealogie der Stadt gibt? Dann folgte daraus eben, dass „die Stadt" auch in ihrem normativen oder ideellen Wert an die Bedeutungsstruktur des *Zwecks* gebunden ist: Die Stadt ist auch Instrument und nicht bloß Schicksal; und dies wiederum erhält eine theologische Resonanz in ihrer Beanspruchung als „Projekt Gottes".

Los Angeles, die Stadt der Engel, gilt als paradigmatischer Umschlag einer antik-abendländischen Stadtgeschichte in die gegenwärtige Epoche der Megalopolen. Diese werden uns vor Augen geführt vor allem als ungeheure Gebilde: das schiere Quantum ihrer Ausdehnung, ihrer Einwohnerzahl (die stets als nicht bestimmbar markiert wird), ihrer komplex ineinander geschichteten Strukturen, ihrer Reproduktionsfrequenz – all dies zur ikonisch verdichteten Darstellung gebracht im Bild der endlos identisch in die Fläche reproduzierten Einfamilienhausraster einer Stadt wie Phoenix, Arizona, oder der räumlich hochverdichteten Wohnhochhausquartiere chinesischer Städte, oder der unüberschaubar fraktalen Topographien lateinamerikanischer Favelas, oder der alle politischen, sprachlichen, kulturellen Grenzen unabsehbar überschreitenden Stadtrhizome europäischer Agglomerationen: Mit all diesen Versinnbildlichungen der Megalopolis wird uns die *Stadt als Naturereignis* zu verstehen gegeben. Als würde die Stadt sich zutragen, und zufälligerweise seien auch Menschen anwesend.

Um die Stadt als Naturereignis wahrnehmen zu können, bedarf es einer Haltung passiver Distanz. Das *désinvolture* solcher Haltung er-

---

[3] Als literarische Verarbeitung des Ringens ums Städtische einer solchen geplanten Industriestadt (deren Vorbild Eisenhüttenstadt als stalinistische Idealstadt deutscher Provenienz ist) lässt sich Brigitte Reimanns Roman *Franziska Linkerhand* (Berlin 1974) lesen.

laubt es auch noch, ihr das Moment des Genusses einzutragen.[4] Als Schauspiel lässt das Naturereignis Stadt sich genießen.[5] Die in solcher Ästhetisierung enthaltene Komplexitätsreduktion ist als Reaktion auf das Phänomen Stadt verständlich. Jenen aber, die von ihm betroffen sind – die in der Stadt leben –, ist eine solche Haltung genießerischer Distanz nicht erschwinglich (es sei denn, sie verfügen über die materiellen Mittel, sich inmitten ihres Involviertseins den Schein des *désinvolture* zu erkaufen); sie sind nicht Zuschauer, sondern Handelnde. Wovon sie schlechterdings sich nicht dispensieren können. Für sie ist die Stadt nicht Ereignis oder Schauspiel, sondern Handlungsort und -raum. Und als solcher hat die Stadt eine *normative Signatur*. Denn in den Handlungen geht es am Ende um gelingendes oder scheiterndes Leben. In ihren Handlungen bringen Menschen sich selbst zum Ausdruck. In den Spuren, die ihre Handlungen hinterlassen, legen sie Zeugnis ab von ihren Sehnsüchten und Ängsten. Das Naturähnliche der Stadt besteht nun darin, dass sie in ihrer Stofflichkeit durch einen Prozess der Ablagerungen entstanden ist und ununterbrochen entsteht, wie ein Korallenriff. Nur dass im Fall der Stadt die Sedimente menschlicher Handlungen den Stoff der Ablagerungen bilden: Stadt der Sehnsucht, Stadt der Angst. Und wie beim Riff, ist auch im Fall der Stadt der „Stoff",

---

[4] Begriff und Haltung des *désinvolture* hat insbesondere Ernst Jünger kultiviert; vgl. Karl Heinz Bohrer, *Die Ästhetik des Schreckens. Die pessimistische Romantik und Ernst Jüngers Frühwerk* (1978), 1983, 423ff.

[5] So beispielsweise im Blick aus dem obersten Geschoß eines Hotels auf das etwa zweihundert Meter unterhalb liegende spätnächtliche Tokio: „Nachts von oben betrachtet, scheint die Erde zuweilen etwas von ihrer ursprünglichen Natur wiederzufinden, stärker im Einklang zu stehen mit dem wilden Zustand des uranfänglichen Weltalls, ähnlich den unbewohnten Planeten, den in der Grenzenlosigkeit der kosmischen Räume verlorenen Kometen und Sternen, und dieses Bild vermittelte jetzt Tokio hinter der Glasfront des Schwimmbads, das einer im Herzen des Weltalls eingeschlafenen Stadt, übersät mit rätselhaften Lichtern … Ich betrachtete hinter der Glasfront die riesige Ausdehnung der Stadt, und mir war, als hätte ich die Erde selbst vor meinen Augen, in ihrer konvexen Krümmung und zeitlosen Nacktheit, als entdeckte ich vom Weltraum aus dieses in Nebel getauchte Relief, und flüchtig wurde mir da mein Dasein auf der Erdoberfläche bewußt, ein flüchtiger und intuitiver Eindruck, der in dem süßlich-faden metaphysischen Schwindel, in dem ich taumelte, mir konkret zur Darstellung brachte, daß ich mich in diesem Augenblick irgendwo im Weltall befand." Jean-Philippe Toussaint, *Sich lieben*, Frankfurt 2003, 39f.

aus dem sie errichtet ist, abgestorbene Ablagerung – und zugleich Leben ermöglichende Struktur.

Die nähere Analogie für eine solche Doppelstruktur aus Ablagerung und Lebendigkeit ist freilich die Sprache: der Stoff der Sprache, mittels dessen Menschen in jeder ihrer Gegenwarten sich ausdrücken, sich verständigen, etwas mitteilen, besteht aus den Äußerungen von unzähligen Menschen, die zuvor sich artikuliert haben. In jeder gegenwärtigen Äußerung spricht ein unabsehbarer, stummer Chor aus der Vergangenheit mit. Die Memoria ist der Sprache in die Struktur eingelassen. Und ebenso die Stadt: Nahe liegt ihre metaphorische Chiffrierung als *Text*. Dessen anamnetische Tiefendimension hat im Fall der Stadt Stein und Erde gewordene Anschaulichkeit gewonnen. Sich durch eine Stadt bewegen heißt, sich durch einen ausdrücklich gewordenen Erinnerungsraum bewegen. Dafür muss die Stadt kein hohes Alter haben. Eine wild oder geplant jetzt gerade entstehende Stadt ist ja schon Ausdruck von Interessen, Intentionen, Wünschen. Im Moment ihres Entstehens (dem niemand beiwohnt, der bloß im Nachhinein datiert oder konstruiert werden kann), beginnt sie bereits, ihre Geschichte auszubilden. Diese wird der Echoraum all der in die Stadtentstehung eingehenden Projekte, Sehnsüchte, Handlungsmotive sein; weswegen die Stadt ununterbrochen neu entsteht – so, wie mit jedem subjektiven Akt ein neuer Anfang in eine Welt der Kausalitäten gesetzt wird. Weil aber diese Neuaufbrüche nicht spurlos verhallen, sondern in der Stadt als dem Erinnerungsraum menschlicher Handlungen sich ablagern, ist eben der Stadt auch das Geschick der Sehnsüchte ablesbar.

Diese Lektüre entdeckt die Stadt als einen Text mit ungesicherter Bedeutung: Wo sonst sind die Menschen so schutzlos wie in ihren Sehnsüchten, deren letztes Objekt die Lebendigkeit selbst ist? – Sie können sich ihnen doch nur überlassen, ohne Vorbehalt und Rückversicherung. In ihren Steinen und Straßen erzählt die Stadt auch von der Verdinglichung, der Deformation und der Ausbeutung der Sehnsüchte, und davon, wie die Proklamationen ihrer Erfüllung von der Relativierungsgewalt des fortlaufenden Geschichtsprozesses zermalmt werden und wie sie überhaupt dem Verdacht der Täuschung (der bloß vermeintlichen Erfüllung) von Anfang an nicht entgehen konnten. Was die Stadt von den Sehnsüchten der Menschen erzählt, ist also eine Geschichte der Unerfülltheit, die Geschichte einer unab-

Einleitung

geschlossenen Vergangenheit, die Zukunft beansprucht: deswegen die Ungesichertheit des Texts der Stadt.

Die Stadt, nicht diese oder jene bestimmte Stadt, sondern „die Stadt" in einem emphatischen Sinn, ist darin aber Projekt – oder, wenn dies Wort zu sehr nach Neusprech einer zeitgenössischen Wissenschafts-Unkultur klingt: Versprechen. Ein Versprechen jedoch, das, wenn nicht historisch „von Anfang an", so doch prinzipiell (und in diesem Sinn von Anfang an) Kredit auf seine Erfüllung gezogen hat. Dass Menschen aus ökonomischer oder politischer Not – aus Überlebensnot – Städte aufsuchen, tut dem Versprechenscharakter der Stadt keinen Abbruch. Als „Arrival City"[6] gibt die Stadt dem Versprechen, das sie ist, konkrete Gestalt. Beinhaltet der *Wille zu überleben* nicht unmittelbar den legitimen *Anspruch auf ein Leben in Fülle*? Das Versprechen der Stadt gilt gerade den eben erst aus Überlebensnot Ankommenden. Haben doch die Honoratioren in der Ehre, deren Anrecht sich ersessen zu haben sie vermeinen, ihren Lohn schon erhalten.

Die Deutungskategorie der *Arrival City* lässt den Versprechenscharakter gerade dort wahrnehmen, wo die bourgeoise Perspektive Urbanes nicht im Ansatz erkennen will: Die *Slums*, *Favelas*, *Shanty Towns* sind dann nicht Zonen der Verelendung, sondern vitale Transitstädte für jene, die Stadtbürger im Vollsinn werden wollen, *Citoyens*. Die Bedeutung der *Arrival Cities* erfüllt sich für jene, die sie wieder verlassen auf ihrem Weg ins Zentrum.

Damit ist kein exklusiver Zugang zu wahrer Urbanität behauptet; jedoch erschließt über die *Arrival City* sich der Versprechenscharakter der Stadt besonders prägnant: Offensichtlich versprechen Menschen von der Stadt sich den Zugang zu den materiellen Möglichkeitsbedingungen eines besseren, ja eines guten Lebens; aber nicht nur das: Sie versprechen sich auch von der komplexen Struktur dieses Lebensgebildes Stadt, die hinreichend bestimmt ist, um sich orientieren zu können, aber in einem Maß offen, das eine selbstbestimmte Orientierung ermöglicht, dass sie ihren eigenen, den ihnen gemäßen Platz und ihre eigene, die ihnen gemäße Gestalt ihres Lebens finden. Das Versprechen der Stadt ist ein emanzipatorisches; es umfasst den integralen Bogen von den materiellen Lebens-

---

[6] Vgl. Doug Saunders, *Arrival City*, München 2011.

grundlagen bis hin zu einem selbstbestimmten Leben. Nicht dass irgendeine Stadt dies je faktisch erfüllt hätte. Doch scheint „die Stadt" ein hinreichendes Maß an Indizien aufzuweisen, um ihr zuzutrauen, Instrument und Laboratorium der Arbeit an einer emanzipatorischen Humanisierung unserer Lebensverhältnisse zu sein. – Wäre dem Gott, der, von Moses zu Jesus, die Sache der Menschen zu seiner Sache gemacht hat, zuzutrauen, dass er im Ernst von der Stadt als dem Menschheitsprojekt zur Humanisierung dieser Welt sich abwenden könnte?[7] In Babel hat er der Menschen Projekt ernster genommen als diese selbst. Gottes Zorn ist stets Ausdruck seiner Liebe; nur dass er im Zorn die Menschen ernster nimmt als diese sich selbst, dass er ihre Wahrheit hochhält, während sie in Unwahrheit zu versinken drohen.

Und es ist doch etwas Babylonisches (oder Ägyptisches) um die Städte. Auch die *Arrival Cities* sind schließlich Slums. Die bewunderungswürdige Lebenskreativität der dort lebenden Menschen muss sich gegen Armut, Krankheit, Enge, fehlende Infrastruktur, fehlende Rechtssicherheit, fehlende Bildungsstrukturen, Kriminalität, Geschlechtergewalt, Bandengewalt, Drogengewalt … erst einmal behaupten und durchsetzen, um überhaupt einen Stand zu erreichen, auf dem sie sich entfalten könnte. Und die Slums – einschließlich ihrer näher liegenden europäischen Äquivalente der *Banlieues*, der Vorstädte, existent in jeder Stadt, nur vielleicht nicht so präsent, in ihrer Unsichtbarkeit aber umso stigmatisierender – gibt es nicht ohne ihre Pendants, die Quartiere saturierten Besitztums, des entgrenzten Konsums und des entfesselten Kapitalumschlags, mit ihren *prêt à porter*-Fassaden der hohen Hecken, der glitzernden Event-Ar-

---

[7] Auch im Paradigma postmoderner Theologie scheint sich der Zusammenhang von Urbanität, Humanisierung der Welt und Gottesperspektive zu erschließen: wenn nämlich erkennbar ist „… the destiny of being human as the perfection of citizenship", weil sich in theologischer Perspektive zeigt: „… the eschatological significance of the city: the revelation that the destiny of what it is to be human is to be a citizen"; solche Überlegungen verabschieden den zuungunsten der Menschenstädte beanspruchten Antagonismus zwischen Babel und Zion und involvieren stattdessen ein Verhältnis der Analogie zwischen irdischen Städten und himmlischer Stadt: „Any city … becomes a human project, a corporate project … As such, all cities bear an analogical relation to the heavenly city". Graham Ward, *Christian Civic Living*, in: Gerhard Larcher/Karl M. Woschitz (Hg.), Religion – Utopie – Kunst. Die Stadt im Fokus, Wien 2005, 202–213, hier: 206.

chitektur, der stumm verspiegelten High-Riser: *Satisfied Cities*. Und zwischen diesen Polen: bürgerliche, kleinbürgerliche, proletarische Wohnquartiere, Gewerbegebiete, Dienstleistungszonen, Mischquartiere, ländliche Bezirke, ein unabsehbares Feld urbaner Differenzen, mit der Tendenz zum Ungesonderten: *Amorphic Cities*.

Wo bleibt, in dieser urbanen Realität, das Versprechen? Wird die *Semantik* des Urbanen vielsagend, schillernd gar, entwickelt seine *Bedeutung* einen Hang zum Unbestimmten. Soll nun an der Stadt ihr Versprechen noch identifiziert werden können, wird es auf die in ihr Handelnden selbst zurückgeführt werden müssen. In solcher Reduktion löst sich die Dimension des Städtischen nicht auf; vielmehr wird das Humane als sein normativer Kern freigelegt.

Das Humane: missbraucht und missverstanden; verdächtigt und geschmäht von Nietzsche über Heidegger bis Sloterdijk. Es sei hier nur ganz ungefähr in Anspruch genommen: als Bezeichnung der noch in jeder Handlung (und sei es völlig nebenbei, anonym, ungewusst) mitgewollten, eigentlich gemeinten Wirklichkeit erfüllten Lebens, jenes „Wirklichgewollten" (Volker Braun), das durch alle Etappen der historischen Ernüchterung, der ideologiekritischen Reinigung, der theorieproduktiven Analytik, der Revolutionen und Restaurationen, der Überwindungen, Dekonstruktionen und Renaissancen aller Begriffe und Konzepte hindurch – also auch durch die Kritik von Humanismus, Subjekt und Vernunft... – doch stets nur in Vermittlung durch das, was uns als Menschen ausmacht, verwirklichbar ist. Dies gilt auch dann, wenn der Mensch in seinem Wesen als unbestimmbar oder nur in der Flüchtigkeit seiner evolutiven Dynamik antreffbar oder ein solches Wesen als waghalsige Konstruktion statuiert werden sollte. Finden nicht jene Theorien, die über die anthropologische Grundfrage schlechthin ein Dementi verhängen, ihre unüberspringbare Grenze an dem Verlangen der Menschen, ein erfülltes Leben, *ihr* Leben in Fülle zu leben? Damit ist aber ein in all seinen Komponenten – Verlangen, Mensch, Leben, Fülle – irreduzibles, irreduzibel reales Syntagma benannt. Dieses Syntagma ist, als universaler Kern allen Erzählens schlechthin, das Humane. Nicht die Stadt bestimmt also über das Humane; vom Humanen erschließt sich der normative Gehalt des Urbanen. In der Prosa der Stadt ließe sich das Humane unter Rückgriff auf eine Formulierung Paul Ricœurs so ausbuchstabieren: Sich selbst leben, zusammen mit anderen, in gerechten

Strukturen.⁸ Dies wäre die urbane Modulation eines gelebten (oder zu lebenden) Humanen: Selbstsein(können), in Solidarität, unter Bedingung gerechter Strukturen. Und dies ist zugleich das Versprechen der Stadt, der normative Bedeutungsgehalt von Urbanität. Sind also Städte Laboratorien, in denen an diesem Versprechen gearbeitet wird, bleiben deswegen urbane Strukturen, Eigenschaften von Urbanität (im skizzierten normativen Sinn) nicht exklusiv an reale Städte gebunden; die Urbanisierung der Welt bedeutet in diesem idealtypischen Sinn nicht Landflucht und Verstädterung, sondern Ausbreitung von Urbanität in die Fläche realer Lebensverhältnisse, seien diese ländlich oder städtisch.

In normativer Perspektive wird der hohe Komplexitätsgrad von Urbanisierungsprozessen sichtbar: Dazu kommt es vor allem, weil lebensweltlich plausible Werte – solche der Gastfreundschaft, der Höflichkeit, der Fürsorge, der Versöhnung – aus ihren partikularen und darin auch exkludierenden Einbettungen herausgelöst und formalisiert in universale Geltungsreichweiten transponiert werden: die in solchen Wert-Kulturen geübte Praxis des Respekts vor konkreten Menschen gilt jetzt den Menschen schlechthin und muss andernfalls als widersprüchlich angesehen werden. Die Universalisierung partikularer Wert-Schätzungen geschieht unter der realgeschichtlichen Erfahrung des Miteinander-leben-Müssens heterogener Interessen, Motive, Kulturen, Religionen, Ethnien, Familien … – kurzum: unter der Bedingung von Urbanität. Diese ist erst dann verwirklicht, wenn unverletztes und freies Leben nicht nur im Schutz – und damit in den Grenzen und zu den Bedingungen – der eigenen Familie, Kultur, Religion, Nation, etc. möglich ist, sondern garantiert durch allgemeine, also kontext-transgressive Normen: Der allgemeinste, bislang erarbeitete Resonanzraum universal geltender Normen wäre jener der Menschenwürde.⁹ Der prägnanteste Realisationskontext wäre die Stadt.

---

⁸ In seiner Hermeneutik des Selbst entwickelt Paul Ricœur eine „Kleine Ethik" als Korrektur der kantischen Moral unter dem leitenden Syntagma der *„Ausrichtung auf das ‚gute Leben' mit Anderen [autrui] und für sie in gerechten Institutionen"*. Paul Ricœur, *Das Selbst als ein Anderer*, München 1996, 210–246; das Zitat: 210.
⁹ Sollte, wie der biblische Begriff des *kol-basar*, des „Alles-Fleisch", nahelegen könnte, an einem noch weiteren Begriff der Lebens-Würde zu arbeiten sein?

Einleitung

Die Stadt ist also ein Versprechen. Gerade deswegen ist sie weder abstrakt noch utopisch. Das jetzt und hier sein Sollende ist nicht „ohne Ort" und nicht ohne Gestalt. Das Versprechen steht zur Utopie im Verhältnis der Alternative, nicht der Entsprechung. Im Spektrum biblischer Semantik wäre das Versprechen der Eschatologie, die Utopie der Apokalyptik zuzuordnen. Die Stadt utopisch zu lesen, hieße sie mit einem Gegen-Bild zu konfrontieren, das ihr jede Bedeutung abspräche, mit ihr unvermittelbar wäre. Sie versprechenslogisch zu lesen, heißt dagegen, an dem, was Stadt normativ-faktisch ist, anzuknüpfen und das ihr innewohnende Bedeutungspotential als noch Unverwirklichtes gegen den urbanen *status quo* geltend zu machen. Die Utopie verwirft das, was ist; die Versprechenslogik bejaht im Realen das Unverwirklichte als das Sein-Sollende.

Wie das Versprechen *nicht ohne Ort* ist, kann es auch *nicht ohne Gestalt* auskommen: Die normative Dimension des Urbanen muss allgemein gelten; involviert aber ihre abstrakte Begründung nicht den Rekurs auf eine lebensweltlich-konkrete Praxis? Dann allerdings verlangen formalisierte Normen nach dem Stoff von Legitimationserzählungen; freilich so, dass sich deren geltungstheoretischer Status verändert: Sie sind nun nicht mehr originäre Begründungs-, sondern Einbettungserzählungen: Weswegen etwa die Menschenwürde in Verbindung mit dem biblisch-christlichen Narrativ von der Gottebenbildlichkeit des Menschen keine argumentative Begründung mehr findet – allenfalls in dem höchst prekären Sinn, dass die Menschenwürde sich als philosophisch nicht begründbar erweisen könnte und eben dies mit dem über die säkular-philosophisch unübersetzbare Unterscheidung von Schöpfer und Geschöpf[10] zu verstehenden *theologoumenon* der Gottebenbildlichkeit des Menschen angezeigt wird. Der Gottesgedanke könnte als Gedanke der Grenze auch einer skeptischen Philosophie als Markierung der Limitation philosophischer Begründbarkeit wertvoll sein. – Dies alles mag in eine Praxis der Urbanität hineinspielen, doch davon lebt sie

---

[10] Die Unübersetzbarkeitsvermutung wäre entlang der Schlussreflexion zu diskutieren, die Jürgen Habermas in seiner Friedenspreisrede anstellt (vgl. Jürgen Habermas, *Glauben und Wissen*, Frankfurt 2001, 29–30): Hat sich ihm dort die „rettende Formulierung" (29) eingestellt, oder ist ihm die Beanspruchung einer genuin theologischen Argumentation unterlaufen?

nicht. Sie lebt aber aufgrund von Erzählungen, in denen ihre normativen Grundlagen anschaulich und erfahrbar werden.

Dieser Erzählungen sind viele. Ihre Gestalt und Provenienz ist heterogen. Darin ist nicht gleich destruktiver Relativismus zu wittern; in Pluralität und Diversität der Einbettungs- und Legitimationserzählungen kann auch „nachbabylonische", schöpfungsgemäße Fruchtbarkeit walten. Die urbane Populärkultur hat, in Film und Musik, diese Erzählungen in unzähligen Variationen (von glamourösen Quer- und harten Kontrastgeschichten zu euphorischen Hymnen und klagenden Adagios) zu einem hochsensiblen Resonanzraum erweitert und verfeinert (vom jubelnden *Downtown* zum trauernden *Backstreets of Desire*). In ihm setzen kanonische Texte der urbanen Literatur differenzierte Stellungnahmen zur Stadt frei: So findet in *Berlin, Alexanderplatz* im Zerbrechen und Aufsplittern einfacher Lebensläufe zum Kaleidoskop der Fragmente eines Lebens, das nicht mehr aufgehen will, nicht schon der Untergang der Subjekte statt; vielmehr werden die Menschen durch die urbane Zerstreuung erst in ihrer Subjektivität überhaupt erst entblößt – und erst jetzt, ungeschützt durch traditionale Stabilitäten, Klassenidentitäten und soziale Rollenzuweisungen, zeigt unverstellt sich ihr geradezu physisches Bedürfnis danach zu leben, zu überleben, erfüllt zu leben. – Vielleicht erlaubt es der Resonanzraum der Populärkultur auch, da sie doch ungeniert Hoch- mit Trivialkultur koppelt, Ernst mit Ironie, Authentisches mit dem Zitat, Marginales mit Zentralem (*Independent* mit *Mainstream*), in der hybriden Literatur eines John Cowper Powys die urbane Grundstruktur zu erkennen: *Glastonbury Sands*:

Es sind also Erzählungen, die das humane Fundament der Urbanität „ins Werk setzen", die es preisen, die seinen Verlust, seine Veruntreuung, sein fahrlässiges Verspielen beklagen, die ob seiner Abwesenheit spröde werden und zerbrechen, die seine Wiedergewinnung beschwören und in stiller Prosa von Ereignissen der Unvernichtetheit dieses humanen Fundaments berichten; Erzählungen, die in all dem gar nicht einmal „das Städtische" zum Topos oder Motiv erheben müssen, die vielmehr die *Performanz des Urbanen* zugleich darstellen und erörtern. Denn das ist Erzählen: das Ineinander von Schilderung und Erörterung, von sinnlich vermittelter Erfahrung und Reflexion in ein und demselben Symboldiskurs. – Das Erzählen des Urbanen: das Hin und Her des Austauschs, die unbegrenzte Verkettung und Verwebung der Kommunikation, die Bildung von Knoten der Übergabe und Übersetzung; Episoden der Schwelle, *Transit-Lines*, Poeme der Ruhe; und wie das System der Musik verfügt auch die Erzählung über ein Spektrum der Tonarten, in denen sie dies erzählen kann: in der Tonart der Affirmation, aber auch in der Tonart der Subversion realer Deformationen, Verfremdungen oder Missbrauchungen des Urbanen. – Und durch all das – den Austausch, die Verwebung, die Übersetzung, die Schwelle, den Transfer, die Stille, die Affirmation und die Subversion – hindurch geführt, selbst wenn dies gänzlich unthematisert bliebe: die Menschen in ihrem unverrechenbaren Subjektsein, das als Anker ihrer Würde fortbesteht auch angesichts ihres faktischen Vergehens.

Die Stadt ist also voller Lieder und Geschichten. Sowie auch voll der Monotonie, Marginalisierung, Mutlosigkeit. Die bedeutungsgebende Kraft menschlicher Unternehmungen verbraucht sich an der Widersprüchlichkeit ihrer Hervorbringungen. Die Dialektik menschlicher Kreativität könnte auf eine Negativbilanz hinauslaufen. Aufs Ganze ihres Bedeutungsspektrums gesehen, wissen die Lieder der Stadt um diese Möglichkeit. Es scheint fast, sie rechneten damit. Doch kann es wohl nicht ausreichen, das Scheitern dieses Versprechens, das die Stadt ist, zu besingen. Noch der Resignation wohnt der Anspruch auf Gelingen inne, auch wenn sie ihn im Modus des Abschieds nur noch gelten lassen kann. Wenn die *saudade*, die Untröstlichkeit, die Stimmung Lissabons ist, wie *Hüzüm* die Istanbuls[11], dieser extremen Städte Europas, dann doch als extreme Beanspruchungen des Glücks, extrem, weil aus der Position (oder dem Wissen um) seiner Unerreichbarkeit.

Die eigentliche Antithese zur Bedeutung, deren absolute Bestreitung, ist aber nicht die Vermissung, die Klage, die Trauer, sondern die Gleichgültigkeit, die gestaltlose Passivität: wo alle Lieder und Geschichten längst verebbt sind, wo ein namenloses Maß an Verzweiflung herrscht. Im Herzen der Finsternis richtet die Metapher des Herzens nichts mehr aus. *Crack City*, teuflischer Name: Wenn eine innerstädtische Siedlung Nord-Londons[12] unter dem Namen einer ebenso billigen wie zerstörerischen Synthetik-Droge firmiert, scheint

---

[11] Vgl. hierzu Orhan Pamuk, *Istanbul. Erinnerungen an eine Stadt*, München-Wien 2006.

[12] In Kilburn; aus dem offiziellen Namen spricht vielleicht der größere Zynismus: *Mozart Estate*.

für die Menschen dort alles verloren. – Venedig kennt ein *Ufer der Unrettbaren, Fondamenta degli Incurabili*: Gibt es tatsächlich, von *Crack City* bis zur *Fondamenta degli Incurabili*, identifizierbare Orte der Unrettbarkeit in der Stadt? Das *Ufer der Verlorenen*[13] ist benannt nach einem Spital: Die Verlorenen sind die zu Rettenden, die Unheilbaren sind die zu Heilenden. – Und die Bewohner von *Crack City*? Sogar der vermeintliche Zynismus dieser offiziösen Namensgebung enthält noch eine Restartikulation des Verlangens nach Rettung.

Die Distanz von hier, dieser negativen Utopie der Stadt, zum Versprechen, das die Stadt sei, ist schier unüberwindlich. Müssen dann nicht die Erzählungen, die diesem Versprechen Anschaulichkeit und Vertrauenswürdigkeit verleihen, so nah wie möglich an diesen Ort gebracht, so zugänglich wie möglich gemacht werden? Doch auch diesseits solchen extremen Un-Orts, der nicht ohne Menschen ist, und deswegen nicht ohne Verlangen nach Leben, Respekt, Teilhabe – nicht ohne ein absolutes Verlangen –, auch in der unabsehbaren Topographie der so genannten Normalität, wo die Stadt „funktioniert", erfüllt das Versprechen sich nicht von selbst.

Zuvor war gesagt worden, die Stadt sei Instrument und nicht Zweck in sich selbst. Wo sie aber bloß aufs Funktionieren reduziert wird, muss sie ihren Zweck verfehlen. Das Versprechen der Stadt kann sich gar nicht anders als durch ihre instrumentellen Funktionen erfüllen. Doch in einer Stadt als Funktionssystem bloß endlicher Zwecke wäre der Stoff des Versprechens verdunstet. Eine solche Stadt mag zwar als ausgeklügeltes und machtvolles System der Ausbeutung von Subsistenzbedürfnissen, von Arbeitskraft und von Konsumverlangen Menschen an sich binden, aber die Attraktion eines Versprechens geht von ihr nicht aus. Von solchen Tendenzen zur Verdinglichung sind alle Städte – also das Projekt Stadt schlechthin – bedroht, und zwar deswegen, weil sie längst schon real sind. Doch ist es gar nicht so einfach, ein Gegenbild zur Verdinglichung zu zeichnen. Die Gewährung von Rechten, die Einhaltung von Normen, die einsichtsvolle Unterwerfung unter das Gesetz des Sollens, die Ausbildung einer Kultur oder Geschichte der Sittlichkeit: all das gehört dazu, sicherlich. Wie groß aber ist die Anziehungs- und Bindungskraft,

---

[13] Vgl. Joseph Brodsky, *Ufer der Verlorenen*, München-Wien 1991.

Einleitung

die von solchem Schwarzbrot des Richtigen ausgeht? Nicht nur, was die Pflichten, sondern auch, was die Rechte anbetrifft: muss sich mit ihnen nicht die Aussicht auf ein erfülltes Leben, ein Leben in Fülle verbinden, damit dem Schwarzbrot Geschmack beikommt? Die biblische Tradition kennt ein Gegen-Wort zur Verdinglichung: den *Glanz*, die *kabod*, die *doxa*. „Ich will ... ein Glanz werden" – träumt das kunstseidene Mädchen, und hat doch nichts anderes in Kopf und Herz als bereits verdinglichte Versionen ihres Traums.[14]

Im Glanz aber gehören wir uns nicht selbst. Die *kabod* ersteht nicht aus unserem Willen, wird von uns nicht produziert, steht uns nicht verdienstlich zu, taucht nie in den Listen unseres Besitztums auf. Sie ist bedingungslos, zweckfrei, unberechenbar. Sie ist Gabe, und insofern ihr Gabencharakter nicht bloß negativ, sondern durch den Gebenden bestimmt ist, ist sie *Gnade*: Gabe des sich selbst gebenden Gottes. Die *kabod* ist strikt Gottes, und als solche der Glanz, den wir nicht brauchen, und in dem doch erst wir leben können in Fülle. In diesem Glanz aber gehören wir nicht uns selbst. Das Reservoir urbaner Lieder und Geschichten enthält ein Wissen um diesen Glanz: *Bright Lights Big City* (Jimmy Reed). Kein Zweifel, dass die urbane Welt selbst ein Wissen um diesen Glanz hat, in welcher Gestalt und Ausdrücklichkeit auch immer. Ein Wissen um seine unerzwungene Notwendigkeit, darum, dass die Bewohner sowohl der *Arrival Cities* als auch jene der *Amorphic Cities* wie auch die der *Satisfied Cities* in je eigener Dimension des Glanzes bedürfen.

Wenn aber die Stadt längst voll dieser Lieder und Geschichten ist und von ihnen wiedertönt, um dann wieder gänzlich bar aller Klänge und Bedeutungen zu sein, kann da die Erzählung des Gottes Jesu Christi fehlen, sollte sie nicht vielmehr als eine Stadterzählung präsent sein, hier wie da und eigentlich überall erreichbar? So schnell war doch das Christentum in der Stadt angekommen und hat über die Städte sich verbreitet, dass es als urbane Religion bezeichnet werden kann. Und heute, da das Urbane die Grenzen der real existierenden Städte überschritten hat und allgemein geworden ist, wohin wollte eine mit dem Urbanen plötzlich fremdelnde Kirche sich denn zurückziehen? Indem sie sich aber auf die Stadt einlässt – in ihrem Aufbruch also in die Urbanität –, verrät sie jedenfalls nicht die Iden-

---

[14] Irmgard Keun, *Das kunstseidene Mädchen*, Berlin 2005 (1932), 44 passim.

tität des Christentums, schöpft vielmehr Kraft aus dessen Ursprungskonstellation. Und gebührt nicht dem kunstseidenen Mädchen die Ermöglichung einer unverdinglichten Version ihrer Sehnsucht nach dem Glanz; so wie der in all den Liedern und Erzählungen sich artikulierenden Glanzbedürftigkeit der Menschen die Erzählung einer geschichtlichen Verwirklichung dieses Glanzes zusteht?

Das Kerygma Jesu Christi ist aber nicht die einfache Erzählung von der Realisation der *kabod* Gottes in der Wirklichkeit der Menschen; es ist die Erzählung des Durchgangs dieser *kabod* durch die Armut, durch die Erniedrigung, durch das Leiden und durch den Tod: In der Reduktion alles Menschlichen auf ein Elementares erlischt dieser Glanz nicht, sondern beginnt zu leuchten: Das *theologoumenon* von der Auferstehung Jesu leugnet den Tod nicht; vielmehr wird er in die Auferstehung hinein aufgenommen. Die Erzählung von der Verklärung Jesu Christi (Mk 9,2–10 par) besiegelt im Vorgriff die Aufnahme des Tods in die Auferstehung (des Nein in das Ja): im Glanz. Auf dem Weg der Verwirklichung der *doxa* Jesu Christi (1Petr 1,21) bleibt dieser nichts Menschliches fremd. Im Weg Jesu wird die *condition humaine* durchschritten, werden die Menschen mitgenommen, wo immer sie sind. Dieses findet seinen stärksten Ausdruck im Motiv vom Gang Jesu Christi in das Reich des Todes: In dieser Latenzphase des Syntagmas von Passion, Tod und Auferstehung sucht Jesus Christus die Menschen im absoluten *Wo immer*, in der absoluten Unbestimmtheit ihres Verbleibs auf. Es gibt keine radikalere Erzählung von der Wahrnehmung der Menschen in ihrer Lebens-Würde.[15] Wenn die Stadt in der Vertikale ihrer normativen Struktur von der enormen Fallhöhe bestimmt wird, wie sie zwischen der Stadt-als-Versprechen und dem Un-Ort von *Crack City* herrscht, so ist diese Diskrepanz in der Geschichte Jesu Christi benannt, durchmessen (bis hinab ins Reich des Todes) – und aufgehoben. Es ist dieses Syntagma, diese Bedeutungssequenz, worin

---

[15] Auch wenn der Status dieser Erzählung selber etwas von einer Latenz hat: Neutestamentlich existieren nur verstreute Momente, die seit der Väterzeit bis hinauf zu Nikolaus von Kues zu einem stabilen Bedeutungssyntagma ausgebaut worden sind. Vgl. hierzu Hans Urs von Balthasar, *Der Gang zu den Toten (Karsamstag)*, in: MySal 3/2, 227–255; Alois Grillmeier, *Der Gottessohn im Totenreich. Soteriologische und christologische Motivierung des Descensuslehre in der älteren christlichen Überlieferung*, in: Ders., Mit ihm und in ihm. Christologische Forschungen und Perspektiven, Freiburg-Basel-Wien 1975, 76–174.

kein Leid unbenannt und keine Not sich selbst überlassen bleibt, welche die pastorale Praxis der christlichen Gemeinden (in) der Stadt zu verstehen geben kann: als Rekapitulation jenes Versprechens, das die Stadt ist und dessen Realisierung sie gar nicht aus sich selbst garantieren kann. Selbstverständlich können und dürfen auch die Kirchen nicht in die Stelle dieser Garantierung eintreten.

Als Rekapitulation der Menschheitsgeschichte fasst Irenäus von Lyon das Heilswirken Jesu Christi auf: als Wiederholung, Neuerzählung, Rekonstruktion einer schief laufenden Geschichte, nun unter dem Vorzeichen ihres guten Ausgangs. So wie die Geschichten und Lieder der Stadt – und mit ihnen die Menschen, die so viel von ihr sich versprechen – sich gegen das Scheitern jenes Versprechens, das die Stadt selbst ist, stemmen, so umfasst die Geschichte Jesu Christi eben auch eine Rekapitulation dieses Versprechens unter dem Vorzeichen seiner möglichen Erfüllung. Pastorale Präsenz der Kirche in der Stadt geschieht als jeweils konkrete, also auch exemplarische, jedoch nicht nachlassende (Mit-)Arbeit an der Realisation dieses Versprechens gegen den Sog des Scheiterns. In Konformität zum Geschick Jesu selbst ist das Kerygma Jesu Christi in der Spannung zum real-möglichen Scheitern der Menschheit verortet. Stadtpastoral ist damit sowohl Ko-Explikation der normativen Implikate der Realität Stadt wie auch zugleich kirchlicher Selbstvollzug.

Wenn Urbanität sowohl global wird als auch nach wie vor an der konkreten Realität Stadt Maß nimmt, kann die Stadt als anschauliche Verwirklichung des *concretum universale* aufgefasst werden. Pastorales Handeln in der Stadt ist dann ebenfalls konkret und zielt darin doch aufs Ganze. Deswegen ist ein *materialiter* heterogen erscheinendes stadtpastorales Profil – Obdachlosenarbeit, Beratungstätigkeit, Kunst, Bildung, Spiritualität, Liturgie, Gemeindeseelsorge ... – nicht durch Beliebigkeit bestimmt, sondern durch Konkretion. Nur konkret kann schließlich die Verwirklichung des Versprechens der Stadt angegangen werden. Von allen Enden her muss es ernst genommen, rekapituliert werden. Dabei geht es auch um die Rekapitulation der Erzählung Jesu Christi, darum, sich ihrer stets neu zu vergewissern in den Lebenskontexten der Menschen.

Pastorales Engagement in der und für die Stadt vollzieht sich als Kommunikation von Stadt und Glaube: Die Bedeutungswelt der Stadt und die Erzählung Jesu Christi werden in ein Verhältnis wechselseitiger Interpretation gebracht: Das Versprechen der Stadt findet zu einer gültigen Lesbarkeit in der Geschichte Jesu Christi; diese wiederum erhält eine Konkretionsbestimmung im Versprechen der Stadt. Ein Deutungsverhältnis, das keineswegs exklusiv ist, jedoch absolut (das Absolute verträgt sich gut mit dem Pluralen). Selbstverständlich anerkennt der christliche Glaube andere Einbettungs- und Deutungsgestalten des urbanen Versprechens; wie umgekehrt eine absorptive Bindung des Kerygmas Jesu Christi an das Urbane mit dem Universalitätsanspruch der Botschaft Jesu unvereinbar ist. Zugleich aber sieht der christliche Glaube mit dem Kerygma Jesu Christi einen Maßstab in der Bedeutungsbestimmung des urbanen Versprechens gesetzt, dessen Unterbietung ihm inakzeptabel ist; während er im Gegenzug die Stadt als authentischen Ort der Vergegenwärtigung der Botschaft Jesu wahrnimmt. Der Glaube erkennt und anerkennt die unrelativierbare – absolute – Bedeutung des Versprechens der Stadt; wie umgekehrt der Stadt im Kerygma Jesu Christi nicht irgendeine weitere Geschichte begegnet, sondern die Erfüllung des Menschseins im geschichtlichen Advent Gottes. Man kann es auch anders sagen: In der Erzählung Jesu Christi begegnet die Stadt einer der vielen Legitimations- und Einbettungsgeschichten; nur beansprucht *diese* Geschichte nicht bloß Wahrheit[16] für das von ihr Erzählte, sondern dass sich diese Wahrheit geschichtlich endgültig realisiert habe: in und durch Jesus aus Nazaret. In der Stadtpastoral beggenen einander Versprechenslogik und Inkarnationslogik: Eine Praxis des Versprechens, die nicht mit der Möglichkeit seiner Erfüllung rechnet, ist absurd. Eine bloß abstrakt eingeräumte Erfüllungsmöglichkeit macht das Versprechen aber nicht glaubwürdiger; mit einem bloßen Möglichkeitssinn lebt es sich nicht. Deswegen kann die Stadt, in ihrer säkularen Pluralität, sich auf die Botschaft Jesu Christi als auf die Zusage, dass jenes Versprechen, welches sie selbst ist, sich erfüllen können soll, einlassen.

Eine Deformation der in Pluralität und Subjektivierung sich ausdrückenden Freiheitsstruktur der säkularen Stadt steht dabei nicht zu befürchten oder ist jedenfalls nicht zwangsläufige Folge eines sol-

---

[16] Jene literarische Wahrheit, die so metaphorisch schwankt oder metonymisch gleitet zwischen dem „Es geschah" und dem „Es geschah nicht". Es war Roman Jakobson, der auf die Wendung *Aixo era y no era / Es war, und es war nicht* als Eröffnungsformel mallorkinischer Märchen aufmerksam gemacht hat: Roman Jakobson, *Aufsätze zur Linguistik und Poetik*, Frankfurt 1979 (1959), 111.

chen Sich-Einlassens auf das Kerygma Jesu Christi; enthält dieses in seinem „Wirklichkeitssinn" doch noch genügend „Möglichkeitssinn":[17] Mit Blick auf die wieder entfachte Debatte um eine neue Plausibilität oder irreversible Obsoletheit des Naturrechts ist wohl festzuhalten: Christliche Theologie (und, repräsentiert durch sie, das Christentum insgesamt) ist in dem Maß in der Moderne angekommen, wie sie die normative Option der Botschaft Jesu nicht mit der Beanspruchung eines Wissens um die positiv-substantielle Gestalt der Realisation dieser Option unterlegt. *Wie* – auf welchen Wegen, in welcher Gestalt – das Versprechen der Stadt sich erfüllen mag, ist auch unter der Perspektive der Botschaft Jesu offen. In dieser Offenheit gründet die Bereitschaft christlicher Stadtpastoral, sich mit „allen Menschen guten Willens"[18], mit allen Initiativen zur Gestaltung einer je humaneren Welt, zusammenzutun. Das Kooperationsangebot christlicher Stadtpastoral steht unter dem Vorzeichen der Ermunterung zur Hoffnung und nicht unter dem Vorzeichen eines Präskripts der vollinhaltlichen Bestimmung des Erhofften. Diese Offenheit des *Wie* – der Möglichkeitssinn im Wirklichkeitssinn – hat ihren Grund in der Freiheitsautonomie der Menschen. Dieses höchste Gut der neuzeitlich-modernen Denk- und Emanzipationsgeschichte kann der christliche Glaube schöpfungstheologisch, gnadentheologisch und in der Analyse des Glaubensakts als im Schöpfungs- und Heilswillen Gottes gründend und damit für jede Glaubenspraxis unüberspringbar einholen. Offen ist also das *Wie* der Verwirklichung des Versprechens der Stadt, weil dieses sich durch das Freiheitshandeln der Menschen vollzieht und nicht ohne oder gegen es. Je mehr pastorales Handeln dazu beiträgt, die Menschen ihre Freiheitsautonomie in Gebrauch nehmen zu lassen, desto näher ist es der Verwirklichung des urbanen Versprechens, ohne deren Bestimmung in Gehalt und Gestalt je vorwegnehmen zu können.

---

[17] Entsprechend einer verführerischen Unterscheidung, die Robert Musil in seinem *Mann ohne Eigenschaften* einführt (vgl. Robert Musil, *Der Mann ohne Eigenschaften*. Herausgegeben von Adolf Frisé, Reinbek 1978, Bd. 1, 16–18) und die seitdem eine beeindruckende wirkungsgeschichtliche Karriere hingelegt hat.
[18] Vgl. zu dieser den Kreis öffnenden Wendung die Adresse der Enzyklika *Pacem in terris* Papst Johannes' XXIII., sowie die Konzilsdokumente *Gaudium et spes* 22, 52; *Apostolicam actuositatem* 8, 11, 14, *Inter mirifica* 24.

Die Spannung zwischen absoluter Bestimmtheit und materialer Unbestimmtheit, wie sie allem subjektiven Freiheitsgeschehen eigentümlich ist, hat eine theologische Entsprechung im Prinzip des Geists; ist es doch der Geist, der das Christusereignis – in seiner eindeutigen geschichtlichen Bestimmtheit durch die Inkarnation des Logos in und durch Jesus aus Nazaret – aufs unabsehbare Feld der Geschichte hinaus öffnet. Ist es doch derselbe Geist, der „weht, wo er will", und der zugleich eindeutig bestimmt ist als der Geist Jesu Christi. So dass die Versprechenslogik der Stadt und die Logik der Inkarnation einander in der Vermittlung durch die Logik des Pneumas begegnen. Theologisch ist also der Mensch in seiner Subjektivität ohne Rekurs aufs pneumatische Prinzip als dem Prinzip der Vermittlung zwischen Versprechens- oder desiderialer Logik und Inkarnationslogik nicht vollständig beschreibbar. Verlangen nach Erfüllung und Vergegenwärtigung von Erfüllung vermitteln sich im Prinzip des Geists, dessen Präsenz unberechenbar und dennoch im Heilswerk Jesu Christi bestimmt ist.

Christliche Praxis ist diskursiv darin, dass sie ihr Tun sowohl mitlaufend als auch praxisunabhängig reflektiert und dadurch nachprüfbar, kritisierbar und einsehbar macht. Diese Diskursivität setzt im Handeln selber an, da dieses Zeichencharakter hat – darin in gültiger Nachfolge zu Jesu Praxis der Zeichenhandlungen –; sie durchläuft im Prinzip alle theologischen Disziplinen, ist also nicht exklusives Privileg der Pastoraltheologie im engeren Sinn. Jenseits überkommener Animositäten und Abgrenzungen unter den theologischen Fächern kommt hier dem Zugang systematischer Theologie insofern eine besondere Funktion zu, als sich auf deren Feld binnenchristliche Rationalisierungen, philosophische Begründungsargumentationen, gesellschaftswissenschaftliche Analysen und kulturwissenschaftliche Beschreibungen kreuzen. Die hiermit vorgelegte und zur Diskussion gestellte Begründung der Stadtpastoral kann vor diesem Hintergrund als *pastoral-systematisch* bezeichnet werden: deswegen treffen sich hier fundamentaltheologisch-dogmatische, philosophische, stadtsemiotische, pastoralsoziologische und pastoraltheologische Analysen. Nicht beabsichtigt ist eine integrale Aufarbeitung und Darbietung der bisher geleisteten analytischen, theoretischen und konzeptionellen Forschungsarbeit zur Stadtpastoral, nicht auch eine enzyklopädische Durchmusterung bisheriger Projekte der Stadtpastoral, wiewohl beides lohnenswert und verdienstvoll wäre. Dieser Band will, soweit dies theoretischer Reflexion überhaupt zu Gebot steht, unmittelbar auf die Beanspruchung der praktischen Weltpräsenz des Christentums durch die Stadt antworten. Unmittelbar heißt nicht unbedacht; vielmehr weiß das Denken sich unmittelbar in Anspruch genommen. Und es antwortet auf seine Weise: nämlich nicht umstandslos und nicht schnell. Im Zögern der Bedachtsamkeit findet Handeln eine Entlastung vom Zwang zu bloßem Reagieren, also auch eine Befreiung von instrumenteller Motivierung: Pastorales Handeln reagiert also nicht etwa auf den Relevanzverlust der Kirchen in urbanen Gesellschaften, sondern hat zu geschehen als Verkündigung des Evangeliums Jesu Christi.

Der Beitrag von Margit *Eckholt* rückt das Thema dieses Bands, der naturgemäß ein europäisches Schwergewicht hat, in die ihm gebührende globale Perspektive: M. Eckholt arbeitet ein vielstimmiges Spektrum von Disziplinen und Positionen aus Lateinamerika, den USA und Europa durch, die für eine theologische Würdigung der neuen Realität der Stadt von hoher Bedeutung sind. Es zeigt sich dabei, dass die Herausforderung durch die „neue Stadt" in Lateinamerika und anderen sich mit einer ungeheuren Dynamik entwickelnden Kontinenten schärfer konturiert ist und von der Kirche schon klarer angenommen ist. Martin *Wichmann* macht in seinem Beitrag die systemtheoretische Perspektive für Analyse der Stadtpastoral fruchtbar und führt seinen Gedankengang durch ganze Anzahl von Einzelbeobachtungen und -analysen. Federico *Altbach* führt eine soziosemiotische Analyse der Topologie der Stadt durch und exemplarisiert dies anhand der Stadtentwicklungen in Lateinamerika. Michael *Sievernich* rekapituliert anhand einer historischen Phänomenologie der urbanen Architektur die Bedeutung des Christentums als Stadtreligion. Rainer *Bucher* analysiert vor dem Hintergrund der Diskurstheorie die Diskontinuitäten im urbanen Handeln der Kirche und würdigt angesichts der klassischer Formationen kirchlicher Pastoralmacht stadtpastorale Neuaufbrüche in ihrer Überwindung der Bindung des Handelns der Kirche an Macht, die nur in traditionellen modernen Gesellschaften möglich war und von der Postmoderne endgültig gebrochen wurde. Ottmar *John* macht deutlich, dass man sich hüten muss, einen ökonomisch konditionierten Ort als Ort der Freiheit zu feiern, indem er die materialistische Kritische Theorie als in den urbanen Modernisierungsschüben des ausgehenden 19. Jahrhunderts ihren Ausgang nehmend rekonstruiert. Knut *Wenzel* nimmt die Realität Stadt zum Ausgangspunkt und Kontext der Entwicklung einer schöpfungstheologisch und christologisch fokussierten Theologie der Säkularität; die theologische Würdigung der Welt in ihrer Weltlichkeit wird durch eine Rekonstruktion der Debatten um eine „Theologie der Welt" des vergangenen Jahrhunderts geführt.

Zu guter Letzt sei Prof. Dr. Peter Hünermann und dem Verlag Herder für die Aufnahme dieses Bands in die Reihe der *Quaestiones disputatae* gedankt. Ebensolcher Dank gilt Frau Dipl. Theol. Kerstin Stürzekarn und Frau Dr. Barbara Wieland für ihre Mitarbeit bei der Erstellung des Manuskripts. Unverzichtbar bei Planung und Durchführung dieses Projekts war die konzeptionelle Mitarbeit Dr. Ottmar Johns, dem die Herausgeber herzlich danken.

Christsein an den Crossroads der Städte
Zwischen Nicht-Orten und neuen Räumen der Gnade,
von Passagen, Schwellen und Rasthäusern

Margit Eckholt

Einführung

„Ciudad plural. Ciudad que no es jamás la misma y cuya variedad a quien la sabe, abisma..." – „Plurale Stadt. Stadt, die niemals dieselbe ist und deren Vielfalt denjenigen, der sie kennt, erschreckt...", so der argentinische Sänger Manuel Mujica Láinez in seinem „Canto a Buenos Aires".[1] Buenos Aires ist eine der oft besungenen Städte der Welt, der Tango, im Herzen des Hafenviertels La Boca entstanden, ist in immer wieder neuen Varianten ein Lied auf die Vergänglichkeit der Liebe und gleichzeitig eine Liebeserklärung an die Stadt Buenos Aires. Von Beginn ihrer Gründung an im Jahr 1536 und in den verschiedenen Phasen ihrer – im Grunde mit den Jahren immer beschleunigteren – Erweiterung war sie geprägt von der Begegnung der Kulturen und vom Wandel, der Mischung und Erneuerung der sozialen und kulturellen Identitäten. Die Spanier überrollten die eingeborenen Kulturen, das spanisch-barocke Buenos Aires musste es sich dann gefallen lassen – und hat es –, sich an anderen europäischen Zentren zu orientieren, vor allem dem Paris eines Baron Haussmann. Die Europäer – Italiener, Spanier, aber auch Engländer, Deutsche usw. – bauten „ihr" Buenos Aires im ausgehenden 19. und zu Beginn des 20. Jahrhunderts; im Auf und Ab von wirtschaftlicher Blüte und Verfall zog und zieht die Stadt bis heute Menschen an, in den letzten Jahrzehnten vor allem Einwohner aus den benachbarten Staaten, Bolivien an erster Stelle, die sich in den Randzonen ansiedeln. Gran Buenos Aires zählt heute zu den zehn Mega-Cities der Welt, den Städten, die über 10 Millionen Einwohner zählen

---

[1] Zitiert in: Jorge Seibold, *Imaginario Buenos Aires*, in: CIAS (Buenos Aires) 487 (1999) 495–510, hier: 495.

und ein Phänomen darstellen, das in der Entwicklung der Weltgesellschaft einmalig ist.[2]

Im Jahr 1800 gab es 50 Städte mit mehr als 100.000 Einwohnern, weniger als 2 % der Weltbevölkerung lebten in den Städten; im Jahr 2000 sind es bereits 2/3 der Weltbevölkerung, die in Städten leben. Wird Europa in den Blick genommen, kann der rapide Prozess der Urbanisierung vom 19. zum 20. Jahrhundert deutlich werden: 1801 lebten in Großbritannien 80 % der Bewohner auf dem Land; bereits Mitte des 19. Jahrhunderts haben sich die Gewichte verschoben durch den massiven Industrialisierungsprozess. In Deutschland bricht der Urbanisierungsprozess mit Ende des 1. Weltkriegs an. 1918 lebten bereits 37 % in den Städten, in den 50 folgenden Jahren wird sich das Verhältnis von Stadt zu Land umkehren. Interessant ist nun, dass seit dem Ende des 2. Weltkriegs die Urbanisierungsprozesse vom europäischen Raum auf einzelne Regionen in den Ländern des Südens – in Lateinamerika, Afrika und Asien – übergesprungen sind und hier eine immense Beschleunigung erfahren haben. Zu den größten Städten der Welt zählen die lateinamerikanischen Hauptstädte Mexiko-City mit 24,4 Millionen Einwohnern, gefolgt von São Paulo mit 23,6 Millionen Einwohnern. Nur New York und Tokio erreichen noch ähnlich große Ausmaße wie Kalkutta, Bombay, Schanghai, Teheran, Jakarta oder Buenos Aires. Gerade Lateinamerika ist der Kontinent, der mit aller Wucht von den Licht-, aber vor allem Schattenseiten dieses Urbanisierungsprozesses betroffen ist. Vor 40 Jahren lebten z. B. in Brasilien 20 % der Bevölkerung in den Städten und 80 % auf dem Land, in weniger als einem halben Jahrhundert hat sich die Verteilung genau umgekehrt. Nur ein Viertel der Bevölkerung lebt noch auf dem Land. Nach Schätzungen der

---

[2] Die Überlegungen dieses Aufsatzes wurden am Beginn eines Forschungsprojektes zur „Pastoral urbana" (Die lateinamerikanischen Mega-Cities und die aktuellen sozialen, kulturellen und religiösen Transformationsprozesse: Herausforderungen für die katholische Kirche und ihre Pastoral) formuliert (März 2010), das die Verf. im Auftrag der Wissenschaftlichen Arbeitsgruppe für weltkirchliche Aufgaben der Deutschen Bischofskonferenz durchführt. Weitere aktualisierte und aus dem Prozess des Projektes erwachsene Überlegungen sind in Vorbereitung. Vgl. Margit Eckholt/Stefan Silber, *Pastoral Urbana – Großstadtpastoral. Die Transformationen der lateinamerikanischen Megastädte fordern eine Umkehr der Pastoral. Methodologische Notizen*. Arbeitsdokument des Internationalen Forschungsprojektes: http://pastoral-urbana.uni-osnabrueck.de/textos/arbdoc.pdf.

Vereinten Nationen gibt es bis zum Jahr 2025 etwa 93 Städte mit mehr als fünf Millionen Einwohnern, davon 80 Städte in den Ländern des Südens. Die Urbanisierung und vor allem Metropolisierung der letzten Jahrzehnte ist ein „qualitativer Sprung", ob aber die Stadt die „Zivilisation" ist, wie der lateinamerikanische Theologe und Sozialwissenschaftler José Comblin in Anlehnung an frühe stadtsoziologische Arbeiten schreibt[3], muss gefragt werden – fraglich ist genau dieser Sprung zur „Zivilisation" in Zeiten wie den gegenwärtigen, in denen die Wellen der Migrationsprozesse immer neue Gruppen von Menschen in die Außenviertel der großen Städte „anschwemmen", in denen Menschen stranden und doch ihr „Nomadendasein" nicht aufgeben. Zivilisation versus Barbarei – das waren noch Schlagworte einer Ethnologie des beginnenden 20. Jahrhunderts, die dann jedoch von lateinamerikanischen Denkern wie José Vasconselos oder Domingo Faustino Sarmientos ironisch hinterfragt wurden, die aber doch das Bewusstsein prägen und die seit der spanischen Eroberung begonnenen Entwicklungen mit der Zivilisation gleichsetzten, die von der „Barbarei" der eingeborenen Völker abzugrenzen seien. Diese Verteidigungen einer „europäisch" geprägten Kultur sind letztlich von den Wogen der Metropolisierung und den Wellen der Migration – zum Glück – überrannt worden. „Zivilisation" und „Barbarei" begegnen sich in der Stadt auf eine neue Weise.

Die zu Beginn des 20. Jahrhunderts entstehende Stadtsoziologie hatte – so Max Weber – in der Stadt das Modell der Ausprägung einer „Sozialordnung des Okzidents" gesehen, oder sie – wie bei Georg Simmel – als einen realen „Lebensraum" oder – wie in der Chicagoer Schule – als „ökologische Gemeinschaft" beschrieben.[4] Die neuen Mega-Cities decken diese Ansätze in ihrer „Provinzialität" auf, die Stadtsoziologie scheint mit der Globalisierung und ihren massiven Veränderungsprozessen, vor allem der transnationalen Migration, ihren Gegenstand verloren zu haben: „Die Geschichte der Urbanisierung ist beendet, denn es gibt keine andere mehr. Aber

---

[3] José Comblin/F. Javier Calvo, *Teología de la Ciudad*, Salamanca/Estella 1972, 16: „Ahora bien, la urbanización es un cambio cualitativo. La ciudad es la civilización."

[4] Vgl. die sehr gute Übersicht zur Geschichte der Stadtsoziologie von Frank Eckardt, *Soziologie der Stadt*, Bielefeld 2004.

wenn alles städtisch wird, wird auch zugleich alles raumlos und unspezifisch. Die moderne Großstadt dankt als Paradigma für die Stadtsoziologie ab, die *flow*-Urbanität tritt geltungsmächtig auf: Der globale Strom von Menschen, Gütern, Dienstleistungen, Zeichen, Bildern und Lebenskonzepten stellt die verfasste Stadt der Moderne in Frage. – Die globalisierte Stadt droht in einer eigenartigen Weise geschichtslos zu werden, aus den Ereignissen werden *Events*, statt von einer holistischen Stadtentwicklung kann man nur noch von einer vielfältigen Fragmentierung der verschiedensten Lebenswelten reden. *Den* Stadtbürger gibt es zunehmend weniger. Kulturen und Epochen werden jenseits der modernistischen Perspektive in urbane Kontexte eingepflanzt. Grundlegende soziologische Verständnisse von Zeit, Nähe, Ferne, Nachbarschaft, Gemeinschaft, Milieu und Macht werden extensiviert, bis über den Äquator, den Ural und den Indischen Ozean ausgedehnt. Die Transnationalisierung urbanen Lebens stellt die größte Herausforderung für die heutige Stadtsoziologie dar ...", so der Soziologe Frank Eckardt in seiner 2004 erschienenen Einführung in die verschiedenen Strömungen der „Soziologie der Stadt".[5]

Sicher ist die Metropolis auch in den jungen Jahren der Stadtsoziologie in ihren Licht- und Schattenseiten vorgestellt werden, in der Stadt kreuzen sich „Jerusalem" und „Babylon", aber von einer „Krise der Stadt", wie sie sie auch europäische Soziologen der Gegenwart zeichnen, so der Bielefelder Soziologe Wilhelm Heitmeyer, und dabei auf Rassismus, Fremdenfeindlichkeit und massive Exklusionsprozesse hinweisen, wird erst in jüngerer Zeit gesprochen.[6] Diese Analyse wird bestätigt aus einer demographischen Perspektive; Die Stadt, gerade ihre Innenbereiche, in der sich New Economy, Wirtschaftszweige der Computer- und Informationstechnologien ansiedeln, wird zumeist von „Singles" bewohnt, Individualisierung, Vereinsamung, der Verlust der historischen Orte, ein Sich-Einrichten an „Nicht-Orten", das kennzeichne das Leben in der Großstadt der Gegenwart.[7] Dieser europäische Blick auf die „Krise" verschärft

---

[5] A. a. O., 9–10.
[6] Vgl. z. B. Wilhelm Heitmeyer/Reimund Anhut (Hrsg.), *Bedrohte Stadtgesellschaft. Soziale Desintegrationsprozesse und ethnisch-kulturelle Konfliktkonstellationen*, Weinheim 2000.
[7] Vgl. Marc Augé, *Orte und Nicht-Orte. Vorüberlegungen zu einer Ethnologie der*

sich, wenn die „unwirtlichen" und „unplanbaren" lateinamerikanischen Metropolen analysiert werden. „Die Megastädte scheinen nicht nur unwirtlich für ihre Einwohnerschaft, sondern unplanbar geworden zu sein, die Versorgung der Bevölkerung mit Arbeit, Wohnraum, Wasser, Bildungsangeboten und Gesundheitsdiensten sowie einer annehmbaren Infrastruktur durch die noch immer steigenden Bevölkerungszahlen ist in weite Ferne gerückt."[8] Die „Favelarisierung" der Global Cities, die auf allen Kontinenten ähnlich ist, sei es in Manila, Nairobi, Kinshasa, Caracás, Rio de Janeiro, São Paulo oder Buenos Aires, hat europäische und US-amerikanische Soziologie von „Exklusion", gar „Anomie" im Blick auf die Stadt sprechen lassen.

Wird die europäische Perspektive mit Arbeiten von lateinamerikanischen Wissenschaftlern bzw. Wissenschaftlern, die sich mit der Realität der Mega-Cities der Länder des Südens auseinandersetzen, gekreuzt, so ergeben sich nun aber interessante Perspektivverschiebungen. Gerade nicht von „Krise" der Stadt oder dem Ende der Stadtsoziologie ist die Rede, sondern das „Chaos" der neuen „suburbias" wird auch in seiner kreativen Kraft wahrgenommen. In vielen seiner Studien der lateinamerikanischen Großstädte hat Manuel Castells die sozialen Bewegungen in den Vorstädten, die komplexen Lebensrealitäten von innerlateinamerikanischen Migranten und Migrantinnen in den Blick genommen.[9] Aus Perspektive des Südens werden die verschiedenen Exklusions-Ansätze – in sozialer, wirtschaftlicher, kultureller, politischer usw. Hinsicht – einer differenzierenden Re-lecture unterzogen.[10] Gerade die Migranten in die

---

Einsamkeit, Frankfurt a.M. 1994. Vgl. dazu im Einzelnen den Punkt 1.1 des vorliegenden Aufsatzes.

[8] Renate Rott, *Urbanisierung und Metropolisierung. Die Großstadt als sozialer Raum gesellschaftlicher Wandlungsprozesse: Zur Entstehung einer Soziologie der Stadt*, in: Ibero-Amerikanisches Archiv 19 (1993) 95–105, hier: 93.

[9] Vgl. die Arbeiten von Manuel Castells, *Movimientos sociales urbanos en América latina*, Lima 1976. – Castells sieht die Stadt als Austragungsort sozialer Konflikte.

[10] Stephen Armet, *Urban Realities amidst Social Complexities in Latin American Cities*, in: Missiology: an International Review 28 (2000) 459–470. – Armet wirft einen kritischen Blick auf das Konzept der Marginalität in sehr unterschiedlichen Perspektiven: der wirtschaftlichen, sozialen, kulturellen, religiösen. Auf diesem Weg rücken z. B. Pfingstkirchen, oder die Stellung der Frau in der lateinamerikanischen Gesellschaft auf eine andere Weise in den Mittelpunkt.

Vorstädte der Großstädte sind nicht mehr das „städtische" bzw. „vorstädtische" Proletariat, ihr Leben ist durch „transnationale Netzwerke geprägt", und es werden neue interkulturelle Beziehungen und Begegnungen möglich, die der Stadt einen neuen, weiteren Horizont erschließen. „Das Leben vieler Migranten", so der Soziologe Frank Eckardt in seinem Blick auf Globalisierung und Urbanisierung, „wird durch transnationale Netzwerke geprägt. Mit diesen überschreiten sie die Begrenzungen, denen sie durch die Aufnahmeländer unterliegen. Mit der Bezeichnung ‚transnationale Migration' wird ein Sozialraum beschrieben, in dem Migranten sowohl in ihrem Herkunfts- als auch in ihrem Verbleibort vielfältige Aktivitäten entwickeln. In verschiedenster Form werden in den transnationalen Räumen soziale, politische, religiöse und ökonomische Bindungen aufgebaut, mit denen sich der Einfluss auf die Herkunftsländer fortsetzt."[11] Die Welt wird in die Stadt hineingelassen und – um ein Wort Romano Guardinis aufzugreifen – mit den Fremden, mit dem Gast, wird „Gott" hineingelassen. Stadtsoziologie, die der Globalisierung und ihren Veränderungsprozessen positiv aufgeschlossen ist, macht gerade Religion neu zum Thema, und auch die ursprüngliche Aufgabe der Stadt – zum Raum eines Miteinanders im Sinne eines „guten Lebens" zu werden – rückt neu in das Gesichtsfeld. Die Frage der „citizenship", der Zugehörigkeit zu einer Gemeinschaft, stellt sich in der globalisierten Mega-City auf eine neue Weise, und sie kann – vielleicht – Gesellschaft und Politik neue Perspektiven eröffnen.

In den folgenden Überlegungen soll eine Kreuzung der Blicke auf die Stadt – vom Norden und vom Süden – unternommen werden, dabei wird der Horizont der Überlegungen ein theologischer sein. Angesichts der massiven Veränderungen, die mit der Ausbildung der Mega-Cities übereingehen, stellt sich neu die Frage nach „Gott in der Stadt", nach Formen des Christseins heute und der Ausbildung von kirchlichen Strukturen. Religion ist neu in das Blickfeld sozialwissen-

---

[11] Eckardt, *Soziologie der Stadt*, 100. – Die Stadt wird zum „Experimentierfeld" für eine neue Form des Miteinanders; darauf weist auch Walter Siebel hin: *Entwicklungstendenzen der europäischen Stadt*, in: Jürgen Heumann (Hrsg.), Stadt ohne Religion? Zur Veränderung von Religion in Städten – Interdisziplinäre Zugänge, Frankfurt a.M. 2005, 163–169, hier: 169: „Die künftige Siedlungsstruktur wird weniger der traditionellen Gestalt der europäischen Stadt entsprechen als einem dezentralen Netzsystem. Und schließlich sozialräumlich wird die Stadt der Zukunft eher einem Mosaik kulturell und sozial spezialisierter Quartiere gleichen."

schaftlicher und kulturanthropologischer Überlegungen gerückt. Gerade die soziologischen Analysen zum Leben in der Stadt – vor allem den großen Favelas der Städte Lateinamerikas, Afrikas oder Asiens – weisen auf die neue Bedeutung von Pfingstkirchen und anderen christlichen und nicht-christlichen religiösen Gruppen hin, die „auf das Verhältnis von Glaube und aktuellen Mitteln der Gesundheit" bauen, die Religion als „Lebensgarantie und Schutz familiärer Beziehungen" sehen. „Eine Regierbarkeit der Peripherien von Rio", so der brasilianische Theologie Luiz Carlos Susin, „ist ohne den Einfluss der Pfingstkirchen fast nicht mehr denkbar. Sie sorgen für ein Gespür für Würde, Moral und Selbstbewusstsein dort, wo alle offiziellen gesellschaftlichen Institutionen kapituliert haben, einschließlich der offiziellsten aller Kirchen, der katholischen. Seit einiger Zeit liegt der Anteil der Katholiken in Rio de Janeiro bei unter 50 Prozent und umfasst vor allem die traditionellen Segmente und die gutgestellten gesellschaftlichen Schichten. Jesus ist in den Peripherien sicherlich präsenter als die Kirche. Die Kirchen, die in den Vorstädten noch aushalten, sammeln die Reste der Traditionen, die im kulturellen und religiösen Chaos noch herumwirbeln. Aus solchen Resten werden mitten im Chaos Kirchen in ganz ähnlicher Weise aufgebaut, wie die Hütten der Favelas aus Bauresten. Diese Kirche im und aus dem Chaos werden zu einer Art Basisgemeinden."[12]

Für die katholische Kirche stellen diese neuen Entwicklungen eine radikale Herausforderung dar, aber vielleicht auch eine Chance zu neuen Aufbrüchen, die den Blick auf Spiritualität und Subjekthaftigkeit des Glaubens lenkt, die auf eine ganz neue Weise „Ökumene" zum Thema einer Kirche macht, die über Jahrhunderte die dominierende christliche Kirche in einem ganzen Kontinent gewesen

---

[12] Luiz Carlos Susin, *Jesus: ein „Ort", um zu leben. Christentum im Aufbruch und Kirchenbildung im Süden*, in: Arnd Bünker/Eva Mundanjohl/Ludger Weckel/Thomas Suermann (Hrsg.), Gerechtigkeit und Pfingsten. Viele Christentümer und die Aufgabe einer Missionswissenschaft, Ostfildern 2010, 113–131, hier: 126. – Aus lateinamerikanischer Perspektive sei auf folgende Publikationen hingewiesen: Benjamin Bravo/Alfons Vietmeier (Hrsg.), „Gott wohnt in der Stadt". *Dokumente des Internationalen Kongresses für Großstadtpastoral in Mexiko 2007*, Münster 2008; Brigitte Saviano, *Pastoral urbana. Herausforderungen für eine Großstadtpastoral in Metropolen und Megastädten Lateinamerikas*, Münster 2006; Federico Altbach, *Das Subjektsein der Laien in der Kirche. Ein Beitrag zur Theologie der Großstadt in Lateinamerika*, Münster 2005.

ist. In den folgenden Überlegungen soll es um diese neuen Entwicklungen und Herausforderungen des Christseins in der Stadt gehen. Dabei können die „Crossroads" vielleicht gerade auch die europäischen Blickwinkel weiten und im Kreuzen der Blicke an den „Nicht-Orten" der Single-Städte des Nordens auch neue „Räume der Gnade" entdecken helfen. Zunächst werden die beiden Perspektiven – Nord und Süd – in ihren Herausforderungen skizziert. Nord und Süd sind dabei mehr als geographische Bezeichnungen, in Zeiten der Globalisierung und Migration ragen die Geschichten des Südens hinein in die des Nordens, auch die großen Städte des Nordens – Madrid, Rom, Berlin, London, Paris usw. – sind von der neuen Mauer, die die Weltgesellschaft in Arm und Reich trennt, durchzogen. Und umgekehrt trifft die Gefährdung des Auseinanderbrechens von Strukturen des Miteinanders durch die Einsamkeit der Single-Gesellschaft auch die neuen „Nicht-Orte" der sich abschließenden reichen Viertel der Mega-Cities des Südens. Lernen kann der Norden sicher von der Produktivität von Religion und neuen Formen der Kirchenbildung im Süden, von der Chance eines neuen Miteinanders, einer „interkulturellen citizenship", die sich in den großen Städten ausgestaltet hat und sich weiter ausgestaltet. Sicher sind die folgenden Überlegungen nicht mehr als ein „essay", wenn sie Nord und Süd, Spiritualität und Politik sich begegnen lassen und auf diesem Weg über neue Formen der Gotteserfahrung und Religiosität die Grundlage für neue ekklesiologische Impulse, eine Kirche im Werden geben möchten.

1. Von Nicht-Orten und Passagen: Nord und Süd im Gespräch

1.1 Die „einsamen Individualitäten" der Großstädte des Nordens

Aus einer sozial- und kulturanthropologischen Perspektive, wie sie z. B. der französische Sozialphilosoph und Ethnologe Marc Augé in seinen beeindruckenden Überlegungen zu „Orten" und „Nicht-Orten"[13] vorgelegt hat, ist die Stadt nicht mehr ein Ort, an dem der

---

[13] Augé, *Orte und Nicht-Orte*. Augé wirft einen Blick auf die Stadt aus einer kulturanthropologischen Perspektive; er setzt sich kritisch mit den Überlegungen von Michel de Certeau auseinander. Auf diese Diskussion kann hier nur verwie-

Mensch eine Verwurzelung erfährt, sich seine Identität über die Rückbindung an den geographischen und geschichtlichen Raum der Stadt im Miteinander der vielen Geschichten ausbildet, sondern sie wird zu einem „Nicht-Ort", der allein „Raum" gibt für „einsame Individualitäten". Die Zahl der Single-Haushalte hat in den großen Städten der nördlichen Hemisphäre immens zugenommen, zwischen 1950 und 1982 ist der Anteil der Einpersonenhaushalte von 20 auf 30 % gestiegen, heute sind es bereits ca. 50 % aller Haushalte, die zu den Single-Haushalten gezählt werden. Allein-Sein ist ein Phänomen der Stadt – in den großen Städten weltweit hat sich der Lebensraum des Menschen in einer solchen Weise verändert, dass die „Verortung" des Menschen nicht mehr selbstverständlich über soziale Beziehungen am „Ort" geschieht, sei es bedingt durch den Beruf, das Privatleben, ehrenamtliches bürgerschaftliches oder kirchliches Engagement usw. Alleinsein wird von Marc Augé aber nicht allein als ein zufälliges demographisches Problem festgemacht, es hat zu tun mit den Veränderungen der Zeit- und Raumerfahrungen der globalisierten Gesellschaft, einer Epoche, die Augé bewusst als „Übermoderne" charakterisiert. Die Übermoderne löst die Zeiterfahrung auf, aufgrund der „Überfülle der Ereignisse" und einer Beschleunigung der Geschehnisse.[14] Und ähnliches trifft auf die Erfahrung des Raumes zu: „Wir leben im Zeitalter eines Wechsels der Größenordnungen, ganz sicher, was die Eroberung des Raumes betrifft, aber auch auf der Erde: Die Schnelligkeit unserer Verkehrsmittel sorgt dafür, dass der Abstand zwischen zwei beliebigen Hauptstädten nicht mehr als ein paar Stunden beträgt."[15] Genau das „führt konkret zu beträchtlichen physischen Veränderungen: zur Verdichtung der Bevölkerung in den Städten, zu Wanderungsbewegungen und zur Vermehrung dessen, was wir als „Nicht-Orte"

---

sen werden: vgl. Michel de Certeau, *L'invention du quotidien I. Arts de faire*, Paris 1990, v.a. Teil III: *Marches dans la ville*, 139–164, und *Récits d'espace*, 170–191. – Vgl. zu diesen Überlegungen auch: Margit Eckholt, *Christsein in der Stadt. Gelebtes Christsein – allein*, in: Franz Gmainer-Pranzl (Hrsg.), Alleine leben – mit anderen sein. Ein christlicher Lebensentwurf, Würzburg 2011, 91–128.

[14] A. a. O., 39/40: „Aus der Sicht der Übermoderne hat die Schwierigkeit, die Zeit zu denken, ihren Grund in der Überfülle der Ereignisse, die für die gegenwärtige Welt charakteristisch ist, und nicht im Zusammenbruch einer Fortschrittsidee, die schon seit langem keinen guten Stand hat."

[15] A. a. O., 41.

bezeichnen – im Unterschied zum soziologischen Begriff des Ortes, den Mauss und eine ganze ethnologische Tradition mit dem Begriff einer in Zeit und Raum lokalisierten Kultur verknüpft haben. Zu den Nicht-Orten gehören die für den beschleunigten Verkehr von Personen und Gütern erforderlichen Einrichtungen (Schnellstraßen, Autobahnkreuze, Flughäfen) ebenso wie die Verkehrsmittel selbst oder die großen Einkaufszentren oder die Durchgangslager, in denen man die Flüchtlinge kaserniert."[16] Die Umgebung des Menschen besteht in der postmodernen-modernen Großstadt, so Marc Augé, aus „Nicht-Orten": Orten wie die Einkaufspassagen, die Verkehrsknotenpunkte, Schnellrestaurants, Wartezonen und Zonen des Übergangs, die dem Menschen nicht mehr Heimat durch ein Beziehungsnetz geben, sondern „Passage" sind und die Stadtbewohner zu „Passanten" werden lassen.

Ein „anthropologischer Ort" – z. B. ein Stadtviertel, in dem ein Mensch aufwächst, in dem er die Geschichte seiner Familie rekonstruieren kann, Freundschaften schließt, seinen Weg in das Leben hinein geht – ist ein „Sinnprinzip" für die, die dort leben, aber genau solche Orte brechen in den Großstädten weg, verloren geht die Geschichte, die genau diesen Ort ausmacht. Geschichte, so Augé, ist „möglicherweise im Begriff, sich zu ästhetisieren, während sie sich gleichzeitig entsozialisiert und artifiziell wird"[17]. Das ist der tiefere Grund für die Ausbildung der „einsamen Individualität" in der Großstadt. Der „Nicht-Ort" ist die Passage, ein Raum, der „keine Identität besitzt": „So wie ein Ort durch Identität, Relation und Geschichte gekennzeichnet ist, so definiert ein Raum, der keine Identität besitzt und sich weder als relational noch als historisch bezeichnen lässt, einen Nicht-Ort. Unsere Hypothese lautet nun, dass die ‚Übermoderne' Nicht-Orte hervorbringt, also Räume, die selbst kei-

---

[16] A. a. O., 44.
[17] A. a. O., 88: „Gleichwohl lebt man immer weniger in Paris, wenn man dort ständig viel arbeitet, und diese Entwicklung scheint ganz allgemein für unser Land zu gelten. Die Anwesenheit der Geschichte, die in unseren Städten und Landschaften allenthalben vernehmlich wird, ist möglicherweise im Begriff, sich zu ästhetisieren, während sie sich gleichzeitig entsozialisiert und artifiziell wird. ... Doch seit Malraux verwandeln unsere Städte sich zunehmend in Museen (herausgeputzte, angestrahlte Denkmäler, autofreie und Fußgänger-Zonen), während Umgehungsstraßen, Autobahnen und Hochgeschwindigkeitszüge sie ignorieren oder meiden helfen." – Zum „anthropologischen Ort" vgl. 63/64.

ne anthropologischen Orte sind und, anders als die Baudelairesche Moderne, die alten Orte nicht integrieren; registriert, klassifiziert und zu ‚Orten der Erinnerung' erhoben, nehmen die alten Orte darin einen speziellen, festumschriebenen Platz ein. Eine Welt, die Geburt und Tod ins Krankenhaus verbannt, eine Welt, in der die Anzahl der Transiträume und provisorischen Beschäftigungen unter luxuriösen oder widerwärtigen Bedingungen unablässig wächst (die Hotelketten und Durchgangswohnheime, die Feriendörfer, die Flüchtlingslager, die Slums, die zum Abbruch oder zum Verfall bestimmt sind), eine Welt, in der sich ein enges Netz von Verkehrsmitteln entwickelt, die gleichfalls bewegliche Behausungen sind, wo der mit weiten Strecken, automatischen Verteilern und Kreditkarten Vertraute an die Gesten des stummen Verkehrs anknüpft, eine Welt, die solcherart der einsamen Individualität, der Durchreise, dem Provisorischen und Ephemeren überantwortet ist, bietet dem Anthropologen ein neues Objekt ..."[18] Dabei verbinden sich Orte und Nicht-Orte, es setzen sich „Orte neu zusammen, Relationen werden rekonstruiert, und die ‚jahrtausendealten Listen' der ‚Erfindung des Alltäglichen' und der ‚Künste des Machens', die Michel de Certeau subtil analysiert hat, können sich darin einen Weg bahnen und ihre Strategien entfalten. Ort und Nicht-Ort sind fliehende Pole; der Ort verschwindet niemals vollständig, und der Nicht-Ort stellt sich niemals vollständig her – es sind Palimpseste, auf denen das verworrene Spiel von Identität und Relation ständig aufs neue seine Spiegelung findet. Dennoch sind die Nicht-Orte das Maß unserer Zeit, ein Maß, das sich quantifizieren lässt und das man nehmen könnte, indem man – mit gewissen Umrechnungen zwischen Fläche, Volumen und Abstand – die Summe bildete aus den Flugstrecken, den Bahnlinien und den Autobahnen, den mobilen Behausungen, die man als ‚Verkehrsmittel' bezeichnet (Flugzeuge, Eisenbahnen, Automobile), den Flughäfen, Bahnhöfen und Raumstationen, den großen Hotelketten, den Freizeitparks, den Einkaufszentren und schließlich dem komplizierten Gewirr der verkabelten oder drahtlosen Netze, die den extraterrestrischen Raum für eine seltsame Art der Kommunikation einsetzen, welche das Individuum vielfach nur mit einem anderen Bild seiner selbst in Kontakt

---

[18] A. a. O., 92.

bringt."[19] Einer der aktuellen Filme der Hollywood-Traumfabrik „Up in the Air" zeichnet das Bild eines solchen Menschen: stolz auf sein „Meilenkonto" bei seiner Fluggesellschaft, zuhause auf den Flughäfen und in den Wartesälen der großen Welt, aber nicht mehr zuhause bei sich und nicht mehr in der Lage, Beziehungen zum anderen aufzubauen.[20]

Die Nicht-Orte der Großstadt schaffen das, was das Allein-Sein in der Großstadt charakterisiert, die Einsamkeit, vereinzelte und einsame Identitäten, die sich nirgendwo mehr zuhause fühlen, sondern „Passagiere" sind.[21] „Eine Einsamkeitsangst", so auch der evangelische Theologe Hans Jürgen Baden, „breitet sich aus, die nicht durch das Alleinsein entsteht. Die einen – im Gegenteil – mitten unter Menschen befällt. Für-sich-sein-Können galt einmal als eine wohltuende Erfahrung, in der man zur inneren Ruhe findet. Wie kommt es, dass die Einsamkeit heute als so bedrohlich erlebt wird? Dass immer mehr Menschen vom Gefühl einer tiefen Ungeborgenheit bestimmt sind? Woher die diffusen Ängste, die depressive Selbstzärtlichkeit gerade bei denen, die uns gestern noch nicht schreckten mit ihrer inneren Öde?"[22] Es kommt zu massiven Veränderungen in der Gestalt des Miteinanders, genau das, was die antike Polis zum Raum des Miteinanders gemacht hat, fällt nun weg. „Zunehmende Verlassenheit, die Zerstörung der Solidarität unter den Menschen, von außen und innen kommend, das Gefühl politischer Ohnmacht, das ist heute keine Privatproblematik des einzelnen mehr. Solidaritätsschwund infolge ‚narzisstischer Entleerung' (Dörte von Western-

---

[19] A. a. O., 93/94.

[20] Vgl. auch Fr. Samuel R., *Mégalopolis*, in: Aletheia 34 (2008) 144–151, hier: 148: „Les collisions se multiplient, mais donnent-elle lieu à des rencontres? La dépersonnalisation, doublée d'une hyper-individualisation de surface, facilite l'illusion, mais laisse en même temps dans le vide de la solitude et de l'incommunicabilité …"

[21] Augé, *Orte und Nicht-Orte*, 103; 121; 138: „In der Situation der Übermoderne besteht ein Teil dieser Umgebung aus Nicht-Orten und ein Teil dieser Nicht-Orte aus Bildern. Die Frequentierung von Nicht-Orten gibt heute Gelegenheit zu einer historisch neuen Erfahrung einsamer Individualität und nichtmenschlicher Vermittlung zwischen Individuum und Öffentlichkeit (es genügt ein Plakat oder ein Bildschirm)."

[22] Hans Jürgen Baden, *Schritte aus der Einsamkeit. Erfahrungen in unserer Zeit*, Freiburg i. Br. 1983, 16/17.

hagen) – das trifft den Nerv des politischen Gemeinwesens. Nicht auszudenken, dass immer mehr Menschen in eine fatale, unpolitische Privatheit geraten, wo doch nichts nötiger ist als eine entschiedene weltweite Bürger-Aktivität gegen die Kräfte des militärischen und ökologischen Zerstörens, eine neue, kämpferische Empörung gegen die Verursacher unserer Isolationen."[23] Der Blick auf das Alleinsein in den Großstädten der nördlichen Hemisphäre ist ein radikaler Einschnitt für Sozialphilosophie und politische Theorie, der sicher einem Kulturbruch höchsten Ausmaßes gleichkommt: Die Stadt, das klassische Zentrum der Gemeinschaft, der „Politik", par excellence ist nicht mehr ein „Ort", sondern wird durch die vielen „Nicht-Orte", die die Stadt durchziehen, zum „Raum" der Einsamkeit. Die radikale Veränderung des „Raumes" der Großstadt fördert so das Allein-Leben, klassische Formen des Zusammenlebens wie Ehe und Familie sind in einem gefährlichen Prozess der Erosion begriffen. Es berühren sich Individuen – „einsame Individualitäten", wie Marc Augé schreibt. Allein-Sein kann dabei zur Vereinsamung und Isolation führen, die zur Gefährdung des sozialen Gefüges werden können – eine der großen Herausforderungen für Gesellschaft und Kirche vor allem in den Großstädten der nördlichen Welthemisphäre.

Augé beendet seine Überlegungen aber nicht allein mit dem Blick auf die Gefahr der Vereinsamung. Die Erfahrung der „Passage", des Nicht-Ortes, überkreuzt sich mit alten und neuen Momenten des anthropologischen Ortes, und vielleicht kann gerade auch hier Neues wachsen: Die „Passage" ist nicht mehr nur Erfahrung der Migranten und Reisenden, sie wird zu einer Erfahrung, die gerade der Großstadtmensch auf eine neue Weise macht und die ihn mit den Menschen verbinden kann, die als Fremde durch verschiedenste Schicksalsschläge in den Großstädten landen. Es kann ein Moment sein – hier bleibt Marc Augé – aber vorsichtig, über das sich das ausbilden kann, was die Sozialwissenschaft mit dem Begriff der „interkulturellen Citizenship" bezeichnet – ein neues Miteinander in der globalen Weltgesellschaft, deren Keimzellen und Laboratorien gerade die Mega-Cities, die Global Cities sind. Auf jeden Fall, so das Fazit der anregenden Überlegungen von Marc Augé, darf „keine Ana-

---

[23] A. a. O., 18.

lyse des sozialen Gefüges" "länger das Individuum verkennen, und keine Analyse des Individuums kann fortan die Räume ignorieren, durch die es sich hindurchbewegt."[24]

1.2 Die Migrationsgeschichten des Südens

Eines der großen Zeichen der Zeit zu Beginn des 21. Jahrhunderts ist das Phänomen der globalen Migration. Die Migrationsbewegungen und Flüchtlingsproblematik haben in den letzten Jahren angesichts dramatischer politischer Konflikte und wachsender sozialer Probleme, vor allem in den afrikanischen und asiatischen Ländern, zugenommen – der UNHCR (United Nations High Commissioner for Refugees, Hoher Flüchtlingskommissar der Vereinten Nationen) schützt und unterstützt knapp 32 Millionen Menschen, die vor Krieg, Verfolgung und massiven Menschenrechtsverletzungen geflohen sind oder sich in flüchtlingsähnlichen Situationen befinden, wobei nach Schätzungen des UNHCR die Gesamtzahl aller von Flucht betroffenen Menschen noch höher ist.[25] Aber auch in Lateinamerika können viele Geschichten der Migration, gerade auch der Binnenmigration erzählt werden – in Kolumbien vor allem aus Gründen von Gewalt und Guerilla, in Ländern wie Ecuador und Bolivien aus Gründen von Armut, Arbeitslosigkeit. Ziel sind hier die großen Städte der benachbarten Länder, vor allem Buenos Aires und Santiago haben in den letzten Jahre Tausende von Migranten und Migrantinnen aus den Andenländern aufgenommen. Dabei ist Migration ein Phänomen, das die Weltgeschichte in ihren unterschiedlichen Epochen immer wieder neu geprägt hat; es waren unterschiedlichste Beweggründe, die Menschen, gar ganze Volksstämme, zum Aufbruch bewegt haben, oft der Mangel an Lebensnotwendigem in der angestammten Heimat; Not, Hunger, Arbeitslosigkeit, auch Naturkatastrophen haben die Sehnsucht nach einer „neuen Welt", einem „Eldorado" genährt und Anlass für einen Aufbruch gegeben – eine Suche nach „Anders-Orten", neuen Orten, mit Sehnsucht, Fremdheit, Abenteuer und der Hoffnung eines gelingenden Lebens ohne Not und Gewalt belegt. Neu ist heute, dass Migration ein globales Phänomen ist, unterschiedliche, auch gegenläufige Flüchtlingsströ-

---

[24] Augé, Orte und Nicht-Orte, 141.
[25] Vgl. dazu: http://www.unhcr.de/grundlagen.html (Stand: 19.12.12).

me sind festzustellen, neu ist vor allem auch der Einbruch der Flüchtlingsströme in die „alte" Welt. Während noch in der zweiten Hälfte des 19. und der ersten Hälfte des 20. Jahrhunderts Arbeitsmigranten oder politische Flüchtlinge Europa verließen, wird Europa nun zum Sehnsuchtsort vieler Menschen aus den von Armut und vielfältiger Gewalt geplagten afrikanischen Ländern. Diese Sehnsucht erfährt Schiffbruch vor der Südküste Italiens, in Sizilien, Lampedusa, auf Gibraltar oder den von Touristen bevölkerten Stränden der karibischen Inseln.[26]

Die gegenwärtigen Zeiten sind „bewegte" Zeiten, von stetem Aufbruch, Ankommen, Verlassen, von Wanderschaft und Reise sind sie geprägt. Identitäten geraten in den Fluss, das „Nomadische" wird zum Kennzeichen des neuen Weltbürgers.[27] Vielfältige – gerade auch widersprüchliche und miteinander nicht vereinbare – „Wanderungsbewegungen" prägen unsere Zeiten: Aufbruch, Bewegung, gewollt oder ungewollt, das Verlassen von Räumen, die Suche nach neuen, das ungewisse Schweben in Grenz- und Warteräumen. Interessant ist, dass auch in der theologischen Arbeit immer mehr von den „Räumen" die Rede ist; damit rückt neben dem Faktor Zeit die zweite Kantsche Grundkonstante menschlicher Existenz in das Bewusstsein.[28] Nicht nur die Zeit steht für die Veränderlichkeit und

---

[26] Vgl. dazu auch: Margit Eckholt, „*all inklusive – all exklusive*". *Zwei Perspektiven des Reisens in globalen Zeiten*, in: missio konkret 2/2008, 3 – 6; dies, „all exklusive" oder: „Mach den Raum deines Zeltes weit". Die Herausforderung von Migration für die Kirche, in: missio konket 3/2008, 3 – 6.

[27] Zum Nomadischen vgl. die Arbeiten von Rosi Braidotti, v.a.: *Nomadic Subjects. Embodiment and Sexual Difference in Contemporary Feminist Theory*, New York 1994. – Das Thema „Migration" ist sehr gut in der Dokumentation der Kölner Ausstellung erarbeitet: Kölnischer Kunstverein (Hrsg.), *Projekt Migration. Katalog zur Ausstellung im Kölner Kunstverein*, Köln 2005.

[28] Zum neuen „Raumparadigma" vgl. Spatial turn: das Raumparadigma in den Kultur- und Sozialwissenschaften, hrsg. von Jörg Döring u. a., Bielefeld 2008; Markus Schroer, *Räume, Orte, Grenzen. Auf dem Weg zu einer Soziologie des Raums*, Frankfurt a.M. 2006. – In der Theologie wird dieser „turn" vor allem in der Pastoraltheologie rezipiert: M. Lechner, *Pädagogik des Jugendraumes*, Ensdorf 1994; ders., *Pädagogik des Jugendraumes. Neue Impulse für die kirchliche Jugendarbeit*, in: Trierer Theologische Zeitschrift 102 (1993) 271–285; ders., *Räume – Personen – Cliquen*, in: H. Hobelsberger/M. Lechner/W. Tzscheetzsch (Hrsg.), Ziele und Aufgaben kirchlicher Jugendarbeit. Bilanz und Auftrag 20 Jahre nach dem Synodenbeschluss, München 1996, 83–94. – In der systematischen Theologie bezieht sich vor allem die evangelische Theologin Magdalena Frettlöh

Kontingenz des Lebens, auch der Raum ist „in den Fluss geraten", er ist keine dem Menschen Stabilität gewährende Konstante mehr, Räume verändern sich, sie werden genommen, sie werden überschritten und verlassen. Die Grenze, die den Raum als Raum definiert, gerät auf neue Weise in den Blick, für Menschen auf der Flucht als Bedrohendes, Leben Nehmendes. Die Grenze zwischen den USA und Mexiko ist so z. B. zu einem neuen theologischen Ort in der US-amerikanischen Theologie – vor allem der „latina-theology" – geworden.[29] Die Grenze wird als gewaltbesetzt erlebt; es ist nicht nur die Gewalt der Trennung von der Heimat, sondern die Gewalt, um das Leben gebracht zu werden an den Todesstreifen zwischen Nord und Süd. Die Grenze ist nicht mehr beweglich und durchlässig, es wird vielmehr abgegrenzt, ausgegrenzt, Grenzen werden geschlossen. Gerade die Grenze zwischen den USA und Mexiko wird zum Symbol für den Graben zwischen dem reichen Norden und dem armen Süden. In Zeiten der Kommunikationsmedien, des Austausches von Kapital und Bildungs- und Kultureliten scheinen die Welten so nah, und doch sind sie so fern und einander fremd aus Perspektive all' derer, die um Lebenschancen kämpfen, die keinen Zugang zu Bildung, Arbeit und Wohlstand haben, deren Traum eines sozialen Aufstiegs mit der Überwindung der Grenze verbunden ist und deren Hoffnungen „auf der Grenze" scheitern. In den Groß-

---

darauf: *Der trinitarische Gott als Raum der Welt. Zur Bedeutung des rabbinischen Gottesnamens maquom für eine topologische Lehre von der immanenten Trinität,* in: Rudolf Weth (Hrsg.), Der lebendige Gott. Auf den Spuren neueren trinitarischen Denkens, Neukirchen-Vluyn 2005, 197–232.

[29] Vgl. hier vor allem die Arbeiten der mexikanischen, an der Catholic University in San Diego tätigen Theologin María Pilar Aquino, u. a.: *La humanidad peregrina viviente: migración y experiencia religiosa,* in: Gioacchino Campese/Pietro Ciallella (Hrsg.), Migration, Religious Experience, and Globalization, Staten Island NY: Center for Migration Studies 2003, 103–142; María Pilar Aquino/Roberto S. Goizueta (Hrsg.), *Theology: Expanding the Borders,* Mystic 1998; M.P. Aquino, *Theological Method in U.S. Latino/a Theology,* in: Orlando O. Espin/Miguel H. Díaz (Hg.), From the heart of our people. Latino/a Explorations in Catholic Systematic Theology, Maryknoll, New York 1999, 6–48; zur Grenze ebenso: Allan Figueroa Deck SJ, *The Second Wave: Hispanic Ministry and the Evangelization of Cultures,* Mahwah 1989; ders., *At the Crossroads: North American and Hispanic,* in: Roberto S. Goizueta (Hrsg.), We are a people! Initiatives in Hispanic American Theology, Minneapolis 1992, 1–20.

städten der Welt wie Mexiko-City, São Paulo oder Buenos Aires sammeln sich Menschen mit diesen gescheiterten Hoffnungen.

Die Zahl der internationalen Migranten lag 1990 bei 120 Millionen, im Jahr 2002 wurde die Zahl der Migranten auf 175 Millionen geschätzt, weltweit sind es zwischen 2 und 3 % der Gesamtbevölkerung.[30] In Deutschland leben zur Zeit ca. 15 Millionen Menschen mit einem anderen kulturellen Hintergrund als dem deutschen, in den großen Städten sind es bis zu 40 %, die sich oft in nicht attraktiven Innenstadtbereichen oder genauso wenig attraktiven Neubausiedlungen am Stadtrand angesiedelt haben. Waren es zunächst – bis zum Anwerbestop der Gastarbeiter im Jahr 1973 – Arbeitsmigranten, so hat in den 90er Jahren angesichts des Balkankrieges die Zahl der Kriegsflüchtlinge und der Asylbewerber aus den Europa benachbarten Regionen zugenommen, mittlerweile verschiebt sich das Gewicht wieder zugunsten der internationalen Migranten – wie z. B. aus dem Irak und Ländern des Nahen Ostens, aus afrikanischen Ländern wie

---

[30] Folgende Materialien wurden herangezogen: Kirchenamt der Evangelischen Kirche in Deutschland und dem Sekretariat der Deutschen Bischofskonferenz in Zusammenarbeit mit der Arbeitsgemeinschaft Christlicher Kirchen in Deutschland (Hrsg.), *„und der Fremdling, der in deinen Toren ist". Gemeinsames Wort der Kirche zu den Herausforderungen durch Migration und Flucht*, Bonn/Frankfurt a.M./Hannover 1997; Sekretariat der Deutschen Bischofskonferenz (Hrsg.), *Die deutschen Bischöfe – Kommission für Migrationsfragen, Leben in der Illegalität in Deutschland – eine humanitäre und pastorale Herausforderung*, Bonn 2001; Missio, Werkmappe Weltkirche, *Fremd sein – Gast sein. Lerngemeinschaft Kirche*, Nr. 131, 2004; Missio, Werkmappe Weltkirche, *Denn wir sind nur Gäste bei dir, Fremdlinge*, Nr. 87/1993; Bundesministerium für wirtschaftliche Zusammenarbeit und Entwicklung, Referat „Entwicklungspolitische Informations- und Bildungsarbeit", *Migration in und aus Afrika*, September 2004. – Das Thema Religion und Migration ist erst in jüngerer Zeit im Blick: Mechthild M. Jansen/Susanna Keval (Hrsg.), *Religion und Migration. Die Bedeutung vom Glauben in der Migration*, Wiesbaden 2003 (POLIS: Publikationsreihe der Hessischen Landeszentrale für politische Bildung); Mechthild M. Jansen/Susanna Keval (Hrsg.), *Die multireligiöse Stadt. Religion, Migration und urbane Identität*, Wiesbaden 2004 (POLIS); Karen I. Leonard/Alex Stepick/Manuel A. Vasquez/Jennifer Holdaway (Hrsg.), *Immigrant faiths. Transforming religious life in America*, New York 2005. – Die Studien zum Faktor Religion in Migrationsprozessen werden oftmals aus ethnologischer Perspektive vorgelegt: vgl. Andrea Lauser/Cordula Weissköppel (Hrsg.), *Migration und religiöse Dynamik. Ethnologische Religionsforschung im transnationalen Kontext*, Bielefeld 2008; Hartmut Lehmann (Hrsg.), *Migration und Religion im Zeitalter der Globalisierung*, Göttingen 2005.

Zimbabwe oder dem Kongo. Menschen mit sehr unterschiedlichen Migrationserfahrungen, unterschiedlichen Erwartungen an die Fremde, Menschen, die bleiben wollen, andere, die so bald wie möglich wieder aufbrechen wollen, leben in Deutschland – ähnliches ist für die anderen europäischen Länder festzustellen. Die Gesellschaften in Europa und weltweit haben sich zu verändern begonnen, neue Fragen an das Zusammenleben von Menschen unterschiedlicher kultureller und religiöser Herkunft stellen sich; die Diskussionen um den nicht einfachen – oft auch angefragten – Begriff der „Integration" spiegeln dies. Für die einen kann Fremde, das Aufnahmeland, zur Heimat werden, für die anderen bleibt das Herkunftsland Heimat. Ein großer Teil der erwirtschafteten Gelder geht bei ihnen in die Heimat, so – um nur zwei Beispiele zu nennen – bei den Polen, die in den letzten Jahren in Großbritannien Arbeit gefunden haben, oder den vielen Ecuatorianern, die in Spanien oder den USA leben und deren Geldtransfer die zweitgrößte Einnahmequelle Ecuadors ist.

Migration ist eine hoch komplexe Frage, es greifen globale und nationale Probleme ineinander, Fragen der internationalen Politik, der Gesellschafts- und Entwicklungspolitik, aber auch ganz grundsätzliche Fragen der Zugehörigkeit von Menschen zu Gemeinwesen, Staaten und Nationen. Diese Zugehörigkeit wird über die Räume bestimmt, die Menschen mit anderen bewohnen und gestalten. Was ist nun, wenn Menschen von einem zum anderen Raum „verschoben" und „geschoben" werden, wenn sich vor allem den Flüchtlingen und Asylbewerbern kein Raum auftut, wenn sie „auf der Grenze" leben müssen, ohne Papiere, ohne Aufenthaltsgenehmigungen? Oder wenn Viertel, in denen Binnenmigranten aus von Dürre oder Gewalt gezeichneten Gegenden sich neu einrichten, wie in den Vorstädten Kapstadts oder Johannesburgs, die aus Simbabwe oder Ruanda geflohen sind, verschwinden müssen, weil die Gäste, die für die Weltmeisterschaft einreisen, nicht durch den Blick auf die Armutsviertel schockiert werden sollen? Die Zahl von Menschen, die auf diese Weise verschoben werden, die immer wieder neu aufbrechen müssen, „ohne Identität", ohne Zugehörigkeit, von Menschen an und auf der Grenze, in Warteräumen, an gefährlichen Todeszonen nimmt weltweit zu. Die Latina-Theologinnen in den USA, die die eingewanderten Mexikaner, Puertoricaner oder Ecuatorianer begleiten, sprechen von einem „Dazwischensein" – die „in-betweenness" wird für sie zu einer neuen Metapher ihrer „Ortsbestimmung"; Leben ist ein steter Wechsel zwischen Rassen, kulturellen, wirtschaftlichen und sprachlichen Grenzen: „We may be citizens, but we continue to have outsider status."[31] Leben bedeutet eine tägliche Grenzüberschreitung, es gilt die Kunst zu erlernen, es von beiden Seiten wahrzunehmen und zu interpretieren. Es gilt aber vor allem, die Ausschlussmechanismen, die mit den vielfältigen Grenzerfahrungen verbunden sind, anzuklagen.

Stadtsoziologie in den Ländern des Südens nimmt dieses Phänomen der Migration in den Blick – sicher mehr als in den Ländern des Nordens. Dabei werden aus dieser Perspektive zwei Punkte schärfer herausgearbeitet: zum einen die große und immer weiter zunehmende Schere von Arm und Reich, die gerade auch die Großstädte des Nordens betrifft, und zum anderen das Phänomen der Religion. Interessant ist, dass europäische Wissenschaftler kritisiert werden, die immer noch von Exklusion oder Marginalisierung sprechen. Zwischen Mittelschicht und Favela gibt es mehr „crossroads" als gedacht. Der brasilianische Theologe Luis Carlos Susin hat in seinem Beitrag zu der Kirchenbildung in den Ländern des Südens darauf hingewiesen, wie auf der einen Seite viele NGOs in den Favelas von São Paulo entstehen, wie andererseits ebensoviele pentekostale Kirchen in den Favelas von Rio de Janeiro aus dem Boden schießen. Es gibt eine Durchlässigkeit zwischen Favela und Mittelschicht, viele aus der Mittelschicht sind in den NGOs tätig, regen Prozesse der Gemeinschaftsbildung an, in gleicher Weise kommt es gerade durch die Bildung von neuen Gemeinden durch pentekostale Gruppen zu einer Selbstorganisation und Gemeinschaftsbildung unter den Armen. Viele der hier tätigen sind Frauen, in verantwortlichen und führenden Positionen. Das Christentum, das Lateinamerika über Jahrhunderte vor allem in Gestalt des Katholizismus geprägt hat, nimmt neue Formen an – es ensteht ein „barockes Christentum", wie Susin es in seinen scharfsichtigen Beobachtungen zeichnet: „Die Soziologen, die die NGOs in Sao Paulo untersucht haben", so Susin, „bringen deren Kreativität mit einer Pastoral in Verbindung, die der Befreiungstheologie nahe steht und die diese Metropole einige Jahrzehnte geprägt hat. Und sie sehen darin den traditionellen Gemein-

---

[31] María Pilar Aquino/Daisy L. Machado/Jeanette Rodríguez, *A Reader in Latina Feminist Theology. Religion and Justice*, Austin, Texas, 2002, Introduction, XVI/XVII.

schaftscharakter des einfachen Volkes am Werk, das trotz der harten Bedingungen von Fragmentierung und Auflösung – in der Fragmentierung – an Erinnerungen, Ritualen, Gewohnheiten, Frömmigkeitsformen als schwimmendes Teilchen in den Fluten des Chaos festhält, die zu Attraktoren, zu Fixpunkten im Aufbau neuer Formen werden können. Man kann es sogar als Mimikry, als Tarnung durch Ähnlichkeit verstehen, dass die neuen pentekostalen Kirchen in dieser Dynamik entstehen."[32]

Glaube hat inmitten der Wanderungsbewegungen aus Perspektive des Südens weiterhin eine große Bedeutung – für das Leben, für seinen Aufbau und seinen Erhalt. Er ist – wie Zeit und Raum – „im Fluss", er ist auf der Suche nach neuen „Räumen". In Lateinamerika ist das pentekostale Christentum in den letzten beiden Jahrzehnten in einer immensen Weise gewachsen. Die katholische Kirche beginnt erst langsam, die evangelischen Gruppen ernst zu nehmen – angesagt ist eine Ökumene, ein Einüben dieser Ökumene. Neue Räume der Gnade wird die katholische Kirche in dieser Situation nur dann eröffnen können, wenn sie dies in den Blick nimmt, die gewaltigen Veränderungsprozesse gerade auch der Religiosität und Spiritualität in den Mega-Cities des Kontinents – sonst wird sie zu einer gesellschaftlich einflusslosen Größe werden, die Mittel- und Oberschichten bedient, die sich immer mehr nach innen abschließen. Werden neue Wege auf den „Crossroads" möglich sein?

2. „Crossroads" – auf der Suche nach neuen Räumen der Gnade
   Gott in der Stadt: Spiritualität und Citizenship

Die Stadt ist immer auch ein „Laboratorium" für Glauben, Religiosität und Spiritualität gewesen, Glaubens- und Bekehrungsgeschichten spielen sich in der Stadt ab, die Jona-Geschichte ist nur eines der bekannten Beispiele, der Aufruf Jonas zur Bekehrung der Bürger der Stadt Ninive (Jona 1,2; 3,6). Augustinus – sicher die großen Städte seiner Zeit: Rom oder Mailand vor Augen – prägte die Metapher der „civitas Dei", die sich in der Geschichte ausbildet, deren Ziel aber das Reich Gottes ist, das in Geschichte und Welt nur in der Verwick-

---

[32] Susin, *Jesus: ein „Ort", um zu leben*, 128.

lung in alle – auch gott-losen Geschichten der Menschen wächst, aber doch der Stadt der Menschen einen neuen Horizont aufspannt. Stadt Gottes und Stadt der Menschen stehen nicht neben- oder gegeneinander, sondern Gott nimmt – in Jesus Christus – Wohnung in der Stadt der Menschen und gibt ihr so eine Dynamik, die ihre Engen und Selbstabschlüsse aufsprengt auf die Weite des je größeren Gottes hin und die auch zu einer neuen Gestalt der „citizenship" führt, in deren Zentrum Gottes- und Menschenfreundschaft stehen, für die gilt: „Es gibt nicht mehr Juden und Griechen, nicht Sklaven und Freie, nicht Mann und Frau, denn ihr seid alle ‚einer' in Christus Jesus" (Gal 3,28). Im Mittelalter haben die neu entstehenden Städte mit ihren politisch und wirtschaftlich aktiven Bürgerschaften zur Entstehung neuer Formen der Spiritualität beigetragen, die Bettelorden – Dominikaner und Franziskaner – sind Kinder dieser neuen Zeit, und auch die mittelalterliche Universität und die Ausbildung der Theologie als Wissenschaft ist ohne den Kontext der Stadt und ihrer neuen Freiheit nicht denkbar.

Zu Beginn des 21. Jahrhunderts laufen immense Wandlungsprozesse in den großen Städten ab, sie sind, wie die lateinamerikanischen Bischöfe auf ihrer letzten Generalversammlung in Aparecida in aller Klarsicht formuliert haben, „Laboratorien" der „zeitgenössischen komplexen und pluralen Kultur" (DA 509), die Stadt „ist zu dem eigentlichen Ort geworden, wo neue Kulturen mit einer neuen Sprache und einer neuen Symbolik entstehen und sich durchsetzen. Diese urbane Mentalität breitet sich auch auf die ländlichen Gebiete aus. Letztendlich versucht die Stadt, die Notwendigkeit der Entwicklung mit der Entwicklung der Bedürfnisse in Einklang zu bringen, doch vielfach scheitert sie dabei." (DA 510)[33] Die immensen Wandlungsprozesse, die sich zur Zeit in den Großstädten und Mega-Cities der Welt abspielen und deren Entwicklungen sich nur in Konturen abzeichnen, werden auch Religionen, Spiritualitäten und die christlichen Kirchen nicht unverändert lassen. Die Städte sind so auch heute Laboratorien für eine neue Konfiguration christlichen Glaubens. Im Kreuzen der Perspektiven von Nord und Süd sollen im Folgenden zwei Momente in den Blick genommen werden: Spiritualität und

---

[33] Sekretariat der Deutschen Bischofskonferenz, *Schlussdokument der 5. Generalversammlung des Episkopats von Lateinamerika und der Karibik, 13.–31. Mai 2007*, Aparecida/Bonn 2007.

Citizenship, und vielleicht können gerade die „crossroads" den Herausforderungen und Gefährdungen, die sich sowohl in den Entwicklungen des Nordens und des Südens bergen – der Gefährdung der Vereinsamung und Vereinzelung und der immer größer werdenden Schere zwischen Arm und Reich, zwischen „Einheimischen" und „Fremden" und damit auch der Gefährdung des Bruchs des Bandes der Gemeinschaft –, neue Horizonte aufstecken und dazu beitragen, dass an „Nicht-Orten" neue Räume der Gnade wachsen können. Auch die „Nicht-Orte" der Single-Gesellschaft der nördlichen Welthemisphäre sind nicht Gott-los, sie sind eher „Leerstellen", an denen die Gottesfrage in neuer Weise aufbrechen kann, gerade an den „crossroads" mit den von pluralen und charismatischen religiösen Aufbrüchen geprägten Favelas der Mega-Cities des Südens. Gott ist neu auf Herbergssuche – in der Stadt Wohnung zu nehmen und ihr – wie es auch die biblischen Gründungsgeschichten zeichnen – neue und weitere Horizonte aufzuspannen, die Leben in Fülle, in Wahrhaftigkeit, Liebe und Anerkennung des anderen möglich machen.

2.1 Gotteserfahrung und Subjekthaftigkeit des Glaubens

Das Allein-Leben in den Großstädten – vor allem des Nordens – ist ein komplexes und hochambivalentes „Zeichen der Zeit", auf der einen Seite steht das die Schritte in die Autonomie begleitende und fördernde Allein-Sein vor allem berufstätiger Frauen, daneben bricht sich die neue Erfahrung „einsamer Individualität" Bahn als Grundmuster des Lebens in den post- oder übermodernen Großstädten mit der Gefährdung von Vereinsamung und Isolation.[34] Für den christlichen Glauben und die christlichen Kirchen bedeuten diese Anzeigen eine radikale Herausforderung; die Theologie, vor allem die Pastoraltheologie, hat in den letzten Jahren begonnen, dieses Phänomen wahrzunehmen, in adäquater Weise benannt sind die Herausforderungen noch nicht. Christliche Anthropologie, die den Menschen von Grund an – von Schöpfungs wegen – als Wesen der Beziehung sieht, steht quer zu der Charakteristik einsamer Individualität, wie

---

[34] Aus der Fülle an Literatur sei hier nur verwiesen auf: Norbert Glatzel, *Vom Trend allein zu leben*, in: Lebendige Seelsorge 36 (1985) 14–22; Stefan Hradil, *Die „Single-Gesellschaft"*, München 1995; Franz Gmainer-Pranzl (Hrsg.), *Alleine leben – mit anderen sein. Ein christlicher Lebensentwurf*, Würzburg 2011.

sie von gegenwärtigen Sozialphilosophen wie Marc Augé, Zygmunt Baumann oder Anthony Giddens skizziert wird. Der Bruch zwischen den Lebenswelten der Menschen und christlichen religiösen Überzeugungen – vor allem im Blick auf die in der Kirche immer noch leitenden Lebensformen von Ehe und Familie – verschärft sich in radikaler Weise und trägt auf seine Weise zum Abbruch christlicher Traditionen in den postmodernen-modernen Großstädten bei. Gerade darum tut es not, aus christlicher Perspektive die neuen Gestalten des Alleinseins in den Blick zu nehmen und vor allem den sich darin abzeichnenden Kulturwandel im Blick auf die Lebensformen der Menschen ernst zu nehmen. Alleinstehende bilden einen großen Teil der Kirchgänger, gerade in den Städten wächst diese Zahl immer mehr. Aus pastoraler Perspektive ist Alleinsein – auf dem Hintergrund einer den Menschen als Beziehungswesen skizzierenden Anthropologie – oftmals defizitär verstanden worden, seelsorgerliche Begleitung von Alleinstehenden stand auf Ebene der Sorge für Notleidende, Kranke, Arme. Hier tut ein Perspektivenwechsel Not: Sicher stehen die Grundpositionen antiker philosophischer Anthropologie „quer" zur „einsamen Individualität" des Großstadtmenschen heute, wie sie postmoderne Philosophie skizziert, und quer zur Tradition christlicher Anthropologie: Der Mensch ist – so Platon und Aristoteles – zutiefst auf Gemeinschaft bezogen, die Einbindung in die „polis" prägt sein Menschsein mit aus. Der „bios políticos" ist aber auch auf den „bios theoréticos" bezogen, in dem der Mensch im Eingang in sich selbst den Weg zur Betrachtung, zur Transzendenz, zum Göttlichen entdeckt. Alleinsein – auch Einsamkeit – zeichnet diesen „bios theoréticos" aus, und diese Dimension gilt es zu entdecken – ein spannendes Feld, in einer kreativen Weise neuen Formen von Spiritualität zum Durch-bruch zu verhelfen und damit auch die „Leerstelle" wieder neu freizulegen, die der Ursprungsort jeder wahrhaften Gottesfrage und Gottes-Rede ist. Das Zusammensein, so Johannes B. Lotz in seiner auch heute noch lesenswerten Schrift „Von der Einsamkeit des Menschen", nährt sich „ebenso aus dem Alleinsein wie das Alleinsein aus dem Zusammensein; ihr Auseinanderbrechen schadet beiden und entleert das Zusammensein wegen des fehlenden Alleinseins oder das Alleinsein wegen des fehlenden Zusammenseins."[35] Einsamkeit und

---

[35] Johannes B. Lotz, *Von der Einsamkeit des Menschen. Zur geistigen Situation des technischen Zeitalters,* Frankfurt ³1957, 2.

Beziehung sind „komplementär", gerade weil das, was Einsamkeit ist bzw. was sich in ihr erschließt, in der Tiefe die Öffnung auf „Anderes" hin ist. Das hat im Besonderen die deutsche mystische Literatur entfaltet. „Ein-sam-keit" kennzeichnet in der geistlichen Erfahrung gerade die Spitze der mystischen Begegnung, der Gottesbegegnung, in der das Eine mit dem Anderen in-eins-fällt, das Eine ist hier zusammen mit dem anderen. Hier ist die tiefste Identität des Ich erreicht, der Eingang in sich selbst, weil er Zusammenklang mit dem anderen – Gott – ist.[36] Die Abgeschiedenheit und „Ledigkeit" der Seele eröffnet einen Weg der Läuterung, der Erleuchtung und der Einung mit Gott, der ein Wachsen zum Selbstsein bedeutet. In seinem beeindruckenden religionsphilosophischen Zugang zu Meister Eckhart hat Bernhard Welte geschrieben: „Der Mensch im Stande der Abgeschiedenheit kann Gott in seinem Geiste empfangen."[37] Das ist die Grunderfahrung, die einer der großen Mystiker der Stadtwüsten und Stadtlandschaften, Thomas Merton, erfahren und in immer neuer Weise in seinen Texten vorgestellt hat. Die Suche nach der Einsamkeit hat ihn in die Stadt geführt, an die Seite der „vereinsamten Individualitäten", aber genau hier hat er versucht, der „großen Stille" auf die Spur zu kommen. Einsamkeit ist „auszuhalten", wenn in ihr die Erfahrung der Liebe gemacht wird, nur dann: „no se puede vivir sin amar"[38]: „So soll meine Einsamkeit sein, dass ich von mir selbst getrennt bin und damit nur dich allein lieben kann, ja dich so sehr liebe, bis es mir nicht länger bewusst ist, dass ich etwas liebe. Denn um mir dessen bewusst zu sein, muss ich mich als Wesen wahrnehmen, das von dir getrennt ist. Ich will nicht mehr ich selbst sein, sondern mich in dir

---

[36] Vgl. a. a. O. „Daher ist das tiefste Geheimnis des Alleinseins die *Zweisamkeit mit Gott*, die ihn über alle menschliche Zweisamkeit erhebt und zugleich erst eigentlich für diese aufschließt."

[37] Bernhard Welte, *Meister Eckhart. Gedanken zu seinen Gedanken*, Freiburg/Basel/Wien 1979, 32. – Dazu: Hans Günter Bender, *Wachsen im Alleinsein,* in: *Lebendige Seelsorge 36* (1985) 26–32, hier: 32: „Vor Gott entdeckt der Mensch, weil und wie er von Gott nichts hat, dass Gott ihn für den Menschen braucht. Von Gott her hat der Mensch nur den Menschen – und so ist er nicht mehr allein. Dass der Mensch im Alleinsein Gott sucht, bringt ihn dazu, von Gott gefunden zu werden, damit er für Gott von Gott her an Gottes Statt niemanden mehr allein lässt. Es gilt, im Alleinsein auf Gott hin zu wachsen, damit – von Gott her, mit Gott zusammen – möglichst niemand mehr allein sei."

[38] So Wolf Wondraschek in einem der Gedichte über die Einsamkeit in der Großstadt: Wolf Wondraschek, *Orpheus in der Sonne*, München/Wien 2003, 26.

verwandelt finden, so dass es mich als Person gar nicht mehr gibt, sondern nur dich. Dann werde ich das sein, wozu du mich vom Anbeginn der Zeit machen wolltest: nicht ein Ich, sondern Liebe. So wird dein Beweggrund, die Welt zu erschaffen und mich in ihr, sich in mir erfüllen, wie es dein Wille ist."[39]

<u>Einsamkeit hat ihren Beweggrund in der schöpferischen Liebe Gottes, aller Aufbruch in die Wüsten der Antike, in die trostlosen Stadtlandschaften der Gegenwart, in die Klausen der Alpen macht erst dann Sinn, wenn in ihm die Liebe lebt, nichts anderes als die Liebe Gottes, das war in gleicher – und doch anderer, weil je eigener – Weise auch der Weg eines Charles de Foucauld, einer Chiara Lubich, einer Madeleine Delbrêl.</u>

Das Alleinsein in der Großstadt führt in „Nicht-Orte", in Welten der Passagen, der Übergänge, der Shopping-Malls und neuen Kinocenter, es sind Orte, die Menschen „entfremden" können, aber so auch „Leer-Stellen" bereiten können, an denen die Frage nach Gott, an denen Spiritualität neu aufbrechen kann. Die Großstadt ist so – wie in der Hochzeit der neuen religiösen Bewegungen des Mittelalters – ein Ursprungsort für die neue Konfiguration christlichen Glaubens. Insofern ist es an der Zeit, dass das Alleinsein der „Singles" nicht mehr auf eine defizitäre Weise in den Blick genommen wird und das Alleinsein der Priester nicht mehr ausgeblendet oder in einer falschen Weise idealisiert wird. Es geht um einen realistischen und nüchternen Blick auf eine neue Lebensform, die freiwillig – oder auch unfreiwillig, eben im Laufe des Lebens sich ergebend – ergriffen wird, die entweder das erwachsene Leben im ganzen begleitet oder einzelne Phasen prägt, eine Lebensform, in der Menschen in ihre Identität finden und Erfüllung finden können. Ein großer Teil der Christen und Christinnen gerade in den großen Städten des Westens lebt alleine, und versucht auch als Alleinlebender oder Alleinlebende diesem Leben aus religiöser und spiritueller Perspektive einen Sinn zu geben, versucht, in genau dieser Weise ihr Christsein auszuprägen. Die neuen sozialen Bewegungen des 19. und beginnenden 20. Jahrhunderts und große Erneuerungsbewegungen der Moderne vor allem auf den Feldern von Bildung, Mission und Entwicklungsarbeit sind auch von alleinlebenden Menschen getra-

---

[39] Jonathan Montaldo (Hrsg.), *Thomas Merton, Zwiesprache der Stille*, Düsseldorf/Zürich 2002, 25.

gen worden. Viele der Frauen, die im Zuge der neuen Bildungschancen, die sich für sie im 19. Jahrhundert aufgetan haben, Verantwortung im Bildungsbereich übernommen haben oder auch politisch aktiv waren, waren unverheiratet. Sie haben ihren Einsatz für junge Menschen, ihren Dienst in Politik und Kultur, in Entwicklungsarbeit usw. aus den Quellen christlichen Glaubens gespeist und ihre Christusbeziehung, die mit der Taufe eingeprägt ist, auf diese Weise gelebt. Als Politikerin, als Lehrerin, als Missionarin usw. setzten und setzen sie sich auf den verschiedenen Feldern ihres beruflichen, bürgerschaftlichen und kirchlichen ehrenamtlichen Engagements ein „um des Himmelreiches willen". In diese Gestalten des Alleinlebens kann sich so in einer neuen Weise die Christusbeziehung einschreiben und so eine individuelle Gestalt der Nachfolge Jesu Christi ausprägen. Dazu gehört sicher die Ausbildung von neuen Formen von Gemeinschaft, Alleinsein und Beziehung gehören zusammen, aber: Alleinsein ist möglich und führt nicht notwendigerweise in soziale Isolation und Vereinsamung, sondern kann neue Formen von Beziehungen und Gestalten des Miteinanderseins öffnen, gerade wenn in der Tiefe der Einsamkeit des Alleinseins die Gottesbeziehung neu wächst. Gott wohnt hier, hat hier immer schon Wohnung genommen. So können sich über die Nicht-Orte der „einsamen Individualitäten" wie sie in säkularer Perspektive Marc Augé oder Zygmunt Baumann skizzieren, neue christliche Lebensformen ausbilden, ein „Christsein in der Stadt". Christen, die allein leben und ihr Christsein auf verschiedensten Feldern von Beruf, ehrenamtlichem bürgerschaftlichen oder kirchlichen Engagement als eine Nachfolgegestalt Jesu Christi ausprägen, stehen in der Reihe der anderen Nachfolgegestalten, des priesterlichen Lebens, des Ordenslebens, der besonderen Formen geweihten Lebens mit einer offiziellen kirchlichen Anerkennung, einem Versprechen, einer Weihe, einem Gelübde. Auch Leben „in der Welt" kann religiöses Leben bedeuten, gelebt in der Ehe, gelebt aber auch von allein lebenden Christen und Christinnen, in Beruf, ehrenamtlichem Engagement, in Politik, Kultur, Gesellschaft und Kirche. Hier wohnt Gott, und hier wächst die „Civitas Dei", mitten in und aus der Stadt.

Das 2. Vatikanische Konzil hat diese neue Subjekthaftigkeit des Glaubens in den Blick genommen, gerade wenn in der Kirchenkonstitution „Lumen gentium" von der Taufberufung die Rede ist und alle Christen und Christinnen in einem Leben aus den Sakramenten, in tätiger Nächstenliebe und Verkündigung des Glaubens das Volk Gottes wachsen lassen und so Kirche neu wird. Gott wohnt in der Stadt – in der Pluralität der Spiritualitäten und gerade im auf neue Weise subjekthaft vollzogenen Glauben aller Christen und Christinnen. Das bestärken gerade die „crossroads" mit den religiösen Aufbrüchen des Südens.

In den Ländern des Südens – besonders auch in Lateinamerika – ist das Christentum im „Aufbruch" und kommt es zu neuen Kirchenbildungen, worauf Luiz Carlos Susin aufmerksam macht. Gerade in den großen Favelas der Mega-Cities wachsen die pentekostalen Gemeinden und machen bereits 50 % der Christen aus.[40] In Mittelamerika ist Ähnliches zu beobachten, aber auch in eher noch geschlossenen „katholischen" Milieus wie der argentinischen oder mexikanischen Kirche, brechen die neuen christlichen Bewegungen in einer starken Weise ein. Gerade in den urbanen Peripherien sind diese Transformationsprozesse zu beobachten, hier geraten, so Susin, „die kulturellen Ausdrucksformen in Fluss und verflüchtigen sich, wird Religion zu einer Angelegenheit der Bekehrung, die auf das Verhältnis von Glaube und aktuellen Mitteln der Gesundheit baut, Religion als Lebensgarantie und Schutz familiärer Beziehungen." Gefahr liegt darin sicher auch, das bemerkt Luiz Carlos Susin kritisch: „Das ist das Ergebnis von Kirchen, die Geld zum Sakrament gemacht haben und den Wohlstand zum Segen ..."[41] Die neuen christlichen Gemeinden setzen verstärkt auf den einzelnen, auf Bekehrung, eine persönliche Gottes- oder Christusbeziehung werden immer mehr von Bedeutung. Wenn Bewohner aus dem Land oder der Amazonasregi-

---

[40] Susin nennt diese Zahl für Rio de Janeiro.
[41] Susin, *Jesus: ein „Ort", um zu leben*, 123. – Zur Entwicklung der Pfingstkirchen vgl. Heinrich Schäfer, *Homogenität – Transformation – Polarisierung. Religiosität in Lateinamerika*, in: Bertelsmann Stiftung (Hrsg.), Religionsmonitor 2008, Gütersloh 2008, 186–198; Daniel Chiquete, *Pentekostale Kirchen in der Metropole*, in: Kirche in der Stadt. Die ökumenische Zukunft der Metropolen, Jahrbuch Mission 2001, Hamburg 2001, 147–157. – Interessant ist, dass die Stadt aus protestantischer Perspektive schon weitaus eher als ökumenischer und interreligiöser Lernort vorgestellt worden ist, z. B. Raymond Bakke/J. Hart, *Gott in der City. Die Herausforderung der modernen Stadt und die Antwort des Christentums*, Lörrach 1990. – Aus migrationswissenschaftlicher Perspektive werden die Pfingstkirchen ebenfalls in den Blick genommen: Gertrud Hüwelmeier/Kristine Krause (Hrsg.), *Traveling Spirits. Migrants, Markets and Mobilities*, New York/London 2010.

on in die großen Städte aufbrechen, wie nach Manaus, und sich in den Randvierteln niederlassen, entstehen christliche Gemeinden, die dem neuen Viertel auch den Namen geben, entweder Unsere Liebe Frau, Aparecida, oder Berg Sion, Schechina usw. Die Namen geben dann Aufschluss über die Zugehörigkeit zur katholischen Kirche oder zu einer der neuen pentekostalen Gemeinden. Ein Miteinander, gar Ökumene ist noch nicht im Blick, die Gemeinden grenzen sich oft voneinander ab. Wichtig ist die Zugehörigkeit zur kleinen Gemeinde, zur Aparecida, zur Guadelupe, zum Berg Sion, in der dann der Glaube gelebt und auch eine je individuelle christliche Identität ausgebildet wird. Pfingstkirchen setzen gerade auf die Ausbildung der Glaubensidentität der einzelnen Christen und Christinnen; gerade weil Laien, Männer und Frauen, Verantwortung übernehmen können, die Gemeinden leiten und prägen, werden diese Gemeinden im besonderen gerade auch für Frauen attraktiv. Religionssoziologische Studien in Mittelamerika oder in Brasilien machen auf diese religiöse Pluralisierung aufmerksam, die gleichzeitig mit einem massiven Rückgang der Bindung an größere religiöse Institutionen wie die katholische Kirche überein geht.[42] Aber gerade auch hier gilt: Gott

---

[42] Susin, *Jesus: ein „Ort", um zu leben,* 115–120. – Das Thema Frauen und Stadt verdient einen eigenen Beitrag, an dieser Stelle kann nur darauf hingewiesen werden: Rott, *Metropolisierung und Urbanisierung,* 103: „Und es sollte angemerkt werden, dass auch der Topos Stadt kein geschlechtsneutraler Gegenstand ist, dass Arbeits- wie Lebensperspektiven und die Nutzung des städtischen Raums in Vergangenheit wie Gegenwart durchaus unterschiedliche Ausprägungen entsprechend dem Geschlechterverhältnis erfahren haben. Frauen haben in weitaus größerem Ausmaß als Männer an den lokalen Bewegungen teilgenommen. Sie nutzten ihre familialen und anderen Netzwerkbeziehungen zur Formierung der ersten Gruppen in Zeiten der politischen Repression, als persönliches Vertrauen die erste und wichtigste Voraussetzung für die zunächst noch defensiven Artikulationsversuche war. Das Fehlen städtischer oder staatlicher Versorgungsleistungen führte unzählige Frauen auf der Ebene ihres Wohnviertels zusammen, die ihre Bittschriften bei den Behörden einbrachten und immer wieder mit großer Ausdauer ihre Forderungen wiederholten. Frauen fällt die primäre Verantwortung für die Versorgung ihrer Familienmitglieder zu, und ihr täglicher Kampf um das Überleben, ihre Verantwortung für die alltägliche mühsame Reproduktionsarbeit ermöglichte diese Zusammenschlüsse auf der Basis des Wohnviertels, die Intensität und das Beharren." Vgl. hier auch die Publikation: Virginia R. Azcuy / Margit Eckholt (Hrsg.), *Citizenship – Biographien – Institutionen. Perspektiven lateinamerikanischer und deutscher Theologinnen auf Kirche und Gesellschaft,* Zürich/Berlin 2009, sowie den Beitrag von Margit Eckholt, *Pentekostalismus: Eine*

lebt in der Stadt, Spiritualität bricht sich in den Ländern des Südens in einer großen Pluralität die Bahn, wobei die Grenzen der institutionellen Verfasstheit christlichen Glaubens aufgesprengt werden – Formen indianischer Religiosität treffen auf barocke Formen des Katholizismus, die kubanische Santería und der brasilianische Candomblé werden intensiv gelebt, und am Sonntagmorgen gehört die Eucharistiefeier bzw. das Abendmahl dazu. Auch die pentekostalen Kirchen greifen auf diese Vielfalt an Formen zurück; Susin vergleicht die pentekostalen Kirchen an der Peripherie mit einer „aus Bauresten kreativ konstruierten Hütte", und diese Kirchen suchen „ihren Namen, ihre Kulte, ihre Symbole etc. aus den im Gewässer der Urbanität schwimmenden Überresten der großen christlichen Tradition" zusammen. „Der koloniale barocke Katholizismus unserer Gegenwart wird zu einem ‚modernisierten barocken Christentum' jenseits des institutionellen Raumes der historischen Kirchen mit einer Prise Autonomie und Subjektivität, aber doch synkretistisch, schamanistisch und Widersprüche in sich verbindend."[43]

Für die katholische Kirche ist dieser Prozess eine große Herausforderung, sie wird aber langfristig auf dem lateinamerikanischen Kontinent nur Zukunft haben, wenn sie sich der religiösen Pluralisierung gegenüber öffnet, sonst entsteht die Gefahr, dass sie sich in die Milieus der Mittel- und Oberschicht abschließt und den weiten Horizont der Reich-Gottes-Perspektive aus den Augen verliert. Sie hatte über lange Jahrhunderte diese Fähigkeit – der Volkskatholizismus hat es verstanden, sich dem Anderen und Fremden gegenüber zu öffnen, die Öffnung muss nun auch den neuen evangelischen Bewegungen des Pentekostalismus gegenüber gelten. „Die gelebte Ökumene der Stadt", so schreibt es auch der Hamburger Theologe Wolfgang Grünberg, „entprivatisiert das Christentum und bleibt ein Hoffnungssignal für die eine Welt, deren Struktur, wenn überhaupt in den Großstädten entwickelt und ausprobiert werden muss."[44] Spi-

---

neue „Grundform" des Christseins, in: Tobias Keßler/Alber-Peter Rethmann (Hrsg.), Pentekostalismus. Die Pfingstbewegung als Anfrage an Theologie und Kirche, Regensburg 2012, 202–225.
[43] Susin, *Jesus: ein „Ort", um zu leben*, 128.
[44] Wolfgang Grünberg, *Christliche Identität und ökumenische Vielfalt in der Stadt*, in: Kirche in der Stadt. Die ökumenische Zukunft der Metropolen, Jahrbuch Mission 2001, Hamburg 2001, 12–24, hier: 24.

ritualität und Subjekthaftigkeit des Glaubens sind „Zeichen der Zeit", die gerade in den Großstädten auf neue – und die traditionellen kirchlichen Strukturen sicher auch „durcheinanderwirbelnde" – Weise aufbrechen.

2.2 Interkulturelle Citizenship und Gastfreundschaft

Religionssoziologische Analysen in den Ländern des Südens weisen darauf hin, dass es in den neuen christlichen – oftmals pentekostalen – Gemeinden, die sich in den Randzonen der großen Städte immer weiter ausbilden, gerade aufgrund der Migration vom Land in die Stadt, bei der auch nationale Grenzen überschritten werden, zu einer ähnlichen Verbindung von Mystik und Politik kommt, wie es in den 70er und 80er Jahren des letzten Jahrhunderts in den Hochzeiten der katholischen Befreiungstheologie der Fall gewesen ist. Christlicher Glaube ist es, der zum Engagement in sozialen Bewegungen, zum Kampf um sauberes Wasser, um Bildung usw. motiviert, der dabei aber aus einer intensiven, an Jesus Christus orientierten Spiritualität lebt. Das schreibt aus einer protestantischen Perspektive der lange Jahre in Lateinamerika tätige Religionssoziologe Stephen Armet: „BECs have provided a renewed religious experience for thousands in a collective and reflective context while finding a new way to relate to society through cooperatives, unions, and similar associations that promote the interest of their lower-class members."[45] Diese Gemeinden in den Favelas der Mega-Cities sind durchlässig zur Mitteloder auch Oberschicht der Stadt; darum bemühen sich z. B. in vielen Programmen an Schulen, Universitäten, in Kirchengemeinden die Jesuiten, die Impulse zur Gründung von Nicht-Regierungsorganisationen geben, in denen dann Männer und Frauen der Mitteloder Oberschicht in den Favelas tätig sind. Das sind wichtige Brücken, die dazu beitragen können, dass sich die Nicht-Orte und Passagen, gerade auch die Nicht-Orte der „einsamen Individualitäten" der Großstädte, mit neuem Leben füllen. So können dann in der „Übermoderne", in der die Identifikation mit der Geschichte weg-

---

[45] Armet, *Urban Realities*, 465. – Aus katholischer Perspektive hat der brasilianische Jesuit Marcelo de C. Azevedo ein umfangreiches Werk zu den Basisgemeinden vorgelegt: *Basic Ecclesial Communities in Brazil. The Challenge of a New Way of Being Church*, Washington 1987.

bricht und auch Politik und Gemeinschaft auseinanderzufallen drohen – um an die Analysen des französischen Sozialphilosophen und Ethnologen Marc Augé anzuknüpfen –, vielleicht neue öffentliche Räume entstehen, in denen sich ein organisches Miteinander in der Pluralität der Großstadt neu ausbilden kann, vor allem auch das, was angesichts der vielen Migrationsgeschichten mit „interkultureller Citizenship" bezeichnet wird. Vereinzelung ist sicher ein Phänomen der Großstadt, aber es ist keine notwendige und einlinige Entwicklung, vielmehr können im Kreuzen der vielen Geschichten neue öffentliche Räume entstehen, in denen neue Lebenszeichen zu entdecken sind. Stephen Amet stellt in seinen Analysen der Favelas des Südens fest, „the organic social orientation to human nature is intact"[46]. Darauf weist auch die Soziologin Renate Rott aus europäischer Perspektive hin: „Untersuchungen zu den Überlebensstrategien der armen Bevölkerung in den Großstädten zeigen, dass sich auf der Basis der Wohnviertel durchaus neue soziale Zusammenhänge und Vernetzungen bilden, die es nicht erlauben, von Anomie oder einer ‚marginalisierten Masse' per se zu sprechen. Traditionelle Strukturen (Familien-, Haushaltsverbände und Herkunftsbeziehungen) können/müssen überlebensfähig bleiben, weil die erweiterte Familie oft das einzige Netz an sozialer Sicherheit darstellt, auf das die armen Bevölkerungsgruppen zurückgreifen können. Eine wichtige Rolle für die Artikulation der sozialen Interessen und Erfüllung der Grundbedürfnisse wird von den sozialen Bewegungen getragen."[47]

---

[46] Ebd.
[47] Rott, *Urbanisierung und Metropolisierung*, 102. – Vgl. auch Pedro Trigo, *Pastoral suburbana – elementos estructurales*, in: ITER 44 (2007) 39–105, hier: 64: „El que la ciudad los ayude poco y los desfavorezca de muchos modos, agrava mucho la situación de los pobladores de barrios. Es lo que hemos calificado de luchar contra corriente, lo contrario que sucede con los habitantes de la ciudad. Pero si esa situación tan desventajosa los obliga a hacerse cargo simultáneamente de todos los aspectos de su vida, con la sobrecarga y tensión anímica que ello origina, también los obliga a dar de sí a fondo e incluso a ir más allá de sí. Los estimula a constituirse en sujetos humanos. – Contenidos inexcusables de esta vida son la comunicación, la convivialidad, la salud, la alimentación, el hábitat del barrio (casas, calles, aguas blancas y negras, transporte, seguridad, recreación ...), los grupos y asociaciones, la capacitación, lo productivo, lo cultural, los derechos humanos, la defensa de la vida, la celebración, la fiesta y también para muchos la relación con Dios, como compañero entrañable y fuente de vida, creatividad, coraje y dignidad."

Das Kreuzen der Perspektiven, das Überschreiten von Grenzen, das Durchschreiten von Passagen wird so von Bedeutung, um Lernprozesse in Gang zu setzen, über die sich in der Pluralität und Diversität an Lebensformen, Stadtvierteln, ethnischen und sozialen Zugehörigkeiten ein neues Miteinander in der Großstadt ausbilden kann. Christliche Gemeinden können dazu einen bedeutenden Beitrag leisten, gerade als Orte, in denen das eingeübt werden kann, was der argentinische Jesuit und Philosoph Jorge Seibold „interkulturelle Citizenship" nennt.[48] Dazu gehört im ganz besonderen das Einüben von Gastfeundschaft den vielen Fremden gegenüber. Gerade die Städte werden immer mehr zu Orten, in denen sich Einheimische und Fremde begegnen, in denen Fremdenangst ausbrechen kann, in denen Viertel sich abschließen, in denen aber umgekehrt neue Lebenszeichen aufbrechen können, wenn die Stadt zum Raum wird, in dem sich das Bewusstsein ausbilden kann, über alle nationale Zugehörigkeit hinaus ein „Erdenbewohner" zu sein, ein Raum, in dem sich Lokales und Globales kreuzen und sich so ein „Weltbürgertum" ausbilden kann. Die „interkulturelle Citizenship" geht „al fondo de las disimetrías y otras injusticias que empañan el mundo relacional humano, pero lo hace por vías del diálogo y por el empleo de elementos conciliadoras y nada violentos. Esta es precisamente su ‚fortaleza'. Sabe que esta vía es ‚larga' y llena de dificultades, pero no renuncia a ella porque esa vía es la única que salva lo propiamente humano."[49] Das wird auch angesichts der globalen sozialen Fragen von Bedeutung, die die ökologischen Grundlagen der Mega-City bedrohen, das Ringen um die gemeinsamen Lebensgrundlagen, um Wasser, saubere Luft, um Zugang zu Bildung, ärztlicher usw. Versorgung für die gesamte Bevölkerung. „In der Anonymität des Nicht-Ortes", so hat es auch

---

[48] Jorge Seibold, *La ciudadanía intercultural. Un nuevo desafío para nuestros pueblos latinoamericanos y caribeños*, in: Stromata 64 (2008) 219–232.

[49] A. a. O., 230; ebenso 242: „Pero más allá del ‚ámbito' de los ‚Derechos' se halla algo que es previo a esos ‚Derechos' y es la ‚pertenencia'. Este tema extiende al concepto de ‚ciudadanía' más allá del ‚estatus' legal ligado a los Derechos y las Responsabilidades y plantea el problema de la ‚identidad' como central para comprender la ‚Ciudadanía'." – Das Thema von „Citizenship und Interkulturalität" ist in der Revista Anthropos (Barcelona) Nr. 191, 2001 weiter entfaltet.

Marc Augé ausgedrückt", „spüren wir, ein jeder für sich allein, das gemeinschaftliche Schicksal der Gattung."[50]

Gutes Leben, eine Ökologie des Miteinanders müssen eingeübt werden – und das kann ein Beitrag der christlichen Kirchen und Gemeinden sein. Dabei gilt es auch für die Kirchen, die Gastfreundschaft selbst neu zu entdecken, die in die Gründungsgeschichte christlichen Glaubens eingeschrieben ist. Viele der Texte, die Jesu Leben bezeugen, stellen Einladungen dar; Jesus ruft in seine Nähe, er ist der Einladende, aber ebenso auch der Eingeladene. Zachäus, Maria und Marta und viele andere mehr laden ihn ein. Erfahrene Gastfreundschaft und Mähler sind die großen „Symbole" der neuen, befreienden Gemeinschaft, die Gott je neu schenkt und schenken wird in seinem Reich des Friedens, das über alle Zeiten und Räume hinaus verheißen ist. Im Wechsel der Landschaften und der Menschen, im raschen Fluss von Raum und Zeit sind diese Einladungen von Bedeutung, „Rast-Stätten" und „Gast-Häuser". Ausbildung von Identität und auch von Identität im Glauben braucht diese Wegmarken, Raststätten und Gasthäuser, vor allem in Zeiten des Passanten- und Nomadentums. Ergeht die Einladung „Komm, und sieh'", können sich in den Begegnungen die vielen Bilder und Versatzstücke von Geschichten, die sonst nur vorbeiziehen, zusammensetzen. Gleichzeitig fällt auch neues Licht auf die eigene Geschichte, wenn der oder die Fremde über die Schwelle treten, gleichsam mit dem Lichtstrahl, der durch die geöffnete Türe fällt. Identität und Miteinander gestalten sich an diesen Knotenpunkten aus, dort, wo Geschichten sich kreuzen, wo fremde hineinragen in die unsrige und aus Vertrautem heraus-fordern. In allen Kulturen steht Gastfreundschaft und darin die Begegnung mit Fremdem unter einem besonderen Gesetz; Klöster waren und sind Orte der Gastfreundschaft, bereits Benedikt hielt dies in seiner Regel fest. Denn mit dem Wanderer und der Wanderin tritt der Herr selbst über die Schwelle. Im kirchlichen Asylrecht wirkt diese Praxis noch heute, der Fremde gilt als Bild des „vorbeiziehenden" Gottes. Die Einladung an den Fremden, der Schritt über die Schwelle und die geteilte Zeit und der geteilte Raum der Gastfreundschaft gehören zur Ausbildung christlicher Identität und zur Konstitution einer Kirche, die sich als „Keim

---

[50] Augé, *Orte und Nicht-Orte*, 141.

und Anfang" des Reiches Gottes auf Erden (LG 5) versteht. Gerade hier, im Schritt über die Schwelle, in der „Gnade des Gastes", kann Gott neu „aufgehen", der Gast ist es, der „Gott hereinlässt", wie Romano Guardini formuliert hat.[51] In einer globalen Welt des Passantentums, die eine an tradierte Institutionen gebundene Identitätsbildung anfragt, gerade auch eine festgefügte oder „dogmatische" Sicht auf den christlichen Glauben hinterfragt, kann ein Blick auf diese Momente befreiend wirken und die Suchbewegung und Offenheit des Glaubensprozesses in ein neues Licht rücken. Dazu gehören dann auch die Begegnungen mit den „fremden" christlichen Brüdern und Schwestern, ein Einüben von Ökumene, was der ecuadorianische Bischof und Jesuit Mons. Julio Cesar Terán Dutari als eines der großen Erfordernisse für die lateinamerikanische Kirche bezeichnet.

Die Begegnung mit dem Fremden „erschüttert" immer, sie hilft aber auch, uns selbst neu zu finden, durch die „Gnade des Gastes" (J. Derrida), wenn wir ihn einladen, die Schwelle unseres Hauses zu überschreiten.[52] Dann können wir selbst auf neue Weise bei uns eintreten; wir werden was wir sind durch die Gnade des Gastes. Diese Gastfreundschaft löst nicht die komplexen politischen Fragen, die mit der Migration gegeben sind, sie lässt Menschen aber zu Fürsprechern und Anwältinnen der vielen Migrantinnen und Migranten werden – in den vielen Formen der Solidarität mit Marginalisierten

---

[51] Vgl. Romano Guardini, *Briefe über Selbstbildung. Bearbeitet von Ingeborg Klimmer*, Mainz [13]1978, *Dritter Brief „Vom Geben und Nehmen, vom Heim und von der Gastfreundschaft"*, 27–43, hier: 37. – Zum Thema der „Gastfreundschaft" in der Großstadtpastoral vgl. Werner Simon, *Kirche in der Stadt. Glauben und glauben lernen heute in städtischen Lebenszusammenhängen*, Berlin/Hildesheim 1990; *Weggemeinschaft mit den Menschen. Kirche in der Großstadt: Herausforderungen – Erfahrungen – Perspektiven*, Berlin/Hildesheim 1992; Michael Theobald/Werner Simon (Hrsg.), *Zwischen Babylon und Jerusalem. Beiträge zu einer Theologie der Stadt*, Berlin/Hildesheim 1988. – Das bedeutet für die Kirchen auch ein anderes Wahrnehmen des Anderen, eine neue Gestalt der „Mission": vgl. Paulo Suess, *Evangelizar a partir dos projetos históricos dos outros. Ensaios de missiologia*, Sao Paulo 1995. Dazu: Susin, *Jesus: ein „Ort"*, um zu leben, 130/131: „In gewisser Weise wird die Evangelisierung als eine Bewegung in zwei Richtungen verstanden, wobei beide Seiten sich gegenseitig evangelisieren, was eine Wirklichkeit der Weggemeinschaft, des Zusammenlebens und des Teilens des Lebens voraussetzt – so fragil und voll von Inspiration es auch sein mag."

[52] P. Engelmann (Hrsg.), *Jacques Derrida, Von der Gastfreundschaft. Mit einer „Einladung" von Anne Dufourmantelle*, Wien 2001, 91.

und Vertriebenen, im Engagement in der Flüchtlingsarbeit, wie sie z. B. die Jesuiten oder Salesianer Don Boscos betreiben, im Entdecken der Lebens- und Glaubensgeschichten der Fremden bei uns. In dieser gelebten Gastfreundschaft kann sich so die Dynamik christlichen Glaubens auf eine neue Weise Bahn brechen. Der Ausländeranteil in katholischen Gemeinden beträgt im Schnitt 7–8 %. Jede Diözese betreut zwar ausländische Missionen, die italienischen, kroatischen, spanischen usw. Missionen bieten „Heimat" in der Fremde. Zunehmend wichtig wird es aber, Menschen fremder Herkunft in den Pfarreien ein zuhause zu geben, hier Gastfreundschaft zu pflegen – auch über die Grenzen des eigenen Glaubens hinweg. Das kann gerade in der Gastfreundschaft ermöglicht werden, im gemeinsamen Feiern, der gemeinsam geübten Solidarität mit den Ärmsten der Armen, im Angebot psychosozialer Betreuung usw. „Die Migration", so das Gemeinsame Wort der Kirchen zu den Herausforderungen durch Migration und Flucht, „schafft täglich Begegnungen interkultureller und interreligiöser Art. Im Blick auf den gesellschaftlichen Frieden ist ein Dialog der christlichen Kirchen mit allen großen Religionen und Kulturen unerlässlich. Unabhängig von unterschiedlichen theologischen Sichtweisen tragen die großen Religionsgemeinschaften heute alle Verantwortung für eine gemeinsame Zukunft in dieser gefährdeten Welt. Die Begegnungen im interreligiösen Dialog dürfen allerdings nicht auf wissenschaftliche Auseinandersetzungen beschränkt bleiben, sondern müssen Menschen, die ihren Glauben leben, einbeziehen." (Nr. 236)[53]

Auf dem Weg der Gastfreundschaft kann Kirche wirklich „Weltkirche" werden und das Projekt realisieren, das auch heute – fast 50 Jahre nach den Impulsen des 2. Vatikanischen Konzils – aufgegeben ist: am gemeinsamen Haus der Erde zu arbeiten, im Dienst von Frieden und Gerechtigkeit zu stehen, immer wieder neu, trotz allem, Versöhnungsarbeit zu leisten und gerade so „alle Menschen aller Nationen,

---

[53] Kirchenamt der Evangelischen Kirche in Deutschland, *„und der Fremdling, der in deinen Toren ist"*. – Mariano Delgado weist in seinem Aufsatz *„Nicht mehr Juden und Griechen!" (Gal 3,28). Perspektiven der Migrantenpastoral in einer europäischen Großstadt am Beispiel Berlin* auf die Gefahr des Abschlusses der ausländischen Gemeinden hin: in: Werner Simon (Hrsg.), Weggemeinschaft mit den Menschen. Kirche in der Großstadt: Herausforderungen – Erfahrungen – Perspektiven, Berlin/Hildesheim 1992, 102–111.

Rassen und Kulturen in einem Geist zu vereinigen, zum Zeichen jener Geschwisterlichkeit, die einen aufrichtigen Dialog ermöglicht und gedeihen lässt" (Gaudium et Spes 92). Gott lädt alle ein, seine Gastfreundschaft hat keine Grenzen. Aus der „Anerkennung", die Gott in Jesus Christus geschenkt hat, an die im gemeinsamen Mahl, der Feier der Eucharistie, erinnert wird als Hoffnungszeichen für die Zukunft, können Christinnen und Christen zu dieser ihrer Berufung finden und gestärkt durch die Teilhabe am Leib und Blut des Herrn diese Anerkennung auch in die vielen säkularen Zusammenhänge, in denen sie stehen, übersetzen lernen. Das ist dann eine Chance für die Kirche, nicht an Deutekraft in der globalen und postmodernen Gesellschaft zu verlieren. Diese Anerkennung des Anderen ist – analog zu der Anerkennung, die sich in Jesu Christi Leben, Sterben und Auferstehen ereignet hat – eine einladende, eine offene, eine versöhnende und Zukunft erschließende: Sie lässt die Fremden über unsere Schwelle gehen und lässt uns selbst je neu durch die „Gnade des Gastes" zu uns selbst finden: „Die Gastfreundschaft vergesst nicht, denn durch sie haben einige unwissentlich Engel beherbergt." (Hebr 13,2) Gerade in der Begegnung mit Fremden kann eine neue Erfahrung Gottes gemacht werden, Fremde spiegeln einen neuen und überraschenden Blick auf das Eigene. Fremde mahnen uns, wenn wir Gott „festhalten" wollen, sie erinnern uns, dass Gott selbst der „Fremde" ist und als solcher, je mehr wir uns ihm nähern, zum Aufbruch mahnt. Glaube kann nicht ein- und abgegrenzt werden, er lässt immer wieder aufbrechen, auf Neues hin, weil Gott schon immer jenseits der Grenze ist. Fremde und Fremdes werden so zu einem neuen Ort der Konstitution von Glaubensidentität, zum „locus theologicus".[54] In Gestalt des Fremden, so die Erfahrung der Jünger auf dem Weg nach Emmaus, tritt Gott bei uns ein. Er ist „hostis", Gast und Gastgeber zugleich, er ist die „hostia", die Gabe, die jedes Miteinander verwandelt.[55] Gott selbst ist der Gastgeber, der allen – „Einheimischen" und „Fremden" – Gemeinschaft schenkt, und er ist der Gast, der in Gestalt des Fremden Ge-

---

[54] Vgl. Margit Eckholt, *Poetik der Kultur. Bausteine einer interkulturellen dogmatischen Methodenlehre*, Freiburg i. Br. 2002, 416–423 u. a.
[55] Vgl. dazu Margit Eckholt, *„Der Gast bringt Gott herein" (R. Guardini). Kulturphilosophische und hermeneutisch-theologische Überlegungen zur eucharistischen Gastfreundschaft*, in: J. Hake (Hrsg.), Der Gast bringt Gott herein. Eucharistische Gastfreundschaft als Weg zur vollen Abendmahlsgemeinschaft, Stuttgart 2003, 11–30.

meinschaft wandelt und die „Gratuität" des Miteinanders entdecken lässt, die in der Tiefe gebunden ist an die sich verschenkende Liebe Gottes, die Gott in Jesus von Nazaret hat greifbar werden lassen.

Gerade heute in einer globalen und zugleich pluralistisch-fragmentierten Welt ist Identitätsfindung nur über je neue Grenzüberschreitungen und das Einüben vielfältiger Anerkennungsprozesse möglich – eben dann, wenn politische und religiöse Gemeinden sich nicht abschließen, sondern den Blick geöffnet haben auf die größere – säkulare und religiöse – „Ökumene". Wenn christliche Kirche und Gemeinden so Gastfreundschaft üben, verlieren sie nicht an Identität, sondern wachsen in die Tiefe der Lebens-Gemeinschaft des je größeren Gottes hinein. Der „Anders-Ort" Gottes lässt immer wieder neu auf die vielen Nicht-Orte der Welt hin aufbrechen und ermöglicht je neue kreative Verwandlungen des Eigenen in der Begegnung mit den vielen Anderen. Angesichts der Ort- und Heimatlosigkeit wird gerade eine „spirituelle Heimat", ein „spiritueller Ort" von Bedeutung. Kirchen können solche Orte sein, wenn ihre Türen offen stehen, wenn sie Fremde über ihre Schwellen gehen lassen. Aber auch umgekehrt können wir Christen und Christinnen in der Begegnung mit dem Fremden lernen, dass Gastfreundschaft auch die Gemeinschaft der Kirche konstituiert und sie je neu auf die Lebensgemeinschaft Gottes hin aufbricht. Die Zeiten der Veränderung stellen so eine Chance für die Kirchen dar.

3. „Bemüht euch um den Schalom der Stadt ... Denn in ihrem ‚Schalom' liegt euer ‚Schalom'": Bekehrung der Stadt und Bekehrung zur Stadt[56]

Die Großstädte der Welt – die Global- oder Mega-Cities – sind ein „Laboratorium", in dem sich die sozialen, politischen, wirtschaftlichen, kulturellen und religiösen Fragen und Herausforderungen der

---

[56] Vgl. Erich Garhammer, *„Suchet der Stadt Bestes" (Jer 29,7). Kirche in der Großstadt*, in: Reinhold Bärenz (Hrsg.), Theologie, die hört und sieht. Festschrift für Josef Bommer zum 75. Geburtstag, Würzburg 1998, 24–33: Garhammer erinnert an Jeremia 29, 6/7: „Bemüht euch um den Schalom der Stadt, in die ich euch weggeführt habe, und betet für sie zum Herrn. Denn in ihrem ‚Schalom' liegt euer ‚Schalom'": „Die Bekehrung zur Stadt ... ist jeder Generation, gerade auch den in der Pastoral Verantwortlichen immer wieder aufgegeben. Das Wort Umkehr ist ein Zentralwort des christlichen Glaubens. Es geht freilich dabei nicht nur um die Umkehr der Stadt, sondern immer wieder auch um die Umkehr zur Stadt." (33)

Zeit bündeln, die alttestamentlichen Propheten haben – wie Jona – die Stadt zur „Bekehrung" gerufen, Bekehrung der Stadt kann aber nicht anders als mit einer Bekehrung zur Stadt und einem Wahr- und Ernstnehmen der sich in ihr abspielenden Lebensprozesse übereingehen. Hier werden die Zukunftsfragen für christlichen Glauben und vor allem auch für die katholische Kirche entschieden. Bekehrung der Stadt heißt, den Finger in die Wunde der Missstände zu legen, wenn „Nicht-Orte" das Leben in Tod verkehren, wenn Götzen angebetet werden, wenn die Menschenwürde mit Füßen getreten wird und angesichts der großen ökologischen Herausforderungen kein menschengerechtes Leben mehr möglich ist. Bekehrung zur Stadt heißt, die Lebenszeichen zu identifizieren, die sich im Neuen der Begegnung der vielen Geschichten abzeichnen, das Aufbrechen einer neuen, subjektorientierten Spiritualität, religiöse Aufbrüche in anderen christlichen Gemeinschaften und Gemeinden. Wenn die katholische Kirche sich nicht zu einer selbstzentrierten und sich abschließenden Mittelschicht- oder Oberschichtskirche werden will, sind im Vertrauen auf das Wirken des Geistes Gottes über Grenzen und Schwellen hinweg Grenzüberschreitungen notwendig, das Einüben ökumenischer, interkultureller und interreligiöser Gastfreundschaft.

Das 2. Vatikanische Konzil kann hier gerade heute immer noch die entscheidenden Impulse geben. Es hat gerade mit der Bestärkung der „priesterlichen Existenz" aller Christen und Christinnen Wege gebahnt, die neue „Subjekthaftigkeit" des Glaubens ernst zu nehmen und von dort her ein neues Kirche-Sein auszuprägen. Dazu gehört heute, alle Getauften und Gläubigen zu befähigen, ihr Christsein in besonderer Weise auszuprägen. Das kann eine Chance sein, verloren gegangene Kirchenbindungen neu zu gestalten. Das Wahrnehmen der verschiedenen Subjekte in der Kirche ist eines der „Zeichen unserer Zeit", das haben die Konzilsväter in das Herz der neuen Verfassung der Kirche geschrieben: die Aufgabe aller Getauften, Amtsträger und Laien, aus der persönlichen „Aneignung" des Taufsakraments und dem Wahrnehmen des „gemeinsamen Priestertums" (vgl. LG 10) Kirche als Volk Gottes auf dem Weg und in engster Bezogenheit auf alle Lebensrealitäten des Menschen auszuprägen. In den Konzilstexten steckt so ein Potential, das gerade im gegenwärtigen Moment neu erschlossen werden kann. Die 2007 in Aparecida versammelten lateinamerikanischen Bischöfe haben dies aufgegriffen, als sie gerade davon gesprochen haben, dass alle Christen und Christinnen dazu befähigt werden müssen, Jünger und Jüngerin Jesu Christi zu sein und so zur Verwirklichung des Reiches Gottes, der sozialen Gerechtigkeit und christlichen Liebe beizutragen (DA 19, 20–32 u. a.) Es geht in Zeiten, in denen die Glaubensoption mehr als zuvor eine je persönliche und individuell verantwortete ist, darum, das „empowerment", das in der Teilhabe am „gemeinsamen Priestertum" und in den Sakramenten grundgelegt ist, im Innen und Außen der Kirche auf neue Weise sichtbar zu machen.[57] Heute geht es wohl noch mehr als in den Jahren des Konzils darum, die Glaubenden zu befähigen, aus der Kraft, die in den Sakramenten grundgelegt ist, vor allem in Taufe und Firmung, zu leben und ein öffentliches Zeugnis von Gott und der Hoffnung seines Reiches abzulegen. Im Bewusstwerden der „priesterlichen Existenz" und in der Durchformung aller Lebensformen im Geiste Jesu wird alle Wirklichkeit „verwandelt" und zur „heiligen Opfergabe" für den Gott, der Anfang und Ende, der Lebens- und Hoffnungswort für die Welt ist. Dazu trägt jeder Christ bei, ob Priester, Ordenschrist, ob verheiratet oder ledig, in Familie, Beruf, Politik, Gesellschaft usw. engagiert. Die vielen neuen christlichen Gemeinden – oft pentekostalen Ursprungs – setzten in den Ländern des Südens auf diese Verantwortung, die alle Christen und Christinnen für das Volk Gottes übernehmen. Spiritualität und Politik begegnen sich hier. Die katholische Kirche ist gerade heute gefragt, diese „Zeichen der Zeit" wahrzunehmen, aber diese „Bekehrung zur Stadt" ist notwendig, gerade auch im Sinne ihrer „Bekehrung zu Gott", will sie selbst die Gastfreundschaft leben, die Gott in Jesus Christus in ihr Herz geschrieben hat. Dann wird auch ein neues Leben in der Stadt möglich sein, in der Ausbildung einer interkulturellen Citizenship, die die Nicht-Orte zu neuen Räumen der Gnade aufbrechen lässt.

---

[57] Vgl. dazu: Margit Eckholt, *Citizenship, Sakramentalität der Kirche und empowerment. Eine dogmatisch-theologische Annäherung an den Begriff der Citizenship*, in: Virginia R. Azcuy / Margit Eckholt (Hrsg.), Citizenship – Biographien – Institutionen. Perspektiven lateinamerikanischer und deutscher Theologinnen auf Kirche und Gesellschaft, Zürich/Berlin 2009, 11–40. – Auf die „Kirche der Subjekte" hat Albrecht Grözinger in seinem Aufsatz aufmerksam gemacht: Stadt als Lebensform. Anmerkungen zu einem verlockenden Paradigma für die Kirche in einer multikulturellen Gesellschaft, in: Theologia practica 28 (1993) 296–303. – Aus lateinamerikanischer Perspektive hat der mexikanische Priester Federico Altbach das „Subjektsein der Laien" in der Stadt erarbeitet: Federico Altbach, *Das Subjektsein der Laien in der Kirche. Ein Beitrag zur Theologie der Großstadt in Lateinamerika*, Münster 2005.

Stadterkundung
Zur Pastoral des Urbanen

Martin Wichmann

1. Downtown: Kirche in der City

1.1 Beobachtung

Wir setzen bei einer Beobachtung an, die für sich genommen zunächst nichts Aufregendes bereithält. Die katholische Kirche hat in den vergangenen Jahrzehnten[1] nahezu überall im deutschsprachigen Raum neue Dependancen eröffnet. Es handelt sich meist um eher kleine Filialen, mancherorts auch um architektonisch beachtliche und mit beträchtlichem Aufwand herausgeputzte, sehenswerte Bauwerke.[2] Diese neuen kirchlichen Räume entstanden aus Umnutzungen beispielsweise ehemaliger Ordensgebäude oder wurden eigens neu gebaut. Sie sind öffentlich zugänglich und finden sich vorrangig in unmittelbarer Nachbarschaft zur zentralen Stadtkirche, sofern eine solche kirchlich besetzte Stadtmitte existiert. In Städten ohne traditionelles kirchliches Gebäude im Zentrum wurden nötigenfalls Ladengeschäfte, ehemalige Gaststätten oder andere geeignete Räumlichkeiten erworben oder angemietet und für den kirchlichen Bedarf gerichtet. Die konkrete Ausgestaltung kann sehr unterschiedlich ausfallen, entscheidend ist die zentrale Lage im Stadtkern. Der neue kirchliche Ort sollte möglichst im Fußgängerbereich einer Stadt liegen und auch im engeren Sinne der ‚Stadtmitte' zuzurechnen sein.

Anders als man es vielleicht erwarten würde, handelt es sich bei diesen Einrichtungen nicht um Sakralgebäude, also um Kirchen im

---

[1] Einige Projekte und Initiativen haben offenbar schon etliche Jahre Erfahrung, vgl. Michael Göpfert / Christian Modehn (Hrsg.), *Kirche in der Stadt. Erfahrungen. Experimente, Modelle in europäischen Großstädten*, Stuttgart 1981; Martin Kühlmann, *Das Netzwerk Citykirchenprojekte*, in: Lebendige Seelsorge 61 (2010), 293.

[2] Vgl. Hermann Merkle, *Architektur als Sprache*, in: Lebendige Seelsorge 61 (2010), 283–289.

konventionellen Sinne. Die Räumlichkeiten sind zwar eindeutig kirchlich geprägt, manchmal finden sie sich direkt an oder sogar in Kirchen (wenn keine praktikablen Alternativen zur Verfügung standen), doch handelt es sich ausdrücklich nicht um ‚Gotteshäuser'. Größere Einrichtungen verfügen normalerweise über einen Andachtsraum, einen ‚Raum der Stille' oder eine kleine Kapelle, manchmal verweisen sie auch einfach auf die nahestehende Kirche. Doch ihre eigentliche Bestimmung finden sie in ihrem offenen, ja explizit öffentlichen Charakter, der auch Andersdenkende und Zweifelnde, Ungläubige und Suchende, selbst nur zufällig Vorbeikommende ausdrücklich einschließt und begrüßt. Diese stadtzentralen Einrichtungen offerieren das kirchliche ‚Angebot' des jeweiligen Einzugsgebiets: Gottesdienstzeiten und –orte, Kontaktadressen, Gesprächsabende und kulturelle Veranstaltungen oder Beratungsstellen. Zu den meist großzügigen Öffnungszeiten halten sich an rezeptionsartigen Theken Ansprechpartner/innen bereit, die für eine Auskunft, ein Gespräch, auf jeden Fall für die Ausgabe von Broschüren und Informationsmaterial zur Verfügung stehen. Meist kann der Besucher auch religiöse Bücher, Kerzen, Andachtsgegenstände u. ä. erwerben oder sich zu Veranstaltungen im Haus bzw. im weiteren Stadtgebiet anmelden. Manche dieser Einrichtungen sind ausdrücklich diakonisch geprägt, Bedürftige können nicht nur mit Rat, sondern auch mit Tat rechnen. Die Kirchlichkeit dieser Einrichtungen zeigt sich am religiösen Fokus des Angebotenen, der seelsorgliche Begleitung explizit ein- und ökumenische Kooperationen ebenso ausdrücklich nicht ausschließt[3], und an der selbstverständlichen Kirchlichkeit der Mitarbeiter/innen.

Diese (Neu-)Installation kirchlicher Räume in den Stadtzentren ist in mindestens drei Hinsichten erstaunlich. Erstens stellt dieses Phänomen einen der wenigen Neuaufbrüche der letzten Jahrzehnte der katholischen Kirche im deutschsprachigen Raum dar[4], der ohne strategische Steuerung oder zentrale Koordination dennoch flächendeckend in vielen (Groß-)Städten stattgefunden hat und teilweise noch ausgebaut wird. Das ist angesichts der seit Jahrzehnten rückläufigen Kirchlichkeit der deutschsprachigen Gesellschaft, den sinken-

---

[3] Vgl. Martin Kühlmann, *Das Netzwerk Citykirchenprojekte* (Anm. 1), 291–293.
[4] Vgl. Christian Hennecke, „Wir haben hier keine bleibende Stadt – wir suchen die zukünftige". *Church in the city*, in: Lebendige Seelsorge 61 (2010), 250.

den Gottesdienstbesuchern und Kasualien⁵, dem Abschmelzen der Kirchensteuerzahler und dem dramatischen Einbruch der Priesterzahlen zumindest bemerkenswert. Zweitens handelt es sich dabei um einen im Wesentlichen ‚amtskirchlichen' Neuaufbruch⁶, also nicht um eine der zahlreichen (laikalen) Initiativen, welche die deutsche Kirche im 20. Jahrhundert geprägt haben und deren Ideen und Gedankengut in Verbänden, geistlichen Gemeinschaften und eingetragenen Vereinen heute noch im Leben der Kirche weiterwirken. Diese stadtzentralen, niederschwelligen, nichtsakralen, serviceorientierten Kirchenräume werden von Stadtdekanaten, von Zusammenschlüssen aus Stadtpfarreien oder von den Bistümern selbst getragen, die für deren Leitung und Konzeptionierung auch hauptberufliche Seelsorger abstellen. Interessanterweise werden diese amtskirchlichen Einrichtungen (auch wenn sie sich nicht gern so verstehen mögen) in der Regel *parallel* zur traditionellen kirchlichen Struktur aus in Dekanaten zusammengefassten Pfarreien oder Pfarrverbünden vorgehalten, also gleichsam hybrid zur territorial strukturierten kirchlichen Seelsorge, wie sie das Trienter Konzil 1563 fixiert hat, um „im Interesse des sichereren Heils der ihnen anvertrauten Seelen das gläubige Volk auf[zu]teilen in genau umgrenzte und selbständige Pfarrbezirke und für jeden derselben einen dazugehörigen eigenen und besonderen Pfarrer [zu] bestellen, der sich ihrer annehmen kann und von dessen Hand sie mit Vorzug die heiligen Sakramente empfangen sollen"⁷. Es handelt sich bei diesen Einrichtungen also weder um Kirchen oder Pfarrämter, nicht um soziale Beratungsstellen oder diakonische Einrichtungen, noch um Verbandssekretariate oder kirchliche Stabs- und Verwaltungsstellen, obgleich all das in den neuen Räumlichkeiten Platz finden kann – aber nicht muss. Es handelt sich, und das ist der dritte erstaunliche Aspekt, um eine Entwicklung, für die sich in den letzten Jahren ein spezifischer pastoraltheologi-

---

⁵ Vgl. Dt. Bischofskonferenz (Hrsg.), *Eckdaten des Kirchlichen Lebens in den Bistümern Deutschlands*, 1990 – 2008.
⁶ Vgl. Werner Kleine, *Kirche auf der Straße. Die Katholische Citykirche Wuppertal*, in: LS 61, 4 (2010), 266; Stefan Tausch, *Geh in die Stadt, dort wird dir gesagt, was du tun sollst. Kirche mittendrin, im Rhythmus der City, am Puls der Zeit!*, in: Lebendige Seelsorge 61 (2010), 278.
⁷ Vgl. Franz Xaver Arnold, *Pastoraltheologische Ansätze in der Pastoral bis zum 18. Jahrhundert*, in: Ders. u. a. (Hrsg.), Handbuch der Pastoraltheologie, Bd. 1, Freiburg 1964, 31.

Stadterkundung

scher Titel herausdestilliert hat: es sind Räume der City-Pastoral[8]. Schon diese semantisch paradoxe Begriffsbildung (vgl. 3.1) lässt erkennen, dass es sich nicht um eine kontingente Entwicklung handelt, sondern um einen konzeptionellen Neuansatz, der sich mehr oder weniger bewusst und absichtsvoll von gängigen Handlungsschemata kirchlicher Weltzuwendung absetzt.

1.2 Reflexion

Wir werden im Folgenden diese intuitive, in ihren Anfängen eher experimentierende, mittlerweile etablierte und allgemein akzeptierte Veränderung kirchlicher Pastoral in den Städten als kirchenspezifische Reaktion deuten, als eine Möglichkeit des Selbstvollzugs der Kirche, also als systeminterne wie –konforme ‚Operation' der Institution Kirche auf eine sich verändernde (nicht nur städtische) Umwelt. Die Analyse des Phänomens ‚City-Pastoral' soll dabei sowohl als Indiz für eine veränderte (Selbst-)Wahrnehmung der Kirche und ihres sich wandelnden (Selbst-)Verständnisses genommen werden als auch einer praktisch-theologischen Bestimmung des Begriffs ‚City-Pastoral' dienen. Beide Absichten konvergieren, da die praktische Erkundung und theologische Ausleuchtung der Citypastoral die zugrundeliegenden ekklesiologischen Transformationen sichtbar werden lässt, die dieses für die Kirchengeschichte relativ junge Phänomen überhaupt erst hervorgebracht haben. Es geht darin nicht nur um die Wahr-Neh-

---

[8] ‚City' im Kontext von Kirche taucht als Begriff 1974 bei David Sheppard auf, allerdings nur in der englischen Ausgabe (David Sheppard, *Built as a City. God and the urban world today*, London 1974), für die deutsche Ausgabe wählte man einen sozialpädagogischeren Titel (Ders., *Solidarische Kirche für eine menschliche Stadt. Ein Wegweiser für die Praxis*, München 1978). 1989 veröffentlicht Hans-Joachim Höhn, *City-Religion. Soziologische Glossen zur ‚neuen' Religiösität*, in: Orientierung 53, 102–105, und identifiziert die ‚Urbanität als Herausforderung für die Kirche' (Ders., *Religiös im Vorübergehen?*, Stimmen der Zeit 1990, 363–373). 1989 wird in Bonn ein praktisch-theologisches Symposion zum Thema ‚Kirche in der Stadt' abgehalten (vgl. Pastoraltheologische Informationen 1991, 5–57). Darauf folgen ab 1995 weitere Sammelbände unter der Chiffre ‚City-Kirchen' (vgl. z. B. Herbert Bauer, *Bilanz und Perspektiven*, Hamburg 1995). Ulrich Engel OP spricht 1998 von City-Seelsorge (in: Ders., *City-Seelsorge. Perspektiven für Kirche und Stadt am Ende des 20. Jahrhunderts*, Leipzig 1998). Karl Kern resümiert 2001 unter dem Titel *Laufkunden und Stammgäste. Erfahrungen in der Citypastoral*, in: Herder Korrespondenz 55.

mung soziologischer Veränderungen, die – nicht intentional, aber faktisch – die aktuelle Gestalt der heutigen Kirche inmitten dieser Veränderungen beeinflusst. Bei der allerorten aufkeimenden Citypastoral handelt es sich, so lautet die These, *primär* um eine Veränderung der Pastoral der Kirche, nicht so sehr um eine Änderung ihrer Umwelt. Der ganze Phänomenkomplex Stadt, Verstädterung, Urbanisierung, Individualisierung, Beschleunigung, Unverbindlichkeit usw.[9] ist in seinem faktischen Vorkommen wie auch in seiner theoretischen Wahrnehmung und Durchdringung deutlich älter als alle hier zu reflektierenden Projekte.[10] Anders gesagt, das Aufkommen der Citypastoral kann als veränderte Selbstbeobachtung der Kirche als Kirche (in der Welt) gedeutet werden, das Phänomen Citypastoral wäre also nicht einfach Gegenstand einer reflektierenden Pastoraltheologie, sondern *ist* selbst schon Pastoralreflexion (vgl. 3.3).

Ebenfalls experimentell (und ohne wissenschaftstheoretisches Präjudiz) nutzen wir zur hermeneutischen Verständigung über diese Erscheinungsform kirchlicher Pastoral systemtheoretisch geschärftes Begriffsinstrumentar. Wir wollen – rein hypothetisch, um zu sehen, welche Einsichten diese noch immer ungewohnte Perspektive eröffnet – von einer für die Theologie charakteristischen identitätstheoretischen Betrachtungsweise (Was ist die Stadt? Was ist die Kirche? Was will und kann Pastoral?) auf ‚differenztheoretische' Zugänge umstellen und nach Unterscheidungen fragen. Was unterscheidet die City-Pastoral von der bisherigen Pastoral? Was unterscheidet die sogenannte City von ‚der' Stadt? Wie unterscheidet sich das kirchliche Weltbild vom heutigen Stadtbild? Welche Unterschiede weist die kirchliche Praxis der City-Pastoral zu ekklesiologischen

---

[9] Vgl. z. B. Jens Dangschat, *Zwischen Armut und Kommerz. Urbane Herausforderungen an die Stadtkirchen*, in: Hans Werner Dannowski / Wolfgang Grünberg / Michael Göpfert / Günter Krusche / Ralf Meister-Karanikas (Hrsg.), Kirche in der Stadt. Bd.5, City-Kirchen. Bilanz und Perspektiven, Hamburg 1995, 151–161.
[10] Diese Wahrnehmung wurde schon vor Jahrzehnten von namhaften Pastoraltheologen rezipiert, vgl. z. B. Norbert Greinacher, *Die Kirche in der städtischen Gesellschaft. Soziologische und theologische Überlegungen zur Frage der Seelsorge in der Stadt*, Mainz 1966; Österreichisches Seelsorgeinstitut (Hrsg.) *Kirche in der Stadt*, Bd. 1: Grundlagen und Analysen, Wien 1967; Ottfried Selg, *Seelsorge in der Stadt. Pastoralsoziologische Überlegungen zur Organisation der Kirche in der Stadt*, Heidelberg 1968; Christoph Bäumler, *Kirchliche Praxis im Prozess der Großstadt*, München 1973.

Prämissen zum Kirche-sein auf? Welchen Unterschied markiert die Citypastoral in Differenz zur traditionellen (Stadt-)Pfarrei, auf deren Gebiet sie für gewöhnlich auftritt? Was unterscheidet die gegenwärtigen raumordnenden Maßnahmen der Bischöfe[11] von den gängigen Schwerpunktsetzungen der Citypastoral? usw. Sollte sich dieses Vorgehen bewähren, wäre nicht nur eine Umstellung des kirchlichen Selbstverständnisses (auf Differenz), sondern in Folge auch der Pastoral (auf Pluralität) denkbar (vgl. 5.1).

Ohne Zweifel gilt es dazu auch die Stadtsoziologie[12] zu befragen, die – selbst jede Normativität meidend – die Entwicklung der Stadt und ihrer ‚City' erforscht. Als Konsequenz der Urbanisierung weiter Landstriche in Deutschland kann man beispielsweise eine sich ausbreitende gesamtgesellschaftliche generelle ‚Urbanität' als soziokulturelle Lebensform vermuten. Dennoch stellt die Differenz von Stadt und Land ein gängiges und allgemein verständliches Stereotyp[13] bereit, auf das im kirchlichen Diskurs selbstverständlich zurückgegriffen wird, um das eine vom anderen abzugrenzen. Die Stadt-Land-Differenz stellt also eine Information bereit, sie rekurriert auf einen Unterschied, der einen Unterschied macht[14].

1.3 Differenzierung

Die stets fortschreitende und irreversible Pluralisierung der Lebenswelten und -formen gehört zu den selbstverständlichen Überzeugungen des Feuilletons und der Kulturschaffenden. Doch vollzieht sich diese Pluralisierung als gesellschaftliche Tatsache auf der Rückseite einer menschlichen Sehnsucht und anthropologisch wohl unhintergehbaren Intentionalität auf Einheit[15] hin. Die Ausdifferenzierung einer vormals tatsächlich bestehenden (oder auch nur projektiv

---

[11] Vgl. Sekretariat der Deutschen Bischofskonferenz (Hrsg.), *Mehr als Strukturen. Neuorientierung der Pastoral in den (Erz-)Diözesen. Ein Überblick*, Bonn 2007.
[12] Vgl. Hartmut Häussermann / Walter Siebel, *Stadtsoziologie. Eine Einführung*, Frankfurt 2004.
[13] Vgl. Michael N. Ebertz, *Kirche in der bürgerlichen Fremde. Citypastoral als Lernort der Seelsorge und Gesellschaftssorge*, in: Lebendige Seelsorge 61 (2010), 242.
[14] nach einer auf Gregory Bateson zurückgehenden, in systemtheoretischen Zusammenhängen gerne aufgerufenen Formel für ‚Information'.
[15] Vgl. Hansjürgen Verweyen, *Gottes letztes Wort. Grundriss der Fundamentaltheologie*, Düsseldorf ¹1991, 210f.

antizipierten) Einheit in nicht rückführbare Differenz ist für christlich-kirchliches Denken besonders schwer erträglich.[16] Unter dieser Perspektive kommt der City-Pastoral eine besondere – und für deren Vertreter vermutlich wenig überraschende – Relevanz für das auf Einheit angelegte Selbstverständnis der Kirche(n) zu.

Der *eingedeutschte* Begriff ‚City' steht nämlich nicht für die Stadt als solche (engl.: *city*), sondern – analog zum amerikanischen *central business district* – für das Geschäftszentrum und den städtischen Mittelpunkt eines weitläufigen und vielgestaltigen Siedlungsraums. City meint das mentale Gravitationszentrum einer Stadt, den auch territorial identifizierbaren und begrenzten Stadtkern (engl.: *city centre*) – in Unterscheidung zu den diversen Stadtvierteln und Quartieren, den Vorstädten und Stadtteilen, welche die Stadt als Ganzes ausmachen.[17] Die (deutsche) City bildet die symbolische Mitte einer Stadt und steht insofern auch für die Einheit der ganzen Stadt, ohne sich mit ihr zu verwechseln. Die City steht für die Einheit der Differenz von Stadtkern und Stadt, das eine verweist auf das andere. Daher müsste sich auch semantisch und sachlich die Citypastoral von einer Stadtpastoral, analog zur Unterscheidung der (deutschen) Begriffe City und Stadt, trennscharf unterscheiden lassen.[18]

Begriffsgeschichtlich geht ‚City' auf die *city of London* zurück, in der bereits um 1820 ein innerstädtischer Abwanderungsprozeß der Wohnbevölkerung einsetzte, wie er sich bald in allen großen Städten des beginnenden Industriezeitalters abspielte (die ‚Citybildung'). An dessen Ende bezeichnet das *city centre* (nordamerikanisch: *down-*

---

[16] Vgl. z. B. Christiane Gülcher, *Wie kirchliche Organisationen mit Konflikten umgehen*, in: Anzeiger für die Seelsorger 2/2012, 12–16; Tim Lindfeld, *Einheit in der Wahrheit. Konfessionelle Denkformen und die Suche nach ökumenischer Hermeneutik*, Paderborn 2008; Michael Weinrich (Hrsg.), *Einheit bekennen. Auf der Suche nach ökumenischer Verbindlichkeit*, Wuppertal 2002; Peter Neuner, *Ökumenische Theologie. Die Suche nach der Einheit der christlichen Kirchen*, Darmstadt 1997.
[17] Vgl. Werner Kleine, *Kirche auf der Straße* (Anm. 6), 267.
[18] Vgl. Brigitte Saviano, *Pastoral Urbana. Herausforderungen für eine Großstadtpastoral in Metropolen und Megastädten Lateinamerikas*, Münster 2006, 21; Michael N. Ebertz, *Kirche in der bürgerlichen Fremde* (Anm. 13), 242, sowie nochmals insistierend, Ders., *Für eine Citypastoral in Gemeinschaft und Dienstleistung* (Anm. 13), 255. Das LThK³ subsumiert den Begriff Citypastoral unter das Stichwort „Stadt. V. Praktisch-theologisch" und begibt sich so der Möglichkeit einer begrifflichen Differenzierung, vgl. Michael Sievernich SJ, *Stadt*, in: LThK³ Bd. 9 (2000), 913–916.

town, nach der südlich gelegenen Altstadt New Yorks) jenen zentralen Bereich jeder größeren Stadt, der durch eine Konzentration von Dienstleistungsbetrieben der höchsten Stufe und der Verwaltungssitze einzelner Industrieunternehmen sowie steigende Boden- und Mietpreise charakterisiert ist. Der daraus resultierende Rückgang der Wohnbevölkerung sowie die enorme Verkehrsbelastung aufgrund der täglich ein- und ausströmenden Menschen gehören zu den Folgen.[19] Die in den europäischen Cities geschaffenen Fußgängerzonen tragen diesem Pendlerverhalten (bzw. dem nicht mehr zu bewältigenden motorisierten Verkehrsfluss) Rechnung.

Es handelt sich bei der Citybildung um eine klassisch dialektische Entwicklung. Der ursprünglich lebensvolle Stadtkern des Mittelalters, der noch Handels- und Handwerksbetriebe, Verwaltungseinrichtungen und Wohnbevölkerung vereinte und so für die Bewohner eine gleichsam ‚vollkommene', wenn auch naturferne Lebenswelt (vgl. 3.1) darstellte, wandelte sich mit dem Beginn des Industriezeitalters und der darin einsetzenden Landflucht zur zunehmend unwirtlicheren Innenstadt, welche in einer Gegenbewegung die Stadtbewohner an den Stadtrand trieb, da die Grundstücke nur noch für Gewerbe, Handel und Industrie erschwinglich und die lärmenden Straßen mit motorisiertem Verkehr überfüllt waren. Daraus zogen alle deutschen Großstädte ab Mitte des letzten Jahrhunderts die Konsequenz, die begehrtesten Straßenabschnitte für den Fahrzeugverkehr zu sperren, was – entgegen anfänglichen Befürchtungen und Protesten der Gewerbetreibenden – die Attraktivität dieser Zonen weiter steigerte und zur permanenten Ausweitung einer City-Zone führte – und die Menschen zumindest tagsüber in Scharen wieder in den Stadtkern zurück treibt.

So entstanden mitten in den Städten eine für Personen jeder Art[20] hochattraktive, meist autoverkehrsfreie und insofern ‚menschenfreundliche' Zone[21], eben die City als fokussierten Pol (groß-)städti-

---

[19] Vgl. Wolfgang Grünberg, *Die Gastlichkeit des Gotteshauses. Perspektiven der City-Kirchenarbeit*, in: H.W. Dannowski, u. a. (Hrsg.), City-Kirchen. Bilanz und Perspektiven, Hamburg 1995, 162–175, hier: 162.
[20] Vgl. Hans Joachim Höhn, *City Religion* (Anm. 8), 102.
[21] Kritisch äußert sich dazu Christoph Bäumler, *Menschlich leben in der verstädterten Gesellschaft. Kirchliche Praxis zwischen Öffentlichkeit und Privatheit*, Gütersloh 1993, 88f.

scher Urbanität. Sie ist für viele Menschen täglicher Arbeits-, Geschäfts- und Kulturraum, bietet aber zugleich nur sehr wenigen Wohnmöglichkeiten, ist also (partieller) Lebensort, nicht aber Wohnort. In Deutschland entwickelten sich diese Cities sowohl in der Altstadt (z. B. Bremen, Essen, Nürnberg) als auch im Bereich zwischen Altstadt und Hauptbahnhof (z. B. Frankfurt, Stuttgart, München). Sie entwickelten sich rasch zu Kultur-, Bildungs- und Wirtschaftszentren[22], die mit der Einführung einer besonders schnellen städtischen Zugverbindung – dem ‚Intercity' – auch infrastrukturell so verbunden wurden, dass es mittlerweile schneller und komfortabler möglich ist, von Stadtkern zu Stadtkern zu eilen, als vom Stadtkern zu manch einer der umliegenden Unterzentren (vgl. 4.2). Nicht von ungefähr setzt sich dieser Prozess in Mittel- und Kleinstädten fort.

1.4 Überblick

Da sich die kirchliche Citypastoral vornehmlich im *city centre* einer Stadt ansiedelt, besetzt sie den symbolischen Ort städtischer Einheit zwischen Stadtkern und den in alle Himmelsrichtungen auslaufenden Stadtteilen und Vorstädten, und scheut dabei durchaus nicht, sofern die finanziellen Möglichkeiten es gestatten, eine gewisse Repräsentativität in der Mitte ‚ihrer' Stadt. Dies kann dort organisch gelingen, wo es beides gibt: diesen Schnittpunkt aller Hauptwege und Differenzierungslinien in Gestalt einer erkennbaren Stadtmitte sowie die Tradition einer städtebaulichen Anwesenheit von Kirche(n) in diesem Areal. Wo es eine Stadtmitte, aber keine solche kirchliche Tradition gibt, wird der Installation eines Citypastoral-Ortes wohl immer etwas Bemühtes, Demonstratives anhaften. Sofern es diese eindeutige Stadtmitte auch in säkularer Betrachtung nicht gibt[23] oder sich in einer Großstadt mehrere polyzentrische ‚Mitten' ausmachen lassen, ergeben sich unübersehbare Irritationen, wenn sich Citypastoral als ein (beliebiges) Angebot unter vielen an den Markt begibt.[24]

---

[22] Vgl. Herman de Bruin / Walter Bröckers, *Stadt-Seelsorge. Wege für die Praxis. Wege mit den Menschen*, Frankfurt 1991, 28–31.

[23] Vgl. Werner Kleine, *Kirche auf der Straße* (Anm. 6), 266–270.

[24] Der in das Brandenburger Tor architektonisch geradezu (absichtlich) beiläufig implementierte ‚Raum der Stille' löst an diesem zweifellos zentralen und histori-

Citypastoral kann also als späte und paradoxe Reaktion der Kirche auf die Wahrnehmung einer sozialen und soziologischen Pluralität verstanden werden, wie sie unter der Rubrik ‚Stadtseelsorge' in der Pastoraltheologie schon vor Jahrzehnten benannt worden ist.[25] Die Reaktion ist u. a. deswegen paradox, weil sie zugleich die städtische Pluralität in ihrer Uneinheitlichkeit wahrnimmt *und* deren Einheit zu fassen sucht, indem sie den Schnittpunkt der urbanen Differenzierungslinien, den symbolischen Mittelpunkt innerstädtischer Differenz räumlich zu besetzen sucht, um dort ‚Kirche für alle' zu repräsentieren.[26]

Mit diesen ersten, andeutenden Bemerkungen brechen wir nun zu einem Stadtrundgang auf, den wir selbstverständlich am historischen Zentrum eines jedes Stadtkerns beginnen: dem ‚Markt' (Kap. 2), als dem traditionellen Ort der Stadtmitte, der als lokalisierbares Zentrum den Dreh- und Angelpunkt jeder Stadt symbolisiert. Danach beugen wir uns zur Orientierung zunächst über den Stadtplan und suchen das ‚Bild der Stadt' zu vergegenwärtigen, ehe wir vor der Universität kurz auf den Zusammenhang von Theorie und Praxis reflektieren (Kap. 3). So zugerüstet kreuzen wir exemplarisch durch den ‚Speckgürtel' der Stadt, was uns eine Reflexion auf den Zusammenhang von Urbanität und Mobilität (Kap. 4) aufnötigt. Die bei der Fahrt durch die Stadtviertel und Vorstädte feststellbare Segregation der Wohnbevölkerung lenkt den Blick auf die (vorgängige) kulturell-ästhetische Differenzierung der Stadtbevölkerung, die sich in ihrer Segregation lediglich zeigt. Dies führt uns unwillkürlich zum eigentlichen ‚sozialen Brennpunkt' der Pastoral des Urbanen, nämlich der Unterscheidung von Gemeinschaft und Kommunikation

---

schen Ort eher Befremden aus, vgl. Vgl. Maria Diefenbach, *Der Raum der Stille im Brandenburger Tor*, in: Hans Werner Dannowski / Wolfgang Grünberg / Michael Göpfert / Günter Krusche / Ralf Meister-Karanikas (Hrsg.), Kirche in der Stadt, Bd. 7: Fremde Nachbarn. Religionen in der Stadt, Hamburg 1997, 174–179, hier: 174f.

[25] Vgl. z. B. Leopold Engelhart, *Neue Wege der Seelsorge im Ringen um die Großstadt*, Wien 1928; Jean Chélini, *La ville et l'église. Premier bilan des enquêtes de sociologie religieuse urbaine*, Paris 1958; Jean-Francois Motte, *Der Priester in der Stadt. Grundlinien moderner Stadtseelsorge*, Augsburg 1960; Norbert Greinacher, *Die Kirche in der städtischen Gesellschaft* (Anm. 10).

[26] Vgl. Ottmar John, *Citypastoral – ihre Deutung und Normierung mit dem Paradigma missionarischer Pastoral*, in: Lebendige Seelsorge 61 (2010), 260.

(Kap. 5); eine Differenz, die uns zur kirchlichen Kernfrage nach Einheit angesichts unübersehbarer Pluralität zurückführt. Um hier zumindest einen kurzen Blick an den Horizont der Fragestellung zu erhaschen, reflektieren wir (auf dem Fernsehturm?) über den Zusammenhang von Raumordnung und Systemreferenz, dessen alltagspraktische Konsequenzen wir allerdings am liebsten in der Eckkneipe unseres eigenen Stadtviertels weiterdenken würden ....

2. Auf dem Marktplatz: Umwelt und Konkurrenz

2.1 Markt und Gesellschaft

Wie der Marktplatz sinnenfälliges Symbol des Stadtzentrums ist, so versinnbildlicht das auf ihm stattfindende Geschehen die Genese und den Kern der Stadtgesellschaft: der Markt als Handelsplatz von Waren (und Meinungen) illustriert die an diesem Ort geradezu ‚haptisch' erfahrbare Differenz von System und Umwelt. Nicht die Marktteilnehmer machen nämlich den Markt (sie bilden seine ‚Ressource'), sondern das Marktgeschehen. Die Marktteilnehmer verbleiben in der ‚Umwelt' des Marktes, sie agieren nach eigenen Gesetzmäßigkeiten, aufgrund eigener Präferenzen, die für den Markt nur indirekt, z. B. als Beteiligung oder Nicht-Beteiligung am Marktgeschehen zugänglich (also: beobachtbar) sind. Eine Beteiligung am Marktgeschehen kann der Markt nur selbst feststellen: indem er auf marktförmige Kommunikationen entsprechend reagiert.

Eine bloß intentionale, gleichsam ‚gefühlte' Teilnahme am Markt berührt das Marktgeschehen nur marginal. Der flaneurhafte Beobachter, der außer seinem offenkundigen Beobachten des Marktgeschehens zum Marktgeschehen selbst nichts beiträgt, wird vom Markt genauso attribuiert werden: als potentieller, (noch) nicht aktueller Marktteilnehmer. Zum Markt wird der Marktplatz erst (und nur solange), insofern die Marktteilnehmer Transaktionen tätigen. Erst der Austausch von Waren (und auf kommunikativer Ebene von Meinungen) macht den Marktplatz zum Markt (der Meinungen). Anders gesagt: Markt und Marktteilnehmer beobachten sich wechselseitig, schließen aber nur an die je eigenen Operationen an: wer täglich auf den Markt geht, um feilgebotene Waren zu begutachten, Qualitäten und Preise zu erfragen, also die Aufmerksamkeit des

Marktes bindet und entsprechende Erwartungen generiert, aber nie etwas erwirbt oder selbst anbietet, nimmt zwar ‚subjektiv' am Marktgeschehen teil, wird von diesem jedoch bald ignoriert werden. Die Berichte unerfahrener bzw. überforderter Marktteilnehmer über einen empfundenen ‚Kaufzwang', der in der Stadt und auf dem Markt herrsche, sind keine Einbildung, sondern Indiz für die Irritationsfähigkeit dieser potentiellen Marktteilnehmer bzw. für die Wirksamkeit der Marktsystematik. „Es gibt Beobachter der Stadtentwicklung, die die Möglichkeit der Menschen, auf dem Markt sich für dieses und gegen jenes Angebot entscheiden zu können, als den Ursprung der freien Gesellschaft erachten. Die moderne Stadt nötigt die Menschen dazu, zwischen verschiedenen Angeboten zu wählen."[27] Wer am Markt nicht teilnehmen will oder kann, muss entweder souverän sein oder ignorant – oder wegbleiben.

Dieser Blick auf den Markt der materiellen Waren und seiner operativen Voraussetzungen öffnet die Augen für die analogen kommunikativen Bedingungen einer Citypastoral am Meinungsmarkt der (städtischen) Gesellschaft. Die Citypastoral begibt sich als „Kirche am Markt"[28] auf den städtischen Marktplatz und wird dadurch zum (potentiellen) Gesprächspartner der Gesellschaft. Sie kann die Kommunikation der Gesellschaft jedoch weder steuern noch beeinflussen, jedenfalls nicht im Sinne einer gezielten, abgesicherten Intervention, eines im Vorhinein programmierbaren Prozesses mit prognostizierbarem Ergebnis. Das Geschehen am Markt ist offen, die kommunikative Dynamik der Gesellschaft eigengesteuert, der ‚Operationsmodus' der städtischen Gesellschaft bleibt der Kirche (wie allen anderen Beteiligten) unzugänglich, er kann nur gemäß eigener Prämissen beobachtet werden. Am Diskurs der Stadtgesellschaft kann die Kirche folglich nur teilnehmen, mit allen Chancen und Risiken, – oder darauf verzichten. Dieser Diskursverzicht kann sich wie beim Wochenmarkt als gleichgültige oder gar demonstrative Absenz zeigen, als trotz Anwesenheit irritationsunfähige, stumpfe Ignoranz oder als souveräne, reflektiert-distanzierte Beobachtung.

Wer sich für die letztgenannte Variante entscheidet, muss gewärtigen, dass ‚der Markt' ihn genauso beobachten wird: als distanten

---

[27] Ebd. 264.
[28] Vgl. den programmatischen Thementitel: Citypastoral – Kirche am Markt, Lebendige Seelsorge 61, 4 (2010).

Beobachter ohne Marktrelevanz. Von der Umwelt (genau) beobachtet zu werden, das ist der Markt – anders als so mancher Marktteilnehmer – gewohnt, es gehört gewissermaßen zu seinen Operationsvoraussetzungen. Bloße Marktbeobachter sind im günstigen Fall uninteressant, im ungünstigen Fall störend. Auch die (insgeheime) Hoffnung auf die Marktakzeptanz eines ‚unparteiischen', weil nichtteilnehmenden Beobachters ist nicht sehr aussichtsreich. Jeder Markt (bzw. jede Gesellschaft) wird die Kritik *partizipierender* Beobachter immer ernster nehmen als die wohlfeilen Anmerkungen der ansonsten Abstinenten. Und für eine eigentliche Metakritik wird der Markt (bzw. die Gesellschaft) sich lieber selbst beobachten, als ‚Beobachter zweiter Ordnung', der aufgrund seiner eigengesetzlichen Codierung selbst am besten ‚weiß', welche Beobachtungen zur Selbstreflexion nötigen und welche nicht.

Diese knappen Bemerkungen über (pastorale) Einflussmöglichkeiten am städtischen Kommunikationsgeschehen mögen ernüchternd klingen, doch gelten sie auch umgekehrt: wie die Kirche zur Umwelt des Marktes zählt, liegt auch der Markt lediglich in der Umwelt der Kirche, diese kann von jenem nur beobachtet, aber nicht beeinflusst werden. Befürchtungen, die Kirche müsse sich ‚marktförmig' umgestalten, treffen bei näherer Betrachtung nicht zu.[29] Kirche wird sich, wenn überhaupt, ohnehin nur aufgrund *eigener* Operationen und Entscheidungen als Marktteilnehmerin positionieren, sprich: Anschlussfähigkeit an den Markt herstellen. Dazu kann sie vom Markt weder gezwungen werden, noch muss sie dazu ihre Eigengesetzlichkeit aufgeben. Im Gegenteil, sie wird am Markt nur soweit teilnehmen (können), wie es ihr aufgrund ihrer eigenen Systematik möglich ist.[30] Wir pointieren hier also lediglich die zwischen Kirche und Markt bestehende Differenz (und ihre strukturellen Gemeinsamkeiten in der Gesellschaft) und deuten die Schwierigkeiten wechselseitiger Anschlussfähigkeit an, die durch die *räumliche* Prä-

---

[29] Vgl. Paul Wehrle, *City-Pastoral. Seelsorge an den Wegen der Menschen*, in: Ders. / Tobias Licht (Hrsg.), City-Pastoral in der Erzdiözese Freiburg. Grundlinien und Ansätze, Freiburger Texte 47, Freiburg 2002, 9.

[30] Dies gilt im Übrigen auch für konfessionelle Unterschiede in der Auseinandersetzung mit dem Phänomen City und Urbanität, sie geschieht grundsätzlich *innerhalb* der jeweiligen theologischen Systematik, anders wäre es auch gar nicht möglich, vgl. exemplarisch Bernd Rother, *Kirche in der Stadt. Herausbildung und Chancen von urbanen Profilgemeinschaften*, Neukirchen-Vluyn, 2005.

senz einer Citypastoral als ‚Kirche in der Stadt' nur visibilisiert, aber noch nicht überwunden sind.

2.2 Kirche und Umwelt

Für die praktisch-theologische Reflexion erscheint es aufschlussreich, den Fokus zunächst auf die Kirche selbst zu richten, also zu beobachten, wie die katholische Kirche (in Deutschland) ihre zunehmend urbanere Umwelt beobachtet und welche (internen) Konsequenzen sie daraus ableitet. Die Etablierung citypastoraler Einrichtungen, wie wir sie bei aller lokalen Unterschiedlichkeit als flächendeckend auftretendes Phänomen konstatieren können, spricht nicht nur für eine Veränderung der Umwelt der Kirche (Stichwort: Verstädterung), sondern vor allem für deren veränderte Wahrnehmung durch die Kirche. Sehr wahrscheinlich gab und gibt es weitere Umweltveränderungen – die die Kirche aber (noch) nicht wahrnimmt, weil sie für sie (zumindest derzeit noch) nicht relevant sind. Es ist an diesem Punkt der Reflexion *entscheidend*, in der Beobachterposition zu bleiben und nicht – aufgrund eigener Wertsetzungen – in einen normativen Modus zu wechseln. Für die Kirche gilt das Gleiche wie für den Markt: was für beobachtete Systeme[31] relevant wird, entscheidet die Kommunikation des Systems, nicht ihr Beobachter. Wir können also nur beobachten, wie sich Kirche selbst beobachtet.[32] Dekretierungen, wie sie sich beobachten müsste, werden nur akzeptiert, sofern sie an systemeigene Dezisionen anschließen können. Und welche das sind, entscheiden eben nicht die Beobachter, sondern die (kirchliche!) Kommunikation über die von Beobachtern (Plural!) kommunizierten Sachverhalte, eine Kommunikation, die ebenso eigengesteuert, ebenso ‚ergebnisoffen' und ‚determiniert' ist wie das Marktgeschehen.

---

[31] Um allfälligen Missverständnissen zu begegnen: der Begriff System wird hier nicht im alltagssprachlichen Sinne verwendet, wie etwa ‚Herrschaftssystem' oder ‚Seilschaft' usw., auch nicht in der derzeit populären Version von ‚offenen Systemen', die netzwerkartig sogenannte Knoten ‚systemisch' miteinander verknüpfen, sondern in der enger gefassten, strikten Bedeutung soziologischer Systemtheorie: als autonomen Bereich operativ geschlossener Systeme mit eigenen Bedingungen, die sich einer 1:1–Entsprechung mit Umweltzuständen entziehen.
[32] Analog zur Religion, die sich auch nur selbst beobachten kann, vgl. Niklas Luhmann, *Die Religion der Gesellschaft*, Frankfurt 2000, 15.

Welche Veränderungen hat nun die Kirche in ihrer Umwelt entdeckt? Diese Frage lässt sich beantworten, wenn man darauf schaut, welche (internen) Differenzierungen die Kirche in ihre Umwelt einträgt und wie sie diese in ihrer Kommunikation abbildet. Die Citypastoral ist eine solche interne Differenzierung aufgrund in der Umwelt wahrgenommener, richtiger formuliert: in sie ‚eingetragene' Unterschiede. Konkret stellt sich damit zunächst die Frage nach dem ‚Anderen' der Citypastoral. Von was, von welcher anderen Pastoral unterscheidet (differenziert) sich Citypastoral, was wäre ihre ‚andere Seite', systemisch gesprochen: ihr Reflexionswert? Die ebenso naheliegende wie verblüffende Antwort lautet: die Pfarrpastoral. Die Citypastoral ist wie die Pfarrpastoral eine territorial strukturierende Pastoral (in Unterscheidung z. B. von einer Kategorial- und Zielgruppenpastoral), doch zieht sie andere, geographisch unschärfere Grenzen. In Absetzung von der nach verwaltungstechnischen Kriterien klar umgrenzten Pfarrei, zieht die Citypastoral ihre Grenzen ‚lebensweltlich', sie fokussiert (und platziert) sich unzweideutig auf den einen Pol der Stadt, deren symbolischer ‚Mitte', und schließt damit den anderen Pol der Stadtteile und Vorstadtviertel, mit seinen eher unscharfen Rändern, aufgrund dieser symbolisch-sozialräumlichen Positionierung ausdrücklich mit ein. Das unterscheidet sie von den konventionellen kirchlich-territorialen Strukturen (Pfarreien, Pfarrverbünde, Dekanate usw.), deren geographisch präzis bestimmbare ‚Systemgrenze' (ein Vorteil!) mit einer gelegentlich irritierenden Unschärfe in der lebensweltlichen Orientierung erkauft ist: Pfarrkind ist, wer auf dem Gebiet der Pfarrei wohnt.

Insofern unterscheidet sich die hier beschriebene Citypastoral auch prinzipiell vom geschichtlich älteren Stadtviertelapostolat und einer Stadtseelsorge, die das Parzellierungsprinzip der ländlichen Pfarrgemeinde auf die Stadt(viertel) überträgt. Man könnte, anders gesagt, als zwei Seiten *territorialer* Pastoral, der neuen Citypastoral die bisherige Pfarrpastoral gegenüberstellen, welche sich wiederum in Dorf- und Stadt(viertel)-Pastoral unterscheiden ließe. Die begriffliche Grenze zwischen Dorf- und Stadtpastoral wäre genau dort zu ziehen, wo die ‚Abpfarrung' städtebaulich willkürlich wird und nur noch mit den administrativen Notwendigkeiten einer territorial präzis umgrenzten Pfarrpastoral begründet werden kann. Eine solche willkürlich anmutende Grenzziehung ist dennoch stichhaltig, weil sie die jahrhundertealte Form kirchlicher Binnenstrukturierung reproduziert. Genau diese systemische Stringenz der bisherigen Organisationsform Pfarrpastoral, als Einheit der Differenz von Dorf- und Stadtpastoral, macht das Auftreten einer ebenfalls territorialen, aber ganz anders unterscheidenden Citypastoral so bemerkenswert. Sie indiziert eine Irritation der kirchlichen Kommunikation, die erst mit dieser neuen Formendifferenzierung Citypastoral bearbeitbar wird. Die Kirche richtet parallel und hybrid zu bestehenden Strukturen, juristisch und finanziell oft sogar in deren Trägerschaft, neue, anders differenzierende Strukturen ein und ist darauf mit Recht stolz.

Es wurde bereits angedeutet, dass sich diese Form der Citypastoral daher auch nicht als neue Gestalt einer Kategorial- oder Zielgruppenpastoral, wie sie die Kirche schon länger praktiziert, verstehen lässt, obgleich sie zunächst und oberflächlich besehen als solche aufzutreten scheint. Die territoriale Pastoral (gleich ob Pfarr- oder Citypastoral) steht orthogonal zu jeder Zielgruppenorientierung, beide Formen sind und waren immer schon miteinander kompatibel. Die zielgruppenorientierte Differenzierung in ‚Stände' (Frauen, Männer, Arbeiter, Handwerker, Akademiker) und ‚Zustände' (Kinder, Jugend, Kranke, Gefangene, Senioren), wie sie die territorial strukturierte Pastoral (ob Bistum, Dekanat, Stadtviertel oder Land) seit langem kennt und teilweise mit großem Erfolg umsetzt, ist selbstverständlich auch in einer Citypastoral möglich und wird in unterschiedlichem Maße dort auch praktiziert.

2.3 Angebot und Konkurrenz

Die City bezeichnet, wie wir gesehen haben, den symbolisch verdichteten, repräsentativen Pol eines urbanen Stadtraumes, der zwar tagtäglich von sehr vielen Menschen ‚bevölkert', aber nur von wenigen ‚besiedelt' wird. Sie ist auch metaphorisch das Gegenbild zur Bukolik einer Pastorale, wie sie das landläufige Seelsorgeverständnis grundiert.[33] Dafür spricht nicht zuletzt die Entstehung der Citypastoral selbst. Denn es stellt sich die Frage, aus welchem Grund die Pastoral des Urbanen überhaupt ‚problematisch' wurde und weshalb dazu eine eigene Form gefunden werden musste, weshalb – mit anderen Worten – in Pastoral (traditionell als Zuwendung der Kirche

---

[33] Vgl. Martin Wichmann, *Verbinden was getrennt ist. Überlegungen zur Pastoral von morgen*, in: Pastoralblatt (Köln) 6/2003, 163–168.

zur Welt verstanden) Urbanität nicht einfach immer schon zuhanden ist. Es spricht einiges für die Vermutung, dass die geringe ‚Urbanität' der Pastoral bereits in ihrem Begriff liegt (vgl. 3.1).

Dazu passt auch die Erfahrung der in der Citypastoral Tätigen, dass die konkreten Gestalten der Citypastoral für die interne Kommunikation der Kirche oft nur eingeschränkt zugänglich scheinen. So ‚passt' der in und mit diesen Einrichtungen affirmierte Marktcharakter, die offenkundig egalisierende ‚Beliebigkeit', verbunden mit dem (reflektierten!) Bewusstsein darüber, selbst nur ein Angebot unter vielen zu sein, zu essentiellen kirchlichen Kommunikationen nicht. Die flaneurhafte ‚Unverbindlichkeit', das Besucher-Experten-Gefälle in stadtpastoralen Zentren, das nur allzu leicht als Kunden-Verkäufer-Beziehung gedeutet werden kann, ist mit traditionellen kirchlichen Sprachspielen von Einheit (vgl. 5.1), Gemeindlichkeit und Geschwisterlichkeit nur schwer in Einklang zu bringen.

Die (offenbar unvermeidliche) Zumutung, die darin liegt, den pastoralen Auftrag der Kirche, sich den Menschen ihrer Zeit mit all ihren Nöten zuzuwenden[34], in eine ‚marktfähige Angebotspastoral' zu transformieren, zeitigt denn auch paradoxe Nebenfolgen. Es ist gerade der proklamative, selbstgewisse Aspekt kirchlicher Verkündigung, der sich ganz gut an einen Markt bringen lässt, auf dem er sich unter den ‚Konkurrenz'-Angeboten völlig unterschiedlicher Inhalte, Provenienz und Qualität bewähren muss.[35] Die ‚Marktlogik' zwingt zu Beschränkung und ‚Marketing', zur Profilierung[36] als ‚Besinnung' (d. h. konkret: als Reduktion!) auf die eigene ‚Kernkompetenz'. Wo diese Profilierung und ihre Proklamation tatsächlich gelingen, bringen sie die *eine* kirchliche Botschaft in unmittelbare Konkurrenz zu anderen Botschaften – und das gleich doppelt. Sie konkurriert am Markt mit anderen Marktteilnehmern[37], wie sie in Gestalt anderer Konfessionen, Religionen und ‚Sinnstiftungsangeboten' gegeben sind. Und sie steht, wesentlich gra-

---

[34] Nach dem vielzitierten Vorwort in GS 1.
[35] Diese Marktlogik gilt übrigens nicht nur zwischen den konkurrierenden Angeboten in den Städten, sondern auch auf der Makroebene zwischen den Städten selbst und ihren Angeboten, die miteinander „im Wettbewerb" stehen, vgl. Peter Geoffrey Hall / Ulrich Pfeiffer, *Urban 21. Der Expertenbericht zur Zukunft der Städte*, Stuttgart / München 2000, 157f.
[36] Vgl. Werner Kleine, *Kirche auf der Straße* (Anm. 6) 268f.
[37] Vgl. Matthias Sellmann, *„Der Stadtaffe muss die Stadt im Blut haben"*, in: Lebendige Seelsorge 61 (2010), 299.

vierender, in Konkurrenz zu den weniger eingängigen, gelegentlich auch zwiespältig-skrupulöseren, schwächer ‚profilierten' Botschaften, wie sie die kirchliche Tradition – in einem für Außenstehende kaum vorstellbaren Umfang[38] – kennt. Wo eine solche Profilierung nicht gelingt oder aus prinzipiellen Erwägungen erst gar nicht angestrebt wird, bleibt der kirchliche Auftritt am Markt eine eher skurrile Randerscheinung, die in einer ‚Nische', wie viele andere periphere Erscheinungen auch, durchaus überleben kann – aber eben nicht mehr.

Jede City-Pastoral steht also in Konkurrenz zu einer doppelten Pluralität: der urbanen, mentalen Pluralität der Stadt, in der sie sich platziert, und der spirituellen wie organisationalen Pluralität einer Kirche, für die sie einerseits repräsentativ einstehen möchte, die sich aber andererseits nicht verlustfrei auf marktgängige Kernbotschaften kondensieren lässt. Wo sich Citypastoral dieses Dilemmas bewusst ist, hat sie die Wahl zwischen zwei gleichermaßen unerfreulichen Alternativen: sie ignoriert wissentlich die Differenziertheit und Pluralität kirchlicher Tradition und Kommunikation, um als identifizierbarer Marktteilnehmer Alleinstellungsmerkmale herauszuarbeiten oder sie versucht eben diese mehrdimensionale differenzierte Pluralität kirchlicher Kultur in ihrem Auftreten wenigstens exemplarisch abzubilden. Im ersten Fall wird sie von den sie beobachtenden kirchlichen Akteuren mehrheitlich mit Befremden oder gar Ablehnung rechnen müssen, und zwar unabhängig von den inhaltlich gewählten Akzenten, eben weil eine marktgängige Reduktion notwendigerweise mehr ausschließen muss als sie einschließen kann. Im zweiten Fall wird sie sich ausdifferenzieren, schlimmstenfalls bis zur Unkenntlichkeit, und wird gerade darin, in ihrem für Kirchenabständige undurchschaubaren Vielerlei als ‚typisch kirchliches' Angebot erkennbar sein.[39] In diesem Fall wird man trocken mangelnde ‚Anschlussfähigkeit' an urbane Lebenskulturen konstatieren[40], in jenem Fall ihr erbost vorwerfen, es sei nicht die eigentli-

---

[38] Vgl. Joseph Ratzinger, *Demokratisierung der Kirche. Dreißig Jahre danach*, in: Ders. / Hans Maier, Demokratie in der Kirche. Möglichkeiten und Grenzen, Limburg-Kevelaer 2000, 83.
[39] Vgl. Christian Henneke, *Bürgerliche Kirche in der bürgerlichen Fremde*, in: Lebendige Seelsorge 61 (2010), 258.
[40] Vgl. Matthias Sellmann, „*Der Stadtaffe muss die Stadt im Blut haben*" (Anm. 37), 296.

che und wahre Kirche, die sich hier in der City zeige. Eine Pastoral des Urbanen verlangt also die Entfaltung von Paradoxien: unverwechselbare Kenntlichkeit (‚Marke'), um Kirche für die plurale Gesellschaft überhaupt adressierbar zu halten, sowie prozessuale Offenheit gegenüber den gesellschaftlichen Differenzierungen, operative Schließung mithin, um jene *interne* Ausdifferenzierung fortzuschreiben, anhand derer sie sich über die vorgefundene urbane Umwelt überhaupt selbst verständigen kann.

3. Vor der Universität: Theorie und Praxis

3.1 Bildwelt und Stadtplan

Die im Begriff der Pastoral (in ihrer allgemeinsprachlichen Bedeutung) konservierte Hirtenmetapher lässt sich jedenfalls auf großstädtische Zusammenhänge nicht gut übertragen, die Perpetuierung des vertrauten Pfarrprinzips im zunehmend verdichteten Stadtraum, die sich in der Stadtstruktur ergebende Segregation und der damit verbundene Mobilitätsdruck der Bewohner (vgl. 4), erschwert den kirchlichen Seelsorgern die Pastorierung ihrer Stadt (und seien es auch nur Stadtviertel) schon auf der strukturellen Ebene. Fragt man darüber hinaus kirchliche Mitarbeiter/innen, oder solche, die es werden wollen, nach ihrer eigenen kirchlichen Sozialisierung, so findet man nur mit Mühe Stadtkinder[41]. Oder etwas empirisch-objektiver formuliert: die katholische Kirche in Deutschland strukturierte ihre unterste organisationale Ebene bis zum Auftreten der Citypastoral nach dem Parochialprinzip[42] für einen überschaubaren Lebensraum, wie er in Dörfern[43] und sehr kleinen Städten als abge-

---

[41] Anton Janson, *Die Kirche in der Großstadt. Überlegungen zu Organisations- und Strukturfragen der Kirche in der industriellen Großstadt*, Freiburg 1969, 7, bekennt sich als ein solches, wenngleich er „im Randgebiet einer Großstadt" aufgewachsen sei. Raymond Bakke, *Gott in der City. Die Herausforderung der modernen Stadt und die Antwort des Christentums*, Lörrach 1990, 9, beschreibt seinen Weg hingegen mit: „Vom Kuhstall nach Chicago".

[42] Vgl. Wolfgang Grünberg, *Die Gastlichkeit des Gotteshauses* (Anm. 19), 167.

[43] Vgl. Josef Müller, *Dorfseelsorge in der Stadt?*, in: Lebendige Seelsorge 43 (1992), 26–30; Joseph Bommer, *Dorfseelsorge in der Stadt? Eine Kritik*, in: Michael Göpfert / Christian Modehn (Hrsg.), Kirche in der Stadt. Erfahrungen. Experimente,

grenzter, identifizierbarer Sozialraum[44] auch gegeben ist. Die historisch aus sakramental-soteriologischen Erwägungen zur Sicherung des Seelenheils der Gläubigen entstandene Pfarrei als parzelliertes Territorium mit definierter Amtszuständigkeit wurde spätestens seit dem II. Vatikanum unter dem Titel Gemeinde[45] zunehmend spirituell und theologisch aufgeladen, wie es der Begriff der „Pfarrgemeinde"[46] zum Ausdruck bringt. Aus der *theologischen* Identifizierung[47] zweier – zahlenmäßig wie sachlich – ungleicher Personengruppen (nicht alle Pfarrangehörigen zählen zur Gemeinde; nicht alle Gemeindemitglieder sind deswegen schon Pfarrangehörige) resultierte seither eine pastoral-praktische Spannung, die sich im städtischen Raum bis ins Groteske steigern kann.

Denn unbeeindruckt von den tatsächlichen städtischen Entwicklungen segmentiert die Kirche auch ‚die Stadt' – mal mehr, mal weniger gelungen – in ‚Pfarreien', die ihren eigenen Pastor *(pastor proprius)* haben und brauchen, und den ‚Pfarrangehörigen' eine ‚Beheimatung'[48] bieten (sollen). Konkret kann dies bedeuten, dass meine Nachbarn von der gegenüberliegenden Straßenseite zu einer ‚anderen' Pfarrei gehören und – infolge der subsidiären Autonomie der Stadtpfarreien (vgl. can. 519 CIC) – mit einer völlig anderen Kommunikationsstruktur und Kirchenkultur konfrontiert sind als ich

---

Modelle in europäischen Großstädten, Stuttgart 1981, 122–127; Peter Krusche, *Kirche in der Stadt. Theologische Aspekte,* in: a. a. O. 133–139, hier: 133; Norbert Mette, *Die Kirche im Dorf lassen. Eine historische Skizze,* in: a. a. O. 139–142.

[44] Vgl. Norbert Schuster, *Theologie der Leitung. Zur Struktur eines Verbundes mehrerer Pfarrgemeinden*, Mainz 2001, 59–62.

[45] Das Konzil selbst kannte diesen so verstandenen Begriff (noch) nicht, vgl. Art. *Gemeinde,* LThK ³1995, Bd. 4, 420f.

[46] Norbert Mette, *Gemeinde-wozu? Zielvorstellungen im Widerstreit,* in: Norbert Greinacher / Ders. / Wilhelm Möhler, Gemeindepraxis. Analysen und Aufgaben, München 1979, 92.

[47] Vgl. Herbert Haslinger / Christiane Bundschuh-Schramm, *Gemeinde,* in: Ders. (Hrsg.), Handbuch Praktische Theologie, Bd. 2 Durchführungen, 297f.

[48] Die innerkirchlich wie auch pastoraltheologisch verbreitete Vorstellung einer Beheimatungsaufgabe der Kirche (z. B. Herman de Bruin / Walter Bröckers, *Stadt-Seelsorge,* Anm. 22, 212–217) harrt noch immer einer nüchternen systematisch-theologischen Kritik, vgl. dazu Martin Wichmann, *Innenansichten der Gegenwart einer Institution,* Norbert Schuster / Ders. (Hrsg.), Die Platzhalter. Erfahrungen von Gemeindeleiterinnen und Gemeindeleitern, Mainz 1997, 11–38, hier: 16f.

selbst.⁴⁹ Innerstädtische Pfarrei-Kooperationen werden vornehmlich institutionell gepflegt, sobald größere Aufgaben zu stemmen sind (Caritasarbeit, Sozialstation, Gesamtkirchengemeinde, usw.), ansonsten aber bleibt man lieber ‚unter sich': eigenes Pfarrhaus, eigenes Pfarrsekretariat, eigene Kirche, eigener Kindergarten.⁵⁰

Der Begriff der City-Pastoral bildet also in gewisser Hinsicht ein Oxymoron. Denn ‚Pastoral' transportiert schon semantisch jenes arkadische Schäferidyll, wie es für rurale Landgemeinden mit ihrer Einheit von Leben und Arbeiten, von *ora et labora*, mit ihrem geistlichen Hirten und dem bis in die jüngere Vergangenheit noch bestehenden Pfarrzwang⁵¹ mancherorts noch Vorbild sein dürfte. Die in diesem Kontext pastoraltheologisch gern bemühte etymologische Wurzel des Pfarrbegriffs (von griech. *pároikos*, dem Fremdling) sagt bei näherem Zusehen etwas über die (ekklesiologische) Differenz des Pfarrers zu ‚seinen' Gläubigen⁵², vielleicht auch über die (eschatologische) Existenzweise des Christen in der Welt, trägt aber nichts für eine Bestimmung des Christen als Stadtmenschen aus.

Eine Citypastoral, die ihre urbane Umwelt in ihrer ganzen Vielgestaltigkeit, einschließlich ihrer unscharfen Grenzen am Stadtrand, erfassen möchte, kann sich insofern als Indikator für eine veränderte kirchliche (Selbst-)Wahrnehmung in ihrer pastoralen ‚Zuständigkeit' nicht auf ‚die City' im engeren Sinne beschränken. Sie wird sich zwar selbstredend dort ansiedeln, um auch der städtischen Umwelt zu signalisieren, dass sie sie wahrgenommen hat und zur Kommunikation bereit ist. Doch adressiert sie ihre Kommunikation an die ganze Stadt und an damit an alle, die sich darin aufhalten. Mit diesem selbstgewählten, also systembildenden Zugriff verschiebt die Citypastoral nicht nur die gängige kirchliche pfarrterritoriale Unterscheidung in die Umwelt (mit zum Teil bemerkenswerten Folgen in der Selbstwahrnehmung und ihrer Beschreibung). Sie muss, um ihr Anliegen nicht zu verfehlen, auch selbst eine entsprechende innere Komplexität aufbauen, um sowohl den veränderten Zugriff als auch die traditionelle kirchliche Umwelt intern abbilden und bearbeiten zu können.

---

⁴⁹ Vgl. Heinrich Jacob, *Kooperative Pastoral in der Stadt,* in: diakonia 5/32 (2001), 346–350, hier: 350.
⁵⁰ Vgl. Paul Wehrle, *City-Pastoral* (Anm. 29), 14.
⁵¹ Vgl. can. 462 CIC (1917).
⁵² Vgl. Konrad Hartelt, *Pfarrer,* in: LThK³1999, Bd. 8, 167f.

Stadterkundung

Um sich in einer Stadt zu orientieren, bietet sich ein Stadtplan an. Die stark schematisierte und nach bestimmten Präferenzen akzentuierte Vogelperspektive erleichtert nicht nur den Überblick, um gewünschte Ziele zu erreichen, sie vermittelt auch ein Bild der Stadt. Die deutlich markierten Hauptwege und Verkehrsverbindungen erleichtern, koordinieren und steuern den Zugang zur Stadt – vor allem für Ortsunkundige. Stadtbewohner imaginieren hingegen ihren eigenen Plan der Stadt, der sich je nach Wohnort und persönlichen Bedürfnissen an bevorzugten Zielen und häufig benutzten Wegen, an Gewohnheiten und lokalen Traditionen, vielleicht auch an persönlichen Vorlieben und ortsgebundenen Erinnerungen orientiert.[53] Zusammen mit den offiziellen Stadtansichten, wie sie Bildbände und Stadtführer oder Stadtverwaltung und Stadtmarketing vermitteln, mit den einschlägigen Szenen und Stadtteilkulturen ergibt sich ein im wörtlichen Sinne multiperspektivisches Stadtbild, das tatsächlich komplex ist: niemals können alle Elemente miteinander verbunden oder zugleich aktualisiert werden. Für einen Beobachter bedarf es (zahlreicher) Vorentscheidungen, um überhaupt einen Zusammenhang erschließen zu können. Damit macht die Stadt nur offenkundig, was auch für kleinere Lebensräume gilt, dass sich ohne vielfältige Selektionen für Beobachter kein ‚Bild des Ganzen' ergibt. Und dass dieses Bild, so wie es sich ergibt, eben ein Bild eines Beobachters ist (vgl. 5.2), das mehr Verweise auf seinen Beobachtungsmodus enthält als es Informationen über das Beobachtete liefert. Jeder andere würde anderes sehen.

Aus städtischer Perspektive spricht vieles dafür, die Stadt als Abbild der ‚Welt' zu deuten, sowohl soziologisch als auch praktisch-theologisch.[54] „Die Stadt [ist] zugleich Abbild ihrer Gesellschaft […]. Grundrisse lassen erkennen, was – buchstäblich – im Mittelpunkt steht […]: der Platz als Versammlungsort des Gemeinwesens, das Gotteshaus oder das Schloß eines absolutistischen Fürsten."[55] Bekanntlich galt in der Zahlensymbolik der Vormoderne die ‚Vier'

---

[53] Vgl. James Donald, *Vorstellungswelten moderner Urbanität*, Wien 2005, 45.
[54] Vgl. Wolfgang Grünberg, *Die Kirchen im Ringen um die Mitte der Stadt. Entwicklungen und Aufgaben*, in: Carsten Burfeind, Hans-Günter Heimbrock, Anke Spory (Hrsg.), Religion und Urbanität. Herausforderungen für Kirche und Gesellschaft, Münster u. a. 2009, 55–69
[55] Tobias Licht, *Pastoral in der Großstadt*, in: Paul Wehrle, Ders. (Hrsg.), City-Pastoral in der Erzdiözese Freiburg, (Anm. 29), 30.

als die Zahl der Ganzheit, der Weltenordnung, die dem byzantinischen Kirchenbau ebenso zugrunde liegt wie der von Menschen geschaffenen Stadt mit ihren ‚Vierteln', die als Abbild der in vier Himmelsrichtungen sich erstreckenden, von Gott geschaffenen Welt verstanden wurde. Diese nach allen Richtungen hin bestehende Offenheit ist der Stadt als Metapher immanent. Sie wird in realen Städten gelegentlich durch schwer überwindbare landschaftliche Gegebenheiten begrenzt: eine Felswand oder eine Küste setzen dem städtischen Wachstum größeren Widerstand entgegen als ein frei gestaltbares Feld. Ihre Wachstumsdynamik hängt selbstverständlich wesentlich an wirtschaftlichen, demographischen und politischen Voraussetzungen und Rahmenbedingungen. Doch aktualisiert dies nur die Zeitdimension der Stadt, nicht ihre Sachdimension: die Stadt als Stadt integriert die Differenz des Anderen durch ‚Eingemeindung', sie ist die Einheit der Differenz von Nachbarschaften (Kap. 4), die allerdings nicht schon deswegen zu Gemeinschaften werden (Kap. 5).

3.2 Pastoral und Reform

Aus diesen Überlegungen ergibt sich die Frage nach Charakter und Anlass der Veränderungen. Wir haben bereits vermutet, dass diese neue Form der kirchlichen Pastoral mit einer Krise der bisherigen zu tun haben könnte.[56] Es ist unwahrscheinlich, dass die konstatierte Binnendifferenzierung kirchlicher Territorialpastoral ohne erhebliche Irritation aus der Umwelt entstanden wäre. Doch sollte man sich hüten, die Ursache der endogenen Veränderungen mit den intern kommunizierten Begründungen gleichzusetzen. Die Citypastoral als solche indiziert lediglich sich verändernde Kirchlichkeit, nicht aber deswegen schon schwindende Religiosität.[57] Sie lässt an die mittlerweile einschlägigen Gesellschafts-Diagnosen[58] denken (Auf-

---

[56] Vgl. Franz Kamphaus, *Kirche – wohin? Suchbewegungen und Handlungsorientierungen*, in: Erich Purk (Hrsg.), Herausforderung Großstadt. Neue Chancen für die Christen, Frankfurt 1999, 12–22, hier: 18f.
[57] Vgl. Hans-Joachim Höhn, *Kirche ohne Gemeinde? Auf der Suche nach neuen Formen kirchlicher Präsenz in der Großstadt*, in: a. a. O. 45–66, hier: 55 u. ö.
[58] Vgl. Michael N. Ebertz, *Kirche im Gegenwind. Zum Umbruch der religiösen Landschaft*, Freiburg 1997.

lösung der Milieus, Rückgang der Katholikenzahlen, dramatischer Bedeutungsverlust der katholischen Kirche in der bundesdeutschen Öffentlichkeit, rückläufige Gottesdienstbesuche, gesamtgesellschaftlicher Trend vom verbindlichen, lebenslangen zum temporären, personen- und projektgebundenen Engagement, usw.), aber auch an die schleichende Erodierung der kirchlichen Leitbilder selbst, die die (meist unbewussten) Vorstellungen kirchlicher Mitarbeiter/innen über die Pastoral prägen.[59]

Das Beharrungsvermögen dieser pastoralen Leitbilder[60] lässt sich an einem weiteren Symptom festmachen. Der Kirche machen ja nicht nur die gesamtgesellschaftlichen Veränderungen in der Stadt zu schaffen, sondern auch die eigenen Personalprobleme, insbesondere bei den Priestern. Das derzeit im deutschsprachigen Raum vorangetriebene Lösungsprinzips sucht – unter verschiedenen Namen und mit peripheren Differenzen in der Ausgestaltung – das bisherige Parochial-Modell zu erhalten, in dem mehrere Pfarreien zur Bildung einer kooperativen Pfarreiengemeinschaft[61] unter Leitung eines Pfarrers aufgefordert bzw. gezwungen werden. Dies geschieht übrigens meist trotz des erklärten Widerwillens *aller* Betroffenen, die sich nicht selten davon demotiviert zeigen: Gläubige, Ehrenamtliche, Hauptberufliche, aber auch die Kleriker selbst. Die Motive für solche Einschnitte müssen also stark sein.

Diese Tatsache braucht man nicht zu bewerten, um auf eine interessante Beobachtung aufmerksam zu werden: trotz aller kritischen Anfragen, die an dieses Vorgehen gemacht wurden, wäre diese Strukturreform insbesondere für städtische Situationen eine Chance[62], das ‚Ganze der Stadt' in den Blick zu bekommen und eine gestufte und situationsangemessene Pastoral mit mehreren Kirchen und Gebäuden in der ganzen Stadt zu konzipieren. Interessant an dieser Beobachtung ist der Konjunktiv: tatsächlich wurden und werden die Stadtpfarreien

---

[59] Vgl. Jean-Francois Motte, *Der Priester in der Stadt* (Anm. 25) 37f.; Martin Wichmann, *Verbinden was getrennt ist.* (Anm. 33), 163f. Unfreiwillig illustriert von Alois Schröder, *Kirche als Brunnen im Dorf,* in der gleichen Ausgabe, 178.
[60] Vgl. Michael Sievernich SJ, *Kirche in der großen Stadt. Pastoraltheologische Perspektiven*, in: Erich Purk (Hrsg.), Herausforderung Großstadt. Neue Chancen für die Christen, Frankfurt 1999, 23–44, hier: 23.
[61] Vgl. Norbert Schuster, *Theologie der Leitung* (Anm. 44), 36–41.
[62] Vgl. Tobias Licht, *Pastoral in der Großstadt* (Anm. 54), 33f.

zu meist *mehreren* Pfarrverbünden zusammengeschlossen, die *nebeneinander* in der *gleichen* Stadt bestehen, nicht selten zwingt man auch größere Stadtteilpfarreien mit weiteren explizit dörflichen geprägten Vororten in die Kooperation. Ausnahmen von diesem Vorgehen, die es auch gibt, sind die sprichwörtliche Bestätigung der Regel: sie kommen selten vor und werden von den örtlichen Verantwortlichen gegen den Widerstand der zuständigen Kirchenverwaltung durchgesetzt. Für den hier zu verhandelnden Sachverhalt dürfen wir daher die nur wenig vergröbernde These ableiten, dass kirchliche Pastoralplanung (aber auch die Pastoraltheologie insgesamt[63]) den ‚städtischen Raum' (eingeschlossen des Zugeständnisses, dass dieser begrifflich wie territorial an den Rändern ‚ausfranst' und häufig nicht völlig eindeutig bestimmbar ist) bis heute souverän ignoriert.[64] Insofern war die Etablierung einer Citypastoral, bei allen örtlichen Unterschieden im Detail, ein Indiz für eine Wahrnehmungskorrektur eingespurter kirchlicher Pastoralbilder: (1) Ja, es gibt die Stadt und (2) ja, sie unterscheidet sich vom Lande, und (3) ja, die konventionellen Pfarrstrukturen werden ihr nicht gerecht[65].

Während ersteres geradezu banal ist, dürfte eine trennscharfe Bestimmung des Zweitgenannten gewisse Probleme bereiten (vgl. 4.1). Dem Dritten schließlich wird gewiss heftig widersprochen werden, wenn auch mit ganz verschiedenen Argumenten und aus ganz unterschiedlichen Perspektiven. Im gemeinsamen Anliegen, die *hergebrachten Pfarrstrukturen erhalten* zu wollen, kommen erstaunlicherweise auch Vertreter ganz unterschiedlicher pastoraler Konzepte überein. Lediglich die Vorschläge zur ‚Lösung' laufen diametral auseinander. „In der Form einer Kontroverse kann man vermeiden, die Frage nach der Einheit der die Kontoverse ermöglichenden Unterscheidung zu stellen. Aber eben das lässt diese Art Diskussion auch rasch als unergiebig erscheinen."[66] Während die Kirchenleitungen

---

[63] Weder das zweibändige Handbuch Praktische Theologie (Mainz 1999 und 2000) noch die vierbändige Pastoraltheologie (Düsseldorf 1989f.) beschäftigen sich – soweit ich sehe – ungeachtet ihres programmatischen Charakters mit der Frage einer Stadt- oder gar Citypastoral.
[64] Vgl. Hans-Joachim Höhn, *Kirche ohne Gemeinde?* (Anm. 57), 60f.
[65] Vgl. dazu schon Anton Janson, *Die Kirche in der Großstadt* (Anm. 41), 92ff; Jean-Francois Motte, *Der Priester in der Stadt*. (Anm. 25), 38f.
[66] Niklas Luhmann, *Organisation und Entscheidung*, Opladen / Wiesbaden 2000, 38.

die Pfarreigrößen umgekehrt proportional zur sinkenden Zahl der verfügbaren Pfarrer auf einer nach oben offenbar offenen Skala wachsen lassen, fordern andere die Veränderung der Zugangsbeschränkungen zum Priesteramt, um eine ausreichende priesterliche ‚Versorgung' der *bestehenden* Größenordnungen auch langfristig zu sichern. Andere, ebenfalls ‚lediglich' kirchenrechtlich bewehrte Varianten[67], kommen kaum in den Blick.

Indes ist bekanntlich ‚Widerstand' in psychoanalytischer Perspektive besonders aufschlussreich, gilt er doch als eine Art ‚unbewusste Gegenwehr' gegen die Verbesserung der eigenen Lage. Das LThK[2] von 1964 bezeichnete die Stadt noch als „ein hartes pastorales Problem", bemängelte ihre „relative Unfruchtbarkeit", ermahnte auf dem Lande aufgewachsene Priester zum sozialforschenden Studium, riet zu weiterer Parzellierung(!) des städtischen Pfarrgebietes und rief ausdrücklich zum „Widerstand" gegen die Stadttendenzen auf.[68] Man folgte damit konservativer Stadtkritik. „Sie nährte die Illusion, mit der Rückkehr zum – idealisierten – Landleben verschwänden auch die Übel der industriellen Großstadt (...). Wenn die konservative Stadtkritik auch hellsichtig die Verluste an Gemeinschaft beschrieb, die mit dem sozialen Wandel verbunden waren, und drastisch das Elend ausmalte, das auf die Menschen zukam, so blieb sie doch blind für deren Ursachen: Die Industrialisierung ging mit einem fundamentalen Umsturz der etablierten Herrschaftsverhältnisse einher."[69] So wird man in systemischer Perspektive fragen müssen, welchen ‚Gewinn' die Kirche (einschließlich ihrer Kritiker) eigentlich bislang davon erwartete, angesichts der seit langem bestehenden kulturellen Veränderungen der Stadt das Offenkundige und Naheliegende zu unterlassen, das auch in den bisherigen Strukturen wie z. B. in den existierenden Stadtpfarreien[70] immer schon möglich gewesen wäre.

---

[67] Vgl. z. B. Ulrich Ruh, *Gemeindeleitung: Weltkirche als Experimentierfeld*, Herder Korrespondenz 64 (2010), 603–605.
[68] Vgl. Julius Morel, Art. *Stadtseelsorge*, in: LThK[2] Bd. 9 (1964), 1004–1006.
[69] Hartmut Häussermann / Walter Siebel, *Stadtsoziologie* (Anm. 12), 12.
[70] „Leider wird nicht selten zu Recht darüber geklagt, dass Kirchen verschlossen und Mitarbeiterinnen und Mitarbeiter in der Seelsorge nicht anzutreffen seien. Unser Pfarrbüros machen eher den Eindruck von Dienststellen mit geregelten Öffnungszeiten, gleichen Ämtern und Behörden.", Paul Wehrle, *City-Pastoral* (Anm. 29),10.

Selbst die einschlägige pastoraltheologische Literatur beschreibt die Stadt und ihre Kultur eher kritisch. Sie sei „höchst komplex"[71] bzw. „zu komplex und zu widersprüchlich, als dass man sie konzeptionell in den Griff bekommen könnte"[72]. Das Verhältnis der Kirche und ihrer Seelsorger zur Stadt wird als ein Schwanken zwischen Faszination und Verteufelung[73] beobachtet, mit halbbewusster Abwehr[74] und pastoralem Verständnis für die persönliche Überforderung des Einzelnen in der Stadt[75] – auch wenn die Autoren in der Regel sich selbst ihrer Diagnose nicht zurechnen. Die Ambivalenz[76] und die Vorbehalte gegenüber der Stadt werden zumeist bibeltheologisch untermauert[77] und häufig mit Bezug auf die Schriften des Amerikaners Harvey Cox[78] aus den sechziger Jahren des vergangenen Jahrhunderts erläutert.

Jene Autoren, denen an einer stadtspezifischen Pastoral gelegen ist[79], versäumen daher nicht, auf den städtischen Charakter des jun-

---

[71] Joseph.H. Fichtner SJ, *Die gesellschaftliche Struktur der städtischen Pfarrei*, Freiburg 1957, 153.

[72] Leo Karrer, *Der Stadt Bestes suchen*, in: diakonia 5/32 (2001), 306f.

[73] Vgl. Michael Theobald / Werner Simon (Hrsg.), *Zwischen Babylon und Jerusalem. Beiträge zu einer Theologie der Stadt*, Berlin 1988; Herman de Bruin / Walter Bröckers, *Stadt-Seelsorge* (Anm. 22), 58.

[74] Schön herausgearbeitet bei Michael Sievernich SJ, *Kirche in der großen Stadt* (Anm. 60), 31; vgl. auch Ulrich Engel, *City-Seelsorge* (Anm. 8), 66–68.

[75] Vgl. Raymond Bakke, *Gott in der City.* (Anm. 41), 47f.; Paul Wehrle, *City-Pastoral* (Anm. 29), 8f.

[76] Vgl. Heinz Robert Schlette, *Christliche Präsenz in der Großstadt*, in: Michael Göpfert / Christian Modehn (Hrsg.), Kirche in der Stadt (Anm. 1), 143–152.

[77] Vgl. z. B. F. Borggrefe, *Kirche für die Großstadt. Sozialtheologische Materialien für eine urbane Theologie*, Heidelberg 1973, 28–49; Raymond Bakke, *Gott in der City.* (Anm. 41), 58–65; Ulrich Engel, *City-Seelsorge* (Anm. 8), 13–17. Hans-Joachim Höhn, *Kirche ohne Gemeinde?* (Anm. 57), 46f.

[78] Vgl. z. B. Friedhelm Borggrefe a. a. O. 15f.; U. Engel, a. a. O. 68–71; Paul Michael Zulehner, *Stadt ohne Gott? Zur Theologie der Stadt*, in: Michael Theobald / Werner Simon (Hrsg.), Zwischen Babylon und Jerusalem (Anm. 73), 40–51; Paul Wehrle, *City-Pastoral* (Anm. 29), 7; Leo Karrer, *Der Stadt Bestes suchen* (Anm. 72), 306; Michael Sievernich SJ, *Kirche in der großen Stadt* (Anm. 60), 29f.; Ders.: *Urbanität und Religiosität*, in: Evangelisches Missionswerk in Deutschland u. a. (Hrsg.), Kirche in der Stadt. Die ökumenische Zukunft der Metropolen, Hamburg 2001, 184–191; Christoph Bäumler, *Menschlich leben in der verstädterten Gesellschaft* (Anm. 21), 167–182.

[79] Vgl. z. B. F. Borggrefe a. a. O. 14f.; Erich Purk, *Herausforderung Großstadt* (Anm. 56), 5f.

gen, sich rasch verbreitenden Christentums hinzuweisen.[80] Nicht von ungefähr wird immer wieder herausgestellt, dass das Christentum als Stadtreligion begonnen habe.[81] Insofern käme eine ‚Rückkehr' zur Stadtpastoral einer überfälligen Rückbesinnung auf die geschichtliche Wurzel christlicher Verkündigung gleich.[82] Weshalb nur klingt dieser Zuspruch dennoch wie das Pfeifen im Walde?[83] Die emotionale Reserve vieler Seelsorger und Theologen gegenüber der Stadt deuten auf Überforderungsängste und tief sitzende Rollenunsicherheiten, die an die Fundamente pastoralen Selbstverständnisses rühren und bei der Konzeption ‚neuer' kategorialer Pastoralkonzepte zu berücksichtigen wären.

3.3 Theorie und Praxis

Von pastoraltheologischen Überlegungen erwartet man für gewöhnlich normative Praxisimpulse, gilt Pastoraltheologie doch zu Recht als Theorie der Praxis bzw. als Theorie für die Praxis. In diesem enggeführten handlungsorientierten Sinn *(tools)* wollen die hier vorgelegten Überlegungen jedoch nicht verstanden werden.[84] Die Reflexion auf die empirische Tatsache, dass ohne Anforderung von außen, z. B. in Gestalt kommunaler oder wirtschaftlicher Akteure, und ohne evidente systematisch-theologische Notwendigkeit, die im deutschsprachigen Raum eingespielte kirchliche Organisationsdifferenzierung in Pfarreien, Gemeinden, Orden, Gruppen und Ver-

---

[80] Vgl. Michael Theobald, ‚*Wir haben hier keine bleibende Stadt, sondern suchen die zukünftige'* (*Hebr 13, 14*). *Die Stadt als Ort der frühen christlichen Gemeinde*, in: Ders. / Werner Simon (Hrsg.), Zwischen Babylon und Jerusalem (Anm. 73), 11–35; Tobias Licht, *Pastoral in der Großstadt* (Anm. 55), 31.

[81] Vgl. Michael Sievernich SJ, *Kirche in der großen Stadt* (Anm. 60), 27f.; Tobias Licht, ebd., Paul Wehrle, *City-Pastoral* (Anm. 29), 7; Norbert Greinacher, *Die Kirche in der städtischen Gesellschaft* (Anm. 10), 187–190.

[82] Vgl. Michael Sievernich SJ, a. a. O. 23; Andreas Möhrle, *Cityseelsorge – warum eigentlich nicht? Einige Konkretionen zu bisherigen Erfahrungen mit Cityseelsorge*, in: Paul Wehrle / Tobias Licht (Hrsg.), City-Pastoral (Anm. 29), 16; Michael Göpfert, *Kirche für die Stadt. Einige Stichworte zur Diskussion*, in: Ders. / Christian Modehn (Hrsg.), Kirche in der Stadt. Erfahrungen (Anm. 1) 127–133, hier: 131.

[83] Vgl. Leo Karrer, *Der Stadt Bestes suchen* (Anm. 72), 308.

[84] Zur Begründung vgl. Niklas Luhmann, *Organisation und Entscheidung* (Anm. 66), 473f.

bände usw. zugunsten eines ‚offenen', aber explizit kirchlichen Angebotes von innerkirchlichen Akteuren durchbrochen wird und sich in den Kernstadtgebieten deutscher Großstädte (in ganz unterschiedlichen Trägerschaften) so etwas wie ‚Citypastoral' etablieren konnte, soll als das wahr-genommen werden, was es augenscheinlich ist: Ausdruck und Symptom einer ‚Irritation', welche die (binnen-)kirchliche Kommunikation zu bislang unbekannten Differenzierungen führt. City-Pastoral ist also keine neue Antwort auf eine neue Situation, sondern eine veränderte Antwort auf eine bekannte Situation.[85]

Die Erscheinungsform einer neuen kircheninternen Differenzierung lässt sich von außen, aus der ‚Umwelt', als geradezu selbstverständliche und zwangsläufige Variante kirchlichen Engagements verstehen. Sie scheint damit auf städtebauliche Entwicklungen und die mit ihr verbundenen sozialen Umwälzungen (die man nicht kulturpessimistisch als Verwerfungen zu deuten braucht) zu antworten, wie es dem Auftrag der Kirche in ihrem Selbstverständnis entspricht. Aus systemischer Perspektive erscheint diese Veränderung hingegen nicht ganz so selbstredend. Die kommunikative Selbstreferentialität und selbststabilisierende(!) Irritationsunfähigkeit (vgl. 3.2) entfalteter und elaborierter ‚Systeme' lässt sich, neben anderen ebenfalls traditionsreichen Institutionen, jedenfalls besonders eindrücklich an der katholischen Kirche demonstrieren. Wer die *Beobachtung* einer operativen Schließung und zunehmenden Stabilisierung kommunikativer Systeme gegenüber Umwelteinflüssen, die sich aus der fortlaufenden autopoetischen Ausdifferenzierung ergibt, als normative *Anforderung* (miss-)versteht, kann zu dem gelegentlich formulierten Eindruck kommen, systemtheoretische Analysen seien ‚nicht kritisch'. Es bedarf jedoch keiner kritischen Position oder Wertung, um die zahlreichen sozialen und gesellschaftlichen Veränderungen in den Blick zu bekommen, auf die die Kirche eben keine adaptive oder gar affirmierende Antwort gefunden hat, sondern im Gegenteil selbstreferentiell und ‚autopoietisch' der eigenen Ordnung folgend zu vom Mainstream abweichenden Schlussfolgerungen gekommen – und dabei geblieben ist. Das mag man abhängig von der jeweiligen

---

[85] Zur Frage der Citykirche vgl. z. B. Anton Janson, *Die Kirche in der Großstadt* (Anm. 41), 174–178; Jean-Francois Motte, *Der Priester in der Stadt* (Anm. 25), 38–40.

Position bedauern, doch bietet die Theorie sozialer Systeme zumindest eine Erklärung zu solchen Phänomenen, die ansonsten unverständlich blieben, während möglicherweise kritischere Theoriekonzepte auf Schuldzuweisungen zurückgreifen müssten, ohne die Phänomene selbst befriedigend ‚verstehen' zu können. Insofern ist die überraschende Blüte citypastoraler Strukturen inmitten einer zunehmend defensiveren und gesellschaftlich angefragteren Kirche nicht nur pastoraltheologisch interessant, sondern auch wissenschaftstheoretisch herausfordernd.

Die wissenschaftliche Reflexion des Phänomens City-Pastoral ist jedenfalls der Praxis geschuldet, nicht der Theorie. Es gab keinen theologischer oder gar ekklesiologischer Theorie immanenten Impuls, so etwas wie City-Pastoral zu initiieren. Die Initiative(n) kam(en) vielmehr aus der pastoralen Praxis selbst, von so genannten ‚Praktikern', die in der Stadt leben und arbeiten. Das lässt sich auch zwanglos anhand der bislang erschienenen Literatur belegen: Erfahrungsberichte[86] überwiegen Ansätze der systematischen Reflexion bei weitem.[87] Dies muss Konsequenzen für die Art der theologischen Reflexion haben. Das Initial liegt bei der Praxis, die den Handlungsimpuls gab, und zunächst durchaus ohne Aplomb und eher nebenher das notwendig Erscheinende ins Werk setzte. Heute wäre es gewiss hilfreich, die kaum noch überschaubare Vielfalt der Projekte und Initiativen, die sich selbst als Citypastoral bezeichnen, dergestalt zu sichten und zu ordnen, dass die verbindenden Motive und Absichten der Handelnden klarer erkennbar werden.

---

[86] Vgl. z. B. Michael Göpfert / Christian Modehn (Hrsg.), *Kirche in der Stadt.* (Anm. 1); H.W. Dannowski, u. a. (Hrsg.), Kirche in der Stadt, Bd. 5: *City-Kirchen. Bilanz und Perspektiven*, Hamburg 1995; Sebastian Borck / Gisela Groß / Wolfgang Grünberg / Dietrich Werner (Hrsg.), Kirche in der Stadt, Bd. 8: *Hamburg als Chance der Kirche. Arbeitsbuch zur Zukunft der Kirche in der Großstadt*, Hamburg 1997; Erich Purk, *Herausforderung Großstadt* (Anm. 56); Evangelisches Missionswerk in Deutschland u. a. (Hrsg.), *Kirche in der Stadt. Die ökumenische Zukunft der Metropolen*, Hamburg 2001; *Welche Kirche braucht die Stadt?*, Diakonia 5/32 (2001); Paul Wehrle / Tobias Licht (Hrsg.), *City-Pastoral in der Erzdiözese Freiburg* (Anm. 29).

[87] Nur wenige Autoren ordnen ihre Erfahrungen in einen grundsätzlicheren, pastoraltheologischen Zusammenhang ein, vgl. z. B. Tobias Licht, *Pastoral in der Großstadt* (Anm. 55), 30–44.

In einem zweiten Schritt stellen sich allerdings alle einschlägigen systematisch-theologischen Probleme in voller Härte. Ekklesiologische Fragen, wie etwa die Unterscheidung von kirchlichem und nicht-kirchlichem Handeln oder die Frage nach den Kriterien für kirchliches Handeln lassen sich kaum (allein und zureichend) aus der Praxis erheben.[88] Ebenso wenig können theologische Fragen nach der angemessenen Weise der Gottesverehrung, der Christusverkündigung oder des geistlich-christlichen Handelns empirisch beantwortet werden. Dies versteht sich eigentlich von selbst, sollte aber im Fall der Citypastoral sorgfältig beachtet werden. Die Aufgabe der theologischen Reflexion eines in der kirchlichen Praxis entstandenen und ‚praktisch' akzeptierten Phänomens impliziert nämlich einen Praxis-Theorie-Zirkel, der eingehalten werden muss, sollen am Ende handlungsfähige Konzepte stehen: er beginnt bei der ‚Praxis' und verlangt nach ‚Theorie', nicht umgekehrt. In rein theoretischer Perspektive erstellte abstrakte Überlegungen, etwa zur Stadt im Allgemeinen und dem anthropologischen Verständnis des Menschen als solchen, stehen dagegen zumindest in der Gefahr, dem Gegenstand der Reflexion nicht gerecht zu werden.[89]

4. Durch den Speckgürtel: Urbanität als Mobilitätsprivileg

4.1 Stadt und Land

Es ist allgemein anerkannt, dass die mit der Industrialisierung des 19. Jahrhunderts einsetzende Verstädterung eine andere Kategorie von Städten hervorgebracht hat, als sie zuvor schon bekannt gewesen waren. Der Prozess der ‚Verstädterung' verlief historisch also nicht kontinuierlich, sondern in Schüben, wobei die Industrialisierung eine besonders konfliktbehaftete gesamtgesellschaftliche Umwälzung nach sich zog. Waren die stadtmauerbewehrten und bürgerlichen Städte des Mittelalters noch Handels- und Handwerkszentren mit allen (Vor-)Formen ‚urbanen' Lebens gewesen, so förderte und fordert die Entstehung mechanisierter Manufakturen im 19./20. Jahrhundert ein extensives und quantitatives Städtewachstum mit einer entspre-

---

[88] Vgl. Niklas Luhmann, *Organisation und Entscheidung* (Anm. 66), 474.
[89] Vgl. Wolfgang Grünberg, *Die Gastlichkeit des Gotteshauses* (Anm. 19), 163.

chend dramatischen Bevölkerungsverschiebung. Die ‚Pauperisierung' der nicht mehr konkurrenzfähigen Landbevölkerung führte zur Landflucht, die Zahl der ‚großen Städte' schwoll an, bestehende Städte wuchsen und wucherten ins ‚Land' hinein, über nun zu bloßen ‚Vororten' deklassierten eigenständige Nachbargemeinden hinweg. Die dialektische Bewegung von Landflucht verarmter Bevölkerungsgruppen und die daraus folgende Verstädterung des Landes ist vielfach beschrieben worden, einschließlich der häufig traumatisierenden Folgen der meist ökonomisch erzwungenen, also letztlich unfreiwilligen Wanderungsbewegungen in die als unwirtlich und ‚feindlich' erlebte Stadt. Die pessimistische Grundierung konservativer Stadtkritik wie die romantische Idealisierung glücklichen Landlebens sind gesellschaftskulturelle Folgen einer industriellen Revolution, die durch Dampfmaschinen und die Entdeckung der Elektrizität ausgelöst worden war. Der technische Veränderungsprozess verlief jedoch wie die daraus resultierenden kulturellen Folgen ‚blind', d. h. er war nicht nur unaufhaltsam und unumkehrbar, sondern wurde auch als solcher erlebt: die Veränderungsprozesse waren komplex und folgten einer unüberschaubaren Eigendynamik, der man ohnmächtig unterworfen war. Die je nach Standpunkt positiven oder negativen Wertungen sowohl des Land- wie des Stadtlebens spiegeln lediglich die Ohnmacht der Menschen, den gesellschaftlichen Veränderungsprozess *als Ganzen* steuern zu können. Rückblickend gesehen ging es lediglich darum, die sozialen ‚Kosten' abzufedern und um den Versuch, zumindest die politischen Nebenfolgen gestalten zu können, angesichts eines ansonsten selbstlaufenden Veränderungsprozesses.

Eine dieser Formen zur *kulturellen* Bewältigung des Umbruches bildet die Polarität von Stadt und Land, die bis heute selbstverständlich vorausgesetzt und in der Kommunikation benutzt wird, nicht nur, aber auch in kirchlichen Kontexten, ungeachtet der einschlägigen wissenschaftlichen Analysen[90], die eine fortschreitende und sich ausbreitende generelle Urbanisierung beobachten und den Antagonismus von Stadt und Land als prinzipiell hinfällig geworden bestreiten. Daran ist richtig, dass die *territoriale* Trennschärfe dieser Unterscheidung geschwunden und auch hier eine ‚Gleichzeitigkeit des Ungleichzeitigen' (Ernst Bloch) zu beobachten ist. Offenkundig

---

[90] Vgl. Hartmut Häussermann / Walter Siebel, *Stadtsoziologie* (Anm. 12), 220.

lassen sich auch in scheinbar tiefer Provinz urbane Lebensgestaltungen ausmachen und unbestreitbar finden sich in Metropolen geradezu provinzielle Lebensentwürfe, die inmitten einer pluralen Umgebung und unbeeindruckt von der theoretisch möglichen Urbanität eine abgekapselte Eigenwelt entwickeln, mit allen Kennzeichen vermeintlich ‚typisch' ländlichen Lebens: wenige, aber intensive und verlässliche Sozialkontakte, weitgehend autarke Selbstversorgung bei geradezu xenophober Umweltdistanz, radikale Informationsbeschränkung auf die Nahwelt, geringe Irritationsunfähigkeit aufgrund von Umweltereignissen u.v.m.

Die jüngste technische Revolution, nämlich die rasch expandierenden Möglichkeiten weltweiter elektronischer Informationsverarbeitung, dynamisiert in einem noch kaum abzusehenden Ausmaß den Prozess der Nivellierung von Stadt-Land-Differenzen weiter. In systemischer Perspektive verläuft dieser (wieder technisch induzierte und ebenfalls ‚blind' ablaufende) soziale Prozess übrigens ähnlich unaufhaltsam und unumkehrbar wie vorhergehende Entwicklungsschübe. Die primäre soziale Folge ist allerdings ein ‚Paradigmenwechsel' (Thomas S. Kuhn) der sozialen Referenzbezüge auf Kommunikation (vgl. 5). Die Bewältigung der sozialen und politischen Kosten dieser Entwicklungen sowie die Bearbeitung der vielfältigen und teilweise gewaltigen gesellschaftlichen Nebenfolgen zählen dennoch gegenüber dem basalen Paradigmenwechsel zu den Epiphänomenen.

Trotz dieser unbestreitbaren und hier nur skizzierten Entwicklungen, stellt die Unterscheidung von Stadt und Land immer noch eine Information bereit, d. h. sie ‚macht einen Unterschied, der einen Unterschied macht', der durch den scheinbar stufenlosen Übergang der *suburbs* ins Land nur bemäntelt, nicht aber beseitigt wird. Sie codiert die Lebens- und Erlebenswelten bestimmter sozialer wie psychischer Systeme (darunter sicherlich die kirchliche Kommunikation, vgl. 3.1). Die ‚Stadt' bildet hierbei – dies lediglich als Hypothese, die zu prüfen wäre – den ‚Reflexionswert': die Stadt-Land-Differenz stellt Anschlüsse (vor allem) für ‚das Land' bereit, das sich auf diese Weise in der Kommunikation rekursiv stabilisieren kann und zugleich von der Stadt abgrenzt.[91] Umgekehrt gilt dies nur einge-

---

[91] „Das Umland und seine Stadt haben fast nichts miteinander zu tun", singt auch Barbara Morgenstern.

schränkt, da die (dennoch vorhandene) Komplexität des Ländlichen innerstädtisch nicht wirklich wahrgenommen, richtiger gesagt: ohne größere Reduktionen intern abgebildet werden kann.[92] Die Stadt in ihrem kommunikativen Anspruch das soziale Ganze abzubilden (vgl. 1.3), kann Systeme mit vermeintlich oder tatsächlich geringerer Komplexität leicht als zugehörig deuten, denn genau darin liegt ja ihr Operationsmodus: das Andere als das (potentiell) Eigene zu identifizieren und zu integrieren.[93]

Soziologisch betrachtet handelt es sich bei der Stadt-Land-Differenz um einen kulturellen ‚Restbestand' der gesellschaftlichen Differenzierungsform in Zentrum und Peripherie aus der Zeit vor der funktionalen Differenzierung der heutigen Gesellschaft. Jene ältere Form bleibt trotz dieser neuen bestehen. Die funktionale Differenzierung der Gesellschaft, erst recht in Verbindung mit den erheblich erweiterten kommunikativen Möglichkeiten der neuesten technischen Revolution, mildert jene grundlegende Problematik der ‚knappen Kontakte', welche die Form Zentrum / Peripherie mit sich gebracht hatte: die Möglichkeiten der Kommunikation zwischen Zentrum und Peripherie waren stark begrenzt, je größer die Distanz zwischen beiden, desto mehr. Das ist heute anders: die Existenz einer nichtstädtischen Umwelt stellt in funktionaler Differenzierung und im Zeitalter des Internets für das Zentrum kein Machtproblem mehr dar. Der ländlichen Umgebung bleibt nichts, als diese Veränderung zu konstatieren (vorrangig wohl als Autonomieverlust) oder sich selbst zu (sub-)‚urbanisieren'. Sie kann das ‚Raumgreifende' der Stadt, das ‚Globalisierende' der veränderten Situation nicht (wie ehedem in der segmentären Differenzierung als Nachbarschaft territorial) ausgrenzen, sondern nur die althergebrachte kulturelle Differenz reproduzieren: die Stadt ist (für das Land) das nicht integrierbare Andere, ihre Komplexität kann nur mit zahlreichen und willkürlichen Selektionen bearbeitet werden: ein infiniter und letztlich defensiver Prozess.

Für den hier zu verhandelnden Zusammenhang ist entscheidend zu sehen, auf welcher Seite dieser Form sich kirchliche Kommunika-

---

[92] „Das Land ist nicht mehr das gesellschaftlich relevante Gegenüber der Stadt.", Hartmut Häussermann / Walter Siebel, *Stadtsoziologie* (Anm. 12), 100.
[93] Schön dargestellt, mit allen unschönen Nebeneffekten, bei: Ulrich Stock, *Landlust, Landfrust*, in: Die Zeit 23, Hamburg 2011, 69–71.

tion anschließt.⁹⁴ Es braucht keine tiefschürfenden Analysen, um die geringe Urbanität konventioneller Pastoralkonzepte festzustellen (vgl. 3.1), auch und gerade dort, wo die Kirche sich organisational und gesellschaftlich zur Bearbeitung der Stadt-Land-Differenz gezwungen sieht (vgl. 3.2 und 5.2), was der Entstehung und dem Ausbau citypastoraler Strukturen *theologische* Relevanz zuschreibt, auch wenn das in dieser Tragweite von niemandem beabsichtigt war (vgl. 3.3).

4.2 Mobilität und Dezentralisierung

Wenn sich Stadt und Land nicht mehr zweifelsfrei territorial separieren lassen, ja das eine ins andere gleichsam überzugehen scheint, und diese Unterscheidung dennoch, so unsere Annahme, eine systembildende Information bereit hält, stellt sich die Frage nach dem Kriterium, der ‚Distinktion', die das eine vom anderen in einer funktional differenzierten Gesellschaft unterscheidet. Wir werden im Folgenden der Vermutung nachgehen, dass ein (vielleicht nicht das einzige, aber ein) wesentliches Kriterium die ‚Mobilität' sei.⁹⁵ Mobilität ist eine zwingende Voraussetzung zur Partizipation an anderen Lebenswelten jenseits des je eigenen sozialen Nahraums. Dies gilt auch – um einen solchen Einwand gleich vorwegzunehmen – im Zeitalter der multimedialen Kommunikation und der ‚virtuellen' Partizipationsmöglichkeiten, wie sie das elektronische Netzwerk zur Verfügung stellt. Dass die sozialen Kosten von Mobilitätseinschränkungen durch die Möglichkeiten des Internet erheblich gemildert wurden⁹⁶ und in Zukunft vermutlich auch weiter werden, soll nicht

---

⁹⁴ Vgl. Matthias Sellmann, *„Der Stadtaffe muss die Stadt im Blut haben"* (Anm. 37), 297, der nach einer Kritik „dörflicher Attraktoren" in der Citypastoral als Beispiel für den „gegenweltlichen" Anschluss das „Oasen-Versprechen" nennt, bei dem der in diesem Versprechen implizierte städtische Reflexionswert („das Nomadentum") gerade nicht vorkommt (vgl. 4.2).
⁹⁵ Vgl. Franz-Peter Tebartz-van Elst, *Gemeinden werden sich verändern. Mobilität als pastorale Herausforderung*, Würzburg 2001; Walter Schmitz, *Mobilität des Menschen. Zur geschichtlichen Konstruktion von Räumen der Bewegung*, in: Karl-Siegbert Rehberg / Ders. / Peter Strohschneider (Hrsg.): Mobilität – Raum – Kultur. Erfahrungswandel vom Mittelalter bis zur Gegenwart, Dresden 2005, 5; Bernhard Spielberg, *Am Puls der Stadt. Zwei pastorale „hot spots' von Paris*, in: Lebendige Seelsorge 61 (2010), 302.
⁹⁶ Jedenfalls für die Städter. Ulrich Stock, *Landlust, Landfrust* (Anm. 93), 71 konstatiert kritisch: „der Breitbandatlas des Bundeswirtschaftsministerium verzeich-

bestritten werden. Doch kann die Option, Theaterkarten auch *online* sitzplatzgenau zu reservieren und elektronisch zu bezahlen, nur nutzen, wer letzten Endes auch zum Theater kommt (und von dort in überschaubarer Frist und zu akzeptablen Bedingungen wieder nach Hause) Über fünfzig Prozent der Deutschen leben in nicht-städtischen Gebieten. Wo das nächste Theater eine Autostunde oder mehr entfernt ist, kommt es zwangsläufig zu Exklusionen. Andernfalls bliebe nur die *flatscreen*große Videoübertragung ins heimische Wohnzimmer, was vielleicht nicht von jedem als Nachteil empfunden würde, aber zweifelsohne einen Unterschied darstellt. Urbanität stellt sich so jedenfalls nicht ein.

Wer an urbanen Lebenswelten partizipieren will, muss dies auch können[97]: sowohl sozial, aber auch ganz konkret. Dazu muss zwar niemand mehr in der City selbst wohnen, es genügt dort zu arbeiten oder in infrastruktureller Nähe zu leben. Doch ohne die *prinzipielle Möglichkeit* mit vertretbarem Aufwand an der urbanen Pluralität städtischer Angebote zu partizipieren, wird man von Provinz sprechen müssen. Mit dieser These halten wir ein valides Kriterium in der Hand, den *lebensweltlichen* (nicht: den territorialen) Übergang von der Stadt zum Land zu markieren. Denn mit den genannten exemplarischen Indizes (prinzipielle Möglichkeit, Aufwand, Vertretbarkeit, Partizipation an Pluralität) ist zugleich die große Bandbreite individueller Zuschreibungen ausgesagt, die in diesem Kriterium liegen.

Diesen Gedanken kann man in verschiedene Richtungen entfalten und mit unterschiedlichen Konsequenzen für die kirchliche Pastoral unterlegen: (a) wo Beweglichkeit für den Einzelnen vom Besitz einer Fahrerlaubnis und eines eigenen Fahrzeugs abhängig ist, ist Land. Anders gesagt: die teilweise weitreichenden öffentlichen Nahverkehrsnetze insbesondere in städtischen Ballungsräumen erlauben die Integration auch weit vorgelagerter Ortschaften – sofern dadurch für praktisch alle eine unkomplizierte und autonome Beweglichkeit ermöglicht wird. Wo dies nicht mehr oder noch nicht der Fall ist (z. B. aufgrund von nur gelegentlichen und weitschweifigen

---

net noch zigtausende weiße Flecken (…). Nicht nur, dass man dort kein Kino hat – man hat auch kein Youtube."
[97] Vgl. Klaus J. Beckmann (Hrsg.), *Städtische Mobilität und soziale Ungleichheit*, Dt. Institut für Urbanistik 2007.

Busverbindungen, die nur bis zum späten Nachmittag angeboten werden), kommt es zu Exklusionen, die in der Stadt-Land-Differenz wurzeln und systemisch auf der ‚positiven' Seite der Form (also dem ‚Land') schließen. Wo ein ‚Kreuzen' dieser Markierung ‚auto-Mobilität' voraussetzt, beginnt die Provinz.

(b) Nicht von ungefähr gilt es unter manchen Stadtbewohnern als besonders reflektiert, auf das Statussymbol Automobil zu verzichten und es als das zu nehmen, was es funktional ist: ein Fortbewegungsmittel unter vielen. Dabei sollte nicht übersehen werden, dass es nur *in* der mit öffentlichen Verkehrsmitteln gut erschlossenen Metropole möglich ist, auf solche Repräsentationen souverän zu verzichten, weil die damit verbundene ursprüngliche Funktion (Mobilität, Autonomie, Personen- und Lastentransport) auf andere Weise ersetzt werden kann. In Ballungsräumen ist die Nutzung öffentlicher Verkehrsmittel nicht selten schneller, unkomplizierter sowie finanziell und ökologisch günstiger, insbesondere wenn man den ökonomischen Vorhaltungsbedarf (Anschaffung, Flächenverbrauch, Gebühren und Steuern usw.) mit einbezieht. Der bewusste Verzicht auf automobilen Status und Komfort indiziert hier also gerade nicht Mobilitätsverzicht oder gar Provinzialität, sondern demonstrative Urbanität. Er markiert selbstverständliche Differenz zur Provinz (die solche Abstinenz nur um den Preis einer Selbstimmobilisierung durchhalten könnte) und erklärt implizit das ‚Land' als irrelevant für den eigenen Lebensvollzug: wer nicht zum Mond will, braucht auch keine Rakete. Dass und wie prekär solche Urbanitätskonstruktionen sind, zeigt sich an jenen genau entgegengesetzten Phänomenen, mit denen andere Großstadtbewohner Urbanitätsdistanz und präventive Landfähigkeit signalisieren, etwa durch *outdoor*fähige Stadtbekleidung oder mit Automobilen, wie sie die Besitzer von Großrindherden auf dem Weideland nutzen. Die (überfordernde?) Komplexität der Großstadt[98] wird durch solche symbolischen Akte mit der Unzugänglichkeit und Gefährlichkeit der Wildnis identifiziert – eine paradoxe Strategie, die Stadt-Land-Markierung zu kreuzen, um *innerstädtisch* auf der *ländlichen Seite* (der ‚positiven' Seite der Differenz) anzuschließen: unwegsam und gefährlich ist es gewissermaßen überall.

---

[98] Vgl. Jens Jessen, *Die Metropole als Feind*, in: Die Zeit 24, Hamburg 2011, 45.

(c) Für die Landbewohner sind solche ‚Ländlichkeitssymbole' keine *möglichen* Selektionen, die sie auch anders hätten treffen können, sondern notwendige Voraussetzungen, um nicht den ‚Anschluss'(!) an die Lebens- und Arbeitswelt der Gesellschaft zu verlieren. Insofern ist ‚Ländlichkeit' als soziales System nicht das rurale Idyll, sondern Indikator für Marginalisierung. Es sind die Nichtmobilen, aus welchen Gründen und in welcher Konstellation auch immer (zu jung, zu alt, zu krank, zu allein, ohne Geld, ohne ‚Mitfahrgelegenheit', ohne öffentliche Verkehrsmittel), die von Urbanität in all ihren Erscheinungsformen weitgehend ausgeschlossen sind. Diese, wenn man so will, ‚systemische Provinzialität' ist innerstädtisch lediglich unwahrscheinlicher, aber nicht unmöglich. Auch in den Städten gibt es bekanntlich Marginalisierte, die aus vielerlei Gründen ihr Stadtviertel (und das darin dominante Milieu, vgl. 4.3) nie verlassen und ‚die Welt' jenseits bestimmter Straßen oder Bahntrassen nicht kennen. Sie sind Stadtmenschen, leben aber nicht urban.[99] Urbanität ist ein Mobilitätsprivileg. Aus diesem Grund sind urbane Lebensformen auch auf dem Land möglich, aber eben unwahrscheinlicher, weil deutlich voraussetzungsreicher. Die zur Urbanität notwendigen Voraussetzungen wachsen mit dem Abstand zum Zentrum, darunter ganz wesentlich die Mobilitätsfähigkeit: engmaschige Nahverkehrsanschlüsse, ausgebaute Umgehungsstraßen, Nähe zu Autobahnanschlüssen und Intercitybahnhöfen lauten einige der gängigen Kriterien.

(d) Daraus erklärt sich auch die Beliebtheit des ‚Speckgürtels'. Er bietet im Idealfall die Entfaltung einer Paradoxie: die Komplexitätsreduktion eines überschaubaren Provinzortes, deren unerwünschte Nebenfolgen sich jederzeit und gemäß eigener Selektionen mit einer ‚temporären Landflucht' abfedern lassen. Hier scheint die ursprüngliche Stadt-Land-Differenz als systembildende Codierung aufgehoben. Bei näherem Zusehen wird diese jedoch, abhängig vom sozialen Status des entsprechenden Viertels, in die jeweilige Position auf der Achse Zentrum / Peripherie wieder eingeführt: als dörfliches Ambiente in der (Vor-)Stadt, als (klein-)städtisches Unterzentrum auf dem Land, als deklassiertes Unterschichtghetto mitten im Zentrum, als großbürgerliches Villenviertel in der Hanglage am Stadtrand usw.

---

[99] Hartmut Häussermann / Walter Siebel, *Stadtsoziologie* (Anm. 12), 96.

Sozial lässt sich dies auch als milieuspezifische Segregation der Wohnbevölkerung beobachten (vgl. 4.3), die eine territoriale Reduktion genau jener Komplexität leistet, die die Stadt als solche produziert und allererst ausmacht.

(e) In dieser Ambiguität liegt auch der Wunsch nach Dezentralisierung, wie sie z. B. in Gestalt von Einkaufszentren städtebaulich folgerichtig rund um Verkehrsknotenpunkte entstehen oder als *shopping malls* bewusst auf die ‚grüne Wiese' geplant werden. Auch wenn es sich meist nicht wirklich um De-Zentralisierungen handelt: solche Unterzentren, deren Künstlichkeit oft gar nicht erst zu verbergen versucht wird, nivellieren das Gefälle von Zentrum und Peripherie und entlasten insofern die Gesellschaft von Mobilitätsdruck. Sie sind zugleich als bloße Urbanitäts*simulation*[100] umso deutlich kenntlich, je weniger funktionale Äquivalente zur ‚eigentlichen' City sich in ihnen finden lassen: das Fehlen öffentlicher Einrichtungen wie Behörden, Bildungsstätten, Kultureinrichtungen (oder eben auch Kirchen) sowie das Fehlen angestammter Wohnbevölkerung wären einige Indizien.

Für eine Pastoral des Urbanen ergeben sich aus diesen heterogenen Beobachtungen ganz unterschiedliche Anregungen. Als Pastoral der immobil Exkludierten (a) kann sie umstandslos an die bisherige Form der Territorialpastoral (deren primäre Entscheidung eben gerade Ländlichkeit lautet, vgl. 3.1) anknüpfen, sollte aber die ‚Stadt' zumindest reflexiv mitführen, will sie die Exklusion der Pastorierten nicht als ‚blinden Fleck' einfachhin reproduzieren (vgl. 4.3). (b) Für die binnenstädtisch Hochmobilen, die Pendler und Passanten, böte sich die etablierte Form der Citypastoral am Markt (vgl. 2.1) als Alternative selbstbewusster und selbstverständlicher urbaner Kirchlichkeit an. Dabei muss sie allerdings gewärtigen, dass ostentative Urbanität die Privilegierten nicht nur anspricht, sondern auch deren Ambivalenzen verstärkt. Die Hochmobilen ‚wissen' um ihren prekären Status, sei es, indem sie schwer zugängliche Gegenden bewusst meiden, sei es durch vorsorgliche Proviantisierung und Zurüstung. Um mit City-Pastoral in mehr als zufällige Kommunikation zu kommen, muss man eben dies: mobil sein und zwischen mehreren (kirchlichen) Anschlussmöglichkeiten entscheiden (vgl. 2.3). Damit

---

[100] Vgl. a. a. O., 65.

gerät (c) Mobilitätsfähigkeit und –bereitschaft zum Selektionskriterium (übrigens auch in sozialer Hinsicht, vgl. 4.3), das alle ausschließt, die dies nicht können oder wollen.[101] Jedenfalls nicht für ein (weiteres) kirchliches Angebot, an das sie (d) in ihrem Wohnviertel ebenso und aufgrund von dort vollzogenen Segregationsprozessen möglicherweise zielgenauer anknüpfen können. Allerdings müssten Pendler dazu auf der anderen Seite der Form anschließen, also die (ggf. auch stadtviertelbezogene) territoriale Schließung inklusive ihrer Komplexitätsreduktion mitvollziehen. Eine ideale ‚Verbindung' beider Anschlussmöglichkeiten (kirchliche ‚Heimat' im Wohnbezirk, optionale Teilnahme an citypastoralen Aktivitäten) scheint nahezuliegen, dürfte aber theoretisch wie praktisch vor Probleme stellen (vgl. 5.2). Diese verschärfen sich nochmals, wenn (e) Pastoral aufgrund der künstlichen Situation an keine der beiden Seiten der Form anschließen kann: Citypastoral wendet sich an die ‚ganze Stadt' (vgl. 1.3). Als Einheit der differenten Nachbarschaften unterscheidet sie sich von der traditionellen Form der Territorialpastoral (vgl. 2.2) nur durch ihren raumordnenden Zugriff (vgl. 5.2). ‚Künstliche' Vorortzentren bieten daher möglicherweise Anknüpfungspunkte für Zielgruppenpastoral (im Sinne beispielsweise einer Konsumentenseelsorge, wenn so etwas theologisch sinnvoll zu denken ist), kommen aber als Orte einer Citypastoral nicht in Betracht: wo Urbanität nur simuliert wird, kann kirchliche Pastoral nur unter den gleichen Verdacht geraten.[102]

4.3 Kirche und Milieu

Mit diesen Überlegungen stoßen wir auf die strukturelle, nicht nur konzeptionelle Differenz, die Citypastoral von einer Stadtpastoral im herkömmlichen Sinne unterscheidet. Sie ist nicht einfach Pastoral in der Stadt, sondern – an dieser Stelle lässt sich etwas Pathos nicht vermeiden – Kirche für den urbanen Raum. Als solche ist sie gerade nicht *all-inclusive*, sondern adressiert sich an alle ‚Systeme' (psychische wie soziale, vgl. 5.1), die ebenfalls mit dem urbanen Raum in-

---

[101] Zur Problematik dieses ‚Ausschlusses' und zur ebenso kritischen wie sachlichen Notwendigkeit, ihn dennoch durchzuhalten, vgl. Matthias Sellmann, *„Der Stadtaffe muss die Stadt im Blut haben"* (Anm. 37), 298.
[102] Vgl. Susann Sitzler, *Gott wohnt neben Aldi*, in: Die Zeit 33, Hamburg 2011, 50.

teragieren.¹⁰³ Das sind, wie wir gesehen haben, keineswegs alle Stadtbewohner, ja nicht einmal alle City-Besucher oder -Bewohner. Ab einem gewissen Abstand zwischen Wohnsitz und Zentrum steigt sogar die Kontaktwahrscheinlichkeit, weil Urbanität die Mobilitätsfähigkeit nicht nur faktisch, sondern vor allem ‚systemisch' voraussetzt. Die Fahrt durch den ‚Speckgürtel' ist also eher Grund denn Hindernis für citypastorales Interesse. Der Übergang zum Land (und damit die Grenze für Citypastoral als territoriale Gestalt kirchlicher Pastoral) vollzieht sich nicht schleichend, sondern hoch individualisiert. Er ist nach den sozialräumlichen Gegebenheiten, wie Verkehrsanbindung und Zentrumsnähe des Wohnviertels, direkt von den persönlichen Ressourcen und Werte-Dispositionen potentieller Adressaten abhängig. Etwas technisch könnte man formulieren, die Reichweite citypastoraler Aktivitäten ist die zweidimensionale Funktion der Integrationstiefe ihrer Stadt und des Urbanitätsgrades ihrer Umwelten. Je weiter in die Peripherie hinein ‚Nachbarschaften' der Stadt ‚angeschlossen' werden und je höher deren Grad an Mobilität ausfällt (sowohl anteilig an der Bevölkerung des jeweiligen Bezirks als auch in deren Aktionsradius), desto aussichtsreicher erscheint ein citypastorales Engagement der Kirche.

Wo es innerstädtisch verhältnismäßig wenig Wohnbevölkerung bei zugleich hohen Zahlen von Passanten und Pendlern gibt, ist eine ‚Gemeindebildung' im traditionellen Sinne weder möglich noch sinnvoll (vgl. 5.1).¹⁰⁴ Die größte Personengruppe am Ort, die Passanten und Arbeitspendler, sind ja ohnedies territorial an ihrem jeweiligen Wohnort als Gemeindeglieder zumindest erfasst und werden dort wenigstens dem Prinzip nach seelsorgerlich ‚betreut'. Da sie aber als Arbeitspendler täglich viele Stunden ihres Tages bzw. als Passanten etliche Stunden ihrer Freizeit in der City zubringen, ergeben sich spezifische Möglichkeiten der pastoralen Ansprechbarkeit.¹⁰⁵ H.J. Höhn spricht von einem „bipolaren Lebensgefühl des Großstädters [...], der sich in einem bestimmten Viertel oder Stadtteil heimisch fühlt und dort die sozialen Primärbedürfnisse befrie-

---

[103] Vgl. Michael N. Ebertz, *Kirche in der bürgerlichen Fremde* (Anm. 13), 244.
[104] Vgl. Wolfgang Grünberg, *Die Gastlichkeit des Gotteshauses* (Anm. 19), 165f.
[105] Originell die Interpretation des Can. 529 § 1 (CIC 1983) als Imperativ für Stadtseelsorge in: Herman de Bruin / Walter Bröckers, *Stadt-Seelsorge* (Anm. 22), 106 u.ö.

digt, aber neben dieser lokalen Dimension stets auch die Großstadtatmosphäre schätzt und sucht."[106]

Bei diesen pastoralen Aktivitäten wäre es gewiss angebracht, zwischen eben jenen Arbeitspendlern zu unterscheiden, die die City z. B. regelmäßig für die Mittagspause oder für geschäftliche Treffen nutzen, und den Passanten[107], die die City für gelegentliche Einkaufsbummel als Teil ihrer Freizeitgestaltung aufsuchen. Als weitere Gruppen kämen, je nach Attraktivität der City und der in ihr angesiedelten Institutionen, auch die Gruppe der Touristen und Urlauber oder auch der Studenten in Betracht. Sie alle nutzen die City für einige Stunden, ggf. über mehrere Tage bis zu vielen Jahren, und leben dann gleichsam in ihr, ohne dort zu wohnen.

Pastoral gesehen liegen deshalb in einer solchen Citypastoral mehr und andere Chancen als bloß die (begründete) Sorge, diese zunehmend größer werdende Zahl von Menschen in und um den Großstädten würde seelsorgerlich ‚durchs Netz fallen', weil sie weder an ihrem Wohn- und Schlafort noch an ihrem Arbeits- und Lebensort kirchlich angesprochen werden. Insbesondere die Passanten (‚Einkaufsbummler', ggf. Touristen oder Studenten) dürften durch die spezifische Citysituation in ganz anderer Weise für etwaige kirchliche Impulse offen sein als an ihrem jeweiligen Wohnort.

Eine Stadtviertelpastoral bzw. die Pfarrpastoral in den sogenannten Vororten, den Stadtbezirken und Quartieren bleibt davon unberührt[108], sie zählt selbst zur Umwelt und steht wie alle anderen Umwelten vor der Entscheidung, in welchem Umfang sie mit ‚der Stadt' interagieren will. Sie wird diese Entscheidung aufgrund eigener Selektionen treffen, die wiederum mit der sozialen Struktur ihres Viertels zu tun haben. Denn Mobilität und Urbanität der Menschen im städtischen Raum sind nicht normalverteilt, sie korrelieren auch nur mittelbar mit der Achse Zentrum / Peripherie. Ebenso entscheidend sind sozialer Status, Bildung und Einkommen, kulturelle Wertvorstellungen und Ideale, welche die Segregation der Stadtbewohner in

---

[106] Vgl. Hans-Joachim Höhn, *Gegen-Mythen. Religionsproduktive Tendenzen der Gegenwart*, Freiburg u. a. 1994, 136.
[107] Vgl. Hans-Joachim Höhn, *City Religion* (Anm. 8), 103.
[108] Vgl. Stefan Tausch, *Geh in die Stadt, dort wird dir gesagt, was du tun sollst* (Anm. 6), 281.

bestimmte Viertel mit entsprechenden Attributen steuern. Diese Segregation der Stadt in Viertel und Szenen folgt aus der Binnendifferenzierung der ganzen Gesellschaft, nicht nur der städtischen. Diese gesamtgesellschaftliche Binnendifferenzierung wird in den einschlägigen Milieustudien analysiert und einige der Ergebnisse haben spätestens seit 2005 auch die kirchliche Kommunikation erreicht.[109]

Die *inhaltlichen* Ergebnisse solcher, auch kirchenspezifischer Milieuanalysen brauchen wir hier nicht darzulegen, der Erkenntnisschock des geringen Adaptionsgrades katholischer Kirchlichkeit in weiten Teilen der deutschen Bevölkerung hat eine Fülle instruktiver Veröffentlichungen nach sich gezogen. Für unsere Fragestellung wichtig ist die *formale* Einsicht in die systemische ‚Schließung' bestimmter kultureller und ästhetischer Milieus, die dann nur noch aufgrund eigengesetzlicher Codierungen ‚Anschlussfähigkeit' bieten und suchen. Diese ‚Schließung' erfolgt auch sozialräumlich, durch die (mehr oder weniger) bewusste Entscheidung bei der Wahl des eigenen Wohnortes, die nicht nur durch ökonomische Faktoren wie Miet- oder Grundstückspreise restringiert, sondern auch durch Mobilitätschancen (vgl. 4.2) und Milieuintuitionen aktiv betrieben wird.

Im Ergebnis kommt es zu homogenisierenden Segregationen, die übrigens – anders als häufig behauptet – sozial entlastend wirken, auch und gerade für die sogenannten Unterschichten.[110] Ein advokatorischer Zugang zur Durchmischung verschiedener Milieus impliziert nicht nur einen paternalistischen Problemzugriff, er ignoriert auch die unbeabsichtigten Nebenfolgen einer solchen Steuerung. Die für alle(!) Milieus feststellbare Segregation in Wohnviertel und deren schichtenspezifische ‚Schließung' lassen sich nämlich in ihrer Entlastungsfunktion als sinnvoll rekonstruieren, sofern man tatsächlich in der Beobachterperspektive bleibt und nicht etwa eigene Integrationsideale normativ setzt. So erlaubt zum Beispiel die ‚relative Armut' als soziales Phänomen (nicht als monetäres Defizit) – wie

---

[109] Neben der kirchlich gut rezipierten sog. „Sinus-Milieustudie" vgl. z. B. Katharina Manderscheid, *Milieu, Urbanität und Raum. Soziale Prägung und Wirkung städtebaulicher Leitbilder und gebauter Räume*, Wiesbaden 2004, hier besonders: 79 ff. und 110 ff.

[110] Vgl. Peter Geoffrey Hall / Ulrich Pfeiffer, *Urban 21*. (Anm. 35), 25 und 419f.

jede Schließung – zunächst und vor allem den Anschluss an andere (relativ Arme). Das kann psychisch entlasten (ich bin, weil ich dazu gehöre) und handlungsentlastend wirken (ich verhalte mich auch so). Anders gesagt: soziale Schließung relativiert die eigene Situation, da die Bezugsgruppe die gesamtgesellschaftlich sehr wohl bestehenden und auch von allen wahrgenommenen Unterschiede subjektiv nivelliert. Segregation ist also Ursache *und* Folge spezifischer Lebenssituationen.

Diesen Schließungseffekt zu benennen, heißt nicht ihn zu idealisieren. Wer ihn aber übersieht, bleibt blind für die eigenen ‚Schließungen'. Eine durch Dritte (z. B. Staat oder Kirche) erwirkte Erweiterung des Möglichkeitsraumes von Benachteiligten, z. B. durch Umverteilung oder milde Gaben, führt nicht zu größerer gesellschaftlicher Teilhabe, sondern vermehrt zunächst nur die Möglichkeiten zur Reproduktion des eigenen Milieuverhaltens. Die Erwartung, bessere Teilhabemöglichkeiten würde zum Anschluss an fremde Lebenswelten, z. B. an das der Kirchenleute und deren Werte (Bildung, gesunde Ernährung, Körperertüchtigung, Vereinsleben) führen, ist für Einzelfälle möglicherweise plausibel, gesamtgesellschaftlich aber unwahrscheinlich. Ein sozialstaatlich beförderter ‚Anschluss' an andere Lebenswelten hätte vermutlich sogar paradoxe Folgen. So würden die neu Angeschlossenen (die Schwimmbadbesucher, die Musikunterrichtsteilnehmer, aber auch die Teilnehmer entsprechender kirchlicher Angebote) sich ihrer eigentlich bestehenden Fremdheit in solchen Zusammenhängen erst richtig bewusst (die anderen kommen ja ‚einfach so') und mittelfristig gerade deswegen wegbleiben: um die empfundene Milieudistanz in unvertrauten Kontexten und Sprachspielen zu vermeiden. Zugleich versprechen gesellschaftliche ‚Exklusivitätsvarianten' auch Distinktionsgewinne; übrigens in alle Richtungen: nicht jeder hat Musikunterricht, aber auch nicht jeder hat Zugang zu Drogen. Fallen solche Distinktionsgewinne durch erfolgreiche soziale Inklusion weg, werden sie eben woanders gesucht. Wenn mein Kind nicht mehr durch Museumsbesuche als Bürgerkind ausweisbar wird, geht es eben (ggf. zusätzlich) in den Golfclub: Armutsindikatoren werden so nicht behoben, sondern nur verschoben.

Dass und wie die kirchliche Öffentlichkeit solche Milieustudien rezipiert hat, belegt die schon beim ‚Phänomen Citypastoral' selbst (vgl. 2.2) vermutete Binnendifferenzierung kirchlicher Kommunikationen.[111] Die durch den Informationsschock zunächst ausgelösten Abwehrreflexe waren folgerichtig: schließlich will und soll Kirche ihrem (pastoralen) Selbstverständnis nach für alle da sein. Dabei wäre es eigene Studien wert, zu untersuchen, wie sich diese Abwehr in zunehmend differenziertere Kommunikationen fortsetzte. Der damit einmal angestoßene Prozess ist, so steht zu vermuten, irreversibel und verlangt eine nochmals andere Unterscheidung pastoraler Aktivitäten, neben den seit langem bestehenden wie Zielgruppenpastoral, Kategorial- oder (Pfarr-)Gemeindepastoral.

Soziale Milieus neigen wie alle Systeme zur Schließung, weswegen eine Stadtviertel- und bezirksbezogene Pastoral ihren Sinn hat, die Binnendifferenzierung der Kirche aber auch verstärkt herausfordert. In der Rezeption der Milieustudie erkennt die Kirche die Gleichzeitigkeit und Andersartigkeit des Anderen als nicht nur vorfindliches, sondern auch vorgegebenes Faktum an, ein Faktum, das es *nicht* letzten Endes zu überwinden gilt. Urbane Pluralität unterscheidet sich von bloßer Diversifizierung durch den wechselseitigen Ausschluss ihrer Ergebnisse und ‚Produkte'. Der gelegentlich zu hörende Wunsch nach gegenseitiger ‚Ergänzung' und ‚Bereicherung' der unterschiedlichen Milieus ist Ausdruck jenes harmonisierenden Inklusionsideals, das die traditionelle Pastoral kennzeichnet.

Die daraus folgende Konsequenz der Umstellung der Pastoraltheologie auf (nicht rückführbare) Differenz und (strukturelle) Pluralität ist, so weit zu sehen ist, über experimentierende Anfänge noch nicht hinausgekommen. Die raumordnenden organisatorischen Maßnahmen der deutschen Kirche versuchen zusätzlich diese Umstellung nach Möglichkeit zu vermeiden, ihr Referenzbezug bleibt die Landpastoral (vgl. 5.2). Das ist wenig überraschend, denn die Konversionsfolgen wären insbesondere auch theologisch beachtlich (vgl. 5.1) und sind keineswegs zu Ende gedacht.

---

[111] Vgl. Niklas Luhmann, *Organisation und Entscheidung* (Anm. 66), 52.

5. Im sozialen Brennpunkt: Kommunikation und Referenz

5.1 Gemeinschaft und Kommunikation

Die Einrichtung und Etablierung von citypastoralen Einrichtungen steht also, ähnlich wie die Einsicht in die Notwendigkeit und Problematiken milieusensibler Pastoral, für die kirchliche Wahrnehmung von strukturellen, nicht bloß akzidentiellen Unterschieden in der (urbanen) Umwelt der Kirche, für die sie eine ‚interne', eine – wenn man so will – systemimmanente Form finden muss. Die darin liegende Herausforderung rührt an die Fundamente kirchlicher Pastoral, sie ist nicht als bloßes *add-on* zu haben, als zusätzliches, letztlich aber kontingentes Angebot im Spektrum kirchlicher Weltzuwendung. Die geforderte Umstellung der Theologie, sei es auf Pluralität, sei es – wie wir es hier herauszuarbeiten versuchen – auf Differenz, berührt die philosophischen und wissenschaftstheoretischen Grundlagen der Theologie, die auch pastoralen Konzepten unterlegt sind. Das zugrundeliegende Problem wird in der systematischen Theologie durchaus wahrgenommen und in unterschiedlichen Formen artikuliert, z. B. in der Problematisierung des Verhältnisses von Einheit und Vielfalt, von Identität trotz immer neu aufbrechender Differenz oder von Subjektivität angesichts von Alterität.

Pastoraltheologisch zeigt sich dieser Konflikt unter anderem im normativen Wert der Gemeinde, deren ‚Einheit' und ‚Mitte' in der sonntäglichen Eucharistie liturgisch gefeiert wird. Zu den essentiellen Fragen, mit denen sich Citypastoral auseinandersetzen und auch in kirchlicher Kommunikation rechtfertigen muss, gehört die nach dem Status der christlich konstitutiven Gemeinschaftlichkeit (und damit auch: Einheit), wie sie in den verschiedenen liturgischen, gemeindepastoralen und amtstheologischen Formen kirchlicher Pastoral zum Ausdruck kommt bzw. kommen sollte. Es ist nicht schwer zu erkennen, dass dies in traditioneller Weise in einer ‚Citypastoral' eher nicht gegeben ist: weder liturgisch, noch gemeindlich noch amtlich. Daher läge es nahe, sie auch nicht als kirchliche Pastoral in einem engeren Sinne zu qualifizieren. Und in der Tat dürfte dies eines der gängigen Schemata sein, die systemische ‚Passung' zur traditionellen Pastoral wieder herzustellen: Citypastoral sei angesichts der veränderten städtischen Rahmenbedingungen eine zwar notwendige, aber eben nicht substantiell kirchliche Gestalt kirchlicher Pastoral.

Zur Begründung wird dabei gern auf die pastoraltheologisch unhinterfragte These von den gemeindlichen Grunddiensten verwiesen, die als „Grundfunktionen der Kirche" Maßstab und Index für die Kirchlichkeit einer jeden Organisation dienen kann. Diese von Ferdinand Klostermann 1965 ins Spiel gebrachte Trias[112] löste zumindest in der pastoraltheologischen Diskussion das biblisch begründete, kirchengeschichtlich wirksame und bis heute dogmatisch gültige Schema vom dreifachen Amt Christi ab. Die abstrakte Formalität jener Trias erwies sich in der Praxis als passender und bis heute für kirchliche Organisationsformen operationalisierbarer als ein christozentrisches Schema, das zudem klerikalistische Engführungen evoziert, die man damals wie heute lieber vermeiden möchte. Die mit dieser terminologischen Mutation vollzogene thematische Verschiebung von Königtum auf Diakonie brauchte innerkirchlich keinen Widerstand zu fürchten, die ‚Funktionalität' der drei kirchlichen Grunddimensionen ist evident. Interessanterweise wurde später bemängelt, dass in diesem Schema die ‚Sorge um die Einheit' ausgefallen sei, weswegen ‚Gemeinschaft' (in autoritätsheischender gräzisierter Fassung als *koinonia*) als vierte ‚Säule' bzw. vierten Grunddienst einzuführen sei. Diese (von Pastoraltheologen!) geforderte Ergänzung ließ sich systematisch-theologisch nie vollständig integrieren, sie wird bis heute als zusätzliche vierte Dimension benannt.[113] In systemischer Perspektive könnte dies daran liegen, dass Gemeinschaft ein selbstreferentielles *ad-intra*-Kriterium[114] ist, während die Referenzpunkte des selbstlosen Liebesdienstes, der christlichen Verkündigung und des Gottesdienstes das System in die Umwelt orientieren. Nimmt man hinzu, dass ‚Gemeinschaft' und die ‚Sorge um die Einheit' ja nicht das Gleiche bezeichnen, beides aber bald mit der Leitung identifiziert wurde, die nach katholischem Verständnis allein dem Weiheamt zukommt, ist die etwas

---

[112] Vgl. Ferdinand Klostermann, *Prinzip Gemeinde. Gemeinde als Prinzip des kirchlichen Lebens und der Pastoraltheologie als der Theologie dieses Lebens*, Wiener Beiträge zur Theologie 11, Wien 1965.
[113] Vgl. Leo Karrer, *Grundvollzüge christlicher Praxis*, in: Herbert Haslinger (Hrsg.), Handbuch Praktische Theologie. Bd. 2, Durchführungen, 385.
[114] Zu den darin liegenden Problemen, vgl. Dirk Baecker (Hrsg.), *Niklas Luhmann, Einführung in die Systemtheorie*, Heidelberg [5]2009, 35f.

bemüht wirkende Ergänzung der neuen Trias leicht als systemstabilisierend zu plausibilisieren.

Eine solche Selbststabilisierung ist notwendig, alle sozialen Systeme operieren mit selbstreferentiellen Verweisen, wenn sie nicht untergehen wollen, die konkrete *Form* dieses Verweises wird jedoch unter den Bedingungen der Moderne, wie sie sich exemplarisch in urbaner Pluralität zeigen, zur Sollbruchstelle. Aus der Sicht der Milieustudien attestiert man katholischen Pfarrgemeinden beispielsweise eine ‚Milieuverengung', die andere und anderes von vornherein ausschließen würden. Auch dies ist nicht weiter verwunderlich, hat man erst einmal die (theoretisch vorgestellte) gesellschaftliche Differenzierung in Funktionssysteme, in urbane Pluralität und ästhetische Milieus und deren Schließung in füreinander nur sehr begrenzt koppelbare eigene Systeme verstanden. Inwiefern können sie ‚füreinander offen' sein, wenn operative Schließung Voraussetzung zur Unterscheidung von ihrer Umwelt und autonomen Reproduktion ist?[115] Systemtheoretische Terminologie – und nicht mehr soll mit all diesen Hinweisen ausgesagt werden – erlaubt jedenfalls heuristisch eine Verständigung über kirchliche Krisen-Phänomene, die ansonsten unverstanden zur Kenntnis genommen werden und allen interessierten Beobachtern notwendigerweise ‚unverständlich' bleiben müssten. Sie kann auch erklären, weshalb die einschlägigen Appelle (z. B. zu missionarischerer Pastoral, zu Aufbruch, Dialog und Neubeginn) ohne die von vielen erwarteten Ergebnisse bleiben. Es mangelt ja nicht an gutem Willen und am Engagement der Beteiligten, auch herrscht kein Mangel an Vorschlägen zur Optimierung der Ressourcen und der kirchlichen Lage.

Das systematische Defizit liegt – so die hier vertretene These – in einer Terminologie, die das ‚soziale System' Kirche nicht zureichend ausleuchten kann, weil sie (neben anderem) wissenschaftstheoretisch der Metapher vom Ganzen als Summe seiner Teile anhängt. Die Grenzen dieser erkenntnistheoretischen Konzeption sind beschrieben[116], mögliche Alternativen liegen vor. Aufgabe der wissenschaftlichen Theologie wäre es, die notwendige Übersetzungsarbeit

---

[115] Diese ‚Strukturen' haben auch ihren ‚hermeneutischen' Sinn, vgl. Niklas Luhmann, *Organisation und Entscheidung* (Anm. 66), 54.
[116] Vgl. a. a. O. 13, 21 u.ö.

und Adaptionsleistung zu unternehmen. Schon allein die primäre Differenzierung der im Medium ‚Sinn' prozessierenden Systeme in soziale und psychische erlaubt instruktive Einsichten über den kommunikativen Zusammenhang von Organisationen und ihren Mitgliedern, von Gemeinschaften und deren Anhängern. Sie erlaubt eine auch theoretische Distanz gegenüber vorschnellen Zugehörigkeitsattributionen und Identifikationserwartungen, an denen die – in der Umwelt der Kirche befindlichen – ‚psychischen Systeme' sich abzuarbeiten haben. „Die Theorie selbstreferenzieller Systeme verzichtet darauf, ihren Gegenstand (…) durch Wesensannahmen zu bestimmen", was für die identitätsgewohnte Theologie gewiss eine Zumutung darstellt. Allerdings wird man Luhmann nur beipflichten können, wenn er – übrigens ohne dabei explizit an kirchliche Systeme zu denken – fortfährt: „Die Erfahrung lehrt, dass solche Annahmen zu unlösbaren Meinungsverschiedenheiten führen, sobald verschiedene Beobachter das, was sie für das Wesen der Sache halten, verschieden definieren"[117].

Für unseren Fragehorizont wäre schon viel gewonnen, wenn sich die Beobachter kirchlicher Kommunikation als das beobachteten, was sie sind: Beobachter einer Kommunikation, über die sie ggf. unterschiedliche Annahmen treffen, welche die kirchliche Kommunikation im äußersten Fall ‚irritieren' – aber nicht ändern. Kirchliche Kommunikation schließt selbstverständlich und ‚autopoietisch' nur an kirchliche Kommunikation an: sonst wäre es ja keine. Welche Umweltirritation ‚anschlussfähig' ist, d. h. zu weiteren, neuen Kommunikationen führt, entscheidet die Kommunikation – und nicht deren Beobachter (vgl. 2.2). Würde kirchliche (oder etwas allgemeiner auch christliche oder religiöse[118]) Kommunikation als soziales System verstanden, zu dem *alle* Beobachter in einem System-Umwelt-Verhältnis stehen, wäre die häufig festgestellte Gleichzeitigkeit des Ungleichzeitigen kein ‚Problem', sondern selbstverständliche Folge des analytischen Zugriffs. Dieser könnte auch die kritisierte Milieuverengung der traditionellen Pfarrgemeinden als ‚strukturelle Koppelung' zweier sozialer Systeme in ihrer historischen Kontingenz

---

[117] A. a. O. 45.
[118] Vgl. Martin Wichmann, *Nun sag, wie hast du's mit der Religion. Religion, Christentum, Kirche und Organisation(en)*, in: Norbert Schuster, Management und Theologie. Führen und Leiten als spirituelle Kompetenz, Freiburg 2008, 120.

durchsichtig machen. Das Auftauchen einer dazu quer stehenden Citypastoral (vgl. 1.2) wäre dann als systemrationale Asymmetrisierung zu deuten, und zwar (anders als kirchlich üblich) in der Sachdimension (statt in der Zeit- oder Sozialdimension)[119], mit der kirchliche Kommunikation ‚intern' wahrgenommene Unterschiede in ihre Umwelt einträgt. Für die in der Citypastoral Tätigen kann diese sachliche Asymmetrisierung sogar das entscheidende Motiv sein, sich darin beruflich oder ehrenamtlich zu engagieren, erlaubt sie doch den ‚Ausbruch'[120] aus den als beengend erfahrenen konventionellen Strukturen und Koppelungen.

Die neue Unterscheidung ‚Citypastoral' kann allerdings nur sinnvoll prozessiert werden, wenn die andere Seite der Form (vgl. 4.1) mit- und fortgeführt wird, von der sie sich absetzt. Citypastoral dient also, mit anderen Worten, vor allem der Unterbrechung der unvermeidlichen Zirkularität kirchlicher Kommunikation, sie steigert damit auch die Komplexität des sozialen Systems Kirche. Stark vereinfachend – aber keineswegs polemisch – könnte man sagen, Citypastoral dient der Kirche[121], nicht der Stadt. Diese für Vertreter der Citypastoral vielleicht enttäuschende Deutung kann nur ein Beobachter zweiter Ordnung machen (und man muss sie nicht teilen). Sie würde jedoch zwanglos die ‚Systemrationalität' dieser an sich überraschenden pastoralen Form erklären. Sie erklärt auch, warum die Mitarbeiter an citypastoralen Einrichtungen lieber zur Metapher des Netzwerkes greifen, um ihre Communialität (und somit ihre Kirchlichkeit) zu visibilisieren, da Netzwerk doch eine Metapher ist, die „nur gleichsam für Not- und Grenzfälle das Zeremoniell der formalen Kommunikation bereithält".[122] Informale Kommunikationsformen erleichtern es, die *strukturelle*, nicht nur methodische oder konzeptionelle Differenz zur bisherigen Pastoral zu verdecken. Da kirchliche Kommunikation komplex genug ist, um die in ihr stattfindende Differenzierung als ‚Beobachter zwei-

---

[119] D. h. es werden System und Umwelt unterschieden, nicht die unwiederbringliche Vergangenheit und die unsichere Zukunft bzw. die unabschließbare Differenz aller Beobachterperspektiven.
[120] Vgl. Christian Hennecke, *Wir haben hier keine bleibende Stadt – wir suchen die zukünftige* (Anm. 4), 250.
[121] Vgl. Martin Kühlmann, *Das Netzwerk Citykirchenprojekte*, 294.
[122] Niklas Luhmann, *Organisation und Entscheidung* (Anm. 66), 25.

ter Ordnung' selbst zu beobachten, muss sie vermeiden, sich durch die hierbei auftauchende Paradoxie zu blockieren.[123]

5.2 Raumordnung und Systemreferenz

Gemeinschaftlichkeit bzw. Gemeindlichkeit (im Englischen übrigens ununterschieden: community) bildet in kirchlicher Kommunikation ja weiterhin einen konstitutiven Referenzpunkt für Christlichkeit, auf ihn beruft sie sich auf allen Ebenen ihrer Sozialität: von der Gemeinschaft der Gläubigen in der Weltkirche, die sich im ortskirchlichen Prinzip der Diözesen segmentär ausdifferenziert, bis zur Familie als Keimzelle christlichen Lebens. Die Zugehörigkeit zu den jeweiligen Ebenen der Gemeinschaft wird dabei dem Wesen nach informal beschrieben und in liturgisch-sakramentalen Akten symbolisch vollzogen. Die formale Seite ist zwar vorgesehen, setzt aber eine funktionierende Bürokratie voraus, deren Fehlerhaftigkeit (oder Ausfall) kein Hinderungsgrund darstellt. Im Gegenteil, die informale Seite ist der formalen systematisch vorgeordnet (die Taufe wird durch den Taufregisterauszug bestätigt, nicht etwa umgekehrt; der Gedanke eines bloß formalen Austritts aus der Gemeinschaft ohne Konsequenzen im informalen Bereich wird als systemisch ‚undenkbar' bestritten), wobei die Einheit der Differenz dieser Bereiche als selbstverständlich vorausgesetzt wird. Auftretende Unsicherheiten werden dem kirchlich bestellten Repräsentanten des jeweiligen Ebenensegmentes zur ‚Entscheidung' vorgelegt (als ‚Dienst an der Einheit'!), ansonsten besteht seine Aufgabe darin, die eigentlichen, aber wesentlich informalen Kommunikationen zu ‚formalisieren'. Die darin liegende Paradoxie muss die Kommunikation (des ‚Systems') überblenden, will sie sich nicht selbst blockieren.

Der veränderte ‚Raumzugriff' einer Citypastoral im oben ausgeführten Sinn (vgl. 4.3) bewirkt deswegen mehr als nur eine neue ‚Formenvariation'. Citypastoral ‚reparadoxiert' das eben dargelegte Basisproblem, „um mit einer anderen Unterscheidung zu arbeiten und sich dabei derselben Notwendigkeit der Invisibilisierung des Paradoxes der Einheit seiner Unterscheidung zu fügen"[124]. Es versteht

---

[123] A. a. O. 55.
[124] A. a. O. 43.

sich von selbst, dass solche Reparadoxierungen zwar zur flexiblen Entwicklung des Systems und damit zu seiner Bestandssicherung hilfreich, zugleich aber auch riskant sind.[125] Das lässt sich mit den gelegentlich anzutreffenden, eher verlegen als selbstbewusst wirkenden citypastoralen Erscheinungsformen illustrieren: es handelt sich bei ihnen selbstverständlich und zunächst um *zusätzliche* kirchliche Angebotsformen, die zumindest eine Ahnung von der in ihnen implizierten ‚Umcodierung' der ursprünglichen Form pastoraler Raumordnung (vgl. 2.2) mitführen. Zumeist sind sie von der ursprünglichen Variante auch unmittelbar ökonomisch und personell abhängig, das dämpft natürlich den Formenaufbau mit anderen Unterscheidungen. Zumal die damit verbundene Reparadoxierung (nämlich: formale Kommunikationen zu informalisieren) verdeckt bleiben muss, um mit dem ‚Kreuzen' der Markierung die ursprüngliche Differenzierung nicht zu sabotieren. Die bisherige Form muss fortgeführt werden, um an die andere Seite der Unterscheidung überhaupt anschließen zu können.

Dass dies keine abstrakten theoretischen Reflexionen sind, zeigt sich an den bereits genannten Gebietsreformen (vgl. 3.2), welche die deutschsprachigen Bistümer in unterschiedlichem Tempo und unter verschiedenen Namen betreiben. Die Organisation kommuniziert ihre Systemreferenz durch die raumordnenden Entscheidungen, die sie – so oder so – zu treffen hat und operiert dabei – wie auch sonst? – unter selbstreferentiellem Rückverweis auf die ihr zugrundeliegenden Codierung (vgl. 2.2 und 3.1). Die neuen Seelsorgeräume nehmen die von anderen Beobachtern konstatierte Urbanität der städtischen Umwelt (in der Regel) gerade nicht auf, sondern wiederholen die ursprüngliche Form der Segmentierung in anderem Maßstab. Die von Kritikern dieses Vorgehens vorgetragenen organisatorischen und praktischen Erschwernisse (für die Gläubigen und die Geistlichen) verbleiben mit ihrer Kritik notwendigerweise innerhalb dieser Form, andere Unterscheidungen (vgl. 3.2) wären auch kaum ‚kommunikabel', also ‚anschlussfähig'. Eine tatsächliche Um-

---

[125] Christian Hennecke stellt fest: „Die Identität wird liquide-unbestimmbar. Übersehen wird (…), dass es (…) darum gehen soll, in einem jetzt veränderten Rahmen eine Möglichkeit der Zugehörigkeit zu interpretieren. Volkskirche bleibt das beherrschende Paradigma. Milieuerweiterung ist das Ziel.", *Wir haben hier keine bleibende Stadt – wir suchen die zukünftige* (Anm. 4), 251.

stellung der Systemreferenz, wie sie das Phänomen Citypastoral anzuzeigen scheint, ist nicht im Blick. Und: welche wäre auch die ‚richtige'? Von Territorialität auf Urbanität? Von Mitgliedschaft auf Partizipation? Von Gemeinschaft auf Kommunikation? Mit der Raumordnung wird jedenfalls die Systemreferenz angezeigt, präziser formuliert: die Systemreferenz entscheidet die Raumordnung und macht so erst die offen gebliebenen (anderen) Verweismöglichkeiten sichtbar: die Citypastoral ist nur eine davon. Natürlich kann man danach fragen, ob nicht eine andere Raumordnung sinnvoller wäre, weil (und obwohl) damit eine andere Referenz eingeführt würde. Doch würde ein solcher Referenzwechsel, neben allen unabsehbaren Nebenfolgen (und abgesehen von der tatsächlichen ‚Machbarkeit' einer solchen voluntativen Neucodierung), lediglich die Form der zu verbergenden Paradoxie austauschen. Der Anschluss an die ‚andere Seite' bisheriger Pastoral, wie sie sich in der City-Pastoral zeigt, erlaubt der Kirche zunächst nur die Ausbildung einer größeren Formenvielfalt. Weder werden historisch vorgängige Unterscheidungen kirchlicher Pastoral revidiert oder gar obsolet, noch sinkt damit der Aufwand zur Komplexitätsreduktion. Da es kirchlicher Kommunikation jedoch offenkundig *möglich* ist, ‚Urbanität' als Rejektionswert bisheriger Pastoral zu prozessieren, mithin die interne Komplexität zu steigern, ist ein klares Indiz für Reflexions- und Operationsfähigkeit.

Soziosemiotik und Diakonie in den lateinamerikanischen Großstädten

Federico Altbach

Die Kirche in der Welt ist der Ort der innigsten Vereinigung der Menschen mit Gott. Nur in der Welt kann die Kirche, ihren Auftrag erfüllen, in Christus, Zeichen und Werkzeug dieser Vereinigung der Menschheit mit Gott und der Einheit des ganzen Menschengeschlechts zu sein (LG 1). Ohne den Kontext der Welt kann es keine Beziehung des Menschen zu Gott geben.

Die Welt befindet sich in einem Prozess zunehmender Urbanisierung. Anfang des 3. Millenniums lebten in Nordamerika, Europa, Lateinamerika und Afrika über 70 Prozent der Bevölkerung in Städten.[1] Es wird immer mehr von der urbanen Pastoral „als neuem „pastoralen Paradigma" gesprochen. Wenn 70 % Prozent der Bevölkerung in der urbanen Realität lebt, sollten folgerichtig auch 70 % aller Pastoral ein urbanes Gesicht haben."[2]

Urbane Agglomerationen in der Welt

Stadt	Land	Bevölkerung in Millionen			Durchschnitt der Bevölkerung, die 2003 in einer Agglomeration lebte	
		1975	2003	2015	Gesamtbevölkerung	Urbane Bevölkerung
Tokio	Japan	26.6	35.0	36.2	27.4	41.9
Mexiko-Stadt	Mexiko	10.7	18.7	20.6	18	23.9
New York	USA	15.9	18.3	19.7	6.2	7.7
São Paulo	Brasil	9.6	17.9	20	10	12

---

[1] Vgl. Martin Coy, *Jüngere Tendenzen der Verstädterung in Lateinamerika*, in: Lateinamerika Jahrbuch (2002), 9; Jürgen Bähr, *Bevölkerungsgeographie*, Stuttgart ³1993, 78.

[2] Alfons Vietmeier, *Gott wohnt in der großen Stadt. Basisdokument des Kongresses*, in: Benjamín Bravo/Alfons Vietmeier (Hrsg.), Gott wohnt in der Stadt. Dokumente des Internationalen Kongresses für Großstadtpastoral in Mexiko 2007, Münster/Hamburg/London, 2008, 39.

Stadt	Land					
Bombay	Indien	7.3	17.4	22.6	1.6	5.8
Delhi	Indien	4.4	14.1	20.9	1.3	4.7
Kalkutta	Indien	7.9	13.8	16.8	1.3	4.6
Buenos Aires	Argentinien	9.1	13.0	14.6	34.0	37.7
Shanghai	China	11.4	12.8	12.7	1.0	2.5
Jakarta	Indonesien	4.8	12.3	17.5	5.6	12.3
Los Angeles	USA	8.9	12.3	17.5	5.6	12.3
Dhaka	Bangladesch	2.2	11.6	17.9	7.9	32.5
Osaka-Kobe	Japan	9.8	11.2	11.4	8.8	13.5
Rio de Janeiro	Brasil	7.6	11.2	12.4	6.3	7.6
Karatschi	Pakistan	4.0	11.1	16.2	7.2	21.2
Beijing	China	8.5	10.8	11.1	0.8	2.2
Kairo	Ägypten	6.4	10.8	13.1	15.1	35.8
Moskau	Russland	7.6	10.5	10.9	7.3	10.0
Metro Manila	Philippinen	5.0	10.4	12.6	12.9	21.2
Lagos	Nigeria	1.9	10.1	17.0	8.1	17.4

Quelle: Mark Gottdiener / Ray Hutchison, *The new urban sociology* (Anm 11).

In Lateinamerika hat der Prozess der Verstädterung einen besonderen Charakter. Die Ineffizienz der Agrarwirtschaft, das beschleunigte demographische Wachstum, die stürmische Landflucht der Menschen in die Stadt und das Fehlen einer wirtschaftlichen Entwicklung führte zu einem Kollaps des sozialen Gleichgewichts vieler Städte. Die Hauptstadt Mexikos (genauso wie São Paolo in Brasilien) überschritt in den 90er Jahren die Grenze der 15 Mio. Einwohner und erreichte eine Bevölkerungsdichte, die nach Gormsen, bei 10.200 Ew./Km2 lag. Es ist als ob die 15 Mio. Einwohner von Mexiko-Stadt „zwischen Mainz und Aschaffenburg, Bad Homburg und Darmstadt leben [würden]! Der Begriff Verdichtungsraum erhält unter diesem Blickwinkel eine neue Dimension."[3] Die Zuwanderungswellen verursachten, dass die Versorgung mit Wohnraum unzulänglich wurde. Viele Menschen mussten sich eine Behausung am Rande der Stadt bauen. Die Stadt hat sich dermaßen ausgedehnt, dass sie mit Nachbarorten oder mit der Peripherie zu einer gigantischen urbanen Agglomeration zusammengewachsen ist.

---

[3] Erdmann Gormsen, *México-Stadt, faszinierende „Monstruopolis"*, in: Geographie und Schule 19 (1996), H. 110, 24.

Soziosemiotik und Diakonie in den lateinamerikanischen Großstädten

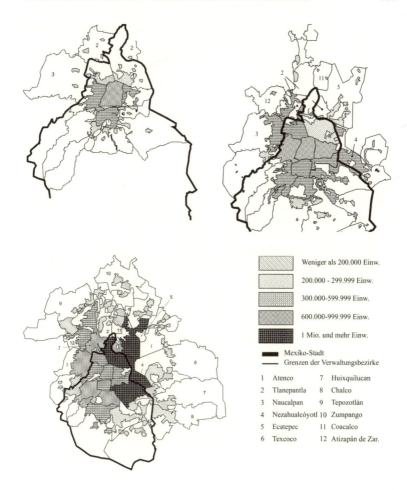

Ausdehnung der Siedlungsfläche und Verdichtungsraum von Mexiko-Stadt und der suburbanen Zone
CONAPO, *Escenarios demográficos y urbanos de la zona metropolitana*, 1990–2010, México 1998.

Besonders problematisch zeigen sich die Armut und die soziale Instabilität, die sich in vielen lateinamerikanischen Städten verbreitet haben. Dazu kommt das Problem der Umweltverschmutzung. Monströse Megastädte saugen „Menschen, Materie und Energie aus dem platten Land an. Zermalmen alles, was in ihr Kraftfeld gerät. Schleudern das, was übrig bleibt, als Müll, Dreckluft und Schmutzwasser zurück in die Umwelt. Schüchtern die Bürger draußen im Lande mit Seuchen, Gewalt und Armut ein."[4]

Auf der anderen Seite sind Städte ein grandioses, ästhetisches, architektonisches, technologisches und gesellschaftliches Werk der menschlichen Kreativität. Sie sind Szenarien, auf denen viele Menschen danach streben, ihre Lebenspläne zu verwirklichen und ihrem Dasein Sinn und Kohärenz zu geben. In ihnen entfalten sich sehr vielfältige Sprachformen und symbolische Konstellationen, die einer großen Mannigfaltigkeit von Lebensstilen entsprechen[5]. Wittgenstein beschrieb den Bezug zwischen Sprache und Lebensstil wie folgt: „Richtig und falsch ist, was Menschen *sagen*; und in der *Sprache* stimmen die Menschen überein. Dies ist keine Übereinstimmung der Meinungen, sondern der Lebensform."[6]

Die These, die ich in diesem Artikel aufstellen möchte, ist, dass die Symbolik der lateinamerikanischen Städte eine Einsicht in das gesellschaftliche Leben der Stadtmenschen sowie in einige Eigenschaften ihrer Subjektivitätsentwicklung gewährt. Unter Subjekt wird hier ein Mensch verstanden, der spricht, handelt, sein Leben narrativ gestaltet, verantwortlich mit anderen Menschen interagiert und seine Subjektwerdung symbolisierend zum Ausdruck und zur Entfaltung bringt.[7]

---

[4] Günter Haaf, *Bald ein Garten Eden? Sanfte Entwickler und harte Planer streiten um die Zukunft der Mega-Städte*, in: Spiegel Special. Leben in der Stadt. Lust oder Frust, Nr. 12 (1998), 84.

[5] Vgl. Benjamín Bravo Pérez, *Simbólica urbana y simbólica cristiana. Puntos de convergencia para la inculturación del evangelio en la urbe de hoy.* [Dissertation]. Universidad Pontificia de México 2008.

[6] Ludwig Wittgenstein, *Tractatus logico-philosophicus.* Werkausgabe, Band 1, Tractatus logico-philosophicus, Tagebücher 1914–1916, Philosophische Untersuchungen, Frankfurt a. M. 1984, § 241 und § 19. „Alle Formen menschlicher Lebensgemeinschaft sind Formen von Sprachgemeinschaft, ja mehr noch: sie bilden Sprache. Denn Sprache ist ihrem Wesen nach die Sprache des Gesprächs." Hans-Georg Gadamer, *Wahrheit und Methode*, Tübingen [4]1975, 422.

[7] Vgl. Paul Ricœur, *Soi-même comme un autre*, Paris 1990; Jacques Étienne, *La question de l'intersubjectivité. Une lecture de „Soi-même comme une autre" de Paul Ricœur*, in: RTL 28 (1997), 209. Aus dieser Definition darf nicht darauf geschlossen werden, dass in irgendeiner Weise behinderte oder noch nicht geborene Menschen eine niedrigere Würde hätten. Die Unantastbarkeit und die Anerkennungspflicht der Würde jeder Person strecken sich auf alle Menschen, auch auf die Schwächsten. Ludger Honnefelder, *Der Begriff der Person in der aktuellen ethi-*

Im ersten Teil wird eine soziosemiotische Untersuchung der lateinamerikanischen Stadt durchgeführt.[8] Dabei wird zuerst definiert, was eine Stadt ist, und wie sie von einer semiotischen Perspektive her angegangen werden kann. Anknüpfend an das Denken Ernst Cassirers wird in einem folgenden Schritt ein Zusammenhang zwischen Semiotik und Subjektwerdung hergestellt. Dann wird die Raumordnung der lateinamerikanischen Stadt in ihren unterschiedlichen Entwicklungsphasen geschildert. Daran wird deutlich, dass sich die gesellschaftlichen Verhältnisse der urbanen Kultur, die der Subjektwerdung der Menschen hinderlich oder förderlich sein können, in der symbolischen Raumordnung und generell in der ganzen städtischen Symbolik ausprägen.

Mit einer soziosemiotischen Betrachtung der Stadt kann die Kirche ein Bewusstsein erlangen, mit dem sie ihre apostolische Tätigkeit besser auszuführen vermag. Sie hat von Anbeginn ihrer Geschichte gelernt, „die Botschaft Christi mit Hilfe der Begriffe und Sprachen der verschiedenen Völker auszudrücken, und hat überdies versucht, sie mit Hilfe der Weisheit der Philosophen zu verdeutlichen" (GS 44). Je mehr sie die Symbolik der Stadt versteht, desto besser wird sie den Stadtmenschen das Evangelium näher bringen können.

In einem zweiten Teil wird das Thema der „Zeichen der Zeit" skizzenhaft behandelt. Das soziologisch-philosophische Studium der Stadt wird auf diese Weise mit dem theologisch-pastoralen Interesse der Kirche zusammengebracht. An den Ergebnissen der hier unternommene Soziosemiotik der Stadt sind Zeichen der Zeit abzulesen, das heißt: theologisch signifikative Umstände, die der Kirche veranschaulichen, worin konkret ihr Auftrag im spezifischen Horizont des städtischen Universums besteht.

Im dritten Teil wird explizit gemacht, dass die Kirche auf die Symbolik der lateinamerikanischen Stadt mit der Aktualisierung der Diakonie Jesu Christi antworten muss. Der Kirche obliegt es,

---

schen Debatte, in: Günter Rager/Adrian Holderegger (Hrsg.), Bewusstsein und Person. Neurobiologie, Philosophie und Theologie im Gespräch, Freiburg i. Br. 2000, 68.

[8] Ich stütze mich für diesen Teil überwiegend auf Federico Altbach, *Das Subjektsein der Laien in der Kirche. Ein Beitrag zur Großstadt Lateinamerikas*, Münster 2005.

sich für die humane und göttliche Würde jedes Menschen, insbesondere der Armen, einzusetzen. In der dienenden Beziehung zu den Anderen bringt sie ihre soteriologische Identität zum Tragen.

I. Soziosemiotik der lateinamerikanischen Stadt

1. Erklärung des Begriffs Stadt

Wenn wir das Phänomen der Stadt studieren, stoßen wir unmittelbar auf ein Problem: Es gibt keine allgemein anerkannte Definition der Stadt. William H. Frey und Zachary Zimmer schlagen vor, die Kombination dreier Elemente zu berücksichtigen, um den Begriff der Stadt zu bestimmen[9]. Erstens sprechen sie vom *ökologischen Element*. Danach unterscheidet sich ein städtisches Gebiet von einem ländlichen durch die Bevölkerungsgröße und -dichte. Die Unterscheidungskriterien werden aber je nach Region festgelegt. „In den UNO-Studien werden Gebilde mit mehr als 20.000 Einwohnern als Städte bezeichnet."[10] An zweiter Stelle erwähnen sie das *ökonomische Element*, dem gemäß in der Stadt vorwiegend nichtlandwirtschaftliche Aktivitäten vollzogen werden. Darüber hinaus wird eine große Vielfalt von wirtschaftlichen, politischen, administrativen und gesellschaftlichen Tätigkeiten in Rechnung gestellt, die ein städtisches Gebiet im Unterschied zu einer ländlichen Ortschaft kennzeichnen sollen. Dazu gehören eine Vernetzung von Institutionen sowie die Existenz öffentlicher Dienstleistungen, die das Funktionieren komplexer Produktionssysteme möglich machen. Solche Institutionen können in der Stadt selbst oder an deren Vororten ihren Standort haben. In einigen Ländern, wie in den USA, vollzieht sich ein Übergang von kompakt gebauten Städten, welche Investitionen und Zuwanderungswellen zentripetal auf sich gezogen haben, zu multizentrierten städtischen Regionen, die mit unterschiedlichen Kommunikationsnetzen Verbindung halten[11]. Das dritte Element beschreibt die spezifische Ausprä-

---

[9] William Frey/Zachary Zimmer, *Defining the City*, in: Ronan Paddison (Hrsg.), Handbook of Urban Studies, London 2001, 14–35.
[10] Ignacio Sotelo, *Soziologie Lateinamerikas. Probleme und Strukturen*, Stuttgart 1973, 62.
[11] „The built-up region contains a mix of cities, suburbs, vacant space, industrial

gung der Stadtgesellschaft. In der Stadt bildet sich der *homo urbanus* heraus. Viele Faktoren wie die Ästhetisierung der urbanen Kultur, die Entfaltung der Verkehrs- und Kommunikationsmittel, Überbevölkerung, Kriminalität usw., beeinflussen das Verhalten der Stadtmenschen in einer bestimmten Form[12].

2. Die Stadt als Zeichen

Die Stadt wird aus unterschiedlichen Gesichtspunkten analysiert. Soziologen, Geographen, Anthropologen, Architekten gehen an sie mit ihren eigentümlichen Methoden und Forschungsperspektiven heran. Sie kann auch als eine ästhetische und symbolische Größe im Augenschein genommen werden. Nach Heidegger bedarf die Wahrheit einer Gestalt, um ausgedrückt zu werden. Dies geschieht vor allem in der Sprache. „Die Sprache bringt das Seiende als ein Seiendes allererst ins Offene."[13] In der Sprache kommen die Kreativität des Menschen und die Geschichtlichkeit eines Volkes zum Vorschein. Aber auch in der Zeichenproduktion, im Kunstwerk oder in der Stadtplanung gewinnt die Wahrheit Gestalt. „Bauen und Bilden […] geschehen immer schon und immer nur im Offenen der Sage und des Nennens. Von diesem werden sie durchwaltet und geleitet. Deshalb bleiben sie eigene Wege und Weisen, wie die Wahrheit sich ins Werk richtet. Sie sind ein je eigenes Dichten innerhalb der Lichtung des Seienden, die schon und unbeachtet in der Sprache geschehen ist."[14]

---

parks, intensely farmed agricultural land, shopping malls, and recreational areas – all of which are interconnected and bridged by communication and commuter networks including highways, rail, telecommunications, and satellite- or cellular-based links." Mark Gottdiener/Ray Hutchison, *The new urban sociology*, Colorado ³2006, 2.

[12] „Neben dem Begriff *Stadt* werden in der Forschung andere Termini verwendet, die hier zumindest erwähnt werden sollen. Unter *Großstadt* wird ein urbanisiertes Gebiet verstanden, das mindestens 100.000 Einwohner beherbergt. Der Begriff *Metropole*, über dessen Definition keine Einigkeit besteht, beschreibt Städte mit einer Mindestbevölkerungsgröße, die oszillierend zwischen 500.000 und 2 Mio. Einwohnern festgesetzt wird. Dazu kommt der Terminus *Megastadt*, mit der Städte mit einer Bevölkerungszahl von mindestens 5 Mio. Einwohnern bezeichnet werden." Federico. Altbach, *Das Subjektsein der Laien in der Kirche*, 116 (Anm. 8).

[13] Martin Heidegger, *Der Ursprung des Kunstwerkes*, Stuttgart 2003, 75.

[14] A. a. O., 76.

Die Semiotik beschäftigt sich mit allen kulturellen Kreationen und hat seit einiger Zeit ihre Aufmerksamkeit auch auf die Stadt gerichtet[15]. Menschen kommunizieren nicht nur anhand verbaler, sondern auch anhand nichtverbaler Zeichen und Codes. So wird für die Semiotik die Stadt als ein Diskurs, als ein *city-text*[16], definiert, der zu den Stadtbewohnern *spricht*, wobei diese ihrerseits die Stadt zu einem Gesprächsgegenstand machen.

Ideen werden durch Prädikationen vermittelt. Das Kommunikationspotential eines Wortes wird durch seine Benutzung in einem Satz aktualisiert. „Der spezifischsprachliche „Sinn" ist eine unteilbare Einheit und eine unteilbare Ganzheit. Er läßt sich nicht stückhaft aus einzelnen Bestandteilen, aus einzelnen „Worten" aufbauen – vielmehr setzt umgekehrt das einzelne Wort das Ganze des sprachlichen Satzes voraus und kann nur aus ihm heraus interpretiert und verstanden werden."[17] Die Sprachanalyse findet Anwendung auf die Semiotik. Ein Zeichen, ähnlich wie ein Wort, gewinnt eine bestimmte Bedeutung in dem Maße, in dem es auf einen Kontext bezogen, mit anderen Zeichen den Kommunikationsregeln einer Sprachgemeinschaft folgend in Verbindung gebracht wird. Die Herstellung und Deutung von sprachlichen und allerlei symbolischen Botschaften setzt die Kodifizierung von Worten und Zeichen sowie deren kreative Kombination in einem bestimmten Kontext, gemäß einer konkreten Grammatik, voraus. Die „urban semiotics"[18] betrachtet die Stadt als eine Einheit von semiotischen Komponenten, die wie ein Diskurs oder ein Satz in einfachere Elemente zerlegt werden kann. Im Anschluss daran arbeitet Richard Fauque mit dem Begriff „Urbem"[19]. Ein Urbem bezeichnet eine semantische Einheit des städtischen Raums, dem unterschiedliche „Seme" zugeordnet werden. Ein Haus zum Beispiel besteht aus architektonischen Elemen-

---

[15] Vgl. Winfried Nöth, *Handbuch der Semiotik*, Stuttgart/Weimar ²2000, VIII.4, 447.

[16] Vgl. Algirdas Greimas, *For a topological Semiotics*, in: Mark Gottdiener (Hrsg.), The city and the sign: an introduction to urban semiotics, New York 1986, 43.

[17] Ernst Cassirer, *Philosophie der Symbolischen Formen III. Phänomenologie der Erkenntnis*, Darmstadt 1982, 38.

[18] Vgl. Algirdas Greimas, *For a topological Semiotics*, 33 (Anm. 16).

[19] Vgl. Richard Fauque, *For a new semiological approach to the city*, in: Mark Gottdiener (Hrsg.), The city and the sign: an introduction to urban semiotics, New York 1986, 137–159.

ten wie Wänden, Böden, Dächern usw. Diese zerfallen in kleinere semiotische Einheiten wie Ziegelsteine, Balken, Holzstreifen, Glas usw. Das Faktum, dass Ziegelsteine kommunikative Einheiten sind, wird verdeutlicht, wenn man erwägt, dass ein Ziegelstein, im Zuge seiner kulturellen Kodifizierung, normalerweise nicht gebraucht wird, um Spülbecken zu bauen.

Umberto Eco zieht eine weitere hermeneutische Ebene in Betracht. Nach ihm hat jedes Wort eine *Denotation* und eine *Konnotation*. Die Denotation bezeichnet die erste, unmittelbare Bedeutung, die ein Wort hat. Der Terminus „Löwe" definiert zunächst eine bestimmte Art der Großkatzen. Auf einer tieferen Ebene jedoch bezeichnet die Konnotation eines Wortes die Summe aller kulturellen Einheiten, die eine Sprachgemeinschaft mit ihm assoziieren kann. Das Wort „Löwe" drückt über seine unmittelbare Bedeutung hinaus Ideen wie „Kraft", „Stolz" und „Tapferkeit" aus. Die Konnotationen eines Wortes oder eines Zeichens können sehr vielfältig sein: ideologisch, emotional, axiologisch, etc.[20]; alles kommt darauf an, unter welchem Gesichtspunkt und in welchem Kontext es betrachtet wird.

Diese Sprachanalyse kann darauf verwendet werden, eine semiotische Untersuchung urbaner Zeichensysteme durchzuführen. „Ein erstes Problem, das sich [...] der Semiotik stellt, sofern sie den Schlüssel für alle Kulturphänomene liefern will, ist vor allem, inwieweit sich die Funktionen *auch* unter dem Aspekt der Kommunikation interpretieren lassen."[21] Ein Haus, unter Betrachtung seiner Funktion, ist ein Gebäude, das zum Wohnen dient, aber es stellt zudem eine symbolische Bedeutungseinheit dar, mit der Menschen, einer kulturellen, semantischen und syntaktischen Kodifizierung zufolge, einen komplexeren Kommunikations- und Interaktionsakt zustande bringen. Die Benutzung von architektonischen Elementen richtet sich nicht nur nach funktionalen Regeln, sondern auch nach symbolischen Codes. Buchregale werden in der Regel nicht als Geschirrschränke, noch Tischdecken als Bettdecken gebraucht. Sie sind Gegenstände kommunikativer Interaktion[22]. Die Denotation eines Hauses bezieht sich auf seine Funktion: Es wird gebaut, um Menschen zu beherbergen. Seine Konnotationen verweisen auf an-

---

[20] Vgl. Umberto Eco, *Einführung in die Semiotik*, München 1985, 108ff.
[21] A. a. O., 296.
[22] A. a. O., 59.

dere gesellschaftliche und kulturelle Bedeutungen. Ein Haus symbolisiert einen spezifischen Sozialstatus (eine Blechhütte vermittelt eine ganz andere Botschaft als ein luxuriöses Appartement) und weist auf Machtverhältnisse hin (eine Bank, ein Regierungsgebäude, etc.)[23]. Hinzu kommen u. a. ästhetische (Barockhaus, modernes Haus) und emotionale Bedeutungen („Mein Elternhaus").

Die Interpretation dieser Zeichen hängt von den kulturellen Codes einer spezifischen Sprachgemeinschaft und vom Kontext ab, in dem sie benutzt werden. Ein lateinamerikanischer Bauer, der sein Dorf verlässt, um eine bessere Arbeit in einer Großstadt zu finden, könnte große Schwierigkeiten haben, sich in der U-Bahn oder in einem großen Einkaufszentrum zurecht zu finden. Ihm fehlen nämlich die Schlüssel, die er benötigt, um die urbanen Zeichen zu entziffern. Ähnlich hilflos ist möglicherweise ein Stadtmensch, der auf einer Urlaubsreise auf dem Land versucht, Vieh zu versorgen. Er ist vertraut mit urbanen Codes, die sein Verhalten prägen und steuern. Sie erlauben ihm, sich dem Stadtleben anzupassen. „Architektur ist real wie symbolisch wirksam. Während die Bauten real Lebensräume einrichten und Handlungsmöglichkeiten vorgeben, prägen sie auf der symbolischen Ebene unsere Vorstellungen von Urbanität, Zusammenleben und Gesellschaft, arbeiten am Haushalt unserer urbanen und kulturellen Imaginationen, Wünsche und Zielvorstellungen mit. Umgekehrt hängt die Architektur aber auch von kulturellen Bedingungen ab, die sie nicht selbst erzeugt, sondern beachten muß um nicht [...] an der kulturellen Realität vorbei zu operieren."[24]

Die sozio-räumliche Vorstellung, die ein Stadtmensch von der Stadt hat, geht aus seinem Bezug zum städtischen Raum und den Bedeutungen, die er ihm beimisst, hervor. Jemand, der durch eine Straße geht oder fährt, deutet sie, als ob sie ein Text wäre. Er identifiziert Orte, Geschäfte, Kreuzungen, wo er sich wohl oder unheimlich fühlt; Orte, an die er gebunden ist und Orte, an denen er sich

---

[23] Die semiotische Gesellschaftstheorie hat sich für die Machtbeziehungen interessiert, die durch die Schaffung einer auf die Steigerung der Konsumpraktiken abgestimmte Hierarchie symbolischer Lebensstile etabliert werden. Clemens Friedrich (Vgl. Clemens Friedrich, *Semiotik als Gesellschaftstheorie*, Berlin 1993) referiert einige Grundlinien der semiotischen Gesellschaftskritik von Pierre Bourdieu, Jean Baudrillard, Georg Simmel, u. a.
[24] Wolfgang Welsch, *Grenzgänge der Ästhetik*, Stuttgart 1996, 270.

orientieren kann. Es handelt sich dabei um kommunikative Orte, an denen Identitäten ausgebildet werden und an denen gesellschaftliche Praxen stattfinden[25].

3. Symbolik und Subjektwerdung

Ein sehr wichtiger Umstand für eine Soziohermeneutik der Stadt ist die Wechselbeziehung der Zeichenproduktion und der Subjektivitätsentwicklung eines Menschen[26]. Wir haben keinen anderen Zugang zur Welt als die Sprache, durch die uns die Wirklichkeit aufgeht. Unsere rationalen Erkenntnisprozesse sind darauf angewiesen, Ideen zu differenzieren, zu bejahen, zu verneinen und miteinander zu verbinden[27]. Wir begegnen niemals der nackten Wirklichkeit; ohne Zeichen und Worte wäre sie für uns unbestimmt und unerkennbar; wir wären nicht in der Lage, Eigenschaften zu differenzieren, sie bestimmten Dingen zuzuordnen oder – um es auf einen gemeinsamen Nenner zu bringen – Gedanken zu artikulieren. Der Mensch formuliert Ideen und verknüpft sie miteinander mit Hilfe seiner „symbolischen Prägnanz", die in der Fähigkeit besteht, die Wirklichkeit in Worte und Zeichen zu fassen, das heißt: den von unseren Sinnen empfangenen Daten eine erkennbare Ordnung auf-

---

[25] Vgl. Martha de Alba, *Imaginar y vivir la ciudad: Las avenidas Insurgentes y Ermita Iztapalapa como ejes de experiencia urbana*, in: Clara Eugenia Salazar/José Luis Lezama (Hrsg.), Construir la ciudad. Un análisis multidimensional para los corredores de transporte en la Ciudad de México, México 2008, 355–405.

[26] Zu einer Kritik an der Dekonstruktion des Subjektes durch die post-moderne Sprachhermeneutik vgl. Clemens Friedrich, *Semiotik als Gesellschaftstheorie* (Anm. 23). vgl. auch Manfred Frank, *Was ist Neustrukturalismus?*, Frankfurt a. M. 1984; Manfred Frank, *Eine fundamentalsemiologische Herausforderung der abendländischen Wissenschaft* (J. Derrida), in: PhR 23 (1976), 1–16.

[27] „Die menschliche Vernunft ist ihrer Natur nach architektonisch, d. i. sie betrachtet alle Erkenntnisse als gehörig zu einem möglichen System, und verstattet daher auch nur solche Prinzipien, die ein vorhabende Erkenntnis wenigstens nicht unfähig machen, in irgend einem System mit anderen zusammen zu stehen." Immanuel Kant, *Kritik der Reiner Vernunft*, Hamburg 1998, A 474. Castoriadis behauptet, dass auch die unscharfen Erkenntnisformen, die in unserem Unterbewusstsein versteckt sind, symbolisch konstituiert sind. Darauf gründet die Möglichkeit der Traumdeutung. Vgl. Cornelius Castoriadis, *Gesellschaft als imaginäre Institution. Entwurf einer politischen Philosophie*, Frankfurt a. M. 1997. Vgl. Peter Noller, *Globalisierung, Stadträume und Lebensstile. Kulturelle und lokale Repräsentationen des globalen Raums*, Opladen 1999, 53.

zuprägen und damit eine Verbindung zwischen ihnen und unseren Ideen herzustellen. Wenn wir ein Haus sehen, nehmen wir nicht formlose Linien und Farben wahr, sondern ein organisiertes und sinnvolles Gebilde. Unsere schöpferische Tätigkeit erweist sich allerdings nicht nur durch die rationale Wahrnehmung der Wirklichkeit, sondern auch durch die menschliche Gestaltung der Welt. Jede neue Idee, jede neue Erfindung, bedarf eines neues Zeichens oder einer neuen Zeichenverbindung, um überhaupt existieren zu können.

Die Zeichenproduktion spielt ferner eine wesentliche Rolle bei der Subjektwerdung der Menschen. Ernst Cassirer hat die *Grundregel der Entwicklung des Geistes* aufgestellt, nach der „der Geist erst in seiner Äußerung zu seiner wahrhaften und vollkommenen Innerlichkeit gelangt."[28] Paul Ricœur stimmt mit ihm darin überein, dass das Hervorbringen von Zeichen das Subjektsein eines Menschen zur Entfaltung bringt: „Die Seinsbestätigung, der Wunsch, das Existenzbemühen, wodurch ich konstituiert bin, finden in der Interpretation der Zeichen den langen Weg des Bewußt-werdens."[29] Der Mensch ist ein *subjectum significans*[30]: Er interpretiert seine Welt und drückt seine Innerlichkeit durch Zeichen aus. Diese spiegeln sein Weltbild, die Traditionen der Sprach- und Zeichengemeinschaft, der er angehört, seine Werte, seine Phantasien, seine Erwartungen sowie seine Kontingenz und sein Leiden wieder. Jede symbolische Schöpfung wirkt auf das Subjekt in der Gestalt einer Erweiterung des Bewusstseins der Realität und von sich selbst zurück[31], „denn der Mensch reift zum Bewußtsein seines Ich erst in seinen geistigen Taten heran; er besitzt sein Selbst erst, indem er, statt in der fließend immer gleichen Reihe der Erlebnisse zu verharren, diese Reihe abteilt und sie gestal-

---

[28] Ernst Cassirer, *Philosophie der Symbolischen Formen II. Das mythische Denken*, Darmstadt ⁴1964, 235.

[29] Paul Ricœur, *Die Zukunft der Philosophie und die Frage nach dem Subjekt*, in: Heinz Robert Schlette (Hrsg.), Die Zukunft der Philosophie, Freiburg i. Br. 1968, 162.

[30] Vgl. Celso Sánchez Capdequí, *Imaginación y sociedad: una hermenéutica creativa de la cultura*, España 1999, 11.

[31] Vgl. Ernst Cassirer, *Philosophie der Symbolischen Formen I. Die Sprache*, Darmstadt ⁴1964, 48. „Die Sprache, der Mythos, die Kunst: sie stellen je eine eigene Welt von Gebilden aus sich heraus, die nicht anders denn als Ausdrücke der Selbsttätigkeit, der „Spontaneität" des Geistes verstanden werden können." Ernst Cassirer, *Philosophie der Symbolischen Formen II.*, 259 (Anm. 28).

tet."³² Die Mannigfaltigkeit der Zeichen bezeugt den Reichtum des Menschen, der seine Identität auf der Grundlage seines hermeneutischen Handelns konstruiert.

Jeder sprachliche und zeichenhafte Kommunikationsvorgang schließt zwei Pole ein: Zum einen die individuelle Kreativität und hermeneutische Kompetenz eines jeden symbolisierenden Subjekts. Zum anderen die Existenz einer Sprachgemeinschaft. Die Kombinationsmöglichkeiten von Worten und Zeichen, die ein Mensch vollführen kann, um eine bedeutsame Botschaft zu vermitteln, sind unendlich. Jeder Mensch kann mittels seiner Sprachkompetenz und seiner Kreativität in einem Zwiegespräch einzigartige Gedanken mit anderen Menschen teilen. Es geht nicht einfach um die Wiederholung in der Sprache bereits vorgezeichneter Sätze und Gespräche, sondern es geht darüber hinaus um Innovation, um die Äußerung von Gedanken, die der Ursprünglichkeit eines Individuums entspringen. Die Originalität des Sprechers darf aber die Grenzen der Verständlichkeit nicht überschreiten. Sprache basiert auf der hermeneutischen Fähigkeit der Gesprächspartner, den Sinn einer Botschaft aufzuschließen, wobei sie sich im gemeinsamen Horizont der Verständigung treffen³³. Damit eine Botschaft nachvollziehbar wird, haben sich beide Gesprächspartner an den allgemein anerkannten Regeln ihrer Sprachgemeinschaft zu halten, die es ihnen möglich machen, bei einer Botschaft mehr oder minder dasselbe zu verstehen. Zeichen sind das Ergebnis gemeinsamen Handelns und einer, wie auch immer, impliziten Übereinstimmung über die Bedeutung der Worte und Zeichen. Mead zufolge gründet Kommunikation auf intersubjektiv übereinstimmenden Verhaltenserwartungen³⁴. Jemand kann zwar neue Begriffe und Zeichenkombinationen erfinden, aber

---

³² Ernst Cassirer, *Philosophie der Symbolischen Formen III.*, 106 (Anm. 17).
³³ „Die Verständigung über die Sache, die im Gespräch zustande kommen soll, bedeutet […], daß im Gespräch eine gemeinsame Sprache erst erarbeitet wird. Das ist nicht ein äußerer Vorgang der Adjustierung von Werkzeugen, ja es ist nicht einmal richtig zu sagen, daß sich die Partner aneinander anpassen, vielmehr geraten sie beide im gelingenden Gespräch unter die Wahrheit der Sache, die sie zu einer neuen Gemeinsamkeit verbindet. Verständigung im Gespräch ist nicht ein bloßes Sichausspielen und Durchsetzen des eigenen Standpunktes, sondern eine Verwandlung ins Gemeinsame hin, in der man nicht bleibt, was man war." Hans-Georg Gadamer, *Wahrheit und Methode*, 360 (Anm. 6).
³⁴ Vgl. Karl-Otto Apel, *Charles W. Morris und das Programm einer pragmatisch*

Verständlichkeit kann nur dadurch zustande kommen, dass sich die Zeichenbenutzung an Bedeutungen und Regeln anlehnt, die intersubjektiv durch Konvention anerkannt werden. Worte wie „Twitter", „Webseite", „IPod" wären vor einigen Jahren unverständlich gewesen. Mit deren Einführung, Verbreitung und Institutionalisierung sind sie zu einem Teil des Sprachrepertoires der globalen Gesellschaft geworden. Cornelius Castoriadis bringt diesen Vorgang auf den Punkt, wenn er postuliert, Zeichen als „koinogenetisch" aufzufassen[35].

Die Schaffung und Interpretation von Zeichen sind kommunikative Handlungen, die in die Weltdeutungen einer Überlieferung eingebettet sind. Eine Kultur wie die städtische Kultur ist ein semiotischer Komplex, der Aufschlüsse über die Subjektivität und Intersubjektivität der Menschen gibt, welche in der Zeichenbildung zum Vorschein und zur Entfaltung kommen[36].

Die hermeneutische Fertigkeit eines Gesprächspartners zeigt sich unter anderem darin, dass er eine Sprache korrekt benutzt und auf Abweichungen der Sprachregeln reagiert. Des Weiteren soll er imstande sein, Diskurse in ihren jeweiligen Kontext einzuordnen. Er muss aufgrund des Zusammenhages wissen, ob der Satz „Du bist unglaublich!" ein Vorwurf oder ein Lob ist, oder ob der Satz „Ich will keine Botschaft mitteilen", nicht nur grammatikalisch korrekt, sondern auch sinnvoll ist. Es handelt sich laut Apel um die „Fähigkeit der situationsgerechten Herstellung und Aufrechterhaltung sozialer Beziehungen im Sinne der *symbolvermittelten Interaktion.*" Dazu gehört ebenso die *pragmatische* „Fähigkeit, aus einer Sprache in die andere zu übersetzen oder von mehreren Sprachen im Sinne der „Sprach-Interferenz" und unter Ausnutzung der para- und extraverbalen Kommunikationsmittel (z. B. Intonation bzw. Gestik) Gebrauch machen zu können."[37] Dies findet freilich auch auf die

---

integrierten Semiotik, in: Charles William Morris, Zeichen, Sprache und Verhalten, Frankfurt a. M. 1981, 37 und 48.

[35] Vgl. Cornelius Castoriadis, *Gesellschaft als imaginäre Institution*, 550 (Anm. 27). „Denken können wir, wenn wir simultan die folgenden, unbezweifelbaren wie unbeweisbaren Sätze behaupten: Es gibt Welt. Es gibt Psyche. Es gibt Gesellschaft." a. a. O., 556.

[36] Vgl. Umberto Eco, *Einführung in die Semiotik*, 39 (Anm. 20). Ohne Vermittlung von gesellschaftlichen Konventionen hätte die Semiotik keinen Sinn. Vgl. a. a. O., 20.

[37] Karl-Otto, Apel, *Charles W. Morris und das Programm einer pragmatisch integrierten Semiotik*, 14 (Anm. 34).

Deutung urbaner Elemente Anwendung. Ein Mensch ist dazu gehalten, sich anders in einer Kirche als in einem Stadion zu benehmen. Gebäude sind Zeichen, die jeweils, gemäß den Regeln einer bestimmten Kultur, verschiedene kommunikative Inhalte übermitteln. Das Zeichen erzeugende Subjekt ist ein Individuum, das der Geschichtlichkeit und Prozesshaftigkeit der Sprache untersteht. Jede kulturelle Schöpfung stellt eine Deutung und zugleich eine Verwandlung der Welt hinsichtlich ihrer Symbolik und ihrer Sinnhaftigkeit dar. Nichtsdestoweniger vermag kein Zeichensystem das Chaos vollkommen zu bewältigen. Die Polysemie, die Zweideutigkeit, die Widersprüche, der provisorische Charakter, die Täuschungen, die Manipulationen usw., die bei jedem Kommunikationsakt auftreten können, beweisen die Mangelhaftigkeit unseres hermeneutischen Handelns. Ein Zeichen ist „immer zugleich Enthüllung und Verhüllung der Wahrheit des Seins; ist immer zugleich rein bedeutend und bloß andeutend."[38]

Ein weiterer Punkt von großer Tragweite für unser Thema ist die illokutionäre Kraft der Sprache und der Symbolik[39]. Mit jedem Zeichen wird etwas beabsichtigt und getan. Die Tatsache, dass ein Zeichen geschaffen wird, um verstanden zu werden, weist auf seinen Appell-Aspekt hin. Ein Zeichen hat nicht nur eine kognitive Dimension, sondern es hat außerdem eine illokutionäre Kraft, mit der jemand zu einer bestimmten Antwort oder Handlung bewogen werden kann, und mit der unterschiedliche Interaktionsformen beeinflusst werden können. Jedes Zeichen verfolgt ein Ziel, das sich aber als die Absicht herausschälen kann, die Subjektwerdung eines Menschen zu verhindern oder eine soziale Gruppe zu beherrschen. In der Gesellschaft gibt es Zeichen des Elends, der Sklaverei, der Ideologie und des Todes, denen sich die Menschen mit Zeichen der Aufdeckung derartiger Sachverhalte und des

---

[38] Ernst Cassirer, *Philosophie der Symbolischen Formen I.*, 60 (Anm. 31).

[39] „A *locutionary act*, which is roughly equivalent to uttering a certain sentence with a certain sense and reference, which again is roughly equivalent to ‚meaning' in the traditional sense. Second, we said that we also perform *illocutionary acts* such as informing, ordering, warning, undertaking &c., i.e. utterances which have a certain (conventional) force. Thirdly, we may also perform *perlocutionary acts*: what we bring about or achieve *by* saying something, such as convincing, persuading, deterring, and even, say, surprising or misleading." John Austin, *How to do things with words*, Oxford 1971, 108. Vgl. Auch Uwe Wirth (Hrsg.), *Performanz, zwischen Sprachphilosophie und Kulturwissenschaften*, Frankfurt 2002.

Protestes zu widersetzen suchen. Die Soziohermeneutik der Stadt birgt die Möglichkeit in sich, die Symbolik einer Gesellschaft der Kritik, der geschichtlichen Transformation und gegebenenfalls der Umwälzung zu unterziehen. Ein Zeichensystem muss verwandelt oder ersetzt werden, wenn es den legitimen Lebensplänen der Individuen und erst recht ihrer Würde nicht Rechnung trägt bzw. zuwiderläuft. Die Kreativität der Stadtmenschen muss so gefördert werden, dass sie imstande sind, die symbolischen Innovationen einzuführen, die für die Entwicklung ihrer persönlichen und gesellschaftlichen Identität nötig sind. Die Wandlung der Städte in Lateinamerika in menschlichere Städte geht Hand in Hand mit der Veränderung der urbanen Sprache und Symbolik. In diesem Zusammenhang darf man von einer Narrativität der urbanen Gesellschaft sprechen: Die Menschen erzählen ihre Lebensgeschichten und schmiegen ihre Pläne auf der Basis ihrer interpersonalen Beziehungen; sie streben danach, ihrer Persönlichkeit und ihren symbolischen Schöpfungen Kohärenz zu verleihen.

4. Die Raumordnung der lateinamerikanischen Stadt

Jedes Lebewesen wirkt auf seine Umwelt. Der Mensch zeichnet sich dadurch aus, dass er dem Raum, den er bewohnt, eine kulturelle Form verleiht, wobei er aus ihm wie einen Abguss oder eine Spiegelung seiner Innerlichkeit und seiner sozialen Verhältnisse generiert. Ebenfalls übt der Raum Einfluss auf die Gestaltung der Identität der Menschen aus; er ist eine kommunikative Größe, ein kodifiziertes Zeichengebilde, mit dem sie sich in ihrer Welt lokalisieren[40]. Der Raum, den der Mensch gestaltet und interpretiert ist immer ein sozialer und symbolischer Raum. „Je nachdem er als mythische, als ästhetische oder als theoretische Ordnung gedacht wird, wandelt sich auch die Form des Raumes […]. Der Raum besitzt nicht eine schlechthin gegebene, ein für allemal feststehende Struktur; sondern er gewinnt diese Struktur erst kraft des allgemeinen Sinnzusammenhangs, innerhalb dessen sein Aufbau sich vollzieht."[41] Bourdieu be-

---

[40] „Der Raum befindet sich nicht im Subjekt, noch betrachtet dieses die Welt, „als ob" sie in einem Raum sei, sondern das ontologisch wohlverstandene „Subjekt", das Dasein, ist in einem ursprünglichen Sinne räumlich." Martin Heidegger, *Sein und Zeit*, Tübingen 1977, 111 [§ 24].
[41] Ernst Cassirer, *Mythischer, ästhetischer und theoretischer Raum*, in: Jörg Dünne/

hauptet, dass aus dem angeeigneten Raum sich Rückschlüsse auf die Stellung eines Akteurs im sozialen Raum ziehen lassen, denn die sozialen Strukturen sind in den Raum eingeschrieben[42]. Wir haben diese Sachlage in unseren Überlegungen über die urbane Semiotik angeschnitten. Die Bauqualität eines Hauses hat mit der Sozialposition seines Besitzers zu tun. Der soziale Raum hat eine kommunikative Funktion. Ob eine Tür aus Glas besteht und somit durchsichtig ist oder, ob sie gepanzert und undurchsichtig ist, hat eine symbolische Bedeutung. Markus Schroer macht indes darauf aufmerksam, dass neben dieser Einschreibung sozialer Strukturen in dem physischen Raum zwei weitere Möglichkeiten in Betracht zu ziehen sind: „Zum einen könnten sich die sozialen Strukturen in einer Geschwindigkeit verändern, dass sie den räumlichen gleichsam davoneilen, womit man es bei der Untersuchung der Einschreibung sozialer in räumliche Strukturen mit einem *time-lag* zu tun bekäme, den es zu berücksichtigen gilt, um nicht aus gegenwärtigen räumlichen Strukturen auf längst überwundene, vergangene Sozialstrukturen zu schließen. Zum anderen wäre es möglich, dass sich das rasante Tempo der Veränderungen des sozialen Raumes auch in den räumlichen Strukturen niederschlägt, es also zu immer flüchtiger werdenden Raumkonstellationen und -konfigurationen kommt, in denen Raum sich nicht immer schon als persistent erweisen würde."[43] Schroer pocht ferner darauf, mehr Gewicht auf die Formen symbolischer (sprachlicher, grafischer, ästhetischer, usw.) Raumaneignung zu legen.

Die Raumordnung der lateinamerikanischen Städte ist das Ergebnis einer Reihe von gesellschaftlichen, politischen, wirtschaftlichen und kulturellen Veränderungen, die sich im Laufe der Zeit zugetragen haben. Henri Lefebvre unterscheidet drei Ebenen bei der Raumhermeneutik[44]. Die erste ist die räumliche *Praxis der Gesellschaft (pratique spatial)*. Die Menschen machen sich den Raum, in dem sie leben, zu Eigen, deuten ihn und geben ihm eine bestimmte Ord-

---

Stephan Günzel (Hrsg.), Raumtheorie. Grundlagentexte aus Philosophie und Kulturwissenschaften, Frankfurt 2006, 494.

[42] „L'espace social se retraduit dans l'espace physique". Pierre Bourdieu, *La misère du monde*, Paris 1993, 251.

[43] Markus Schroer, *Räume, Orte, Grenzen*, Frankfurt 2006, 102.

[44] Vgl. Henri Lefebvre, *La production de l'espace*, Paris 1974, 84ff.

nung im Rahmen einer kulturellen Tradition. Die zweite Ebene besteht in der *Repräsentation des Raumes (représentation de l'espace)*. Sie bezieht sich auf die Konzipierung der Raumordnung, wie sie von Stadtplanern und Architekten vollzogen wird. Die dritte Ebene entspricht den *Räumen der Repräsentation (espaces des représentation)*. Sie meint den unter einem symbolischen Gesichtspunkt wahrgenommenen und gelebten Raum[45].

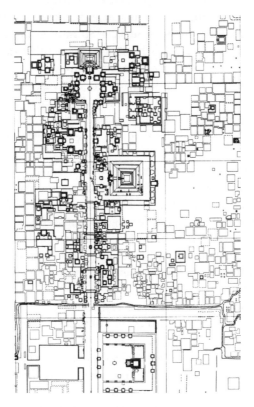

Ausschnitt aus einer archäologischen Landkarte von Teotihuacán
Quelle: Hardoy, *Two Thousand* (Anm. 47).

---

[45] „In sum, the Lefebvrian ontology assumes that space is present and implicit in the very act of creation and being, and that the process of life is inextricably linked with the production of different spaces." Michael Dear, *The Postmodern Urban Condition*, Oxford 2000, 49.

Daran wird ersichtlich, dass eine Hermeneutik der lateinamerikanischen, städtischen Raumordnung einen Beitrag zu einer Analyse der Sozialumstände leisten kann, unter denen die Stadtbewohner ihre Subjektwerdung zu verwirklichen suchen. Im Folgenden werden einige Phasen der Entwicklung der Raumordnung der lateinamerikanischen Städte vorgestellt.

a. Die präkolumbische Stadt

Die Erscheinung der ersten Städte Lateinamerikas fand in der so genannten klassischen Periode, in den ersten Jahrhunderten n. Chr., statt. Die Teotihuacánkultur erreichte ihren Höhepunkt gegen 450 n. Chr. Die Stadt von Teotihuacán erstreckte sich auf einer Fläche von etwa 2.200 ha mit einer Bevölkerungszahl von zirka 100.000 Einwohnern[46]. Die Stadtplanung war charakterisiert von einem linearen Stil. Wohnbauten, Plätze, Pyramiden und andere Heiligtümer waren nach einem gitter- oder schachbrettartigen Entwurf mit zwei Achsen in der Form eines Kreuzes angeordnet. Neben der Mayakultur ragte das Aztekenreich mit seinen großen urbanen Werken hervor. Zur Zeit von Moctezuma II. erreichte Tenochtitlán ihr höchstes Bevölkerungs- und Entwicklungsniveau mit einem beeindruckenden urbanen System[47]. Hardoy zufolge lebten dort im Jahre 1519 zwischen 150.000 und 165.000 Einwohnern[48].

Unter den zahlreichen Städten der Andenkulturen (Tiahuanaco, Chan Chan, u.v.a.m.), trat der Inkareich hervor, deren Territorium sich in der Zeit von 1430 bis 1524 auf einer Fläche von ungefähr 1,5 Mio. km^2 ausdehnte, mit einer Gesamtbevölkerung von zirka 6

---

[46] Vgl. Ignacio Sotelo, *Soziologie Lateinamerikas*, 66 (Anm. 10). Jorge Hardoy schätzt die Bevölkerungszahl in dieser Zeit auf 85.000 Einwohner. Vgl. Jorge Enrique Hardoy, *Pre-Columbian cities*, London 1973, 41. Es muss angemerkt werden, dass die Zahlenangaben je nach Quellen variieren können.

[47] Vgl. Jorge Enrique Hardoy, *Two Thousand Years of Latin American Urbanization*, in: ders. (Hrsg.), Urbanization in Latin America: Approaches and issues, New York 1975, 12.

[48] Andere Autoren geben Ziffern zwischen 200.000 und 300.000 Einwohnern an. Vgl. Jorge Enrique Hardoy, *Pre-Columbian Cities*, 153ff. (Anm. 46); Jorge Enrique Hardoy, *Two Thousand*, 12f. (Anm. 47); Jorge Enrique Hardoy, *The building of Latin American Cities*, in: Alan Gilbert (Hrsg.), Urbanization in Contemporary Latin America. Critical Approaches to the Analysis of Urban Issues, Chichester 1982, 22; Francisco Niño, *La Iglesia en la Ciudad*, Roma 1996, 64.

Mio. Menschen[49]. Die Hauptstadt war Cuzco, über deren Bevölkerungszahl keine einheitlichen Angaben vorliegen. Manche sprechen dabei von über 200.000 Einwohnern[50]. Eine Eigenschaft der präkolumbischen Stadtgesellschaft war ihre streng gegliederte Organisation. Die politische, wirtschaftliche und religiöse Elite wohnte im Stadtzentrum und stach von der Unterklasse und deren armen Behausungen in der Peripherie ab[51].

b. Die Kolonialstadt

Die Gründung der Kolonialstädte im Gebiet unter Kontrolle der Spanier fand meistens auf den Ruinen der wichtigsten Siedlungen der Ureinwohner statt. Darüber hinaus wurden andere Städte in reichen landwirtschaftlichen Gebieten (z. B. Puebla, Lima und Trujillo) errichtet, so wie auch an Verkehrsknotenpunkten (z. B. Huamanga auf der Strecke Lima-Cuzco), in der Nähe von Minen (z. B. Guanajuato, Taxco, Huacavelica und Potosí[52]), an wichtigen Häfen (z. B. Havanna, Cartagena, Veracruz, Portobello, Panamá und Callao) und als Garnisonen (z. B. Piura in Peru)[53]. Die Kolonialstädte wurden als Verwaltungszentren gebaut, von denen aus die Eroberung und Ausbeutung der indianischen Länder und der Bevölkerung fortgeführt wurde[54].

---

[49] Vgl. Jorge Enrique Hardoy, *Pre-Columbian Cities*, 397 (Anm. 46); Jorge Enrique Hardoy, *Two Thousand* (Anm. 47); Jorge Enrique Hardoy, *The building*, 22 (Anm. 48).
[50] Vgl. Francisco Niño, *La Iglesia en la Ciudad*, 69 (Anm. 48).
[51] Vgl. Jorge Enrique Hardoy, *The building*, 22 (Anm. 48).
[52] Karl V. erklärte Potosí zur Kaiserstadt. Sie zählte etwa 140 000 Einwohner, die höchste Einwohnerzahl des Kontinents, bevor in der zweiten Hälfte des 17. Jh. ihr Niedergang begann. Vgl. Ignacio Sotelo, *Soziologie Lateinamerikas*, 68 (Anm. 10); Jorge Enrique Hardoy, *Two Thousand*, 25 (Anm. 47).
[53] Vgl. Ignacio Sotelo, *Soziologie Lateinamerikas*, 67ff. (Anm. 10); Jorge Enrique Hardoy, *Two Thousand*, 21ff. (Anm. 47).
[54] Im Zentrum Mexikos ging die Zahl der Indianer in der Zeit von der Eroberung bis 1605 von 25.200.000 auf 1.075.000 zurück. Vgl. Jorge Enrique Hardoy, *Two Thousand*, 22 (Anm. 47).

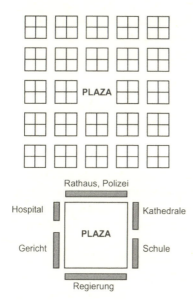

Grundriss und Struktur einer geplanten spanischen Kolonialstadt in Lateinamerika
Quelle: H. Heineberg, *Grundriß Allgemeine Geographie*, 259 (Anm. 74).

Die Spanier entwarfen ihre Stadtpläne generell nach einem schachbrettartigen Modell, das sein Vorbild in der kolonialspanischen Stadt (wie Santa Fe) hatte[55]. Im Stadtzentrum wurden Rathaus, Kathedrale, Regierungs- und Gerichtsgebäude, Schulen und Klöster errichtet. Der Sozialstatus der Einwohner korrespondierte mit ihren jeweiligen Wohnorten: Je entfernter vom Stadtzentrum sich die Menschen niederließen, desto niedriger war die Wohnungsqualität ihrer Häuser. Nahe dem Zentrum befanden sich die Häuser der wenigen bevorzugten Weißen und der Mestizen mit mittlerem Einkommen. Am Stadtrand erstreckten sich die Lehmhütten *(ranchos, chozas)* der Unterschicht, vor allem der Mulaten und Indianer[56].

Die brasilianischen Städte entstanden unter anderen Umständen als die Städte der spanischen Krone in Lateinamerika. 1549 wurde Bahia gegründet. Sie war die Hauptstadt Brasiliens bis Ende des 18. Jh. Aber aus politischen und wirtschaftlichen Gründen wurde Rio de Janeiro

---

[55] „Certain administrative and service centers founded in the interior after 1530 lacked either a grid or regular plan at the time of founding." a. a. O., 30.
[56] Vgl. Jürgen Bähr/Günter Mertins, *Die Lateinamerikanische Gross-stadt. Verstädterungsprozesse und Stadtstrukturen*, Darmstadt 1995, 19.

1762 zur neuen Hauptstadt des Landes erhoben[57]. Seit 1960 ist Brasília die Hauptstadt. Sie wurde nach modernsten stadtbaulichen Kriterien mit Hilfe bedeutender Stadtplaner und Architekten errichtet.

c. Die postkoloniale Stadt

Die Unabhängigkeitserklärungen bahnten eine neue Phase im wirtschaftlichen Prozess der Region an. Lateinamerika beteiligte sich am Weltmarkt, dennoch bestanden die sozialen Gegensätze weiter, wenngleich die Kreolen die politische führende Position einnahmen. Fleisch, Getreide, Baumwolle, Kaffee, Kakao, Pelze, Obst und Rohstoff wurden exportiert, während Textilien, Maschinen und andere Fertigwaren importiert wurden[58]. In dieser Zeit formte sich eine Agrarstruktur, die auf der Akkumulation des Landes in den Händen weniger Großgrundbesitzer basierte, wobei der größte Teil der ländlichen Bevölkerung kein oder nur ein kleines Stück Land besaß[59]. Dieses Latifundienwesen ließ die wirtschaftliche Entwicklung dieser Länder stagnieren. Die Investitionen und die Produktivität waren zu gering. Die Modernisierung der Latifundien durch eine intensivere Bebauung des Bodens führte dazu, dass ein großer Teil der Landbevölkerung nicht mehr beschäftigt wurde oder unzulängliche Löhne erhielt. Aufgrund dessen sahen sich viele genötigt, in die Stadt zu ziehen.

Am Ende des 19. Jahrhunderts entstand wegen der schnellen Industrialisierung in Europa eine erhebliche Nachfrage nach agrarischen Produkten und mineralischen Rohstoffen[60]. Zu Beginn des 20. Jh. konnten einige lateinamerikanische Städte wie Buenos Aires ihre internationalen kommerziellen Beziehungen ausbauen[61]. Was das Bevölkerungswachstum der Region anbelangt, ist festzustellen, dass 1900 14 Städte die Grenze der 100.000 Einwohner erreichten: Buenos Aires (800.000), Rio de Janeiro (690.000), Mexiko-Stadt

---

[57] Vgl. Jorge Enrique Hardoy, *Two Thousand*, 36ff. (Anm. 47).
[58] Vgl. a. a. O., 47.
[59] Vgl. Ignacio Sotelo, *Soziologie Lateinamerikas*, 40 (Anm. 10).
[60] 1914 betrug die für den Weizenanbau bestimmte Fläche in Argentinien 6 601 744 ha. In Mexiko wuchs Anfang des 20. Jh. die Erdölförderung jährlich um 102 %. Kuba zeichnete sich als Zuckerexporteur, Brasilien als Kaffeeproduzent, Chile durch seine Exporte von Kupfer und Salpeter und Uruguay als Exporteur von Fleisch und Wolle aus. Für weitere Daten vgl. a. a. O., 87ff.; Jürgen Bähr/ Günter Mertins, *Die Lateinamerikanische Gross-stadt*, 66 (Anm. 56).
[61] Vgl. Ignacio Sotelo, *Soziologie Lateinamerikas*, 73 (Anm. 10).

(345.000), Santiago de Chile (333.000 im Jahre 1907), Havanna (329.000 im Jahre 1907), Montevideo (309.000 im Jahre 1906), São Paulo (240.000), Salvador (205.000), Valparaíso (162.000), Lima (142.000), Recife (113.000), Rosario (112.000), Guadalajara (101.000) und Bogotá (100.000)[62]. Die günstige sozioökonomische Lage dieser Länder zog Einwanderungswellen aus Übersee an. Viele Menschen, vor allem aus Italien, Spanien und Deutschland, versuchten in Ländern wie Argentinien, Uruguay, Brasilien und Chile ihren sozioökonomischen Status zu verbessern. In Buenos Aires stieg die Bevölkerungszahl zwischen 1869 und 1914 von 242.000 auf 2,13 Mio. Menschen an, was zum großen Teil den überseeischen Wanderungsbewegungen zu verdanken war[63].

Im Innenbereich mancher Großstädte wie Buenos Aires, Montevideo, Rio de Janeiro, São Paulo und Mexiko-Stadt erfolgte eine Umwandlung der Wohnviertel vornehmlich der Ober- und oberen Mittelschicht in Einrichtungen des tertiären Sektors (Dienstleistungen)[64]. Gleichzeitig wurde eine bauliche Umformung der Altstädte in die Wege geleitet. Die Oberschichtviertel breiteten sich entlang der Prachtstraßen (z. B. Avenida Rio Branco in Rio de Janeiro, die Avenida 18 de Julio in Montevideo und die Avenida de Mayo in Buenos Aires) aus. Der Großhandel, das Handwerk und die Produktionsbetriebe, samt den Wohnvierteln der Arbeiterklasse orientierten sich an den Eisenbahnlinien[65].

Ein zweiter Schub des Verstädterungsprozesses wurde durch die Weltwirtschaftskrise ausgelöst. Auf sie reagierte Lateinamerika mit

---

[62] Vgl. Jorge Enrique Hardoy, *The building*, 29 (Anm. 48); vgl. auch Guillermo Randle, *Hombres en el damero. Fenómeno y pastoral urbanos*, Buenos Aires 1964, 15–28.

[63] Vgl. Alan Gilbert, *The Latin American city*, London 1998, 39. 1914 gab es in Argentinien 830.000 Spanier (11 % der Bevölkerung), hingegen in Mexiko nur 30.000 (0,2 % der Bevölkerung). Vgl. Néstor García Canclini, *La Globalización imaginada*, Buenos Aires 2000, 78. Für 1940 wurde der Bevölkerungszuwachs in Lateinamerika aus der Überseewanderung auf ca. 5 Mio. veranschlagt. Vgl. Jürgen Bähr/Günter Mertins, *Die Lateinamerikanische Gross-stadt*, 41 (Anm. 56).

[64] Vgl. Jürgen Bähr / Günter Mertins, *Die Lateinamerikanische Gross-stadt*, 101 (Anm. 56).

[65] Vgl. Axel Borsdorf/Jürgen Bähr/Michael Janoschka, *Die Dynamik stadtstrukturellen Wandels in Lateinamerika im Modell der lateinamerikanischen Stadt*, in: Geographica Helvetica 57 (2002/4), 306.

der Unterstützung einer innenorientierten, importsubstituierenden Industrialisierung. Das zog einen erheblichen Zuwachs an Arbeitsplätzen in den städtischen Gebieten nach sich. In Mexiko-Stadt stieg beispielsweise die Zahl der Arbeitsplätze in der Industrie von 477.000 im Jahre 1950 auf 698.000 im Jahre 1970[66]. „Die Länder, in denen von 1950 bis 1960 das Wachstum der Städte am höchsten war – Venezuela, Brasilien und Kolumbien –, haben auch den intensivsten Industrialisierungsprozeß durchlaufen."[67] Die großen Wanderungsbewegungen vom Land in die Stadt, die zur gleichen Zeit einsetzte, ist jedoch nicht vorwiegend durch den industriellen Aufschwung der lateinamerikanischen Stadt verursacht worden. Die Beweggründe für die Landflucht sind vielmehr in den schlechten wirtschaftlichen Bedingungen auf dem Land zu suchen. Hinzu kamen die Verbesserung der Verbindungswege und das Vordringen der Massenmedien, die ein positives Image des Stadtlebens verbreiteten[68].

Ein sehr wichtiger Umstand für das Verständnis des Verstädterungsprozesses in Lateinamerika ist die Bevölkerungsexplosion, die durch die Verringerung der Mortalitätsrate kraft der Fortschritte im Bereich der Medizin und der Hygiene begünstigt wurde. Lateinamerika zählte 1930 rund 100 Mio. Einwohner, und nur 70 Jahre später wuchs die Bevölkerungszahl auf mehr als 500 Mio. an[69]. Lateinamerika weist den höchsten Grad Grad der Verstädterung in der Dritten Welt auf. 2000 lebten 75,3 % der Lateinamerikaner in Städten, 36,7 % in Asien, 37,9 % in Afrika, 74,8 % in Europa und 77,2 % in Nordamerika[70]. „Noch 1925 lebten mehr als zwei Drittel der Bevölkerung Lateinamerikas in Ortschaften mit weniger als 2.000 Ein-

---

[66] Vgl. Alan Gilbert, *The Latin American City*, 28 (Anm. 63). Viele Exportländer wie Chile, Mexiko, Argentinien und Brasilien wurden von der Weltwirtschaftskrise stark getroffen. 1937 hatte das Bruttosozialprodukt in Chile noch nicht das Niveau von 1929 erreicht. „Enorme Importrestriktionen zwangen die chilenische Industrie, das Maximum ihrer Kapazität herauszuholen. Die Expansion der Jahre 1930–1940 spiegelte die bessere Ausnutzung der Installationen und Infrastruktur wider." Ignacio Sotelo, *Soziologie Lateinamerikas*, 95 (Anm 10).
[67] Ignacio Sotelo, *Soziologie Lateinamerikas*, 74 (Anm. 10).
[68] Vgl. a. a. O., 76.
[69] Vgl. Alan Gilbert, *The Latin American City* (Anm. 63).
[70] Vgl. Martin Coy, *Jüngere Tendenzen der Verstädterung in Lateinamerika*, 9 (Anm. 1).

wohnern."⁷¹ Dagegen lebte 1970 die Hälfte der Bevölkerung in städtischen Zentren mit über 2.000 Einwohnern, und 1990 stieg die Ziffer auf 59,3 % an⁷². Diese zunehmende Tendenz gilt ebenfalls für Städte mit über 20.000 Einwohnern. Allerdings verringern sich die jährlichen Wachstumsraten kontinuierlich, besonders in den Ländern, die bereits einen hohen Verstädterungsgrad aufweisen⁷³. Eine weitere Eigenschaft der Verstädterung in Lateinamerika besteht im markanten Abstand, den die Führungsstadt eines Landes zu den anderen Städten im Hinblick auf die Bevölkerungskonzentration und auf die politische und kommerzielle Aktivität genommen hat („demographische und funktionale *Primacy*"⁷⁴). Uruguay, Chile, Peru, Argentinien sowie kleine Länder wie Panama, Surinam und Guayana liefern dafür die Beispiele. Nur Brasilien, Venezuela, Ecuador, Kolumbien und Mexiko weisen eine relativ ausgewogenere Struktur auf⁷⁵.

Die Stabilität der Städte wurde aus den Angeln gehoben, weil ihre Aufnahmekapazität mit der steigenden Zuwanderung nicht Schritt halten konnte. Die städtische Bevölkerung stieg zwischen 1970 und 1995 von 162 auf 358 Mio.⁷⁶, was eine Über- bzw. Hyperurbanisierung und damit den Zerfall der Raumordnung und der gesellschaftlichen Verhältnisse zur Folge hatte⁷⁷. Die Großstädte hörten auf, produktiv zu sein, und wurden zu so genannten „parasitären Städten"⁷⁸.

---

⁷¹ Ignacio Sotelo, *Soziologie Lateinamerikas*, 62 (Anm. 10).
⁷² Vgl. Centro Latinoamericano de Demografía (CELADE) (Hrsg.), *Boletín Demográfico. Edición Especial: Urbanización y Evolución de la Población Urbana de América Latina 1950–1990*, 2001.
⁷³ Nur in einigen zentralamerikanischen Ländern trifft dieser Trend nicht zu. Vgl. Martin Coy, *Jüngere Tendenzen der Verstädterung in Lateinamerika*, 11 (Anm. 1).
⁷⁴ Vgl. Heinz Heineberg, *Grundriß Allgemeine Geographie: Stadtgeographie*, Paderborn 2000, 27.
⁷⁵ Vgl. Ignacio Sotelo, *Soziologie Lateinamerikas*, 63 (Anm. 10); Martin Coy, *Jüngere Tendenzen der Verstädterung in Lateinamerika*, 11 (Anm. 1).
⁷⁶ Vgl. Jürgen Bähr/Günter Mertins, *Die Lateinamerikanische Gross-stadt*, 23 (Anm. 56).
⁷⁷ Der Anteil der urbanen Bevölkerung war 1940 von 33 % und 1995 von 73–74 %. Vgl. Alan Gilbert, *The Latin American city* (Anm. 63).
⁷⁸ Vgl. Alan Gilbert, *The Latin American city*, 60 (Anm. 63); Manuel Castells, *The urban question. A Marxist approach*, London 1977, 41. Zum Terminus „Parasitopolis" vgl. Joseph Comblin, *Théologie de la ville*, Paris 1968, 184.

Hinzu tritt, dass zwischen 1980 und 1989 die Wirtschaft Lateinamerikas einen schweren Rückgang erlitt, als das Bruttoinlandsprodukt um 8,3 Prozent sank[79]. Die Armut verschärfte sich überall.
Die meisten Zuwanderer vom Land stießen auf eine sehr prekäre Lage ohne Chancen und ohne Wohnungsmöglichkeiten. 1995 belief sich zum Beispiel in Buenos Aires die Arbeitslosigkeitsquote auf 20,2 %, in Bogotá auf 6,3 %, in Medellín auf 11 %, in Mexiko-Stadt auf 7,5 %, in Montevideo auf 10,7 % und in Santiago de Chile auf 5,6 %[80]. Viele von diesem sozialen Missstand betroffene Menschen mussten den Versuch unternehmen, als Straßenhändler, Garküchenbetreiber, Schuhputzer, Windschutzscheibenwischer, Feuerschlucker, Straßenjongleure, Bettler, Müllsammler in aufgedeckten Mülldeponien, Prostituierte usw. Geld für den Lebensunterhalt zu verdienen. Diese informellen ökonomischen Beschäftigungen sind die Überlebensstrategien derer, die entweder überhaupt keine reguläre Arbeit gefunden haben oder eine zweite Einkommensquelle benötigten, um ihre Familien unterhalten zu können. „So kann als gesichert gelten, daß mindestens 40–50 % der Großstadtbevölkerung Lateinamerikas nicht nur in Marginalsiedlungen, sondern auch insgesamt in marginalen Verhältnissen leben"[81].

Die Raumordnung der Stadt wandelte sich in dramatischer Weise. Die neu gekommenen Migranten bemühten sich um eine Unterkunft in den Marginalvierten des innenstädtischen Bereichs. Einige konnten sich bei Verwandten einquartieren, die manchmal eine zusätzliche Hütte oder einen Anbau errichten mussten. Andere richteten sich sogar auf dem Dach einer Wohnung ein. Manche Frauen arbeiteten als Hausbedienstete bei bemittelten Familien. Wenn es den Zuwanderern gelang Arbeit zu finden und Geld anzusparen,

---

[79] Vgl. Alan Gilbert, *The Latin American city*, 33 (Anm. 63). Zu den Antezedenten der ökonomischen Stagnation gehören die schlechte Agrarstruktur, die Übervölkerung, das Fehlen einer protektionistischen Politik zum Schutz der nationalen Industrie, die Abhängigkeit vom ausländischen Kapital transnationaler Unternehmen, die Unterentwicklung im Bereich der Schwerindustrie und der Fabrikation von Maschinen und Zwischenprodukten, die Destabilisierung durch die Guerillas und den Drogenhandel, die unbezahlbare Verschuldung, Korruption etc. Vgl. Ignacio Sotelo, *Soziologie Lateinamerikas*, 91 (Anm. 10).
[80] Vgl. Alan Gilbert, *The Latin American city*, 64 (Anm. 63).
[81] Jürgen Bähr/Günter Mertins, *Die Lateinamerikanische Grossstadt*, 70 (Anm. 56).

machten sie sich auf die Suche nach einer eigenen Wohnung, in der Regel einer Hütte am Stadtrand, was einen Suburbanisationsprozess in Gang setzte[82]. Mit der Zeit haben es einige sogar geschafft, ihre Wohnung zu verbessern oder auf ein besseres Gebiet umzuziehen. Waren aber von Anfang an die Wohnungsmöglichkeiten in der Innenstadt ausgeschöpft, dann haben sich die Zuwanderer an der Peripherie angesiedelt, in welcher Hüttenviertel oder Slums mit behelfsmäßigen Unterkünften aus dem Boden schossen, die mit Matten, Holz, Blech, Karton, Plastikresten usw. gebaut wurden. Diesen werden in Lateinamerika unterschiedliche Namen gegeben: *favelas* in Rio de Janeiro, *barriadas* (und *pueblos jóvenes*) in Lima, *villas miseria* in Argentinien, *ranchos* in Venezuela, *barrios de invasión* in Kolumbien, *callampas* in Chile, *colonias paracaidistas* in Mexiko, *barriadas brujas* in Panama usw.[83]

Ein weiterer Wohnungstyp sind die heruntergekommenen Wohnviertel der Ober- und Mittelschicht, die als Unterkünfte für Angehörige unterer Sozialschichten umgebaut wurden. Es handelt sich um meist überbelegte Zimmer, 15 bis 20 m^2 groß, die sich um einen oder mehrere Höfe gruppierten. Zu diesem Wohnungstyp gehören die so genannten *tugurios* in Peru, die *vecindades* in Mexiko oder die *conventillos* in Montevideo, Buenos Aires und Santiago de Chile[84]. Zudem sind die unterschiedlichen Wohnungen der Mittelschicht zu erwähnen: Von den aufgegeben Häusern der Oberschicht,

---

[82] Vgl. Jürgen Bähr/Günter Mertins, *Die Lateinamerikanische Gross-stadt*, 93 (Anm. 56); Eduardo Vicente Nivón Bolán, *Hacia una antropología de las periferias urbanas*, in: Néstor García Canclini (Hrsg.), La antropología urbana en México, México 2005, 140–167.

[83] Vgl. Jürgen Bähr/Günter Mertins, *Die Lateinamerikanische Gross-stadt*, 127 (Anm. 56); vgl. Francisco Niño, *La Iglesia en la Ciudad*, 134 (Anm. 48). „Jüngere wissenschaftliche Untersuchungen haben für 1993 ergeben, dass fast 20 % der Bevölkerung São Paulos (das entsprach damals mehr als 1,5 Millionen) in mehr als 1.500 Favelas lebten." Martin Coy, *Jüngere Tendenzen der Verstädterung in Lateinamerika*, 20 (Anm. 1).

[84] Vgl. Jürgen Bähr/Günter Mertins, *Die Lateinamerikanische Gross-stadt*, 96 und 128–130 (Anm. 56). „Seit ca. 100 Jahren wird insbesondere für die zentrumsnahen Viertel São Paulos das Phänomen der *cortiços* – Behausungen mit zumeist subhumanen Wohnbedingungen (z. B. unzureichende hygienische Infrastrukturen), erheblicher Überbelegung, ungeklärter Miet- bzw. Eigentumssituation – beschrieben." Martin Coy, *Jüngere Tendenzen der Verstädterung in Lateinamerika*, 20 (Anm. 1).

die von der Mittelschicht belegt wurden, über die Viertel des so genannten sozialen Wohnungsbaus bis hin zu den konsolidierten Wohnungen der Unterschicht.

In den 70er Jahren hat eine Ausdehnung der Innenstädte angefangen. „Mit der Citybildung und -expansion gingen in zunehmendem Umfang Verlagerungstendenzen im öffentlichen wie privaten Dienstleistungssektor einher."[85] Viele Menschen, vor allem Angehörige der Oberschicht, haben beschlossen, um dem Lärm, der Kriminalität und der Luftverschmutzung zu entrinnen, an den Stadtrand umzuziehen, wo dann auch Hotels und Einkaufszentren gebaut wurden. Eine weitere Wohnungsart der Oberschicht sind die neuen zwei- bis dreigeschossigen Luxusapartments: „Bei der Entstehung, Ausweitung und Umformung derartiger Oberschichtviertel treten an die Stelle einzelner Bauherren seit den 60er Jahren vermehrt Immobilien- und/oder Grundstückserschließungsgesellschaften (*empresas/compañías urbanizadoras*)."[86]

Wegen der Angst vor der Kriminalität der Stadt sind geschlossene Baukomplexe, mit Zäunen, Mauern, Stacheldraht und Sicherheitsvorrichtungen gebaut worden. Die Architektur wird zu einer Architektur der „urban control", zu einer „ecology of fear"[87]. Schließlich kann man die luxuriösen Residenzen in Rio de Janeiro nennen: „In den absoluten Spitzenlagen von Ipanema und Leblon kosteten in der zweiten Hälfte der 80er Jahre 650m2 große Luxusapartments in mittlerer Stockwerkhöhe 1,1 Mil. US-$, ein Penthouse etwa 3 Mi. US-$."[88]

---

[85] Jürgen Bähr/Günter Mertins, *Lateinamerikanische Gross-stadt*, 103 (Anm. 56). Nichtsdestotrotz sind in einigen Städten Versuche unternommen worden, die Innenstadt mit dem Bau neuer Hochhäuser teilweise wieder zu bevölkern.

[86] A. a. O., 117.

[87] Vgl. Ulrich Beck, *Risiko Stadt – Architektur in der reflexiven Moderne*, in: Ulrich Schwarz/Dirk Meyhöfer (Hrsg.), Risiko Stadt? Perspektiven der Urbanität, 45. „Hier entsteht an den Spitzen der zivilisatorischen Bewegung eine neue hochmoderne *Architektur der Apartheid*, die nicht primär auf rassistischen Vorurteilen, aber auf Sicherheitsbedürfnissen der [...] „Leistungseliten" gründet." A. a. O., 51.

[88] Jürgen Bähr/Günter Mertins, *Die Lateinamerikanische Gross-stadt*, 119 (Anm. 56).

Soziosemiotik und Diakonie in den lateinamerikanischen Großstädten 147

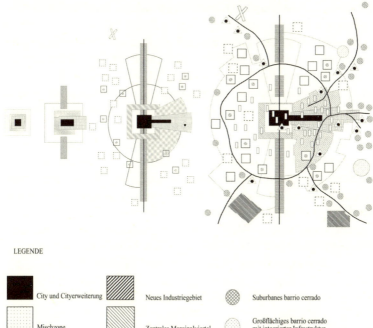

Modell der Struktur und Entwicklung der lateinamerikanischen Stadt
Quelle: Borsdorf /Bähr/Janoschka, *Die Dynamik* (Anm. 65).

d. Die fragmentierte Stadt

Wir können immer weniger die Stadt als Einheit denken. Laut Markus Schroer „haben [wir] es zu tun mit einer Art Patchwork-Stadt, deren einzelne Bestandteile nicht mehr ohne weiteres zu einer kohärenten Einheit zusammenzufügen sind". Im Kontext der zunehmenden Globalisierung wird auch von der Network City, der Virtual City, der Edge City, der Dual City, der Divided City, der Stadt ohne Eigenschaften, der postmodernen Stadt, der Erlebnisstadt, u. a. gesprochen, um diese mannigfaltige und kontrastreiche Realität zu bezeichnen[89].

Borsdorf, Bähr und Janoschka beschreiben die Herausbildung der fragmentierten Stadt in Lateinamerika. Dabei handelt es sich um die Verbreitung hermetisch abgeschlossener Luxusviertel über den ganzen Stadtraum und um die Entstehung von Vierteln der Mittel- und der Unterschicht, die durch Mauern und Zäune abgeschottet werden. Dazu gehört der Bau immer größerer Wohnkomplexe, welche die Größe von Kleinstädten übertreffen können. „Aus Buenos Aires sind die *megaemprendimientos* bekannt, bis zu 1.600 ha große Bauvorhaben mit mehreren tausend Wohneinheiten für die besser verdienenden Bevölkerungsschichten. Das größte dieser Projekte, das Nordelta, soll als *ciudadpueblo* (Stadtdorf) für bis zu 140.000 Einwohner ausgebaut werden."[90] In der fragmentierten Stadt sind außerdem *malls* und *entertainment centers* nicht nur in reichen Zonen, sondern auch in der Nähe von armen Vierteln zu finden.

5. Soziosemiotik der lateinamerikanischen Stadt

Aus der historischen und soziologischen Untersuchung der lateinamerikanischen Städte lässt sich ein Zusammenhang zwischen der Symbolik der lateinamerikanischen Großstadt und der persönlichen und interpersonalen Subjektwerdung der Stadtmenschen nachweisen. Die Stadt ist wie ein Palimpsest mit „spezifische[n] Grammatiken, Regeln und Formen, die sich auf vielfältige Weise dechiffrieren lassen. Zugleich kann sie mit ebenso viel Recht als Labyrinth, als Chaos, als Konglomerat von Verzweigungen, Gegensätzlichkeiten, Unterbrechungen und Durchkreuzungen charakterisiert werden, deren Entzifferung nur um den Preis weiter Orientierungslosigkeit gelingt."[91]

Die lateinamerikanische Stadt verkörpert eine Reihe von symbolischen Codes und Imaginären, durch die die Menschen ihre Um-

---

[89] Vgl. Markus Schroer, *Räume, Orte, Grenzen*, 237 und 240 (Anm. 43).
[90] Axel Borsdorf/Jürgen Bähr/Michael Janoschka, *Die Dynamik stadtstrukturellen Wandels in Lateinamerika im Modell der lateinamerikanischen Stadt*, 302 (Anm. 65). Die Autoren erwähnen weitere Projekte in Brasilien und Chile.
[91] Dieter Mersch, *Erotik der Stadt. Das Problem von Urbanität zwischen Kommunikation und Ereignis*, in: Helmut Bott u. a. (Hrsg.), Stadt und Kommunikation im digitalen Zeitalter, Frankfurt 2002, 193.

gebung deuten⁹². Jedes Urbem hat einen semantischen Inhalt, der zugleich ein Spiegelbild der Stadtmenschen und deren gesellschaftliche Verhältnisse darstellt. Ein Schaufenster in einem reichen Viertel im Norden von Bogotá vermittelt eine andere Botschaft als die vollgestopften Schaufenster bei „der Jiménezstraße" im armen südlichen Gebiet⁹³. Auch die U-Bahn von Mexiko-Stadt ist eine Art von Mikro-Stadt mit einer eigenen symbolischen Raumordnung,⁹⁴ in der einige Sozialprobleme wie die Hektik einer überquellende Schar von Passagieren⁹⁵ sowie die Armut vieler Menschen, die Cds, DVDs, Bücher, Kaugummi usw. zu verkaufen versuchen, sichtbar werden. Eine soziale Raumkritik sollte folglich bestrebt sein, die Botschaften zu dechiffrieren, die die enorme Vielfalt symbolischer Räume in der Stadt vermitteln, sowie die sozialen Rituale zu interpretieren, die in ihnen vollzogen werden⁹⁶. Es gibt Räume für die Betätigung finan-

---

⁹² „La ciudad se puede pensar como un magma de significaciones imaginarias sociales que le da sentido a la vida individual y colectiva en el mundo contemporáneo." Fabio Giraldo Isaza, *La ciudad: la política del ser*, in: Fabio Giraldo / Fernando Viviescas (Hrsg.), Pensar la ciudad, Bogotá 1996, 7; vgl. José Antonio Malaver, *La ciudad son los hombres, los hombres son la ciudad*, in: Fabio Giraldo / Fernando Viviescas (Hrsg.), Pensar la ciudad, Bogotá 1996, 239–264.
⁹³ Vgl. Armando Silva, *Imaginarios Urbanos. Cultura y comunicación urbana*, Santafé de Bogotá 1998, 66ff.
⁹⁴ „Der Topos der U-Bahn ist auf jeden Fall ein U-Topos. Unter der Erde lebt der Mensch gewöhnlich nicht. Der Lebensraum unter der Erde muß erst erschlossen, geschaffen werden. [...] Das gibt dem U-Bahn-Planer die Chance, das ganze Leben eines Menschen zu gestalten, sobald dieser die U-Bahn betritt. Besonders wichtig ist, daß die Eingänge und Ausgänge, die den unterirdischen Raum der U-Bahn mit dem gewöhnlichen menschlichen Lebensraum verbinden, leicht kontrollierbar sind [...]. Ein normaler Stadtbewohner kann sich gar nicht vorstellen, wie die Tunnels der U-Bahn unter der Erdoberfläche verlaufen. Der U-Topos der U-Bahn bleibt für ihn verborgen; der Weg zur Utopie kann jederzeit abgeschnitten werden, die Übergänge versperrt, die Tunnels zugeschüttet. Obwohl die U-Bahn zur Realität der Großstadt gehört, bleibt sie phantastisch, kann nur „vorgestellt", nicht richtig erlebt werden." Boris Groys, *U-Bahn als U-Topie*, in: Kursbuch 112. Städte bauen (Juni 1993), 4.
⁹⁵ In Mexiko-Stadt fuhren gegen 1993 täglich über 5 Mio. Menschen mit der U-Bahn. Vgl. Juan Villoro, *La ciudad es el cielo del metro*, in: *La torre* 12 (1999), 303.
⁹⁶ Vgl. Armando Silva, *Rito urbano e inscripciones imaginarias en América Latina*, in: Persona y sociedad. Identidad, modernidad y postmodernidad en América Latina 10 (1996), 197–204. Zu einer Studie der urbanen Feste vgl. Amparo Sevilla/María Ana Portal, *Las fiestas en el ámbito urbano*, in: Néstor García Canclini

zieller Transaktionen, für Politik, Religion, Bildung, Unterhaltung, verlassene und „residuale Räume"[97], Räume von Prosperität und Leben und Räume von Elend und Tod. In der lateinamerikanischen Stadt lässt sich eine Spannung zwischen der Symbolik reicher Sektoren der Gesellschaft und der Symbolik armer Sozialschichten erkennen.

Daraus ergibt sich die Notwendigkeit, eine Soziohermeneutik dahingehend zu betreiben, dass Ästhetik und Ethik, urbane Symbolik und Politik, mit einander verbunden werden[98]. In der Tat hat die Ästhetik eine ethische Dimension. „Versteht man Ästhetik als Teil einer Analyse von Bedingungen guten Lebens (in einem zunächst außermoralischen Sinn), so ist alle Ästhetik ein natürlicher Teil der Ethik im traditionellen, weiten Verständnis des Worts, die von der für das Individuum günstigen Lebensführung handelt."[99] Über die „Respektierung von Grundbedingungen und Grundformen guten Lebens"[100] hinaus, die sich nicht auf eine individualethische Perspektive einengen lassen darf, kann Ästhetik ihren Blick auf Alterität, auf die Manifestationen der Ausgeschlossenen und Verdrängten richten[101]. Ästhetik wird so zu einer Ethik der Anerkennung. In analoger Weise soll eine Soziosemiotik des urbanen Lebens auf die Zeichen der Subjektivitäts- und Intersubjektivitätsentwicklung der Stadtmenschen abheben. Ihre Raumsymbolik und Zeichenproduktion sprechen von der Ermöglichung und der Hinderung ihrer Kreativität. In der städtischen Landschaft sind die Menschen leibliche Subjekte, die

---

(Hrsg.), La antropología urbana en México, México 2005, 341–376. „La vida urbana aparece impregnada de rituales y celebraciones que la distinguen de la vida rural, dándole un sentido propio." a. a. O., 360.

[97] Z. B. Kläranlagen, Abfallverbrenner, Busdepots, Wohnhäuser für Aidskranke, Herberge für Obdachlose, Gefängnisse, etc. Vgl. UNCS (Habitat): *Cities in a Globalizing World. Global Report on Human Settlements 2001*, London 2002, 36.

[98] „Stadtplanung und Stadtpolitik sind [...] Formen angewandter Gesellschaftsgestaltung. Architektur ist nicht nur Stilbildung, Ästhetisierung, gesellschaftliche Identitätskosmetik. Sie ist immer auch zugleich räumliche Manifestation von Gesellschaft, *Politik mit Stein und Mörtel* – auch wenn Architekten nur ästhetische Ziele vor Augen haben." Ulrich Beck, *Risiko Stadt*, 42 (Anm. 87). vgl. auch Xavier Arsène-Henry, *Urbanisme et Politique*, in: Études 334 (1971), 349–371.

[99] Martin Seel, *Ethisch-ästhetische Studien*, Frankfurt 1996, 13.

[100] A. a. O., 129.

[101] Vgl. Wolfgang Welsch, *Ästhet/hik – Ethische Implikationen und Konsequenzen der Ästhetik*, in: Ders., Grenzgänge der Ästhetik, 1996, 127–134.

sich als verletzliche Wesen inmitten eines räumlichen und symbolischen Geschehens erfahren[102].

Die Zeichen des Leides und der Armut deuten auf einen Umstand hin, der die Identitätsentwicklung der Einzelnen und der Stadtgesellschaft im Allgemeinen behindert. Sie beinhalten aber auch einen illokutionären Aspekt in dem Maße, in dem sie zum ethisch-politischen Handeln anspornen können. Die Förderung der menschlichen Würde in der Stadt erheischt eine symbolische und räumliche Neugestaltung. Lefebvre drückt diese Idee folgendermaßen aus: „Une révolution qui ne produit pas un espace nouveau ne va pas jusqu'au bout d'elle-même ; elle échu. [...] Une transformation révolutionnaire se vérifie à sa capacité créatrice d'œuvres dans la vie quotidienne, dans le langage, dans l'espace."[103]

Diese Schlussfolgerungen sind von großer Relevanz für die theologische Reflexion und die christliche Praxis. „Freude und Hoffnung, Trauer und Angst der Menschen von heute, besonders der Armen und Bedrängten aller Art, sind auch Freude und Hoffnung, Trauer und Angst der Jünger Christi."[104] Die Aufgabe, eine immer menschlichere Stadtkultur zu ermöglichen, hat direkt zu tun mit der Aufgabe der Kirche, „Sakrament bzw. Zeichen und Werkzeug für die innigste Vereinigung mit Gott und für die Einheit des ganzen Menschengeschlechts" zu sein[105]. Dazu ist es nötig, eine Interpretation der bedeutsamen Ereignisse und Umstände der menschlichen Geschichte vorzunehmen, die, ausgehend von einer theologisch-pastoralen Absicht die Resultate einer sozialphilosophischen Analyse mit einbeziehend, uns in den Stand setzt, die Zeichen der Zeit zu erschließen.

II. Zeichen der Zeiten in der Stadt

Der Ausdruck Zeichen der Zeit kommt in Mt 16,1–3 (par. Lk 12,54–56) vor. Der Text lautet: „Und die Pharisäer und Sadduzäer traten an Jesus heran, um ihn zu versuchen. Sie baten ihn, ihnen

---

[102] Vgl. Martin Seel, *Ethisch-ästhetische Studien*, 61 (Anm. 99).
[103] Henri Lefebvre, *La production de l'espace*, 66 (Anm. 44).
[104] GS 1.
[105] LG 1.

ein Zeichen vom Himmel vorzuführen. Er aber antwortete und sprach zu ihnen: [Wenn es Abend wird, sagt ihr: Schönes Wetter, denn der Himmel ist feurig. Und am Morgen: Heute kommt Sturm, denn der Himmel ist feurig und trübe. Das Angesicht des Himmels versteht ihr zu beurteilen, die Zeichen der Zeiten aber kenn ihr nicht?]."[106] Die σημεῖα τῶν καιρῶν weisen auf die messianischen Zeiten hin. Die Pharisäer und Sadduzäer verlangen von Jesus einen Beweis, dass das Reich Gottes tatsächlich in seiner Person angebrochen ist. Jesus gibt das von ihnen erforderte Zeichen nicht: Sie sollen erkennen, dass er selbst, sein Wirken und sein grenzenloser Dienst an den Menschen das das Kommen des Reiches Gottes offenbarende Zeichen ist (vgl. Mt 11,2–5; 12,28)[107].

Papst Johannes XXIII. benutzte den Ausdruck „Zeichen der Zeit" in seiner Bulle *Humanae Salutis* (25. 12. 1961), mit der er das Zweite Vatikanische Konzil einberief. Mitten in den Dunkelheiten der Welt, die Zeichen der Zeit unterscheidend, sieht der Pontifex Indizien für einige auf die Präsenz Gottes verweisende, glückselige Geschehnisse in der Kirche und in der Menschheit[108]. Dieser neue Terminus fasste Wurzeln in der Sprache der Kirche mit der *Pastoralkonstitution über die Kirche in der Welt von heute „Gaudium et Spes"*. Dort wird in Nr. 4 formuliert: Zur Erfüllung ihrer Aufgabe „obliegt der Kirche allzeit die Pflicht, die Zeichen der Zeit zu erforschen und im Licht des Evangeliums zu deuten [signa temporum perscrutandi et sub Evangelii luce interpretan-

---

[106] Der Text in eckigen Klammern, in dem der Ausdruck „Zeichen der Zeiten" erscheint, fehlt in einigen Manuskripten. Einige Kommentatoren sprechen sich gegen seine Zugehörigkeit zum ursprünglichen Mt-Text aus. Vgl. Joachim Gnilka, *HThNT* I/2, 39–40.

[107] In der Traditionsgeschichte des Exodus und in der Erwartung des neuen und endgültigen Exodus sind Zeichen und Wunder die sichtbaren Ankündigungen des Heils, das jeden Menschen befreit und die Welt rettet. Daneben besteht eine apokaliptische Tradition, zufolge deren die Schrecken der Geschichte, die Auflösung der kosmischen und menschlichen Ordnung, Zeichen für das furchterregende, nahende Ende sind. Vgl. Jürgen Moltmann, *La Iglesia. Fuerza del Espíritu*, Salamanca 1978, 62.

[108] „Immo vero, monitis obsecuti Christi Domini nos hortantis ut *signa tempororum* [Mt 16,4] dignoscamus, inter tot taetricas caligines, indicia pervidemus, eaque non pauca, quae Ecclesiae humanoque generi melioris aevi videntur auspicia portendere." (*AAS* 56 [1962], 6). Papst Paul VI. sah, wie sein Vorgänger, das Gewicht, das die Deutung der Zeichen der Zeit für das Leben der Kirche hat (Vgl. Paul VI., *Ecclesia suam* (*AAS* 66 [1964], 632). Vgl. Luis González-Carvajal, *Los signos de los tiempos. El reino de Dios está entre nosotros*, Santander 1987.

di]."¹⁰⁹ Die Kirche stellt sich nicht nur der Welt gegenüber, um ihren Unterschied zu ihr als von Gott gerufene und geheiligte Gemeinschaft hervorzuheben, sondern sie findet auch in der Welt ihre Identität als Zeichen und Werkzeug Gottes für die Menschen jeder Zeit und jeder Kultur. „Die Zeichen der Zeit sind *immer* wahrzunehmen, die *letzten Fragen* sind je neu von Generation zu Generation zu lösen. [...] Insofern haben diese Zeichen Ortscharakter. Sie markieren in der Geschichte der Menschen Begebenheiten, Ereignisse und Tatsachen, von denen her ein Blick auf großflächige Entwicklungen in Sachen Humanität und Inhumanität möglich wird. In ihnen kommen die Berufung der Menschen, Menschen zu werden, die sich vor Gott stehen lassen können, und die Gefährdung der Menschen, zu Unmenschen zu werden, zusammen."¹¹⁰

Die Kompetenz zur Entscheidung über die richtige Interpretation der Zeichen der Zeit steht der ganzen Kirche, dem mit dem Licht des Heiligen Geistes erleuchteten Volk Gottes zu. Dabei spielen das ordinierte Leitungsamt der Kirche sowie die Theologen eine besondere hermeneutische Rolle¹¹¹.

„Was die Zeichen der Zeit von außen her deutlich machen, ermöglicht das Licht des Evangeliums von innen her."¹¹² Es darf keine

---

[109] Vgl. auch: „Vom Glauben bewegt, in dem es glaubt, daß es vom Geist des Herrn geführt wird, der den Erdkreis erfüllt, bemüht sich das Volk Gottes, in den Ereignissen, Bedürfnissen und Wünschen, die es zusammen mit den übrigen Menschen unserer Zeit teilt, zu unterscheiden, was darin wahre Zeichen der Gegenwart oder des Ratschlusses Gottes sind [quaenam in illis sint vera signa praesentiae vel consilii Dei]." GS 11.

[110] Hans-Joachim Sander, *Theologischer Kommentar zur Pastoralkonstitution über die Kirche in der Welt von heute „Gaudium et Spes"*, in: Peter Hünermann/Bern Jochen Hilberath (Hrsg.), Herders Theologischer Kommentar zum Zweiten Vatikanischen Konzil IV, Freiburg/Basel/Wien 2005, 716. Zu einer kritischen Darstellung theologischer Werke zum Thema Zeichen der Zeit vom Anfang der 60er Jahre bis zum Anfang der 90er vgl. Xavier Quinzá Lleó, *Signos de los tiempos. Panorama bibliográfico*, in: *Miscelánea Comillas* 49 (1991), 253–283.

[111] „Aufgabe des ganzen Gottesvolkes, vor allem der Hirten und Theologen, ist es, unter dem Beistand des Heiligen Geistes die verschiedenen Sprachen unserer Zeit zu hören, zu unterscheiden und zu deuten und sie im Licht des göttlichen Wortes zu beurteilen [varias loquelas nostri temporis auscultare, discernere et interpretari easque sub lumine verbi divini diiudicare], damit die geoffenbarte Wahrheit immer tiefer erfaßt, besser verstanden und passender vorgelegt werden kann." GS 44.

[112] Hans-Joachim Sander, *Theologischer Kommentar*, 717 (Anm. 110).

Verwischung der Grenzen des Theologischen und des Weltlichen, oder mit anderen Worten: des Übernatürlichen und des Natürlichen herbeigeführt werden. Hans-Joachim Sander erläutert, dass die Zeichen der Zeit „einen zeitlich-empirischen Pol, als die historischen Ereignisse [haben]. Und sie haben einen überzeitlichen-theologischen Pol, als die Fähigkeit, eine Sprechweise über Gott zu ermöglichen. Beide Pole gehören zusammen, können aber nicht einander untergeordnet oder übereinander verlagert werden. Es bleibt eine prinzipielle Spannung und in dieser Spannung geschieht die Theologie dieser Zeichen der Zeit."[113] Eine theologische Hermeneutik der Zeichen der Zeit in der Stadtkultur darf folglich nicht in einer bloßen Soziosemiotik aufgehen. Es wäre ein großer, theologischer Irrtum, Gott in menschliche Begriffe zwängen oder zu einem Teil der Welt machen zu wollen, denn er ist transzendent, der Ursprung und das Fundament, das alles trägt, sowie das Ziel auf das alles hinstrebt[114]. Man darf nicht ohne weiteres behaupten, dass Gott in den Vorkommnissen der Welt präsent ist und sichtbar wird. Die Geschichte ist eine Wirklichkeit, die durch ihre Zweideutigkeit gekennzeichnet ist. Viele technologische Fortschritte haben unter einem gewissen Gesichtspunkt die Mühen des alltäglichen Lebens erleichtert. Auf der anderen Seite haben sie jedoch große Naturkatastrophen hervorgerufen. Die Versuchung liegt nahe, mit der Kategorie Zeichen der Zeit eine einseitige oder kleinkarierte Sichtweise der Realität theologisch rechtfertigen oder sogar eigene Interessen durchsetzen zu wollen.

Das schlechthinnige Zeichen der Zeit ist Jesus Christus[115]. Er verweist mit seinem Leben in einer unüberbietbaren, eschatologischen

---

[113] A. a. O., 727.

[114] „C'est ce rapport fondamental noué entre le créateur et la créature [...] que éclaire tous les autres rapports [...]. Ce rapport est le dynamisme qui traverse tous les rapports que l'homme entretient avec la nature et avec les autres hommes: il est ce à partir de quoi et ce en vue de quoi tout ce qui se vit dans les domaines de la sexualité, de l'économie, de la politique, de la science ou de l'art, trouve ce sens. [...] Voilà pourquoi aucun événement naturel ou historique en tant que tel ne peut être dit" signe de temps „que s'il est référé à ce rapport." Paul Valadier, *signes de temps, signes de Dieu*, in: Études 335 (1971), 261–279.

[115] „Christus ist der locus theologicus proprius der Begegnung der Kirche mit den Menschen, den Adressaten ihrer Botschaft; und die Menschen sind der locus theologicus alienus der Begegnung der Kirche mit Christus, ihrem Gründer und dem Grund ihrer Botschaft." Hans-Joachim Sander, *Theologischer Kommentar*, 742 (Anm. 110).

Form auf Gott, seinen Vater. Die Kirche, die Verkündigung des Evangeliums, die Sakramente und das diakonische Leben der Gläubigen sind Zeichen für die Gegenwart und das erlösende Wirken Gottes durch Jesus Christus in der Welt. Die Geschichte und die Ereignisse, die sich in ihr abspielen, sind in einem breiteren und doch realen Sinn Zeichen der Zeit, die den Willen Gottes bekunden.

Dabei geht es mitnichten um eine neue Offenbarung. Alles, was als Zeichen der Zeit bezeichnet wird, muss mit der Schrift und der Tradition der Kirche zusammenstimmen. Aber es ist unleugbar, dass Gott in unserer Geschichte weiter wirkt. Der Geist führt das Werk Jesu Christi durch die Geschichte hindurch fort und überführt die Werke des Bösen (vgl. Joh 16,8).

Der Auftrag der Kirche in der Stadt besteht nicht darin, den Aufbau der Gesellschaft mit politischen Mitteln zu fördern[116]. Sie steht aber als Zeichen der Gegenwart Gottes in der Welt vor der Aufgabe, durch die Verkündigung des Evangeliums und die daraus resultierende notwendige Praxis für die Verteidigung und Beförderung der integralen Würde jeder Person Sorge zu tragen. Die Aktualität des Evangeliums bleibt in beständigem Dialog mit den existentiellen Fragen der Menschen, die in jeder Kultur auf eine spezifische Weise gestellt werden[117]. Die Soziosemiotik der Stadt wird also zu einem Hilfsmittel die Zeichen der Zeit in der urbanen Gesellschaft angemessen zu erfassen und auszulegen. Die Hoffnungen und das Leiden der Städter, die verschiedenartig in der urbanen Symbolik Gestalt annehmen, werden für die Kirche zum Appell Gottes, ihre Berufung hier und jetzt zu verwirklichen. Die humanen Fortschritte und Errungenschaften der Stadtgesellschaft im Bereich der Kultur und Solidarität können auf das Streben der Menschen nach endgültiger Erlösung verweisen, die nur durch Christus in der Kraft des Heiligen Geistes empfangen werden kann; sie können also Zeichen für das

---

[116] „Die Kirche kann nicht und darf nicht den politischen Kampf an sich reißen, um die möglichst gerechte Gesellschaft zu verwirklichen. Sie kann und darf nicht sich an die Stelle des Staates setzen. Aber sie kann und darf im Ringen um Gerechtigkeit auch nicht abseits bleiben. Sie muß auf dem Weg der Argumentation in das Ringen der Vernunft eintreten, und sie muß die seelischen Kräfte wecken, ohne die Gerechtigkeit, die immer auch Verzichte verlangt, sich nicht durchsetzen und nicht gedeihen kann." Benedikt XVI, *Deus Caritas est*, 28.
[117] Marie Dominique Chenu, *Les signes des temps*, in: Nouvelle Théologique 97 (1965), 39.

Wirken Gottes in der Welt sein, der alles zur Vollendung bringen will[118]. Demgegenüber erweisen sich urbane Armut und Gewalt als ein Zeichen des Widerspruchs gegen das Reich Gottes. Die Christen tragen die Verantwortung, die Ungerechtigkeit der Strukturen des Bösen zu denunzieren und einen tatkräftigen Dienst am Einzelnen und an der Gesellschaft zu leisten. Die Kirche in der Stadt muss schließlich eine theologische, realitätsnahe „Semiotik des Zeitlichen und des Räumlichen"[119] mit sozialen, politischen, kulturellen und religiösen Konsequenzen betreiben. Vor diesem Hintergrund gewinnt besonders in der lateinamerikanischen Stadt, aber eigentlich auch in jeglichem urbanen Milieu, die Praxis der Diakonie eine besondere Signifikanz.

III. Diakonisches Handeln in der Stadt

Die Diakonie, der Dienst am Nächsten, ist ein Wesensmerkmal der Sendung Christi. „Der Menschensohn ist nicht gekommen, um sich dienen zu lassen (διακονηθῆναι), sondern um zu dienen (διακονῆσαι) und sein Leben hinzugeben als Lösegeld für viele" (Mk 10,45). Sie ist ebenfalls eine wesentliche Eigenschaft der Kirche. „Wenn nun ich, der Herr und Meister, euch die Füße gewaschen habe, dann müßt auch ihr einander die Füße waschen." (Joh 13,14). Der Geist ruft unterschiedliche Charismen in der Kirche hervor, damit sie der Erbauung des Leibes Christi und allen Menschen dienen[120]. Die dia-

---

[118] Vgl. Rom 8,18–23. „Ponts d'impact de l'Evangile, tous ces biens terrestres, individuels et collectifs, développent en l'homme des disponibilités positives à l'incarnation de la vie divine. Car l'homme est, au sens le plus fort du mot, " sujet „ de la grâce, *capax Dei*, non seulement dans sa nature radicale, mais dans sa nature développée, non seulement dans sa personne, mais dans sa sociabilité." Marie Dominique Chenu, *Les signes des temps*, 36 (Anm. 117). Die Zeichen der Zeit, die in der Ausübung ihrer apostolischen Tätigkeit in einem partikulären Kontext entdeckt werden, verweisen auf Christus, der im Geist durch die Geschichte der Kirche hindurch handelt. Vgl. Jürgen Moltmann, *La Iglesia*, 72 (Anm. 107).

[119] Vgl. Xavier Quinzá Lleó, *Signa temporum. La semiótica de lo temporal en el proceso de redacción de la „Gaudium et Spes"*, in: Miscelánea Comillas 48 (1990), 323–369.

[120] Die Diakonie hat ihre Wurzeln in der Gemeinde Jesu Christi. Die Gemeinde ist für Paulus der Ort, an dem sich der Geist in einer mannigfaltigen Fülle von cari,smata offenbart. Paulus vermeidet in 1Kor 12, Begriffe wie „Amt", „Beruf"

konische Wesensart der Kirche muss sich schon in der Art und Weise zeigen, wie Christen Eucharistie feiern[121].

Jesus saß am Tisch mit Dirnen und Zöllnern (vgl. Mt 11,19; Mk 2,16) und er gab der hungernden Menge zu essen (Mk 6,34–44; Mt 14,14–21; Lc 9,11b–17; Joh 6,1–15; Mk 8,1–9; Mt 15,32–38). Auf diese Weise handelte er als der eschatologische Gastgeber, der Vergebung der Sünden und Tischgemeinschaft mit Gott anbietet. Vor allem beim Abendmahl tritt er als der Gott, seinem Vater, und aus ihm heraus seinen Mitmenschen vollkommen hingegebene Gesandte Gottes auf, der seinen Tod als einen Dienst am Reich Gottes auffasst, was mit den symbolischen Gesten des Brotbrechens und des Darreichens des Kelches ausgedrückt wird. „Die Proexistenz, das „Menschsein für den anderen", und der rückhaltlose Gehorsam gegenüber dem Willen Gottes [...], durchgehalten bis in den Tod, geben in der Tat Zeugnis für die Treue Jesu gegenüber seiner eigenen Botschaft."[122]

Die Christen bringen bei der Feier der Eucharistie die Lebenshaltung ihres Meisters in Erinnerung, der sich als Diakon, als ὁ διακονῶν (Lk 22,27) mitten unter den Seinen gegenwärtig macht[123]. Man kann von einer „christozentrischen Diakonie" sprechen[124]. Beim Herrenmahl verbinden sich im und durch seinen Vollzug die Verkündigung des Wortes, die Sakramentalität, die erfahrene und gelebte Pro-Existenz Jesu Christi sowie die kirchliche

---

oder „Funktion" zu verwenden, und bevorzugt das Wort Diakonie, die dem Bild von Jesus nach Phil 2 besser entspricht. Der Herr, erhaben über alle Dinge, ist der Knecht aller Menschen. Vgl. Jürgen Moltmann, *Diaconía. En el horizonte del Reino de Dios. Hacia el diaconado de todos los creyentes*, Santander 1987, 38.

[121] „Gottesliebe und Nächstenliebe sind nun wirklich vereint: Der fleischgewordene Gott zieht uns alle an sich. Von da versteht es sich, daß Agape nun auch eine Bezeichnung der Eucharistie wird: In ihr kommt die Agape Gottes leibhaft zu uns, um in uns und durch uns weiterzuwirken. Nur von dieser christologisch-sakramentalen Grundlage her kann man die Lehre Jesu von der Liebe recht verstehen [...] Glaube, Kult und Ethos greifen ineinander als eine einzige Realität, die in der Begegnung mit Gottes *Agape* sich bildet." Benedikt XVI., *Deus Caritas est*, 14.

[122] Edward Schillebeeckx, *Jesus*, Freiburg/Basel/Wien 1975, 274.

[123] Vgl. Érico Joao Hammes, *Piedras en pan: ¿Por qué no? Eucaristía – Koinonía – Diaconía*, in: *Concilium* 309 (2005) 187–197. Vgl. Johannes Paul II., *Ecclesia de Eucaristia* 20.

[124] Vgl. Pieter Johan Roscam Abbing, *Diakonie II*, in: *TRE* VIII, 647.

Gemeinschaft[125]. Die Christen werden als Zeugen des Evangeliums in die Welt ausgesandt: „Denn sooft ihr von diesem Brot eßt und aus dem Kelch trinkt, verkündet ihr den Tod des Herrn, bis er kommt" (1Kor 11,26). Sie müssen das diakonische Handeln Jesu Christi und seine dezidierte Ablehnung der Ungerechtigkeit verkörpern, sodass sie sein erlösendes Werk fortsetzen können. Papst Benedikt XVI. affirmiert: „Die Eucharistie zieht uns in den Hingabeakt Jesu hinein. Wir empfangen nicht nur statisch den inkarnierten *Logos*, sondern werden in die Dynamik seiner Hingabe hineingenommen."[126]

Die christliche Liebe richtet sich auf alle Menschen jenseits der humanen Philanthropie und Solidarität aus. Weil Gott in Jesus jeden Menschen liebt, so wird jeder zum Nächsten des Gläubigen, zum Empfänger seiner Liebe. Die Erfahrung, von Gott geliebt zu werden, befähigt zum Üben der Diakonie Christi gegenüber allen, besonders den Armen und sogar den Feinden[127]. Die Christen werden aufgefordert, in den Armen und Leidenden Jesus selbst zu erkennen. Wer hungert oder dürstet, wer auf Grund der Gerechtigkeit verfolgt wird,

---

[125] „Das umfassende Handeln der Kirche umschließt die Liturgia, das Zeugnis und den Dienst der Gemeinde. Mit guten Gründen hat man Leiturgia, Diaconia, Martyria und Koinonia aufeinander bezogen, um die Grundfunktionen der Kirche zu beschreiben. Die Diakonie ist darauf angewiesen, dass sie aus der Liturgie gespeist, von dem Wortzeugnis begleitet und in der Gemeinschaft ausgeübt wird." Frank Thomas Brinkmann/Reinhard Turre, *Diakonie als Prägekraft christlicher Religion*, in: Michael Schibilksky und Renate Zitte (Hrsg.), Theologie und Diakonie, Gütersloh 2004, 463.

[126] Benedikt XVI, *Deus Caritas est*, 13.

[127] „Du sollst Gott, deinen Herrn, lieben von ganzem Herzen, von ganzer Seele, von allen Kräften und von ganzem Gemüte – und deinen Nächsten wie dich selbst (Mk 12,28f. par; Dtn 56,4f; Lev 19,18). Das von den Synoptikern überlieferte und Jesus zugeschriebene Dictum fasst auf treffliche Weise zusammen, was bereits in der vorjesuanischen Tradition – im Gefälle von der Thora zu den Propheten – sicher gestellt worden war: Das soziale Handeln des Menschen im alten Israel beruhte auf dem zuvor geoffenbarten Gottesrecht; die Gerechtigkeits- und Barmherzigkeitserweisungen JHWHs waren Ermöglichungsgrund, Kriterium und Orientierungswert des Gemeinschaftslebens." Frank Thomas Brinkmann/Reinhard Turre, *Diakonie als Prägekraft christlicher Religion*, 454 (Anm. 125). Diese Erfahrung der Liebe Gottes als Handlungsquelle der Christen erfährt eine nicht zu überbietende Potenzierung in der Begegnung mit der Liebe Gottes in Jesus Christus. Vgl. auch Thomas von Aquin, *STh II-II*, q. 23. a. 5.

wer arm oder einsam ist, ist ein „Zeichen der Zeiten",[128] insofern er Sakrament für Jesus Christus ist (vgl. Mt 25,35–36)[129].

In den lateinamerikanischen Großstädten begegnet man Millionen in Armut lebenden Menschen, von denen viele unter elenden Umständen um ihr tägliches Überleben ringen müssen. Dabei kann nicht nur von einer quantitativen Trennungslinie, die zwischen Arme und extrem Arme zu ziehen ist, die Rede sein. Es ist auf eine qualitative Differenz hinzuweisen: „Im Elend verbindet sich die soziale Not mit Marginalisierung und Entfremdung."[130] Menschen, die ihre Bedürfnisse nicht zu decken vermögen, haben keine Chance, ihre Subjektivität zu entwickeln; ihnen stehen keine personalen Selbstverwirklichungsperspektiven in Aussicht.

Das Konzept Armut beschränkt sich nicht auf den sozioökonomischen Aspekt des Lebens. Es gibt doch auch Armut im Sinne von Einsamkeit, Sinnlosigkeit, Angst, Diskriminierung, usw.[131], was das Dasein der Stadtmenschen in besonderer Form verletzt.

Damit die Christen in der Stadt ihrer christologisch-ekklesiologischen Berufung entsprechen können, müssen sie selbst die Charitas Christi praktizieren. „Wer gegen eine Situation des Elends und der Ausbeutung kämpft und eine gerechte Gesellschaft aufbaut, hat ebenfalls teil an der Bewegung der Erlösung, die freilich erst noch auf dem Weg zur Vollendung ist."[132] Die Diakonie darf nicht voll

---

[128] Vgl. Joseph Comblin, *Signo de los tiempos*, in: Concilium 312 (2005), 527–540.
[129] Vgl. Ignacio Ellacuría, *Pobres*, in: Ders, Escritos Teológicos II, El Salvador 2000, 177.
[130] Vgl. Ottmar Fuchs, *Armut – Marginalisierung – Entfremdung*, in: Gottfried Bitter u. a. (Hrsg.), Neues Handbuch religionspädagogischer Grundbegriffe, München 2002, 158–161.
[131] „Liebe – *Caritas* – wird immer nötig sein, auch in der gerechtesten Gesellschaft. Es gibt keine gerechte Staatsordnung, die den Dienst der Liebe überflüssig machen könnte. Wer die Liebe abschaffen will, ist dabei, den Menschen als Menschen abzuschaffen. Immer wird es Leid geben, das Tröstung und Hilfe braucht. Immer wird es Einsamkeit geben. Immer wird es auch die Situationen materieller Not geben, in denen Hilfe im Sinn gelebter Nächstenliebe nötig ist. [...] In [der Kirche] lebt die Dynamik der vom Geist Christi entfachten Liebe, die den Menschen nicht nur materielle Hilfe, sondern auch die seelische Stärkung und Heilung bringt, die oft noch nötiger ist als die materielle Unterstützung." Benedikt XVI, *Deus Caritas est*, 28.
[132] Gustavo Gutiérrez, *Theologie der Befreiung. Mit einem Vorwort von Johann Baptist Metz*, München 1980, 148.

und ganz den karitativen Institutionen überlassen werden, sie muss leibhaft, im persönlichen Kontakt, erfahren werden[133], was natürlich nicht ausschließt, dass sich die Christen in private und öffentliche Hilfswerke einbinden.

Neben dem persönlichen Kontakt mit dem Bedürftigen ist es erforderlich, dass die Kirche sich gegen die Struktur der Ungerechtigkeit und Armut prophetisch und tatkräftig ausspricht. Das barmherzige Tun der Gläubigen, das auf die konkrete Not eines Menschen reagiert, soll auf persönlicher und gemeinschaftlicher Ebene einen fortdauernden Zustand der Gerechtigkeit in der Gesellschaft anzielen. „Barmherzigkeit ohne die Zielperspektive der Gerechtigkeit hilft nur punktuell und könnte im schlechtesten Fall gesellschaftliche Ungleichheiten zementieren, Gerechtigkeit ohne Barmherzigkeit droht formal zu werden und zu erstarren."[134] Ein adäquates Konzept der Gerechtigkeit umfasst eine gesicherte Teilhabegerechtigkeit für jedermann an den Lebensmöglichkeiten einer Gesellschaft, was den Zugang zu den Gütern Recht, Bildung, Gesundheit und soziale Sicherheit einschließt. „Eine wesentliche Konkretion des Gedankens der Teilhabegerechtigkeit besteht in der Befähigungsgerechtigkeit. Befähigungsgerechtigkeit meint die politische Aufgabe der Schaffung sozialer Institutionen des Bildungs-, Gesundheits- und Sozialwesens, die allen Bürgern eine zumindest elementare Mitwirkung am gesellschaftlichen Leben ermöglicht."[135] Neben der Teilhabe- und Befähigungsgerechtigkeit kann noch die Bedeutsamkeit der Nachhaltigkeit für die Zukunftsfähigkeit einer Sozialordnung sowie der Mitweltgerechtigkeit erwähnt werden. Diese macht auf die Dringlichkeit

---

[133] „Die Kirche hat ihren Ort jeweils in der leibhaftigen Existenz des Menschen, in der Aufnahme der Raumzeitlichkeit, der Übernahme des Ausgesetztseins, im Bekenntnis der Schuld, in der unverschleierten Anerkennung von Leiden, Sterblichkeit und Tod. Kirche lebt diese conditio humana. Sie ist gewiesen, diese leibhaftigen Realitäten in der Kraft des Kreuzes Jesu gleichfalls in Solidarität zu umfangen, allerdings aus jener Exzentrität heraus, die in Jesus Christus aufgebrochen und im Glauben an seine Auferweckung als real erfüllte ergriffen wird." Peter Hünermann, *Anthropologische Dimensionen der Kirche*, in: Walter Kern / Hermann Josef Pottmeyer u. a. (Hrsg.), HFth III, 156.

[134] Traugott Jähnichen / Klaus-Dieter Kottnik, *Gerechtigkeit in Theologie und Diakonie*, in: Michael Schibilksky und Renate Zitte (Hrsg.), Theologie und Diakonie, Gütersloh 2004, 114.

[135] A. a. O., 116.

der Umweltpflege in der urbanen Sphäre aufmerksam[136]. Nachhaltigkeit und Umweltschutz sind enorm wichtig für eine Stadtgesellschaft, die eine nicht unerhebliche Umweltverschmutzung verursacht hat[137].

Im Zuge der Soziosemiotik der urbanen Realität soll die Diakonie insbesondere dazu beitragen, dass die Menschen ihre symbolische Kreativität leben können. Sie müssen über die Freiheit verfügen, ihren eigenen Lebensplan realisieren zu können. Es handelt sich dabei wesentlich um einen Dienst an der Subjektwerdung der Stadtbewohner, vor allem an denjenigen, die aufgrund der erlittenen Armut nicht in der Lage sind, ihre Fähigkeiten zu entfalten[138]. Es ist nötig den symbolischen Raum und alle urbanen Zeichen zu deuten, die das Vorhandensein ungerechter Strukturen an den Tag legen. Die christliche Diakonie, in Entsprechung zum Subsidiaritätsprinzip, zielt darauf ab, den Armen dazu zu verhelfen, Subjekte ihrer eigenen Geschichte zu werden[139]. Darauf pochen die vier letzten Generalver-

---

[136] A. a. O., 118–119. Die Autoren definieren andere Begriffe wie Bedarfsgerechtigkeit, Tauschgerechtigkeit und Gleichgerechtigkeit, die ich hier außer Betracht lasse. John Rawls reflektiert unterschiedliche Aspekte einer Theorie der Gerechtigkeit. Er versucht die Prinzipien der Grundrechte aller Menschen mit den Unterschieden der Menschen hinsichtlich ihrer natürlichen und kultivierten Gaben sowie des Vermögens, das sie besitzen, in Einklang zu bringen. Diejenigen, die unter besseren Umständen leben und über mehr Privilegien verfügen, müssen zum Wohl aller beitragen. Rawls stellt die folgenden zwei Prinzipien auf: „First: each person is to have an equal right to the most extensive scheme of equal basic liberties compatible with a similar scheme of liberties for others.
Second: social and economic inequalities are to be arranged so that they are both (a) reasonably expected to be to everyone's advantage, and (b) attached to positions and office open to all." John Rawls, *A theory of Justice*, Oxford 1999, 53.

[137] Mexiko-Stadt scheidet jeden Tag etwa 20.000 Tonnen Müll aus und verbraucht in jeder Sekunde zirka 68.000 Liter Wasser (rund vier Millionen Liter pro Minute). Vgl. Volker Skierka, *Würmer im Tank. Mexikos Multi-Millionen-Hauptstadt leidet an Trinkwassermangel und schmutziger Luft*, in: Spiegel Special. Leben in der Stadt. Lust oder Frust, Nr. 12 (1988), 102–105.

[138] Vgl. Paulette Dieterlen, *La pobreza: Un estudio filosófico*, México 2006.

[139] „Der Hilfebedürftige soll freimütig zu erkennen geben können, welche Hilfe er möchte und in welchem Umfang er sie in Anspruch nehmen will. Es darf erinnert werden, dass Jesus häufig den Hilfebedürftigen erst fragt: „Was willst du, dass ich dir tun soll" und erst dann die wirklich gewünschte Hilfe gewährt." Frank Thomas Brinkmann/Reinhard Turre, *Diakonie als Prägekraft christlicher Religion*, 461 (Anm. 125).

sammlungen des lateinamerikanischen Bischofsrats (Medellín, Puebla, Santo Domingo und Aparecida). „Aus dem Versuch, pastorale Leitlinien zu formulieren, ergibt sich so eine theologische Reflexion darüber, wie die Kirche in Lateinamerika angesichts einer durch Armut und Ungerechtigkeit gekennzeichneten Situation allumfassendes Heilszeichen sein kann. Für die Kirche bedeutet dies – so zeichnet es sich bereits in Medellín ab – als arme Kirche Anklage und Ansage in einer ungerechten Welt zu sein"[140]. Alle Anstrengungen, die der Bekämpfung der Armut zum Ziel haben, stellen ein „Zeichen der Zeiten" dar[141]. Die Menschen müssen dazu ermächtigt werden, „selbst als Schöpfer ihres eigenen Fortschrittes auf kreative und originäre Art eine kulturelle Welt zu entwickeln, die im Einklang steht mit ihrem eigenen Reichtum und die Frucht ihrer eigenen Bemühungen sein soll."[142] Die lateinamerikanischen Bischöfe bleiben allerdings nicht bei einer individualistischen Betrachtung der zur Entfaltung der personalen Eigenschaften befähigenden Diakonie, sondern sie ziehen die für die Transformation der Gesellschaft erforderliche soziale Verantwortung in Betracht: „Die Evangelisierung fördert einen integralen Fortschritt, sie fordert von allen und jedem einzelnen den vollen Respekt seiner Rechte und die volle Erfüllung seiner Pflichten, damit auf dem Weg zur Vollendung im endgültigen Reich eine gerechte und solidarische Gesellschaft geschaffen wird."[143]

Insbesondere Santo Domingo wird sich der Problematik des Phänomens der Stadt bewusst, obwohl die Überlegungen über diese Realität sehr mangelhaft ausfallen. Die Funktionalisierung der

---

[140] Brigitte Saviano, *Pastoral Urbana: Herausforderungen für eine Großstadtpastoral in Metropolen und Megastädten Lateinamerikas*, Münster/Hamburg/London 2006, 144.

[141] Vgl. CELAM, *Die Kirche in der gegenwärtigen Umwandlung Lateinamerikas im Lichte des Konzils. Sämtliche Beschlüsse der II. Generalversammlung des Lateinamerikanischen Episkopates. Medellin 24. 8.–6.9.1968.*, in: Stimmen der Weltkirche 8, 12–133. Bonn 1979, Einleitung, 4.

[142] A. a. O. 4.1.3; CELAM, *Die Evangelisierung Lateinamerikas in Gegenwart und Zukunft. Dokument der III. Generalkonferenz des Lateinamerikanischen Episkopates. Puebla 26.1.–13.2.1979*, in: Stimmen der Weltkirche 8, 134–356. Bonn 1979, 135.

[143] CELAM, *Neue Evangelisierung – Förderung des Menschen – Christliche Kultur. 4. Generalversammlung der lateinamerikanischen Bischöfe. Santo Domingo 12.–28. Oktober 1992*, in: Stimmen der Weltkirche 34, Bonn 1992, 13.

menschlichen Beziehungen, der Säkularisierungsprozess und die Randzonen der Armut und Not, „in denen fast immer die Mehrheit der Bevölkerung lebt und die das Ergebnis ausbeuterischer und ausgrenzender Wirtschaftsmodelle sind",[144] stellen einige der charakteristischen Schwierigkeiten dar, welche das Gesicht der lateinamerikanischen Stadt verunstalten.

Im Schlussdokument der fünften Generalversammlung in Aparecida wurde der Stadtpastoral ein Unterkapitel gewidmet[145]. Die Bischöfe machen deutlich, dass die Stadt ein Ort ist, an dem neue Kulturen mit neuen Sprachen und Symbolen Konturen erhalten. In der Stadt wohnen Menschen von unterschiedlichen sozialen Klassen und koexistieren Binome, die eine tägliche Herausforderung darstellen: Tradition und Moderne, Globalität und Regionalität, Inklusion und Exklusion, Personalisierung und Entpersonalisierung, religiöse und säkulare Sprachen, Homogeneität und Pluralität, urbane Kultur und multikulturelle Phänomene. Es wird in Erinnerung gebracht, dass sich die Kirche in ihren Anfängen in Großstädten herausgebildet hat. Von daher kann sie mutig und freudig der Evangelisierung der heutigen Stadt nachkommen.

Die Bischöfe akzentuieren, dass Gott in der Stadt wohnt. Es ist wahr, dass in den Städten Gewalt, Armut, Individualismus und Marginalisierung festzustellen sind; Städte sind jedoch auch Orte des Friedens und der Solidarität. Menschen vermögen nämlich dort in einer vielgestaltigen Form miteinander zu agieren. Der Plan Gottes liegt darin, dass in der Stadt das neue Jerusalem, die heilige Stadt, die vom Himmel herabkommt, Wirklichkeit wird.

In Nr. 517 des Schlussdokumentes werden einige konkrete Punkte für die Erneuerung der Stadtpastoral angeboten. Darunter können folgende erwähnt werden: Die Kirche muss der Mannigfaltigkeit von Sprachen, Symbolen und Lebensarten in der Stadt gerecht werden. Es ist wichtig, eine Spiritualität der Dankbarkeit, der Barmherzigkeit und der Solidarität zu befördern. Die Kirche muss in der Lage sein, Menschen aller sozialen Klassen anzusprechen und zu begleiten. Sie soll vor allem aufhören zu erwarten, dass die Menschen

---

[144] A. a. O., 255.
[145] Vgl. CELAM, *Aparecida 2007. Schlussdokument der 5. Generalversammlung des Episkopats von Lateinamerika und der Karibik. 13.–31. Mai 2007*, in Stimmen der Weltkirche 41, Bonn 2007.

zu ihr kommen; stattdessen soll sie sich missionarisch auf den Weg zu ihnen machen. Die Diakonie der Kirche gegenüber den Armen, den Abgeschriebenen, den Drogenabhängigen und den an der Peripherie der Stadt Lebenden spielt, gemäß diesem Schlussdokument, eine wesentliche Rolle in der Stadtpastoral.

Die Diakonie kann nicht zuletzt das Bedürfnis der Stadtbewohner umgehen, sich und anderen Menschen durch explizit religiöse bzw. durch quasireligiöse urbane Symbole und Rituale ihren Lebenssinn vor Augen zu führen. Obwohl für viele Städter die Kirche keine Relevanz für ihre Lebensgestaltung hat, können sie nicht umhin, nach Sinn und Transzendenz zu verlangen. Daran wird die Brisanz deutlich, eine urbane Fundamentaltheologie und eine urbane Pastoral zu betreiben, die darauf hinstreben, den Stadtbewohnern in Jesus Christus die Antwort auf ihre existenziellen Fragen zu bieten. Der instinctus fidei der Stadtmenschen hat besondere Ausprägungsformen, die erkannt werden müssen. Das Verlangen nach Gemeinschaft, die Wertschätzung der Leiblichkeit, das Hervorsprudeln der Ästhetik, das Bedürfnis nach Tradition und Wurzeln, die Sehnsucht nach wahren menschlichen und religiösen Werten, usw., sind Themen, die eine urbane Fundamentaltheologie und eine diakonische Stadtpastoral in den Blick zu nehmen haben.

Schlusswort

Die Soziosemiotik der Stadt hat sich als ein geeignetes Werkzeug für eine theologisch-pastorale Reflexion über die Stadt ausgewiesen. Die Kirche bewahrheitet ihre Berufung, *Zeichen und Werkzeug für die innigste Vereinigung mit Gott und für die Einheit des ganzen Menschengeschlechts zu sein*, im jeweiligen geschichtlichen Kontext, in dem sie sich befindet. Sie soll die Sprachen der unterschiedlichen Kulturen erlernen, um die Botschaft des Evangeliums angemessen verkünden zu können. Außerdem muss sie die „Zeichen der Zeit" interpretieren, in denen sich das Wirken Gottes sowie die Hoffnungen und Ängste, das Licht und die Dunkelheit der Menschen sichtbar machen, um die konkreten Aufgaben, die sie zu erfüllen hat, wahrzunehmen. Die soziosemiotische Untersuchung der Symbolik der Stadt steht im Zusammenhang mit dem ekklesiologisch-pastoralen Grundsatz „Die Zeichen der Zeit deuten!".

Das Ergebnis, das eine Soziosemiotik der lateinamerikanischen Stadt liefert, darf nicht ohne weiteres auf andere Verhältnisse transponiert werden, dennoch zeigt die urbane Soziosemiotik infolge der Verallgemeinerungsfähigkeit der philosophischen Überlegungen eine flexible Anwendbarkeit auf diverse Formen der Stadtsymbolik. Besonders bedeutsam zeigt sich die Thematik der Subjektentwicklung der Stadtmenschen in den städtischen Regionen für eine theologische Reflexion. Diese soziosemiotischen und theologischen Überlegungen dürfen die davon herrührenden Folgen für die christliche Praxis nicht übersehen. Die Diakonie ist ein Wesensvollzug der Kirche; als Dienst an der Subjektwerdung der Stadtbewohner ist sie ein Hinweis auf die Gegenwart Gottes, der durch die Kirche in der Stadt wirkt. Die Diakonie der Kirche setzt die Diakonie Christi fort, der sich aller Menschen, aber vor allem der Leidenden und Armen erbarmt und annimmt. Zwar kehrt die sozioökonomische Armut der lateinamerikanischen Stadtgesellschaft besonders frappierend hervor, aber Armut gibt es auch in reichen Städten, und gewiss nicht nur sozioökonomische, sondern auch existentielle und spirituelle Armut[146]. Nur durch eine überzeugte, engagierte, sowohl spontane als auch organisierte Praxis der Diakonie wird sich die Kirche als eschatologisches Zeichen der Gegenwart Gottes in der urbanen Welt bewähren können.

---

[146] „Bei radikalen Exklusionen aus der Gesellschaft denkt man für gewöhnlich an die Slums und Favelas der so genannten Dritten Welt oder der Schwellenländer. Doch auch in einem hoch industrialisierten Land wie Deutschland fallen immer größere Kreise von Menschen aus dem gesellschaftlichen Netz von Rechten und Pflichten heraus. Jedes Jahr werden mehr Menschen in den Vesperkirchen und Obdachlosenküchen der Großstädte mit einer warmen Mahlzeit versorgt, oft genug in Sichtweite von exquisiten Boutiquen und Einkaufszentren." Isolde Karle/Johannes Degen, *Die Diakonie und die Exklusionsprobleme in der modernen Gesellschaft*, in: Michael Schibilksky/Renate Zitte (Hrsg.), Theologie und Diakonie, Gütersloh 2004, 187.

Der urbane Raum als Ort des Christentums

Michael Sievernich S.J.

Die Wechselbeziehung von Christentum und Urbanität hat eine lange und nicht endende Geschichte. Wie der urbane Raum der späten Antike das frühe Christentum prägte, so formte diese „Stadtreligion" im Lauf ihrer globalen Verbreitung praktisch und symbolisch die verschiedener Epochen und Kulturen. Auch in der Gegenwart bleibt der urbane Raum Ort theologischer und pastoraler, ethischer und ästhetischer Herausforderung, die im Zeitalter der globalen Urbanisierung die Stadt als „theologischen Ort" erweist.

1. Christlicher Glaube in spätantiker Stadtkultur

Das Christentum geht auf die ländliche Jesusbewegung zurück, ist aber in der hellenistisch-römischen Stadtkultur groß geworden. „Die Stadt bildet den Referenzrahmen, innerhalb dessen Christen ihre eigenen Identitätsstrukturen auszubilden hatten."[1] Seit seiner frühen Verbreitung in der spätantiken Städtewelt kann das Christentum mithin als eine städtische Religion gelten. In der multireligiösen Großstadt Antiochia wurden die Anhänger Jesu erstmals als unterscheidbare Gruppe „Christen" genannt (Apg 11,26). Im Koiné-Griechisch, der *lingua franca* der östlichen Provinzen des Römischen Reiches sind auch die heiligen Schriften des Christentums verfasst, die freilich bald ins Lateinische und andere Sprachen übersetzt wurden. Die urbane Kultur der Städte und die mobilen städtischen Bevölkerungsgruppen bildeten die wichtigsten Medien der Ausbreitung des christlichen Glaubens. Aus soziologischer Sicht hält Max Weber dafür, dass die christliche Gemeindereligiosität sich nur im städtischen Raum habe entwickeln können. „Aber auch die spezifischen Qualitäten des Christentums als ethischer Erlösungsreligion

---

[1] Martin Ebner, *Die Stadt als Lebensraum der ersten Christen. Das Urchristentum in seiner Umwelt I* (Grundrisse zum Neuen Testament 1,1), Göttingen 2012, 14 und 40.

und persönlicher Frömmigkeit fanden ihren genuinen Nährboden auf dem Boden der Stadt und haben dort immer wieder neue Triebe angesetzt."[2]

Diese wechselseitige Verhältnis war selbstverständlich spannungsvoll, weil die frühen Christen mehrheitlich typische Stadtbewohner blieben und sich nicht abschotteten, wohl aber eigenständige Formen der Gemeinschaft fanden, in der persönliches Lebenszeugnis, Gottesdienst und karitative Praxis geübt wurden und über die Grenzen der eigenen Gruppe hinaus ausstrahlten. Glaube und Ethik ließen nicht zu, sich dem städtischen Treiben einfach anzupassen, weder dem moralisch lockeren Treiben in Korinth noch dem religiös vielfältigen Treiben in Ephesus, weder dem leicht spöttischen intellektuellen Treiben in Athen noch dem machtförmigen politischen Treiben in Rom. Vielmehr gebot der neue Glaube, sich kritisch und schöpferisch auf die städtische Gesellschaft einzulassen und das eigene Potential attraktiv zum Ausdruck zu bringen. Die frühen Christen lebten also als Kinder ihrer Zeit, doch zugleich in Differenz als „Kinder Gottes" (Joh 1,12); sie lebten aus ihrem eigenen Christusglauben, der ihnen Identität und Kraft verlieh, und verstanden sich als Gläubige in der Fremde (παροικία). Doch ihr neues Ethos des Miteinander ermöglichte und erforderte zugleich, dass einander Fremde im urbanen Raum zu Nächsten werden und durch die Einwohnung „in Christus" (Gal 3,28) ethnische, sprachliche, soziale Grenzen überschreiten sollten, ohne die Differenzen aufzuheben. Diese Dialektik dürfte am besten der um 120 nach Christus verfasste Brief an Diognet auf den Begriff gebracht haben. Denn er betont, dass die Christen sich nicht durch Land, Sprache oder Sitten von den übrigen Menschen unterscheiden und dass sie nirgendwo „ihre eigenen Städte" bewohnen, auch keine abweichenden Sprachen benutzen oder ein auffälliges Leben führen. Doch „obwohl sie griechische und barbarische Städte bewohnen, wie es einen jeden traf, und den landsüblichen Sitten in Kleidung und Speise und im sonstigen Leben folgen, zeigen sie die erstaunliche und anerkanntermaßen eigenartige Beschaffenheit ihrer Lebensweise."[3] Die Differenz

---

[2] Max Weber, *Wirtschaft und Gesellschaft. Grundriß der verstehenden Soziologie*, besorgt von Johannes Winckelmann, Tübingen ⁵1980, 288.
[3] *An Diognet*, übersetzt und erklärt von Horacio E. Lona (Kommentar zu frühchristlichen Apologeten 8), Freiburg Basel Wien 2001, 151.

der Lebensweise kommt religiös und ethisch zum Ausdruck, denn sie fühlen sich in der „Fremde" und betrachten den Himmel als Heimat, sie setzen Neugeborene nicht aus und leben nicht nach dem Fleisch. Doch diese Differenz leben sie in Städten, die sie mit allen anderen gemeinsam haben und die sie auf ihre Weise prägen.

Ausgehend von Jerusalem wurde das Christentum zu einem städtischen Phänomen, das sich schnell missionarisch verbreitete, ungeplant auf kapillaren und planvoll auf professionellen Wegen, begünstigt durch das städteverbindende römische Straßennetz sowie internationale Handelswege.[4] Die Verbreitung auf dem Land war aufgrund der verschiedenen Volkssprachen und der Abgelegenheit erheblich schwieriger als in den Städten, doch schon römische Quellen berichten über die Verbreitung in Stadt und Land.

Leitgestalt einer planvollen Mission in der hellenistisch-römischen Städtewelt war der konvertierte Diasporajude Saulus, römischer Bürger der „nicht unbedeutenden Stadt" Tarsus in Kilikien (Apg 21,39). Dort war er in zwei Welten zu Hause, in der jüdischen Diaspora und in der hellenistischen Kultur. Aufgrund einer Christusepiphanie in Damaskus wandelte er sich vom eifernden Verfolger zum glühenden Protagonisten der jungen christlichen Bewegung. Seine Legitimität als „Apostel" führte er nicht wie die anderen auf den langjährigen Umgang mit Jesus, die Teilnahme am letzten Abendmahl oder die Sendung des Auferstandenen zurück, sondern auf das singuläre Ereignis der Begegnung. Er ist nicht Zeuge des Lebens und Sterbens Jesu, stellt aber die Auferstehung ins Zentrum des Glaubens und der Christusbegegnung.

Daher sind Gestalt und Wirken des Apostels Paulus auch Gegenstand der lukanischen Apostelgeschichte, welche die zentrifugale Ausbreitung des Evangeliums von Jerusalem bis an die „Grenzen der Erde" (Apg 1,8) erzählt, zunächst durch die Apostel, die Jesus gekannt hatten (Apg 1–12), dann narrativ ausschweifend durch den Apostel Paulus auf seinen strategisch geplanten Reisen in die großen Städte des östlichen Mittelmeerraums (Apg 13–21). Führten seine Missionsreisen, die in der Regel die Großstadt Antiochia am Orontes zum Ausgangspunkt hatten, zunächst nach Osten, nach Syrien und ins benachbarte Kilikien, so ging seine erste große Missionsreise

---

[4] Michael Sievernich, *Die christliche Mission. Geschichte und Gegenwart*, Darmstadt 2009, 39–104.

nach Zypern und ins südliche Kleinasien, in die Stadt Perge in der Provinz Galatien, sodann in die südliche Verwaltungsmetropole der Provinz Galatien, die Stadt Antiochia im phrygischen Pisidien, gefolgt von den Städten Ikonion, Lystra und Derbe. Auf der zweiten Missionsreise gelangte er erstmals nach Griechenland und damit nach Europa, wobei dieser Übergang auf eine eigene göttliche Berufung zurückgeführt wird (vgl. Apg 16,10). Der Reiseplan läßt als Ziele klar die Hauptstädte oder Verwaltungsmetropolen wichtiger römischer Provinzen erkennen.[5]

In Griechenland hatte Paulus die Hauptstädte Thessalonich und Philippi der Provinz Makedonien im Auge, in der Provinz Achaia die Geistesmetropole Athen und die Hauptstadt Korinth. Zu diesen Städten gelangte er von Syrien quer durch Kleinasien in die Hafenstadt Troas im Nordwesten der heutigen Türkei. Von dort nahm er den Seeweg zur griechischen Hafenstadt Neapolis und dann den Landweg auf der Via Egnatia zur Veteranenkolonie Philippi, wo ihm eine Gemeindegründung gelingen sollte. Dann folgten die Hauptstadt Thessalonich, an deren Einwohner seine gleichnamigen Briefe gerichtet sind, deren erster als die älteste, wohl um 51 n. Chr. verfaßte Schrift des Neuen Testament gilt. In Athen stellte sich Paulus dem gebildeten Großstadtpublikum. Sein anschließender längerer Aufenthalt in der Hauptstadt Korinth führt zur Gründung einer Gemeinde, an die er ebenfalls zwei Briefe schrieb, derer erster neben vielen Mahnungen von der Auferstehungshoffnung und den Charismen handelt.

Die ausführlich erzählte dritte Missionsreise schließlich (Apg 18,23–21,17) führte Paulus über Tarsus, seine Heimatstadt, in die Weltstadt Ephesus an der Westküste Kleinasiens, wo neben zahlreichen Mysterienreligionen vor allem der wirtschaftlich einträgliche Kult der Artemis gepflegt wurde. Hier lehrte Paulus den christlichen Glauben als neuen „Weg" (Apg 19,9). Nach den Missionsreisen in große Städte des östlichen Mittelmeerraums kehrte er um das Jahr 55 n. Chr. nach Jerusalem zurück und plante neue Reisen, nun in den westlichen Mittelmeerraum, nach Spanien (Röm 15,24) und nach Rom, in die Hauptstadt des Reiches, wo schon eine christliche

---

[5] Vgl. Winfried Elliger, *Mit Paulus unterwegs in Griechenland. Philippi, Thessaloniki, Athen, Korinth*, Stuttgart 1998; Wayne A. Meeks, *The first urban christians. The social world of the apostle Paul*, New Haven 1983.

Gemeinde existierte. Doch dazu sollte es nicht mehr kommen, denn seine Verhaftung in Jerusalem setzte den zwei Jahrzehnten urbaner Missionstätigkeit ein Ende, wie in Rom nach einem langen Prozess seine Verurteilung zum Tod durch das Schwert um das Jahr 60 n. Chr. seinem Leben ein Ende setzte. Diese Stadt, in der die beiden Apostel Petrus und Paulus das Martyrium erlitten und ihr Grab fanden, wurde als Sitz der Petrusnachfolger zum Zentrum der katholischen Weltkirche.

In den Städten fanden Paulus sowie andere Missionare und Zeugen des christliche Glaubens eine religiöse Landschaft vor,[6] die kaum vielfältiger hätte sein können und für alle Bedürfnisse etwas bereithielt, für rituelle und intellektuelle, für den Alltag und für staatstragende Aktionen, für Gesundheit und Krankheit, für diesseitige und jenseitige Hoffnungen. Neben volksreligiösen Praktiken magischer und mantischer Art sowie Kulten, die auf Lokalgottheiten beschränkt waren, gehörten offizielle und öffentliche sowie private und geheime Religionen dazu. In der öffentlichen Religion genossen nicht nur die Götter und Göttinnen griechischer und römischer Provenienz ihre Verehrung, sondern auch die jeweiligen Herrscher, deren Bildnisse nach dem römischen Kaiserkult verehrt wurden. Doch über diese öffentlichen Kulte hinaus gab es zahlreiche orientalische Mysterienkulte, die viele anzogen, weil sie den Eingeweihten individuellen Schutz im irdischen Leben und Heil darüber hinaus versprachen. Zeugnisse des Isiskults, die zum Beispiel in den Rheinstädten Mainz und Köln aufgefunden wurden, zeigen die weite Verbreitung dieser Kulte. Dass in dieser pluralen religiösen Landschaft die Verkündigung eines einzigen Gottes und seines gekreuzigten und auferstandenen Sohnes Jesus Christus „für Heiden eine Torheit" darstellen musste (1 Kor 1,23), betont Paulus immer wieder, zumal dieser Glaube auch den Spott der philosophisch Gebildeten aus den Schulen Epikurs und der Stoa auf sich zog.

Die Bildersprache der Paulusbriefe bemüht immer wieder städtische Phänomene wie die forensische Metaphorik der Rechtfertigung (Röm 8) oder das Verständnis der Kirche als ekklesía, als Versammlung (1 Kor 14) oder das Bild vom Wettlauf im Stadion (1 Kor 9).

---

[6] Vgl. Hans-Josef Klauck, *Die religiöse Umwelt des Urchristentums*, Bd. 1 *Stadt- und Hausreligion, Mysterienkulte, Volksglaube*; Bd. 2 *Herrscher- und Kaiserkult, Philosophie, Gnosis*, Stuttgart 1995/96.

Die Apostelgeschichte überliefert stilisierte Reden an ein Großstadtpublikum, die das Anpassungsvermögen des Paulus zeigen, der das Evangelium auf den religiösen Hintergrund und Bildungsstand seiner jeweiligen Adressaten auszurichten versuchte. Als er im pisidischen Antiochia eine Missionspredigt an die zum Sabbat in der Synagoge versammelten Juden und ihre „gottesfürchtigen" Sympathisanten hielt (Apg 13, 14–52), konnte er vom Vorverständnis seiner Zuhörer ausgehen und ohne weiteres auf die Erwählung des Volkes Israel und auf die Erfahrung des Exodus verweisen oder an das Davidsgeschlecht erinnern, aus dem der von Gott gesandte „Retter" (sotēr) stamme (Apg 13,23). In seiner Verkündigung knüpfte Paulus also argumentativ an den Glauben Israels an, eine offenbar erfolgreiche Methode, denn der Erzähler weiß zu berichten, dass sich „fast die ganze Stadt" versammelt habe, „um das Wort des Herrn zu hören" (Apg 13,44).[7]

Weniger Erfolg hatte Paulus vor einem anderen Großstadtpublikum, als er während seiner zweiten Missionsreise nach Griechenland auf dem Areopag in Athen sprach (Apg 17, 16–34). Hier musste er „auf dem Markt" (Apg 17,17), der Agorá der Stadt, vor einem durchaus neugierigen, aber auch skeptischen Publikum sprechen. In Anknüpfung an den Kontext des städtischen Lebens ging Paulus daher zunächst auf die vielen Heiligtümer in der Stadt ein, besonders auf einen Altar mit der Aufschrift „Einem unbekannten Gott" (Apg 17,23). Diese Widmung, die eher der Sorge entsprang keinen der vielen Götter zu übersehen, deutet Paulus jedoch auf die jüdisch-christliche Vorstellung des einen Gottes und Schöpfers hin: „Was ihr verehrt, ohne es zu kennen, das verkünde ich euch." (Apg 17,23) Dann erläutert er, dass das „Göttliche" (Apg 17,29) nicht in „Gebilden menschlicher Kunst und Erfindung" (Apg 17,29) wohne, aber „jetzt" nach den Zeiten der Unwissenheit zur Umkehr aufrufe. Paulus knüpft also an die griechische Kultur der Zeit an, um seine Zuhörer zu den zentralen Glaubensüberzeugungen von Schöpfung und Auferstehung zu führen, ohne allerdings den Namen Jesu ausdrücklich zu erwähnen. Seine Rede stieß allerdings nur auf geringe Resonanz. Verallgemeinert man die paulinische Strategie, dann erfordern die religiösen oder kulturellen Unterschiede der Städte und

---

[7] Zu den paulinischen Stadtreden vgl. Stanley E. Porter, *The Paul of Acts. Essays in literary criticism, rhetoric, and theology*, Tübingen 1999.

ihrer Bevölkerungen auch je unterschiedliche, auf den urbanen Kontext zugeschnittene Vorgehensweisen.

2. Sünde und Pastoral im urbanen Raum

Wie in der späten Antike ist das Christentum auch im weiteren Verlauf seiner Geschichte auf die jeweiligen städtischen Situationen zugegangen und hat seine spezifischen Vollzugsformen des Lebenszeugnisses und der Predigt, der sakramentalen Rituale und der Caritas für alle, der Gemeindebildung und der Sendung realisiert. Nicht selten sind diese symbolisch und pastoral prägenden Spuren bis heute zu erkennen. Die urbane Prägekraft sei exemplarisch an urbanen Prozessen des Mittelalters und der Frühen Neuzeit erläutert.

In der spätantiken Städtewelt versammelten sich die christlichen Gemeinden zunächst in den Häusern, von denen nicht wenige in eigene Hauskirchen wie die in Dura Europos am Euphrat umgewandelt wurden. Stärkere architektonische Signale gingen von den ersten großen Sakralbauten aus, die im vierten Jahrhundert durch kaiserliche Stiftung im Stil der Basilika errichtet wurden. Während die paganen Tempel in der Regel keine Versammlungsräume waren und daher nicht in christliche Krefträume umgewidmet werden konnten, diente die Bauform der Basilika als Ort der Gemeindeversammlung und Thronsaal des Pantokrators Christus, wodurch das ursprünglich profane Gebäude durch die Versammlung der Getauften zum theologischen Sinnträger wurde. Darüber hinaus wurden ganze Städte wie Rom symbolisch unter das neue Heilszeichen des Kreuzes gestellt, denn die großen christlichen Basiliken des Erlösers (S. Giovanni in Laterano), St. Peter, St. Paul vor den Mauern und die Basilica Liberiana (später S. Maria Maggiore) legen durch ihre kreuzförmige Anordnung ein imaginäres Kreuz über den Stadtkörper, das im Kolosseum, dem Ort christlichen Martyriums, seinen Kreuzungspunkt findet und der antiken Stadtanlage eine christliche Interpretation gibt.[8]

Eine noch stärkere Prägung gilt für jenen Urbanisierungsprozess, der nach einer Phase der Enturbanisierung der antiken Städtewelt

---

[8] Enrico Guidoni, *Il significato urbanistico di Roma tra antichità e medioevo*, in: Palladio 22 (1992) 3–32.

einsetzte und im hohen Mittelalter den Kontinent mit einem Netz von neuen Städtegründungen überzog. So entstand in ehemaligen antiken Städten, an wirtschaftlich bedeutsamen Plätzen (Marktsiedlung, Handelsplatz) oder an kirchlichen Zentren (Bischofssitz, Kloster) der Aufbruch zu einer neuen Stadtkultur. Sie drängte die am Grundbesitz orientierte agrarische Feudalordnung zurück und ließ wirtschaftlich, sozial und kulturell attraktive urbane Räume entstehen. Diese verfügten über eigene, von grundherrlicher Bindung befreite kommunale Verfassungen (Stadtfreiheit), die das Zusammenleben der Bürger gewaltlos regelten (Stadtfrieden) und im „Kommunalismus", den später die Reformation rezipieren sollte, Selbstregierung und eigene Gesetzgebung hervorbrachten.[9] So wurden die Städte zu starken kirchlichen, kulturellen und wirtschaftlichen Zentren, deren Reichtum auf Geldwirtschaft und Handel beruhte. In engem Zusammenhang mit dieser neuen Wirklichkeit standen kirchliche Entwicklungen, wenn man an die Kulturbedeutung der Bischofsstädte denkt, an die organisatorische Entwicklung des Pfarreiwesens, an die städtische Seelsorge der Mendikanten oder an die entstehenden Universitäten in den urbanen Zentren. Nicht zuletzt gewann die Theologie durch die arabisch vermittelte Rezeption der aristotelischen Philosophie an rationaler Stringenz und Systematik.

Auf diesem Hintergrund kommt es neben einer politischen Philosophie der Stadt auch zur theologischen Reflexion über die Stadt, wenn man etwa an den Dominikaner Albertus Magnus (†1280) denkt, der in Köln lehrte, als diese Stadt den Plan eines riesigen Dombaus (1248) ins Werk setzte. In einem Predigtzyklus zur Stadt auf dem Berge (vgl. Mt 5,14) vergleicht er die Kirchenlehrer mit diesem biblischen Bild und erinnert an die vier Grundmerkmale der *civitas*, nämlich die Schutzwehr (munitio) aus „lebendigen Steinen", die verfasste Ordnung der Gemeinschaft (urbanitas), die Einheit (unitas) als einheitliche Rechtsordnung der austauschenden Gerechtigkeit und die Freiheit (libertas), die im Bürgerrecht zum Ausdruck kommt.[10] Die Stadt, nicht das Kloster, bildet mithin den paradigmatischen Ort christlichen Lebens.

---

[9] Vgl. Peter Blickle(Hg.), *Theorien kommunaler Ordnung*, München 1996.
[10] Ulrich Meier, *Die Stadt im Denken spätmittelalterlicher Theologen, Philosophen und Juristen*, München 1994, 36.

Albertus Magnus machte auch auf bestimmte typische Sünden des urbanen Lebens aufmerksam, welche die städtische Freiheit stören. Dazu zählen insbesondere drei der insgesamt sieben zu Lastern habitualisierten Sünden, nämlich Völlerei (gula), Wollust (luxuria) und Habsucht (avaritia). In dieser Zeit kommt es zu einer deutlichen Veränderung im System der acht Hauptlaster, das weder an der Stufenleiter der sinnlichen Sünden in der Tradition der ägyptischen Wüstenväter ansetzt, noch beim Hochmut (superbia), den der aristokratische Papst Gregor der Große als Wurzelsünde an die Spitze gesetzt hatte. Als die Geldwirtschaft der Grundherrschaft den Rang ablief, wurde angesichts der neuen sozialen Problematik in den entstehenden Städten die Habsucht (avaritia), das Hauptlaster der bürgerlichen Ordnung, zur Wurzelsünde.[11] Denn mit dem gesellschaftlichen Wandel und dem Wachstum der Städte ging ein rapider demographischer Wandel einher, der zur Armut breiter städtischer Volksschichten beitrug. Die mobilen Bettelorden nahmen die geistigen und sozialen Herausforderungen der mittelalterlichen Urbanisierung an und antworteten einerseits mit einer urbanen Moralität und Spiritualität, die auf die Bedürfnisse der aufstrebenden Schichten wie Kaufleute, Bankiers, Juristen und Lehrer eingingen; andererseits wandten sich die Minderbrüder des hl. Franziskus von Assisi und die Armutsbewegungen der „pauperes Christi" den materiellen und pastoralen Bedürfnissen der städtischen Armen zu. Gegen die Versuchung zur Habsucht brachten sie konsequent die evangelische Armut als Kapitaltugend in Stellung, aber doch so, dass der Kampf gegen das Laster den Armen zugute kam.

Gaben im Mittelalter die Mendikanten eine spirituelle und soziale Antwort auf die religiösen, ethischen und sozialen Herausforderungen der Städte, so spielte in der frühen Neuzeit unter anderen Bedingungen die neu gegründete Gesellschaft Jesu eine besondere pastorale, pädagogische und ästhetische Rolle in den europäischen Städten, in denen sie schnell Fuß fasste. Ein bekanntes Sprichwort verweist auf die biographisch verankerte und pastoral motivierte Vorliebe des Ignatius von Loyola zu den großen Städten. *Bernardus valles, montes Benedictus amabat, oppida Franciscus, magnas Ignatius*

---

[11] Vgl. Lester K. Little, *Religious poverty and the profit economy in medieval Europe*, London 1978, 36.

urbes (Bernhard liebte die Täler, Benedikt die Berge, Franziskus die kleinen Städte, Ignatius die großen Städte).[12]

In seiner geistlichen Autobiographie, dem „Bericht des Pilgers", bezeichnet sich Ignatius gern als „Pilger". Aber seine Pilgerreisen gingen nicht nur zu frommen baskischen und katalanischen Wallfahrtsorten wie Aránzazu und Montserrat oder zu den heiligen Stätten Jesu im Heiligen Land. Sie führten auch durch zahlreiche europäische Städte, in denen er seine geistliche Erfahrung mystischer Tiefe durch gute Bildung an den Universitäten ergänzte. Hatte er doch gelernt, dass Aszese und Mystik des spirituellen Wegs allein nicht genügten, sondern auch eine gediegene theologische Ausbildung erforderlich war. Die ignatianische Bildungsreise begann in Barcelona und führte, begleitet von Inquisitionsprozessen, über die Universitäten von Alcalá de Henares und Salamanca an die Universität von Paris. Dort erwarb er den akademischen Grad eines „Magister", sammelte durch die Exerzitien gleichgesinnte „Freunde im Herrn" um sich. Diese vereinbarten eine Pilgerreise nach Jerusalem, wollten sich aber im Hinderungsfall in Rom dem Stellvertreter Christi zur größeren „Ehre Gottes und zum Nutzen der Seelen" anbieten.[13] In den norditalienischen Städten wie Padua, Siena, Venedig und Ferrara übten sich die Gefährten in urbaner Pastoral und erregten mit ihren Straßenpredigen großes Aufsehen. Nach Beratungen begaben sie sich schließlich nach Rom, wo die langjährige Pilgerreise durch europäische Städte ihr vorläufiges Ende fand, aber der Blick auf die Stadt als pastorale Herausforderung seinen Anfang nahm.

Das pastorale Programm der „Auferbauung" der Städte, mit dem die frühen Jesuiten auf die Herausforderungen der frühneuzeitlichen Städte antworteten, lässt sich systematisch als pastorale Triade von Wort, Liturgie und Diakonie beschreiben.[14] Zum Spektrum dieser pastoralen Triade in den Städten gehörten der Dienst am Wort, der Predigt und Christenlehre, geistliche und seelsorgliche Gespräche, Volksmissionen und Geistliche Übungen umfasste. Zum Dienst am Sakrament gehörten die Förderung der oftmaligen Beichte und häu-

---

[12] John W. Padberg, *How we live where we live* (Studies in the spirituality of Jesuits 20/2), St. Louis MO 1988, 29.
[13] Ignatius von Loyola, *Bericht des Pilgers*, herausgegeben, übersetzt und eingeleitet von Michael Sievernich, Wiesbaden 2006, Nr. 85.
[14] John O'Malley, *Die ersten Jesuiten*, Würzburg 1995, 113–232.

figen Kommunion, die Pflege von Gottesdienst und Gebet. Der diakonische Dienst schließlich zielte auf die leiblichen und geistigen Werke der Barmherzigkeit und umfasste Seelsorge in Gefängnissen und Hospitälern, Sorge für Waise und Neuchristen. Dieses Programm, das die urbane Pastoral um Wort, Sakrament und Diakonie gruppiert, diente zuerst den einzelnen Individuen, zielte aber auch auf die spirituelle und soziale „Auferbauung" (edificación) der Städte, wie auch die topographische Lage und architektonische Gestaltung der Institutionen (Kirchen und Kollegien) den Stadtkörper prägen sollte.[15]

Als grundlegendes Prinzip der ignatianischen urbanen Option fungiert die „Auferbauung", die an die biblische Metaphorik vom „Bau Gottes" anknüpft, an dem die Gläubigen vor allem durch die Liebe mitwirken (vgl. 1 Kor 8,1). In seinen Briefen und Instruktionen spricht Ignatius oft vom allgemeinen Wohl (bien común) der Stadt oder von ihrer spirituellen und sozialen „Auferbauung". Dieses Prinzip ist ihm so wichtig, dass er es in mehreren Instruktionen über den *modus procedendi* im urbanen Raum erläutert. So beschreibt er in einer für Ferrara, Florenz, Neapel und Modena gedachten Instruktion von 1551 die Weisen der „erbaulichen" Präsenz in der Stadt. Danach gehören zur „Auferbauung und geistlichen Frucht der Stadt" *(alla edificatione et frutto spirituale della città)* folgende Elemente: akademische Unterweisung und Disputationsübungen; katechetische Unterweisung am Sonntag; sittliche Erziehung der Schüler; Predigten und Weiterbildung des Klerus in Bibel, Theologie und Moral (casus conscientiae); Auseinandersetzung mit Häresien; Spendung des Bußsakraments; geistliches Gespräch; geistliche Übungen (Exerzitien) der „ersten Woche"; Seelsorge in Gefängnis und Krankenhaus; gute Werke im Dienst am Nächsten, wobei „immer der größere Dienst Gottes, das Gemeinwohl und der gute Geruch der Gesellschaft vor Augen" zu stehen habe.[16]

Bei der „Auferbauung" der Städte spielten neben der pastoralen Triade die Schulen eine besondere Rolle, die auf die Stadt ausstrah-

---

[15] Vgl. Thomas M. Lucas, *Landmarking. City, Church and Jesuit Urban Strategy*, Chicago 1997.

[16] Ignatius von Loyola, *Briefe und Unterweisungen* (Deutsche Werkausgabe Bd. 1), übers. von Peter Knauer, Würzburg 1993, 355–360 (Instruktion vom 13. Juni 1551 an Jean Pelletier).

len sollten. Von der päpstlichen Bestätigung der Gesellschaft Jesu im Jahr 1540 bis zum Tod des Ignatius im Jahr 1556 wurden in schneller Folge nicht weniger als 46 Kollegien gegründet, vor allem in Italien und Spanien, aber auch in Metropolen wie Lissabon, Paris, Löwen, Köln, Wien und Prag. Diese Kollegien, die später in der *Ratio Studiorum* (1599) ein einheitliches Lehrprogramm erhielten, sollten für die Ausbildung bürgerlicher Verantwortung in den Städten große Bedeutung gewinnen. Wie die Präferenzen für Universitäten und für große Völker, so verweist auch die urbane Option auf die privilegierten Orte pastoralen, intellektuellen und apostolischen Wirkens in den Städten.

Auf dem angedeuteten biblischen und historischen Hintergrund führt der Weg nun in die Gegenwart, um die städtische Wirklichkeit aus verschiedenen Perspektiven als Raum des Christlichen wahrzunehmen. Dabei geht es einerseits darum, die Textur und Sprache der Stadt zu verstehen und andererseits die Sache des Christentums „intertextuell" so zu verweben, dass das Einwohnen Gottes in den Herzen der Menschen und der Städte aufscheint.

3. Vor der Ambivalenz der modernen Großstadt

Das ambivalente Verhältnis zur Stadt im europäischen Kontext des 20. Jahrhunderts ist wesentlich geprägt von den Urbanisierungsprozessen am Ende des 19. Jahrhunderts. Industrialisierung, Wirtschaftswachstum, Bevölkerungsvermehrung und Binnenwanderung gelten als entscheidende Gründe für die wachsende Verstädterung, die zu Eingemeindungen der umliegenden Dörfer in die Kernstädte führte, wie etwa in Berlin und Frankfurt, oder zu neuen Stadtregionen und städtischen Agglomerationen aufgrund von unternehmerischen Standortentscheidungen (Ruhrgebiet).

Die für das Ende des 19. Jahrhunderts typische Einstellung, die moderne Stadt und vormoderne Religion kontrastiert, spiegelt sich exemplarisch in der Romantrilogie *Trois villes* des französischen Schriftstellers Émile Zola (1840–1902). Die drei Romane erzählen in der programmatischen Abfolge der Städte Lourdes – Rom – Paris aus der Perspektive der Hauptfigur, des Abbé Pierre Froment, von drei urbanen Erfahrungsstationen auf der spirituellen und sozialen Suche. Eine Antwort darauf kann aber weder das wundersüchtige

Lourdes noch das machtsüchtige Rom einlösen, sondern nur das technisch aufstrebende und in der Sonne leuchtende Paris. In dieser Abfolge der Städte gibt Zola dem Christentum den modernen Abschied, während er im technisch hochgerüsteten Paris einen religioiden Sozialismus erstehen läßt.[17]

Zolas Romantrilogie reflektiert auf ihre Weise ein Phänomen, das um die Jahrhundertwende zahlreiche europäische Länder prägte. Auch Deutschland sah sich den Herausforderungen einer Urbanisierung gegenüber, die nicht zuletzt kirchliche und theologische Reaktionen hervorrief. Die Binnenwanderung, die in der Phase der Hochindustrialisierung eine der größten Massenbewegungen in der deutschen Geschichte darstellte, überforderte bei weitem die bestehenden Pfarreistrukturen in den schnell wachsenden Großstädten. Am Anfang des 20. Jahrhunderts kamen die Pfarreien in Paris, Wien und München durchschnittlich auf über 20.000 Mitglieder. Allein Paris hatte vier Pfarreien mit jeweils über 90.000 Katholiken. Nimmt man eine durchschnittliche Pfarreigröße von 6.000 Personen an, dann fehlten um die Jahrhundertwende in Paris etwa 400 und in München immerhin noch 50 Pfarreien. Die praktischen Antworten auf diesen Urbanisierungsprozess größten Ausmaßes waren baulicher Art in Gestalt von Kirchenbauprogrammen und seelsorglich-diakonischer Art in Gestalt individueller und institutioneller Initiativen.

Unter den zugewanderten Massen, die in den Städten Arbeit und Brot suchten, befanden sich viele Katholiken, im Fall Berlins vor allem einströmende Schlesier. Um den Zuwanderern eine religiöse Beheimatung zu geben, legte man sehr umfangreiche Kirchenbauprogramme auf. Die dafür erforderlichen Mittel für die Reichshauptstadt wurden durch reichsweite Sammlungen aufgebracht, zumal die Delegatur für Brandenburg und Pommern erst 1930 zum Bistum Berlin erhoben wurde. An Berlin läßt sich die kirchenorganisatorische Leistung dieser Zeit besonders gut ablesen. Dabei muss man von der stark zunehmenden Bevölkerungsentwicklung ausgehen; hatte Berlin um 1870 nur etwa eine halbe Million Einwohner, wuchs deren Zahl bis 1920 auf mehr als zwei Millionen. Darauf reagierten die Kirchen mit neuen Kirchengemeinden und Pfarreien. So stieg in der evangelischen Kirche die Anzahl der neuen Kirchengemeinden proportional zur Bevöl-

---

[17] Vgl. Volker Klotz, *Die erzählte Stadt. Ein Sujet als Herausforderung des Romans von Lesage bis Döblin*, Reinbek bei Hamburg 1987, 194–253.

kerungsentwicklung; sie verfügte im Großraum Berlin um 1920 über mehr als 190 Kirchen und Gemeinden, von denen um die 50 allein in den Jahren von 1880 bis 1905 entstanden waren.

Um so mehr wird man die Aufbauleistung der katholischen Kirche im preußisch-protestantischen Berlin würdigen, die als Minderheit von etwa 10 % der Bevölkerung zu vergleichbaren Anstrengungen fähig war. Der überkuppelte Rundbau der Kirche St. Hedwig, deren Bau Friedrich der Große als erste katholische Kirche Berlins nach der Reformation an repräsentativer Stelle, wenn auch zurückgesetzt zuließ, wurde 1773 eingeweiht, diente vor allem den katholischen Militärangehörigen und war ab 1821 die einzige Pfarrei der Stadt Berlin. Das rapide Wachstum des katholischen Bevölkerungsteils in der Metropole erforderte am Ende des 19. und am Beginn des 20. Jahrhunderts eine neue Kirchenorganisation, die den neuen Bedürfnissen Rechnung trug. So entstanden bis zur Errichtung des Bistums Berlin im Jahr 1930 durch Abpfarrungen von der Mutterpfarrei und Neugründungen nicht weniger als etwa 50 neue Pfarreien und Kuratien auf dem Gebiet von Groß-Berlin. Sie dienten den Katholiken der Stadt, die in wenigen Jahrzehnten von 21.000 im Jahr 1855 auf etwa 445.000 im Jahr 1929 angewachsen waren und eine starke Minderheit in der Diaspora bildeten.[18]

Zum Ausbau der Kirchenorganisation kamen zahlreiche Neubauten von Kirchen, die zunächst neugotisch und neuromanisch gehalten waren, dann aber auch moderne Bauformen aufgriffen und nicht selten unauffällig in Häuserfronten integriert waren. Überdies wurden neue Formen der Großstadtseelsorge entwickelt. Als organisatorische Matrix diente dabei vor allem die Pfarrei, welche mit ihren vielfältigen Diensten die Grundvollzüge der Verkündigung, Liturgie und Diakonie gewährleistete. Doch zu den örtlich stabilen Pfarreien trat als weiterer wichtiger Faktor der im 19. Jahrhundert entstandene Verbandskatholizismus, der sich zwar personell mit den Pfarreien überschnitt, doch durch neue Organisationsformen deren Grenzen weit überschritt.[19] Das Verbandsleben, das die modernen Errungenschaf-

---

[18] Zu den Entwicklungen und Daten vgl. Kaspar Elm (Hg.), *Seelsorge und Diakonie in Berlin. Beiträge zum Verhältnis von Kirche und Großstadt im 19. und beginnenden 20. Jahrhundert* (Veröffentlichungen der Historischen Kommission zu Berlin 74), Berlin 1990.

[19] Vgl. Herbert Kühr, *Katholische und evangelische Milieus*, in: Dieter Oberndör-

ten der Religions- und Koalitionsfreiheit in Anspruch nahm, verfolgte religiöse und soziale, politische und gesellige, kulturelle und caritative Ziele. Es durchdrang die sozialen Klassen vom Adel bis zum Arbeiter, die Bildungsschichten vom Akademiker bis zu den Dienstboten und die Alterskohorten von den Kindern bis zu den Alten und vermochte flexibel auf städtische Situationen zu antworten. Es trug erheblich zur Bildung eines „katholischen Milieus" bei, das über defensive Züge hinaus auch das Modernisierungspotential des Katholizismus aktivierte. Es sei nur erinnert an den *Volksverein für das Katholische Deutschland* (1890), an den von Lorenz Werthmann begründeten *Charitasverband für das katholische Deutschland* (1897) oder an den von Hedwig Dransfeld mitbegründeten *Katholischen Frauenbund* (1903), die als Sozial-, Caritas- und Frauenbewegungen Antworten auf den Urbanisierungsschub ihrer Zeit gaben.

Neben Pfarreien, Vereinen und Verbänden stellten sich auch Einzelpersonen den besonderen Herausforderung der Großstadtpastoral, sei es auf der praktischen oder der akademischen Ebene. So war nach dem ersten Weltkrieg der Rheinländer Carl Sonnenschein nach Berlin gekommen, durchstreifte die Stadt allerdings nicht als *flaneur*, sondern als *pasteur*. In unzähligen Aktivitäten auf verschiedenen Feldern engagiert er sich als Sozialreformer, Volksredner, Seelsorger und Schriftsteller. So gründete er ein *Sekretariat Sozialer Studentenarbeit*, ein *Allgemeines Arbeits-Amt* (AAA), eine *Caritas für Akademiker* (CFA) und einen *Kreis katholischer Künstler* (KKK). Daneben förderte er das öffentliche Gespräch zwischen Christentum und Moderne durch eine für jedermann zugängliche *Katholische Volkshochschule* (1922) und eine *Akademische Lesehalle* (1926). So spannte er ein System vernetzender Seelsorge, Diakonie und Kultur über die Stadt. In expressionistischem Stakkato verfasste er seine berühmten „Weltstadtbetrachtungen", deren Themenspektrum das Bemühen reflektiert, das Christentum in seinen Kernkompetenzen in einem urbanen Kontext zu artikulieren und zu vermitteln. Auch wenn seine Sicht der Stadt im Stil der Zeit pessimistisch eingefärbt war und er sie eher als paganes und pekkaminöses Phänomen ansah, beschreibt er sie doch auch als Ort des Glaubens und der Bewährung.

---

fer (Hg.), Wirtschaftlicher Wandel, religiöser Wandel und Wertwandel. Folgen für das politische Verhalten in der Bundesrepublik Deutschland, Berlin 1985, 245–261.

So mahnte er am Epiphanietag 1927: „Das erste ist, du sollst gläubig sein. Religiös! Der nicht im Rhythmus der Arbeit, nicht im Rhythmus des Vergnügens, nicht im Rhythmus des Ruhmes untergeht! Der tiefer sucht! Der vor Gott steht! Das erste ist der religiöse Mensch! Darum laßt uns beten! Aber das zweite ist der soziale Mensch! Du sollst dem Bruder helfen! Ohne Zucken. Ohne Zweideutigkeit. Du sollst Christi Angesicht in ihm ehren. Christus kommt zu dir, in ihm! Hinter all der Verborgenheit großstädtischer Not, hinter all der Wüstheit weltstädtischer Dekadenz. Hinter all dem Irrsinn dieser heidnischen Stadt, steht, zu allertiefst, doch des Herrn Ikon. Sein Bild, das Antlitz des Kyrios! Leuchtend! Gebietend! Erfüllend! Das ist seine „Epiphanie"! Knie nieder vor dem Gottesantlitz in deinen Brüdern."[20] Der innovative Großstadtseelsorger Carl Sonnenschein, der am Ende der *roaring twenties* in seiner Stadt Berlin (1929) starb, wünschte der großen Stadt nicht wie Nietzsches *Zarathustra* die Feuersäule und ging auch nicht an ihr vorüber,[21] sondern ging in sie hinein, um hier das „Gottesantlitz" zu treffen, nicht nur zur Kontemplation, sondern auch zur Aktion.

Auf der akademischen Ebene führte der Urbanisierungsprozess in Europa zu ersten pastoraltheologischen Reflexionen auf das Phänomen der Großstadt. Kurz bevor der lutherische Hamburger Pastor Ludwig Heitmann ein dreibändiges Werk über *Großstadt und Religion* (1913–1920) schrieb, verfasste der katholische Pastoraltheologe Heinrich Swoboda das erste Buch über Großstadtseelsorge. Im schwülstigen Stil der Zeit reflektierte er die Phänomene der Urbanisierung, die er in Wien, der Hauptstadt der Habsburger Monarchie, kennengelernt hatte. Er nimmt die Großstadt und ihre Menschen durchaus differenziert wahr und unterscheidet Gebildete, Namenlose, Zuwanderer, Jugendliche, Studenten, Künstler, Kranke und Frauen; er fordert ein Kirchenbauprogramm, um überschaubare Grö-

---

[20] Carl Sonnenschein, *Notizen. Weltstadtbetrachtungen*, Heft 6. Berlin 1927, 52; vgl. Friedel Doért, *Carl Sonnenschein. Seelsorger, theologischer Publizist und sozialpolitischer Aktivist in einer kirchlichen und gesellschaftlichen Umbruchsituation*, Münster 2012.
[21] Friedrich Nietzsche, *Also sprach Zarathustra*, in: Werke in drei Bänden, hg. von Karl Schlechta, Darmstadt ^{6}1969, Bd. 2, 275–561 („Vom Vorübergehen" 425–428).

ßenordnungen für die Pfarreien zu erreichen, in deren Ausbau er die wichtigste Problemlösung sieht. Aber er denkt noch vom Sozialgefüge des Dorfes her und nimmt primär die Gefährdungen wahr, die das Stadtleben mit sich bringe. Er beobachtet, wie man im „Menschenmeer einer Großstadt" allein und unbeobachtet ist; aber er merkt nicht, dass viele unbeobachtet sein wollen. An der Stadt stört ihn vor allem die Anonymität. „Denn mit diesem Umstand entfällt zugleich eine moralische Führung und Mitkontrolle aller und des einzelnen, die in kleinen Gruppen von selbst, und ohne odios zu sein, wirksam wird".[22] Swoboda beklagt also den Verlust der Sozialkontrolle, ohne den Freiheitsgewinn in der Stadt positiv zu werten.

Das Phänomen der Großstadt wurde im 20. Jahrhundert auch Gegenstand künstlerischer Wahrnehmung und Darstellung, ob in der Literatur oder der Kunst. Es sei hier nur an die Großstadtromane der literarischen Moderne erinnert, an den Roman *Ulysses* (1922) des Iren James Joyce, der die Großstadt literarisch entdeckte und am Beispiel Dublins akribisch beschrieb, an den Roman *Manhattan Transfer* (1925) des Amerikaners John Dos Passos, der fragmentierte Biographien in New York montierte, und an den Deutschen Alfred Döblin, der in *Berlin Alexanderplatz* (1929) das Schicksal des Franz Biberkopf, des Einzelnen in der urbanen Totalität Berlins spiegelt. In der bildenden Kunst dieser Zeit sei nur an die expressionistischen Großstadtbilder von Ernst Ludwig Kirchner, Erich Heckel, George Grosz und Ludwig Meidner erinnert, welche eher stadtkritisch die Bedrohung des einzelnen oder die Polarisierung von Arm und Reich in Szene setzten.[23]

In der kirchlichen Kunst der Zeit ragt das (zerstörte) Großstadtfresko des Kölner Kirchenmalers Peter Hecker (1884–1971) hervor, das er in den 1920er Jahren im Rahmen einer Gesamtausmalung der Kirche St. Mechtern in Köln-Ehrenfeld schuf. Das große, im Zweiten Weltkrieg zerstörte Wandgemälde trägt den Titel *Christus in der Großstadt*. In der oberen Hälfte des Freskos dominieren die urbanen Schattenseiten, dargestellt durch Austernstube und grillroom, einen eleganten Monokelträger und hedonistische Personen, aber auch Seifenblasen mit illusionären Trugbildern. In einer Zeitung erscheint das Wort „Lüge", ein Automobil der Marke Rolls Royce erhellt die Szene, ein elegan-

---

[22] Heinrich Swoboda, *Großstadtseelsorge*, Regenburg ²1911, 10.
[23] Zum Überblick und Einblick vgl. Manfred Smuda (Hg.), *Die Großstadt als „Text"*, München 1992.

ter Zeitgenosse, der Häckels *Welträtsel* unter dem Arm trägt, repräsentiert die materialistische Welt. In der unteren Bildhälfte dominiert die hellgewandte Gestalt Jesu, um die sich Zeitgenossen scharen, Mühselige und Beladene der Zeit, Kranke, Arme, Skeptische und Verzweifelte. Zwei männlichen Personen berühren den Heiland des 20. Jahrhunderts, andere, auch Kinder nähern sich ihm oder blicken zu ihm auf. Dazu kommen weitere Personen wie ein Mönch in Ordenstracht und Frauen und Männer in der Mode der Zeit. Während die dunklen Stadtphänomene in der oberen Bildhälfte mit einem präsentisch gewendeten biblische Wort aus der Perikope vom Barmherzigen Samariter interpretiert werden („Sie sehen ihn und gehn vorüber"; vgl. Lk 10, 29–37), trägt das ganze Wandgemälde die Beischrift „Erschienen ist die Güte und Menschenfreundlichkeit unseres Heilands", ein Zitat aus der Lesung zum Weihnachtfest (Tit 3,4). Der Künstler stellt den Heiland der Bergpredigt nicht im historischen Kontext dar, sondern transponiert ihn im Sinn einer applikativen Hermeneutik in einen großstädtischen Kontext, der trotz seiner dunklen Seiten als Ort der Präsenz Christi im Heute erscheint.[24]

4. Urbaner Raum ohne Transzendenz

Gegenläufig zu den christlichen Versuchen, die Stadt bei aller Kritik als Ort der Epiphanie des Göttlichen und als Ort pastoraler und diakonischer Bewährung zu entdecken und zu gestalten, gab es immer auch die Tendenzen, Religion und Kirche als vormodernes und damit obsoletes Phänomen zu erweisen. Damit waren Versuche verbunden, religioide Konkurrenz zu schaffen oder das architektonisch sichtbare Erbe des Christentums auszumerzen.

Gegenüber den gotischen Kathedralen, die den großen Städten Europas eine unübersehbare christliche Präsenz einprägten, hat die Neuzeit nicht selten konkurrierende Gebäude errichtet, deren technische Errungenschaften die neue Zeit veranschaulichen sollten. Im 19. Jahrhundert avancierten die oft mehrschiffigen Hauptbahnhöfe zu den technischen „Kathedralen". In Köln wurde der „Central-Bahnhof",

---

[24] Elisabeth Peters, *Kirchliche Wandmalerei im Rheinland 1920–1940. Ein Beitrag zur Geschichte des Kölner Instituts für religiöse Kunst*, Rheinbach 1996, 218–223, Abb. Nr. 35.

die neue Kathedrale des dampfenden Fortschritts, in direkter Konkurrenz zur alten Kathedrale errichtet. Erhielt diese ihr Licht durch die in Glas aufgelösten Wände, hatte jene ein gläsernes Dach über ihrem Hauptschiff. Neben der neuen Eisenbahnkathedrale bauten die preußischen Könige auch den gotischen Dom nach dem alten Plan weiter, bis seine beiden Türme 1888 vollendet waren. Freilich hatten die Preußenkönige nicht den Sakralraum, sondern ein Nationaldenkmal im Auge; der Dom als „Denkmahl von Deutschlands Kraft / Und protestantischer Sendung", wie es schon Heinrich Heine beschwor (*Deutschland, ein Wintermärchen*, caput IV). Auch die stählernen Gleise zur neuen Kathedrale des Fortschritts bedrängten die alte Kathedrale des Glaubens durch die Eisenbahnbrücken über den Rhein, die 1859 vollendete Dombrücke, eine horizontale Gitterbrücke, und die 1911 am gleichen Ort vollendete Hohenzollernbrücke, eine Bogenbrücke. Auf Geheiß des Preußenkönigs Friedrich Wilhelm IV. verlief die Dombrücke exakt auf der ost-westlichen Längsachse des Doms über den Rhein, so dass die Geleise den Dom bis heute gleichsam von hinten aufs Korn nehmen und in die Kathedrale hineinzuführen scheinen, wenn sie nicht kurz vorher zum direkt daneben platzierten Hauptbahnhof abbögen. Noch zu Beginn des 21. Jahrhunderts wird der Kölner Hauptbahnhof von der Deutschen Bahn als „Kathedrale der Mobilität" beworben.[25]

Die totalitären Systeme des 20. Jahrhunderts kannten verschiedene Weisen des Umgangs mit den Kirchen in urbanen Räumen; sie errichteten Planstädte ohne Sakralorte oder bedrängten und zerstörten religiöse Orte. Die neuen Planstädte wurden für die angesiedelte Industrie angelegt, deren Werkstore sich zum Paradies der Werktätigen öffnen sollten. Beispielhaft steht dafür die „Stadt des KdF-Wagens", die kurz nach Grundsteinlegung des Automobilwerks (1938) durch Adolf Hitler und Ferdinand Porsche gegründet und nach dem Krieg in „Wolfsburg" umbenannt wurde. Die als Gartenstadt konzipierte Industriestadt sollte die Belegschaft für die Produktion des KdF-Wagens aufnehmen, der zum erfolgreichen „Volkswagen" werden sollte. Als orientierende „Stadtkrone" waren auf einer Anhöhe

---

[25] Vgl. Lothar Hammer, *Köln: Die Hohenzollernbrücke und die deutsche Brückenarchitektur der Kaiserzeit*. Köln 1997, 31–47; Ulrich Krings / Rudolf Schmidt (Hg.), *Hauptbahnhof Köln. Kathedrale der Mobilität & modernes Dienstleistungszentrum. Geschichte, Gegenwart, Zukunft*. Weimar 2009.

der Stadt wuchtige Bauten für die herrschende NS-Partei vorgesehen. Eine vergleichbare Gründung vollzog sich nach dem Zweiten Weltkrieg in Brandenburg. Dort stampfte die DDR 1953 die auf ein Eisenhüttenkombinat zugeschnittene „erste sozialistische Stadt Deutschlands" aus dem Boden, zunächst „Stalinstadt" genannt, aber im Zuge der Entstalinisierung 1961 in Eisenhüttenstadt umbenannt. Da die religionslose Musterkommune ohne Kirche auskommen sollte, sorgten gegen alle staatlichen Widerstände unerschrockene Christen wie der evangelische Pfarrer Heinz Bräuer (†2007) für kirchliche Präsenz in Bauwagen, Zelt und Baracke, bis 1978 ein Kirchenbau genehmigt wurde.

Ein ähnlicher und doch unterschiedlicher Vorgang vollzog sich im katholischen Polen, wo 1949 die sozialistische Planstadt Nowa Huta ohne Kirchengebäude erbaut wurde, im konkurrierenden Kontrast zur traditionellen Stadt Krakau mit ihren beherrschenden Kirchen. Der Grundriß der Planstadt ließ in absolutistischer Manier von einem Hauptplatz aus fünf Magistralen in die neue Stadt ausstrahlen, ohne dass ein Sakralraum vorgesehen gewesen wäre. Doch erzwang der Protest der katholischen Arbeiter einen modernen Kirchenbau, der stilistisch an Le Corbusiers Wallfahrtskirche von Ronchamp anschloss. Er wurde 1977 von dem damaligen Erzbischof von Krakau, Karol Woytila eingeweiht, der sich aufgrund solcher Erfahrungen als Papst Johannes Paul II. keinen Illusionen über den totalitären Staatssozialismus hingab und an der Wende zur freiheitlichen Demokratie in Osteuropa mitwirkte.

In der realsozialistischen Sowjetunion wurden zahlreiche Kirchen gesprengt, abgerissen, geschlossen, umgenutzt oder dem Verfall preisgegeben. Die Umnutzung der russisch-orthodoxen St. Isaaks-Kathedrale in St. Petersburg (Leningrad) oder die Sprengung der Erlöser-Kathedrale in Moskau sind nur zwei Beispiele. „Die Detonation am 5. Dezember 1931 war das Geräusch des Krieges, der im Land tobte, mitten in der Hauptstadt. Es war buchstäblich der Kampf um die Hegemonie am Moskauer Himmel. Es ging um den Geist der Stadt und des Imperiums."[26] Eine solche programmatische Zerstörung, die selbst historisch wertvolle Gebäude nicht ausnahm, wurde in mehreren Fällen auch in DDR praktiziert, um die Erinnerung

---

[26] Karl Schlögel, *Terror und Traum. Moskau 1937*, Bonn 2008, 697.

auszumerzen und Hindernisse aus dem Weg zu räumen, die den Sozialismus in seinem Lauf stören könnten. So wurde am 30. Mai 1968 in Leipzig die 700 Jahre alte Universitäts- oder Pauliner-Kirche, die ehemalige Dominikanerkirche der Stadt, die den Krieg unversehrt überstanden hatte, in einem Akt kultureller Barbarei vom DDR-Regime gesprengt, um für die Neugestaltung der Karl-Marx-Universität Platz zu schaffen. Zunächst war eine technisch wohl kaum durchführbare „Verschiebung" vorgesehen oder auch eine Umbauung, um das Gebäude am zentralen Augustusplatz den Blicken zu entziehen und dem sozialistischen Ensemble die Zumutung einer gotischen Kirche zu ersparen. Die stadtplanerischen Entwürfe und die Expertisen der Denkmalpflege, die für den Erhalt der spätgotischen Hallenkirche plädierten, fanden keine Berücksichtigung, da das Politbüro unter Walter Ulbricht dieses Relikt vergangener Zeit verschwinden lassen wollte. Ein kunsthistorisch bedeutsames Gebäude, das über Jahrhunderte mit dem Stadtleben verknüpft war und als gottesdienstlicher Ort beiden christlichen Konfessionen und als akademischer Ort der Universität diente, sollte rücksichtslos eliminiert werden.[27] In der Zeit des „Prager Frühlings" sollte dieser Zerstörungsakt sicher auch eine Machtdemonstration jener Partei (SED) sein, welche die „Diktatur des Proletariats" ausübte. Dass der Streit um Neugestaltung des Ortes und seine religiöse Bedeutung bis in die Gegenwart wogt, zeigt die tiefe Wunde, die der Stadt geschlagen wurde. In derselben Stadt wurde 1989 ein Kirchengebäude zum Kristallisationspunkt der friedlichen Montagsdemonstrationen gegen das Regime, welche zur Wiedervereinigung Deutschlands beitragen sollten. Die Nikolaikirche in Leipzig wurde zum Symbol dieses vom Licht der Kerzen erhellten Weges in die Freiheit. Mitten im Stadtzentrum, gegenüber dem Neuen Rathaus, wird nun, fast fünfzig Jahre nach der Sprengung der Paulinerkirche, die neue katholische Propsteikirche errichtet, die 2014 fertiggestellt werden soll und nicht nur für die Minderheit der Katholiken, sondern auch für die säkulare Stadt ein neuer Sakralort sein wird.

Barbarische Akte gegen Kirchengebäude, die symbolisch der Religion galten, ereigneten sich auch in anderen Ländern. Im slowakischen Teil der ehemaligen Tschechoslowakei gab der Bau der vierspu-

---

[27] Christian Winter, *Gewalt gegen Geschichte. Der Weg zur Sprengung der Universitätskirche Leipzig*, Leipzig 1998.

rigen Neuen Brücke (*Nový Most*, 1967–1972), die in Bratislava über die Donau geführt wurde, den kommunistischen Machthabern und ihren Architekten die Gelegenheit, historische und moderne Stadt gegeneinander in Stellung zu bringen und trotz Protesten der Bürger die Religionen stadtplanerisch zu bekämpfen. Denn zum einen begrub die gesetzlich festgelegte Trasse das über fünfhundert Jahre alte jüdische Viertel der Stadt einschließlich der neologen Synagoge unter sich, zum anderen wurde auch die Kathedrale, der spätgotische Martinsdom, Krönungskirche der ungarischen Könige, vom Stadtkörpers abgeschnitten. Wenige Meter vor dem Eingangsportal bilden die Leitplanken der mehrspurigen Straße eine unüberwindliche Barriere und behindern den Austausch von Stadt und Kirche.

Im realen Kapitalismus des Westens findet eine ökonomisch motivierte Aneignung der Stadtzentren statt, wenn autofreie Einkaufsstraßen das Shopping zum hedonistisch besetzten Ereignis stilisieren. Die zunehmend religioide Aufladung der Warenwelt wird auch in einer städtisch relevanten Bezeichnung der architektonisch oft aufwendigen Einkaufszentren und *shopping malls* deutlich, deren Besuch selbst dann lohnen und den Alltag transzendieren soll, wenn es aus Geldmangel beim Flanieren bleibt. Zu den Einkaufspassagen, die seit Beginn des 20. Jahrhunderts entstehen, kommen zur Stillung des Erlebnishungers weitere umsatzträchtige Unternehmen wie Badelandschaften und Multiplex-Kinos, welche die Alltagswelten transzendieren und temporär andere Welten simulieren. Manchmal werden alten Kirchen Fassaden verpasst, die Warenhäusern nachempfunden sind, wie der Anbau an die Kirche St. Mariä Himmelfahrt im westfälischen Ahaus zeigt. Der Schriftsteller und Zeichner Robert Gernhardt (†2006) benennt im Gedicht „St. Horten in Ahaus"[28] den kritischen Punkt.

In Ahaus steht eine Kirche,
die nennen die Bürger St. Horten.
Der Fremde verharrt entgeistert
in und vor solchen Orten:

Das Ding da ragt und steht,
die Dummheit ist konkret.

---

[28] Robert Gernhardt, *Gesammelte Gedichte 1954 – 2004*, Frankfurt ²2006, 323.

Für diese Kirche in Ahaus
wurde eine alte abgerissen.

Grad noch der Turm blieb übrig,
der Rest hat für immer verschissen:

Er dräut ganz grau und kahl,
die Dummheit ist brutal.

Der Anblick der Kirche in Ahaus
läßt zugleich weinen und lachen.

Traurig, was die da sich trauen,
Komisch, was die da machen:

Das rühmt sich noch des Drecks,
die Dummheit ist komplex.

Die Kirche St. Horten in Ahaus
wird noch in tausend Jahren
Entgeistert davon künden,
wie willfährig wir waren:

Von wegen Qual der Wahl,
die Dummheit war total.

5. Tod und Auferstehung der Kathedralen

Am Anfang des 20. Jahrhunderts, als Frankreich um das Gesetz der *laicïté* (1905) stritt, prägte Marcel Proust (1871–1922) das Wort vom „Tod der Kathedralen". Unter diesem Stichwort erzählte er den futurischen Augenblick, in dem die Kirchen nur als unverständlich gewordene Denkmäler eines vergessenen Glaubens überleben und Schauspieler engagiert werden müssen, um die vergangenen Rituale nachzuspielen.[29] Dieses Menetekel schien kaum übertrieben, da im selben Jahrhundert Kathedralen verfielen, von Staats wegen zerstört wurden oder zu bloßen Denkmälern mutierten. Ist diese Tendenz irreversibel oder steht die Welt am Anfang des 21. Jahrhunderts vor einer Wiedererstehung der Kathedralen, wie sie im Wiederaufbau der

---

[29] Marcel Proust, *Nachgeahmtes und Vermischtes* (Frankfurter Ausgabe, Werke I, Bd. 2), Frankfurt am Main 1989 („Der Tod der Kathedralen" S. 194–205).

1931 zerstörten Erlöser-Kathedrale in Moskau (2000) deutlich wird? Betrachten wir diese Frage an neueren Entwicklungen im Sakralbau.

Das Christentum kennt keine Sakralisierung natürlicher Phänomene oder Orte, die in anderen Kulturräumen mit einer Göttervielfalt ausgestattet haben. Sakrale Orte des Christentums wie Wallfahrtstätten und Kirchen haben ihre Qualität nicht aus sich, sondern aus ihrem Verweis- und Versammlungscharakter. Denn sakrale Räume wie die gotischen Kathedralen erinnern mit ihrem kreuzförmigen Grundriss an Jesu Tod und seine erlösende Kraft, während die bestirnten Gewölbe die überwölbende Transzendenz des Himmels darstellen und die diaphanen Wände das Licht ins Gebäude einlassen. Zugleich symbolisiert die gotische Kathedrale das eschatologische Bild des „himmlischen Jerusalem" (Offb 3,12; 21,2). In den Sakralgebäuden versammeln sich die Gläubigen zur Feier der Liturgie, die Jesus Christus, die Selbstoffenbarung Gottes in der Geschichte erinnert und gegenwärtig setzt, den Raum der Gnade und des Gebets verbindend. Wenn sich die Glaubenden zur Feier der Messe versammeln, dann wird das letzte Abendmahl Jesu in den eucharistischen Gestalten von Brot und Wein vergegenwärtigend gefeiert. Nach theologischem Verständnis ist Christus auch dann „gegenwärtig anwesend" (praesens adest), wenn die Kirche das Wort Gottes hört, betet und singt und die Gläubigen in seinem Namen versammelt sind, wie die Liturgiekonstitution des II. Vatikanischen Konzils hervorhebt *(Sacrosanctum concilium* Nr. 7). Christus im Präsens, das ist der Grund für die Versammlung.

Die Sakralität von Orten ergibt sich mithin aus der symbolischen Präsenz Christi, die das dort versammelte Volk Gottes liturgisch feiert. Mit zunehmender Sensibilität für die Bedeutung der Religion in der späten Moderne wächst auch der Sinn für die Bedeutung heiliger Orte. Symptomatisch dafür mag Santiago de Compostela sein, dessen *Camino* Europa durchzieht und der für viele, die sich auf diesen Weg begeben, zur Parabel ihres Lebenswegs wird. In einem Bestseller über die Wallfahrt heißt es: „Wenn ich es Revue passieren lasse, hat Gott mich auf dem Weg andauernd in die Luft geworfen und wieder aufgefangen. Wir sind uns jeden Tag begegnet."[30] Außer Santiago de

---

[30] Hape Kerkeling: *Ich bin dann mal weg. Meine Reise auf dem Jakobsweg.* München 2006, 345; vgl. Barbara Haab, *Weg und Wandlung. Zur Spiritualität heutiger Jakobspilger und -pilgerinnen* (Praktische Theologie im Dialog 15), Freiburg, Schweiz 1998.

Compostela im nordwestspanischen Galizien gehören zu den viel frequentierten christlichen Wallfahrtsorten Europas Rom, Lourdes und Fatima. In Deutschland sind es Altötting für den Süden und Kevelaer für den Norden, die als heilige Orte zunehmend Menschen anziehen, bis hin zu Bikers auf ihren Motorrädern. In vielen historischen Städten des Kontinents finden sich die meistens architektonisch und künstlerisch bedeutsamen Kirchen. Auch wenn sie mehrheitlich wohl mehr von touristisch als religiös motivierten Besuchern aufgesucht werden sollten, dürfte eine Mischung von Neugier auf das Außergewöhnliche, Interesse am historischen Erbe und an der schönen Form vorherrschen, doch nicht selten in hybrider Mischung auch die Suche nach einem heiligen Ort, der zu Innehalten und Besinnung, Erinnerung und Gebet einlädt. Wallfahrt ist nur ein populärer Sektor in einem Prozess der Transformation von Religion in der späten Moderne, die sich nach dem Ende der Ideologien „auf dem Weg in eine spirituelle Gesellschaft"[31] befindet.

Das massenkulturelle Interesse an historischen Kirchenbauten wird in spektakulärer Weise am Kölner Dom deutlich, der mit über sechs Millionen Besuchern pro Jahr wohl das meistbesuchte Gebäude Deutschlands ist. Ähnliche Anziehungskraft üben auch andere Dome oder herausragende Kirchengebäude wie die rekonstruierte Dresdener Frauenkirche aus. Solche hervorragenden Sakralgebäude prägen nicht nur die Stadtkronen, sondern bieten auch symbolische Raumorientierung für das in fragmentierten Welten existierende Individuum. Die spirituelle Sensibilisierung für Orte des Heiligen in den Städten beschränkt sich nicht auf traditionelle Orte, sondern zeigt sich auch in der Errichtung neuer Sakralbauten aus pastoralen, politischen oder kulturellen Motiven.

In den Städten der Moderne ist nicht mehr die Höhe der Türme ausschlaggebend, da die Kirchtürme längst von den verspiegelten Türmen des Gottes Merkur überflügelt werden. Was den Sakralbau im 20. Jahrhundert auszeichnet, ist die eigene und eigenwillige Formensprache für heilige Orte, die nicht mehr an vergangene Stilepochen anknüpft, aber auch nicht einfach das funktionale Bauen der Moderne oder das ornamental vererkerte der Spätmoderne reproduziert. Zum Höhe- und Ausgangspunkt der neuen Sakralarchitek-

---

[31] Hubert Knoblauch, *Populäre Religion. Auf dem Weg in eine spirituelle Gesellschaft*, Frankfurt / New York 2009.

tur wurde die Wallfahrtskapelle *Notre-Dame-du-Haut* (1954) in Ronchamp (Südvogesen), die der französische Architekt und Städteplaner Le Corbusier als Ort geschaffen hat, der Transzendenz und Immanenz verbinden soll. Versprechen die starken geschwungenen Mauern bergenden Schutz, öffnen die drei Türme den Raum und geben das Licht, während der ganz Baukörper wie ein Schiffsbug Wind und Wellen standzuhalten scheint und zugleich das schwebende Himmelsdach hält. Vorkämpfer eines zeitgenössischen Kirchenbaus in Deutschland waren vor allem Rudolf Schwarz und Gottfried Böhm, die dem Versammlungsraum der Gläubigen eine Architektur verschafften, die zugleich nüchterner Bedeutungsträger ist. Durch Quadrat und Kubus, kreisrunden oder polygonalen Grundriss, Hallenform oder Zeltform gaben sie dem Sakralbau eine unverwechselbare Gestalt und dem Heiligen einen architektonischen Ort.

Ein Blick auf neue Kathedralen des 20. Jahrhunderts zeigt die unterschiedliche Formensprache des modernen Sakralbaus in kulturell sehr unterschiedlichen Kontexten.[32] Bei Le Corbusier ging der japanische Architekt Kenzo Tange in die Schule, der in der japanischen Hauptstadt Tokyo eine katholische Kathedrale baute, die im selben Jahr 1965 eingeweiht wurde, in dem das Zweite Vatikanische Konzil endete. Diesem Sakralgebäude gab er eine glänzende Außenhaut aus Stahl und den Grundriss in Form eines Kreuzes, dessen Arme sich hyperbolisch in den Himmel strecken. In der Formensprache der architektonischen Moderne soll die Kathedrale nicht nur Versammlungsort einer verschwindend kleinen Minderheit sein, sondern auch und zumeist ein Symbol des Transzendenten und Heiligen in einer Stadt, die weitgehend säkularisiert ist. Der Bau schließt sich nicht der Formensprache der traditionellen Orte des Heiligen im Land an, die von shintoistischen Schreinen und buddhistischen Tempeln repräsentiert werden, sondern setzt auf die Differenz zur traditionellen religiösen Kultur, die sich zugleich in die säkulare Moderne inkulturiert. Bei dem 1991 errichteten neuen Rathaus von Tokyo *(Tocho Metropolitan Government Building)* zitiert derselbe Architekt die zweitürmige Fassade der Pariser Kathedrale Notre Dame und betont damit den Kathedralencharakter moderner Hochhäuser.

---

[32] Vgl. Phyllis Richardson, *Neue sakrale Architektur. Kirchen und Synagogen, Tempel und Moscheen.* München 2004 (Ronchamp S. 5; Brasília S. 9; Los Angeles S. 162ff).

Eine andere städtische Funktion erfüllt die Kathedrale, die für die neue Hauptstadt Brasiliens gebaut wurde, eines großen Landes, dessen religiöse Traditionen stark im katholischen Christentum wurzeln, auch wenn afrobrasilianische und pentekostale Bewegungen an Boden gewinnen. Für Brasília, die auf dem Reißbrett geplante Hauptstadt des 20. Jahrhunderts, hatte der brasilianische Architekt Oscar Niemeyer, der ebenfalls bei Le Corbusier Handwerk und Sprache der architektonischen Moderne erlernt hatte, von vornherein einen Platz im Gesamtensemble vorgesehen. Der Plan der Stadt gleicht aus der Vogelperspektive einem Vogel im Flug, dessen Grundstruktur freilich aus zwei sich im Winkel von 90 Grad kreuzenden Achsen besteht und folglich ein Kreuz bildet. Die 1970 entstandene Kathedrale ist den öffentlichen Gebäuden an der Hauptachse zugeordnet. Weitgehend unterirdisch gebaut, ist sie oberirdisch an den hyperbolisch nach oben strebenden Betonsegmenten zu erkennen, die eine multiple symbolische Deutung erfahren, eine naturale als aufgehende Blüte, eine kulturale als Rundzelt, eine religiöse als Dornenkrone. Im Unterschied zu den kubischen Baukörpern der neuen Stadt ist die Kathedrale *Nossa Senhora Aparecida* kreisrund gehalten und im Innenraum äußerst karg ausgestattet; dort schweben in trinitarischer Allusion drei Engel von oben herab.

Einen kulturell und religiös anderen Kontext für einen Kathedralneubau bildet Evry, eine *nouvelle ville* der Banlieu von Paris. In dieser Metropole kann man schon an der Nummer der 20 Arrondissements, die sich spiralförmig aus dem Zentrum entfalten, die soziale Lage ablesen. Zu den umliegenden Neustädten der ausufernden Metropole gehört Evry, in dem sich Prekariat und Forschungsintelligenz mischen, jedenfalls zu einem bunten Gemisch mit jungem Durchschnittsalter. In nationaler Kraftanstrengung, bei der außer Kommune, Kirche und Kultusminister viele Spender beteiligt waren, entstand eine neue Kathedrale (1995), die Gläubige und Neugierige gleichermaßen anzieht. Sie hat dem amorphen Gebilde ein orientierendes Zentrum und einen Hauch von Urbanität gegeben. Das Gebäude des schweizerischen Architekten Mario Botta ist ein fassadenloser Rundbau aus Backstein mit abgeschrägtem Dach. Von außen ist das Gebäude, auf dessen Dach im Außenkreis Linden angepflanzt sind, nur an einem kleinen Kreuz als Kirche zu erkennen. Die Kathedrale ist in einer Zeit des erzwungenen Rückzugs und nicht selten gewollten Unsichtbarwerdens ein Zeigegestus auf

Gott in der Banlieu, aber auch ein neuer Selbstausdruck der katholischen Kirche, die öffentlich zur integrierenden Mitte einer gesichtslosen Stadt wird.

Schon ins 21. Jahrhundert gehört der Neubau der Kathedrale von Los Angeles, der multikulturellen und multireligiösen Metropole, die aufgrund geringer Verdichtung eine immense Ausdehnung angenommen hat. Diese Großstadt gilt als historischer Geburtsort des enthusiastischen Pfingstlertums und zeigt ein enormes Spektrum religiöser Gruppierungen, die durch kulturelle Zugehörigkeiten zu hispanischen, asiatischen, afroamerikanischen oder pazifischen Kulturen zusätzliche Diversifizierung erfahren. An kaum einer Großstadt läßt sich die religionsproduktive Moderne besser studieren als an LA. An den großen Magistralen, welche die verschiedenen Stadtteile und downtowns miteinander verbinden, und im weiteren Einzugsgebiet unterhalten die Religionen und religiösen Gruppierungen ihre kleinen oder großen Einrichtungen. Zu den großen zählt die 1980 von einer Freikirche errichtete *Crystal Cathedral* in Südkalifornien, eine der multifunktionalen *Megachurches*, die eher an Konzertsäle und Vortragsarenen erinnern. Allerdings wird sie ihren Charakter ändern, da die katholische Diözese Orange das Gebäude erworben hat und als eigene Kathedrale nutzen wird.

Die katholische Erzdiözese Los Angeles verkaufte nach dem Erdbeben von 1994 die schwerbeschädigte Kathedrale im alten *downtown* und ließ von dem spanischen Architekten Rafael Moneo eine neue Kathedrale errichten, die 2002 auf den Namen *Cathedral of our Lady of the Angels* eingeweiht wurde.[33] Dieser neue heilige Ort in der großen Stadt greift nicht nur das Adobe-Ocker der Wüste auf, sondern zitiert in seiner multiplen Formensprache sowohl die moderne, aber auch die indigene und die hispanisch-mexikanische Kultur. Die Kathedrale liegt am achtstreifigen Hollywood Freeway 101 und zeigt von erhöhter Stelle allen, die im automobilen Fluss vorbeirauschen, das christliche Erlösungszeichen des Kreuzes. Auch nach innen gibt dieses in ein opakes Fenster eingelassene Kreuz dem grandiosen Raum von der Altarseite her gedämpftes Licht. Wenn sich zur sonntäglichen Liturgie Menschen vieler Kulturen und Hautfarben, vor allem *hispanics* versammeln, dann zeigt diese Miteinander die christliche Heilsgemeinde,

---

[33] Francis J. Weber, *Cathedral of Our Lady of the Angels*, Los Angeles 2004.

die „in Christus" eins ist (vgl. Gal 3,28), aber auch die Integrationskraft des Glaubens in einer multikulturellen Stadt.

Über die neuen Kathedralen als urbane Orte des Heiligen hinaus sind auch die neuen Wallfahrtskirchen an prominenten Orten wenigstens zu erwähnen. Hierzu zählt in der Hauptstadt Mexikos die Basilika *Nuestra Señora de Guadalupe*, das religiöse Zentrum nicht nur der Megastadt Mexiko, sondern auch des Landes und Lateinamerikas, einschließlich der in den Norden emigrierten *hispanics*.[34] Die neue Basilika wurde 1976 von dem mexikanischen Architekten Pedro Ramírez Vázquez erbaut und beherbergt das Gnadenbild der *Virgen* mit indigenen Zügen, das sowohl nach aztekischem als auch nach spanischem ikonographischen Code lesbar ist. In Süditalien errichtete der italienische Architekt Renzo Piano in San Giovanni Rotondo eine monumentale Wallfahrtskirche in einer eleganten Rippengewölbekonstruktion. Es ist der Ort, an dem der Kapuziner Padre Pio (Francesco Forgione, †1968), der schnell kanonisierte Heilige des Volkes, seine Predigten hielt und aufgrund seiner Stigmata, aber auch wegen seiner Beichtpastoral und Heilungskraft die Massen anzog. Zur prägenden Keimzelle von Stadt und Region geworden, zieht der Ort Millionen von Pilgern an.

Außer diesen außergewöhnlichen Orten spiritueller Ausstrahlung und Attraktion gibt es zahlreiche „alltägliche" Sakralorte, die in den letzten Jahrzehnten in Europa und in Deutschland erbaut wurden.[35] Sie zeigen die nach wie vor große pastorale Bedeutung „moderner" Orte für gottesdienstliche Versammlungen und privates Gebet. Aufgrund der überzeugenden Konzeptionen seien exemplarisch genannt: die *Herz-Jesu-Kirche* in München (2000) mit monumentalem Portal, die Pfarrkirche *St. Canisius* in Berlin aus zwei Kuben (2002) und die Kirche *Notre Dame de Pentecôte* (2001) mit freistehender Glaswand (écrane) anstelle eines Turms, errichtet in der Bürostadt La Défense bei Paris.

Nicht zuletzt entstehen im Zeichen der Mobilität auch an neuen Orten Kapellen, an denen man sie bisher nicht vermutete. So richte-

---

[34] David Brading, *Our Lady of Guadalupe. Image and tradition across five centuries*, Cambridge 2001.

[35] Wolfgang Jean Stock (Hg.), *Europäischer Kirchenbau 1950–2000*, München Berlin 2002; Angelika Nollert u. a. (Hg.), *Kirchenbauten in der Gegenwart. Architektur zwischen Sakralität und sozialer Wirklichkeit*, Regensburg 2011.

ten internationale Flughäfen wie die von Frankfurt am Main und München gottesdienstliche Räume ein, in denen kirchliche Dienste der Flughafenseelsorge angeboten werden. Auch in anderen Ländern folgt die Kirche der Mobilität, wenn etwa das orthodoxe Patriarchat in den Bahnhöfen Moskaus Bahnhofskirchen für die Reisenden einrichtet. Andere ungewöhnliche Orte gottediensetlicher Räume sind städtische Fußballstadien wie die Veltins-Arena des FC Schalke 04 in Gelsenkirchen, die Commerzbank-Arena in Frankfurt. Die ökumenische Kapelle im Berliner Olympiastadion zeigt biblische Texte in vielen Sprachen auf den goldenen Wänden einer Ellipse, die Kapelle im Stadion Camp Nou des FC Barcelona eine Replik der schwarzen Muttergottes von Montserrat.

Ein weiterer Blick über Europa hinaus zeigt zum Beispiel im asiatischen und ozeanischen Raum vielfältige Bemühungen der christlichen Konfessionen um die Gestaltung von Kirchen und gottesdienstlichen Räumen. Trotz der meist gegebenen Minderheitensituation hat das Christentum dort in großer Variabilität Kirchenbauten und sakrale Orte hervorgebracht. Das gilt nicht nur für die kolonialen Zeiten der frühen Neuzeit und des 19. und 20. Jahrhunderts, sondern mehr noch für die postkolonialen Zeiten. Hier knüpft man sowohl an kontextuelle Formen und Stile an, wählt aber auch Mischformen oder die architektonische Moderne.[36]

Über die architektonisch gestalteten und ästhetisch ansprechenden Beispiele hinaus dürfen aber nicht jene sakralen Orte ausgeblendet werden, die sich am Rande der Megalopolen und Großstädte finden lassen, in den meist illegalen Spontansiedlungen der barrios, bidonvilles und slums ohne Infrastruktur. Doch gerade in den Armensiedlungen wachsen oft kleinste christlichen Gemeinschaften und ihre heiligen Orte aus den ortsüblichen Baumaterialien. So zeigt die Kartierung der Favela Floresta da Barra da Tijuca in Rio de Janeiro mehrere Orte dieser Art an.[37] An solchen Orten und in Gemeinschaften, auch wenn sie noch so klein und arm sind, ist „Chris-

---

[36] Exemplarisch zur indischen Kirchenarchitektur: Anand Amaldass / Gudrun Löwner, *Christian Themes in Indian Art. From the Mogul Times till Today*, New Delhi 2012, 355–405.
[37] Dirk Bronger, *Megalopolen, Megastädte, Global Cities. Die Metropolisierung der Erde*, Darmstadt 2004, 161.

tus gegenwärtig" (praesens est Christus), wie das Konzil betont (*Lumen gentium* Nr. 26).

6. Kirchliche Agenda zur Urbanität

Auf der urbanen Agenda der christlichen Kirchen[38] steht neben den Aufgaben eines strukturellen Umbaus, der durch demographische Entwicklungen und säkulare Tendenzen unabweisbar geworden ist, die Frage einer pastoralen Kriteriologie für die kirchliche Agenda, die den Umbruch als Aufbruch gestaltet. Viele europäische und deutsche Städte stehen angesichts des demographischen und religiösen Wandels in ökumenischer Gemeinsamkeit vor dem Problem einer großen Zahl selten genutzter oder überdimensionierter, maroder und überflüssiger Kirchengebäude, meistens in Wohngebieten, aber auch in Citylage. Sollen sie einer anderen kirchlichen Nutzung zugeführt werden oder gar profaniert und dann vermietet oder verkauft werden? Oder soll gar der Abbruchbagger sein Werk tun und für ein geordnetes Verschwinden sorgen? Auch wenn sich diese Frage bei denkmalgeschützten sowie architektonisch oder künstlerisch bedeutsamen Bauwerken erübrigt, so wird sie doch aufgrund zahlenmäßig abnehmender Gemeinden und geringerem Kirchensteueraufkommen zunehmend dringlicher. Verschwinden die Orte des Heiligen allmählich oder können sie den heutigen Erfordernissen entsprechend neu geordnet werden? Bisweilen stellt sich freilich umgekehrt die Frage nach einem Wiederaufbau, wie im Fall der protestantischen Frauenkirche in Dresden, die seit ihrer Zerstörung im Zweiten Weltkrieg in Trümmern lag. Sie gehörte nicht nur zur Silhouette der Stadt, sondern auch zu ihrer Identität und wurde nach der Wende völkerverbindend wieder aufgebaut. „Auferstanden aus Ruinen" (Johannes R. Becher) konnte sie 2005 in neuer Pracht wieder eingeweiht werden und bildet nun zusammen mit der katholischen Hofkirche am Elbufer das ästhetische und spirituelle Herz der Stadt.

Wie sich der Umbruch in der europäischen Kirchenlandschaft vollzieht, läßt sich wohl am radikalsten in den Niederlanden und in

---

[38] Zum ökumenischen Aspekt: *Gott in der Stadt. Perspektiven evangelischer Kirche in der Stadt*, hg. vom Kirchenamt der Evangelischen Kirche in Deutschland, Hannover 2007.

Belgien beobachten. Die spätgotische *Eusebius Kerk* in der City der Stadt Arnheim am Niederrhein, deren Baubeginn im Jahr 1450 lag, war die große Hauptkirche. Bei der Schlacht um die Brücke von Arnheim im September 1944 wurde die Eusebiuskirche mit ihrem charakteristischen Turm zerstört, nach dem Krieg aber durch Initiative der Bürger im alten Stil wieder aufgebaut. Seit 1961 wird sie jedoch nicht mehr als Kirche genutzt, sondern als multifunktionales Gebäude, dessen Eingangstüren mit Symbolen der Popularkultur, den Zwergen aus dem Schneewittchenmärchen im Walt-Disney-Stil, geziert sind. Man kann den ehemaligen Kirchenraum für *candlelight dinners* mieten, es finden Konzerte, Kunstausstellungen und Theateraufführungen statt, kommerzielle Unternehmen veranstalten dort Computerbörsen und Orthopädiemessen, für Parties und Festivals ist im Seitenschiff ein Tresen ins Chorgestühl eingebaut. Wie zur „Unterbrechung" des Betriebes findet einmal im Monat ein Gottesdienst statt. Ein ähnliches Schicksal erfuhr die *Hooglandse Kerk* in Leiden, eine geräumige spätgotische Hallenkirche in Kreuzform, die im 16. Jahrhundert für einige Jahrzehnte Kathedrale war, bevor sie protestantisch wurde. In den Sommermonaten für Besucher geöffnet, kann man sie für Kongresse und andere events anmieten. Man kann solche Umnutzungen von ehemaligen Kirchenräumen pragmatisch betrachten und entdramatisieren; aber man sollte ihre symbolische Ausdruckskraft nicht unterschätzen. Sind Umwidmungen nur ein Funktionswechsel oder erleidet die Struktur der Stadt oder des Quartiers einen Verlust, weil ein Zentrum verloren geht, das über Generationen Identität gewährleistet und religiösen Sinn gestiftet hat?

Vor kommerziellen Fremdnutzungen sucht man in Deutschland zunächst innerkirchliche Umnutzungen, sei es zu profilierten Citykirchen mit bestimmten überpfarrlichen Aufgaben (Jugendkirche, Trauerkirche, Meditationskirche) oder als „Kolumbarien", als Grabstätten mit Urnengräbern, die in Stelen untergebracht sind, wie etwa in Aachen (St. Josef) oder Erfurt (Allerheiligen). Auch kulturelle Umnutzung von Kirchen zu Konzert- oder Theatergebäuden, Bibliotheken oder Bürgerzentren werden praktiziert und stehen zur Debatte.[39] Allerdings handelt es sich prozentual um sehr geringe An-

---

[39] Vgl. Albert Gerhards / Martin Struck (Hg.), *Umbruch – Abbruch – Aufbruch? Nutzen und Zukunft unserer Kirchengebäude*, Regensburg 2008; Angelika Büchse

teile des Kirchenbestands. Dieser liegt für die katholische Kirche in Deutschland bei mehr als 24.000, in den evangelischen Landeskirchen bei etwa 21.000 Kirchengebäuden. Von diesen aber stehen jeweils weit weniger als 2 % zur Disposition, weil sie liturgisch nicht mehr genutzt werden, baufällig oder schadstoffbelastet sind oder umgewidmet werden.

Warnungen vor einem ikonoklastischen Feldzug oder einem Kirchensterben sind also sicher übertrieben. Ebenso übertrieben war aber gewiss auch der auf kurzfristige Situationen zugeschnittene Baumboom der Kirchen in der Wirtschaftswunderzeit. Niemals wurden in Deutschland in so kurzer Zeit so viele Kirche erbaut wie im 20. Jahrhundert, in dessen zweiter Hälfte sich zugleich ein starker Rückgang an aktiven Kirchennutzern im Sinn von Gottesdienstbesuchern ereignete. Denn die Quote fiel von gut 50 % in den 50er Jahren des 20. Jahrhunderts auf etwa 12 % im Jahr 2012, in absoluten Zahlen von fast zwölf Millionen auf etwa drei Millionen Katholiken; im protestantischen Bereich liegt die derzeitige Quote bei ungefähr 2 % Gottesdienstbesuchern. So sehr die Reduzierung der Kirchengebäude wegen mangelnder Nutzung oder aus baulichen Gründen bisweilen geboten ist, so stellt der Abriss doch eine *ultima ratio* dar, zumal nicht nur architektonischen Gesichtspunkte zu berücksichtigen sind, sondern auch soziale, kulturelle, historische und biographische Hintergründe.

Die Kirchenleitungen haben sich schon im Vorfeld einschneidender Maßnahmen mit der Umnutzung von Kirchen befasst und nach geeigneten Kriterien gesucht. So hat die Deutsche Bischofskonferenz (DBK) angesichts veränderter Lebensräume, wie der Verlagerung von Wohngebieten oder der Verödung von Stadtzentren, aber auch abnehmender Finanzen Optionen für den Umgang mit Kirchengebäuden entwickelt. Diese werden *ad intra* als Orte des Heiligen, der Gottesdienste, individueller Frömmigkeit und religiöser Tradition betrachtet und *ad extra* als Orte kirchlicher Präsenz, individueller und gruppaler Identität, anderer Wirklichkeitserfahrung („Oasen in einer ökonomisierten Umwelt") sowie als Orte von Kunst und Geschichte. Über das kirchliche Interesse hinaus gebe es ein öffentliches Interesse, das sich im gesetzlichen Schutz der Kulturgüter nie-

---

u. a. (Hg.), *Kirchen – Nutzung und Umnutzung. Kulturgeschichtliche, theologische und praktische Reflexionen*, Münster 2012.

derschlägt, zu dem zahlreiche Kirchengebäude gehören. Doch über die staatliche und kirchliche Denkmalpflege hinaus, das sei hinzugefügt, mühen sich private Initiativen und Stiftungen um Erhalt und Renovierung von Kirchen.

Als Grundsätze für die Abwägung von Nutzungserweiterung, Umnutzung oder Profanierung nimmt das Dokument der Bischofskonferenz in seiner Kriteriologie einerseits kirchlich-liturgische Aspekte auf, andererseits denkmalpflegerisch-kulturelle und baulich-nutzungstechnische Aspekte. Auf diesem Hintergrund werden drei Optionen im einzelnen erörtert: Wenn das Kirchengebäude im kirchlichen Eigentum verbleibt, ist über eine Veränderung der liturgischen Nutzung nachzudenken, zum Beispiel die Einrichtung einer Citykirche als muttersprachliche Gemeinde oder als Trauerort. Wird die liturgische Nutzung beendet, so dass das Gebäude zu anderen kirchlichen oder zu kommerziellen Zwecken umgewidmet werden kann, dann soll die neue Nutzung dem Charakter des Gebäudes nicht „zuwiderlaufen". Wird das Kirchengebäude aber verkauft, dann ist eine Profanierung erforderlich und eine Vertragsgestaltung, welche die neuen Eigentümer an Nutzungsklauseln bindet. Die kultische Nutzung durch nichtchristliche Religionsgemeinschaften wie Islam, Buddhismus oder Sekten hält das Dokument „wegen der Symbolwirkung" und der „Rücksicht auf die religiösen Gefühle der katholischen Gläubigen" für nicht möglich.[40] Wird das Kirchengebäude schließlich abgerissen, weil es nicht mehr benötigt wird oder in seiner baulichen Gestalt unbedeutend ist, dann kann das Grundstück anderweitig für kirchliche Zwecke genutzt oder an andere Eigentümer verkauft werden, wobei eine Erinnerung an den früheren Sakralort empfohlen wird.

Angesichts der demographischen und kircheninternen Entwicklungen setzen die Diözesen Deutschlands und anderer europäischer Länder wie Frankreich auf territoriale Neugliederungen des Pfarreiennetzes, die mehr oder weniger drastische Einschnitte oder besser: neue Zuschnitte vornehmen.[41] Man spricht diözesan unterschiedlich,

---

[40] *Umnutzung von Kirchen. Beurteilungskriterien und Entscheidungshilfen* (Arbeitshilfen 175), hg. vom Sekretariat der Deutschen Bischofskonferenz. Bonn 2003, hier 20.
[41] Vgl. Reinhard Feiter, *Von der Pfarrei zur Pfarrgemeinde zum „größeren pastoralen Raum". Pastoraltheologische Überlegungen zur Zukunft der Pfarrei in der*

aber in der Regel bürokratisch von „Seelsorgeeinheiten" (Köln), „Gemeinschaft von Gemeinden" (Aachen), „Pfarreienverbünden" (Mainz) oder „Pfarreien neuen Typs" (Limburg).[42] In allen Fällen geht es um Reduzierung der kleinteiligen kirchlichen Raumordnung durch pastorale Kooperation von Pfarreien oder Bildung einer Pfarrei mit mehreren Gottesdienstorten oder Kirchorten. Die Veränderungen sind insofern sehr erheblich als Reduzierungen der bisherigen 11.000 Pfarreien (2011) auf ein Drittel oder ein Viertel ihres bisherigen Bestands geplant werden. Dabei kann man davon ausgehen, dass die neuen Einheiten a la longue die neuen Pfarreien mit jeweils mehreren Kirchengebäuden und Gottesdienstorten sein werden.

Die neuen Pfarreien im städtischen Raum sind gewiss nicht nur ein der personellen Situation geschuldeter Notnagel, sondern bieten auch neue Chancen. Denn sie orientieren sich am größeren Lebensraum, der von Bildungseinrichtungen und Krankenhäusern, Einkaufszentren und kulturellen Institutionen, großen Betrieben, Handel, Gewerbe und Freizeitmöglichkeiten geprägt ist. Die Schaffung größerer Räume ist nicht nur ein organisatorisches oder finanzielles Gebot der Stunde, sondern auch ein pastorales. Zeigt doch der empirische Blick, dass in Großstädten überraschenderweise mit der wachsenden Größe der Pfarrgemeinden auch die Zahl der Teilnehmenden zunehmen kann. Das dürfte nicht zuletzt daher rühren, dass die Freiheitsräume für das Individuum sich weiten und verschiedene Gruppen- und Frömmigkeitsstile ihren Platz finden und nicht ein einziges Milieu dominant auftritt. Unter dieser Rücksicht mag es auch leichter fallen, zu groß gewordene Institutionen nach gutem haushälterischen Prinzip zu reduzieren oder zu verkleinern. Kirchliche Immobilien dürfen spirituell und pastoral nicht immobil machen, sondern müssen funktional dazu verhelfen, mobil zu bleiben, sich um Gottes willen auf die Nahen und Fernen in der Stadt hin zu bewegen.

Alle kirchenorganisatorischen Strukturreformen und situationsbedingten Umnutzungen von Sakralorten folgen weder einem Selbstzweck noch rein verwaltungstechnischen oder finanziellen Kri-

---

Stadt, in: Werner Freitag, Die Pfarre in der Stadt. Siedlungskern – Bürgerkirche – Urbanes Zentrum, Köln / Weimar /Wien 2011, 245–263.

[42] Zum Strukturwandel vgl. Bernhard Spielberg, *Kann Kirche noch Gemeinde sein? Praxis, Probleme und Perspektiven der Kirche vor Ort* (SThPS 73), Würzburg 2008, 86–274.

terien, sondern bedürfen einer inhaltlichen Kriteriologie. An verschiedenen historischen Epochen kann man ablesen, nach welchen Maßstäben das Christentum in den Städten agierte und das Stadtleben mitgestaltete.[43] Das gilt für die kleinen Hausgemeinden (ekklēsíai) des frühen Christentums und für die großen Basiliken in den spätantiken Städten, in denen sich ein Ethos des Miteinanders und des Mitleids mit den Schwachen entfaltete. Es gilt für die raumzeitliche Prägung alteuropäischer Städte durch Kirchtürme mit Uhren, welche die Dächer der Stadt weit überragten und den Bürgern Tag und Nacht unüberhörbar mitteilten, was die Stunde geschlagen hatte. Es gilt für die pastorale Durchdringung der Städte durch die Bettelorden oder für die urbane Option in der frühen Neuzeit, die auf Pastoral, Diakonie und Bildung setzte. Es gilt für die Pflege der Liturgie in den Kathedralen und Klöstern sowie für die Wohlfahrtspflege in Hospitälern und durch Almoseniers.

Im heutigen Kontext geht man von einer normativen Trias von kirchlichen Grundvollzügen aus, die sich nach dem Zweiten Vatikanischen Konzil theologisch eingebürgert und pastoral auch für den urbanen Raum bewährt hat.[44] Es handelt sich um die Grundaufgaben des Glaubensdienstes, des Gottesdienstes und des Nächstendienstes, kurz „Martyria", „Leiturgia" und „Diakonia" genannt, die Hugo Aufderbeck als pastoraler Vordenker in der ehemaligen DDR schon in den 50er Jahren ins Spiel gebracht hatte und die im Rahmen der Gemeinsamen Synode der Bistümer in der Bundesrepublik Deutschland (1971–1975) von den Theologen Walter Kasper und Karl Lehmann rezipiert und mit nachhaltigem Erfolg als Realisationsformen der kirchlichen Sendung bestimmt wurden. Letzterer bestimmte die „Perichorese" der Grundfunktionen anschaulich auf folgende Weise: „Wenn die Verkündigung des Evangeliums nicht in der Anbetung gründet, wird sie leicht Gefasel und plärrender Lautsprecher. Wo die Predigt sich nicht in der Liebe bewährt, erstarrt sie zur Formel. Liturgie, die nicht mehr vom belebenden und stets neue Horizonte eröffnenden Wort Gottes her vollzogen wird, entartet zu einem routiniert durchgespielten Ritus. Ein Gottesdienst, der nicht –

---

[43] Exemplarisch hierzu Richard Sennett, *Fleisch und Stein. Der Körper und die Stadt in der westlichen Zivilisation*, Berlin 1995, 157–188, 215–232.

[44] Michael Sievernich, *Urbanität und Christentum. Konturen einer Theologie der Stadt*, in: Pastoraltheologie 79 (1990) 95–115.

wenigstens indirekt – zur Verantwortung vor der Welt ruft, droht zu einem selbstgefälligen Spiel einer sich selbst betrachtenden Gemeinde zu werden. […] Ohne die Verwurzelung im Gebet wird die Caritas bald zu einem seelenlosen Betrieb, der den anderen Bürokratien unseres Landes nicht viel nachsteht. Die einzelnen Lebensvollzüge der Kirche sind also aufeinander angewiesen, sie inspirieren sich und schaffen ein immer wieder neu zu suchendes und zu erhaltendes Gleichgewicht."[45] Voraussetzung und Ergebnis dieser Grundvollzüge ist die Gemeinschaft (Koinonia).

Sicher wird man diese Triade von den biblischen Anfängen und im Lauf der Geschichte der Kirche ohne hermeneutische Verrenkungen vielfach entdecken können, auch wenn Begrifflichkeit und Kombination jeweils unterschiedlich ausfielen. Das ignatianische Pastoralprogramm ist nur eines von vielen Beispielen. Die theologisch solideste Begründung der kirchlichen Grundfunktionen hat Karl Rahner geliefert, der die Kirche als Präsenz der Wahrheit und Liebe Gottes bestimmt, welchen Präsenzweisen im Logos und Heiligen Geist die Grundfunktionen der Verkündigung und der Caritas entsprechen; der Dank an Gott für seine Präsenz kommt in der Feier der Liturgie als mittlere Grundfunktion zum Ausdruck.[46] Heute dient die Triade auch als heuristisches Raster, um an bestehenden Orten die Verkündigung des Wortes, den Vollzug der Sakramente und den Dienst der christlichen Liebe zu identifizieren, aber auch um neue Orte für die Grundgesten zu finden und zu gestalten.

Was den Glaubensdienst des Erinnerns in der Städtewelt angeht, ist an die flächendeckenden Pfarreien zu denken, die den Stadtquartieren zugeordnet sind und sich auf Stadtebene mit je eigenem Profil vernetzen. Eine so vernetzte Stadtkirche kann auch gewährleisten, dass ihre Sichtbarkeit über das quartierbezogene parochiale Netz hinaus auch in anderen christlich inspirierten Institutionen aufleuchtet, von Krankenhäusern und Kindergärten in kirchlicher Trägerschaft bis zu Caritasstationen als Zufluchtsorten in den Wechselfällen

---

[45] Karl Lehmann, *Signale der Zeit – Spuren des Heils*, Freiburg im Breisgau, ²1989, 151f.; vgl. Walter Kasper / Karl Lehmann, *Die Heilssendung der Kirche in der Gegenwart* (Pastorale, Einleitungsfaszikel), Mainz 1970, 69–89.

[46] Karl Rahner, *Selbstvollzug der Kirche. Ekklesiologische Grundlegung praktischer Theologie* (Sämtliche Werke Bd. 19), Freiburg im Breisgau / Solothurn 1995, 47–61.

des Lebens. Darüber hinaus kann ein *acceuil* in historisch bedeutsamen Kirchen oder Kirchenläden, in Kirchencafés und niederschwelligen Foyers, die den modernen Städter *en passant* ansprechen, neue Wege im spirituellen Dickicht der Städte bahnen. Dem entspricht eine Passantenpastoral, die den Glauben „zu Markte trägt" und unaufdringliches, doch unmißverständliches Zeugnis gibt. Die üblichen Pfarrgrenzen überschreitet eine Institution wie die von Friedhelm Mennekes begründete Kunststation St. Peter in Köln, die gottesdienstliches und künstlerisches Geschehen verbindet, zum Beispiel durch eine leuchtende Installation des britischen Konzeptkünstlers Martin Creed am romanischen Turm der Pfarrkirche, die im Herzen der Stadt weithin sichtbar in vier Sprachen verkündet „Don't worry", „Sorge dich nicht" (vgl. Mt 6,25).[47] Der *acceuil* bezieht sich nicht nur auf hochkulturelle, sondern auch auf höchst einfache Weisen für alle Leute, auch wenn sie in prekären Situationen leben müssen oder Neuankömmlinge in der urbanen Welt sind.

Viele große und kleine Städte haben inzwischen Initiativen der CityPastoral unternommen, die kaum mehr zu überschauen sind und vom Pioniergeist beim Entdecken neuer Orte auf Straßen und Plätzen, in Passagen und Einkaufszentren, vor Domen und Kaufhäusern zeugen.[48] Der christliche Glaube darf sich nicht aus falsch verstandener Bescheidenheit verstecken oder aus dem öffentlichen Raum zurückziehen. Vielmehr käme es einerseits darauf an, zunächst eine religiöse Stadterkundung vorzunehmen, um ihre vorhandene, oft in Jahrhunderten gewachsene christliche Signatur zu entziffern, und es andererseits als Desiderat zu begreifen, Kirche in allen Vollzugsformen einladend präsent machen und „neue Formen einer ästhetisch-politischen Realpräsenz des Christentums im Kernbereich moderner Städte" zu entwickeln.[49] Über solche Formen institutioneller Präsenz hinaus ist natürlich immer das personale Zeugnis überzeugender Christinnen und Christen vonnöten, die im öffentlichen Leben und im beruflichen Alltag, im persönlichen Verhalten und in den Medien

---

[47] Guido Schlimbach, *Für einen lange währenden Augenblick. Die Kunst-Station Sankt Peter im Spannungsfeld von Religion und Kunst*, Regensburg 2009, Abb. S. 286.
[48] Vgl. Ottmar John, *Citypastoral – ihre Deutung und Normierung mit dem Paradigma missionarischer Pastoral*, in: Diakonia 61 (2010) 260–265.
[49] Hans-Joachim Höhn, *Zerstreuungen. Religion zwischen Sinnsuche und Erlebnismarkt*, Düsseldorf 1998, 133.

keinen Hehl aus ihrer Glaubensüberzeugung machen und durch ihr Zeugnis in den urbanen Raum ausstrahlen.

Der Grundgestus des Gottesdienstes kennt in den Städten plurale Vollzugsformen, von der gemeinsamen Liturgie, die Gott Raum und Zeit gewährt, bis zum einsamen Gebet, das den einzelnen vor Gott bringt. Der Gestus drückt sich aus in einer Sonntags-Kultur, die den „ersten Tag der Woche" (Lk 24,1) als Tag der Auferstehung Christi und der sonntäglichen Eucharistie öffentlich feiert. Dazu kommen die Feste im Rhythmus des Kirchenjahres, von denen besonders das Weihnachtsfest die Städte durch Lichterglanz und Festschmuck verändert. Mag der Handel diese Verzauberung der Städte im Interesse der Verkaufsförderung sponsern, so bleibt doch der besondere Charakter dieses Festes, das inzwischen sogar die Großstädte in Ländern ohne christliche Tradition begehen. Dazu kommen öffentliche Formen wie theophore Prozessionen, aber auch ökumenische Mahnwachen, Früh- und Spätschichten der Jugendlichen oder After-Work-Andachten für Berufstätige; hierbei dürfte der Ereignischarakter geeignet sein, das geistliche Kerngeschehen zu erschließen. In Fällen von Katastrophen wie schrecklichen Unfällen oder unbegreiflichen Amokläufen sind die in der Nähe liegenden Kirchen selbstverständlich der Versammlungsort für gemeinsame Trauer und Besinnung. In der globalen, 2008 manifest gewordenen Finanzkrise wurden die Kirchen im New Yorker Finanzdistrikt, insbesondere die *Trinity Church* zwischen Broadway und Wall Street, zu viel besuchten Orten der Besinnung und Bekehrung, des Bekenntnisses und des Trostes.

Städte haben und brauchen Orte der Volksfrömmigkeit, wo Gott in seinen verehrten Heiligen angerufen wird und sinnlich wahrnehmbar Kerzen aufgestellt werden, wo aber auch ein Gebet im Vorübergehen möglich ist. Neue urbane Gebetsformen nehmen die Stadt ins Gebet. So schlagen die „Stadtmönche" ihr Kloster nicht auf Bergen oder in Tälern auf, sondern mitten in der Stadt und passen ihr Gebet dem Rhythmus der Stadt an. Diese Verbindung von monastischer Tradition und urbanem Ort, die erfolgreich in großen Städten wie Paris, Brüssel, Montreal, Köln, aber auch in kleineren Städten praktiziert wird, zeigt, wie alte spirituelle Formen in neuen säkularen Kontexten geistliche Funken schlagen können.[50] Wenn die

---

[50] Vgl. *Im Herzen der Städte. Lebensbuch der monastischen Gemeinschaften von*

Kirchen sich einerseits auf das große „Welttheater" einlassen und andererseits an zunächst fremde Orte wie Betriebe, Theater, Museen gehen, dann kann dieses Wechselspiel von eigenen und fremden Orten ungewohnte Perspektiven und neue Erfahrungen ermöglichen. Orte und Inhalte gewinnen an kommunikativem Gehalt, wenn zum Beispiel die Matthäus-Passion von Johann Sebastian Bach in der Kirche getanzt wird (Hamburg) oder das *Magnificat* als Ballett auf die Theaterbühne (Zürich) kommt, wenn der *Jedermann* vor Kirchenfassaden aufgeführt wird und im Zirkus Gospelsongs gesungen werden.

Der Nächstendienst schließlich steht für jene brüderlich-schwesterliche Liebe der Gläubigen, die dazu beiträgt, „dass Gott in seiner Gegenwärtigkeit (praesentia Dei) offenbar werde" *(Gaudium et spes* 21), zum Beispiel durch caritativ-diakonische Präsenz in den Städten. Dafür stehen einerseits die zahlreichen Projekte der Sozialarbeit von Beratungseinrichtungen bis zur Obdachlosenhilfe. Andererseits stehen dafür die strukturelle Diakonie und sozialpolitische Anwaltschaft für eine größere Gerechtigkeit zugunsten all derjenigen, die durch soziale Segregation, Bildungsmangel, Migrationshintergrund oder Suchtprobleme am Rand der städtischen Gesellschaft stehen. Zu den diakonalen Ausdrucksgestalten gehören auch die verschwiegenen Gesten der unauffälligen Barmherzigkeit und spontanen Nachbarschaftssolidarität, die ohne große Worte das Aroma christlicher Nächstenliebe verströmen. Eine solche „Inkarnation" in die Welt der Bedürftigen hat Hans Urs von Balthasar einmal als „Sakrament des Bruders" bezeichnet. „Dieses Sakrament spendet sich im Alltag, nicht im Kirchenraum. Im Gespräch, nicht während der Predigt. Nicht in Gebet und Betrachtung, sondern dort, wo das Gebet sich bewährt und die Betrachtung ausmündet in Sendung. Dort, wo es sich entscheidet, ob ich im Gebet wirklich Gottes Wort gehört habe, ob ich im Kirchenraum wirklich Gottes Fleisch und Blut empfangen habe: und die Entscheidung fällt, wie sie fallen soll, wenn sich erweist, dass ich dem Nächsten das Brot und den Wein des Wortes und des eigenen Lebens zu kredenzen gewillt bin."[51]

Jerusalem. Freiburg 2000; Dieter Haite (Hg.), *Schwellenleben. Benediktiner in der Stadt*. Hannover 2008.

[51] Hans Urs von Balthasar, *Die Gottesfrage des heutigen Menschen*, München 1956, 216f.

Wenn die drei Grundgesten sich im urbanen Feld in einem Fächer von Ausdrucksformen entfalten, dann generieren und gestalten sie durch ihr Zusammenwirken christliche Gemeinschaft (Koinonia), wie umgekehrt eine real existierende christliche Gemeinde, will sie glaubwürdig sein, die drei Grundgesten vollziehen wird. Koinonia stellt mithin keine vierte Grundaufgabe dar, sondern bildet das Fundament und die Quintessenz der drei Grundgesten. So geht es darum, an den verschiedenen Orten der Stadt zeugnishaft, liturgisch und diakonisch präsent zu sein und damit „Gott den Vater und seinen menschgewordenen Sohn präsent und sozusagen sichtbar zu machen" (*Gaudium et spes* 21).

Die Bemühungen um vielfältige kirchliche Präsenz im Zentrum der Städte, aber auch an der Peripherie haben vielfach einen internationalen Charakter, wie es einer Weltkirche entspricht. So haben Gemeinden der Katholiken anderer Muttersprachen in der Bundesrepublik Deutschland eine Integrationsleistung vollbracht, welche die kulturenverbindende Kraft des Christentums offenbar werden lässt und die angesichts misslingender Integration auch politisch zu würdigen und zu gewichten ist. Die Kirche wird so zur Protagonistin der einen Welt und Menschheit in vielen Kulturen und Sprachen. Bei aller konfessionellen Differenz bedürfen die urbanen Bemühungen der ökumenischen Zusammenarbeit der Kirchen im eigenen Land und weit darüber hinaus, in anderen Ländern und Kontinenten.[52]

7. Theologische Topographie

Der Bericht des *Human Settlement Programme* der Vereinten Nationen (UN-Habitat) befasst sich mit dem neuen Stand der Städte auf dem Globus und beleuchtet das ungebrochene Urbanisierungstempo. In 2007 habe sich ein Wendepunkt der menschlichen Geschichte ereignet, denn nun lebten zum ersten Mal genauso viele Menschen in Städten wie auf dem Land, nachdem sich die Zahl der Stadtbewohner seit 1950 vervierfacht habe. Rechnet man mit über 6 Milliarden Menschen, dann leben von diesen über 3 Milliarden in Städ-

---

[52] Für Lateinamerika vgl. exemplarisch Federico Altbach, *Das Subjektsein der Laien in der Kirche. Ein Beitrag zur Theologie der Großstadt in Lateinamerika*, Münster 2005.

ten. Das Phänomen Stadt ist dabei quantitativ weitgespannt, es beginnt bei kleinsten Städten mit etwa 2.000 Einwohnern und reicht über kleine Städte unter 500.000 zu intermediären Städten von eins bis fünf Millionen Einwohnern; dann kommen weitere Steigerungen zu den „Megacities" mit über 10 Millionen Einwohnern und schließlich zu den sogenannten „Metacities", wie die städtischen Agglomerationen von über 20 Millionen heißen. Letztere entwickeln sich vor allem in Asien, Amerika und Asien. In der Reihenfolge ihrer Größe zählen am Anfang des 21. Jahrhunderts dazu Tokyo (Japan), die Stadtregion New York mit Newark NJ (USA), Mumbai (Indien), Mexiko-Stadt, Delhi (Indien) und São Paulo (Brasilien), gefolgt von Dhaka (Bangladesh), Jakarta (Indonesien) und Lagos (Nigeria). Um die Größenordnungen besser einschätzen zu können, hilft ein Vergleich: Die japanische Hauptstadt Tokyo hat mehr Einwohner als ganz Canada und die indische Hafenstadt Mumbai (Bombay) mehr als die beiden skandinavischen Länder Schweden und Norwegen zusammen.

Urbanisierung ist mit problematischen Begleiterscheinungen verbunden. Dazu gehören das Auseinanderdriften formaler und informeller Wirtschaftssektoren, wachsende Ungleichheit und Unsicherheit. Vor allem aber wachsen in den wachsenden Städten die Slums, verstanden als Ansiedlung in einem städtischen Raum, in dem mehr als die Hälfte der Einwohner über keinen adäquaten Wohnraum verfügen und die basale Infrastruktur fehlt. Ein Slum-Haushalt erfüllt wenigstens eines der folgenden Kriterien nicht: haltbares Haus, genügend Lebensraum, Zugang zu sauberem und erschwinglichem Wasser, Zugang zu Sanitäreinrichtung (Toilette), Sicherheit vor Gewalt. In Zahlen ausgedrückt, lebt etwa ein Drittel der Stadtbewohner oder rund eine Milliarde Menschen in solchen *slums*, die je nach Land und Region unterschiedliche Bezeichnungen meist pejorativer Art wie *squatter, banlieu, bidonville, favela, barriada* tragen. So stellt sich die Schicksalsfrage, ob die Emergenz der städtischen Siedlungsform im 21. Jahrhundert scheitert oder durch Integration der prekären Randlagen weiterentwickeln kann. Zwar deuten sich Tendenzen an, aber die Lage bleibt ambivalent. 90 % der Slumbewohner leben oder besser: überleben in den Städten der Entwicklungs- oder Schwellenländer. In Lateinamerika bleibt das Wachstum der prekären Stadtteile inzwischen hinter dem der Städte zurück, doch gilt dies für die meisten subsaharischen und asiatischen Länder nicht, wo umgekehrt Städtewachstum in Slumwachstum übergeht. Allein die Zahl der Slumbewohner in Indien (170 Mio) und China (190 Mio) zusammen ist genauso hoch die Einwohnerzahl der gesamten Europäischen Union (rund 380 Mio).[53] Doch sind auch die positiven Seiten einer solchen ungebremsten Urbanisierung, einer Migration in die urbanen Zentren, zu sehen, wenn man bedenkt, dass die Slums genannten Ansiedlungen zugleich auch Orte des Übergangs werden können. Dann sind es „Arrival Cities" oder Ankunftsstädte, in denen sich bei positiver Dynamik kulturell und wirtschaftlich neue prosperierende Teile der Städte entwickeln können, wie ein globales Panorama positiver Beispiele zeigt.[54]

Im Sinn einer interurbanen Solidarität kann man diese Entwicklungen auch in Europa nicht ignorieren, zumal im Zeitalter der Globalisierung nationale oder kontinentale Abschottungen praktisch kaum durchzuhalten und sozialethisch höchst problematisch sind. Die Migration von Menschen aus politischen, sozialen und religiösen Gründen erfährt zahlreiche administrative Hindernisse, während der Weg für Waren und Güter immer einfacher wird. In dieser Situation erscheint es sinnvoll und notwendig, auf die Stimme der Kirchen in jenen Ländern zu hören, die rapides Stadtwachstum bis hin zu *metacites* ebenso kennen wie das Phänomen der Slums an den städtischen Peripherien. Gerade in diesen sozialen Brennpunkten finden sich zahlreiche kirchliche Initiativen, von der Gemeindebildung bis zum Bildungs- und Gesundheitswesen. Das Dokument von Aparecida (2007), in dem der lateinamerikanische Bischofsrat (CELAM) die missionarische Aufgabe der Kirche auf dem Subkontinent absteckt, betont den Wert einer spezifischen urbanen Pastoral, die Gott inmitten der ambivalenten in der Stadt sucht. „Die Schatten, von denen das tägliche Leben in den Städten geprägt ist, wie zum Beispiel Gewalt, Armut, Individualismus und Ausschluß, können uns nicht daran hindern, den Gott des Lebens auch im städtischen Umfeld zu suchen und zu betrachten. Die Städte bieten Frei-

---

[53] *The State of the World's Cities Report 2006/07. The Millenium Development goals and urban Sustainability: 30 Years of Shaping the Habitat Agenda* (United Nations Human Settlement Programme UN-HABITAT), London Nairobi 2007, hier 4–23.

[54] Doug Saunders, *Arrival City. Über alle Grenzen hinweg ziehen Millionen Menschen vom Land in die Städte. Von ihnen hängt unsere Zukunft ab*, München 2011.

heit und Chancen. In ihnen haben die Menschen die Möglichkeit, anderen Menschen kennen zu lernen, mit ihnen gemeinsam etwas zu tun und mit ihnen zusammenzuleben. In den Städten ist es möglich, Bande der Freundschaft, der Solidarität und der Universalität zu leben. Der Mensch ist dort stets aufgerufen, immer mehr auf den Anderen zuzugehen, mit dem Anderssein des Anderen zu leben, ihn zu akzeptieren und von ihm akzeptiert zu werden."[55]

Kann das städtische Phänomen zum „theologischen Ort" werden? Die theoretische Grundlage für die Orte theologischer Erkenntnisgewinnung legte in der frühen Neuzeit Melchor Cano (1509–1560) mit seiner Lehre von den theologischen Orten (loci theologici), bei denen er die klassischen eigenen Orte wie etwa Schrift, Tradition, Konzilien und Kirchenväter, von den „fremden Orten" (loci alieni) der Vernunft, Philosophie und Geschichte unterschied. Damit aber gewährte er auch dem „Fremden" theoretischen Einlass. Praktisch war der Fremde der jüdisch-christlichen Tradition nie fremd, auch wenn diese Einsicht oft verdunkelt schien. Denn angesichts der eigenen Erfahrung in der Fremde Ägyptens war Israel ein besonderes Verhältnis zum „Fremden in eurer Mitte" aufgetragen, das auf die Liebe zu den Fremden hinauslief (vgl. Dtn 10,19). Neutestamentlich wurde der Fremde zum Ort der Christusbegegnung, wie die Rede vom eschatologischen Weltenrichter enthüllt (vgl. Mt 25,35).

Das Konzil hat die fremden Orte nicht nur zugelassen, sondern findet darin programmatisch wertvolle Lernorte und, nach gehöriger Unterscheidung, „Zeichen der Gegenwart (signa praesentiae) oder des Ratschlusses Gottes" (*Gaudium et spes* 11), zumal „schon bei den Heiden" durch eine „Art von verborgener Gegenwart Gottes" Wahrheit und Gnade vorhanden sind (*Ad gentes* 9). Dann kann es auch nicht mehr verwundern, dass der Kirche bewusst wird, „wieviel sie selbst der Geschichte und Entwicklung der Menschheit verdankt" (*Gaudium et spes* 44). Ausgehend von der Konzeption der „fremden" theologischen Orte und vom theologischen Ort des Fremden als Orten der Wahrheitsfindung und der Gottesbegegnung, kann in konkretisierender Weiterführung des positiven konziliaren Verhältnisses zur „Welt" das theologisch zunächst „fremde" Phänomen der Städtewelt

---

[55] *Aparecida 2007. Schlussdokument der 5. Generalversammlung des Episkopats von Lateinamerika und der Karibik* (Stimmen der Weltkirche 41), Bonn 2007, Nr. 514.

als theologischer Ort verstanden werden, an dem die zur Unterscheidung der Geister bereiten Zeitgenossinnen und Zeitgenossen auch in säkularen Milieus epiphanische Erfahrungen machen können. Zeitgenossenschaft bedeutet dann kein bloß multikulturelles Nebeneinander verschiedener Lebenswelten, sondern pluriforme Beziehungen miteinander, in denen die bleibende Differenz nicht nivelliert wird, aber der gemeinsame Transzendenzbezug Gemeinschaft stiftet. Und wenn die christliche Gemeinde im Vertrauen auf die Inkarnation des Logos „unter uns" (Joh 1,14) und das Ausgießen des Geistes „über alles Fleisch" (Apg 2,17) ein überzeugendes „Miteinander" bildet und in der Lebenspraxis Zeugnis gibt, dann kann eine solche Gemeinde modellhaft realisieren, wie eine Gesellschaft über alle Differenzen zusammenfindet. Denn über ihre bloße Präsenz hinaus wird eine solche christlichen Gemeinde das urbane Gemeinwesen und die zivile Gesellschaft aktiv mitgestalten.

Ob andere Zeitgenossen diese spezifische Rolle der Kirche wahrnehmen und ihr eine prägende Funktion im städtischen Gemeinwesen zubilligen oder zutrauen, muss offenbleiben. Es gibt aber einige empirische Hinweise. Studien zum Leben in der Stadt der Zukunft thematisieren in der Regel die Krise der (deutschen) Städte, die sich in Schrumpfung, Seniorisierung und Zuwanderung äußert, aber auch in prekären Stadtquartieren, Umweltverschmutzung und automobiler Verstopfung. Fragt man demoskopisch nach den lebenswerten Leitbildern der Urbanität, dann werden Lohnwert, Wohnwert und Freizeitwert aufgeführt. Was letzteren betrifft, stehen Grünanlagen, Gastronomie und Einkaufszentren an erster Stelle der Attraktivität, aber immerhin wird an 23. Stelle, nach Kneipen und Fitness-Studios, auch „Kirche, Gemeindehaus" aufgezählt. „Was in früheren Jahrhunderten Glanz und Gold der Kathedralen waren, sind heute und in Zukunft die Konsumtempel und Einkaufspassagen, die Wohlstand und Luxus demonstrativ zur Schau stellen. Nicht jeder Städter kann sich alles leisten. Aber es tut offensichtlich gut und trägt zum Wohlbefinden bei, jederzeit flanieren zu können, ohne gleich etwas einkaufen oder besitzen zu müssen."[56] Die Schere zwischen Arm und Reich, die sich den Armutsberichten der Bundes-

---

[56] Vgl. Horst W. Opaschowski, *Besser leben, schöner wohnen? Leben in der Stadt der Zukunft*, Darmstadt 2005, hier 235, vgl. zu den folgenden Angaben 180 und 18.

regierung zufolge immer weiter öffnet, zeigt nicht zuletzt, dass Geringverdiener (monatlich unter 1250) auch in der Lebensweise beeinträchtigt und bei Nutzung von Bildung, Kultur, Freizeit, Medien und Sport weniger aktiv sind. Hier dominieren eindeutig die Bezieher höherer Einkommen (monatlich über 2500), denen gegenüber die unteren Einkommensbezieher nur bei zwei Aktivitäten dominieren: beim Kirchenbesuch und bei Handarbeiten. Typisch mag dabei sein, dass ebenso viele (43 %) der befragten Geringverdiener den Kirchenbesuch unter den mindestens einmal jährlich ausgeübten Tätigkeiten angeben wie besser Verdienende den Theater- oder Konzertbesuch. Dieser Blick verweist auf die prekären Lebenslagen als Ort, wo religiöse Suche und pastorale Chance gleichermaßen aufbrechen. Und es zeigt die Stadt als Ort, an dem der kirchliche Grundgestus caritativen oder diakonischen Handelns gefragt ist.

Die spirituelle Bedeutung des urbanen Ortes im 20. Jahrhundert hat kaum jemand besser verstanden als die Französin Madeleine Delbrêl (1904–1964). Denn sie entdeckte die „marxistischen Stadt" Ivry-sur-Seine, in der sie mit gleichgesinnten Gefährtinnen über Jahrzehnte lebte und in der Sozialarbeit tätig war, als theologischen Ort und als Feld der Mission. Genau dieses urbane Umfeld, in dem der Atheismus der stadtbeherrschenden Kommunistischen Partei religioide Züge annahm, betrachtete sie als Schule des angewandten Glaubens und als Ort der eigenen Bekehrung und Begegnung. Zugleich sah sie ihr Umfeld als Ort der missionarischen Aufgabe der einzelnen Christen und der Pfarrei. „Der voll ausgereifte Kommunist *begegnet* Gott, um ihn zu *leugnen,* dort, wo wir ihm *begegnen,* um ihn *anzubeten*", sagte sie von der proletarischen und atheistischen Stadt Ivry, in der sie Ungerechtigkeit und Armut entdeckte, aber auch das soziale Engagement der Kommunisten. Da ihrer Auffassung nach schweigende Präsenz nicht genüge, sondern ausdrückliches Apostolat erforderlich sei, hielt sie in einer Reflexion über „Gott in der Stadt" *(Dieu dans la ville)* fest, bis in welche Tiefe diese Aufgabe reicht: „Wenn wir dafür verantwortlich sind, dass Menschen Gott verloren haben, dann haben wir vielleicht daran zu leiden, vor allem aber müssen wir ihnen Gott zurückgeben (rendre Dieu). Zwar können wir ihnen den Glauben nicht geben, können aber uns selbst geben (donner). Im Glauben haben wir Gott gefunden, wir können ihn weitergeben, wenn wir uns selbst geben – und zwar hier in unserer Stadt. Es geht also nicht darum, dass wir uns irgendwohin davonmachen, das Herz beschwert von der Not der anderen, wir müssen vielmehr bei ihnen bleiben, mit Gott zwischen ihnen und uns (avec Dieu entre eux et nous)."[57]

Viele Orte einer Stadt, vom Zentrum bis zur Peripherie, von den Sakralorten bis zu den konfliktiven Zonen, können zu Orten werden, an denen das Christentum Momente der Wahrheit und der Heiligkeit entdecken kann. Ebenso gibt es über die Kirchengebäude hinaus viele urbane Orte, an denen sich Christen und ihre Gemeinschaften ästhetische oder diakonische, persönliche oder kommunitäre, rituelle oder spontane Ausdrucksformen schaffen. Durch plurale spirituelle Stile, die sich nicht selbstreferentiell verschließen, kann der urbane Raum zu einem Lebensraum des Geistes werden, in dem das Individuum „atmen" kann und sich „konspirativ" in die Gemeinschaft der Glaubenden und der weniger Gläubigen einfügt. So können alle städtischen Orte, auch die peripheren, zum „Ort der Wahrheit" werden, d. h. im Hinblick auf eine theologische Topographie zum Ort wahrer Gottesbegegnung. Die Einheit von Gottes- und Nächstenliebe machen aus Orten des Dienstes am Nächsten zugleich Orte der Gottesliebe und umgekehrt. Liturgie sendet in die Diakonie, wie diese umgekehrt des Gottesdienstes bedarf.

Eine Stadtpastoral wird auf diesem Hintergrund sicher die Chancen der City und des Zentrums nutzen, aber sie wird deshalb weder praktisch noch theologisch die anderen Stadtteile und Wohnquartiere vernachlässigen, die Kindergarten und Jugendtreff brauchen, eine Sozialstation oder schlicht nachbarschaftliches Miteinander. Selbst die Plätze in den Stadtteilen haben als Orte der Unterbrechung und Begegnung ihren besonderen Rang. „Die Stadt hat ihre eigene Mystik, ihre eigenen Orte, wo sich Chiffren für das Unverzweckbare, für die Mitte des Daseins und die Ekastasen des Lebens finden lassen."[58] Zählt man zur Urbanität als Verhaltensform wechselseitiger Anerkennung gemeinhin gutes Benehmen und zivile Umgangsweise, Höflichkeit und Freiheit, Offenheit und Toleranz, geistige Beweglichkeit und bürgerschaftliches Engagement, dann bildet die Stadt als humane Schöp-

---

[57] Madeleine Delbrêl, *Auftrag des Christen in einer Welt ohne Gott* (Theologia Romanica 24), Einsiedeln ²2000, 68 (erstes Zitat) und 183; (frz. Ville marxiste, terre de mission, Paris 1958).

[58] Hans-Joachim Höhn, *GegenMythen. Religionsproduktive Tendenzen der Gegenwart* (QD 154), Freiburg ³1996, 130.

fung jenen gemeinsamen urbanen Raum, in dem das kulturelle und religiöse Leben aller gedeihen und den das Christentum mit seinen spezifischen Mitteln inspirieren und mitgestalten kann.

So lässt sich die Stadt als zentrale kulturelle Hervorbringung des Menschen begreifen, von den ersten städtischen Ansiedlungen in Anatolien und in den fruchtbaren Flusstälern des Euphrat, des Nil, des Indus und des Gelben Flusses, bis hin zu den „Megacities" und „Metacities" des 21. Jahrhunderts. In ihr kommt das schöpferische Wirken des Menschen, der biblisch nach dem „Abbild" seines Schöpfers (vgl. Gen 1,26) erschaffen und damit betraut ist, den Naturraum der Erde zum Kulturraum zu gestalten, ohne Natur und Biodiversität zu zerstören. Die Vorstellung der schöpferischen Kraft in den großen Städten dürfte im Hintergrund gestanden haben, als Papst Johannes Paul II. in seiner Missionsenzyklika *Redemptoris missio* (1990) das Stadtthema offensiv aufgriff und neben den „modernen Areopagen" wie Kommunikation, Einsatz für Frieden, Förderung der Frauen, Forschung und Kultur auch die Großstädte zu bevorzugten missionarischen Orten erklärte. In ihnen, so führte er aus, würden „neue Gewohnheiten und Lebensstile, neue Formen der Kultur und Kommunikation entstehen, die ihrerseits wieder die Bevölkerung beeinflussen. Es stimmt, dass ‚die Wahl für die Geringsten' dazu führen muß, diejenigen Menschengruppen am wenigsten zu vernachlässigen, die am meisten am Rande stehen und isoliert sind. Es stimmt aber auch, dass man einzelnen und kleinen Gruppen nicht das Evangelium verkünden kann, wenn man diejenigen Zentren vernachlässigt, in denen sozusagen eine neue Menschheit mit neuen Entwicklungsmodellen heranwächst."[59]

Die Städte im Zeitalter der Globalisierung lassen sich gewiss als Schmelztiegel (melting pot) der Völker verstehen, in dem sich Sprachen und Kulturen mischen, kulturell unterschiedliche Individuen in großer Zahl dicht beieinander leben und Fremde einander begegnen. Biblische Bilder der Integration und Einheit der Völker wie die prophetische Vision der eschatologischen Völkerwallfahrt zum Zion (vgl. Jes 2, 2–49), aber auch das Sprachenwunder am Pfingstfest (vgl. Apg 2, 1–13) haben eng mit einem städtischen Raum zu tun, der aber in sich ambivalent bleibt. Die Ambivalenz des städtischen

---

[59] Johannes Paul II., *Enzyklika Redemptoris missio über die fortdauernde Gültigkeit des missionarischen Auftrags* (VApSt 100), Bonn 1990, hier Nr. 37.

Phänomens durchzieht die ganze Stadtgeschichte, von der griechischen Polis, die nicht ohne Sklaverei auskam, bis zu den MegaCities, zu deren Charakteristikum die einschneidenden und zugleich wuchernden Slumgürtel gehören, die sich freilich bei kommunaler und staatlicher Hilfe für die Infrastruktur entwickeln können, wenn denn eskapistische Bollywoodfilme wie *Slumdog Millionaire* (2008) keine strukturelle Lösung bieten. Dass die Sünde in den Städten systemisch werden kann, macht nicht nur die neue theologische Kategorie der „sozialen Sünde" deutlich, sondern schon der biblische Hinweis auf den Brudermörder und „Städtegründer" Kain (Gen 4,17) und das apokalyptische Bild von „Babylon", wo die Sünden sich zum Himmel auftürmen und „die Kaufleute der Erde reich geworden sind" (Offb 18,3). In theologischer Perspektive bleibt festzuhalten, dass die Stadt weder divinisiert noch dämonisiert werden darf, sondern als Schauplatz göttlicher Gegenwart und menschlicher Kulturleistung gelten kann. Die Stadt ist nicht nur der privilegierte Raum, in dem sich das Christentum von Anfang an entfaltete, nicht nur der kulturelle Raum in seiner epochalen und nationalen Variabilität, in dem sich die Kirche inkulturierte, nicht nur das Aufgabenfeld der ethischen Bewährung. In umfassender Weise geht es im Zuge der zunehmenden Urbanisierung und Globalisierung um die Urbanität des Christentums, das die Stadt in all ihren Dimensionen wahrnimmt, sie als theologischen Ort deutet und zu einer pastoralen Agenda kommt, die es mit der Metapher des frühen Diognetbriefs hält. „Die Seele ist über alle Glieder des Leibes hin ausgestreut; so sind es auch die Christen über alle Städte der Welt."[60]

---

[60] *An Diognet* (s. Anm. 3), 177.

Aufgebrochen durch Urbanität
Transformationen der Pastoralmacht

Rainer Bucher, Graz

Aus einem Lesebuch für Städtebewohner[1]

VERWISCH DIE SPUREN
Trenne dich von deinen Kameraden auf dem Bahnhof
Gehe am Morgen in die Stadt mit zugeknöpfter Jacke
Suche dir Quartier und wenn dein Kamerad anklopft:
Öffne, oh, öffne die Tür nicht
Sondern
Verwisch die Spuren!
Wenn du deinen Eltern begegnest in der Stadt Hamburg oder sonstwo
Gehe an ihnen fremd vorbei, biege um die Ecke, erkenne sie nicht
Zieh den Hut ins Gesicht, den sie dir schenkten
Zeige, oh, zeige dein Gesicht nicht
Sondern
Verwisch die Spuren!
Iß das Fleisch, das da ist! Spare nicht!
Gehe in jedes Haus, wenn es regnet, und setze dich auf jeden Stuhl, der da ist
Aber bleibe nicht sitzen! Und vergiß deinen Hut nicht!
Ich sage dir:
Verwisch die Spuren!
Was immer du sagst, sag es nicht zweimal
Findest du deinen Gedanken bei einem andern: verleugne ihn.
Wer seine Unterschrift nicht gegeben hat, wer kein Bild hinterließ
Wer nicht dabei war, wer nichts gesagt hat
Wie soll der zu fassen sein!
Verwisch die Spuren!

---

[1] *Die Gedichte von Bertolt Brecht in einem Band*, Frankfurt a. M. ³1984, 276f.

Sorge, wenn du zu sterben gedenkst
Daß kein Grabmal steht und verrät, wo du liegst
Mit einer deutlichen Schrift, die dich anzeigt
Und dem Jahr deines Todes, das dich überführt!
Noch einmal:
Verwisch die Spuren!
(Das wurde mir gelehrt.)
Bert Brecht

I. „Citypastoral". Zur Signifikanz eines pastoralen Konzepts

„Citypastoral" steht für vielfältige Initiativen der christlichen Kirchen, sich selbst und ihre Botschaft in den Zentren der Städte hoch entwickelter Gesellschaften neu zu präsentieren.[2] Diese Initiativen setzen mit den 90er Jahren des 20. Jahrhunderts ein, haben sich mittlerweile etabliert und sind „von der Peripherie eine ganzes Stück weit ins Zentrum des kirchlichen Lebens gerückt."[3]

Die Selbstwahrnehmung der kirchlichen Basisorganisation wurde bis vor kurzem von der als „Pfarrgemeinde" verstandenen Territorialpfarrei dominiert,[4] so sehr diese auch angesichts des aktuellen personellen und des absehbaren finanziellen Ressourcenmangels unter massivem Veränderungsdruck steht und sich daher gegenwärtig diese vorherrschende pfarrgemeindliche Selbstwahrnehmung zu problematisieren beginnt.[5] Citypastorale Initiativen wirkten lange wie

---

[2] Einen guten Überblick über die entsprechenden, mittlerweile vielfältigen und breiten Initiativen bietet die Homepage des „Netzwerks Citykirchenprojekte": http://www.citykirchenprojekte.de (3.10.2012), einen guten Einblick in die leitenden Intentionen und Konzepte citypastoraler Initiativen liefert: Paul Wehrle/Tobias Licht (Hrsg.), City-Pastoral in der Erzdiözese Freiburg. Grundlinien und Ansätze (Schriftenreihe des Erzbistums Freiburg 47), Freiburg i. Br. 2002. Eine interessante Variante stellt dabei das Konzept der „user generated church" dar, wie es etwa die (Jugend-)Hauskirche „kafarna:um" in Aachen realisiert (http://www.kafarnaum.de, 3.10.2012).

[3] Ottmar John, *Grundtypen der Citypastoral*, in: Pastoraltheologische Informationen 28(2008) 44–54, 54.

[4] John klassifiziert denn auch seine drei Grundtypen der Citypastoral entlang ihrer „Stellung zur Pfarrei" (a. a. O., 5).

[5] Die Diskussion über diese tatsächlich grundlegenden Umbauprozesse (vgl. Deutsche Bischofskonferenz (Hrsg.), *„Mehr als Strukturen ... Entwicklungen*

ein komplementäres, ein wenig spielerisch-experimentelles pastorales Konzept speziell für urbane Eliten.

Es soll im Folgenden die These entfaltet und begründet werden, dass es um mehr geht und hier der Anfang vom Ende einer Jahrhunderte alten Form der Kirchenkonstitution zu beobachten ist. Es geht um das definitive Auslaufen einer Phase der Kirchengeschichte, in der die Kirche über reale Sanktionsmacht religiöser, politischer, rechtlicher und gesellschaftlicher Art verfügte. „Citypastoral" verkörpert ein pastorales Konzept, das diese neue Situation nicht nur realisiert, sondern akzeptiert und kreative Konsequenzen daraus zieht. Das ist für die Kirche, gerade die katholische, etwas recht Neues. In und mit diesem Konzept stellt sich nichts weniger als die Frage, ob die katholische Kirche in postmodernen Zeiten eine Sozialform ihrer selbst entwickeln kann, die sowohl ihrer verpflichtenden Tradition wie ihrer Gegenwart gerecht wird. Es geht also um viel: Schließlich enthält gerade diese Tradition die Verpflichtung zur Gegenwärtigkeit.

---

und Perspektiven der pastoralen Neuordnung in den Diözesen". Dokumentation des Studientages der Frühjahrs-Vollversammlung 2007 der Deutschen Bischofskonferenz, 12. April 2007, Bonn 2007) bewegt gegenwärtig Pastoral und Pastoraltheologie. Siehe etwa die in den Pastoraltheologischen Informationen 28(2008), Heft 1 publizierten Beiträge der „Konferenz deutschsprachiger Pastoraltheologinnen und Pastoraltheologen" zum Thema „Plurale Wirklichkeit Gemeinde" oder die Studie: Johann Pock, *Gemeinden zwischen Idealisierung und Planungszwang. Biblische Gemeindetheologien in ihrer Bedeutung für gegenwärtige Gemeindeentwicklungen. Eine kritische Analyse von Pastoralplänen und Leitlinien der Diözesen Deutschlands und Österreichs*, Wien/Berlin 2006. Eine gute Zusammenfassung der Diskussionslage bietet der von Matthias Sellmann bei Herder herausgegebener Diskussionsband „*Gemeinde ohne Zukunft? Theologische Debatte und praktische Modelle*, Freiburg i. Br. u. a. (Reihe Theologie kontrovers) 2013. Meine eigene Position findet sich in: Rainer Bucher, *wenn nichts bleibt, wie es war. Zur prekären Zukunft der katholischen Kirche*, Würzburg 2012; die Diskurslandschaft analysiert: Ders, *Kirchenpolitik und pastoraltheologischer Diskurs. Beiläufige Beobachtungen über ihren Zusammenhang am Beispiel einer jüngeren Kontroverse zwischen Michael N. Ebertz und Jürgen Werbick zur Gemeindeproblematik*, in: Ders./ Rainer Krockauer (Hrsg.), Pastoral und Politik, Münster 2006, 322–332. Zu den einschlägigen Kennzahlen siehe: Thomas v. Mitschke-Collande, *Schafft sich die katholische Kirche ab? Analysen und Fakten eines Unternehmensberaters*, München 2012. Eine instruktive internationale Perspektive unter kirchenrechtlicher bietet: Michael Böhnke/Thomas Schüller (Hrsg.), *Gemeindeleitung durch Laien? Internationale Erfahrungen und Erkenntnisse*, Regensburg 2011.

Das Christentum hat sich wie nur wenige Religionen seit der Spätantike als spezifisches Machtgebilde aufgefasst, die Relevanz der eigenen Botschaft also in machtdichte Sozialformen seiner selbst umgesetzt. Michel Foucault hat bekanntlich dem Christentum zugesprochen, nicht nur eine völlig neue Konzeption von Moral in die Weltgeschichte eingebracht zu haben, sondern auch eine völlig neue Form religiöser Organisation und mit ihr eine ganz neue Machtform. Als „einzige Religion, die sich als Kirche organisiert hat ...", vertritt das Christentum prinzipiell, daß einige Individuen kraft ihrer religiösen Eigenart befähigt seien, anderen zu dienen, und zwar nicht als Prinzen, Richter, Propheten, Wahrsager, Wohltäter oder Erzieher usw., sondern als Pastoren. Dieses Wort bezeichnet jedenfalls eine ganz eigentümliche Form der Macht"[6] – die Pastoralmacht.[7]

Diese christliche Pastoralmacht hat einige Eigenschaften, die sie von den bis dahin bekannten Machtformen unterscheidet. Sie ist *selbstlos* im Unterschied zur Königsmacht, die andere für sich sterben lässt. Sie ist *individualisierend* im Kontrast zur juridischen Macht, die an Fällen, nicht am Einzelnen interessiert ist. Und sie ist totalisierend im Unterschied zur antiken Machtausübung, die sich nur für spezifischen, nicht für umfassenden Gehorsam bis in Intimstes interessierte. Die neue kirchliche Pastoralmacht bezieht sich mithin auf *alles* im Leben und auf das *ganze* Leben. Ihr zentrales Bild ist tatsächlich der Hirte, der bereit sein muss, sein Leben einzusetzen für die Schafe, ein Hirte, der jedes einzelne Schaf im Auge haben muss und daher den Verirrten nachgeht und den alles an jedem Schaf interessiert. Der Beichtstuhl ist daher für die Pastoralmacht mindestens so wichtig wie der Altar.

Das Wissen des Hirten über jedes seiner „Schafe" hat zur Folge, dass seine Macht sehr groß wird. Der Hirte behütet die Einzelnen nicht nur, er kann sie mittels seines Wissens auch disziplinieren. Da-

---

[6] Michel Foucault, *Warum ich Macht untersuche? Die Frage des Subjekts*, in: Hubert Dreyfus/Paul Rabinov, Jenseits von Strukturalismus und Hermeneutik, Frankfurt a. M. 1987, 243–250, 248.

[7] Vgl. neben Foucault, *Warum ich Macht untersuche?* (Anm. 6) auch: Ders., *Omnes et singulatim. Zu einer Kritik der politischen Vernunft*, in: Joseph Vogl (Hrsg.), Gemeinschaften. Positionen zu einer Philosophie des Politischen, Frankfurt a. M. 1994, 65–93. Foucaults Machtanalysen erhellen, dass die typisch moderne Gegenüberstellung – hier das freie, souveräne Subjekt, dort die repressive und subjektzerstörende Macht – selbst eine spezifische Machtformation verkörpert.

mit hat der Hirte die individualisierte Verantwortung für seine Herde und zwar für jedes einzelne Mitglied, und er hat sie als Einzelner. In der „Herde" entspricht dieser individualisierten Verantwortung der absolute Gehorsam, den jedes einzelne „Schaf" dem Hirten schuldet. Überwachen und bewachen, Kontrolle und Schutz gehen in der Pastoralmacht eine ganz eigene und unlösbare Symbiose ein. Die Aspekte von Versorgung und Behütung einerseits sowie Disziplinierung und Bewachung andererseits haben in Struktur und Praxis der Beichte, so Foucault, ihren zentralen Ort gefunden. Sie ist eine Form des Austausches zwischen Hirt und Herde, die in besonderer Weise von den beiden Polen des Strafens und Belohnens geprägt ist.

Foucault weist auch darauf hin, dass die Pastoralmacht im 18. Jahrhundert zum jetzt entstehenden modernen Staat wanderte. Er übernimmt nun Überwachen und Bewachen. Niemals in der Geschichte der menschlichen Gesellschaften habe es solch eine erfolgreiche Kombination von Individualisierungstechniken und Totalisierungsverfahren innerhalb ein und derselben politischen Struktur gegeben. Das liege daran, dass der moderne abendländische Staat die alte christliche Machttechnik der Pastoralmacht in eine neue, effektive politische Form integriert habe.

Nun hat sich gerade die katholische Kirche spätestens seit Robert Bellarmin (1542–1621) selbst als „societas perfecta" verstanden. Sie wurde dadurch handlungsfähig gegenüber den sich entwickelnden Nationalstaaten der frühen Neuzeit, die sich in absolutistischer Weise ebenfalls in sich selbst begründeten. „Als ‚societas perfecta' bestimmt die Kirche ihre Identität mittels der Ressourcen, die ihr aus ihr selbst heraus zur Verfügung stehen. Deshalb begreift sie sich dem Staat rechtlich-formal ebenbürtig und durch ihr Gottesverhältnis übernatürlich-material überlegen. Die Freiheit ihrer Selbstverfügung sollte so gegenüber den Nationalstaaten gewährleistet bleiben."[8]

Intern aber bedeutete dies eine nochmalige Verdichtung kirchlicher Macht. Die große Zeit dieser Konzeption schlug schließlich, als sich die jungen europäischen Nationalstaaten im 19. Jahrhundert nach den bürgerlichen Revolutionen endgültig religionsunabhängig

---

[8] Hans-Joachim Sander, *Theologischer Kommentar zur Pastoralkonstitution über die Kirche in der Welt von heute*, in: Peter Hünermann/Bernd Jochen Hilberath (Hrsg.), Herders Theologischer Kommentar zum Zweiten Vatikanischen Konzil, Bd. IV, Freiburg i. Br./Basel/Wien 2005, 581–886, 601.

etablierten und sich die Verbindung von Kirche und Absolutismus, wie sie noch in der „katholischen Aufklärung" galt, löste. Die katholische Kirche wurde als „societas perfecta" selbst zu einem mehr und mehr staatsanalogen Gebilde, das sich selbst genügte und den Staat entweder beherrschen („katholischer Staat") oder von ihm, als „liberalem Staat", nicht viel wissen, wohl aber manches haben wollte. Als ihm überlegen und zu interner Machtverdichtung berechtigt, ja genötigt, betrachtete man sich in beiden Fällen. Das Theorem der „societas perfecta" formuliert dabei theologisch, was sich sozialgeschichtlich als der neuzeitliche Zwang zur Organisation beschreiben lässt: Es wird virulent just zu dem Zeitpunkt, als die Kirche sich, wie andere auch, organisieren muss, und es stellt fest: „Wir können das" – und so war es ja auch.

Die Pianische Epoche der jüngeren katholischen Kirchengeschichte von Mitte des 19. bis Mitte des 20. Jahrhunderts kann daher als Höhepunkt innerkirchlicher Pastoralmacht verstanden werden.[9] Mit dem Zusammenbruch des „katholischen Milieus" in den 60er Jahren des 20. Jahrhunderts und mit der Freigabe zur religiösen Selbstbestimmung auch für Katholiken und Katholikinnen, ab jenem Zeitpunkt also, da die schon länger wirksame strukturelle Säkularisierung der bürgerlichen Gesellschaften die kulturelle Realität auch der katholischen Kirchenmitglieder erreichte, da spätestens geriet die kirchliche Pastoralmacht in ihre größte Krise.[10]

Schon vorher freilich, im Zuge der Industrialisierung und der sie begleitenden Verstädterungsprozesse, hatte die kirchliche Pastoralmacht schwerwiegende Transformationen zu überstehen. Immer aber war es die Stadt, in der diese Transformationen sich zuerst ankündigten. Man kann daher die Geschichte der „Kirche in der Stadt" als Geschichte der Transformationen der Pastoralmacht rekonstruieren und das bis zu einer Gegenwart, in der sich erneut eine radikale Transformation der Pastoralmacht bis hin zu ihrer Selbstüberschreitung ankündigt.

---

[9] Zur Phänomenologie dieser Sozialform der Kirche siehe etwa: Michael Klöcker, *Katholisch – von der Wiege bis zur Bahre. Eine Lebensmacht im Zerfall?*, München 1991; Andreas Heller/Therese Weber /Olivia Wiebel-Fander (Hrsg.), *Religion und Alltag. Interdisziplinäre Beiträge zu einer Sozialgeschichte des Katholizismus in lebensgeschichtlichen Aufzeichnungen*, Wien/Köln 1990.
[10] Wovon nicht zuletzt die nachlassende Attraktivität des Priesterberufs für junge katholische Männer zeugen dürfte.

So harmlos „Citypastoral" klingt: Ihr Auftreten und ihr Erfolg markieren die Abwendung von einer Jahrhunderte alten Konstitutionspraxis der katholischen Kirche. An diesem Prozess ist zu erkennen, worum es zukünftig gehen wird in den Kirchenbildungsprozessen der katholischen Kirche: Es zeigen sich die Vorboten einer neuen Form von Kirche.

Im Folgenden wird gefragt, warum gerade die Stadt solch einen enormen Transformationsdruck auf die kirchliche Pastoralmacht ausübt, und daher eine kleine Phänomenologie urbanen Lebens versucht (Kapitel II). Kapitel III analysiert Strukturen und Transformationen der kirchlichen Pastoralmacht im bislang dominanten gemeindetheologischen Diskurs und rekonstruiert dessen Genese in der Reaktion auf die Erfahrung der Großstadt, inklusive eines Seitenblicks auf die evangelische Kirche, in der – etwas früher – ganz parallele Prozesse abliefen. Der aktuellen Selbstüberschreitung der kirchlichen Pastoralmacht in der „Citypastoral" widmet sich dann das IV. Kapitel.

II. Merkmale der Stadt

1. Dichte, Größe, Heterogenität

Städte setzen viel voraus, zu vorderst die Emanzipation von der Landwirtschaft. Städte werden möglich, wenn Nahrungsmittelüberschüsse Berufsdifferenzierung erlauben und ein dichtes Netz an wechselseitigen Abhängigkeiten entsteht. Man sucht sich und rückt zusammen, weil man Fertigkeiten besitzt, die andere brauchen, aber auch Fertigkeiten braucht, die nur andere haben. Das Ziel aber ist, unabhängiger zu werden von der Natur und frei zu werden für anderes.

Stadtleben bedeutet also zunächst und wesentlich die Möglichkeit und die Fähigkeit, sich von der Einbindung in naturwüchsige Zwänge und Zusammenhänge zu emanzipieren. Städtische Lebensformen, soweit erkennbar beginnen sie vor ca. 10000 Jahren im Vorderen Orient,[11] setzen relative Freiheit von Rhythmen, Zyklen und Unwägbarkeiten der Natur voraus und stabilisieren diese relative

---

[11] Zur Geschichte der Stadt siehe: Leonardo Benevolo, *Die Geschichte der Stadt*, Frankfurt a. M. ⁷1993; Lewis Mumford, *Die Stadt. Geschichte und Ausblick*, München ³1984.

Freiheit dann selber. Die berufliche Spezialisierung ermöglicht Produktivitätssteigerungen, die ihrerseits wieder Menschen von der Landwirtschaft freistellen: Eine Spirale kommt in Gang, die dazu führt, dass man sich heute in Europa die Landwirtschaft eher leistet als sie wirklich braucht.

Städte schaffen durch neue Grenzen neue Freiheitsräume. Die Menschen in den Städten leben innerhalb von Begrenzungen, die ihrerseits den alten Feudalbindungen Schranken setzen, Bindungen, welche die Landbevölkerung nicht so leicht abschütteln kann. Aber als – vor noch nicht allzu langer Zeit – auch auf dem Land allmählich die Fesseln feudaler Abhängigkeiten gesprengt wurden, waren es die Städte, in denen sich die wirtschaftlichen Produktivkräfte entfalteten. Das galt früh für den Handel, vor allem den Fernhandel, galt aber eben auch für die beginnende Industrialisierung: Sie ist in ihrer Frühphase ein urbanes Phänomen. Fabriken entstehen in Städten und führen bis ins 20. Jahrhundert sogar zu Stadtgründungen. Es war die Industrialisierung des 19. Jahrhunderts, die schließlich zu jenem grundlegenden Verstädterungsprozess[12] führt, der mittlerweile die Entleerung einzelner ländlicher Regionen in Europa befürchten lässt.

Was Stadt ausmacht, ist soziologisch dann doch bestimmbarer, als es die Komplexität des Phänomens vermuten lässt.[13] „Die Merk-

---

[12] Henri Lefèbvre vertrat 1970 gar die These „von der *vollständigen Verstädterung der Gesellschaft*" (*Die Revolution der Städte*, München 1972, 7). Dies wird heute differenzierter gesehen. „Die Frage, ob wir mit insgesamt urbanisierten Verhältnissen konfrontiert sind, ist Gegenstand eines zentralen Diskurses. Ich möchte diese Frage verneinen. Ich glaube, dass die Lebensweise in den wirklich großen Städten, in den Kleinstädten und auf dem Land immer unterschiedlich bleiben wird." (Rolf Lindner, *Sodom und die Liebe zur Stadt. Gespräch mit dem Berliner Stadtethnologen Rolf Lindner über die unterschiedlichen Blicke auf die Großstadt*, in: Zeitzeichen 9(2008) 2, 37–40, 39) Offenbar gilt eher, dass „das Land" sich zwar massiv verändert und etwa zwischen den „Speckgürteln" um Metropolregionen und strukturschwachen Wegzugsgebieten ausdifferenziert, eine spezifische Stadt-Land-Differenz in den Lebensstilen aber bestehen bleibt. Vgl.: Gerhard Henkel (Hrsg.), *Dörfliche Lebensstile. Mythos, Chance oder Hemmschuh der ländlichen Entwicklung*, Essen 2004.

[13] Diese Komplexität ist seit Georg Simmel lohnender Gegenstand hellsichtiger Essayistik und Kulturanalytik. Vgl. etwa: Richard Sennett, *Civitas. Die Großstadt und die Kultur des Unterschieds*, Frankfurt a. M. 1991; Ders., *Fleisch und Stein. Der Körper und die Stadt in der westlichen Zivilisation*, Berlin 1995. Siehe dazu: Rolf Lindner, *Die Entdeckung der Stadtkultur. Soziologie aus der Erfahrung der Reportage*, Frankfurt a. M. 2007.

male ‚Dichte, Größe und Heterogenität' bilden bis heute den Kern des soziologischen Verständnisses der Stadt"[14] – so eine einschlägige, von Louis Wirth 1938 erstmals entwickelte soziologische „Minimaldefinition"[15] der Stadt. Transformiert man sie in Prozesskategorien, bedeutet dies: Stadt ist Intensität, Macht und Freiheit.

Städte sind Raume größter Dichte an Interaktionsmöglichkeiten auf den verschiedensten Feldern des sozialen Lebens, etwa Wirtschaft, Bildung, Kultur und Politik. Urbanität als Lebensform und Lebensstil heißt darum auch, umgehen zu können mit den Intensitäten der Stadt, mit ihren Kontrasten, ihrer Geschwindigkeit. Verdichtung intensiviert die individuellen Handlungsmöglichkeiten. Vor allem aber: In der verdichteten Stadt wird jedem Individuum und jeder Gemeinschaft die Differenzerfahrung zu anderen Identitätskonzepten unausweichlich präsentiert. Städte waren und sind immer schon multikulturell geprägt. Sie sind Orte des demonstrativen Pluralismus. Die Stadt zieht Menschen magisch an, deren Denk- und Verhaltensweisen sich von den eingeschliffenen Standards unterscheiden, je größer die Stadt, umso mehr.

Gerade deshalb gehen Städter immer gerne mal wieder „aufs Land", dort erholen sie sich von der Intensität der Stadt – in intensivem Konsum ländlicher Nicht-Intensität. Ihre städtische Intensitätssuche legen sie freilich auch in der low intensity-Zone des Landes nicht ab. Die Dichte der Stadt ist ein habitusprägendes Faszinosum, ein Glücksversprechen, zuletzt wenigstens darauf, sich nicht zu langweilen. Wenn man sich langweilt, geht man denn auch „mal schnell in die Stadt". Die Stadt, und hier speziell die Innenstadt, die „City", lebt von ihrer Dichte und Farbigkeit, sie ist der Ort von Intensiverfahrungen.

Städte entstehen im Land und aus dem Land, aber von Anfang an in manifester Differenz zu ihm. Doch Städte existieren mit bleibendem Bezug zum Land. Ihr Hauptbezug ist die Macht, die sie über das Land besitzen und völlig unbefragt ausüben.[16] Die Bauten der

---

[14] Martina Löw/Silke Steets/Sergej Stoetzer, *Einführung in die Stadt- und Raumsoziologie*, Opladen ²2008, 11.
[15] Ebd.
[16] Weswegen die Landsoziologie seit einiger Zeit den Begriff der „Peripherisierung" zur Beschreibung der Lage des Landes entwickelt hat. „‚Peripherisierung' wird dabei verstanden „als graduelle Schwächung und/oder Abkopplung sozial-räumlicher

Stadt sind auch deshalb so groß und stolz, weil städtische Architektur in hohem Maße Herrschaftsarchitektur ist. Die moderne Großstadt bildet das kulturelle, administrative und wirtschaftliche Zentrum einer Region. Sie ist Verkehrsknotenpunkt und Umschlagplatz von Waren und Finanzströmen, ist Drehscheibe für Produktion und Konsum, Unterhaltung und Information, Reklame und Selbstdarstellung, von Macht und Prestige.

Über das Schicksal des Landwirts in der Südoststeiermark entscheiden „Graz", „Wien" und letztlich „Brüssel": Die Umgangssprache codiert Herrschaft in Städtenamen. Ob Bauern ihren Hof aufgeben müssen, ob eine Straße ums Dorf gebaut wird, bestimmen nicht jene, die dort wohnen, sondern Menschen in der Stadt. Die Zentralen der Macht liegen in der Stadt. Stadtleben heißt nahe bei der Macht leben, bei der ökonomischen, politischen und kulturellen Entscheidungsmacht. Viele ziehen in die Stadt, weil die Entscheidungsträger ihnen dort eine Lebensmöglichkeit angeboten haben oder sie sich dieses Angebot dort wenigstens erhoffen.

Die Stadt kennt dabei intern eine größere ökonomische Spreizung, als das Land sie kannte.[17] Die Stadt, das ist der Ort der Mächtigen und Reichen, aber auch der Bettler und Armen. In der Stadt wachsen die Einkommensunterschiede und polarisiert sich die Sozialstruktur. Man hat es hier mit Menschen zu tun, die gewohnt sind, Macht auszuüben, und mit solchen, die auf der Straße ums Überleben kämpfen. Im Bonner Münster, meiner Gemeindekirche, sitzen Telekommanager, Ex-Minister und Obdachlose nebeneinander in der Kirchenbank.

Nur wenn die Macht kurzzeitig zusammenbricht, wie etwa nach

Entwicklungen gegenüber den dominanten Zentralisierungsvorgängen" (Karl-Dieter Keim, *Peripherisierung ländlicher Räume – ein Essay* (http:// www. bpb.de/apuz/ 29544/peripherisierung-laendlicher-raeume-essay, abgerufen 20.7.2012)

[17] Die Differenz der bäuerlichen Bevölkerung zum Land besitzenden Adel war eine Differenz zwischen ständisch Ungleichen, in der Stadt herrscht Differenz unter prinzipiell Gleichen. „In gewisser Weise gibt es im Augenblick so etwas wie eine merkwürdige Wiederkehr des 19. Jahrhunderts auf höherer Stufe: Wir beobachten, dass die Städte wieder in viel stärkerem Maße, als dies in der Zwischenzeit der Fall war, in privilegierte und unterprivilegierte Viertel zerfallen. Natürlich gab es da immer ein Gefälle, aber das Vorhandensein von extrem unterprivilegierten proletarischen Vierteln war ein besonderes Merkmal der Großstadt." Stadtteile werden dadurch zu „Schubladen sozialer Segregation" (Lindner, *Sodom und die Liebe zur Stadt* [Anm. 12], 38).

dem II. Weltkrieg, gewinnt das Land seine Macht für einige Zeit zurück, müssen die Städter aufs Land und um Nahrungsmittel betteln. „Normalisiert" sich die Lage, kehren sich die Machtverhältnisse zwischen Stadt und Land wieder um, müssen die Bauern in die Stadt, um ihre Waren zu verkaufen, und sind sie angewiesen auf die Subventionsentscheidungen der städtischen Eliten.

Denn der Markt findet in der Stadt statt, wie die Verwaltung, die Politik, die Wissenschaft und die große Kunst. Die Stadt bildet Eliten, die sich an den Eliten anderer Städte messen und demonstrativ nicht an den Bewohnern des Landes. Die Stadt bildet nicht regionale, sondern überregionale, wenn möglich internationale Eliten. Die Stadt ist ihr Ort, sie bestimmen ihn und sie gestalten ihn. Als Ort der Macht ist die Stadt das Ziel ihrer Karrieren.

Nicht eines der geringsten Versprechungen dieser Karrieren aber ist die Freiheit. Die erste und grundlegende Freiheit der Stadt wurde bereits benannt: Es ist die Freiheit von der Natur. Die Natur in der Stadt, Parks etwa, ist eigens angelegt, ist sozialisiert, gehört also allen und dient nicht der Ernährung, sondern der Erholung. Die Stadt schließt Natur erst einmal aus, und wo sie sie zulässt, herrscht sie sichtbar über sie. Auf dem Land herrscht man auch über die Natur, aber man lebt „in ihr". Natürlich ist auch die „Natur" des Landes in unseren mitteleuropäischen Breiten schon lange „Kultur", also von Menschen gestaltet. Aber das Land verschleiert die kulturelle Prägung, die man über die Natur ausübt, deshalb erlebt gerade der Städter das Land als „natürlichen Raum", was es in Wirklichkeit schon lange nicht mehr ist.

„Stadtluft macht frei": Das gilt aber nicht nur von der Fron der Naturabhängigkeit, sondern auch von der Fron der Sozialkontrolle. Auf dem Dorf kann man sich seine sozialen Nahkontakte immer noch nur sehr bedingt aussuchen. Wo man lebt, bestimmt, mit wem man lebt, und das hieß sehr lange auch, wie man lebt. In der Stadt konnte man sich seine sozialen Nahkontakte schon länger auswählen und sich – vor allem – sanktionsfrei verweigern. Es dominieren flüchtige und anonyme Sozialkontakte, geprägt von emotionaler Distanz und räumlicher Nähe zugleich, und sie beziehen sich, anders als in dörflichen Lebensformen, nicht auf verpflichtende Traditionen. „Freundlich grüßen, weitergehen": so die Nachbarschaftsdevise des Städters. Die Stadt vervielfältigt potentielle Sozialkontakte, das schafft Alternativen und lässt Kontrolle schwinden.

Anonymität klingt wie Einsamkeit und bedeutet es manchmal auch. Sie bedeutet aber immer auch Freiheit.

Ob die Urbanisierung die Auflösung von Gemeinschaftsformen, ihre Weiterführung in gewandelter Form oder völlige Neuarrangements von Gemeinschaftsbildung bedeutet, war in der Soziologie lange umstritten.[18] Für alle drei Annahmen gibt es Indizien: Für die Auflösung der Gemeinschaftsformen spricht die Anonymität der Großstadt, sprechen die monatelang unentdeckten Leichen oder die Einsamkeit vieler alter Menschen in ihren Altbauwohnungen. Für die Weiterführung alter Gemeinschaftsformen in gewandelter Form stehen aktive Stadtviertelmilieus und enge Nachbarschaftsverbundenheit, für Neuarrangements von Gemeinschaftsbildung das rege kulturelle Leben des normalen Städters, der sich seine Sport-, Hobby- und Weltanschauungsfreunde stadtweit zusammensucht und sie tatsächlich in genügender Zahl findet.

Die städtische Individualisierung der Lebensformen und Lebensstile hinterlässt nicht notwendig ein soziales Vakuum, vielmehr kristallisieren sich neue Sozialtypen heraus. Ihre Merkmale sind zeitlich und räumlich begrenzte Kontakte, revidierbare Mitgliedschaften, partielle Identifikationen. Inspizierbar ist das in jenen „Szenen", die sich in den Städten um ein spezifisches Erlebnisangebot (Theater, Sport, Disco, Kunst) herum an festen Lokalitäten bilden. „Szenen" antworten auf die Frage, wie man in einer kaum überschaubaren sozialen Wirklichkeit Menschen mit ähnlichen Vorlieben und Abneigungen finden kann, ohne Abstriche an der eigenen Individualität machen zu müssen. Sie „ermöglichen einen nicht-individuellen Umgang mit den Individualisierungszumutungen des Stadtlebens und überlassen dem Individuum dennoch, Nähe und Distanz bzw. die Intensität der Partizipation selbst zu dosieren."[19] Anders gesagt: Sie gewähren die doppelte Gnade, jemand Eigenes sein und es nicht allein sein zu müssen.

Mit Kategorien von Herbert Spencer gesagt: Das Land ist „unzu-

---

[18] Vgl. dazu: Hartmut Häußermann, *Städte, Gemeinden, Urbanisierung*, in: Hans Joas (Hrsg.), Lehrbuch der Soziologie, Frankfurt a. M./New York 2001, 505–532, speziell 507–512.
[19] Hans-Joachim Höhn, *Kirche ohne Gemeinde? Auf der Suche nach neuen Formen kirchlicher Präsenz in der Großstadt*, in: Erich Purk (Hrsg.), Herausforderung Großstadt. Neue Chancen für die Christen, Frankfurt a. M. 1999, 45–66, 62.

sammenhängende Gleichartigkeit", die Stadt „zusammenhängende Ungleichartigkeit." Die Stadt bietet Raum für das Experimentieren mit neuen Lebensstilen und -formen. Diese Ungleichartigkeit erfordert ein sehr ausbalanciertes Kommunikationsverhalten der Städter. Die Vielzahl der täglichen Kontakte mit meist unbekannten Menschen stellt die doppelte Aufgabe, die Distanz gegenüber Fremden zu überwinden und zugleich nur so viel von sich mitzuteilen, dass man sich weder von der Öffentlichkeit ausschließt, noch angreifbar macht.

Wenn Stadt Dichte, Größe und Heterogenität bedeutet, dann bedeutet Verdichtung Intensität, denn wenn Differenziertes nahe zusammen ist, ist es dicht erlebbar, drängt es sich auf, springt es einen an.

„Größe" aber kann man mit Georg Simmel im Fall der Städte als Einflussmacht bestimmen: „Das bedeutsamste Wesen der Großstadt", so Simmel, liege in ihrer „funktionellen Größe jenseits ihrer physischen Grenzen"[20]. Städte reichen weit über ihre Grenzen hinaus: „Enge Verbindungen der S(tädt)e mit ihrem Umland hat es ... immer gegeben" – und das eben als „Markt- und Herrschaftsbeziehungen".[21] Städte können daher „verstanden werden als Kristallisationsorte sozialer und damit ästhetischer, räumlicher, politischer etc. Entwicklungen, die Auswirkungen auf umgebende und vernetzte Orte haben".[22] Städte sind Zentren der Macht.

„Heterogenität" aber, vom Einzelnen her verstanden und prozesshaft gesehen, bedeutet Freiheit, die Freiheit der Differenz, die Freiheit, auch anders sein zu können. Was der Kulturpessimismus das „Sodom und Gomorrha der Städte" nennt,[23] das ist von der an-

---

[20] Simmel-Zitat bei Löw/Steets/Stoetzer, *Einführung in die Stadt- und Raumsoziologie* (Anm. 14), 11.
[21] Friedrich Merzbacher/Erika Spiegel, Art. Stadt, in: Görres-Gesellschaft (Hrsg.), Staatslexikon. Recht, Wirtschaft, Gesellschaft, Bd. V, Freiburg i. Br./Basel/Wien [7]1989, Sp. 235–241, 239.
[22] Löw/Steets/Stoetzer, *Einführung in die Stadt- und Raumsoziologie* (Anm. 14), 11.
[23] Der Berliner Ethnologe und Stadtforscher Rolf Lindner hält fest, dass die Großstadt „in Deutschland ... seit der Mitte des 19. Jahrhunderts als ein problematischer Raum wahrgenommen" wird. „Nirgendwo auf der Welt waren meines Wissens die Intellektuellen der Großstadt gegenüber so feindlich eingestellt wie hierzulande." Ihr von kleinen Universitätsstädten „auf die Großstadt gerichteter Blick traf sozusagen auf Sodom und Gomorrha": „Die Großstadt, das war ein ebenso gefährlicher wie gefährdender Lebensraum." (Lindner, *Sodom und die Liebe zur Stadt* [Anm. 12], 37)

deren Seite her betrachtet die Möglichkeit, „die Spuren zu verwischen", ein anderer zu sein und zu werden, in der Anonymität die Freiheit der Alternative zu finden. Auf dem Land zu leben heißt immer noch, ständig Bekannte zu treffen, in der Stadt zu leben, vor allem Fremde zu sehen.

Die Eigenschaften der Stadt – Dichte, Größe und Heterogenität – sind attraktiv, denn sie bieten die Chance, Intensität, Macht und Freiheit zu erleben. In der Stadt gibt es Freiheit von alten Bindungen, kulturelle und kommunikative Intensität und die Partizipation an politischer und ökonomischer Macht: als Realität für die Eliten, als Hoffnung für die Mittelschicht, als Versprechen für alle.

2. Religionsproduktivität der Stadt

Hans-Joachim Höhn hat bereits vor einigen Jahren mit der Diagnose überrascht, die entwickelte moderne Gesellschaft sei religionsproduktiv und ausgerechnet die Stadt sei ihr religionsproduktivster Ort.[24] Der innerkirchlichen Normalwahrnehmung entsprach das lange nicht, man sprach eher vom „katholischen Land"[25] und von der „Stadt ohne Gott". Doch Höhns These ist plausibel. Sie sei hier teils auf Höhns Spuren, teils über ihn hinausgehend entlang jener

---

[24] Hans-Joachim Höhn, *Gegen-Mythen. Religionsproduktive Tendenzen der Gegenwart*, Freiburg i. Br./Basel/Wien, 1994; siehe auch: Ders., *Zerstreuungen. Religion zwischen Sinnsuche und Erlebnismarkt*, Düsseldorf 1998. Höhn gehört nicht nur zu den aufmerksamsten religionstheoretischen Zeitanalytikern (vgl. etwa: Hans-Joachim Höhn, *Zeit-Diagnose. Theologische Orientierung im Zeitalter der Beschleunigung*, Darmstadt 2006), sondern auch zu den Vordenkern der Citypastoral. Siehe etwa: Ders., *Religiös im Vorübergehen?. Urbanität als Herausforderung für die Kirche*, in: Stimmen der Zeit 208(1990) 363–373; Ders., *Kirche ohne Gemeinde?*; Ders., *Gegen-Mythen*, 108–138; Ders., *Zerstreuungen*, 119–140; Ders., „Wir lernen das Eigene besser im Streit mit dem Fremden". *Christentum und urbane Öffentlichkeit*, in: Karl Hillenbrand/Barbara Nichtweiß (Hrsg.), Aus der Hitze des Tages, Würzburg 1996, 193–207. Das Folgende schließt sich teilweise Höhns luziden Analysen an.

[25] Ottmar John spricht gar davon, dass „die Kirche in Deutschland, vor allem die katholische Kirche, eine Dorfkirche zu sein scheint." Wenn er auch fortfährt, dass es dahingestellt sei, „ob das der Realität entspricht": „Auf jeden Fall ist die Selbstwahrnehmung der Kirche als ‚Kirche vom Lande' eine wirkmächtige Realität" (John, *Grundtypen der Citypastoral* [Anm. 3], 44).

drei Charakteristika der Stadt entwickelt, die skizziert wurden: Intensität, Macht und Freiheit.

Die Stadt ist ein Ort kommunikativer und kultureller Verdichtung und realer Erlebnisintensität. Die moderne Stadt ist der Ort, an dem in immer kürzeren Intervallen Innovationen, Moden und Konjunkturen die Wirklichkeitswahrnehmung des Menschen bestimmen. Dieser Innovationsdruck stellt nun einerseits das Bestehende dauernd in Frage, provoziert aber auch andererseits die Frage nach dem Bleibenden. Gerade weil die Stadt der Ort beobachtbarer Dauermodernisierung ist, präsentiert sie die Frage: Was bleibt, was kann nicht veralten? In der Spannung von „alles wird ständig anders" und „was bleibt?" eröffnen sich, zumindest für die sensiblen Eliten, neue und – zumindest auch – religiös beantwortbare Fragen.

Städtische Verdichtung bringt zudem schlicht genug Potential, bringt genug Wissen und frei flottierende „religiöse Musikalität" zusammen, um neue Religionsbildungen zu ermöglichen oder zumindest neue Rekombinationen bestehender religiöser Praktiken und Techniken. Die Verdichtung der Stadt mit ihrem permanenten Innovations-, Ästhetik- und Erlebnisfluss begünstigt, dass sich Kristallisationskerne neuer religiöser Praxis bilden.

Auch die Machterfahrungen der Stadt scheinen religionsproduktiv zu sein. Die Moderne ist generell ein einziger Prozess der Ausweitung des Macht- und Gestaltungsraums des Menschen: (Scheinbar) Naturhaftes wird in Kontingentes und daher Gestaltbares überführt. Diese Bewegung macht vor dem Religiösen nicht Halt: Religion wird ein Instrument der Macht, nun nicht mehr, wie bis dorthin, in der Hand einer (über)mächtigen Religionsinstitution, sondern in der Hand des Einzelnen oder von Gruppen, ja ganzen Staaten.[26] All dies ist, wie die religionspolitische Geschichte des 20. Jahrhunderts zeigt, nicht weniger problematisch als die vorgängige Sammlung religiöser Macht in Händen der Kirchen. Sind die entsprechenden Freiheitsgefahren aber halbwegs gebändigt, dann eröffnen sich in der religiösen Erfahrung des Marktes einerseits und in der Erfahrung der Macht auf dem religiösen Markt andererseits starke religiöse Möglichkeiten der Stadt.[27]

---

[26] Siehe dazu: Gerhard Besier/Hermann Lübbe (Hrsg.), *Politische Religion und Religionspolitik. Zwischen Totalitarismus und Bürgerfreiheit*, Göttingen 2005.
[27] Vielleicht kann ja auch der Feuilletonkatholizismus gewisser großstädtischer

Die Freiheit der Stadt schließlich aber wirkt gleich doppelt religionsproduktiv. Zum einen befreit sie endgültig von allen repressiven Religionstraditionen, also von kirchlicher Sozial- und Partizipationskontrolle, überhaupt von allen religiösen „Pflichten". Das ist die normale befreiende Wirkung der Anonymität. Neuerdings befreit sie zudem auch von jenem anti-religiösen Affekt, der dort am größten ist, wo religiöse Repression und Kontrolle lange wirksam waren. Da verschwindet gegenwärtig eine Erinnerung, wird ein neuer und unbefangener Zugang zur Religion möglich. Der Markt der Stadt eliminiert Religion nicht, er setzt sie vielmehr frei, hin zu einem „autologischen Dispositiv" des Religiösen, das weder kirchlicher Mitgliedschaftslogik noch auch aufklärerischer Vernunftlogik folgt und zunehmend selbst anti-kirchliches Emanzipationspathos hinter sich lässt.[28]

Aber die Freiheit der Stadt produziert eben auch jene biografischen Ungewissheiten und Risiken, die nach religiöser Bearbeitung verlangen. Der Befreiungsaspekt der Freiheit befreit von Kirche, aber auch von platter Antireligiosität, der Risikoaspekt der Freiheit macht Religion gerade in ihrer therapeutisch-heilenden Funktion neu attraktiv. Die Biografien in der Stadt sind immer noch ein wenig fragiler als jene auf dem Land, ungeschützter durch familiäre und andere Netzwerke. Die biografischen Risiken der späten Moderne werden in den urbanen Lebenswelten zuerst spürbar und am intensivsten erlitten.

III. „Überschaubarkeit": Strukturen der Pastoralmacht[29]

Die Kirche hatte mit der Signatur der Städte ihre Probleme, seit sie selbst es war, von der man sich in der Stadt emanzipierte.[30] Das bis vor kurzem in unseren Breiten gültige Grundkonzept der Basisorganisation von Kirche, die Gemeindetheologie, verdankt denn auch

---

Eliten als Sehnsucht nach solch einer machtvollen Religion katholischer Provenienz gedeutet werden.
[28] Vgl. dazu: Bertelsmann-Stiftung (Hrsg.), *Religionsmonitor 2008*, Gütersloh 2007.
[29] Die Teile III) und IV) bildeten die Grundlage für Rainer Bucher, *Das Ende der Überschaubarkeit. Perspektiven einer zukünftigen Sozialgestalt von Kirche*, in: Herder-Korrespondenz/Spezial. 2011, 6–10.
[30] Wiewohl das Christentum einst als Stadtreligion startete. Siehe dazu jetzt: Martin Ebner, *Die Stadt als Lebensraum der ersten Christen*, Göttingen 2012.

seine Genese der Erfahrung des scheinbar unaufhaltsamen Erosionsprozesses der Kirchen in den modernen Großstädten zu Zeiten der Industrialisierung des 19. Jahrhunderts.

Die Gemeindetheologie versuchte den Emanzipationsprozessen der Städter dadurch zu begegnen, dass man kleinere Sozialformen von Kirche schuf, die gegen die freiheitsversprechende Intensität und Mächtigkeit der Stadt eine analoge gemeinschaftsversprechende Intensität und Mächtigkeit entwickelten. Organisiert werden sollte städtische Intensität und Macht ohne Freiheit von der Kirche, dafür mit Geborgenheit und Gemeinschaft und unter ihrem überwachenden und schützenden Blick. Die zentrale Kategorie für diese neuen gemeindlichen Sozialformen lautete daher: „Überschaubarkeit".

Die zuerst im evangelischen Bereich entstehende „,Gemeindebewegung' strebte eine ‚überschaubare Gemeinde' an".[31] Sie sollte „von gegenseitiger Seelsorge- und Liebestätigkeit geprägt" sein, also intensive interne Kommunikation und Fürsorge sicherstellen. „Organisatorisch bedeutet dies eine Unterteilung der Gemeinde in immer kleinere Bezirke – denn zum einen sollte jedes Mitglied erfasst, gekannt und betreut werden, zum anderen wollte Sulze" – der evangelische Pastor Emil Sulze (1832–1914)[32] war der maßgebliche Theoretiker dieser Bewegung – „eine auf persönlicher Kenntnis beruhende Gemeinschaft der Gemeindemitglieder untereinander."[33]

Die evangelische Kirche reagierte damit, wenn auch, wie Uta Pohl-Patalong festhält, „ziemlich spät", auf die industriegesellschaftlichen Verstädterungsprozesse des späten 19. Jahrhunderts: „Die in die Stadt strömende Landbevölkerung" hatte sich von der Kirche entfremdet; „der Gottesdienstbesuch sank in manchen Gegenden bis auf 1,5 % der Gemeindemitglieder ab."[34]

Das Ziel der Gemeindetheologie war die Bildung einer „Kontrastgesellschaft": „Gegenüber der modernen Welt, die von Konkurrenz

---

[31] Uta Pohl-Patalong, *Die Zukunft der evangelischen Gemeinde. Einblicke in den gegenwärtigen Diskurs*, in: Pastoraltheologische Informationen 28(2008) 126–143, 132.
[32] Vgl. etwa: Emil Sulze, *Die evangelische Gemeinde*, Leipzig ²1912; Ders., *Über die Herkunft des Gemeindegedankens*, in: Christliche Welt 1890, 651–655.
[33] Pohl-Patalong, *Die Zukunft der evangelischen Gemeinde* (Anm. 31), 132f.
[34] A. a. O., 132.

und Disharmonie geprägt ist",[35] sollte „die Kirche harmonische Gemeinschaft gewährleisten."[36] Der angestrebte Disziplinierungsgrad war dabei sehr hoch. Jedes Mitglied sollte „erfasst, gekannt und betreut" werden. Unter dem Pfarrer sollten „Presbyter" als „Bezirkshelfer" wirken: „bei 4000 Gemeindemitgliedern sollten es 20 Presbyter mit einer jeweiligen Zuständigkeit von 200 Personen sein", und darunter dann „,Hausväter' entsprechend der Wohngemeinschaft eines Mehrfamilienhauses."[37]

Christian Grethlein hält zu Recht fest, dass Sulzes „viel beachtet(es) ... Konzept des Gemeindelebens" mit seinem Ideal der „überschaubare(n) Gemeinde" ein „bis heute wirksames Stichwort für den Gemeindeaufbau"[38] abgebe. Das redaktionelle Vorwort zu Sulzes Reflexionen „Über die Herkunft des Gemeindegedankens" fasst dessen „religiöses Gemeindeprinzip" 1890 in den drei Schlagworten zusammen: „kleine, übersichtliche Gemeinden", „Ein Pastor und eine Gemeinde!" und „Nicht nur Kultus-, sondern Seelsorgsgemeinden!".[39] Die Masse, deren Kirchenbindung in den Städten und überhaupt in der Not und der „Sittenlosigkeit", wie es damals schon hieß, verloren zu gehen drohte, sollte unter die Überschaubarkeit der „Gemeinde" gebracht werden. Diese Disziplinierung war etwa bei Emil Sulze einerseits in höchst ehrenhaften diakonischen Motiven begründet,[40] welche diese Disziplinierung in ihrer Konsequenz freilich auch radikalisierten, andererseits strebte die damalige Gemeindetheologie direkte Verhaltensnormierung an: „Wir wol-

---

[35] „Unser soziales Leben ist auf einen Kampf aller gegen alle gegründet", es herrsche „Selbstsucht" und „Genußsucht". Demgegenüber sollte die Gemeinde ein „erweitertes Vaterhaus" sein, in dem, wie in jenem, „Liebe und Selbstverleugnung" herrschen (Sulze, *Herkunft des Gemeindegedankens* [Anm. 32], 654).
[36] Pohl-Patalong, *Die Zukunft der evangelischen Gemeinde* (Anm. 31), 133.
[37] Uta Pohl-Patalong, *Ortsgemeinde und übergemeindliche Arbeit im Konflikt. Eine Analyse der Argumentation und ein alternatives Modell*, Göttingen 2003, 98.
[38] Christian Grethlein, *Grundinformation Kasualien*, Göttingen 2007, 92.
[39] Sulze, *Herkunft des Gemeindegedankens* (Anm. 32), 651.
[40] Vgl. etwa a. a. O., 652, wo Sulze schildert, wie ihm die große Not der Bevölkerung seiner ersten Vikarsstelle im sächsischen Erzgebirge den Gedanken nahe legte: „Lassen Sie uns eine feste Ordnung schaffen, dass von den Männern und Frauen, die von der Not nicht betroffen sind, jedes eine Familie, die im Unglück ist, auf sich nimmt."

len in festgefügten Gemeinden die christliche Sitte, ja die christliche Sittlichkeit für einen jeden zur Technik seines Lebens machen."[41]

„Überschaubarkeit" ist eine typisch moderne Kategorie. Foucault hat in seinen subtilen Analysen von Benthams (1748–1832) Panopticon[42] dessen „Hauptwirkung" als „Schaffung eines bewussten und permanenten Sichtbarkeitszustandes" beschrieben, „der das automatische Funktionieren der Macht sicherstellt."[43] Foucault sieht hierin einschneidende „Transformationen des Disziplinarprogramms"[44] gegenüber jenem vorgängigen Modell wirksam, das, wie Foucault an Hand der Reaktionen auf die Pest analysiert, „für eine gewisse Zeit eine Gegengesellschaft"[45] aufbaute. Vor allem sei sie im Unterschied zu jenem generalisierbar. „Das Panopticon ... ist als ein verallgemeinerungsfähiges Funktionsmodell zu verstehen", so Foucault, „das die Beziehungen der Macht zum Alltagsleben der Menschen definiert." Es ist eine „Gestalt politischer Technologie, die man von ihrer spezifischen Verwendung ablösen kann und muss."[46]

Zentrales Ziel dieser politischen Technologie aber ist die „Überschaubarkeit". „Die panoptische Anlage schafft Raumeinheiten, die es ermöglichen, ohne Unterlaß zu sehen und zugleich zu erkennen." In der Disziplinierungsgeschichte Europas wird, so Foucault, das Prinzip der „Überschaubarkeit" dann immer zentraler: Das Panopticon „programmiert auf der Ebene eines einfachen und leicht zu übertragenden Mechanismus das elementare Funktionieren einer von Disziplinarmechanismen vollständig durchsetzten Gesellschaft."[47]

Katholischerseits steigt man auf diesen Gedanken sehr früh ein, kommt aber recht spät erst zum Ergebnis der „überschaubaren" kommunikativ verdichteten Gemeinde. Über die Gründe für diese Verspätung kann man spekulieren: Die katholische Kirche besaß etwa mit der individuellen Beichte eine spezifische Technik der Bio-

---

[41] Vgl. etwa a. a. O., 654.
[42] Vgl. Michel Foucault, *Überwachen und Strafen. Die Geburt des Gefängnisses*, Frankfurt a. M. 1976, 251–292.
[43] A. a. O., 258.
[44] A. a. O., 263.
[45] Ebd.
[46] A. a. O., 264.
[47] A. a. O., 268.

grafielenkung und Disziplinierung, auf die der Protestantismus ja weitgehend verzichtet hatte. Generell konnte die katholische Kirche die Freisetzungseffekte der sich entwickelnden Moderne noch lange über spezifische Milieubildungsprozesse abfedern, deren Identifikationsgrößen aber eben nicht primär auf der Basisebene, sondern auf der gesamtkirchlichen Ebene der Papstkirche lagen.

Dennoch: „Überschaubarkeit" wird trotz und neben der dunklen Kammer des Beichtstuhls und der strahlenden Größe der acies ordinata ecclesia catholica auch für die katholische Pastoralmacht zu Beginn der Neuzeit eine immer wichtigere Zielgröße. Bereits das Konzil von Trient (1546–1563) ordnete „die Pfarrseelsorge neu, indem es ‚Hirt und Herde' (Pfarrer und Pfarrei) in ein überschaubares Zueinander bringt."[48] Diese Reformen des „vor allem territorial fixiert(en)"[49] Konzils von Trient ließen daher „Raum", so der dezidierte Gemeindetheologe Petro Müller, „zur Gemeindebildung, besonders" – wie anders – „durch die angestrebte *Überschaubarkeit*."[50]

Das war damals etwas durchaus Neues. Die Gemeindegröße war bis dahin „offensichtlich nie thematisiert" worden, für Müller nur das Zeugnis „eine(r) allgemeine(n) Unbedachtheit". „Eine bewusst gewollte Überschaubarkeit, die einem Gemeindezusammenhang förderlich gewesen wäre, ist für die städtische Bischofskirche der Spätantike keine Kategorie und überträgt sich ins Frühmittelalter. [sic]" Bis zu Trient also galt: „Wer intensiver, überschaubarer und personenzentriert christliche Gemeinschaft leben will, zieht sich ins Kloster zurück."[51]

„Überschaubarkeit" ist bis heute eine zentrale Kategorie der Gemeindetheologie. „‚Gemeinde braucht Überschaubarkeit, braucht Nahraum, braucht Vertrautheit' waren immer wieder kehrende Sätze während des Kongresses"[52] – so das Fazit einer Prozessbegleiterin zu der im September 2007 stattfindenden Konferenz deutschsprachiger Pastoraltheologinnen und Pastoraltheologen mit dem Thema „Plurale Wirklichkeit Gemeinde". Natürlich geht es, so das Selbst-

---

[48] Petro Müller, *Eine kompakte Theologie der Gemeinde*, Berlin 2007, 96.
[49] A. a. O., 98.
[50] A. a. O., 96. Hervorhebung im Original.
[51] A. a. O., 79.
[52] Judith Könemann, *Plurale Wirklichkeit Gemeinde. Ein Kongress schaut sich selber zu*, in: Pastoraltheologische Informationen 28(2008) 162–170, 168.

verständnis, nicht um Kontrolle und Macht, sondern, wie schon bei Sulze, um Zuneigung, Liebe und Fürsorge. Mit deutlicher Anspielung auf die entsprechenden biblischen Referenzstellen werden Inklusionsszenarien formuliert: „Im konkret gelebten Miteinander wurde Glaube erfahrbar: im Gebet und Gottesdienst, im Hören auf Gottes Wort, in der diakonalen Sorge, in der Gemeinschaft. Wichtige Voraussetzung dafür war die Überschaubarkeit der Gemeinde. Die Angehörigen kannten sich untereinander und kümmerten sich umeinander."[53]

Es hat gedauert, bis die Imagination eines solchen Inklusionsszenariums zur Basis katholischen Organisationsdenkens wurde. Erst Anfang der 70er Jahre des 20. Jahrhunderts setzte sich diese Variante der Gemeindetheologie endgültig, dann aber recht schnell auch im katholischen Bereich durch. Wieder war es die Stadt, waren es vor allem die dort zu beobachtenden Lockerungen der Kirchenbindung, die katalytisch wirkten. Die Bildung verdichteter, „überschaubarer" Gemeinschaften unterhalb der Pfarrebene sollte ausdrücklich dem kirchlichen Erosionsprozess gegensteuern.

In seinem 1979 erschienenen Buch „Wie wird unsere Pfarrei eine Gemeinde?" hatte der Wiener Pastoraltheologe Ferdinand Klostermann (1907–1982)[54] die Bildung „lebendiger Zellen" innerhalb der

---

[53] Norbert Mette, *Praktisch-theologische Erkundungen 2*, Berlin 2007, 67. Die schiere Existenz der Paulusbriefe zeigt im Übrigen, dass es neben Glaube und Liebe auch Probleme im Miteinander der frühen Christen gab. Aus „neutestamentlicher Sicht", so der Exeget Joachim Kügler, ist jedenfalls „darauf zu pochen, dass die Sozialform der Kirche nicht festgelegt ist. (...) Nirgends steht geschrieben, dass christliche Existenz durch die Teilnahme an Gruppen und Kreisen, durch die Mitgliedschaft in Räten und Ausschüssen zu ihrer Vollendung gelangt. Gewiss, frühchristliche Gemeinden sind immer wieder zusammengekommen, und für Paulus wäre eine Gemeinde, die sich nicht mehr trifft, wohl keine christliche Gemeinde mehr gewesen. Aber was haben die paulinischen Gemeinden konkret miteinander gemacht? Wir wissen, dass sie Gottesdienst gefeiert haben. Sonst noch etwas? Vielleicht genügte ihnen das gemeinsame Feiern als Vergesellschaftungsform völlig aus" (Joachim Kügler, *Perspektivenwechsel! Bibeltheologische Randbemerkungen zu einem pastoral-empirischen Projekt*, in: Johannes Först/Ders. (Hrsg.), Die unbekannte Mehrheit. Mit Taufe, Trauung und Bestattung durchs Leben? Eine empirische Untersuchung zur „Kasualienfrömmigkeit" von KatholikInnen, Berlin, 2. erw. Auflage 2010, 209–235, 221).
[54] Zu Klostermann siehe: Alfred Kirchmayr, *Klostermann Ferdinand (1907–1982)*, in: Traugott Bautz (Hrsg.), Biographisch-Bibliographisches Kirchenlexikon, Bd. XXIX, Nordhausen 2008, Sp. 755–776; Rudolf Zinnhobler, *Pro-*

Pfarrei gefordert. Der Zusammenschluss dieser „lebendigen Zellen" sollte dann die „Lebendige Gemeinde" bilden. Diese Forderung findet sich praktisch wortgleich bereits in den „Richtlinien für die Katholische Aktion", die der Wiener Kardinal Theodor Innitzer (1875–1955) 1934 ausgegeben hatte. Dort heißt es: „Um die Gesamtheit der Gläubigen zu erreichen, soll in jeder Pfarre die Zellenarbeit durchgeführt werden. Sie besteht darin, daß in planmäßiger Auswahl der Laienapostel die ganze Pfarre durchorganisiert wird. Durch diese Laienapostel ergibt sich die lebendige Verbindung zu allen Familien und Gliedern der Pfarre."[55]

Der viel spätere, nachkonziliare gemeindetheologische Diskurs Ferdinand Klostermanns, des entscheidenden Mentors der Gemeindetheologie im katholischen Bereich, reagiert deutlich auf die Säkularisierungserfahrungen der 60er Jahre des 20. Jahrhunderts. Für Klostermann spielt dabei, ähnlich wie bei Sulze, die These, „dass im allgemeinen der Kirchenbesuch mit der wachsenden Pfarreigröße abnimmt", eine zentrale Rolle in der Begründung seines gemeindetheologischen Projekts. Er entwickelt aus diesem Befund „die pastorale Notwendigkeit von Pfarrteilungen bzw. gemeindlichen Substrukturen unserer städtischen Großpfarreien."[56]

Der „fortschreitenden Säkularisierung" sollte, so rückblickend auf einer Fachtagung der Deutschen Bischofskonferenz im Jahr 2007 der frühere Essener und jetzige Münsteraner Bischof Genn mit Bezug auf eine Studie Wilhelm Dambergs, durch „die Bildung von Pfarreien unter dem Leitbild der Pfarrfamilie" entgegengewirkt werden. Daraus entstand etwa im Bistum Essen „die Option, im Umkreis von maximal 750 Metern immer wieder eine Kirche mit

---

fessor Dr. Ferdinand Klostermann. Ein Leben für die Kirche (1907–1982), in: Jan Mikrut (Hrsg.), Faszinierende Gestalten der Kirche Österreichs, Bd. VII, Wien 2003, 101–144.

[55] Karl Rudolf, *Das Werden der katholischen Aktion in der Erzdiözese Wien*, in: Der Aufbau. Jahrbuch der Katholischen Aktion in Österreich 1935, Wien 1935, 11–24, 19. Die Instruktion ist mit dem 18. Dezember 1934 datiert und findet sich im Artikel von Rudolf vollständig abgedruckt (18–20) wiedergegeben. Sie war das Ergebnis einer „Führertagung der Katholischen Aktion Wien" vom 30.9.1934.

[56] Ferdinand Klostermann, *Wie wird unsere Pfarrei eine Gemeinde?*, Wien 1979, 55.

der entsprechenden Infrastruktur (Pfarrhaus, Kaplanei, Kindergarten, Pfarrheim, Jugendheim, Küsterwohnung) zu bauen."[57]

Die „Gemeindetheologie" zeigt sich als wirkmächtiger pastoraltheologischer Transformationsdiskurs, der ab der Mitte der 1960er Jahre in der katholischen Kirche tatsächlich enorm praxisrelevant wurde. Er projektierte die Umformatierung der kirchlichen Basisstruktur hin zu „überschaubaren Gemeinschaften mündiger Christen", wie es dann hieß. Dieser Umformatierungsprozess hatte zugleich extensiven wie intensivierenden Charakter. Klostermann nennt als Ziel des Gemeindebildungsprozesses, „dass in (einer) Pfarrei möglichst viele Menschen eine möglichst genuine Gemeinde Jesu, des Christus, erleben können", „dass die Pfarrei ein konkreter Ort wird, an dem möglichst vielen Pfarrangehörigen, aber auch anderen im Pfarrgebiet wohnenden Menschen die Glaubenserfahrungen Jesu weitervermittelt werden können." Dazu sollen „möglichst viele in christliche Gruppen und Gemeinden"[58] eingebunden werden. Intensivierung und extensive Erfassung waren also gleichermaßen angezielt.

Wenn die Pastoralmacht nach Foucault individualisierend, totalisierend und dem Anspruch nach selbstlos ist, dann zeigt sich mit der Gemeindetheologie des Jahres 1970 eine spezifische Transformation der katholischen Variante der Pastoralmacht. Bei Kardinal Innitzer 1935 wie bei Klostermann 1979 soll der Zugriff der Kirche auf den Einzelnen durch den Aufbau spezifischer, kommunikativ verdichteter sozialer Räume verstärkt werden. Beide Zugriffe unterscheiden sich freilich in der Gewichtung von Individualisierung und Totalisierung. Die Gemeindetheologie propagiert 1935 vor allem die zeitgewünschte Totalisierung des kirchlichen Zugriffs, die Gemeindetheologie 1970 primär dessen ebenso zeitgewünschte Individualisierung.[59]

---

[57] Felix Genn, *Das Zusammenwirken von unterschiedlichen Orten, Formen und Vollzügen der Seelsorge in den vergrößerten pastoralen Räumen*, in: Deutsche Bischofskonferenz, „Mehr als Strukturen..." (Anm. 5), 40–49, 41. Genn zitiert: Wilhem Damberg, *„Jedem Bergarbeiter seine Kirche neben's Bett". Katholiken, Kirche und Stadtentwicklung in der Geschichte des Ruhrgebietes*, in: Stefan Brüggerhoff/Michael Farrenkopf/Wilhem Geerlings (Hrsg.), Montan- und Industriegeschichte. Dokumentation und Forschung. Industriearchäologie und Museum, Paderborn/München/Wien 2006, 261–273.
[58] Klostermann, *Wie wird unsere Pfarrei eine Gemeinde?* (Anm. 53), 184.
[59] Vgl. dazu ausführlicher: Rainer Bucher, *1935 – 1970 – 2009. Ursprünge, Aufstieg und Scheitern der „Gemeindetheologie" als Basiskonzept pastoraler Organisa-*

Die Gemeindetheologie der 70er Jahre war der Versuch, in Zeiten der beginnenden Freisetzung zu religiöser Selbstbestimmung auch von Katholikinnen und Katholiken die katholische Kirche von einer amtszentrierten Heilsinstitution zu einer quasi-familiären gemeindlichen Lebensgemeinschaft umzuformatieren. Sie war ein kriseninduziertes sozialtechnologisches Rettungsprogramm und zog enorme Rettungsphantasien einer durch die moderne liberale Gesellschaft und ihre ganz anderen Lebensstile unter Druck geratenen Kirche auf sich – wenn auch diesmal bei den eher modernitätsfreundlichen Teilen der Kirche. Durch Aufbau, Ausbau und theologische Unterfütterung einer spezifischen Sozialform von Kirche sollten die freiheitsbedingten Erosionsprozesse kirchlicher Konstitution gestoppt werden. Der Ort aber, an dem das konzipiert wurde, war die Großstadt: Klostermann entwickelte seine Vorstellungen aus der Wiener Hochschulgemeinde heraus.

„Überschaubarkeit" aber ist keine Kategorie des Lebens in der Stadt. Nicht zuletzt die Versuche, Städte durch Planung „überschaubar" zu machen, belegen dies: Sie sind allesamt gescheitert. In der Stadt gibt es dunkle Ecken, unübersehbare Menschenmengen, undurchdringliche Verdichtung, unentwirrbare Heterogenität, unkontrollierbares Wachstum. Alles zu sehen, ein Ziel der Herrschaft natürlich auch in der verstädterten und globalisierten Welt der Postmoderne, kann deshalb nicht mehr nach dem Prinzip von Benthams Panopticon gesichert werden, das die (kleine) Welt der gebauten Ordnung so zurichtete, dass sie von einem Ort aus, also zentralperspektivisch übersehbar war. Realsymbol des aktuellen Herrschaftsblicks ist vielmehr das Global Positioning System (GPS) und die von ihm gesteuerten Drohnen, das die große Welt der natürlichen Unordnung von außen und oben, fast gottgleich, in seinen multiperspektivisch ortenden Blick nimmt und potentiell zum globalen Strafraum macht.

Während also die Kirche die Überschaubarkeitslogik der frühen Moderne kopiert, hat die Postmoderne religiöse Überschaubarkeitskonzepte technologisch (und daher fehleranfällig, aber konkret wirksam) nachgebaut. Aber zentimetergenau orten kann die militärische Variante des GPS jeden Ort der Erde immerhin schon.

tion der katholischen Kirche, in: Lucia Scherzberg (Hrsg.), Gemeinschaftskonzepte im 20. Jahrhundert zwischen Wissenschaft und Ideologie, Münster 2010, 289–316.

IV. Selbstlosigkeit: Die Selbstüberschreitung der Pastoralmacht

1. Citypastoral: Begriff und Erfahrungen

Das pastoraltheologisch Spannende an den citypastoralen Initiativen der letzten 25 Jahre ist damit nicht so sehr, was sie versuchen, sondern was sie nicht mehr versuchen. In der Citypastoral, so der Bonner Stadtdechant und Leiter der dortigen Citypastoral Wilfried Schumacher, müssen sich die „Akteure von einem Prinzip verabschieden, das die Seelsorge auf weiten Strecken bestimmt und alle Beteiligten unter Druck setzt: ein Gottesdienst, eine Predigt, eine Veranstaltung, eine Beratung, ein Gespräch ist erst dann gut, wenn der Mensch, der teilgenommen hat, wiederkommt."[60]

Citypastoral zieht damit die praktische Konsequenz einer tiefen, grundlegenden, noch etwas verschämten Einsicht: Die Kirche ist nicht nur nicht mehr Herrin über die Partizipationsmotive ihrer eigenen Mitglieder. In einem grundlegenderen Sinne war sie das natürlich nie, neu aber ist, dass sie auch nicht mehr die Herrin über das reale Partizipationsverhalten ihrer eigenen Mitglieder ist. Sie steht damit vor einer Revolution ihrer Konstitutionsprinzipien. Die Citypastoral ist Konsequenz und Dokument dieser Einsicht. Die Städte waren denn auch der erste Ort, an dem diese Revolution zu besichtigen war.

Der Leiter des Domforums in Köln, einem der citypastoralen Pilotprojekte, nennt in einem Konzeptpapier aus dem Jahr 1999 drei zentrale Stichworte für Citypastoral: „Gastfreundschaft, Anonymität und Spontaneität."[61] Das sind noch keine theologischen Kategorien, sie umschreiben aber ziemlich genau das Spezifische der Prozesse und Sozialformen, in denen sich Citypastoral vollzieht.

Citypastoral realisiert die evangelisatorische Präsenz der Kirche auf dem Marktplatz der modernen Stadt. Sie ist kreative Einladung für Menschen im Vorübergehen, Begegnung mit neuen Lebensgewohnheiten und Lebensstilen, Dialog mit Kultur, Wissenschaft, Politik und Bürgerengagement und in all dem ein Projekt, die Gegenwartsbedeutsamkeit der Botschaft des Evangeliums mit den

---

[60] Wilfried Schumacher, *Pastoral für Zaungäste. Seelsorge und Liturgie in einer City-Kirche*, in: Bibel und Liturgie 81(2008) 194–199, 195.
[61] Karl Heinz Paulus, *Zur Konzeption des Domforums*, Köln 1999, 1.

Menschen der Innenstädte zu entdecken. Citypastoral ist also zugleich mehr und weniger als „Pastoral in der Stadt". Sie ist jener Teil städtischer Pastoral, der ausdrücklich, gezielt und präzise jene Menschen in den Blick nimmt, die in den normalen kirchlichen Sozialformen keine Heimat finden, aber für die Verkündigung des Evangeliums ansprechbar sind. Sie ist jener Teil der Stadtpastoral, der endgültig auf Überschaubarkeit und Macht verzichtet.

Ein wesentliches Element hierfür ist tatsächlich die Gastfreundschaft, denn sie stellt sicher, dass jeder, der will, voraussetzungsfrei kommen kann und dass er dabei nicht werden muss wie „wir", um bei „uns" sein zu dürfen: Er darf Gast bleiben, wenn er es möchte. Denn „genau das ist es, was selbstbewußte Zeitgenossen wollen", so Höhn: „selber Nähe und Distanz bestimmen, selber dosieren zwischen Engagement und Zurückhaltung und sich nicht durch ebenso hohe wie rigide Teilnahmebedingungen einbinden lassen".[62] Ziel ist nicht Aktivierung und Partizipationssteigerung, sondern eine konkrete Begegnung von Evangelium und einzelnem Menschen in Wort und Tat, wie unscheinbar auch immer.

Dazu braucht es auch tatsächlich Spontaneität, also die Bereitschaft, in die Risikozonen gewagter, ungeschützter Begegnung zu gehen. Spontaneität bedeutet Unplanbarkeit, Unüberschaubarkeit und besitzt daher eine ganz eigene Spiritualität. Und man braucht dazu bisweilen auch Anonymität: Denn Städter wollen nicht immer preisgeben, wer sie sind, ihnen ist Anonymität Schutz und Voraussetzung für kommunikative Intensität.

Die Umstellung auf Gastfreundschaft, Spontaneität und Anonymität, und damit der Verzicht auf die Prinzipien Kontrolle und Dauer, ist nicht einfach und erfordert viel. Der Weg hierzu geht nicht von selbst. Aus einem citypastoralen Prozess, den der Autor dieser Zeilen vor einiger Zeit begleiten konnte, sind exemplarische Lernerfahrungen geblieben, die durchaus ihre kontextuelle Zufälligkeit überschreiten könnten.

Es braucht, so zeigte sich etwa, soll die alte Pastoralmacht überschritten werden, den schmerzhaften Prozess der Umkehr aller Beteiligten hin zum Neuarrangement der Verflechtung von Person, Institution und Macht. Diese Umkehr hin zum institutionellen Neu-

---

[62] Höhn, *Zerstreuungen* (Anm. 24), 134.

arrangement ist mit der Bereitschaft, sich auf dieses Neue grundsätzlich einzulassen, noch keineswegs gegeben, sie kann auch nicht einfach gefordert und befohlen werden. Sie muss vielmehr in teils schmerzhaften und krisenhaften, jedenfalls unabsehbaren Prozessen erkundet und erkämpft werden. Sie ist zuletzt ein spiritueller Prozess.

Es braucht zudem eine wirklich lernende Organisation auf allen Ebenen.[63] Und es geht nicht ohne die Macht der Ohnmächtigen. An ihnen hängt alles. Es braucht, soll wirklich Neues in Angriff genommen werden, die Bereitschaft, in ein offenes Spiel von Macht und Ohnmacht einzutreten. Das gilt für die Mächtigen wie für die eher Ohnmächtigen. Ohne solche Prozesse eines variablen Spiels von Macht und Ohnmacht, ohne die Bereitschaft aller, sich selbst nicht nur ins Spiel zu bringen, sondern aufs Spiel zu setzen, gelingt nichts wirklich Neues.

Alle drei Erfahrungen kommen in einem überein: Notwendig sind die lernbereite Aufmerksamkeit auf das Konkrete, mit dem man konfrontiert wird, der Kontakt zu dem, wofür man selber steht, und die Bereitschaft, beides im Risiko der Ohnmachtserfahrung miteinander ins Spiel zu bringen.

2. Citypastoral und der Pastoralbegriff des II. Vatikanums

Das pastorale Konzept „Citypastoral" reagiert offensiv auf die Individualisierung des Religiösen wie auf die bleibenden Erwartungen an die Kirchen, etwas zu sagen, zu zeigen, zu feiern zu haben. Das Konzept „Citypastoral" akzeptiert die Realität des realen Machtverlustes der Kirchen über die Biografien der Menschen und arbeitet nicht an seiner Überwindung. Es sucht vielmehr unter diesen Bedingungen Orte zu identifizieren und zu gestalten, wo die Kirche mit ihrer spezifischen Botschaft gefragt wird und daher gefragt ist.

Citypastoral geht von der Vermutung aus, dass diese Orte vor allem in gesellschaftlichen Verdichtungszonen wie der Stadt zu finden sind. Hier will Citypastoral Situationen gestalten, an denen Menschen gerade wegen des Schutzes der Flüchtigkeit zu intensiver Kommunikation bereit sind. Es geht der Citypastoral also darum, an

---

[63] Siehe hierzu: Valentin Dessoy/Gundo Lames (Hrsg.), „Denn sicher gibt es eine Zukunft" (Spr 23,18). Strategische Perspektiven kirchlicher Organisationsentwicklung, Trier 2008.

spezifischen geeigneten Orten unmittelbar und ohne sozialen (kirchlichen) Integrationsdruck und in möglichst offenen und wandelbaren Aktions- und Sozialformen den Sinn und die Bedeutung des Evangeliums entdeckbar zu machen. Das ist ein großer Anspruch – und geschieht an einem durchaus ambivalenten Ort.

Denn die Freiheit der Stadt ist vor allem die Freiheit des Marktes.[64] Der Markt stellt aber auch selbst eine Macht dar – und bekanntlich keine harmlose. Der Markt ist zum Beispiel tendenziell blind gegenüber jenen, die sich nicht auf ihm behaupten können: den Armen, Ausgeschlossenen und Marginalisierten. Citypastoral hat daher jenen, die am Markt nicht reüssieren, den Zugang zu den kirchlichen Orten von Beratung und Diakonie zu eröffnen.

Der Markt neigt zudem dazu, die Unabgeschlossenheit und Geheimnishaftigkeit menschlicher Existenz einzuebnen in ein reduktionistisches Bedürfnis/Konsum-Schema. Citypastoral hat daher den Reichtum des kulturellen Wissens um die Geheimnishaftigkeit und die Unabgeschlossenheit menschlicher Existenz zu eröffnen.

Und der Markt neigt dazu, in einem erfahrungs- und konsumintensiven Leben das Ziel menschlicher Existenz zu sehen. Citypastoral eröffnet demgegenüber das christliche Wissen von der unstillbaren Gnadenbedürftigkeit menschlicher Existenz, wie es in der großen spirituellen Tradition unseres Glaubens dokumentiert ist.

Vor allem aber kennt der Markt erst einmal nur sich und seinen Erfolg. Das ist seine Stärke – er ist wandelbar und reaktionsschnell – und seine Schwäche: Er kann gnadenlos sein. Wenn die Kirche auch „auf den Markt" gekommen ist und dies in Konzepten wie jenem der Citypastoral akzeptiert und kreative Konsequenzen daraus zieht: verfallen darf sie dem Markt nicht.

Pastoral meint nach „Gaudium et spes" die kreative Konfrontation von Evangelium und Existenz in Wort und Tat.[65] Auch „Citypastoral"

---

[64] Siehe dazu ausführlicher: Rainer Bucher, *Eine alte Kirche in ziemlich neuen Zeiten. Zu den Reaktionsmustern der katholischen Kirche auf ihre aktuelle Transformationskrise*, in: Theologisch-praktische Quartalschrift 156(2008) 396–405.
[65] Bestimmend für diese Definition ist die berühmte Fußnote zum Titel von *Gaudium et spes*. Siehe dazu: Elmar Klinger, *Armut – eine Herausforderung Gottes*, Zürich/Einsiedeln/Köln 1990, 96–134; Ders., *Das Volk Gottes auf dem II. Vatikanum. Die Revolution in der Kirche*, in: Jahrbuch für Biblische Theologie 7(1992) 305–319; Ders., *Kirche – die Praxis des Volkes Gottes*, in: Gotthard Fuchs/ Andreas Lienkamp (Hrsg.), Visionen des Konzils, Münster 1997, 73–83, sowie

ist diesem pastoralen Grundauftrag der Kirche verpflichtet. Solche Pastoral geschieht in Solidarität mit den Existenzproblemen der Menschen von heute überall dort, wo die Kirche in Wort und Tat das Evangelium vom Leben der Menschen her erschließt und das Leben vom Evangelium her befreit.

Die moderne Stadtkultur bzw. die Kultur der Moderne und den christlichen Glauben zueinander in ein produktives Verhältnis setzen zu können, setzt voraus, dass die Kirche die Doppelbödigkeit der Urbanität nicht nur von ihrer negativen Seite her wahrnimmt. Städte sind Himmel und Hölle zugleich, sie sind so wenig heile Welt wie der ländliche Raum. Sie sind ambivalent, wie alles, was Menschen hervorbringen. Citypastoral antwortet darauf mit den Gesten der Spontaneität, Gastfreundschaft und dem Angebot der Anonymität.

Spontaneität, das heißt präsent sein, wenn die anderen es erfordern, und Präsenz nicht von den anderen zu fordern, sondern selbst zu zeigen. Das heißt Wagnis und Risiko, heißt herauszukommen aus der Verwaltungs-, Überschaubarkeits- und Sicherheitsmentalität und hinein in das Risiko derer, die sich etwas trauen, weil sie auf das vertrauen, an das sie glauben, und jene mögen, denen sie es weitergeben.

Gastfreundschaft, das heißt: Jeder und jede sind willkommen; denn alle sind eine Bereicherung, und vor allem: Alle sind eingeladen. Wer in der Stadt Menschen ausgrenzt, weil ihm ihr Lebensstil nicht gefällt, kann dort nicht Seelsorger oder Seelsorgerin sein.

Anonymität aber heißt: Gott bekennt sich zu jeder und jedem, lange bevor er oder sie sich zu ihm oder auch nur zu sich selbst bekannt hat. Schließlich gibt es eine Anonymität Gottes unter den Menschen. Es gibt „das Geheimnis der Verborgenheit des Lebens in der Anonymität des Alltags. Es umfasst Gott, Mensch und Welt. Karl Rahner nennt die Anonymität Gottes im Alltag der Welt das absolute Geheimnis, die Menschen in der Anonymität ihrer alltäglichen Lebensverhältnisse das heilige Geheimnis und das Kreuz des Alltags jenes Geheimnis, das Tod in Leben verwandelt."[66]

Rainer Bucher, *Die pastorale Konstitution der Kirche. Was soll Kirche eigentlich?*, in: Ders. (Hrsg.), Die Provokation der Krise, Würzburg, ²2005, 30–44.
[66] Elmar Klinger, *Das absolute Geheimnis im Alltag entdecken. Zur spirituellen Theologie Karl Rahners*, Würzburg 1994, 24. Vgl. auch: Hans-Joachim Höhn, *Der fremde Gott. Glaube in postsäkularer Kultur*, Würzburg 2008.

3. Die transformierte Pastoralmacht

Strukturell bedeutet Citypastoral, dass kirchliches Innen und gesellschaftliches Außen nicht mehr sozialräumlich voneinander zu trennen und klar gegeneinander identifizierbar sind, sondern sich wechselseitig aussetzen, zumuten, konfrontieren. Das kirchliche Innen geht in das städtische Außen und das städtische Außen bekommt als Außen einen Raum im kirchlichen Innen. Das ist ein zutiefst risikoreicher und gewagter Prozess. Denn wenn sich die Kirchen wirklich „den Menschen in den Weg stellen", wenn sie Orte aufsuchen und gestalten, die „,Passagen' und Galerien ähneln, Workshops und Foyers gleichen, Studio- und Ateliercharakter tragen", wenn sie sich also Orte zu gestalten trauen, so Hans-Joachim Höhn, wo „die Unterschiede von ‚draußen' und ‚drinnen' fließend werden"[67], dann baut sich damit eine ziemlich neue Konstellation auf, die einerseits dem Pastoralbegriff des II. Vatikanums entspricht, andererseits Kirchenbildungsprozesse neu formatiert.

Innen und Außen werden dann topologisch gesehen tatsächlich fließend, inhaltlich gesehen aber geraten sie ins Wagnis der ungeschützten Begegnung. Wo sich Innen und Außen nicht mehr über reale oder soziale Mauern segregieren, sondern sich wechselseitig ins Andere des Eigenen wagen, treten sie in einen unausweichlichen Kontrast. Sie treffen aufeinander, weichen sich nicht aus und müssen sich aneinander selbst finden. Damit aber eröffnet sich etwas, was kirchliche Sozialformen über ihre interne Machtverfasstheit so weit als möglich ausgeschlossen hatten und nur im missionarischen Feld, mit dem die Citypastoral denn auch innerkirchlich sehr schnell identifiziert wird,[68] kannten: die Möglichkeit, erkennbar zu scheitern.[69]

---

[67] Höhn, *Gegen-Mythen* (Anm. 24), 137.

[68] Was freilich nur dann richtig ist, wenn Mission nicht als Erweiterung des kirchlichen Einflussraumes, sondern als „Pastoral mit Ausstrahlung" verstanden wird. Siehe dazu: Rainer Bucher, *Neuer Wein in alte Schläuche? Zum Innovationsbedarf einer missionarischen Kirche*, in: Matthias Sellmann (Hrsg.), Deutschland Missionsland? Zur Überwindung eines pastoralen Tabus (Quaestiones Disputatae 206), Freiburg i. Br. 2004, 249–282; Arnd Bünker, *Missionarisch Kirche sein. Eine missionswissenschaftliche Analyse von Konzepten zur Sendung der Kirche in Deutschland*, Münster 2004.

[69] Ähnliches gilt übrigens von weiten Teilen der sog. „Kategorialpastoral", etwa der Krankenhausseelsorge.

Erkennbar scheitern kann eine Pastoral, die ins Risiko der ungesicherten Begegnung geht, etwa, wenn sie in banaler Harmonie verkommt, wenn sie in den destruktiven Kontrast eines ungezähmten Konflikts abrutscht oder wenn sie in Sprach- und Kommunikationsabbruch endet. Gescheitert ist dann viel: der eigene Anspruch, sich mit der eigenen Botschaft zu plausibilisieren, die Absicht, dem anderen wirklich weiterzuhelfen, und der pastorale Auftrag, die Existenzbedeutsamkeit der christlichen Botschaft tatsächlich in Wort und Tat konkret vor Ort erweisen zu können. Wenn „Pastoral" die kreative Konfrontation von Evangelium und konkreter Existenz an einem konkreten Ort meint, dann bedeutet die offene Situation der Citypastoral, immer wieder in die ungesicherten Zonen möglichen Scheiterns zu gehen, und das heißt dann aber eben auch: in die ungesicherten Zonen des eigenen Glaubens.

Aufgabe der Kirche ist es, das Evangelium von der Liebe Gottes zu den Menschen zu offenbaren und zu verwirklichen.[70] Das aber heißt, das Evangelium von der Existenz der Menschen her zu entdecken und das Leben der Menschen aus der Perspektive des Evangeliums heraus zu befreien. Denn das Evangelium kann nicht verwirklicht werden an jenen vorbei, denen es die Liebe Gottes offenbart, es muss vielmehr von ihnen her erschlossen werden, sonst offenbart sich ihnen nämlich nichts. „Lass mich dich lernen, dein Denken und Sprechen, dein Fragen und Dasein, damit ich daran die Botschaft neu lernen kann, die ich dir zu überliefern habe"[71], so der zu Recht berühmte Satz Bischof Hemmerles. Das Evangelium verkünden meint nicht nur, dessen Sinn zu präsentieren, sondern seine konkrete Bedeutung im Hier und Heute dem anderen, mit ihm und von ihm her erschließen zu können.

Die soziale Codierung der Lebensbedeutung des Evangeliums, wie sie in kirchlichen Rechts- und Lebensregeln niedergelegt war und ist, verblasst nun aber in Zeiten religiöser Individualisierung

---

[70] Vgl. *Gaudium et spes* 45: „Alles aber, was das Volk Gottes in der Zeit seiner irdischen Pilgerschaft der Menschenfamilie an Gutem mitteilen kann, kommt letztlich daher, daß die Kirche das ‚allumfassende Sakrament des Heiles' ist, welches das Geheimnis der Liebe Gottes zu den Menschen zugleich offenbart und verwirklicht."
[71] Klaus Hemmerle, *Spielräume Gottes und der Menschen. Beiträge zu Ansatz und Feldern kirchlichen Handelns*, Ausgewählte Schriften: Bd. 4, Freiburg i. Br. u. a. 1996, 329.

und der Freisetzung zu religiöser Selbstbestimmung bis zur Unwirksamkeit. Natürlich bleiben diese Regeln hilfreich und wichtig im Entdecken dieser Bedeutung, schließlich sind in ihnen die Erfahrungen unserer Mütter und Väter im Glauben kondensiert und aufgehoben. Diese Erfahrungen können und sollten auch auf dem Markt der freien Begegnung angeboten[72] werden, aber dies ist außerhalb der schützenden Hülle des kirchlichen Innenraums nicht mehr ohne sensible Transformationsprozesse möglich. Denn diese Traditionen sind nun nicht mehr länger Bestandteil eines mehr oder weniger selbstverständlichen „Innen", sondern stehen unter dem Zustimmungsvorbehalt des Einzelnen und, fast wichtiger noch, unter dem Neuentdeckungsgebot eines „Außen", das keinen christlichen Selbstverständlichkeiten mehr folgt und neben altbekannten auch viele neue Lebensmuster und damit Existenzprobleme kennt.

Das Wagnis von pastoralen Konzepten wie der Citypastoral liegt in der unüberwindlichen Unübersichtlichkeit ihrer Orte und Prozesse. Wer etwa die altehrwürdige Tradition des Stundengebets nicht mehr nur für religiöse Virtuosen anbieten will, sondern als „Mittagsgebet" in der City einer Großstadt, muss sich viele Gedanken darüber machen, wie das gehen könnte, muss probieren und riskieren und kann scheitern. Wenn es aber gelingt, schafft er vielleicht kleine und vielleicht unscheinbare, aber *neue* Orte pastoraler Erfahrung.[73]

Die christliche Pastoralmacht besitzt, so wurde in Anschluss an Foucault erläutert, drei grundlegende Eigenschaften: Sie ist indivi-

---

[72] Die Kategorie des „Angebots" im Sinne des ergebnisoffenen und einladenden „Vorschlagens" scheint mir keineswegs so kritikwürdig, wie sie es bei Mette ist, der den „Abschied von einer Angebots- hin zu einer Begegnungspastoral" (Mette, *Praktisch-theologische Erkundungen 2* [Anm. 53], 69, ähnlich schon 67) fordert. Dem Konzept „Begegnungspastoral" wird man natürlich zustimmen können: Wie anders, denn in Begegnungen soll Pastoral sich realisieren? Und auch auf die von Mette favorisierten „Begegnungen mit Menschen, die den Glauben authentisch zu leben versuchen" (ebd.), als Basis der Pastoral wird man hoffen dürfen. Aber was anderes als ein „Angebot" ist beides? Nicht alle Begriffe, die aus der Sphäre des Marktes stammen, sind schon ein Übel, vor allem nicht, wenn sie dessen Freiheitskontext kommunizieren. Zudem sollte man immer vermeiden, die Überzeugten mit den Glaubenden zu schnell gleichzusetzen.

[73] Zum Konzept etwa des „Bonner Mittagsgebets" vgl. Achim Budde, *Gemeinsame Tagzeiten. Motivation – Organisation – Gestaltung* (Praktische Theologie heute 96), (im Erscheinen). Es handelt sich um eine Bonner liturgiewissenschaftliche Habilitationsschrift.

dualisierend, insofern sie sich auf den Einzelnen, totalisierend, insofern sie sich auf alles an ihm bezieht, und selbstlos, insofern sie in Hingabe an seine Rettung und sein Heil geschieht. Konzepte wie Citypastoral beseitigen die kirchliche Pastoralmacht nicht, aber sie unterziehen sie einer grundlegenden Transformation. Denn im Kontext citypastoraler Orte wandert die früher vom einzelnen priesterlichen „Hirten" geforderte Hingabefähigkeit und Selbstlosigkeit aus dessen individueller Standesethik in die pastorale Ereignisstruktur. Diese Transformation der kirchlichen Pastoralmacht kommt einer Selbstüberschreitung gleich. Citypastorale und verwandte pastorale Orte sind Orte einer grundlegend transformierten Pastoralmacht. Sie sind Orte, an denen die Pastoralmacht ihren möglichen (nicht notwendigen) repressiven Charakter endgültig, weil strukturell verliert.

Das ist dann der dritte Horizontwechsel der Pastoralmacht in diesem Jahrhundert und alle drei vollziehen sich als Prioritätenwechsel des in ihr vorherrschenden Merkmals. Hatte 1935, im Kontext des österreichischen Ständestaates und überhaupt der Pianischen Epoche, das totalisierende Element der Pastoralmacht dominiert und schließlich den Horizont gebildet für die individualisierende Komponente der Pastoralmacht und ihr Selbstlosigkeitsideal, so war es in der nachkonziliaren Gemeindetheologie der 70er Jahre diese individualisierende Komponente selbst, die den Interpretations- und Wahrnehmungshorizont kirchlicher Pastoralmacht abgab. Sie wurde als emanzipatorische Dynamik gedeutet und wirkte sicher teilweise auch so. Diese mit der Gemeindetheologie verbundene Emanzipationsdynamik gab dann den Horizont ab, innerhalb dessen das Selbstlosigkeitsideal vom Priester eingefordert wurde, und andererseits, wenn auch nicht ohne Friktionen, von engagierten gemeindlichen, etwa „sozialpastoralen" Gruppen selbst realisiert wurde.[74] Die Totalisierungskomponente aber wurde als Aktivierungs- und Partizipationsideal kommunitaristisch interpretiert.

Auch die aktuelle Transformation, die in der Citypastoral stattfindet, verändert die beiden anderen Merkmale „Individualisierung" und „Totalität". Sie gelten durchaus weiterhin: Grundsätzlich interessiert sich auch Citypastoral für jeden Einzelnen und jede Einzelne

---

[74] Vgl. etwa Norbert Mette/Ludger Weckel/Andreas Wintels (Hrsg.), *Brücken und Gräben. Sozialpastorale Impulse und Initiativen im Spannungsfeld von Gemeinde und Politik*, Münster/Hamburg/London 1999.

und grundsätzlich interessiert alles an ihr und an ihm. Aber diese beiden Merkmale verlieren den ambivalenten Horizont von „Überwachen und Bewachen", den sie in der klassischen Pastoralmacht und ihrer agrarischen Hirtenmetapher[75] hatten. Sie werden von Forderungen an andere – alle müssen alles in den Kontext der Religion einbringen – zu Anforderungen an die Kirche: Sie werden zur Aufgabe, niemandem und keinem seiner Probleme auszuweichen. Sie werden also von Zumutungen der Kirche an ihre Mitglieder zu Zumutungen der Menschen an die Kirche.

4. Die Folgen

Es zeigt sich nun aber auch, was übertragbar ist hin zu jenen, ja weiterhin bestehenden und keineswegs zu vernachlässigenden pastoralen Orten, die von traditioneller Gemeinschaftsbildung leben, etwa den Pfarrgemeinden[76]: Es ist die Einsicht in die strukturell geworde-

---

[75] Vgl. dazu aus exegetischer Perspektive: Joachim Kügler, *Willenlose Schafe? Zur Ambivalenz des Bildes vom Guten Hirten*, in: Werner Ritter/Ders. (Hrsg.), Gottesmacht: Religion zwischen Herrschaftsbegründung und Herrschaftskritik, Münster 2006, 9–34, aus pastoraltheologisch-psychologischer Perspektive: Hermann Stenger, *Im Zeichen des Hirten und des Lammes. Mitgift und Gift biblischer Bilder*, Innsbruck 2000.

[76] Zu der gnadentheologisch zu rekonstruierenden bleibenden Aufgabe der Territorialpfarrei siehe: Rainer Bucher, *Die Gemeinde nach dem Scheitern der Gemeindetheologie. Perspektiven einer zentralen Sozialform der Kirche*, in: Georg Ritzer (Hrsg.), „Mit euch bin ich Mensch …". Festschrift anlässlich des 60. Geburtstages von Friedrich Schleinzer, Innsbruck/Wien 2008, 19–46, speziell 38–41. Es erscheinen Konzepte weiterführend, welche das Territorium nicht kommunitaristisch als Voraussetzung, sondern aufgabenbezogen als Herausforderung der Pastoral begreifen, so etwa die „Sozialraumpastoral" (vgl. das Heft 6/2011 der „Lebendigen Seelsorge" oder den „Projektbericht Sozialraumpastoral", hrsg. von den Stadtdekanaten und den Caritasverbänden Bonn und Köln, http://gemeinden.erzbistum-koeln.de/export/sites/gemeinden/kirche_koeln/_dokumente/web_Sozialraumpastoral_Projektbericht_2011.pdf (3.1.2012), darin: Rainer Krockauer/Ulrich Feeser-Lichterfeld, *Sozialraumorientierte Pastoral – Perspektiven und Impulse*, 26–34) oder jenes der „lebensraumorientierten Seelsorge"; vgl. dazu: Michael Ebertz/Ottmar Fuchs/Dorothee Sattler (Hrsg.), *Lernen wo die Menschen sind. Wege lebensraumorientierter Seelsorge*, Mainz 2005; Bernd Jochen Hilberath/Johannes Kohl/Jürgen Nikolay (Hrsg.), *Grenzgänge sind Entdeckungsreisen. Lebensraumorientierte Seelsorge und Kommunikative Theologie im Dialog: Projekte und Reflexionen*, Ostfildern 2011.

ne Selbstlosigkeit kirchlicher Pastoralmacht. Denn die „Individualisierung des Außen" hat schon längst stattgefunden, Gemeinschaft ist im religiösen Feld nirgendwo mehr etwas Vorgegebenes, sondern etwas sich stets neu Bildendes und zu Begründendes.

Die Kirche braucht unter spätmodernen Bedingungen viele differenzierte, vernetzte und konkurrenzfrei agierende Orte, wo sie sich ihrer pastoralen Aufgabe, der konkreten und kreativen Konfrontation von Evangelium und Existenz in Wort und Tat, stellt.[77] Citypastoral ersetzt daher nicht andere pastorale Handlungsorte, wohl aber macht sie deutlich, wovon auch andere Orte betroffen sind: von der grundlegenden Transformation der Pastoralmacht hin zu struktureller Selbstlosigkeit.

Damit ist der Weg vorgezeichnet von einer kirchlichen Konstitutionsstruktur, bei der vorgegebene Gemeinschaftsformen ihre Aufgaben suchen, zu einer Konstitutionsstruktur, deren Basis aufgabenbezogene Vergemeinschaftungsformen bilden. Die Citypastoral ist hier Vorschein zukünftiger pastoraler Realitäten, aber auch Möglichkeiten. Sie ist der Lackmustest, ob die Kirche vor Ort in der Lage ist, diese gemeinsamen Aufgaben zu definieren und sich so zu organisieren, dass man sie angehen und lösen kann.

Heute, in religiös individualisierten Zeiten, in denen die kirchlichen Festungen in Ruinen liegen und die Kirche hinausgezwungen wird ins freie Feld der gewagten Selbsthingabe, steht im Übrigen nicht nur ein Zeitalter der risikoreichen Exposurestruktur[78] der Pastoral bevor, sondern auch ein neues dogmatisches Zeitalter der kirchlichen Praxisreflexion und -konzeption, wenn denn „dogmatisch" heißt: Antworten aus dem Glauben entwickeln auf Fragen, die sich dem Glauben stellen. Dogmen „fallen nicht vom Himmel.

---

[77] Sie braucht sie allein schon deshalb, weil eine Mehrheit ihrer eigenen Mitglieder ihre traditionellen Orte meidet. Vgl. dazu Först/Kügler (Hrsg.), *Die unbekannte Mehrheit* (Anm. 53); Jan Lofffeld, *Das andere Volk Gottes. Eine Pluralitätsherausforderung für die Pastoral*, Würzburg 2011.

[78] Vgl. dazu Birgit Hoyer, *Seelsorge auf dem Land. Räume verletzbarer Theologie*, Stuttgart 2011, 45–74. Siehe auch: Rainer Bucher, *Theologie im Risiko der Gegenwart. Studien zur kenotischen Existenz der Pastoraltheologie zwischen Universität, Kirche und Gesellschaft*, Stuttgart 2010, 203–232; Johann Pock/Birgit Hoyer/Michael Schüßler (Hrsg.), *Ausgesetzt. Exklusionsdynamiken und Exposureprozesse in der Praktischen Theologie*, Wien/Berlin 2012.

Sie sind Antwort auf Fragen des Menschen nach Gott, die sich in Schrift und Tradition, aber auch in der Lebenserfahrung stellen."[79]

Neue Fragen aber stellen sich in Zeiten, die so neu sind wie die unsrigen, sehr viele. Die Kirche sollte alle Orte lieben, an denen sie sich diesen neuen Fragen stellen muss. Denn es sind jene Orte, an denen sie zu sich und ihrer Botschaft findet. Die Kirche verliert sich nicht im Außen, sie findet sich dort. Der „Aufbruch in die Urbanität" könnte zu einem „Aufbruch durch Urbanität" werden und dies im doppelten Sinne des Wortes: als Aufbrechen alter Sozialformen und Gewissheiten und als Entdeckung neuer Kontinente des Glaubens. Die Stadt bietet mit ihrer Intensität, Macht und Freiheit die Chance, in den Raum jenseits der Selbstverständlichkeit zu gehen und damit zu realisieren, was auch im Inneren der Kirche schon längst der Fall ist.

Sie ist hierfür der klassische Ort. Es gibt freilich Indizien, dass sie damit schon länger nicht mehr alleine ist.[80]

---

[79] „Mich hat an der Theologie immer das Extreme interessiert". Elmar Klinger befragt von Rainer Bucher, Würzburg 2009, 91.
[80] Wie die Ergebnisse der Untersuchung von Birgit Hoyer, Seelsorge auf dem Land (Anm. 78), nahelegen. Siehe auch bereits: Dies., Verantwortung übernehmen. Was bleibt der Kirche auf dem Land?, in: Rainer Bucher (Hrsg.), Die Provokation der Krise, Würzburg ²2005, 131–153, sowie Franz Schregle, Pastoral in ländlichen Räumen. Wegmarkierungen für eine landschaftliche Seelsorge, Würzburg 2009.

Die Stadt als Ort der Warenzirkulation
Über eine vernachlässigte Bedingung des Handelns der Kirche

Ottmar John

In den letzten fünfzehn Jahren sind in den Arbeitshilfen und Handreichungen für Mitarbeiter und Mitarbeiterinnen im kirchlichen Dienst unzählige Berichte über die Citypastoral publiziert worden. Zumeist werden einzelne Einrichtungen und ihre Aktivitäten vorgestellt; methodische Vorschläge sind oft sehr konkret. Ihre Zahl hat eine kritische Masse erreicht. Auch eine ununterbrochene Wiederholung der Grundoption, dass die Kirche in der Stadtmitte präsent sein solle, reicht nicht mehr. Ihre theologische Fundierung stellt ein dringendes Desiderat dar. Eine Reflexion der Motive und Ziele kirchlicher Akteure ist die Voraussetzung dafür, dass eine weiterführende Verständigung über das Handeln der Kirche in der Stadt möglich ist.

Eine solche theologische Fundierung ist vor allem deswegen ein Desiderat, weil die Bemühungen der Kirche um Präsenz in den Citys von zwei – entgegen gesetzten – Seiten in Frage gestellt werden: Auf der einen Seite wird die Kontinuität zu den normativen Vorgaben der Kirche als das entscheidende Kriterium für authentische Pastoral erachtet. Dabei wird nicht selten unterstellt, dass die Inhalte kirchlichen Handelns ewig sind und feststehen; nur die Art und Weise, wie sie dargelegt werden, könne wechseln. Wenn sich die Zeiten ändern, kann auch die „Verpackung" und Darreichungsform wechseln. Die Citypastoral ist dann nichts anderes als eine der vielen wechselnden, äußeren Gewandungen der Kirche, die prinzipiell beliebig, wenn nicht gar zufällig sind, auf keinen Fall entscheidend. Auf der anderen Seite wird angemahnt, dass die Citypastoral zuerst den neuen Erfahrungs- und Erlebnisräumen, den veränderten Zeitrhythmen und Assoziationsformen, die sich in der Stadt in großer Geschwindigkeit ausgebildet haben, entsprechen müsse. Nach Beobachtungen von Matthias Sellmann ist die Kirche trotz Citypastoral nicht wirklich in der Stadt angekommen. Ihre Neuheit und Andersheit gegenüber der tradierten Pfarrseelsorge in den Wohnvierteln an den Stadträndern sei noch kein hinreichender Beweis dafür, dem Leben in der

City auch tatsächlich gerecht zu werden. Der Mut zur Diskontinuität ist nach Sellmann nicht groß genug[1]. Einrichtungen der Citypastoral – so wird angemerkt – rechtfertigen sich vor allem gegenüber ihren Trägern, die zumeist auf der Seite derer angesiedelt sind, die Kontinuität anmahnen.

Dieses Problem, zwischen den zwei Stühlen der Kontinuität und Diskontinuität nicht zur Ruhe kommen zu können, ist ein grundsätzliches Problem für das Handeln der Kirche zu allen Zeiten und in allen Situationen. Aber dieses Problem ist auch ihr Bewährungsfeld: Mögen die Anforderungen an die inhaltliche Gestaltung der Citypastoral neu sein, unter dieser Doppelanforderung zu stehen verbindet die Citypastoral mit dem Handeln der Kirche in ihrer zweitausendjährigen Geschichte. Die Unausweichlichkeit dieser Spannung kann gnadentheologisch belegt werden: Kirchlich-gläubiges Handelns ist nur dann authentisch, wenn es die Differenz von göttlichem Gnadengeschenk und dem jeweiligen Zustand der Welt vermittelt, und das heißt: allen vorschnellen Lösungen in die eine oder andere Richtung widersteht[2].

Diese Spannung fruchtbar zu gestalten schärft das Profil der Kirche in der Stadt. Voraussetzung dafür ist, dass die beiden Quellen, aus denen sich das Handeln der Kirche speist, immer im Blick bleiben und keine vernachlässigt wird: Die erste Quelle ist die Offenbarung – sie normiert ihr Handeln am Willen Gottes. Die zweite, aber deswegen nicht beliebige, sondern ebenfalls unumgängliche Quelle ist das Wissen, das die Menschen über sich, ihre Stadt und die ganze Welt haben – nicht etwa, um die Verkündigung des Evangeliums in Modi erfolgkontrollierten Handelns zu optimieren, sondern um dem Willen Gottes überhaupt entsprechen zu können. Denn der Wille Gottes hat sich in der Menschwerdung seines Sohnes, seinem Wirken in der Welt und seinem Leiden, Sterben und Auferstehen – nebenbei bemerkt: in der Stadt Jerusalem – offenbart. Mit der Menschwerdung hat er seinen Schöpfungswillen bestätigt und die Schöpfung prinzipiell von allem befreit, was ihr widerspricht: Sünde und Tod. Die Rücksicht auf den konkreten Zustand der Stadt ist für

---

[1] Matthias Sellmann, *„Der Stadtaffe muss die Stadt im Blut haben" (Peter Fox)*, in: LS 61 (4/2010) 295–301, 299 f.
[2] Ottmar John, *Citypastoral – ihre Deutung und Normierung mit dem Paradigma missionarischer Pastoral*, in: LS 61 (4/2010) 260–265.

die Authentizität des Handelns der Kirche keine einschränkende, sondern eine fördernde und ermöglichende Bedingung; nur in der Stadt kann den Getauften und Gefirmten überhaupt die Bedeutung der frohen Botschaft für die Stadt aufleuchten[3]!

Im ersten Schritt wird der Ausgangspunkt jeder Theologie der Stadt in der Glaubens- und Verkündigungspraxis der Getauften und Gefirmten identifiziert: Weil der Glaube in formaler und inhaltlicher Hinsicht dem Handeln Gottes entspricht, deswegen inhärieren ihm Universalitätsansprüche. Universalitätsansprüche können nur eingelöst werden, wenn die Glaubengemeinschaft eine Vorstellung des Ganzen der Stadt erarbeitet (I). Im zweiten Abschnitt soll das Problem, wie vor dem Ende der Geschichte vom „Ganzen" der Wirklichkeit gesprochen werden kann, behandelt und ihre Möglichkeit im Blick auf die moderne Stadt in drei Perspektiven gezeigt werden (II). Weil aber der Glaube nicht einfach identisch ist mit der Offenbarung, sondern ein von Gott durch Gnade gewährter, jedoch originär menschlicher Akt bleibt, deswegen sind es immer endliche und partikulare Subjekte, die ihn bezeugen und verkünden. Diese Spannung kann nur dann gegen die Versuchung falscher fundamentalistischer oder relativistischer Lösungen durchgehalten werden, wenn sie vermittelt wird. Die entscheidende Vermittlungsfigur der Spannung von Universalität des Glaubens und Partikularität der Subjekte, die ihn praktizieren, ist die Mission. Diesem ekklesiologischen Basisbegriff gilt der letzte Abschnitt (III).

1. Ausgangspunkt: Glaubenspraxis in der Stadt

Gäbe es in der Stadt[4] keinen Glauben, könnte die Theologie die Stadt nicht zum Gegenstand ihrer Reflexionen machen. Denn Theo-

---

[3] Der erste Abschnitt wird die theologischen Gründe für diesen Grundsatz jeder Pastoral in Stadt und City liefern.
[4] Hier wird von einem Vorverständnis der Stadt ausgegangen, dessen Begriffsextension auf zweifache Weise bestimmt wird: Stadt ist erstens ein Teil einer – zunehmend globalen – Gesellschaft; eine konkrete Stadt ist eine bedingte Größe. 2. Stadt ist dennoch eine Totalität, die alle Probleme der Globalisierung (Verarmung, Differenzierung der sozialen Schichten und kulturellen Milieus, Unübersichtlichkeit und Atomisierung der Menschen) in sich enthält. Das drängt zu der Einsicht: Die Stadt kann die Probleme, die sich in ihr auftürmen, nicht

logie ist wesentlich actus secundus[5]. Ihr ist der Glaube der ganzen Kirche als Norm vorgegeben, wie umgekehrt der Glaube zu seiner Erhellung durch die Vernunft drängt.

Der Ansatz bei der faktischen Glaubenspraxis der Christen in der Stadt verbindet zwei methodische Maximen, die sich auf den ersten Blick gegenseitig auszuschließen scheinen: den deduktive Ansatz, der vom Wort Gottes ausgeht, und den induktiven Ansatz, der bei der Realität der Stadt ansetzt. Wenn man jedoch den lebendigen Glauben der Getauften und Gefirmten als Ausgangspunkt wählt, vermeidet man Einseitigkeiten und Verkürzungen, die dadurch zu Stande kommen können, dass die Theologie sich methodisch entweder auf die Seite der Deduktion oder auf die der Induktion schlägt.

Der deduktive Ansatz scheint die genuin theologische Methode zu sein. Sie geht vom Spezifikum einer jeden Theologie, vom Wort Gottes, aus. Theologie unterscheide sich von allen anderen Wissensformen dadurch, dass sie sich durch das Wort Gottes, das Gott selbst spricht, konstituiert weiß[6]. Eine Theologie der Stadt, die mehr oder weniger direkt aus dem Wort Gottes abgeleitet ist, müsste dieses in die geschichtliche, gesellschaftliche und menschliche Realität hinein kommunizieren und seine Bedeutung für die ökonomische, politische und soziale Realität der Stadt entfalten. Subjekt der Rede von Gott ist dann Gott selbst. Die Theologie würde diese Rede in eine bestimmte Situation hinein verlängern.

Eine derartige unmittelbare Deduktion des Glaubens aus der Offenbarung, ja seine Gleichsetzung mit dieser, birgt für das Handeln

---

selbst lösen. Siehe dazu das *Vorwort* von Benjamin Bravo in: Derselbe / Alfons Vietmeier (Hrsg.), Gott wohnt in der Stadt. Dokumente des internationalen Kongresses für Großstadtpastoral in Mexiko 2007, Berlin/Münster 2008. Das Vorverständnis der Stadt, von dem in den folgenden Überlegungen ausgegangen wird, oszilliert zwischen diesen beiden Bestimmungen: Einerseits ist die Stadt ein Synonym für „Gesellschaft". In ihr wird das Ganze der Gesellschaft anschaulich – dafür steht vor allem Walter Benjamins opus magnum, das Passagenwerk. Andererseits ist sie individuell und hat ihr eigenes Gesicht und ihre eigene Konstellation der Probleme. Die Individualität der Stadt spielt vor allem in der Stadtgeschichtsschreibung eine Rolle.

[5] STh I 1
[6] Siehe dazu Otto Hermann Pesch, *Das Wort Gottes als objektives Prinzip der theologischen Erkenntnis*, in: Walter Kern / Hermann J. Pottmeyer / Max Seckler (Hrsg.), Handbuch der Fundamentaltheologie 4. Traktat Theologische Erkenntnis, Freiburg/Basel/Wien 1988, 27–50.

der Kirche Gefahren: Dass ein historisches Ereignis Handeln Gottes ist, zeigt sich darin, dass Gott sein Größer-Sein in diesem seinem Handeln den Menschen zu erfahren gibt. Die Differenz zwischen Gottes unendlicher Größe und der endlichen Realität des Menschen wird durch die Offenbarung nicht eingeebnet, sondern als befreiend und heilend bewusst. Wenn aber der Adressat der Offenbarung im Offenbarungsgeschehen überhaupt nicht als eine eigenständige Größe vorkommt, dann kann die Offenbarung auch nicht das „Deus semper maior" kommunizieren. Wenn der Mensch in der Offenbarung Gottes als eigenständige Größe verschwindet – diese Gefahr droht in allen Frömmigkeitsformen der Gottesunmittelbarkeit[7] – dann kann man nicht mehr ernsthaft von Gottesbeziehung sprechen; das Größer-Sein Gottes ginge verloren, weil der, der anerkennen soll, dass Gott immer größer ist als er selbst, in die Unmittelbarkeit zur Realität Gottes verschwindet. Die Folge ist, dass der Mensch sich in dieser Gottesunmittelbar selbst vergöttlicht und Gott auf menschliches Maß verkleinert.

Gott wird zu klein gedacht, wenn es nur Gott gibt[8]. Eine Deduktion der Kirche aus der Offenbarung Gottes, die zu klein gedacht wird, führt zu einer Präsenz der Kirche in der Welt und in der Stadt, die begrenzt bleibt und – ebenfalls – zu klein ausfällt. Die Kirche beschränkt sich dann darauf, ein Teil der Stadt zu sein. Der Sinn ihres Daseins erschöpft sich dann darin, diese partikulare Existenz zu erhalten. Und wenn die Menschen und ihre Natur überhaupt nicht als eigenständige Größe im Gott-Mensch-Verhältnis vorkommen, dann stellt sich ein Bewusstsein ein, aus einem unmittelbaren Verhältnis

---

[7] Christliche Mystik kann nie dazu führen, dass das menschliche Individuum in der göttlichen Allheit aufgeht. Sie ist subjektkonstituierend: Umso mehr der christliche Mystiker sich Gott nahe fühlt, desto mehr entzieht sich Gott und desto größer wird sein Geheimnis. Der Weg zu Gott geht durch die Nacht – siehe dazu Saskia Wendel, *Affektiv und inkarniert. Ansätze deutscher Mystik als subjekttheoretische Herausforderungen*, Regensburg 2002.

[8] Dieses ist dann der Fall, wenn man Gott als Ursache von allem, d. h. seine Alleinursächlichkeit behauptet – mit der dramatischen Folge, dass es keine Sünde mehr geben kann. Denn alles, was existiert und geschieht, ist dann Gottes Wille und kann nicht im Widerspruch zu ihm stehen – siehe dazu Ottmar John, *Die politische Theologie und die Theodizeefrage. Systematische Anmerkungen*, in: Thomas Polednitschek / Michael Rainer / José Antonio Zamora (Hrsg.), Theologisch-politische Vergewisserungen, Berlin / Münster 2009, 25–47.

zu Gott zu leben. Aus einem derartigen Selbstbewusstsein der Nähe zu Gott ergeben sich entweder Herrschaftsansprüche gegenüber der Stadt, so wie sie im gegenwärtig grassierenden Fundamentalismus nachweisbar sind, oder wenn diese Herrschaftsansprüche nicht kurzfristig durchsetzbar sind, führt ein solches religiöses Bewusstsein der Gottesunmittelbarkeit zu einem Rückzug in einen heiligen Bezirk, in dem die Gemeinde der Auserwählten autark[9] ist.

---

[9] Die Autarkieansprüche der Gemeinde der Auserwählten ergeben sich aus dem Topos der direkten Ableitung dieser Gemeinde aus dem Reden Gottes. Nicht nur, dass ihre Mitglieder die Träger der Offenbarung sind, sie haben auch ein eigenes, von der Welt isoliertes Sein in Gott. Denn wenn Gott als der actus purus gedacht wird und das Wort Gottes sich vom menschlichen Wort dadurch unterscheidet, dass es in dem Moment, in dem es ausgesprochen wird, das Dasein seines Inhaltes in sich trägt, dann bedeutet Unmittelbarkeit zu Gott in Gott zu sein. Und wer in Gott ist, weiß, was Gott will. Er ist Offenbarungsträger und fühlt sich mit göttlicher Autorität ausgestattet. Ein In-der-Welt-Sein der Gläubigen erübrigt sich. Autarkie wird dann zu einer Bedingung von Kirchlichkeit. Im Umkehrschluss kann dann ein Wirken in der Lizenz des Staates – z. B. Religionsunterricht an staatlichen Schulen – oder im Kontext von Wirtschaftsunternehmen – z. B. die Kreuzschifffahrtsseelsorge – nur in einem verminderten Sinn kirchlich sein.
Schon hier kann auf drei Argumente gegen ein solches verkürztes Kirchenverständnis hingewiesen werden: 1. Es gibt keine Möglichkeit, die Kirche unabhängig vom Glauben des einzelnen Getauften und Gefirmten aufzufassen. Die Vorstellung von den zwei Welten – der weltlichen und der religiösen – ist allein schon deswegen falsch, weil die einzelnen Getauften und Gefirmten immer und notwendigerweise Bürger beider Welten sind. Die Taufe ist nur in der einen Welt, die Gott geschaffen hat, gültig und wirksam. Die Kirche unterscheidet sich von heidnischen Religionsformen gerade dadurch, dass sie sich nicht auf einen heiligen Ort, einen abgegrenzten Bezirk beschränkt, sondern universale Ansprüche auf das Ganze erhebt. Sie bleibt lieber heimatlos in der Welt, als dass sie eine bestimmte Teilrealität wie den Tempelbezirk oder die Priesterkaste religiös überhöhte und ideologisch immunisierte. Sie ist dort zur Hause, wo die Menschen leben und oft genug auch leiden. 2. Eine solche Selbstgettoisierung der Kirche auf einen Teil der Stadt steht in der Gefahr, zugleich eine Selbstsäkularisierung zu sein. Für eine Stadt, in der die Kirche einen autarken Teil darstellt, legt sich das Bild von Staat und Kirche als den zwei perfekten Gesellschaften nahe. Aus politischer und juristischer Perspektive ist dann die Kirche nichts anderes als eine der staatlichen Gewalt gleichgestellte, unableitbare Gewalt. Sie ist dann zu einem staatlichen Gebilde säkularisiert. 3. Mit diesem Authentizitätskriterium der Autarkie gegenüber der Welt bindet sich die Kirche an bestimmte institutionelle Rechte und entsprechende Strukturen. Damit ist sehr wenig bzw. nichts über die inhaltliche Dimension gesagt: Unabhängig von staatlicher und gesellschaftlicher Herrschaft zu sein ist noch kein hinreichendes Kri-

Das Gegenmodell gegen eine solche reine Deduktion des kirchlichen Handelns aus einem verkürzten Offenbarungsverständnis ist die Induktion des Sinnes von Kirche aus der Realität der ganzen Stadt. Ihr guter Sinn liegt in ihrer korrektivischen Funktion gegen die Selbstrelativierung der Kirche durch die Unterbestimmung des Offenbarungsbegriffs: Auch wenn die Kirche sich ins Getto zurückgezogen hat, Gott wohnt bereits in der Stadt, weil er die ganze Welt erlöst hat[10]. Und ein Rückzug der Kirche ins Getto wäre ja faktisch auch eine Selbstisolation von den Unterdrückten und Armen, von den Privilegierten des Evangeliums. Eine derartige Selbstisolation wäre für die Kirche desaströs. Denn der universale Anspruch der Kirche, die ihren Ursprung in Gottes Handeln hat, wird nachvollziehbar, anschaulich und erfahrbar in der Zuwendung besonders zu den Marginalisierten. Ihre Universalität ist nicht einfach identisch mit der Totalität der Welt. Ihre Göttlichkeit wird sichtbar, wenn sie sich an der Seite derjenigen befindet, die in der herrschenden gesellschaftlichen Logik nicht dazu gehören. Mehr als die Summe der Weltrealitäten verwirklicht diejenige Instanz, die die Gemeinschaft mit denen sucht, denen im herrschenden Bewusstsein Zugehörigkeit zur Welt und deswegen letztlich Realität abgesprochen wird. Die Stadt ist mehr als das Gebilde, das die Menschen als Stadt wahr-

---

terium Ausweis des göttlichen Ursprungs der Kirche. Diese Unabhängigkeit ist keine Bedingung, die gegeben sein muss, damit die Vergewisserung des göttlichen Ursprungs der Kirche möglich ist. Es verhält sich eher umgekehrt: Politische und soziale Freiheit der Kirche in einer Gesellschaft ist das Resultat der Vergewisserung ihres Ursprungs. Er realisiert sich u. a. im Kampf für allgemeine Religionsfreiheit. Er kann sich aber nicht auf die Beanspruchung einer inhaltlich leeren und bedeutungsoffenen, bloß formalen Autarkie beschränken, sondern gewinnt Gestalt und Realität allein im Engagement für eine freie und gerechte Gesellschaft. Zur Sendung der Kirche zu *allen* Menschen siehe den 3. Teil dieser Überlegungen.

[10] Im Hintergrund dieses Ansatzes steht ein Verständnis von Inkarnation, das sich an einen Wesensbegriff vorneuzeitlicher Metaphysik bindet: Inkarnation wird dann so verstanden, dass Gott sich in das *Wesen* der Menschen inkarniert hat. Jeder, der in seinem Menschsein dieses Wesen des Menschen verwirklicht, hat nach dieser Auffassung Anteil an der Einheit von Gott und Mensch. Die Sentenz, dass Gott bereits unabhängig vom Handeln der Kirche und der Glaubenden in der Stadt wohnt, und die eine programmatische Bedeutung für den Aufbruch der Kirche in die Megametropolen Lateinamerikas hat, muss vor dem Missverständnis der Divinisierung der Welt wie der Stadt geschützt werden – siehe dazu weiter unten.

nehmen – so wie die von Gott geschaffene Welt größer und reicher ist als das, was die Menschen aller Zeiten daraus machen. Wer den Anspruch erhebt, von der *ganzen* Stadt auszugehen, unterwirft sich der Forderung, das Ganze nicht mit dem Gegebenen gleichzusetzen, sondern den Horizont über das bisher als Stadt Beschriebene und sozialwissenschaftlich Untersuchte hinaus zu weiten.

Die Option für die Armen als Motiv dafür, die ganze Stadt in den Blick zu nehmen, um soziale und kulturelle Einseitigkeiten und Beschränkungen der Kirche zu überwinden, führt zurück zum deduktiven Verfahren: Offensichtlich ist ein Ausgang vom Ganzen der Stadt und von allen Menschen nicht ohne die vorherige Klärungen von Voraussetzungen zu leisten. Jedoch war die methodische Anweisung, vom Ganzen der Stadt auszugehen, genau dann plausibel und einsichtig, wenn der Blick auf die Stadt durch Voraussetzungen und Vorurteile getrübt war, und durch die Brille der Hypothesen und Vorannahmen die wirkliche Realität gar nicht erreichte. Sind theologische Vorentscheidungen immer von der Art, den Blick einzuengen und die Realität zu verstellen? Denn bei theologischen Begriffen wie Schöpfung und Offenbarung, Erlösung und Heil handelt es sich ja immer um Realitätsbehauptungen und zwar, wenn sie mit Gott konnotiert werden, um Realitätsbehauptung mit universalem Anspruch[11]. Gibt es überhaupt im Kontext von monotheistischen Offenbarungsreligionen Möglichkeiten, zentrale theologische Begriffe so zu denken, dass die Realität nicht verstellt, sondern den Blick im Sinne der Option für die Armen geweitet wird[12]? Wie müssen diese Begriffe gedacht werden?

---

[11] Wenn Gott als notwendiger Abschlussbegriff der Vernunft gedacht wird, und wenn dieser höchste Begriff Gott zugleich als das allerrealste Wesen denken muss – sonst wäre es nicht der höchste Begriff –, und wenn der Gott, der sich selbst offenbart hat, von Menschen nicht anders gedacht werden kann denn als ens realissimum, dann ist auch die Offenbarung in sich realste Realität. Sie genügt sich selbst, sie ist nicht angewiesen auf die Zustimmung des Menschen. Für eine Deduktion der Bedeutung des Offenbarungswortes für die Stadt kann man – wenn man nicht weiter fragt, was Selbstoffenbarung noch anders ist als eine Realität Gottes in der Geschichte – schließen, dass sie nicht die der Offenbarung vorgegebene Stadt erreicht und auch nicht erreichen braucht, sondern sich selbst als eine Wirklichkeit in, neben oder über der Stadt schafft. Stadt Gottes in der Stadt der Menschen, heilige Stadt, die von der profanen Stadt aus nicht erreichbar ist, abgegrenzter Tempelbezirk, … Sonder- oder Hinterwelt.

[12] Dieses Problem findet seine letzte Zuspitzung in der Theodizeefrage: Einerseits

2. Gottes Größe ist nur dann unüberbietbar gedacht, wenn er sich selbst in das Andere von sich vermittelt[13]. In dem radikal asymetrischen Verhältnis von unendlichem Gott und endlicher Schöpfung ist der unendliche Gott immer auch in seiner Beziehung zur Endlichkeit zu denken. Monotheismus kann es nur als Offenbarungsreligion geben. Monotheistische Offenbarungsreligionen stellen auf je eigene

---

behaupten Kritiker der jüdisch-christlichen Tradition, dass die theologischen Vorstellungen von einem allmächtigen Gott nur dann nicht in Widersprüche geraten, wenn sie Erfahrungen negativer Realität systematisch ausblende oder das Leiden der Menschen als Mittel und Weg zu etwas Besseren umdeute. Eine solche Umdeutung scheitert spätestens angesichts der tödlichen Verzweiflung, die so tief geht, dass es keinerlei Anhaltspunkte in der Realität gibt, die der Hoffnung auf Erlösung Plausibilität verleihen. Anderseits behaupten Theologen, dass erst der Begriff einer allmächtigen souveränen Liebe die Leidenserfahrungen der Menschen als negativ, als nicht sein sollend, denken lässt. Wer, um auf die Realität des Leidens aufmerksam werden zu können, den Gottesgedanken beseitigt, beseitigt die letzte Einspruchs- und Klageinstanz gegen das Leid, die es gibt. Aus Solidarität zu den Mühseligen und Beladenen auf Gott zu verzichten, führt in die moralische Resignation angesichts des Leidens – siehe dazu John, *Die politische Theologie und die Theodizeefrage* (Anm. 8).
[13] Daran muss gegen die bleibende gnostische Versuchung der jüdisch-christlichen Tradition festgehalten werden. Diese löst das asymetrische und dynamische Verhältnis zwischen Gott und den Menschen auf und vereinfacht es zu einer Dualität von zwei Prinzipien. Damit taucht das logische Problem auf, inwiefern man von dieser Dualität wissen kann. Welcher Geist, welches Bewusstsein vermag beide Prinzipien zu umgreifen und ihr Verhältnis zu bestimmen, und sei es als Nichtverhältnis? Die klassischen Gnostizismen tendierten dazu, das materielle Prinzip als böse, d. h. als nicht sein sollend und als in sich nichtig zu begreifen. Diese Auffassung der Nichtigkeit des materiellen Prinzips ist nicht unter der Bedingung des materiellen Seins möglich, sondern nur durch das geistige und zugleich gute, göttliche Prinzip. Das Gute soll sein, das Böse soll nicht sein – auch wenn es sich um Prinzipien handelt. Dem Verhältnis der Verhältnislosigkeit wohnte eine logische Tendenz zum spiritualistischen Monismus inne.
Auf der anderen Seite stellt sich dann die Frage, warum es das materielle, böse Prinzip überhaupt gibt. Für die Existenz des Bösen in einer eigentlich guten Welt kann es Erklärungen geben. Für die Existenz eines bösen *Prinzips*, d. h. einer durch und durch verdorbenen Welt, ist die Erklärung ungleich schwieriger. Schränkt diese Frage nicht die Universalität des göttlichen Prinzips ein? In einem einfachen Gegensatz oder Unterschied von Gott und Welt wird die Universalität Gottes eingeschränkt. Wenn die Welt in der Intention Gottes nichts anderes ist als nichtig, dann kann er nicht allmächtig sein, denn wenn er allmächtig wäre, dann hätte es sie – als durch und durch verderbte, als negatives Prinzip – nie geben können.

Weise den Unterschied Gottes von der Welt und seine Zuwendung zu der von ihm verschiedenen Wirklichkeit vor. Offenbarung muss dann so gedacht werden, dass die Welt dem unendlichen Gott weder äußerlich bleibt – dann wäre er abstrakt unendlich –, noch kann sie so gedacht werden, dass die Welt einfach in seine Unendlichkeit aufgehoben wird, ohne sie selbst zu bleiben – dann wäre Gott für sich konkret unendlich, aber nicht in Bezug auf endliches Dasein; dieses würde seine Unendlichkeit einschränken.

Das Christentum führt sich auf eine göttliche Offenbarung zurück, die durch zwei Merkmale gekennzeichnet ist: 1. Gott ist in seinem Offenbarungshandeln selbst präsent; das konstitutive Offenbarungsereignis erschöpft sich nicht darin, dass Gott der Menschheit etwas mitteilt, sondern dass er sich selbst offenbart. Er sagt, was er will und wer er wirklich ist[14]. 2. Er hat sich der Menschheit unter der Bedingung des Menschseins offenbart. Er ist Mensch geworden und hat seinen Willen im ganzen Leben Jesu mitgeteilt. Wie kann es sein, das Gott sich selbst mitteilt, ohne deswegen die ganze Welt zu vergöttlichen oder umgekehrt seine Göttlichkeit in die Welt aufzulösen. Wie konnte Gott Mensch werden ohne aufzuhören, Gott zu sein?[15]

Die inkarnatorische Struktur des christlichen Offenbarungsverständnisses bewahrt die für den Monotheismus wesentliche Differenz von Gott und Mensch. Das geschieht gerade durch die Annahme der menschlichen Natur durch Gott. Die Differenz ist nicht etwas[16], das übrig bleibt trotz der Menschwerdung, sondern das als heilsame Differenz in der Menschwerdung offenbar wird. Das kann

---

[14] Die Offenbarung Gottes durch Jesus Christus kann nicht verstanden werden, ohne in Rechnung zu stellen, als *wer* Gott sich offenbar gemacht hat. 1. Dass Gott in Jesus Christus Mensch geworden ist, ist ein Inhalt der Offenbarung. 2. Wenn das aber wahr ist, dann ist die Sohnschaft Jesu Christi zugleich die Bedingung für das richtige Verständnis dessen, *was* er sagt. Sie ist sowohl Inhalt als auch Modus der Offenbarung. Der Offenbarungsbegriff des Christentums erschließt sich über den Glaubensinhalt der Inkarnation.

[15] Essen aporetisiert die klassischen alexandrinischen und antiochenischen Vermittlungen dieses christologischen Kernproblems – Georg Essen, *Die Freiheit Jesu. Der neuchalkedonische Enhypostasiebegriff im Horizont neuzeitlicher Subjekt- und Personphilosophie*, Regensburg 2001, 110 ff –, um dann in der Auseinandersetzung und kritischen Aneignung der neuzeitlichen Subjektphilosophie den Begriff der Personidentität Jesu als Freiheitsbewusstsein zu entwickeln und mit ihm die klassischen Aporien der „Wesenschristologie" einer Lösung zuzuführen.

[16] Wie bereits oben bemerkt.

nicht ohne einen Rekurs auf den Glaubensinhalt der Schöpfung erläutert werden: 1. Die Menschwerdung Gottes macht den engen Zusammenhang zu seinem Schöpfungshandeln und Erlösungshandeln bewusst. Gott hat dadurch, dass er Mensch geworden ist, seinen Schöpfungswillen bestätigt. Gott hat gezeigt, dass die Welt der Raum der Erfüllung seines Willens sein kann[17]. Daraus folgt, dass die Willensäußerungen Gottes unter den Bedingungen der Welt erfahren werden können. Die Schöpfung ist nicht nur das passive und ungeformte Material, das durch die Offenbarung überhaupt erst geformt würde – in einer solchen hylemorphistischen Deutung des Schöpfungshandelns wäre die Offenbarung allerdings Vergöttlichung der Welt oder Verweltlichung Gottes. Die „Materie" der Verwirklichung des göttlichen Willens kann nur der vernunft- und freiheitsbegabte lebendige Mensch sein. Es entspricht Gott, dass das „Material" seiner Selbstoffenbarung nicht bloß Material ist. Nur diejenigen Geschöpfe, die ihr Leben selbst leben können und fähig sind, zwischen gut und böse zu unterscheiden und das Gute aus eigenem Impuls anzustreben, zugleich aber die Begrenztheit ihrer Kraft zur Verwirklichung des Guten einsehen zu können, kommen als „Mittel" der Selbstdarstellung und Selbstoffenbarung Gottes in Frage – so wie die Ikonographen aller Zeiten nur die wertvollsten Materialien nutzen konnten, um den Sohn Gottes ins Bild zu bringen. 2. Dieser Zusammenhang von Schöpfung und Erlösung ist der Grund dafür, dass durch die Inkarnation die Differenz zwischen Gott und Mensch konkretisiert wurde und dass wegen dieser Differenz der Mensch sich auf Gott beziehen kann. Gott ist wahrer Mensch geworden, das heißt auch, dass er individueller Mensch geworden ist. Gott hat in der Welt nicht nur wie ein Mensch, sondern als Mensch gehandelt. In seiner einmaligen Lebensgeschichte, die der Tod am Kreuz nicht beenden konnte, ist der Wille Gottes, alle Menschen zu erlösen, offenbar geworden. Er hat sich nicht als Gattungswesen offenbart, sondern als individueller Mensch, der sich von anderen Menschen unterscheidet. Man würde die Adam-Christus-Typologie

---

[17] Bei dem bisher erreichten Stand der formalen Bestimmung von Offenbarung gibt es noch keine Differenz zwischen der Befreiung aus dem Sklavenhaus Ägyptens im Exodusereignis und der Befreiung von Sünde und Tod im Ereignis der Auferstehung Jesu.

des Römerbriefes[18] überinterpretieren, wenn man sein Erlösungswerk als Verwandlung des menschlichen *Wesens* beschreiben würde[19]. Dann hätte jeder einzelne Mensch – unabhängig von seinem Willen und vom Faktum seiner Beziehung zu Jesus Christus, allein durch seine Zugehörigkeit zur Gattung Mensch – Anteil an Jesu Erlösungswerk. Wenn aber die Unverfügbarkeit und Absolutheit der Würde des Menschen an erster Stelle darin besteht, aus Freiheit das Gute tun zu können und wenn diese seine Freiheit unersetzbar ist, dann widerspräche die Erlösung als Verwandlung des menschlichen Wesens der geschöpflichen Würde des Menschen. Erlösung kann also nur gedacht werden als ein Akt eines wahren und realen Menschen, der in seinem Handeln andere reale individuelle Menschen anspricht, herausfordert und befreit[20]. Die Zugehörigkeit zur selben Gattung, in der und unter deren Bedingungen sich Gott selbst offenbart hat, ist die Ursache für die potentia oboedientialis, d. h. für die *Möglichkeit* jedes einzelnen Menschen, sich zu Christus zu bekennen. Ob man tatsächlich zu ihm gehört, ist eine Entscheidung des Glaubens[21].

Diese inkarnatorische Kernstruktur der Offenbarung ist der Grund, weshalb Offenbarung und Glaube unterschieden werden

---

[18] Röm 5, 12–21.

[19] Die Typologie des Römerbriefes arbeitet mit dem Gegensatz zwischen dem Einen (Adam-Christus) und allen Menschen. Das Wesen des Menschen kann kein Gegenstand empirischer Erkenntnis sein – für die sinnliche Anschauung kann es das Wesen des Menschen nicht geben, sondern nur in Bezug auf einen einzelnen Menschen kann man rückschließen auf seine Teilhabe an dem, was allen Menschen gemeinsam ist und ihr gemeinsames Menschsein auszeichnet: als Individuen mit unverfügbarer und absoluter Würde begabt zu sein.

[20] In diesem Sinne kann die Bezugnahme auf die Offenbarung immer auch als Kommunikation beschrieben werden – siehe dazu das Werk von Edmund Arens, beispielhaft: Edmund Arens, *Christopraxis. Grundzüge theologischer Handlungstheorie*, Freiburg/Basel/Wien 1992.

[21] Das Problem, ob der Glaube nur dadurch zu Stande kommt, dass Gott in einer anderen Gnadenmitteilung als der durch die „geschaffene Gnade", die der Mensch Jesus für die Menschheit und Geschichte war – siehe dazu Irene Willig, *Geschaffene und ungeschaffene Gnade. Bibeltheologische Fundierung und systematische Erörterung*, Münster 1964 – oder ob mit Rahner von der Einheit der Gnadenmitteilung und ihrem Fundament in Jesus Christus auszugehen ist, und zwar in der Weise, dass über die ausgegossene Gnade, die der Hl. Geist in jedem Glauben ausgießt, nichts anderes gesagt werden kann als das, was über den in Jesus Christus offenbar gewordenen Gott gesagt werden muss, braucht hier nicht weiter erörtert zu werden.

müssen. Wohl ist die Offenbarung die Bedingung, ohne die es den Glauben nicht geben könnte[22]. Aber der Glaube ist nicht einfach die in einem mechanischen Sinne notwendige Wirkung der Offenbarung, sodass mit der Willensbekundung Gottes zugleich die Zustimmung zu dieser mitgesetzt wäre. Die Zustimmung bleibt auch dann, wenn sie durch die Gnade ermöglicht ist, die freie Tat des Menschen. Der absolute Assens ist nicht durch Gottes Gnade in einem mechanischen Sinne bewirkt, sondern Gott will sich durch die freie Zustimmung seiner Geschöpfe verherrlichen lassen (Thomas Pröpper). Mit Recht ist der Glaube als das Zusammenwirken von Freiheit und Gnade verstanden worden[23]. Und mit Recht wird der Glaubensakt in Analogie zum sittlichen Akt beschrieben – ohne die Voraussetzung individueller Freiheit wäre er nicht anrechenbar und könnte nicht heilsrelevant sein[24]. Gott hat sich selbst in die Endlich-

---

[22] Die Glaubensgnade, die in der Tradition als virtus infusa, die in der Taufe empfangen wird, definiert ist, kann nicht getrennt werden von der Selbstmitteilung Gottes in Jesus Christus – zu den gnaden- und trinitätstheologischem Argumenten für eine derartige Reduktion siehe Ottmar John, *Marginalien zur Theologie der Taufe und ihrer gesellschaftskritischen Dimension*, in: PThI 27 (2007–2) 77–102.

[23] Siehe dazu Thomas Pröpper, *Erlösungsglaube und Freiheitsgeschichte. Eine Skizze zur Soteriologie*, München 1988, darin besonders das Kapitel „Gnadenlehre als Theologie der Freiheit" 277–282; Markus Tomberg, *Glaubensgewissheit als Freiheitsgeschehen. Eine relecture des Traktats >De analysi fidei<*, Regensburg 2002.

[24] Für diese Ableitung des Glaubens aus dem Offenbarungsereignis des Lebens Jesu ist der Begriff der Nachfolge von hohem Erläuterungswert – siehe dazu das Dokument der Gemeinsamen Synode der Bistümer in der Bundesrepublik Deutschland 1972–1975 *Unsere Hoffnung. Ein Bekenntnis zum Glauben in dieser Zeit*, in: Offizielle Gesamtausgabe I, Freiburg 1976, 84–111, vor allem Teil III „Wege in die Nachfolge" 103–107. Auch „Gleichförmig mit Christus" (101) bleibt der Glaube freier Akt. Jedoch ist er nicht einfach identisch mit moralischer Praxis, die nur dann moralisch genannt werden kann, wenn sie ihre Ursache im freien Entschluss eines Subjektes hat. Die moralische Bedeutung des Glaubensaktes entspringt nicht der Gesinnung des einzelnen Subjektes. Der Glaubensakt ist nicht deswegen gut und nachahmenswert, weil der Handelnde etwas Gutes tun *will*. Nachahmenswert ist der Glaubensakt nicht, weil er durch menschliche Kreativität hervorgebracht wäre, sondern weil Menschen in ihrem Handeln und Verhalten die Annahme des göttlichen Gnadengeschenks bezeugen.
Zum Zusammenhang von Zurechenbarkeit und Heilsrelevanz, von Werken und zuvorkommender Gnade siehe Ottmar John, *Zur Frage der Begründung eschatologischer Aussagen*, in: Karsten Kreutzer / Magnus Striet / Joachim Valentin

keit der Schöpfung hinein und unter ihren Bedingungen vermittelt. Das impliziert erstens, dass dazu die Beanspruchung von Unmittelbarkeit im Gottesverhältnis durch einzelne Menschen oder einer Menschengruppe im Widerspruch steht. Das impliziert zweitens, dass alle Fähigkeiten, die die Menschen von sich aus besitzen, sich Gott zuzuwenden, von Gott selbst „abprobiert" sind. Die Menschwerdung Gottes bestätigt die natürliche Sehnsucht der Menschen zu Gott, ihre Fähigkeit, über sich selbst hinaus zu denken und sich Vorstellungen von einem postmortalen Zustand zu machen. Kurz: die natürliche Religiosität des Menschen steht nicht in Widerspruch zum Glauben, sondern führt zu ihm hin[25].

3. Spätestens hier stellt sich die Frage, inwiefern Offenbarung universal sein kann[26], wenn sich ihre Realität auf die Lebens-

---

(Hrsg.), Gefährdung oder Verheißung? Von Gott reden unter den Bedingungen der Moderne, Ostfildern 2007, 145–162.

[25] Das hat unmittelbar Bedeutung für die Theologie der Stadt: In der Stadt begegnet das Christentum einer Vielzahl von Religionen und religiösen Ausdrucksformen. Die Stadt ist seit alters her ein Ort der Vielfalt der Ethnien und Herkünfte der Menschen, ihrer Kulturen und Religionen. 1. In der Stadt konnten Fremde mit ihrer andersartigen Kultur und Religion Schutz finden. 2. Die Stadt bot Dissidenten der Mehrheitsreligion Schutz. 3. In der Stadt haben sich neue religiöse Ausdrucksformen gebildet – sei es durch die Weiterentwicklung des angestammten Bekenntnisses wie durch die christlichen Armutsbewegungen, sei es durch Synkretisierung, sei es durch die religiöse Kreativität der Menschen. Es gibt einen anthropologischen Begriff der natürlichen Religion, mit dem diese religiöse Vielfalt anerkannt und als Herausforderung des christlichen Glaubens angenommen werden kann. Die anderen Religionen brauchen weder zu anonymen Christentümern „getauft" zu werden, noch muss das Christentum, um mit anderen religiösen Überzeugungen in einen Dialog treten zu können, sich selbst relativieren. Im Gegenteil: Dialog setzt Absolutheitsansprüche voraus. Nur dann, wenn Religionen nicht auf die wechselseitige Zumutung von Absolutheits- und Universalitätsansprüchen verzichten, kann es einen je eigenen Weg einer jeden Religion geben, auf dem die Bedeutung des Absoluten geklärt werden kann. Dass eine solche Klärung – spätestens im Augenblick der Wiederkunft Christi – möglich ist, gewährleistet die Beanspruchung einer Beziehung zum Absoluten.

[26] Nimmt nicht ein Offenbarungsverständnis, nach dem sich Gott selbst im Geschick eines individuellen Menschenlebens offenbart, jeden Universalitätsanspruch zurück? Schärfer formuliert: Schränkt nicht Gott selbst, wenn er seinen Willen im konkreten Leben eines Menschen offenbart, seine Macht, in Bezug auf die ganze Schöpfung wirksam handeln zu können, ein? Denn dass Gott wirklicher, wahrer Mensch geworden ist, heißt, dass er individueller Mensch geworden ist. Der Bann des Todes und der Sünde ist endgültig gebrochen, weil er in

geschichte nur eines individuellen Menschen beschränkt. Die Erlösung ist universal, weil Gott sie allen Menschen verheißen hat und diese ihre Universalität mit dem natürlichen Licht der Vernunft erläutert werden kann, nicht weil sie bereits für jeden einzelnen Menschen empirische Realität wäre – sie ist kein Gegenstand menschlicher Selbsterfahrung. Verheißene Realität für alle Menschen ist sie jedoch, weil sie im individuellen, raumzeitlich einmaligen Leben Jesu Christi Realität ist. Die Erlösung ist ein Ereignis der Vergangenheit. Nicht nur auf gegenwärtige, sondern auch auf vergangene Ereignisse können sich menschliche Erfahrungen beziehen. In einer solchen Erfahrung wird das vergangene Ereignis nicht nur erkannt, sondern über den zeitlichen Abstand hinaus als wirksam und heilsam erfahren.

Welche menschlichen Akte können der Universalität Gottes adäquat sein, die in der einmaligen geschichtlichen Realität der Überwindung von Sünde und Tod ihren entscheidenden Grund benennt[27]? Für die Authentizität des Glaubensaktes können zwei Kriterien angegeben werden: Das *erste* Kriterium besteht darin, dass der Glaube sich tatsächlich vollzieht. Der Universalität Gottes, die sich in der individuellen Realität des Geschicks Jesu offenbart, kann nur entsprechen, was selbst in dem Sinne real ist, wie menschliches Leben sich realisiert und wie die Erlösung von Sünde und Tod sich realisiert hat: im ganzen Leben Jesu, das der Tod nicht beenden konnte[28]. Die Bestimmung des Glaubens als lediglich mentaler Akt wäre in dieser Perspektive eine Unterbestimmung. Der Glaube vollzieht sich als Liebe. In der Trias der drei göttlichen Tugenden ist die Liebe dem Glauben nicht äußerlich, sondern sie ist sein inneres Mo-

---

einem Leben – in der Auferstehung Jesu vom Kreuz – wirklich überwunden wurde. Inwiefern kann die Erlösung, die sich auf die Realität einer Lebensgeschichte beschränkt, universal sein? Inwiefern kann der Satz noch stimmen, dass dann, wenn Gott handelt, dieses Handeln für alle Menschen und für das ganze Leben der Menschen real ist, wenn das Heil für die meisten Menschen noch keine am eigenen Leibe erfahrene Realität geworden ist? Denn auch nach Ostern müssen Menschen sterben und tun sich Menschen furchtbarste Gewalt an.

[27] Die partikulare Erfüllung der unüberbietbaren Sehnsucht der Menschen ist mehr, als diese Sehnsucht nur zu artikulieren.

[28] Dieser Grundsatz der christlichen Glaubenstheologie erweist seine kritische Kraft und Sinnspitze besonders vor dem Hintergrund der Beschreibung der Stadt als Erlebnisraum, als Traumwelt, als Phantasmagorie.

ment. Ohne Liebe wäre der Glaube tot und führte nicht zu Gott. Das *zweite* Kriterium besteht darin, dass der Glaube wohl als intelligibler Akt unterbestimmt wäre und nur als Praxis vollständig erfasst wird, aber keineswegs ein irrationaler oder vernunftwidriger Akt sein kann. Seine Rationalität besteht vor allem darin, die Differenz zwischen der Verheißung des Heils für alle Menschen durch ihre Erfüllung in einem Fall und der Ausständigkeit ihrer konkreten Universalität bewusst zu machen – denn das Heil war in einem Fall, in einer Biographie empirische Realität.

Menschliche Liebe ist intuitiv konkordant mit Gott, der den Raum für den Vollzug dieser Liebe aus Freiheit geschaffen und sich selbst seiner Schöpfung liebend zugewandt hat. Diese Zuwendung ist im individuellen Geschick Jesu Realität. Aber menschliche Liebe bleibt Liebe mit menschlichen Mitteln. Spätestens angesichts des Todesschicksals des geliebten anderen Menschen scheitert sie. In der Bezugnahme auf die Realität allmächtiger Liebe in der Welt und unter ihren Bedingungen kann sie sich vor Absurdität und Vergeblichkeit bewahren. Die Wirklichkeit des Glaubensaktes stimmt zusammen mit der historischen Tatsächlichkeit seines Inhaltes – ein Zusammenstimmen, das die Glaubwürdigkeit des Glaubens belegt.

Damit ist auch eine wichtige hermeneutische Einsicht begründet: Die Offenbarung kann nicht von außen an die Stadt herangetragen werden. Keine Instanz jenseits oder oberhalb der Stadt kann wissen, was in der Stadt geschieht. Was die Offenbarung Gottes für die Stadt bedeutet, kann nur der Städter wissen, der an diese Offenbarung glaubt. Jedoch ist die Stadt auch nicht schon der Ort, an dem Gott wohnt. Gott wohnt in der Stadt, insofern sich Christen dem Nächsten zuwenden und so seine Verheißung weitertragen, und insofern sie zeigen, dass sie jetzt schon – wenn auch anfänglich – erfahrbar ist.

Der Glaube ist immer die Überzeugung einer partikularen Gruppe. Partikular ist die Gemeinschaft der Glaubenden aus empirischen Gründen: Wer wollte, ja dürfte jedem Menschen unterstellen, dass er glaubt. Partikular ist die Gemeinschaft der Glaubenden aber auch aus prinzipiellen Gründen: Vor der Wiederkunft des Herrn kann sie nicht mit der Stadt identisch sein. Die Gemeinschaft der Glaubenden ist nicht alles. Aber auf Grund des Ursprungs ihrer Überzeugungen im Heilsereignis ist ihre Botschaft und ihr Zeugnis für alle Menschen relevant – diese Relevanz darzulegen und alle zum Mitvollzug des Glaubens einzuladen, das begreift das ekklesiologische

Modell des „Missionarisch-Kirche-Seins". Bevor dieses Modell und seine Bedeutung für das Handeln der Kirche in der Stadt erläutert werden kann, müssen drei zentrale Kennzeichen der Stadt benannt werden.

2. Grundbegriffe für eine Theologie der Stadt

Mit dieser Spannung von realer Partikularität des Glaubens und angestrebter Universalität, die schon jetzt im Handeln aus dem Glauben beansprucht werden darf – was aber immer bedeutet, dass sich diese Ansprüche als berechtigt ausweisen und rechtfertigen müssen – korrespondiert das Problem, wie ein Verständnis der ganzen Stadt gewonnen werden kann und wie es artikuliert werden muss. Ein methodischer Ausgang von der Wirklichkeit der Stadt ist aber naiv – wie oben bereits erörtert. Eine empirische Induktion aller Teilrealitäten der Stadt kann nicht zu einem Begriff der Stadt führen. Eine Theologie der Stadt muss sich auf einen einheitlichen Begriff der ganzen Stadt, der zur Erkenntnis aller ihrer Teilrealitäten motiviert, beziehen können, weil sie sonst ihre Universalitätsansprüche überhaupt nicht formulieren und kommunizieren könnte. Dabei ist klar, dass die Einlösung der Universalitätsansprüche des Glaubens der jüdisch-christlichen Tradition nicht durch menschliche Macht herbeigeführt werden kann – dieses ist dem wiederkommenden Herrn am Ende der Zeit vorbehalten. Aber die Glaubenden müssen davon reden können – nicht nur von Gottes universalem Heilswillen für alle Menschen, sondern auch von der Wirklichkeit, die das Leben dieser Menschen konditioniert, einschließlich ihrer menschlichen Natur.

Die Fülle seines Ursprungs bewahrt der Glaube nur in sich, wenn er ein Verständnis der geschaffenen Wirklichkeit artikulieren kann. Dazu muss er sich auf ein natürliches Vermögen der Menschen beziehen können, mit dem sie sich Vorstellungen vom Ganzen der Welt, des Menschen, seinem Woher und Wohin machen können. Dieses Vermögen stellt die Vernunft dar. Der Glaube kann also das Dilemma der Induktion eines einheitlichen Begriffs der ganzen Stadt nicht dadurch lösen, dass er als exklusiver Grund für das moralische und politische Handeln fungiert – das wäre eine fideistische Scheinlösung, die sich in einer erkenntnistheoretischen Reflexion als genau so willkürlich erweist, wie die Fundierung der Normen des Handelns in der grundlosen Entscheidung des empirischen solipsistischen Subjektes[29]. Es kann nur das natürliche Vermögen der Menschen sein, universale Begriffe der für den Menschen konstitutiven Wirklichkeit bilden zu können. Denn nur dann kann der Mensch sich der Grenzen seines Wissens über die Welt und der Risikobehaftetheit seines Handelns bewusst werden und sie zu überwinden suchen[30]. Nur wenn die Menschen aus eigenem natürlichen Vermögen ihre Endlichkeit erkennen können, kann ein einzelner Mensch der Empfänger und Hörer einer Botschaft sein, die von Gott kommt, und deswegen nicht nur ihn allein, sondern alle Menschen betrifft[31].

Es gehört zu den epochalen Einsichten der kritischen Theorie, die Empirie der Gesellschaft problematisiert zu haben[32]. Für diese Problematisierung ist die moderne Stadt und sind die Phänomene, die sie hervorbringt, der entscheidende Anstoß; in ihr verdichten sich Entwicklungen und Tendenzen; sie wahrzunehmen und zu analysieren hat einen gewissen prognostischen Wert für die ganze Gesellschaft. Das Fragment gebliebene chef d'ouvre Walter Benjamins,

---

[29] Gegen Subjektivismus und Konstruktivismus in Fragen des richtigen und gebotenen Handelns siehe die Enzyklika von Papst Johannes Paul II., *Veritatis splendor* (hrsg. v. Sekretariat der Deutschen Bischofskonferenz) 6. August 1993.

[30] Man muss allgemeine Begriffe bilden können, um die Endlichkeit und Begrenztheit aller geschöpflichen Wirklichkeit bemerken zu können. Der, der die Fähigkeit des Denkens zu solcher Allgemeinheit verneint, verallgemeinert das je Begrenzte und Partikulare allein deswegen, weil er dessen Partikularität und Begrenztheit nicht kritisch thematisieren kann.

[31] Jedoch ist die Allgemeinheit, die zu denken die Vernunft in der Lage ist, von der Allgemeinheit, die der Glaube als seinen geschichtlichen Ursprung vergewissert, zu unterscheiden; wohl gibt es eine Strukturanalogie zwischen der gedachten Allgemeinheit der Vernunft – als Voraussetzung der Erkenntnis endlicher Wirklichkeiten – und der erfahrenen Allgemeinheit der Offenbarung, deren Relevanz für alle Menschen nur in der partikularen Praxis der Glaubenden aufscheinen, spürbar und wirksam werden kann. Dass es einen Gott gibt, der sich der Welt und den Menschen zuwendet, ist ein möglicher Gedanke der natürlichen Vernunft. Dieser Gedanke kann aber nicht für die Realität des Gedachten aufkommen und die geschichtliche Erfahrung der Selbstoffenbarung Gottes ersetzen.

[32] Siehe dazu die Texte, die unter dem Stichwort „Positivismusstreit" eine hohe Bedeutung für die Entwicklung der Methodologie der Sozialwissenschaften erlangt haben: Theodor W. Adorno u. a., *Der Positivismusstreit in der deutschen Soziologie*, Neuwied / Berlin 1969.

das Passagenwerk, erhebt den Anspruch, im Blick auf die „Hauptstadt des 19. Jahrhunderts" die sozialen und gesellschaftlichen Tendenzen wahrnehmen zu können[33]. Sein Verfahren unterscheidet sich von dem Grundansatz empirischer Sozialforschung, die in den sich dem Wahrnehmungsvermögen zeigenden Phänomenen das mit anderen Singularitäten Vergleichbare und – deswegen – Allgemeine[34] herauspräpariert. Benjamin dagegen hält sich an das Bild der Wirklichkeit, das sich dem Betrachter einstellt. Er geht von der methodischen Maxime aus, dass der Betrachter, wenn er sich denn der Wirklichkeit stellt, an der Oberfläche der Dinge Anzeichen dessen, was sie ausmachen, wahrzunehmen vermag. Und wesentlich ist den Dingen und Sachverhalten ihre zeitliche Signatur[35].

Die moderne Stadt zeichnet sich dadurch aus, dass es keinen externen Betrachter mehr geben kann, der eine angemessene Gesamtansicht der Stadt erlangen könnte. Die komplexe Realität der Stadt vermag niemand mehr zu überblicken. Allein ihre quantitative Ausdehnung ist ein wichtiges Indiz dafür, dass, wer sich um Erkenntnis der Stadt bemüht, sie sich nicht zum Gegenstand machen kann, ohne sich selbst zum Gegenstand zu machen. Keiner kann sagen, dass die Wahrnehmungsweisen, Kommunikationsformen und Erlebensmuster, die sich in der modernen Stadt herausgebildet haben, seine eigene Wahrnehmungen, Kommunikationssituationen und Gefühlszustände unberührt ließen[36]. Der Stadt kann nur auf die Spur kommen, wer in ihr singuläre Realitäten erkennt, die für das

---

[33] Siehe dazu das Exposé des Passagenwerkes, das Benjamin mit diesem Titel überschrieben hat: Walter Benjamin, *Gesammelte Schriften* (hrsg. v. Rolf Tiedemann und Herrmann Schweppenhäuser) Frankfurt 1974–87, V 45–59. Diese Formulierung zeigt, dass Paris für Benjamin eine paradigmatische Bedeutung hatte: Die Wahrnehmung der Stadt ist Wahrnehmung der Gesellschaft. Und Gesellschaftsanalyse muss sich in der Analyse der Stadt beweisen.
[34] Letztes Kriterium für die Allgemeinheit in den Dingen ist dann dasjenige, was sich in einem Zahlencode darstellen lässt.
[35] Siehe dazu Ottmar John, *Benjamins mikrologisches Denken*, in: Klaus Garber / Ludger Rehm (Hrsg.), global Benjamin 1, München 1999, 71–91.
[36] Es handelt sich um eine Binsenweisheit der Stadtsoziologie, dass vor allem die Urbanisierung, die Lebensweisen und Kommunikationsgewohnheiten, die die Stadt hervorgebracht hat, ubiqitär sind. Stadt und Land sind keine Gegensätze mehr. Der Gegenstand „Stadt" kann nicht aus seinem Gegensatz zum Land spezifiziert werden – siehe dazu Martina Löw, *Einführung in die Stadt- und Raumsoziologie*, Opladen 2007, 11 ff.

Ganze stehen. Diese universale Bedeutung stellt sich der Wahrnehmung an bestimmten Dingen ein. Die Universalität des so Gegebenen ist dann kein Merkmal, das die Einbildungskraft des Menschen in die Dinge hineinlegte oder ihnen andichtete, wenn dieses seinerseits die Methode, mit der es allein erkannt werden kann, konditioniert[37].

Dieses Verfahren kann mit der Lehre von den Zeichen der Zeit von Marie Dominique Chenu in Beziehung gesetzt werden[38]. Sie spielt sowohl in der Enzyklika „Pacem in terris" als auch in „Gaudium et spes" ein wichtige Rolle[39]. Die heftige Diskussion darüber, wie denn die zeitdiagnostische und epistemologische Kategorie des Zeichens der Zeit verstanden werden müsse, kann in drei Punkten zusammengefasst werden: 1. Die Zeichen der Zeit wirken auf das Wahrnehmungsvermögen der Menschen wie eine Offenbarung: sie drängen sich den Betrachtern von Gesellschaft und Geschichte als Zeichen auf, die für etwas stehen, das das Ganze betrifft. Sie sind aber nicht göttlichen Ursprungs, sondern natürlich. Nicht Gott sagt in den Zeichen der Zeit den Menschen etwas, sondern in ihnen werden Bedeutungen von Realitäten ablesbar[40]. 2. Zeichen der Zeit kann

---

[37] Diese Reflexion kann als Wendung der Transzendentalanalyse ins Objektive verstanden werden: Die Transzendentalanalyse fragt nach den Voraussetzungen, unter denen eine partikulare Wirklichkeit das sein kann, was sie zu sein beansprucht. Sie deckt diese nur mental zugänglichen Voraussetzungen und Bedingungen, unter denen theoretische wie praktische Urteile wahr sein können, auf. Eine Wendung ins Objektive hieße, von der Erkenntnisfähigkeit des Menschen auszugehen und aufzudecken, welche materialen Bedingungen in der Wirklichkeit gegeben sind, die die faktischen Erkenntnisse einschränken – siehe dazu auch die Deutung Benjamins in Ottmar John, „... und dieser Feind hat zu siegen nicht aufgehört." Die Bedeutung Walter Benjamins für eine Theologie nach Auschwitz, Diss.-Ms. Münster 1983.
[38] Marie-Dominique Chenu, Volk Gottes in der Welt, Paderborn 1968; Jochen Ostheimer, Zeichen der Zeit lesen. Erkenntnistheoretische Bedingungen einer praktisch-theologischen Gegenwartsanalyse, Stuttgart 2008.
[39] Siehe dazu auch Knut Wenzel, Kleine Geschichte des Zweiten Vatikanischen Konzils, Freiburg 2005.
[40] Daran muss gegen jede Divinisierungstendenz festgehalten werden. Die Zeichen der Zeit machen nicht die verborgene Göttlichkeit der Welt offenbar, sondern kennzeichnen die Welt als den Ort, an dem Gottes Wille offenbar geworden ist und an dem allein ihm entsprochen werden kann – dazu Hans Joachim Sander, Die pastorale Grammatik der Lehre – ein Wille zur Macht von Gottes Heil im Zeichen der Zeit, in: Zweites Vatikanum – vergessene Anstöße, gegenwärtige Fort-

nur sein, was Ergebnis, Begleiterscheinung oder Anlass moralischer und politischer Praxis von Menschen ist. Das oft zitierte Beispiel aus „Pacem in terris" ist die Frauenbewegung. Nicht die Unterdrückung der Frau ist das Zeichen, sondern der Kampf der Frauen gegen Unterdrückung macht die Unrechtmäßigkeit ihres Geschicks deutlich; er ist von universaler Bedeutung, obwohl er ein nur zeitlich begrenztes historisches Phänomen darstellt. Aber als begrenztes Phänomen kann er Zeichen für die Gerechtigkeit, die allen Menschen zuteil werden soll, sein. 3. Die Zeichen der Zeit sind nur dann universal und bringen das Ganze der Wirklichkeit in einem anschaulichen Zeichen zum Ausdruck, wenn sie die Relevanz des Bezeichneten für den Betrachter aussagen – sei es, dass sie ihm bewusst machen, dass er in das zum Ausdruck Gebrachte involviert ist, sei es, dass sie seine moralische Handlungskompetenz beanspruchen und in diesem Sinne ein Urteil der praktischen Vernunft darstellen[41]. Der Betrachter

---

schreibungen (Quaestiones Disputatae 207), Freiburg / Basel / Wien 2004, 185–206, vor allem 206; Marianne Heimbach-Steins, *„Inkarnation" als Lerngeschichte. Fragen an das Verhältnis von Anthropologie und Ekklesiologie*, in: PThI 25 (2006) 41–55, Themenheft: „Der halbierte Aufbruch". 40 Jahre Pastoralkonstitution Gaudium et spes.

[41] Das Bild der Vergangenheit, das sich dem Betrachter unwillkürlich einstellt, ermöglicht für den späten Benjamin eine Wahrnehmung der Wirklichkeit, die von einer ähnlichen Struktur gekennzeichnet ist wie die Zeichen der Zeit: Sie fordert zum Handeln heraus – siehe dazu Ottmar John, *Zwischen Gnosis und Messianismus. Jüdische Elemente im Werk Walter Benjamins*, in: Joachim Valentin / Saskia Wendel (Hrsg.), Jüdische Traditionen in der Philosophie des 20. Jahrhundert, Darmstadt 2000, 51–68.

Es gibt zwei Möglichkeiten, die Bedeutung des sich einstellenden Bildes der Vergangenheit für die praktische Vernunft zu verstehen: Entweder ist die Vergangenheit die Ursache dafür, dass in der Gegenwart Subjekte überhaupt handeln können. Sie hätte dann eine subjektkonstituierende Funktion. Die Hervorbringung des Bildes muss dann ein gewissermaßen messianisches Ereignis sein, das von sich aus in der Geschichte wirksam ist und einer fernen Zukunft sich dadurch, dass es sich ihr als Bild einstellt, Leben ermöglicht und Rettung bringt. Oder das gegenwärtige moralische Subjekte sieht sich genötigt, zur Verwirklichung seiner Handlungskompetenz in einer bestimmten historischen Situation auf die Hoffnungen vergangener Geschlechter zu bauen und ihnen eine orientierende Kraft für das, was materialiter zu tun ist, zuzubilligen. Nicht die Konstitution von Subjektivität überhaupt wird dann durch göttliches Eingreifen in die Geschichte „bewirkt" oder – schwächer – „ermöglicht", sondern die Verwirklichung der Freiheit der Subjekte unter den materialen Bedingungen der Gesellschaft, Geschichte und ihrer biologischen Natur. Benjamins Bild der Vergangenheit wäre dann notwen-

erfährt sich selbst in die Wirklichkeit verwickelt und von ihr umgriffen, die in einem Teil von ihr zum Ausdruck kommt. Weil er in der Wahrnehmung des Teils als Zeichen des Ganzen die Erfahrung macht, in diese Wirklichkeit involviert zu sein, deswegen handelt es sich in dieser Teilwirklichkeit um eine Zeichen der Zeit, um ein pars pro toto.

Gemäß der Lehre von den Zeichen der Zeit wäre eine Hermeneutik verfehlt, die die moderne Stadt dadurch zu bestimmen suchte, was sie von anderen geographischen, gesellschaftlichen und geschichtlichen Phänomenen unterscheidet[42]. In der Stadt nach Zeichen der Zeit zu suchen stellt einen entgegengesetzten methodischen Ansatz dar: Herausgehoben wird das Allgemeine, das in der Stadt sichtbar und anschaulich wird und eine Bedeutung auch für das Land und traditionelle Lebensformen hat. Die Stadt nimmt die Entwicklung des Ganzen vorweg und hat einen gewissen prognostischen Wert. Das hat unter anderem seinen Grund darin, dass sie auf grund der hohen Besiedlungs- und Aufenthaltsdichte bestimmte Phänomene überhaupt erst sichtbar macht, die bei größerer Streuung der Menschen unerkannt bleiben müssten[43].

Drei solche signifikanten Zeichen, die Benjamin im Blick auf Paris als die Hauptstadt des 19. Jahrhunderts genannt hat, können theoretisch begriffen werden: 1. In den Ausstellungen wird der Begriff des Tauschwertes bzw. der warenproduzierenden Gesellschaft anschaulich. 2. Im Phänomen der Mode und der Steigerung der beobacht-

---

dig für die Wirklichkeit einer befreienden Praxis, nicht aber dafür, sich zu ihr überhaupt entschließen zu können. Vor allem dadurch wäre sein Begriff der Geschichte eine wichtige Erläuterung eines theologischen Erinnerungsbegriffs, besteht doch nach dem oben gesagten das specificum christianum in der Erfahrung der Realität der Erlösung, und erschöpft sich nicht in der Sehnsucht nach ihr oder im Gedanken über sie.

[42] Als entscheidende spezifische Differenz wird dann die von Stadt und Land angenommen; unter dem Bann dieser Differenz werden für die Beantwortung der Frage, was die Stadt sei, alle Merkmale ausgeschieden, die nicht nur in der Stadt anzutreffen sind. Diese Logik ist für die hier angewendete Fragestellung irreführend. Sie auch Anm. 36.

[43] In der Stadt findet man zur Befriedung jeder noch so seltsamen Neigung eine entsprechende Szene. Es ist kaum anzunehmen, dass es Menschen mit derartigen Neigungen auf dem Land nicht gibt, aber sie haben es dort ungleich schwer, sich zu organisieren und ihrer Neigung z. B. durch entsprechende Veranstaltungen wahrnehmbar zu machen.

baren Verkehrsbewegungen werden neue Zeitstrukturen, die die Zirkulation der Waren widerspiegeln, erfahrbar. 3. In dem Widerspruch zwischen der Marktfreiheit und einem universalen Freiheitsbegriff wird Fluch und Segen der modernen Stadt deutlich: Ihre Reduktion auf den Warenumschlag geschieht durch die Menschen, die sich aus freier Zustimmung daran beteiligen, aber genau deswegen sich auch einem solchen Reduktionismus verweigern können[44].

2.1 Der Ausstellungswert der Dinge

1. Auf der Suche nach den Zeichen der Zeit in der Stadt, die sowohl einen einheitlichen Begriff der Stadt zu formulieren gestatten, als auch mit diesem nach der Erkenntnis all ihrer Realitäten streben sollen, fällt als erstes die neue Attraktivität der Stadt ins Auge. Schienen in den sechziger und siebziger Jahre die Städte zu sterben, so erfreuen sie sich seit den neunziger Jahren neuen Lebens[45]. Für die Lebendigkeit einer Stadt gibt es traditionell den Indikator des Wachstums der gemeldeten Wohnbevölkerung. Um das pulsierende Leben der Innenstädte und Citys in der Gegenwart zu erklären, reicht dieser Indikator nicht mehr aus; die Bewohnerzahlen der Citys sind nicht signifikant gestiegen – eher im Gegenteil; lebendig sind die Citys durch die Menschen, die sich in ihnen aufhalten, ohne dort zu wohnen. Das sind einerseits Angehörige von Dienstleistungsberufen, die traditionell die City dominieren – der typische Standort industrieller Produktion ist die Peripherie, der Stadtteil, das Quartier. Das sind anderseits die „Konsumenten" im weitesten Sinne des Wortes. Es sind Menschen, die sich in der Stadt aufhalten, um Angebote wahrzunehmen: Waren, Dienstleistungen, Bildung und Ausbildung sowie Kultur[46]. Wie auch immer man die Motivationslage der täglich

---

[44] Für Benjamin hat sich am Vorabend des zweiten Weltkrieges und des Massenmordes diese Prognose auf dramatische Weise bestätigt: Seine letzten Texte sind vor allem der Beantwortung der Frage gewidmet, warum die Gegenwehr gegen den siegenden Faschismus so schwach und unter welchen Bedingungen sie restituiert werden können – eine Betrachtung des Gesamtwerkes unter dieser Perspektive siehe John, „... und dieser Feind hat zu siegen nicht aufgehört." (Anm. 37).
[45] Zur Attraktivität der neuen Stadt siehe entsprechende stadtsoziologische Daten bei Hartmut Häußermann / Walter Siebel, *Neue Urbanität*, Frankfurt 1987.
[46] Nach der angestrengten, kulturpessimistisch eingefärbten Totalkritik der

in die Städte hinein- und herausströmenden Menschen näher bestimmen mag, das Konsumangebot (einschließlich der Möglichkeiten für Bildung und Kultur) ist ein zunehmend wichtig werdender Indikator für die Lebendigkeit und Attraktivität der Städte[47].

Diese Attraktivität hat seit Mitte der neunziger Jahre ein neues Bild der Stadt hervorgebracht und gesellschaftliche Wirksamkeit entfaltet[48]. Jedoch täuscht sich jeder, der sie als radikales Novum betrachtet[49] – die Attraktivität der Stadt hat ihre Vorgeschichte. Im

---

Stadt, die gerade auch von gesellschaftskritischen Christen geteilt wurde, zeigt sich Ende der neunziger Jahre eine neue Unbefangenheit gegenüber der Großstadt und vor allem gegenüber den durch Kommerz geprägten Zentren der Städte. Das deutlichste Symptom dieses Wandels in den Stimmungslagen stellt die Citypastoral dar. Ihre Mitarbeiter sind doppelt motiviert: einerseits durch den Missionsauftrag, das Evangelium in den neu entstandenen Erlebnis- und Erfahrungsräumen präsent zu machen, die die shoppingmalls darstellen; anderseits aber auch durch die Attraktivität dieser Orte, die nicht nur die Adressaten ihrer Mission, sondern auch sie selbst motiviert. Dadurch erweisen sie sich als wirkliche Kinder dieser Welt bzw. der Stadt, die sie sein müssen, wenn sie verstehen wollen, was das Evangelium für die –attraktive – neue Stadt bedeutet.

[47] Die Arbeitsplätze in einer Stadt sind ihrerseits zunehmend Arbeitsplätze im Bereich von Distribution und Dienstleistung, Bildung und Kultur. Sie sind abhängig von der Frequenz von Konsumenten. In Zeiten entwickelter Verkehrssysteme ist es für diese Bereiche unerheblich, ob die Menschen auch in der Stadt wohnen – entscheidend ist, dass sie sich in ihr aufhalten bzw. sich in ihr bewegen. Das prägt auch das Lebensgefühl der Menschen. Wohnorte im einwohnermelderechtlichen Sinne werden – sieht man einmal von den von jungen Familien mit kleinen Kindern bevorzugten Quartieren ab – zu Schlafstätten.

[48] Sie hat sowohl ökonomische Relevanz (Erhöhung der Einnahmen und des Arbeitsplatzangebotes in einer Stadt) als auch Wirkungen auf das Alltagsverhalten der Menschen – Oberhausen oder Bottrop als Ziel (städte-)touristischer Unternehmungen zu bezeichnen wäre vor den neunziger Jahren lediglich ein Scherz gewesen.

[49] Für das Novum gibt es einen theologischen und eine säkularen Begriff: Der theologische bezeichnet dasjenige Ereignis, das aus der bisherigen Geschichte nicht abgeleitet werden kann und dessen Unableitbarkeit ein starkes Indiz für die göttliche Ursache ist. Die Menschwerdung Gottes in Jesus Christus kann nur als ein solches Novum begriffen werden – siehe dazu Dieter Hattrup, *Die Bewegung der Zeit. Naturwissenschaftliche Kategorien und die christologische Vermittlung von Sein und Geschichte*, Münster 1988, 65 ff. Die systemtheoretische Betrachtung der Gesellschaft nimmt für sich in Anspruch, durch die Beschreibung von gleichzeitigen simultanen Ereignissen in verschiedenen Subsystemen den Ansatz kausaler Erklärung von Phänomenen in zeitlicher Sukzession ersetzen und dem Auftreten von Kontingenzen in höherem Maße gerecht werden zu kön-

Blick auf die gesellschaftlichen Entwicklungssprünge zu Beginn der Moderne entdeckt Walter Benjamin Phänomene, die die gegenwärtig zu beobachtende Attraktivität präludieren. Diese Phänomene konstellieren sich um ihr geheimes Zentrum, um die „Idee" der modernen Stadt: Wer den Blick auf die Pariser Passagen im ausgehenden 19. Jahrhundert wirft, dem stellt sich ein Bild des Ganzen der Stadt ein[50].

Die städtebaulichen Orte, die die Passagen bezeichnen, haben eine Vor- und Nachgeschichte. Zur Vorgeschichte gehören entscheidend die in der Mitte des 19. Jahrhunderts erstmalig veranstalteten Industrieausstellungen. Sie steigern sich in den Metropolen zu Weltausstellungen[51]. Sie dienen der Präsentation neuster Produkte menschlichen Erfindungsgeistes und Schaffenskraft[52]. Sie demonstrierten die technische Leistungsfähigkeit nationaler Industrien. Zur Nachgeschichte der Passagen gehören die großen Warenhäuser; was in den Passagen noch in vereinzelten Geschäften angeboten wurde, findet im Warenhaus seine Synthese. Mit den Passagen, Ausstellungen und Warenhäusern betritt für Benjamin eine Novität die Bühne

---

nen. Wer die Gesellschaft systemtheoretisch beschreibt und auf Erklärungen verzichtet, ist eher in der Lage, etwas bisher nie Dagewesenes als solches zu identifizieren. Die Rückfrage würde lauten, ob der Preis dafür nicht zu hoch ist; denn wer auf die Herleitung aus der bisherigen Geschichte verzichtet, kann jedes Einzelphänomen nur als Totalität, als Ganzheit erblicken – und damit im Kontext einer Ontologie endlicher Wirklichkeit überschätzen. Benjamins Verfahren nimmt ein Phänomen als Einzelheit – seine Endlichkeit wird jedoch dadurch bewusst, dass sein Bild den geschichtlichen Ursprung und Zeitkern sichtbar macht.
[50] Siehe dazu die Untersuchung von Detlev Schöttker, *Konstruktiver Fragmentarismus. Form und Rezeption der Schriften Walter Benjamins*, Frankfurt 1999. Ein Bild des Ganzen der Stadt kann die Betrachtung der Passagen nur liefern, wenn ihre Darstellung die Gebrochenheit der Stadt in ihrer Form zum Ausdruck bringt und den Ahnungen kommender Katastrophen Raum gibt. Die Darstellungsform Benjamins der gesellschaftlichen Wirklichkeit der Stadt enthält einen Vorbegriff der Fragilität ihrer Existenz.
[51] Einen Überblick gibt Dieter W. Haite, *Der achte Tag. Welthafter Fortschrittsglaube und christlicher Gottesglaube im Spannungsfeld der Weltausstellungen*, Würzburg 2004.
[52] Benjamin, *Gesammelte Schriften* (Anm. 33) V 238 (Zitat von Gideon) – in der überwiegenden Masse der Texte besteht das Passagenwerk aus Zitaten, die unverbunden hintereinander stehen, aber eine bestimmte Konstellation ergeben. Zum Formideal des Fragments siehe auch Susan Buck-Morss, *Dialektik des Sehens. Walter Benjamin und das Passagenwerk*, Frankfurt 1993.

der Weltgeschichte: Der Warencharakter der Produkte wird sichtbar[53], ihr phantasmagorischer Schein materialisiert sich in der Art und Weise der Präsentation der Gebrauchsgegenstände in Ausstellungen und Reklame und – wie man ex post hinzufügen muss – im Umgang mit den Dingen durch die Konsumenten. Sie sollte sich als geheimer Motor für die Entwicklung der modernen Stadt erweisen[54].

Die Ausstellungen sind Phänomene der Stadt. Sie sind gebunden an deren Funktion und können nur aus ihr erklärt werden. Ihrerseits erneuern, transformieren und verstärken sie die Funktion der Stadt: Seit alters her ist eine große Zahl von Städten an Orten entstanden, weil diese günstige geographische Bedingungen für den Handel boten – sei es, dass Tausch- und Umschlagplätze an Kreuzungen von Fernhandelswegen Menschen anzogen und so Gemeinwesen hervorbrachten[55], die sich dann durch eine hohe Wohndichte auszeichneten, sei es, dass die Konzentration von großen Menschenmassen an einem Ort dazu zwang, den Austausch mit der Umgebung zu suchen, um die Menschen ernähren zu können. Handel und Kommerz sind konstitutiv und konditional für das Entstehen von Städten. Wenn der Ort der Ausstellungen die Städte sind, was bedeutet es dann für die Ausstellungen, dass die Städte wesentlich Zentren des Handel und des Kommerzes sind?

2. Die Ausweitung des Handels ist ein Faktum der Wirtschaftsgeschichte. Umso größer die Entfernungen und Räume und umso vielfältiger die Ethnien und Kulturen, die an diesem Handel beteiligt sind, desto allgemeinere und abstraktere Äquivalente muss es geben, mit denen die zu tauschenden Güter dargestellt und bewertet werden können. Fortwährende Universalisierung des Äquivalents ist die Voraussetzung für die Ausweitung des Handels. Die Weltausstellungen im 19. Jahrhundert signalisieren seine maximale räumliche

---

[53] Der von Marx so genannte Fetischcharakter der Ware kann nach Tiedemann als zentrales Interpretationsschema der letzten Fassung des gesamten Passagenwerkes verstanden werden – siehe Rolf Tiedemann, *Einleitung des Herausgebers* in: Benjamin, Gesammelte Schriften (Anm. 33) V 25.

[54] A. a. O. 268 (Zitat von Fritz Stahl)

[55] Städte entstanden an Kreuzungen von Fernhandelswegen bzw. Flussmündungen. Sie sind aber auch als politische und militärische Stützpunkte gegründet worden; politische und militärische Zentren haben ebenfalls eine günstige geographische Lage zur Voraussetzung. Verkehrswege sind gewissermaßen das tertium comparationis von Fernhandel und politisch-militärischer Macht.

Ausdehnung[56]. Zur gleichen Zeit unterscheidet Karl Marx im Kapital zwischen Gebrauchswert und Tauschwert der Güter. Wenn sich globaler Handel verwirklichen soll, dann ist die Existenz eines universalen Äquivalentes notwendig, mit dem alles, was Menschen produzieren, erworben werden kann.

Diese Unterscheidung vom Gebrauchswert der Waren und ihrem Tauschwert eröffnet nun eine große Bandbreite von Interpretationen; als ihre Extremwerte können benannt werden: 1. Der Tauschwert bleibt vollständig abhängig vom Gebrauchswert. Sind bestimmte Produkte zu hoch bewertet, „platzt die Blase" und der Tauschwert kehrt zur Spiegelung des „tatsächlichen" Wertes[57] zurück. Die Verselbständigung des Finanzsystems gegenüber der Realwirtschaft ist bloßer Schein, so wie der Tauschwert den Schein der Selbstständigkeit gegenüber der investierten Arbeit und den Bedürfnissen der Menschen hat[58]. 2. Die notwendige Abstraktion des Tauschwertes vom Gebrauchswert der Dinge, ohne den es keine Ausweitung des Handels gäbe, schlägt um in eine Autonomie gegenüber der stofflichen Beschaffenheit der Dinge, von der der Gebrauchswert, wie vermittelt auch immer, abhängt. Die Werte, die man in jede beliebige Währung der Welt umtauschen kann, können die Werte aller Produkte, die auf der Erde hergestellt werden, darstellen; deswegen können sie weltweit gehandelt werden. Der Tauschwert bleibt einerseits von der empirischen, endlichen Summe dieser Produkte abhängig. Jedoch ist diese mögliche empirische Universalität des Handels der Punkt, an der Tauschwert sich von den Produkten menschlicher Arbeit löst und Selbstzweck gewinnt. Anders können nach Adorno bestimmte gesellschaftliche Phänomene in der Moderne nicht mehr erklärt werden: a) Der „Schein" der

---

[56] Die weltweite Ausdehnung des Handels bedeutet, dass die Güter, die „hier" produziert werden, prinzipiell allen Menschen zugänglich sein müssen, und dass umgekehrt alles, was auf der Welt produziert wird, prinzipiell „hier" verfügbar sein muss – in der Präsenz chinesischer Waren auf der Weltausstellung im Jahre 1832 entdeckt Benjamin den ersten Vorschein der sog. Globalisierung – siehe dazu Benjamin, *Gesammelte Schriften* (Anm. 33) V 251 (G8,1).
[57] … von Gütern, von Firmen, die sie herstellen, von Anteilszertifikaten, die ihren Besitz ausweisen …
[58] Siehe dazu die These vom Doppelcharakter der Ware Jiri Kosta / Jan Meyer / Sibylle Weber, *Warenproduktion im Sozialismus. Überlegungen zur Theorie von Marx und zur Praxis in Osteuropa*, Frankfurt 1973, 40 ff.

Waren ist offensichtlich aufklärungsresistent. Seine „theologischen Mucken", seinen Schein zu durchschauen hat – so die Diagnose in der Mitte des 20. Jahrhunderts – keine gesellschaftlichen Folgen[59]. b) Ohne dieses autonome Dasein wäre es nicht verstehbar, weshalb auch solche Entitäten bewertet werden können, für die kein empirisches Äquivalent nachweisbar ist[60]. c) Das markanteste Datum der Emanzipation des Tauschwertes von den Dingen, seine Befreiung von der Äquivalenzbeziehung, besteht darin, dass er selbst einen Gebrauchswert erlangt – sich gewissermaßen als Abstraktum materialisiert und sichtbar macht[61]. Das ist genau der Punkt, den Marx extra-

---

[59] Das ist der Grundimpetus zur Entdeckung der „Dialektik der Aufklärung" von Adorno und Horkheimer. Die unter diesem Titel zusammengefassten Analysen gehen jedoch noch sehr viel weiter: Für sie ist die Aufklärung nicht nur nicht in der Lage, den Sieg der herrschenden Klasse im Nationalsozialismus zu verhindern, sondern Aufklärung, die nicht über sich selbst aufgeklärt ist, stellt wegen der Verkürzung der Vernunft auf die bloße Rationalität der Mittel ein Instrument in den Händen der Herrschenden dar, ohne dass sie ihre Herrschaft nicht ausüben könnten. Theodor W. Adorno / Max Horkheimer, *Dialektik der Aufklärung. Philosophische Fragmente,* Frankfurt ³1971. Von einer gleichermaßen reflexiven Aufklärungsverständnis zeugt Benjamins Sentenz: „Die Erfahrung unserer Generation: dass der Kapitalismus keines natürlichen Todes sterben wird." – Benjamin, *Gesammelte Schriften* (Anm. 33) V 819 (X 11a,3).

[60] Der Tauschwert bemaß ursprünglich allein den Wert von dinglichen Entitäten. Vorstellbar war zunächst nur der Handel mit Produkten menschlicher Tätigkeiten. Die Tätigkeiten konnten nur in Abhängigkeit von ihrem Resultat bewertet werden. Bei sozialen Tätigkeiten wird die Tätigkeit selbst entlohnt, nicht erst unter der Bedingung, dass sie einen Effekt erzielen, wie z. B. bei pflegenden Handlungen. Der Endpunkt einer derartigen Entwicklung der Unterwerfung von Bereichen des menschlichen Lebens ist die Betrachtung der Religion unter ökonomischen Gesichtspunkten – siehe dazu Ottmar John, *Anwaltschaftlichkeit in der Rolle des sozialen Dienstleisters,* in: Markus Lehner / Michael Manderscheidt, Anwaltschaft und Dienstleistung. Organisierte Caritas im Spannungsfeld, Freiburg 2001, 109–134.

[61] Lapidar bemerkt Benjamin: Bei der Weltausstellung von „1855 durften die Waren zum ersten Mal mit Preisen ausgezeichnet werden." – Benjamin, *Gesammelte Schriften* (Anm. 33) V 253 (G 8a, 5); siehe auch auf Seite 256 (G 10 a, 1) die Forderung nach Freihandel, d. h. nach Abbau von Handelsschranken durch staatliche Zölle, die im Umkreis der Weltausstellungen offensichtlich erhoben worden ist. Diese Forderung deutet Benjamin als Illustration der Tendenz zur „Freiheit", d. h. Autonomie und Selbstbezüglichkeit des Tauschwertes. Diese Deutung erschließt sich vor allem aus der Konstellierung entsprechender Zitate mit einer populären Zusammenfassung der Marxistischen Theorie des Tauschwertes durch Otto Rühle, a. a. O. 245 (G 5,1). Ebenso entdeckt er Spuren dieser Tendenz der

poliert, wenn er von den theologischen Mucken der Waren, vom Fetischcharakter der Waren spricht – jedoch für ihn als Aufklärer und Religionskritiker war diese Selbständigkeit des Gebrauchswertes bloßer Schein, der durchschaut, sich von selbst verflüchtigt[62]. Das ist aber auch eine entscheidende Implikation der Verteidigung der Marktwirtschaft und des Kapitalismus mit einem ökonomischen Freiheitsbegriff. Durch ihre Kaufentscheidung auf dem Markt informieren die Menschen das System über das, was sie brauchen. Diese Entscheidung ist – zumindest für jene Positionen, die dem analytischen free-will-choise-Konzept nahe stehen – unhinterfragbar[63]. Also können keine anderen Werte Gebrauchswerte sein, als die, die durch den Tauschwert definiert werden.

2.2 Die ewige Wiederkehr des Neuen und der Verkehr

1. Waren sind abstrakte Werte, die in Zahlencodes ausgedrückt und dargestellt werden können – und sich „rematerialisieren". Es gibt kein gesondertes stoffliches Substrat der Ware. Sie verleiht den Dingen, den Produkten menschlicher Arbeit oder unbearbeiteter Natur Eigenschaften – Eigenschaften, die a) in bestimmten Wahrnehmungen und Verhältnissen zwischen Mensch und Ware absolut gesetzt werden und deswegen die Macht und Herrschaft dessen, der über viele Waren verfügt, steigern, die b) bestimmte Zeitstrukturen voraussetzen und die c) die Menschen dazu verleiten, ihre moralischen und kreativen Kompetenzen zu reduzieren: Diese Reduktion wird

---

Ware in einigen Äußerungen von Karl Korsch – a. a. O. 816 f (X 10) „Der Gebrauchswert (nur noch beliebiges – O. J.) Element der Ware", keineswegs ihre außerökonomischen Voraussetzung.

[62] Marx arbeitet einerseits die Eigendynamik des Marktmechanismus heraus: Im „Kapital" identifiziert er eine naturnotwendige Entwicklung der Verwertungsprozesse des Kapitals, den tendenziellen Fall der Profitrate, denen sich kein Marktteilnehmer widersetzen kann. Jedoch ist diese Eigendynamik andererseits instabil. Das Eigenleben des Marktes führt in die Krise und schließlich zum Zusammenbruch des Marktes. Durch die Emanzipation des Marktmechanismus von der Befriedung der „wirklichen" Bedürfnisse der Bevölkerung hebt sich nach Marx der Marktmechanismus selbst auf – Kosta, *Warenproduktion im Sozialismus* (Anm. 58).

[63] Z. B. Armin Kreiner, *Gott im Leid. Zur Stichhaltigkeit der Theodizeeargumente* (Quaestiones Disputatae 168), Freiburg / Basel / Wien 1998, 215–227. Siehe dazu weiter unten.

vor allem in der Halbierung des Freiheitsverständnisses, die selbst ein Akt der Freiheit ist, nachweisbar. Waren sind Abstrakta, losgelöst von aller Einzelheit und dinglichen Realität. Sie sind unendlich und besitzen ihre Grenze allein in dem, was sie ideell verneinen und vernichten – ihre Konkretheit. Dem Warencharakter gibt sich der anheim, der zuviel Unendlichkeit im Kopf hat und zuwenig Sinn für die Endlichkeit und Begrenztheit geschöpflichen Daseins. Durch die Schärfung der Sinne kann die Macht, die die Waren- und Konsumwelt über die Menschen auszuüben scheint, die diese aber den Waren zugesprochen haben, weil sie sich von der Unendlichkeit der Waren haben faszinieren lassen, durchbrochen werden. Welche sichtbaren Eigenschaften der Waren materialisieren diese in sie gelegte Unendlichkeit?

Eine erste Spur zeigt sich Benjamin in dem Rätsel der doppelten Funktion der Passagen – Funktionen, die sich gegenseitig erübrigen: Auf der einen Seite waren die Passagen Straßen, zu denen Fuhrwerke keinen Zugang hatten. Sie boten nicht nur Schutz gegen die Hektik des Verkehrs, sondern darüber hinaus wegen ihrer Überdachung auch Schutz vor den Unwägbarkeiten des Wetters. Sie boten den flanierenden Konsumenten mehr Zeit und Muße für die Betrachtung der ausgestellten und feil gebotenen Waren. Auf der anderen Seite dient die Konzentration der verschiedensten Einzelhandelsniederlassungen an einem Ort der Erhöhung des Warenumsatzes; die Flanierenden konnten in den Passagen in kürzerer Zeit als in der überkommenen Form der Warenpräsentation verschiedene Waren erwerben[64]. Passagen bieten eine doppelte Zeitersparnis[65]. An ihnen wird eine neue ökonomische Existenz sichtbar. Die Potenzierung des Zeitgewinns ist der Ausdruck und das materielle Bild der Rentiers, die ihren Landbesitz zu Geld gemacht haben und damit an der Börse spekulieren. Sie lassen ihr Geld arbeiten statt arbeiten zu müssen. Müßiggang und Geldwirtschaft stehen in einem wechselseitigen Bedingungszusammenhang.

---

[64] Benjamin, *Gesammelte Schriften* (Anm. 33) V 45, 87 (A 2,5) und 90 (A 3,5). Die Passagen waren die Vorläufer der großen Kaufhäuser. Weil sie die verschiedensten Singularia an einem Ort konzentrieren, ist es nur noch ein kleiner Schritt zum Universalangebot aus einer Hand.

[65] A. a. O. 108 (A 12, 2).

Nun steht diese Kombination von literarischen Phänomenen – als die der Flaneur zu gelten hat – mit Entwicklungsschüben des ökonomischen Systems – in Paris vollzieht sich seit Ludwig dem XV. die Lösung des Geldwertes vom Goldpreis[66] – in merkwürdigen Kontrast zu solchen Erfahrungen, dass die Tätigkeit in der Geldwirtschaft schon im Paris des 19. Jahrhunderts, aber zurecht erst an den Handelplätzen der Gegenwart an Schnelllebigkeit und Hektik kaum zu überbieten sind. Welche Bedeutung hat der potenzierte Zeitgewinn, der für Benjamin im Sozialcharakter des Flaneurs und seiner literarischen Dokumentation anschaulich wird, für das Lebensgefühl der Epoche? In welcher Weise verändert die Beschleunigung von Arbeits- und Handlungsabläufen – sei es durch technisch bedingte Effizienzsteigerung der Arbeit, sei es durch Rationalisierung von Organisation – die Zeitstrukturen und die Erfahrung der Zeit? Warum bewirkt die Möglichkeit, Dinge schneller erledigen zu können und dadurch Zeit zu sparen, das Gefühl der Zeitknappheit[67]? Wie passt dieses dominante Lebensgefühl in der Moderne zu Langeweile und zum Müßiggang der „Geldarbeiter" in den Finanzmetropolen des entstehenden Kapitalismus[68]? Um diese Fragen einer Beantwortung zuführen zu können, muss einer zweiten Spur in den Zitatenkollage des Passagenwerkes nachgegangen werden.

Eine zweite Spur knüpft an das Phänomen der Mode an: An modischen Dingen hat sich der ästhetische Schein am weitestgehenden

---

[66] Siehe zu den großen Finanzkatastrophen in der Wirtschaftsgeschichte: Anton Mayer, *Finanzkatastrophen und Spekulanten*, Leipzig 1938.

[67] Hartmut Rosa, *Beschleunigung. Die Veränderungen der Zeitstrukturen in der Moderne*, Frankfurt 2005 – die Leithypothese von Rosa lautet: Mit der technischen Beschleunigung und Steigerung des Lebenstempos geht die Verknappung der Zeitressourcen einher – 120. Um diese These zu belegen bedarf es aufwändiger Operationalisierungen, was unter Beschleunigung überhaupt zu verstehen sei und wie sie gemessen werden könne – vor allem ab 195. Mit der materialreichen Bearbeitung dieser Doppelfrage hebt er den Begriff der Beschleunigung weit über das bis dahin übliche kulturpessimistische und zeitdiagnostische Lamento hinaus.

[68] Wer keine Erfahrungen mehr macht, stürzt sich von einem Erlebnis ins andere, ohne deswegen das, was die Erfahrung einer gegeben Welt ermöglicht, erreichen zu können – entfremdet von seiner eigenen Sinnlichkeit, vom Gebrauchswert der Dinge stellt sich dem Spekulanten Langeweile ein. Es ist die passgenaue Reaktion, die die Hektik der Kapitalzirkulation in ihrem – scheinbaren – Gegenteil dupliziert. Das soll in diesem Abschnitt gezeigt werden.

gegen den Gebrauchswert durchgesetzt. Die Ästhetisierung, d. h. die Verselbständigung der Phantasmagorie bzw. des Scheins, der die Dinge umgibt, ist notwendiger Katalysator für ihre Verwandlung in Waren. Der Warencharakter von Dingen beschränkt sich jedoch nicht auf die ästhetische Ebene des schönen und verführerischen Scheins, die der wirtschaftlichen äußerlich bliebe, sondern er ist etwas an den Dingen, das ihnen nicht äußerlich ist und in der „Einfühlung in die Ware"[69] absolut gesetzt wird. Man kann sagen, dass die Verselbständigung des Scheins ein Übergangsphänomen für die Entstehung des Warencharakters der Dinge ist. Der ästhetische Schein potenziert sich, indem er den Schein seiner Selbstständigkeit mit sich führt, in Wirklichkeit bleibt er jedoch an die Dinge gebunden, zumindest in dem Sinne, dass er auf sie zurückwirkt und ihr Waresein mitbedingt. So wie der Geldverkehr und Aktienhandel schon immer an ein bestimmtes Ambiente gebunden ist, so ist den Waren ansehbar, dass man für ihren Besitz Geld bezahlen muss. Man erwartet nicht, sie geschenkt zu bekommen.

Waren, die in Besitz übergehen können, sieht man ihr Waresein an. Sie besitzen wahrnehmbare Merkmale, die sie zu Waren machen. Diese Merkmale sind beschreibbar, indem die spezifische Zeitstruktur beschrieben wird, in die sie eingefügt sind und die an ihnen ablesbar ist. Das bedeutet, Waren sind dem Wechsel der Moden unterworfen; sie können wahrgenommen werden, weil sie in Mode sind, und sie sind vom Markt verschwunden, weil sie unmodern sind.

Der Begriff der Mode im Passagenwerk Benjamins bezeichnet ein universales Phänomen und kann keineswegs auf die speziellen Märkte für weibliche Oberbekleidung in einem bestimmten Preissegment eingeschränkt werden. Die Mode ist das Phänomen, das der Epoche ihren Namen gab; am Wechsel der Moden ist das Allgemeine der Moderne ablesbar. Mode kann nach der oben vorgeschlagenen Lesart als ein Zeichen der Zeit gedeutet werden, das die moralische Stellungnahme der Menschen herausfordert und das denen, die nach dem Reiche Gottes streben, Auskunft gibt, in welcher Zeit und unter welchem gesellschaftlichen Bedingungen sie dies tun. Denn das mikrologische Verfahren Benjamins gestattet es, im Kleinsten und Unscheinbarsten, im Nebensächlichen und Äußer-

---

[69] Benjamin, *Gesammelte Schriften* (Anm. 33) V 267 (G 16. 6).

lichen Hinweise auf das Ganze wahrzunehmen. In diesem Sinne kann der Handel mit Damenoberbekleidung als pars pro toto betrachtet werden. Er ist ein Segment des Marktgeschehens, in dem die Tendenz des Ganzen besonders deutlich wird: Modische Artikel veralten in dem Augenblick, in dem sie gebraucht werden. Sind sie in der Saison Gegenstand des Begehrens, so gereicht ihr Besitz nicht zum Genuss, zur Befriedigung und erst recht nicht zur Erfüllung, sondern zu einem erneuten Begehren, das sich an etwas, das als neu erachtet wird, heftet. Die Mode umgibt eine merkwürdige Ambivalenz: Erstrebenswert ist nur das, zu dem man sich in einem kontemplativen oder appetitiven Verhältnis befindet. Seine Nähe und Gegenwart enttäuscht. Die Reaktion der Menschen auf diese Enttäuschung besteht aber nicht darin, sich von den als modisch apostrophierten Dingen abzuwenden, und fortan die Gebrauchswerte, ihre Funktionalität, Haltbarkeit und gute Verarbeitung wieder neu schätzen zu lernen und zu honorieren bereit zu sein, sondern darin, sich schleunigst in das einfühlende und appetitive Verhältnis zu den Waren zurück zu begeben – ein Indiz für die Stabilität des Warencharakters der Stadt.

Eine dritte Spur knüpft an den Wechsel der Auslagen an, mit denen die Waren ausgestellt und der Betrachtung der Konsumenten ausgesetzt werden. Der Wechsel indiziert den Zeitrhythmus der Moden. Waren sind jene Dinge, die in diesen Zeitrhythmus eingefügt sind; ihr Anfang und Ende wird durch diesen Zeitrhythmus bestimmt. Dieser Zeitrhythmus ist unabhängig von den biochemischen Verfallsprozessen der Materien, die den Waren zu grund liegen bzw. an die sich der Warencharakter heftet. Am Veralten der Dinge ist diese Diversifikation augenfällig: Ob etwas veraltet und damit wertlos ist, hat nichts damit zu tun, ob es verbraucht ist, durch Gebrauch aufgezehrt, d. h. unbrauchbar geworden ist, so dass es durch ein neues Exemplar der Gattung seiner Gegenstände ersetzt werden muss[70].

---

[70] Man kann nun der Meinung sei, dass der Wechsel der Moden eine andere Bezugsgröße hat als die biochemischen Verfallsprozesse der Dinge. Am Beispiel der Damenoberbekleidung scheint die Bezugsgröße der Wechsel der Jahreszeiten zu sein. Die Sommermode ist eben an bestimmte Temperaturen gebunden, der Wechsel der Jahreszeiten diktiert den Wechsel der Moden; mit einem gewissen Vorlauf wird die neue Mode aktuell. Jedoch findet auch hier eine allmähliche Emanzipation von den naturalen Vorgaben jahreszeitlich bedingten Temperaturwechsels statt – längst ist die Mode für die weihnachtliche Reise in subtropische

Das entscheidende Indiz für die Diversifikation verschiedener Zeitstrukturen und Bewegungstempi ist das Erlebnis der Neuartigkeit von Produkten. Neuartig ist in den seltensten Fällen ein Produkt, das einen neuen Gebrauchswert aufwiese[71]. Das Neue an der Mode wird unabhängig davon wahrgenommen, ob es objektiv ist. Es ist aber deswegen nicht einfach nur subjektive Einbildung, Selbstsuggestion eines kulturellen Milieus, einer sozialen Klasse oder einer ganzen Gesellschaft, sondern macht etwas mit den Dingen und den Menschen, die sie besitzen wollen. In einem ersten Schritt kann der Neuheitseffekt in der Warenzirkulation – eingeführt und plausibilisiert am Beispiel der Mode – mit der „Vergesslichkeit des Publikums" erläutert werden.

Diese Vergesslichkeit ist eine Schutzreaktion des menschlichen Sensoriums auf den Wechsel der Moden. Neuheitserlebnisse stellen sich nur dann ein, wenn die Geschwindigkeit des Warenumsatzes höher ist als die durchschnittliche Wahrnehmbarkeit von Geschwindigkeit. Da das menschliche Wahrnehmungsvermögen plastisch und entwicklungsfähig ist, bedarf es einer dauernden Steigerung der Geschwindigkeit des Wechsels; seine Loslösung von naturalen Rahmenvorgaben ist die Bedingung dafür, dass sich bei den Menschen dauernde Neuheitserlebnisse einstellen können.

Damit ist ein theoretisch relevanter Punkt erreicht: Die Veränderungsbewegung der Handlungsabläufe auf dem Markt potenziert sich bzw. wird reflexiv – d. h. wenn sich die Bewegung beschleunigt,

---

Gebiete in Aussicht. Das Advents- und Weihnachtsgebäck kommt zu einem Zeitpunkt auf dem Markt, so dass Wochen vor dem Datum des Festes ein derartiger Grad von Saturiertheit erreicht ist, dass zum Anlass des Genusses von Weihnachtsgebäck etwas anderes als Karnevalsartikel unerträglich sind.

[71] Mit einiger Plausibilität können viele der als Neuheiten eingeführten und gefeierten Produkte als Weiterentwicklungen bekannter Techniken durchschaut werden. Am stärksten sind die Neuheitseffekte, wenn zwei oder mehr zuvor bekannte Techniken kombiniert werden: Das ist bei der massenhaften Verbreitung digitaler Rechner der Fall. Sie kombinieren die Schreibmaschine mit einen Archivierungssystem und später dann mit dem Telefon. Eine Technik, die nur ein neues Design erhalten hat, wird nur mäßige Neuheitseffekte erzielen können – so wenig, wie die Ware nur eine ästhetische Oberfläche der ansonsten identischen materiellen Dinge ist, so wenig ist der Computer lediglich eine verbesserte Schreibmaschine, die nur interessanter verpackt wäre. Auch hier gilt: die Reduktion des Warencharakters auf den ästhetischen Schein stellt eine Unterbestimmung der Warenzirkulation dar.

bewegt sich die Bewegung, verändert sich das Veränderungstempo. Damit stimmen Erfahrungen in vielen menschlichen Lebensbereichen zusammen, die mit dem Stichwort „Beschleunigung" benannt werden. Beschleunigung hat einen hohen Grad empirischer Allgemeinheit erreicht; mit ihm können Phänomene von großer Verschiedenheit zusammengefasst werden. Deren Verschiedenheit muss berücksichtigt werden, soll reflexive Beschleunigung Erfahrungen der Menschen erläutern und bewusst machen. Zugleich gilt: Immer schnellere Folgen von Neuheitserlebnissen und Steigerungen der Verkehrsgeschwindigkeiten haben eine gemeinsame gesellschaftliche Voraussetzung: Das eine ist nicht ohne das andere erklärbar – so wenig, wie die Stadt ohne Berücksichtigung ihrer Verkehrslage als Handelzentrum beschrieben werden kann. Der Zusammenhang so ungleicher Phänomene wie die Verkürzung der Intervalle des Wechsel der Moden und die Beschleunigung der Geschwindigkeit der Verkehrsmittel kann nur mit einem theoretisch anspruchsvollen Begriff der Beschleunigung erhellt und verstanden werden.

Auf diese Beschleunigung des Wandels, der nicht nur die die Totalität des gesellschaftlichen Prozesses bestimmt, sondern in den unterschiedlichsten Lebensbereichen nachweisbar ist, kann der Konsument nur mit einer Form der Gedächtnis- und Bewusstlosigkeit reagieren, die wiederum die Voraussetzung dafür ist, dass unaufhörlich Neues auf den Markt kommen kann, das seine Neuheit vor allem der Vergesslichkeit des Publikums verdankt. Die Erhöhung der Bewegungsgeschwindigkeit des Warenumsatzes in den Passagen führen zur dauernden „Wiederkehr des Neuen" – wie Benjamin in einer genialen Abwandlung des bekannten Diktums von Nietzsche zusammenfasst[72]. Handelte sich der Flaneur – jene Inkorporation des Konsumenten bei Benjamin – diese Betäubung seiner Sinne ein, wenn er sich den Auslagen der Waren auslieferte, so wird dieser Effekt auf sein sinnliches Vermögen noch gesteigert, wenn er sich selbst durch die Stadt bewegt, sich nicht nur von den Choks der Fuhrwerke zu

---

[72] In der Massenproduktion wird die Wiederkehr des Immergleichen zum ersten Mal sinnfällig – diese Anschauung bereitet dem Theorem Nietzsches Eingang in die Entwicklung des Begriffs der Ware – Benjamin, *Gesammelte Schriften* (Anm. 33) I 662 <9>, 672 <22>. A. a. O. I 680 <32>. Dazu auch José Antonio Zamora, *Krise – Kritik – Erinnerung. Ein politisch-theologischer Versuch über das Denken Adornos im Horizont der Krise der Moderne*, Berlin / Münster 1994, 284 f.

unbewussten Schutzreaktionen zwingen lässt, sondern selbst Verkehrsmittel benutzt und die Orte der Stadt in der gleichen Geschwindigkeit wechselt, wie die Waren und Moden auf den Auslagen auftauchen und zugleich ins Nichts verschwinden[73].

Diese drei Spuren führen zu der Frage, was an den Dingen die Menschen bewegt, ihre Sinnlichkeit umzuorganisieren[74]. Was be-

---

[73] Die Universalität der Ware impliziert, dass alles zur Ware werden kann, d. h. zunächst: als Ware behandelt und auf seinen abstrakten Wert reduziert werden kann. Diese kulturpessimistische Übersteigerung bedarf kommunizierbarer Erfahrungen, die das Zur-Ware-Werden der Menschen bestätigt oder als bloße literarische Sensation, als Steigerung eines Eindrucks relativiert. Sie im Erlebnis bloß zu verdoppeln, kann zu einem Verständnis des Zur-Ware-Werdens nichts beizutragen. Die Nutzung von Verkehrsmitteln und die statistisch belegbaren Tendenzen zu immer größerer Mobilität der Stadtbewohner stellen ein solches Zwischenglied dar. Unbestritten ist, dass die vollzogene Verkehrsgeschwindigkeit Auswirkungen auf das hat, was wahrgenommen und erinnert werden kann – bis dahin, dass sich das sinnliche Sensorium der Menschen – sei es auf dem Wege der Gewöhnung oder sei es durch neue technische Apparaturen – verändert.

[74] Das sinnliche Vermögen der Menschen aktualisiert sich nach Maßgabe seines jeweiligen Objektes. Es befindet sich also, da der Mensch eine Vielzahl von Dingen und Menschen wahrnimmt, unaufhörlich in Veränderung. Von dieser Fähigkeit der Sinnlichkeit, sich überhaupt auf Objekte einzustellen, muss jene unterschieden werden, die auf die exponentielle Steigerung der Zahl der Objekte an einem bestimmten Ort zu einer bestimmten Zeit reagiert. In Bezug auf letztere Fähigkeit können wiederum zwei Differenzierungen angebracht werden: 1. Es kann sich um Phänomene der Unübersichtlichkeit handeln, die entweder existenzielle Relevanz besitzen oder nicht. Fliegende Vögel sind – zumindest ab einer größeren Zahl – nicht ohne weiteres wahrnehmbar. Sie müssen auch nicht wahrgenommen werden. Der Beobachter kann sich mit der Bildung des Kollektivsingulars „Vogelschwarm" begnügen. Anders sieht es mit einer Elefantenherde aus, die sich auf den Beobachter zu bewegt und ihn bedroht. Hier kann die Resignation vor Unübersichtlichkeit und die falsche Vorstellung einer Distanz tödliche Folgen haben. Gefahren gehen nicht nur von natürlichen Entitäten aus, sondern auch von Produkten menschlichen Schaffens; die Elefantenherde kann aus einer größeren Zahl schnell fahrender Autos bestehen. Eine Wahrnehmung einer derartigen von Menschen objektiv verursachten Gefahr stellt anderen Anforderungen an die Wahrnehmung des von ihr Betroffenen. Ist die Wahrnehmung einer naturgegebenen Gefahr in dem Sinne moralisch relevant, dass sie nur dann adäquat ist, wenn sie zu Handlungen führt, so ist die Wahrnehmung einer von Menschen verursachten Gefahr nur dann adäquat, wenn sie zu solchen Handlungen führt, die die Bedrohung im Ansatz ausschließen – siehe dazu Ottmar John, *Die Tradition der Unterdrückten als Leitthema einer theologischen Hermeneutik*, in: Concilium 23 (1988) H.6, 519–526.

schleunigt das Veraltern der Dinge? Alle drei Beobachtungen mögen dem vormodern empfindenden Kulturpessimisten ein deutliches Indiz für die Vergänglichkeit der Moderne gelten: Wenden sich die Modernen den kurzlebigen und vorübergehenden Dingen zu, dann ist die Epoche, die sich durch die Erfahrung des immer schnelleren Werdens und Vergehens konstituiert, selbst dem schnellen Verfall preis gegeben – eine Prognose, die sich nicht im Geringsten bestätigt hat. Ihr Irrtum ist weniger die moralische und religiöse Ablehnung der Akzelleration des Wandels, sondern das falsche Verständnis der Wirklichkeit als Ganzer, mit der sie sich der Existenz ewiger Werte gewiss war und sich über die Permanenz und Irreversibilität des Wandels täuschten.

Der Irrtum dieser Reaktion auf die Moderne bestand darin, dass sie deren spezifische Zeitlichkeit nicht erkannte: Schnelllebigkeit war ihr Beweis des Verfalls und der Instabilität. Dabei übersah sie die Möglichkeit, dass in der Unaufhörlichkeit des Wandels eine neue Form der „Ewigkeit" sich geschichtlich realisiert. Wenn alles im Werden und Vergehen begriffen ist und nichts mehr bleibt, dann gibt es ein totum universale, nämlich das Werden und Vergehen. Die Phänomene des akzellerierenden Wandels und der Diversifikation der Zeitrhythmen können nur begriffen werden, wenn eine Auffassung in Rechnung gestellt wird, nach der die Zeit linear, abstrakt und unendlich verläuft. Diese Zeitauffassung ist ein möglicher Begriff der Zeit, der widerspruchsfrei gedacht werden kann, wenn das Denken der Zeit sich seiner Grenzen bewusst bleibt und den Inhalt des reinen Begriffs nicht mit seiner Wirklichkeit verwechselt. Jedoch trifft diese Zeitvorstellung etwas an den Dingen; sie ist ihnen nicht äußerlich, sondern spiegelt ein Merkmal ihrer Realitäten, das in entsprechenden gesellschaftlichen Verhältnissen und menschlichen Praxen für das „Sein der Dinge" bestimmend werden kann.

2. Ob die Welt unendlich dauert oder einen Anfang und ein Ende hat, ist für die menschliche Vernunft unentscheidbar[75]. Benjamin deutet mit der ewigen Wiederkehr des Gleichen bzw. des Neuen die Zeitstruktur des Warencharakters der Dinge. Er greift auf eine Logik zurück, für die Unendlichkeit und Vergänglichkeit keinen Gegensatz

---

[75] Immanuel Kant, *Kritik der reinen Vernunft*, in: Ders., Werkausgabe III, (hrsg. v. Wilhelm Weischedel), Frankfurt 1974, 1. Antinomie der reinen Vernunft A 426–A 433; B 454–461.

bilden, sondern sich die Unendlichkeit aus dem Werden und Vergehen, Entstehen und Verschwinden der Dinge nährt. Voraussetzung dafür ist, dass alles, was existiert, vergänglich ist und in zeitlicher Begrenztheit existiert und nur existieren kann. Wenn – aus welchen Gründen auch immer – das Werden und Vergehen der aristotelischen Definition der Bewegung absolut gesetzt wird, dann ist diese Bewegung unendlich. Als Zusammensetzung aus individuellen Teilen konnte diese Unendlichkeit nicht induziert werden. Handelt es sich um eine Projektion eines bewusstseinsimmanenten Zeitverständnisses[76] auf die äußere Wirklichkeit? Oder ist es ein Modell, das hilft, die dem Bewusstsein äußerlich bleibende Wirklichkeit besser zu verstehen? – ein Modell, das durch die Aufklärung des Bewusstseins über sich zu Stande kommt und einerseits die Erkenntnis von Wirklichkeit überhaupt ermöglicht – also etwas positives Neues zum Wirklichkeitsverständnis beiträgt –, anderseits aber auch den Zugang des Menschen zur Wirklichkeit bedingt, also die Zugangsmöglichkeiten zur Wirklichkeit einschränkt.

Ebenso begreift die ewige Wiederkehr des Gleichen für Benjamin den Kreislauf des Kapitals und der Waren. Unter dem Primat des Warencharakters der Dinge sind ihre stoffliche Beschaffenheit und ihre Nützlichkeit für das menschliche Leben indifferent und beliebig für ihren Tauschwert. Es handelt sich bei der Besonderheit der Dinge um das austauschbare Trägermaterial des Geldwertes, der allein Reichtum verheißt. Benjamin verändert den abgründigsten Gedan-

---

[76] Husserl hatte auf Grund der Tatsache, dass alle Anschauungen und Begriffe, alle Verhältnisse und Modalitäten der Zeit auf Bewusstseinsphänomene zurückgeführt werden müssen, das Bewusstsein selbst als die Quelle des unstrukturierten und unbegrenzten, also negativ unendlichen Zeitstromes aufgefasst. In einer konstruktivistischen Lesart, in der sich die Phänomenologie des inneren Zeitbewusstseins von Husserl keineswegs erschöpft, ist die objektive Welt und Natur bestimmungslos und also offen für alle Bestimmungen, die ihnen der menschliche Geist anheftet. Entscheidend ist nicht, was – im Sinne eines naiven Empirismus – die Dinge an sich sind, sondern wie wir sie uns denken. Der Gegensatz von Endlichkeit und Unendlichkeit der Zeit ist dann ein Problem, das nur die Vernunft mit sich selbst ausmachen kann. Ihr Gegensatz ist allein in dieser Selbst auszutragen und aufzulösen. Edmund Husserl, *Texte zur Phänomenologie des inneren Zeitbewusstseins (1895–1917)* (hrsg. v. Rudolf Bernet), Hamburg: Meiner 1985, Nr. 28; Manfred Sommer, *Lebenswelt und Zeitbewusstsein*, Frankfurt 1990, 176 ff; Georg Römpp, Husserls Phänomenologie. Eine Einführung, Wiesbaden 2005.

ken Nietzsches[77] jedoch um eine geringe, aber bedeutungsvolle Nuance: Er formuliert ihn zur ewigen Wiederkehr des *Neuen* um. Damit integriert er die Erfahrung der Konsumenten, in der Mode jeweils etwas gänzlich Neues zu erblicken, das, bei Anstrengung des Gedächtnisses und bei genauerer Untersuchung des als neu Angepriesenen, sich als ein schon längst einmal Dagewesenes erweist; seine Neuheit ist Schein – sie verdankt sich der Vergesslichkeit des Publikums. Mit dem materiell-ontologischen Blick lässt sich dieses als Täuschung aufklären. Aber es bleibt eine *Selbst*täuschung: Die Vergesslichkeit muss nicht als ein charakterliches oder intellektuelles Defizit beklagt, sondern kann auch als ein Gewinn bewertet werden – ein Gewinn an Konzentration auf die Gegenwart und an Fähigkeit, Dinge noch einmal genau so erleben zu können, wie beim ersten Mal ihres Auftauchens auf dem Markt. Zu dieser Wiederkehr gehört das Neuheitserlebnis[78]. Aus der Perspektive des Gebrauchswertes mag es eine Täuschung sein. Aus der Perspektive des

---

[77] Benjamin, *Gesammelte Schriften* (Anm. 33) V 173–178 dokumentiert seine Befassung mit Nietzsches „abgründigstem Gedanken" und mit einigen seiner Interpreten, vor allem mit Löwith. Die entscheidende Verbindung, dass mit Hilfe dieser Zeitstruktur der Warencharakter begriffen werden kann, ist für Benjamin die Komplementarität von ewiger Wiederkehr und unendlichem Fortschritt – beide setzen eine Vorstellung der leeren und abstrakten Zeit voraus – a. a. O. V 178 (D 10 a, 5). Siehe auch Zamora, *Krise – Kritik – Erinnerung* (Anm. 72), 72–74; Christoph Lienkamp, *Messianische Ursprungsdialektik. Die Bedeutung Walter Benjamins für Theologie und Religionsphilosophie*, Freiburg 1996, 105 ff.

[78] Für den „Empiriker", der von tatsächlichen Erfahrungen ausgeht und eine qualitative Empfindung als eine Vorgabe für die Bestätigung oder Widerlegung seines Gedankens erachtet, ist das Modell der *ewigen* Wiederkehr des Gleichen ein (selbst-)kritisches Instrument. Es durchschaut das Neuheitserlebnis als Wiederholung eines Ähnlichen, weil es die qualitative und zeitliche Differenz der Dinge eliminiert hat. Alles, was als neu gepriesen wird, hat irgendeinen Vorgänger, mit dem es durch Ähnlichkeitsbeziehungen verbunden ist. Wenn es in der Warenzirkulation nichts geben kann, das sich grundsätzlich von Anderem unterscheiden könnte, dann ist die Anwendung des Theorem der ewigen Wiederkehr des Neuen für ihn die Probe, ob es sich zu recht auf eine Wirklichkeit berufen kann, die nicht in die Warenzirkulation integriert ist, wie etwas der Begriff der Lebenswelt beim späten Husserl oder bei Habermas insinuiert. Anderseits ist dieses Instrument nicht ungefährlich; denn es ist zugleich das Denkmittel des Warenkonsummisten, der alles, was er für Geld erwirbt, als neu empfindet, denn seine Empfindungen sind von den Erfahrungen inhaltlicher Differenz emanzipiert, sie sind reduziert auf das bloße „Dass" ihres Vorkommens. Sie sind so neu wie das Ganze des Kreislaufgeschehens einmalig ist.

Erlebnisses, dessen Stattfinden nicht an stofflichen Realitäten gebunden ist und dem selbst Warencharakter zukommen kann, ist es authentisch. Selbsttäuschung, die sich über das, worüber sie sich täuscht, erhebt, ist keine Täuschung mehr, sondern die Inszenierung eines Ereignisses. Dieses kann wegen seiner Autonomie als ästhetisch und phantasmagorisch und in diesem Sinne als ontologisch und empirisch defizient kritisiert werden. Es kann aber auch als eine von den beteiligten Subjekten gemachte und konstruierte Realität verstanden werden und als solche gewollt sein.

Die Absolutsetzung ihres Tauschwertes wird dadurch relativiert, dass sie auf ihren realen Gehalt, ihre Brauchbarkeit und Lebensdienlichkeit hin überprüft wird[79]. In Bezug auf die Zeitstruktur der Waren, die Benjamin im Phänomen der Mode erblickt hat, heißt das: Das Werden und Vergehen der Dinge, das Kommen und Gehen der Moden erzeugt die Unendlichkeit der Ware, die ewigen Wiederkehr des Neuen. Aber derjenige, der sich von derartiger Neuheit faszinieren lässt, bezahlt einen ungeheuren Preis: Die Unfähigkeit, Dinge zu gebrauchen, erfordert immer höhere Aufwendungen an Geld. Oder umgekehrt: Umso mehr Geld jemand ausgibt, desto geringere Bedeutung kann man dem Gebrauchswert der Dinge zumessen. Für die Marktteilnehmer stellen Gebrauchs- und Tauschwert Alternativen dar. Entweder folgt man dem Reiz, einen einzigen Aspekt der Dinge exklusiv zu setzen, nämlich ihre Bewertbarkeit mit abstrakten Zahlencodes und damit ihre Fähigkeit, inhaltlich unbestimmt zu sein. Oder man folgt der Vielzahl von Spuren, die durch die materiale Dimension der Dinge gelegt werden. Letztlich ist dieses eine Beurteilung von Dingen und Arbeitsprodukten hinsichtlich ihrer Nützlichkeit und Lebensdienlichkeit.

3. Die Steigerung von Geschwindigkeit im Wechsel der Moden und im Tausch der Bilder ist die Voraussetzung dafür, dass die Übererwartungen an den Warenmarkt und die notwendig sich einstellen-

---

[79] Die Struktur einer solchen Kritik der Waren kann mit der alttestamentlichen Kritik des Götzenkultes verglichen und erläutert werden, wenn er auch nicht einfach dasselbe ist; denn das hieße, den bronzezeitlichen Gesellschaften eine kapitalistische Produktionsweise zu unterstellen. In der klassischen Stelle der Kritik des Götzenkultes, dem Tanz um das goldene Kalb, gibt Moses dem abtrünnigen Volk das zerriebene Götzenbild zur Speise (Ex 32, 20), offensichtlich um so den Beweis zu führen, dass die Götterbilder keinen Nutzen bringen; denn sie tragen nicht zum Erhalt und zur Wiederherstellung des Lebens der Menschen bei.

den Enttäuschungen nicht zu Legitimationskrisen des Kapitalismus bzw. nicht zu Funktionsstörungen seiner Distributionsmechanismen im globalen Warenumschlag führen. Oben ist vom Zusammenhang der extensiven und intensiven Universalität des Tauschwertes die Rede gewesen. Steigerung der Geschwindigkeit ist eine notwendige Implikation der Verdiesseitigung des Glücks und der Immanentisierung der Heilserwartungen. Sie eröffnen eine Art von Transzendenz von unten, die nicht verwechselt werden darf mit der Transzendenz der Armen und Marginalisierten, die ihre Sehnsüchte nach Reichtum und Dazugehörigkeit in den Himmel oder in die Zukunft einer befreiten Gesellschaft projizieren[80]. Es ist eine Transzendenz von unten aus der Überfülle des Warenangebotes: Weil Waren nicht alle Sehnsüchte erfüllen können, müssen in immer schnellerer Folge neue Waren in Besitz genommen werden. Der Geschwindigkeitssteigerung der Warenzirkulation entspricht die Steigerung der Verkehrsgeschwindigkeiten. Wer an diesem immer schnelleren Wechsel der Moden teilhaben möchte, muss in immer größerem Maße in Bewegung sein. Dieses kommt in verschiedenen Phänomenen der Stadt zum Ausdruck[81].

---

[80] Aus der Perspektive von unten liegt beides allerdings nicht so weit auseinander – weder der Himmel, noch die Auslagen im Warenhaus sind für die Elenden aus eigener Kraft verfügbar. Jedoch ist die faktische Unerreichbarkeit von Warenhausauslagen kein hinreichendes Indiz dafür, dass mit dem Kapitalismus das Ziel der Geschichte und der menschlichen Sehnsüchte erreicht sei. Eine derartige religiöse Überhöhung des Kapitalismus kann nur unter der Bedingung plausibel sein, dass die Menschen ihre Sehnsüchte auf das reduzieren, was der Warenmarkt imaginiert.

[81] Benjamin hatte diesen Zusammenhang zwischen der akzellerierenden Warenzirkulation und der Steigerung der Verkehrsbewegungen assoziativ erschlossen – beides sind Phänomene, die in der Stadt unübersehbar sind. Warenzirkulation und Verkehr sind – wie oben gesagt – in ihrer Verschiedenartigkeit zu berücksichtigen. Jedoch gibt es gemeinsame Bezugspunkte: Beide setzen einen bestimmtes Niveau an technischer Entwicklung voraus, beide sind wechselseitig voneinander bedingt, beide erzeugen sich selbst.
Auch für den Verkehr gilt: Umso mehr Verkehr, desto größer der Druck, den Belastungen durch den Verkehr auszuweichen und in entferntere Wohnquartiere umzuziehen. Dieses hat wiederum zu Folge, dass der Verkehr wächst. Verkehr ist die Ursache für mehr Verkehr. Verkehr bringt sich selbst hervor – das ist die wichtigste Einsicht der Studie des Institutes für angewandte Sozialforschung (INFAS) und des Deutschen Zentrum für Luft- und Raumfahrt. Institut für Verkehrsforschung (DLR), *Mobilität in Deutschland 2008. Ergebnisbericht: Struktur –*

Die Stadt ist ein Verkehrsproblem[82]. Soll die Realität der Stadt erfasst werden, so wären die statistischen Zahlenangaben über die Zusammensetzung der Wohnbevölkerung, ihre Verteilung auf bestimmte Viertel und ihre Zuordnung zu bestimmten sozialen und ökonomischen Indikatoren gewissermaßen nur das Standbild einer komplexen Bewegung und nicht mehr als die photographische Abbildung eines Augenblicks dieses Vorgangs. Ohne zu berücksichtigen, wohin die, die einwohnermelderechtlich an einer bestimmten Stelle wohnen, d. h. meistens: übernachten, sich begeben, wenn sie nicht schlafen, ist die Stadt unvollständig beschrieben. Wohin die Menschen unterwegs sind und warum sie immer längere Zeit in Verkehrsmitteln verbringen, ist für die Frage der Lebensqualität und für die Präsenz der Kirche in der Stadt nicht unerheblich[83].

2.3 Die unendliche Steigerung der Bedürfnisse und die Freiheit

1. Das durch den Markt gesteuerte Wirtschaftsgeschehen ist ein dynamischer Prozess. Seine Dynamik stellt sich in der ständigen Produkt- und Prozessinnovation dar. Nur der hält seine Gewinne und bleibt am Marktgeschehen beteiligt, der Quantität und/oder Quali-

---

Aufkommen – Emissionen – Trends (beauftragt vom Bundesministerium für Verkehr, Bau und Stadtentwicklung) – www.mobilitaet-in-deutschland.de.
Derartige autopoietische Strukturen sind kennzeichnend für die ausdifferenzierten und komplexen Systeme moderner Gesellschaften. Sie sind einerseits schon seit Hobbes ein Anlass für organizistische Vorstellungen von Staat und Gesellschaft: Der Staat erscheint wie ein menschlicher Körper – dieses ist auch die Hintergrundplausibilität für Richard Sennet, *Fleisch und Stein. Der Körper und die Stadt in der westlichen Zivilisation*, Berlin 1995. Sie sind anderseits Hinweise und Gründe für die Verabschiedung des alteuropäischen Subjektes. Seine Reflexivität und Autopoiesis ist auch die Form selbstreferenzieller Systeme. D. h. Autopoiesis ist kein hinreichendes Kriterium der Bedeutung des Menschen in der Schöpfungsordnung. Wenn die Differenz vom Mensch und Gesellschaft einsichtig gemacht werden soll, dann muss das specificum des Menschen mehr sein als die Reflexivität seiner Vernunft.

[82] Sievernich weist in seinem Artikel „*Stadt*", in: LThK (3. Auflage) eindringlich darauf hin, dass die Stadt eine Mobilitäts- und Koordinierungsleistung von denen, die in ihr leben, abverlangt. Diese Perspektive spielt in der sozialwissenschaftlichen Wahrnehmung der Stadt eine zunehmende Rolle: siehe dazu die Beiträge im Themenheft „Mobilität" in: Hirschberg 63 (Juni 2010); ebenso Institut für Verkehrsforschung (DLR), *Mobilität in Deutschland 2008* (Anm. 81).
[83] Ottmar John, *Pastoral in mobiler Gesellschaft*, in: PThI 28 (2008–02), 10–21.

tät seines Angebotes zu steigern vermag; Stillstand wäre Rückschritt[84]. Die Risiken und Mühen dauernder Innovationen auf sich zu nehmen ist aber nur dann rationales Handeln, wenn die Annahme nicht unberechtigt ist, dass auf der Seite der Konsumenten und Kunden die Bereitschaft vorhanden ist, immer mehr oder immer höherwertige Waren zu erwerben. Welche Motive haben Marktanbieter, sich auf einen offensichtlich unbegrenzbaren Prozess der technischen und organisatorischen Selbstüberbietung einzulassen? Welche Chancen rechnen sich diejenigen aus, die etwas Neues produzieren, von dem noch niemand weiß, ob es jemand kaufen wird?[85]

Alle möglichen Motive wirken nur unter der Voraussetzung der Offenheit und unbegrenzten Modulierbarkeit der Bedürfnisnatur des Menschen. Nur wenn diese sich *unendlich* verändert, kann prinzipiell *jedes* Produkt den Bedürfnissen der Menschen entsprechen – die Frage ist dann nur, wann und auf welchem Niveau der Entwicklung der Bedürfnisse ein bestimmtes Angebot seinen Käufer findet[86].

---

[84] Der Markt wird beschrieben als ein Modell, in dem zwei Mechanismen zusammenwirken: 1. Er ist ein Mechanismus zur Verteilung knapper Ressourcen. Das Knappheitsprinzip ist ein hochformalisiertes Prinzip; es regelt nicht nur die Verteilung knapper Güter, sondern auch – in Phasen der Überproduktion – die Knappheit an Käufern. In der Phase der Güterknappheit bewirkt dieser Marktmechanismus das Steigen, in der Phase der Kundenknappheit das Sinken der Preise. 2. Der Markt ist ein Konkurrenz und Verdrängungsmechanismus. Markt funktioniert nur dann, wenn unaufhörlich „Marktbeschicker" vernichtet werden. Angesichts sinkender Preise wird der vernichtet, dem es nicht gelingt, die Produktion zu verbilligen – sei es durch technischen Innovationen (Mechanisierung, Automatisierung und Digitalisierung), sei es durch Senkung der Lohnkosten, die auch in der Verlagerung der Produktion in Billiglohnländer bestehen kann.
[85] Auch wenn man die Marktdynamik nicht auf die Ebene persönlicher Motivation der Produzenten von Waren und Dienstleistungen reduzieren darf, sondern letztlich als Eigenschaften eines subjektunabhängig funktionierenden anonymen Systems begreifen muss, so müssen doch auf der Ebene des individuellen Handelns Motivationen formulierbar sein, die die Systemeigenschaften abbilden, zumindest zu ihnen nicht im Widerspruch stehen.
[86] Kant erachtete die Vorstellung einer unendlichen Sukzession der Einzelerkenntnisse als für die Vernunft unausweichlich. Grund für dieses Postulat war keine metaphysische Annahme über den unendlichen Fortbestand der Welt und des Menschengeschlechts, sondern die notwendige Implikation, die jemand unterstellt, der über den gegebenen Bestand an Wissen über die Welt, das offensichtlich ausreicht, das Handeln zu orientieren, hinausgeht und der bisherigen Kette der Sukzession von Einzelerkenntnissen eine weitere hinzufügt. Warum

Für die Steigerung des Angebotes gibt es grundsätzlich zwei Perspektiven: Die erste besteht in der unendlichen Perfektionierung bekannter Arten von Produkten, die zweite in der Suche nach gänzlich neuen „Produktformen". Im alltäglichen Verständnis sind Waren dingliche Entitäten[87]. Nun enthielt der Begriff des Warencharakters zwei Bestimmungen: a) „Ware" ist dasjenige, was Realität gewinnt und wirksam wird, wenn der Tauschwert sich vollständig von der Wirklichkeit emanzipiert hat. b) Es handelt sich nicht um eine substanzielle Realität, sondern um sinnliche Eigenschaften der Produkte, die im Tauschhandel, im Verhältnis von Menschen zueinander und zu den Waren anschaulich und erlebbar werden.

Dieser Begriff des Warencharakters gestattet es, nicht nur Resultate der Produktion und menschlichen Arbeit als dingliche Entitäten zu denken, sondern „Ware" kann auch die Tätigkeit eines Menschen sein – unabhängig von ihrem Resultat[88]. Die Weiterentwicklung des

---

wird jedoch beim Wagnis eines weiteren Schrittes eine unendliche Folge unterstellt? Weil sonst vor einem weiteren Schritt zuerst festgestellt werden müsste, ob er überhaupt noch möglich ist, und ob der letzte nicht der definitiv letzte war. Eine letzte abschließende Einzelerkenntnis vermag die Vernunft nicht zu denken. Dem Abschlussgedanken der Vernunft entspricht nur eine unendliche Folge von Einzelschritten – Kant, *Kritik der reinen Vernunft* (Anm. 75) B 445 ff. Diese Logik, dass das Ganze niemals durch die Summierung seiner Teile erreicht werden kann, mag auch die Unterstellung der unendlichen Bedürfnisnatur des Menschen im wirtschaftlichen Handeln verstehen helfen.

[87] Das Problem der gängigen Konsumismuskritik besteht darin, den Konsum mit dem Gebrauch und Verzehr von materiellen Dingen gleich zu setzen. Die Kritik galt einem Alltagsmaterialismus, das als Verbrauch von immer mehr Produkten in immer schnellerer Folge charakterisiert wurde. Die Gegenstände des Begehrens wurden entlang der Unterscheidung zwischen den zur Reproduktion des Lebens notwendigen Produkten menschlicher Arbeit wie Nahrung, Kleidung und Wohnung auf der einen Seite, den nichtnotwendigen feinen, kulturellen und spirituellen Dingen auf der anderen Seite definiert. Diese Kritik bestätigte das bürgerliche Ressentiment gegen diejenigen, die im „Fressen und Saufen" unterhalb oder jenseits aller Kultur Erfüllung zu finden schienen. Diese Kritik ist aber einerseits zynisch, weil sie das denunziert, was für sehr, sehr viele Menschen auf der Welt Gegenstand unerfüllter und aus eigener Kraft unerfüllbarer Sehnsucht ist, nicht am materiellen Mangel zu Grunde gehen zu müssen. Anderseits kann diese Kritik nicht wahrnehmen und denken, dass es einerseits im Verzehr von Nahrungsmittel Glückserfahrungen geben kann, und dass anderseits Kunst, Kultur und auch Religion für eine zunehmende Anzahl von Menschen allein im Modus des Besitzens und Verfügens eine Rolle spielen.

[88] Natürlich gab es in der Marxschen Warenanalyse bereits die Einsicht, dass

Dienstleistungssektors, der sich in den neunziger Jahren in kürzester Zeit durchsetzte, brachte einen Universalisierungsschub des Warencharakters. Er vollendet sich im sog. religiösen Markt; dort wird auch dasjenige als Ware bewertet und getauscht, das dadurch definiert ist, dass es sich jeder Verfügung des Menschen entzieht[89]. Die gesuchten gänzlich neuen Produktarten bestehen also grob gesprochen in Handlungen und geistigen Leistungen. Gemeinsam ist ihnen, dass sie nicht ohne weiteres Gegenstand der Sinne sein können. Ihren Tauschwert festzustellen und in Waren zu verwandeln stellt eine eigentümliche Form der Totalisierung des Marktes dar.

auch Tätigkeiten Warencharakter annehmen können: Menschliche Arbeitskraft, technische Prozesse und Organisation von Arbeitsverhältnissen sind abstrakt bewertbar und auch tauschbar. Jedoch war ihr Waresein eine abgeleitete Eigenschaft. Sie bemaß sich aus dem Wert derjenigen gegenständlichen und anschaulichen Waren, die mit ihrer Hilfe produziert wurden. Nur Tätigkeiten, die dingliche Waren hervorbringen, können selbst Warencharakter annehmen. In der Gegenwart werden zunehmend auch solche Tätigkeiten dem Marktmechanismus unterworfen, deren Tauschwert nicht mehr von ihren dinglichen Resultaten abgeleitet werden, sondern aus der Tätigkeit selbst.
Wenn man unter Waren nun die Eigenschaft eines Dinges oder einer Tätigkeit versteht, die diese von ihrer Sinnlichkeit und Nützlichkeit für das menschliche Leben entfremdet, dann heißt das für die Tätigkeiten, die keine dinglichen Resultate hervorbringen, dennoch aber sinnvolle Tätigkeiten sind: Als Dienstleistungen werden pflegende und heilende Tätigkeiten von ihrem Sinn, eine spürbare Verbesserung der Lebenssituation eines Menschen herbeizuführen, entfremdet. Zum Arzt geht man aus anderen Gründen als aus denen, von Krankheiten befreit zu werden.
[89] Kirchen und Religionsgemeinschaften werden als Unternehmen rekonstruiert. Das Verhalten der Gläubigen wird nach den Reaktions- und Handlungslogiken des Kunden prognostiziert. – In dieser Linie liegt die Auffassung der Gnade als Produkt, das die Kirche ihren Kunden auf dem religiösen Markt anbietet. Eine derartige ökonomische Betrachtung von Religion konstruiert ihren Gegenstand grundsätzlich als Artefakt – sie muss sich als empirisch unangemessen erweisen, wenn der Anspruch, der mit Religion verbunden ist, zu recht erhoben wird. Erweist sie sich als angemessen und hinreichend zur Erkenntnis eines als Religion ausgegebenen Phänomens, handelt es sich um eine Ideologie, die fälschlicherweise etwas als jenseitig verursacht ausgibt, was doch seine ausschließliche Ursache im Diesseits hat. Die meisten Untersuchungen, die sich auf die amerikanische Religionsökonomik berufen, rechtfertigen ihre methodische Reduktion damit, dass sie nicht mehr beanspruchen als eine unter mehreren Perspektiven zur Erkundung von Religionsphänomenen beisteuern – in Deutschland am deutlichsten Michael Schramm, *Das Gottesunternehmen. Die katholische Kirche auf dem Religionsmarkt*, Leipzig 2000.

Die These, dass die Dynamik des Marktes die unendliche Entwicklung der Bedürfnisnatur des Menschen unterstellt, impliziert die Teilthese, dass sie mit einer dauernden Veränderung des Kaufverhaltens der Menschen einhergeht. Diese Teilthese kann auf zweifache Weise präzisiert werden: 1. Die Struktur der menschlichen Bedürfnisse ist eine abhängige Variable vom Angebot. Eine spezifische Entwicklung auf der Angebotseite[90] kann dabei durchaus einen gewissen Zwang ausüben; gezwungen sind die Menschen, das, was als „höherwertig" bezeichnet wird, zu erwerben, wenn es das „Minderwertige" überhaupt nicht mehr gibt – wie z. B. Kleinwagen mit niedriger PS-Zahl. Die Dynamik des Marktes setze sich durch, weil die Konsumenten sich an die Angebotentwicklung gewöhnen und sie so schließlich akzeptieren. 2. Die Angebote sind eine abhängige Variable der sich entwickelnden Bedürfnisse des Menschen; je nach Stand der Verfeinerung ihrer Bedürfnisse bewirkt ihre Nachfrage auf dem Markt entsprechende Angebote.

In der ersten Deutung der Kongruenz von Wirtschaftsentwicklung und Veränderung der Bedürfnisnatur handelt es sich um die Grundlage einer – letztlich zu kurz greifenden – Konsumismuskritik, so wie sie in den westlichen Industriegesellschaften seit den sechziger Jahren formuliert wird[91] und auch ein wichtiges Motiv für eine Reihe von Mitarbeitern in der Citypastoral darstellt[92]. Die Konsumismuskritik geht davon aus, dass die lineare und unendliche Steigerung der Bedürfnisse im Widerspruch zu den Interessen und den „wah-

---

[90] Dabei kann durchaus ein einzelnes Produkt „durchfallen" und keine Käufer finden. Gemeint ist das ideelle Gesamtangebot, Verschiebungen in der Palette der angebotenen Güter – etwa von den Grundnahrungsmitteln zu hochveredelten Produkten, von Nahrungsmitteln zu Luxusartikeln etc.

[91] Eine wichtige Bedeutung für die Konsumismuskritik haben die in den sechziger Jahren breit rezipierten Analysen von Herbert Marcuse: Für ihn erfordert die Selbsterhaltungslogik des Kapitalismus eine dauernde Beschleunigung des Wachstums. Statt die Menschen von der Mühe der Arbeit zu entlasten, was durch den technischen Fortschritt in der Produktion durchaus möglich wäre, werden künstliche Bedürfnisse nach Waren erzeugt, die keinen Nutzen für das menschliche Leben haben. Letztlich werden die Menschen dadurch, dass sie manipuliert werden, von sich entfremdet – siehe dazu Herbert Marcuse, *Der eindimensionale Mensch*, Neuwied 1969.

[92] David Reeves, *Kirchlicher Dienst in der Innenstadt – eine Chance für die Kirche*, in: Hans Werner Dannowski (Hrsg.), Religion als Wahrheit und Ware, Hamburg 1991, 37–50.

ren" Bedürfnissen der Menschen stehe. Denn in der Bedürfnismanipulation werde das menschliche Leben auf den Verbrauch von materiellen Gütern, auf das Essen und Trinken, reduziert. Der Mensch werde von den kommunikativen, intellektuellen und religiösen Dimensionen seines Lebens entfremdet[93]. Wenn es aber stimmt, dass Handlungen und geistig-ideelle Resultate menschlicher Arbeit ebenfalls in Waren verwandelt werden und auf dem Markt getauscht werden können, dann greift schon aus dieser Einsicht die klassische Konsumismuskritik zu kurz. In der zweiten Deutung handelt es sich um eine Definition des Wirtschaftsgeschehens als einer Funktion für das Leben der Menschen. Eine derartige Auffassung ist die Basis der Verteidigung der Marktwirtschaft als dasjenige Wirtschaftssystem, das der menschlichen Würde am meisten entspreche. Wirtschaftsentwicklung komme dadurch zu Stande, dass die Menschen ihr durch mühevolle Arbeit verdientes Geld auf dem Markt investieren – und sei es in Güter des täglichen Bedarfs; ohne diese Investition gäbe es keinen Fortschritt und keine Veränderung. Und sie nehmen aus freien Stücken am Marktgeschehen teil. Der Markt ist gerade dadurch definiert, dass niemand gezwungen ist, mehr Geld auszugeben als er zur Befriedigung seiner Grundbedürfnisse benötigt. Gegen die Konsumismuskritik der sechziger Jahre nimmt diese Deutung für sich in Anspruch, die Freiheit der Menschen in Rechnung zu stellen. Das einzige Kriterium, ob ein Produkt für einen Menschen nützlich und brauchbar ist, sein Leben verbessert oder nicht, ist seine eigene freie Wahl. Ohne diese Freiheit vorauszusetzen könnte Marktwirtschaft und die Steigerung der Warenproduktion nicht stattfinden. Eine derartige Deutung verteidigt die Möglichkeit, alle Angelegenheiten, die für das menschliche Leben von Belang sind, über Marktmechanismen zu regeln. Letztlich hängt diese Deutung an der Behauptung, dass der Markt und die Freiheit der Menschen ein essentielles wechselseitiges Voraussetzungsverhältnis darstellen. Im Folgenden wird diese Deutung zum Ausgangspunkt der weiteren Überlegungen genommen. Sie wird einer imma-

---

[93] Diese Kritik greift zu kurz. Sie unterschätzt, dass die Konsumentscheidungen inklusiv der Entwicklung der Bedürfnisse ein Vorgang sind, der sich ohne äußere Zwangsmittel vollzieht. Wenn denn der Konsum der Menschenwürde widerspricht, muss zumindest das Problem gesehen werden, dass viele Menschen dieses offensichtlich aus freien Stücken tun. Anders wäre die Kritik inadäquat.

nenten Kritik unterzogen, um auf diesem Weg zu einer modifizierten Konsumismuskritik zu gelangen, die der Tatsache Rechnung trägt, dass die Marktwirtschaft und ihre Folgen im alltäglichen Leben kaum auf das Niveau der Todsünden der Völlerei und Wollust simplifiziert werden können – dem Kapitalismus mit den tradierten Formen der Askese zu Leibe rücken zu können ist ein ähnlich naives Unternehmen wie seine Beseitigung durch die Aufklärung der „theologischen Mucken" der Waren.

2. Das Konzept der Marktfreiheit geht davon aus, dass die Freiheit nur in manifesten, empirisch zugänglichen Handlungen real sei. Ohne die Wahl- und Handlungsfreiheit sei die Rede von der Freiheit bloßer Mystizismus[94]. Die Differenz der klassischen Freiheitslehre zwischen Willens- und Handlungsfreiheit[95] wird mehr oder weniger rückgängig gemacht und die Willensfreiheit aus der Handlungsfreiheit abgeleitet: Da die Kaufentscheidung nicht von außen oktroyiert, sondern frei ist, ist sie auch unhinterfragbar und unhintergehbar. Die Entrichtung eines Tauschwertes definiert den Gebrauchswert. Also ist der Gebrauchswert das, was der Tauschwert beziffert. Die harte Basis des Konsums ist die freie Entscheidung des Konsumenten, auf dem Markt für ein bestimmtes Produkt einen bestimmten Preis zu entrichten[96].

Die oben erwähnte Konsumismuskritik könnte nun darauf insistieren, dass zwischen solchen Freiheitsentscheidungen der Menschen, die Bedürfnisse kurzfristig befriedigen, aber auf lange Sicht dem menschlichen Leben schaden, und solchen Realisierungen der Marktfreiheit, die zur nachhaltigen Sicherung des Überlebens der

---

[94] Ein durchgängiger Vorwurf des kritischen Rationalismus gegen jede Form eines nichtempirischen Wahrheitskriteriums.

[95] Siehe z. B. Birgit Recki, *Freiheit*, Hamburg 2009.

[96] Der Markt ist insofern eine totale Instanz, der die Definitionsmacht über das hat, was die Freiheit des Menschen genannt wird, weil er zugleich als seine eigene Meta- und Korrekturinstanz, d. h. als seine eigene Negation fungiert. Alle Versuche, die Marktwirtschaft abzuschaffen, kann sich der Markt einverleiben: Er interpretiert die Versuch als Ausdruck eines Bedürfnisses und bedient es mit entsprechenden Waren. Seine eigene Abschaffung ist also sein eignes Geschäft und darin seine Wiederherstellung und Verewigung. Diesem Mechanismus ist z. B. derjenige unterlegen, der meint, z. B. durch die Sprengung der Börsen dieser Welt den Finanzkapitalismus abschaffen zu können. In Wirklichkeit belebt er den Waffen- und Munitionshandel.

Gattung beitragen, zu unterscheiden sei. Aber welche Instanz entscheidet darüber, was dem menschlichen Leben nachhaltig nutzt? Sind es naturwissenschaftliche Erkenntnisse über die Grenzen des Wachstums? Oder muss diese Entscheidung nicht mit einem Argument der praktischen Vernunft begründet werden?

Die Unterscheidung zwischen Marktfreiheit und einem Freiheitsbegriff als Grundbegriff des sittlichen Vermögens der Menschen ist notwendig, soll nicht die Marktwirtschaft als Endpunkt der gesellschaftlichen Realisierung von Freiheit erscheinen. Um an den Kern des Problems der Marktfreiheit heran zu kommen, müssen jedoch zunächst drei ungenügende Strategien zur Unterscheidung von Markt- und Willensfreiheit zurückgewiesen werden; diese können folgendermaßen charakterisiert werden: 1. Die Identifizierung von den Kaufentscheidungen auf dem Markt mit dem Vollbegriff von Freiheit leugne das Phänomen des Sollens. Es deduziere das Gesollte aus empirischen Realitäten – nämlich den partikularen Handlungen der Wirtschaftssubjekte. Die Summe ihrer Freiheitsentscheidungen spiegle der Markt wider. Diese Summe ist aber letztlich so partikular wie die einzelnen Handlungen, aus denen sie generiert wird. Ein partikularer Grund kann keinen Grund abgeben für eine zukünftige Realität, die eine Handlung hervorbringen soll – das kann nur ein moralischer Satz, der universale Angaben über das Gesollte enthält[97]. 2. Die Marktfreiheit vollziehe sich nach der Logik des Verhältnisses des Menschen zur unbeseelten Natur; sie realisiert sich in den Beziehungen, die Menschen durch ihre Arbeit zu „Sachen" entwickeln. Unter der Voraussetzung, dass der Marktmechanismus nichts anderes ist als ein Distributions- und Informationssystem, das die einzelnen Wertschöpfungsmaßnahmen in den Zusammenhängen industrieller Arbeit miteinander koordiniert und Angebot und Nachfrage aufeinander abstimmt, partizipiert

---

[97] Insofern ein materialer Wert, ein Verhalten, eine Handlung, ein Verhältnis zwischen Menschen etc. gesollt ist, muss die Bestimmung des Gesolltseins wenigstes ein universales Moment enthalten – im Utilitarismus: dem Wohl aller Menschen nicht zu widersprechen; in der Diskursethik: dem Wohl aller Menschen wie geringfügig auch immer zu entsprechen; in objektiven Ethiken: gesollt sein kann nur ein Gut, und dieses muss unabhängig vom Dasein der Einzeldinge gegeben sein; in transzendentalen Begründungen der Ethik: gesollt ist das dasjenige, was nur durch solche Handlungen erstrebt werden kann, die ohne die Voraussetzung formal unbedingter Freiheit nicht beschrieben werden können.

Marktfreiheit an der Distanzierung vom Naturmechanismus, den die menschliche Arbeit leistet. Diese Distanzierungsleistung ist der Grundakt menschlicher Freiheit. Nur deswegen kann der Mensch nach einem anderen Gesetz als dem Naturgesetz Wirkungen erzielen – nämlich nach dem moralischen Gesetz. Die Arbeit kann jedoch diese Distanzierung nur dadurch erreichen, dass sie die Abhängigkeit des Menschen von den Zufällen der Natur umkehrt und die Natur beherrscht. Marktfreiheit ist also ein Produkt der Naturbeherrschung durch Arbeit; der Grad der Naturbeherrschung ist das Maß der Freiheit des Menschen. Ein derartiges Freiheitsverständnis wird in der Tradition heteronom genannt. Und Heteronomie war ein Merkmal von Naturkausalität, von der zu distanzieren den Grundakt der Freiheit ausmachte[98]. 3. Schließlich wird die Marktfreiheit aus einem dritten Grund als partikular kritisiert, eine Kritik, die – wie zu zeigen ist – ebenfalls nicht hinreicht: Marktfreiheit realisiere sich notwendigerweise in Konkurrenzverhältnissen. Jeder, der am Marktgeschehen teilnimmt, kann seinem eigenen Ausschluss vom Markt nur wehren, indem er den Untergang anderer anstrebt. Die Marktfreiheit ist real nur als individuelle Freiheit, die gleich dem Gewinn nur dann einem Individuum zukommen kann, wenn er dem anderen vorenthalten wird. Der andere Mensch wird auf dem Markt als jemand erfahren, dessen Freiheit die eigene Freiheit einschränkt. Wenn dieses der Sinn der Marktfreiheit ist, dann liegt dem Konzept der Marktfreiheit kein univer-

---

[98] Adorno hat diese Kritik angeschärft: Die Distanzierung von der Natur durch die Umkehrung der Herrschaft der Natur über den Menschen in die Herrschaft des Menschen über die Natur ist alles andere als Brechung ihres Bannes, sondern ihre Reproduktion, Mimesis ihrer Gewalt – sichtbar in den sozialen und politischen Katastrophen des 19. und 20. Jahrhunderts, die die Naturkontingenzen der Missernten, Überschwemmungen und Erdbeben potenzierten. Insofern der moderne Krieg bis hin zum Völkermord ohne ein bestimmtes Niveau der Technik nicht denkbar ist, ist Technik in ihren Effekten nicht notwendigerweise die Brechung des Naturverhängnisses, sondern hat sich historisch in den beiden Weltkriegen als seine Vollendung erwiesen – siehe oben Anm. 59.
Eine derartige Analyse, wie sie Adorno und Horkheimer in der Dialektik der Aufklärung vorlegt haben, muss vermittelt werden durch die Warentheorie: Nicht die Natur als solche – das wäre unterhalb des Niveaus der kantischen Vernunftkritik – wird in der instrumentellen Vernunft entfesselt, sondern eine Natur, die aus der Einheit mit ihren Möglichkeiten, die die praktische Vernunft erkennt, herausgerissen ist.

sales Freiheitsverständnis zu grund; wohl kann jeder Mensch sich am Marktgeschehen beteiligen und die Marktfreiheit für sich beanspruchen, diese Freiheit hat er de jure aber nur unter der Voraussetzung, dass er fähig ist, eine Vorleistung für den Markt zu erbringen – Geld, Güter, Arbeitskraft, Ideen etc. Er kommt faktisch nur als jemand auf den Markt, der seine Freiheit bereits verwirklicht hat, d. h. über Mittel verfügt, seine Freiheit zu verwirklichen. Man beteiligt sich am Marktgeschehen, um seine Freiheit zu vergrößern (nicht um sie überhaupt erst zu erringen), mit dem Risiko, sie zu verlieren, und mit dem Ziel, die Freiheit anderer zu vernichten.

Alle drei Kritikpunkte kritisieren die Marktfreiheit als partikulare Freiheit. Alle drei Kritikpunkte greifen jedoch zu kurz. Sie versäumen in Rechnung zu stellen, dass der globale Markt erst mit der Existenz universaler Tauschwerte funktionieren kann. Marktfreiheit ist eine Freiheit, die sich in erster Linie – wenn denn die in 2.1.2 skizzierten Theoremen auch nur geringe Überzeugungskraft besitzen – im Umgang mit abstrakten Tauschwerten herausbildet. Erst in zweiter Linie spielt die technische Verwandlung der Natur als spezifische Form der Distanzierung von ihrer Gewalt, das Konkurrenzverhältnis zu anderen Subjekten der Marktfreiheit und die empirische Dimension eine Rolle. Die Technik hat das immanente Telos, die Natur zu beherrschen. Mit der Durchsetzung des universalen Tauschmittels ist aber jedes Moment der materiellen Wirklichkeit ein beliebiger Inhalt des Marktgeschehens. Das wird mit dem Stichwort der Globalisierung vorausgesetzt, denn ein Weltmarkt kann nur dann funktionieren, wenn es in der Tendenz über alle ethnischen, religiösen, klimatischen etc. Eigenheiten von Gebrauchsgegenständen und Dienstleistungen hinweg ein Äquivalent gibt. Wenn es das gibt, ist der Weltmarkt ein Mechanismus des globalen Verfügens. Die Entrichtung eines Tauschwertes bzw. die Zahlung einer Geldsumme kann tendenziell alles, was auf dieser Welt existiert, in Besitz umwandeln. Dabei bedient sich die Marktfreiheit zweier Strategien, die für ihre Charakterisierung entscheidend sind: 1. Auch diejenigen Bedürfnisse, die im Moment noch nicht erfüllt werden können, werden in Zukunft erfüllt werden. Denn, alles, wofür Menschen Geld bezahlen, so die Metaphysik des Marktes, erregt den menschlichen Erfindungsgeist und die technische Intelligenz. Wenn diese unendlich viel Zeit hat – siehe 2.2 –, kann sie alles, was

Menschen besitzen wollen, herstellen[99]. 2. Eingedenk der so gedachten Unendlichkeit des Marktgeschehens und der Erfüllbarkeit aller Bedürfnisse ist es eine vergleichsweise leichte Übung, die Wünsche und Sehnsüchte auf Bedürfnisse einzugrenzen und sich mit dem zufrieden zu geben, was durch Geld erworben werden kann[100]. Die Emanzipation der Tauschwerte von den Gebrauchswerten und ihre Universalisierung durch die dieser Emanzipation zu Grunde liegende Abstraktion stellen einen Vorgang dar, den die Marktfreiheit als Grundakt ihrer Ermöglichung in Anspruch nimmt. In dieser Linie können mit folgenden Hinweisen die drei hier aufgeführten Punkte der Kritik der Partikularität der Marktfreiheit als unzureichend erachtet werden: Ad 3: Gegen die Kritik, die Marktfreiheit sei deswegen partikular, weil ihr Sinn die Vernichtung konkurrierender Freiheit sei, und sie deswegen nie die Freiheit aller sein könnte, wenden die Verteidiger der Marktwirtschaft ein: Die Realisierung der Freiheit gegen andere ist nur das Mittel, dessen der Markt sich bedient, damit die Besseren sich durchsetzen – bei Adam Smith unter der Voraussetzung eines funktionierenden Staatswesens zum Wohle aller, auch der Armen. Diese Indienstnahme des Eigennutzes der Individuen als Mittel zur Verbesserung des Ganzen ist deswegen keine idealistische Konstruktion jenseits aller Wirklichkeit, weil die Konkurrenzsituation auf dem Markt zumindest eine moraltheoretische Voraussetzung hat: Alle müssen sich darauf einigen, dass die Tauschwerte, deren Höhe nicht von der Brauchbarkeit der Dinge oder ihrem Bedarf abhängen, sondern von dem Geld, das Menschen für sie zu zahlen bereit sind, die allgemeinen und für alle letztverbindlichen Äquivalente darstellen. Sie bringen den Wert der Dinge zum Ausdruck; über ihm gibt es keine Instanz. Die Kritik, dass die Marktfreiheit auf die Freiheit der Besitzenden eingeschränkt sei, scheitert an den universalen Voraussetzungen funktionierender Märkte. Ad 2 und 1: Ebenso läuft die Kritik ins Leere, dass die reale Wahl eines

---

[99] Ottmar John, *Fortschrittskritik*, in: Josef Bruhin / Kuno Füssel / Paul Petzel / Heinz Robert Schlette (Hrsg.), Misere und Rettung. Beiträge zur Theologie, Politik und Kultur. Nikolaus Klein SJ zu Ehren, Luzern 2007, 168–178.

[100] Dieser Annahme einer Verzichtsleistung auf der Nachfrageseite bedarf es, damit die Anbieter auf dem Markt – auf Grund der Endlichkeit ihrer technischen Mittel, die sie mit der schlechten Unendlichkeit des Fortschritts ausgleichen müssen – nicht eines Kategorienfehlers überführt werden können.

Wirtschaftssubjekts auf dem Markt die Freiheit auf empirisch messbare Handlungsfreiheit reduziere – und damit jede Möglichkeit, sie als universales Vermögen der Menschen aufzufassen, verneine bzw. sich des naturalistischen Fehlschlusses schuldig mache. Wenn der empirische Wahlakt nicht einem konkreten Gebrauchswert – einem Pfund Gemüse auf dem Wochenmarkt – gilt, sondern einer Ware, die durch den Tauschwert definiert ist, und deren materielle Gestalt letzten Endes ein mehr oder weniger beliebige Rematerialisierung des abstrakten Tauschwertes bzw. dessen Substrat darstellt, dann partizipiert der Akt der Inbesitznahme des Tauschwertes von dessen Allgemeinheit; er wird gewissermaßen von dessen Abstraktheit infiziert.

Genau an dieser Stelle kann die Differenz von Marktfreiheit und Freiheit zum moralischen Handeln markiert werden: Marktfreiheit ist die Freiheit des Besitzbürgers – er kann mit seinem universalen Tauschmittel, dem Geld, tun und lassen, was ihm beliebt. Er kann tun, was ihm beliebt, weil das Mittel jeden beliebigen Inhalt bewerten kann. Im Falle der intensiven Universalisierung des Marktes, seiner Ausdehnung auf soziales und religiöses Handeln scheint das Geld über die Freiheit der Menschen und über ihr Verhältnis zu Gott verfügen zu können. Genau im Falle der Freiheit und des Gottesverhältnisses kann gezeigt werden, dass es sich dabei um eine Verwechselung handelt – oder kritisch gesprochen: um eine Naturalisierung Gottes auf das Niveau seiner Substitute und Symbole, mit denen er dargestellt wird; diese Naturalisierung geschieht durch die Zerstörung der Verweisungsfunktion der Symbole und Repräsentanten Gottes in der Welt. Gott wird mit seinen Substituten identifiziert. Ebenso wird die Freiheit mit dem verwechselt, was die Existenz von Tauschwerten und die Verfügung über Waren möglich macht, mit Willkür. In beiden Fällen ist es die Halbierung der Vernunft und Isolierung ihres theoretischen Vermögens, das den Schein erzeugt, dass alles unbeschädigt in Waren verwandelt werden könne. Der Warencharakter wird dann aufgefasst und verharmlost als eine den natürlichen Dingen, den menschlichen Fähigkeiten und ihrem Wirklichkeitsverständnis äußerlich bleibende und bloß angehängte Bezifferung ihres Geldwertes, der aber die Dinge, Handlungen und Ereignisse selbst unberührt belässt. Sicher ist es richtig, dass Tauschwerte und Waren keine eigenen Realitäten schaffen, aber sie isolieren bestimmte Eigenschaften der Dinge und Menschen, die diese objektiv besitzen. Der Warencharakter besteht dann darin, dass das so

Isolierte, nämlich seine Quantifizierbarkeit, von Menschen als das Eigentliche betrachtet wird.

Gegen eine derartige Reduktion der Wirklichkeit auf die Quantität ihres Geldwertes und die Ableitung der Marktfreiheit, die darauf reduziert wird, über diese idealen Quantitäten zu verfügen, und somit als ein unmittelbarer Inhalt der theoretischen Vernunft erscheint, ist an die moralische Dimension der Freiheit in der Einheit von theoretischer und praktischer Vernunft zu erinnern[101]: Es ist zwar richtig, dass sich der Tauschwert und die Freiheit gleichermaßen einem Abstraktionsakt verdanken. Die Allgemeinheit eines Satzes und die Abstraktion von der Besonderheit und Einzelheit der Dinge bedingen sich. Diese Abstraktion und Allgemeinheit sind Akte der Vernunft; das menschliche Vermögen zur Abstraktion und Allgemeinheit bildet sich in diesen Akten. Die Frage ist nur, wie sich die Vernunft – als sich in Abstraktion und Verallgemeinerung vollziehende – selbst versteht. Abstraktion und Allgemeinheit sind Akte der Negation: Worin besteht dieses Vermögen des Menschen zur Negation, zum Absehen von diesem und jenem? Darauf sind prinzipiell zwei Antworten möglich: 1. Weil es sich bei der Abstraktion um Akte handelt, die – messbare – Folgen für das Erkennen und Handeln der Menschen zeitigen, setzt sich die Vernunft im Akt der Abstraktion als real; die Vernunft abstrahiert von aller Wirklichkeit und wird sich als eigene, andere Wirklichkeit bewusst. 2. Es handelt sich nur dann um eine vollständige Abstraktion von aller Wirklichkeit, wenn die Vernunft sich selbst nicht ausspart und ihr eigenes Nichtsein – als allgemeines Vermögen – begreift. Sie kann nicht sich als wirklich denken – wenn sie von aller Wirklichkeit abstrahiert. Vernunft ist nicht mehr als das, was vorausgesetzt wird, wenn Menschen von Wirklichkeiten reden, sie vergleichen oder unter allgemeine Gesetze subsumieren etc.

Im ersten Fall ist die Vernunft, die allgemeine Begriffe, Verhältnisse und Gesetze formuliert, existent, bevor sie diese denkt. Mit diesen allgemeinen Begriffen die Wirklichkeit zu erkennen, ist dann eher eine Aktualisierung ihrer eigenen Substanz. In der Erkenntnis begegnet ihr das eigene Apriorie. Die Frage, warum derartige Abstraktionen

---

[101] Siehe hierzu auch Magnus Striet, *Das Ich im Sturz der Realität. Philosophisch-theologische Studien zu einer Theorie des Subjekts in Auseinandersetzung mit der Spätphilosophie Friedrich Nietzsches*, Regensburg 1998, 128 ff.

vorgenommen werden sollen, ist dann durch die existierende Vernunft längst beantwortet: Umso mehr sie sich von der Mannigfaltigkeit des materiellen Daseins zurückzieht, desto vernünftiger wird die Vernunft. Im zweiten Fall ist die Frage, warum die Vernunft von aller Wirklichkeit abstrahieren soll, nicht mit dem Hinweis auf das Faktum einer reinen Vernunftsphäre zu beantworten. Sie kann, insofern die Vernunft von der Wirklichkeit abstrahiert und sich selbst als allgemein denkt, sich also als theoretisches Vermögen auffasst, nicht in sich selbst Gründe finden, warum es sie geben soll. Sie kann es nur geben, wenn sie sich selbst von dem freien menschlichen Willen abhängig begreift, der will, dass es vernünftig zugehe auf der Welt. Zugleich wird der freie Wille, der die Ursache des Gebrauchs und Vollzugs der Vernunft darstellt, für sich selbst allgemein. Indem er sich im Vollzug abstrakter und allgemeiner Vernunft realisiert, begreift die Freiheit ihre eigene Unbedingtheit – um den Preis ihrer Nichtrealität. Denn allgemein ist der freie Wille, wenn er sich von aller individuellen Willkür und sinnlich bedingtem Begehren löst und sich zu sich verhält. Denn keinem Menschen ist es vergönnt, etwas als material unbedingt und allgemein zu identifizieren – was nur dann möglich wäre, wenn derartig material Unbedingtes Gegenstand der Anschauung und Erfahrung sein könnte.

Im Bewusstsein dieses Entschlusses, sich selbst nur als allgemein denken zu können ohne allgemein zu sein, ist das Subjekt dieses Gedankens, das sich dergestalt zu seiner Freiheit entschließt, auf die Wirklichkeit verwiesen, um seine Freiheit zu verwirklichen. Unbedingte und allgemeine Freiheit kann Realität nur gewinnen unter den Bedingungen der endlichen und materiellen Welt. Sie kann nicht im Zustand ihres Nichtseins verharren – damit würde sich der Gedanke der allgemeinen Freiheit aufheben oder zu der substanziellen – nur theoretischen – Vernunft Zuflucht nehmen – mit den gleichen Konsequenzen wie oben angedeutet. Freiheit denkt sich nur dann angemessen, wenn sie sich zugleich als ein Streben nach Wirklichkeit denkt. So wie in scholastischer Terminologie die Form nur in der Einheit mit der Materie Realität erhält, so die unbedingte, allgemeine Freiheit nur unter materiellen Bedingungen. Freiheit ist für die endliche Vernunft immer nur unbedingt unter Bedingungen, nur als ein intentionales und zielgerichtetes Handeln nach mehr Freiheit vermag es sich allmählich, in individuellen und gesellschaftlichen Lernprozessen zu verwirklichen. Die formal unbedingte Freiheit führt zu Vorgängen in der Welt, die besser mit dem dynamischen Wort „Befreiung" bezeichnet werden.

Wenn die substanzielle Vernunft sich als allgemein denkt, gewinnt sie ihre Wirklichkeit in der Abwendung von der Welt; sie hat damit eine identische Struktur wie der abstrakte Tauschwert und der Warencharakter – die Reflexion eines Vernunftkonzeptes, das auf der Trennung der theoretischem von der praktischen Vernunft beruht, bietet Deutungsmöglichkeiten für die Marktfreiheit, die sich unabhängig von der moralischen Dimension menschlichen Handelns konstituiert. Substanzielle Vernunft hat ihre Allgemeinheit unabhängig von der endlichen Welt. Wenn die Vernunft, die ihre eigene Endlichkeit in der Nichtrealität ihrer Allgemeinheit denkt, kann sie Wirklichkeit nur gewinnen, indem sie ihre eigene Abhängigkeit von der einzigen Wirklichkeit, die Gott geschaffen hat, annimmt und sich in dieser Welt zu verwirklichen sucht, als moralisches Handeln[102].

Freiheit kann nicht im Bewusstsein ihrer Nichtwirklichkeit, ihrer Idealität, im bloßen Freiheitsbewusstsein verharren, weil sie ein praktisches Vermögen ist, d. h. zum Selbstbewusstsein ihrer Nichtrealität gehört das Sich-realisieren-Sollen und -Wollen – sonst würde sie sich nicht als Freiheit bewusst. Freiheit kann sich aber auch nicht in Modi des instrumentellen Handelns verwirklichen und

---

[102] Wie oben erläutert reicht eine Kritik des Konzeptes der Marktfreiheit als partikularistisch nicht aus, eher im Gegenteil, wenn man den epochalen Bruch zwischen naturalem und abstraktem Tauschwert berücksichtigt, mangelt es dem Marktkonzept an Sinn für das Besondere und Unverwechselbare. Die Kritik der Marktfreiheit muss grundsätzlicher gefasst werden, soll sie ihren Gegenstand treffen; denn Marktfreiheit bildet sich im Umgang mit etwas höchst Abstraktem und Allgemeinem heraus. 1. Wenn Marktfreiheit sich als empirisches messbares Handeln auf dem Markt versteht, mag sie von außen als partikular erscheinen. Ihre Realität demonstriert die Marktfreiheit aber im Umgang mit Tauschwerten, d. h. mit allgemeinen Äquivalenten. 2. Die Distanzierung von der Natur durch ihre Verwandlung in nützliche Dinge durch menschliche Arbeit kann ein moralisch positives Handeln sein. Damit es moralisch positiv sein kann, muss die Freiheit, aus der sie motiviert ist, allgemein sein. Sie muss, so ist hier zu zeigen, in der affirmativen Bezugnahme auf andere Freiheit sich bilden. Sie wird sich ihrer Wirklichkeit bewusst in der Anerkennung der Möglichkeit anderer Freiheit. Falsch ist an der Marktfreiheit nicht ihre fehlende Allgemeinheit, sondern ihre falsche, bloß theoretischen Allgemeinheit. Die Marktfreiheit kennt die Abstraktheit und Negativität der unbedingten Freiheit nicht, sondern erblickt in der Formalität des Preises oder des Aktienkurses ihr Spiegelbild.

sich „machen". Freiheit kann ihre Wirklichkeit nur suchen und anstreben in der Anerkennung der Freiheit des Anderen. Diese Anerkennung hat eine reziproke Struktur und ist immer auch gefährdet. Aber nur so kann Freiheit unter den Bedingungen dieser Welt wirklich werden. Diese Anerkennungsstruktur ist basal für jedes Handeln. Sie identifiziert in der Freiheit des Anderen dasjenige ihrer selbst, über das sie nicht verfügen kann, was keine äußere Gewalt hervorbringen und keine Verführung bewirken kann. Es ist allein da, weil es und wenn es anerkannt wird.

3. Um die Erträge der Freiheitsreflexion in eine Theologie der Stadt – als erstes Merkmal der Stadt ist der Warenverkehr behauptet worden – einzutragen, muss auf den Ausgangspunkt dieses Gedankenganges zurückgegangen werden: Die unendliche Vermehrung des Angebotes von immer neuen Waren (auf Grund des unendlichen Fortschritts in der Technikentwicklung) ist in einer Gesellschaft, in der das Verhältnis von Angebot und Nachfrage über den Marktmechanismus harmonisiert wird, nur sinnvoll, wenn gleichzeitig eine unendliche Steigerung der Bedürfnisse voraus gesetzt wird. Die unendliche Steigerung der Bedürfnisse des Menschen ist nur vorstellbar unter der Bedingung einer Verzichtsleistung: Bedürfnisse werden weder durch religiöse Sehnsüchte bezeichnet, noch sind sie gleichzusetzen mit Wünschen nach materiellen Gegenständen, die ein einmaliges Dasein im Hier und Jetzt haben. Bedürfnisse sind definiert als die Bestrebungen des Menschen, die durch käuflich erwerbbare Gegenstände, durch Waren befriedigt werden können. Waren sind solche Gegenstände, deren Bestimmtheit als Tauschwert sich isoliert hat, aber so auf das materielle Substrat, von dem sie sich isoliert haben, zurückwirken, dass sie es dominieren – bis dahin, dass sie neue Gebrauchswerte schaffen oder der Tauschwert sich selbst als der Gebrauchswert installiert[103].

---

[103] Die Unendlichkeit der Bedürfnisentwicklung ist eine logische und nicht nur psychologische Implikation. Die Unterstellung unendlicher Bedürfnisentwicklung sichert das Risiko ab, dass darin besteht, in Vorleistungen zu gehen und Lebensenergie, Vermögen, Alterssicherung etc. zu verausgaben, ohne sicher sein zu können, dass diese Vorleistungen vom Markt honoriert werden. Die Marktfreiheit im o. g. Sinne impliziert also die vollständige Offenheit und Entwicklungsfähigkeit der menschlichen Bedürfnisnatur. Diese Offenheit ist definiert durch die Abwesenheit von jedweder inhaltlichen Bestimmung der Bedürfnisse. Es kann deswegen kein Inhalt – wie z. B. die Überwindung des Mangels oder die

Der gnostische Mythos liefert einen Hinweis darauf, wie durch die Emanzipation des Tauschwertes vom Gebrauchswert sich das Verhältnis der Warenform zur Materie der Dinge gewandelt hat: Im Gegensatz zur formalen Unbedingtheit der Freiheit, die auf die materielle Welt angewiesen bleibt, um sich verwirklichen zu können, setzt sich die Warenform als Substanz, die ein beliebiges Verhältnis zu ihrem materiellen Substrat unterhält – bis zu dem Punkt, dass sie ihre Stofflichkeit auswechselt oder vernichtet. Wie im gnostischen Mythos diejenige Vernunft die größte Klarheit und Durchsichtigkeit besitzt, die sich von aller trüben und verunreinigenden Materialität wie aus einem Gefängnis befreit hat, so besitzt diejenige Ware die größten Gewinnzuwächse, die sich von der Realwirtschaft am weitest gehenden gelöst hat und nur noch ihren Wert aus dem reinen Kreislauf des Geldes schöpft.

Jedoch ist der gnostische Mythos ein Irrtum und eine falsche Auffassung von der Welt. Ihm muss widersprochen werden. Wer ihn bejaht, bejaht auch seine Erlösungsvorstellung. Diese besteht in der Vernichtung der Welt, was im 20. Jahrhundert nicht bloß eine Metapher war, sondern in der Abschaffung erheblicher Teile der Menschheit, wie Benjamin im Blick vorausschauend auf den Massenmord und den heraufziehenden Weltkrieg hellsichtig formuliert[104]. Ihm muss widersprochen werden im Namen einer Religion, für die die Welt Gottes Schöpfung ist und der Mensch mit Freiheit begabt dem Auftrag seines Schöpfers entsprechen und die Welt gut gestalten kann.

Zugänglichkeit von allen Genüssen für jedermann – als Befriedigung der menschlichen Bedürfnisse genannt werden. Insofern haben auch die Bedürfnisse und ihre Befriedigung selbst Warencharakter angenommen. Das Bedürfnis emanzipiert sich von den Inhalten des Begehrens und Wünschens, der Sehnsucht und Hoffnung der Menschen. Ein Bedürfnis ist dasjenige, was durch eine Ware und durch eine entsprechende Kaufentscheidung befriedigt werden kann. So wie der Warencharakter eine Eigenschaft von Dingen ist, die sie in Waren verwandelt und dessen Träger nur noch ein Vorwand oder Anlass für einen Tausch ist, so ist der Warencharakter von Dingen der Grund für die ständig wechselnden Moden, dass das als neu erlebt wird, was auch in Bezug auf den Inhalt und Stoff die Wiederkehr und Wiederholung von Bekanntem und Vertrautem darstellt. Allein die forcierte Vergesslichkeit des Publikums vermag das Immergleiche als Novum zu betrachten.

[104] Walter Benjamin, *Briefe*, (hrsg.v.Gershom Scholem / Theodor W. Adorno), Frankfurt 1978, 762.

Der Irrtum der Gnosis besteht in seinem falschen Vernunftbegriff. Eine Theologie, die an einem Begriff endlicher Vernunft festhält, wird hinter die auf dem Markt manifeste Freiheit zurückgehen und die realen historischen und gesellschaftlichen Gestalten der Freiheit hinterfragen und analysieren. Diese Analyse hat ihren Grund in einem Begriff der Freiheit, für den jeder Akt, der von seinem Subjekt als Verwirklichung von Freiheit verstanden wird, sowohl einen unbedingten Anspruch enthält, der aber in der Realität bis zum jüngsten Tag nicht eingeholt werden kann. Diese transzendentale Differenz in jeder als Realität behaupteten Freiheit besitzt Geltung sowohl für ein Freiheitsverständnis, das sich als – letztlich heteronomer – Effekt der Naturbeherrschung versteht, als auch für eine Freiheit, die meint, ihre Realität durch Vernichtung der Welt steigern zu können. Auch die Inszenierung und Installierung solcher intelligibler Größen, wie sie die durch den abstrakten Tauschwert bestimmten Waren darstellen, ist ein Resultat endlicher Freiheit – wenn denn die Trennung von theoretischer und praktischer Vernunft aufgegeben wird und ihre bleibende Differenz und Einheit in einem wechselseitigen Fundierungsverhältnis gesucht wird. Der Wille bewegt die Vernunft, das wusste schon Thomas von Aquin, aber die praktische Vernunft bedarf der theoretischen – sowohl für den Gedanken universaler Freiheit als auch für deren Verwirklichung unter den Bedingungen der Natur, die die theoretische Vernunft auf ihre Gesetzmäßigkeiten hin durchschaut.

Dieser Freiheitsbegriff ist allgemein und vermag die Gestalten faktischer Freiheit an dem in ihnen selbst vorausgesetzten Maß kritisch zu befragen. Er ist allgemein deswegen, weil er eine freie Zustimmung zu sich selbst zum Grunde hat. Der Entschluss der Freiheit zu sich selbst ist kein instrumenteller, sondern ein moralischer Akt: Er affirmiert den Imperativ, dass die Freiheit aller Menschen sein soll. Oder, was auf das gleiche herausläuft, weil der Vollzug endlicher Vernunft seine eigene Voraussetzung nicht durch sich selbst erzeugen, sondern nur anerkennen kann, ist diese Voraussetzung allgemein, eine Möglichkeit, die jedem Menschen offen steht, die er aber nur aus eigenem Entschluss verwirklichen kann.

3. Der missionarische Aufbruch in die neue Wirklichkeit der Stadt

Die Klärung des Ausgangspunktes einer Theologie der Stadt mündete in die Frage: Wie kann eine partikulare Gruppe in der Stadt Universalitätsansprüche für alle Bewohner der Stadt erheben?[105] Diese Frage kann nur – so war am Ende des ersten Abschnittes schon klar – beantwortet werden, wenn es ein Verständnis der modernen Stadt gibt, das sowohl die Kontinuitäten zu vergangenen Bildungen von Gemeinwesen als auch die radikalen Novitäten begreifen kann, die die spezifische Modernität der Stadt ausmachen und für die die Stadt eine produktive Funktion hat. Das führte dann zu den Überlegungen im zweiten Abschnitt: In Anlehnung an einige Motive des Passagenwerkes von Walter Benjamin ist die Stadt als Ort der Präsentation der Waren und ihres Erwerbs charakterisiert worden: Diese Funktion der Stadt impliziert sowohl Veränderungen in der Zeiterfahrung als auch die Herausbildung einer spezifischen Realisierungsform der Freiheit, der Marktfreiheit. Mit der Reduktion der Freiheit auf die Verfügungsgewalt über Sachen ist aber auch die Stadt als politisches Projekt in der Verantwortung der Menschen in Frage gestellt: Die Stadt wird zu einem anonymen Prozess, den die Menschen wohl durch ihre Tätigkeit, ihren Handel und Wandel, ihr Konsumverhalten und vor allem ihre Verkehrsbewegungen hervorbringen. Sie erscheint ihnen aber wie die Natur, deren Unabänderlichkeit sie hinzunehmen haben.

---

[105] Dieser Ausgangspunkt einer Theologie der Stadt beim Offenbarungshandeln Gottes erzeugt eine Spannung, die in drei Dichotomien ausbuchstabiert werden kann: 1. Universale Sendung und partikularer Realität in der Welt, 2. Extrinsische Herkunft und intrinsische Präsenz: Die Kirche ist erst dann als Kirche endgültig in der Stadt angekommen, wenn ihr Fremdbleiben, ihre Unauflöslichkeit in den Wirkungsmechanismus der Stadt sichtbar, erkennbar und erfahrbar wird. 3. Statik und Bewegung: Die Kirche gibt es nicht einfach so, wie es die Stadt Venedig gibt, sondern sie wird täglich neu im Handeln der Menschen – auch im Handeln derer, die die Kirche bilden. Die Kirche als heiligen Bezirk innerhalb der Stadt zu bestimmen wäre letztlich eine Selbstsäkularisierung, eine Aufgabe oder eine Überziehung ihrer Universalitätsansprüche, ihrer Bedeutung für die ganze Stadt. Eine solche Theologie der Stadt ist einerseits – wie oben erläutert – bestimmt durch den Ausgangspunkt, anderseits verweist dieser Ausgangspunkt darauf, die Lebenswirklichkeit der Menschen ernst zu nehmen, weil Gott selbst die Möglichkeiten zu diesem Leben geschaffen und den unverfügbaren Wert eines jeden Menschenlebens durch die Menschwerdung seines Sohnes bestätigt hat.

Der dritte Abschnitt wird kurz den Beitrag erläutern, den Christen aus ihrem Glauben, für ihre Hoffnung und mit ihrer Fähigkeit, den anderen zu bejahen, einbringen können. Die Form dieses Sich-Einbringens ist seit alters her die Mission[106]. Ihr Vollzug vermittelt zwischen der faktischen Partikularität der Kirche und ihrer Sendung zu allen Menschen – denn die Kirche hat ihren Ursprung im rettenden Eingreifen Gottes in die Geschichte; und wenn Gott handelt, dann geht das alle an und jeden Einzelnen ganz[107]. Die Mission realisiert sich – soviel dürfte durch die Erläuterung des Ausgangspunktes einer Theologie der Stadt deutlich geworden sein – in der praktischen Beantwortung der Frage, welche geistigen und weltanschaulichen Dispositionen die Menschen brauchen, um die Option ihrer eigenen Verantwortlichkeit auch gegenüber einer von ihnen selbst gemachten Realität aufrecht zu erhalten, die ihnen jedoch wie die Natur entgegentritt. Wie können Menschen ihre eigene moralische Kompetenz bewahren oder wiederentdecken und unter den Bedingungen der neuen Stadt verwirklichen?

1. Das Ziel des missionarischen Handelns der Kirche besteht darin, alle Menschen in die Gemeinschaft mit Jesus Christus einzuladen. Wer diese Einladung gehört und angenommen hat, muss sich auf den Weg machen. Zwischen der Annahme der Einladung und der Feier des Festes[108] kann viel geschehen. Die wahrscheinlich weitest gehende Definition des Glaubens besteht darin, ihn als Weg zu

---

[106] Siehe dazu die materialreiche Studie von Michael Sievernich; er weist die Ambivalenzen und Fehlschläge in dieser Bewegung der Kirche in die Welt und in die Gesellschaft auf – Michael Sievernich, *Die christliche Mission. Geschichte und Gegenwart*, Darmstadt 2009.

[107] „Die Einsicht, dass sich Religion auf *alle* Lebensbereiche bezieht und nicht allein auf einen „Bezirk des Gemütes" eingeschränkt werden darf, darf nicht aufgegeben werden!" – Dieses Diktum scheint das Grundmotiv des Nestors der Citykirchenarbeit und Theologie der Stadt in der evangelischen Kirche zu sein. Von ihm hat die theologische Reflexion der Citypastoral und Präsenz der Kirche in der Stadt, die in der katholischen Kirche angesiedelt ist, nur zu lernen – siehe das umfangreiche Lebenswerk von Wolfgang Grünberg; dieses Zitat ist entnommen: Wolfgang Grünberg, *Die Gastlichkeit des Gotteshauses. Perspektiven der Citykirchenarbeit*, in: Hans Werner Dannowski / Wolfgang Grünberg / u. a. (Hrsg.), Citykirchen. Bilanzen und Perspektiven (Kirche in der Stadt 5), Hamburg 1995.

[108] Siehe zur Bedeutung eschatologischer Vorstellungen für das missionarische Handeln Ottmar John, *„Zeit zur Aussaat. Missionarisch Kirche sein". Überlegungen im Anschluss an ein Wort der deutschen Bischöfe*, in: Klaus Vellguth (Hg.),

Gott zu verstehen[109]. Diesen Weg muss jeder Mensch aus eigenem Entschluss gehen. Seit alters her ist der Glaube das geheimnisvolle Zusammenwirken von göttlicher Gnade und menschlicher Freiheit. Freiheit ist aus dem Glaubensakt nicht herauslösbar – er ist nicht nur ein Moment des Hinwegs zum Glauben[110], sondern bleibt ein konstitutives Moment in allen Facetten seiner Vollzüge, auch seiner Vertiefung. Denn weil der Glaubensakt durch und durch ein freier Akt bleibt, ist der ganze Mensch, sind Leib und Seele, Vernunft und Sinnlichkeit, sein Verhältnis zu sich selbst und sein Verhältnis zu anderen Menschen auf den Weg zu Gott.

Die Freiheit ist aber nicht die Wirkung des Glaubens, sondern ein unableitbares Moment der menschlichen Natur, das der Glaube voraussetzt und ohne das es ihn nicht geben kann. Durch die Voraussetzung natürlicher Freiheit verwandelt der Glaube die Natur des Menschen. Im Glauben kommt die Gnade nicht zum Leben hinzu, sondern richtet es neu auf das Ziel der Gemeinschaft mit Gott aus. Auch wenn sie dem Menschen von Gott geschenkt wird, also von außen kommt, vermag sie doch sein Innerstes zu berühren, wenn er sie annimmt und zustimmt, dass er sie nicht aus sich hervorbringen kann.

Das Ziel der Mission ist der Glaube der Menschen. Durch den Glauben und der mit ihm notwendig verbundenen Praxis der Nächs-

---

Missionarisch Kirche sein. Erfahrungen und Visionen, Freiburg / Basel / Wien 2002, 120–140.

[109] Kein Mensch ist am Ziel angelangt, solange er lebt. D.i.: keiner kann sich sicher sein, auch wirklich am Ziel anzugelangen. Das ist zum einen eine Herausforderung für das Vermögen jedes einzelnen Menschen, aus Freiheit zu handeln – der Glaubensakt ist dem moralischen Akt ähnlich –, diese Einsicht verweist zum anderen auf die Kirchlichkeit des Glaubens. Jeder Mensch braucht die Gemeinschaft derer, die den Weg suchen. Insofern ist die Bestimmung des Glaubens als Weg zu Gott zutiefst eine Bestimmung seiner Kirchlichkeit. Das impliziert weiterhin: Es kann keine Überlegenheitsansprüche gegenüber anderen Menschen geben, auch nicht denen gegenüber, die nicht ausdrücklich zur Gemeinschaft mit Jesus Christus gehören wollen. Denn: Allen gemeinsam ist, dass sie noch etwas vor sich haben. Christen bleiben adventliche Menschen. Voraus sind sie indifferenten Menschen bestenfalls darin, dass sie sich bewusst sind, noch nicht am Ziel angekommen zu sein.

[110] In der traditionellen analysis fidei ist die Pflicht zu glauben von den Menschen mit dem Licht der natürlichen Vernunft einsehbar und deswegen auch vom Willen zum Vernunftgebrauch und Erkenntnisvermögen abhängig – siehe dazu Herbert Vorgrimmler, Art. *Glaubensbereitschaft (pius credulitatis affectus)*, in: LTHK (2. Auflage).

tenliebe beginnt die Gemeinschaft mit Gott schon im ersten Schritt auf dem Weg. Wenn aber das Ziel der Mission der Glaube ist, dann ist die Mission immer auch Kampf um die Freiheit. Mission setzt Freiheit voraus, damit sie überhaupt zum Ziel – nämlich zum Glauben der Anderen – kommen kann. Aber sie muss, um die Voraussetzungen des Glaubensaktes zu gewährleisten, sich immer auch in den Streit um die Freiheit und ihr angemessenes Verständnis einmischen. Mission ist immer auch eine Kritik verkürzter Freiheitsverständnisse. Sie ist die Kritik partikularer Freiheit – sei es im Sinne der Freiheit, die nur den gesellschaftlichen Eliten vorbehalten ist[111], sei es Kritik eines Freiheitsverständnisses, das Freiheit auf die Wahlfreiheit einschränkt und sich in der Herrschaft über die unbeseelte Natur ausbildet. Die Freiheit, die sich im Entschluss zu sich selbst vollzieht, zerstört sich selbst und erreicht sich nicht, wenn sie zwischen gut und böse, dem Gesollten und dem Nichtgesollten meint so entscheiden zu können wie zwischen zwei konkurrierenden Angeboten auf dem Markt. Gut und Böse sind keine gleichrangigen Wahlmöglichkeiten. Wer das böse wählt, zerstört letztlich die Freiheit[112].

Im Streit um das Freiheitsverständnis platziert sich die Kirche in der Kernzone gesellschaftlicher Realität. Der Vorbehalt der Kirche gegen eine kapitalistische Gesellschaft und vor allem gegen jene dem Kapitalismus inhärierenden Tendenz, alle Bereiche des Lebens den Marktmechanismen zu unterwerfen und dem Zugriff menschlicher Verfügungsmacht auszusetzen, ist inhaltlich begründet. Dieser Ansatz unterscheidet sich insofern fundamental von jenen neobarthianisch-gnostischen Begründungsstrategien, die die Kritik am Kapitalismus krisensicher im apriorischen Gegensatz von Gott und Welt verankern[113]. Eine im Streit um das Freiheitsverständnis basierende Kapitalismuskritik ist deswegen sowohl verpflichtet, die nega-

---

[111] Sennett, *Fleisch und Stein* (Anm. 81).
[112] Das ist zugleich die Verkürzung des free-will-concept – siehe dazu Kreiner, *Gott im Leid* (Anm. 65).
[113] Das wird mit der Logik plausibilisiert, dass jede Negation notwendigerweise einen Widerspruch darstellt: Weil Gott nicht von dieser Welt ist, ist die Welt antigöttlich. Also befindet sich auch alles, was in ihr vorkommt, im Gegensatz zu Gott – so auch die kapitalistische Gesellschaft. Eine solche Fundierung der Kapitalismuskritik beseitigt mit dem Kapitalismus jedoch auch seine Opfer. Sie ist keine mögliche Kritik in Kontinuität zur jüdisch-christlichen Tradition, in der der Erlösergott und Schöpfergott derselbe sind – das muss kritisch eingewandt

tive Folgen eines globalen Marktmechanismus empirisch zu beweisen, als auch in der Lage, an die inneren Widersprüche der Marktwirtschaft anzuknüpfen. Wenn er die intersubjektive Dimension des Marktgeschehens und ihre vorausgesetzte unbedingte Geltung von Normen – wie Vertragstreue etc. – bejaht, dann realisiert diese Kritik ein positives Weltverhältnis.

Das gilt a fortiorie für die Frage, wer denn den Kapitalismus überwinden kann. Positionen einer radikalen Kritik mündeten in das Dilemma, seine negative Totalität gerade in der Beschädigung der Subjekte und der Paralyse ihres Widerspruchs festmachen zu müssen. Das ist dann der Fall, wenn die Totalität des Warencharakters bedenkenlos so verstanden wird, dass auch alle Menschen nichts anderes als Waren seien[114]. Es ist gewissermaßen der Fluch und Segen des hier gewählten Ansatzes zugleich, diese Unterwerfung unter den Marktmechanismus als freien Akt identifiziert zu haben. „Fluch" ist dieser Ansatz, weil er die Zustimmung der Menschen zu einer tendenziellen Unterwerfung aller Bereiche des Lebens unter die technische Verfügungsgewalt als moralisches Problem erkennt[115]. Damit verschärft sich der Ernst dieser Kritik. Sie kann den Subjekten nicht andoziert werden, sondern muss als Ringen um ihre Freiheit und Unabhängigkeit von der Zirkulation des Warenumschlags gestaltet werden. Keine politische Partei kann gesellschaftliche Bedingungen schaffen, die die Freiheit der Menschen im Sinne einer instrumentellen Kausalität mit Notwendigkeit hervorbringen; zu ihr muss sich jeder Einzelne selbst entschließen. Keine Veränderung gesellschaftlicher Rahmenbedingungen reicht aus, die Verkürzung der Freiheit zu überwinden. Die Negation der Marktwirtschaft bewirkt allein noch nichts Positives und erst recht nichts Neues[116]. „Segen"

---

werden zu Thomas Ruster, *Der verwechselbare Gott. Theologie nach der Entflechtung von Christentum und Religion* (Quaestones Disputatae 181), Freiburg 2000.

[114] Zu diesem Problem siehe Zamora, *Krise – Kritik – Erinnerung* (Anm. 72) 241 ff.

[115] Und zwar nicht als ein so harmloses Problem, das man mit ein wenig Propaganda schon beiseite schieben kann – so wie Marx beanspruchte, den Fetischcharakter der Waren mittels der Religionskritik durchschaut und unwirksam gemacht zu haben.

[116] Fortwährend Neues zu schaffen ist nach dem oben Gesagten die Grunderfahrung, die die Waren- und Kapitalzirkulation den Menschen bereitet. Es ist also ein höchst profanes Geschäft. In einer von der dauernden Wiederkehr des Neuen

bringt dieser Ansatz, die Tiefenstruktur des Kapitalismus in einem verkürzten Freiheitsverständnis auszumachen, weil er damit von Anfang an jeden einzelnen Menschen für fähig hält, an der Befreiung von der Tauschwertfixierung und Reduzierung der geschichtlichen Dynamik auf die Kapitalzirkulation mit zu arbeiten. Alle Versuche, den Kapitalismus zur Naturnotwendigkeit erklären und jenseits der Praxis der Menschen anzusiedeln, wird auf der Basis dieses Ansatzes als Ideologie durchschaut. Die Freiheit ist sich selbst ein Gut, ein Ziel, das sie erreichen muss. Also ist auch die Verkürzung von Freiheitsverständnissen und die Reduktion des menschlichen Lebens auf eine vorübergehende Erscheinung in der ewigen Wiederkehr des Neuen eine freie Entscheidung. Für das Freiheitsverständnis muss sich die Freiheit entschließen – auch wenn sie nicht zwischen Freiheit und Unfreiheit wählen kann wie zwischen zwei Schokoladenriegeln, kann sie sich selbst verfehlen, z. B. indem sie sich als gleichwertig mit einem Schokoladenriegel versteht. Der Ansatz verbindet die radikalst mögliche Kritik des Kapitalismus mit dem Vertrauen in die Menschen, ihrer Reduktion auf Tauschwertniveau widerstehen zu können. Wozu sich die Menschen aus freien Stücken entschieden haben, davon können sie sich mit der Kraft ihres Willens, der Solidarität und Kreativität ihres Handelns selbst befreien.

Für die Präsenz der Kirche in der Stadt heißt es zweierlei: Durch ihre Präsenz demonstriert sie, dass nicht alles auf der Welt in Waren verwandelt und zum Kauf feilgeboten werden kann. Sie relativiert die tendenziell ökonomische Totalität der City. Durch ihre aktive Teilnahme am Streit um die Freiheit eröffnet sie Spielräume für die politische und moralische Gestaltung der Stadt: Nicht nur, was Geld einbringt, ist zukunftsfähig.

Der Modus dieser Beteiligung am Streit um die Freiheit ist die Mission – zur Ermöglichung der Beziehung zu dem Gott, der seine Souveränität in der unüberbietbaren Verwirklichung der Freiheit in der Nächstenliebe hat geschichtlich wirksam werden lassen. Eine naheliegendes Streitthema ist die Frage nach der ökonomischen Rekonstruktion von Religion: Eine Reduktion der Freiheit, die der Glaube voraussetzt, auf Marktfreiheit führt zur Hybris, zur Beanspruchung der Verfügungsmacht des Menschen über Gott. Der Gott,

---

geprägten Gesellschaft werden auch revolutionäre Strömungen zu Modeerscheinungen – und damit in der kürzest möglichen Zeit beseitigt.

für den er sich wie für dieses oder jenes Produkt entscheidet, ist nichts anderes als ein selbst gemachter Götze. Die Gnade, die er meint zu empfangen, ist eine Leistung menschlicher Redekunst und Imaginationskraft – über die man verfügen kann, wie über eine Dienstleistung.

2. Der Grund der Mission ist der Ursprung der Kirche: Die Kirche verfügt nicht über die ihr inhärierende Universalität, sondern sie empfängt sie; sie ist ihr anvertraut. Dieses Empfangen ist kein abschließbarer zeitlich begrenzter Vorgang – so wie unter irdischen Bedingungen eine Schenkung eine besondere Form des Besitzwechsels ohne Gegenleistung darstellt; nach Abschluss des Besitzwechsels ist dann für den Beschenkten das Geschenk so verfügbar wie ein durch Kauf erworbenes und in eine Ware verwandeltes Gut. Vielmehr kann vom Beschenkt-werden durch Gott nur dann gesprochen werden, wenn das Empfangen permanent ist. Nur dann ist die Verbindung von endlicher sichtbarer Kirche und der unsichtbaren Kirche, die der Hl. Geist selbst ist, in der sichtbaren Kirche und unter Bedingungen der Sichtbarkeit zum Ausdruck gebracht. Indem die Kirche in jeder ihrer Lebensäußerungen empfangend ist, bleibt in ihr der Herr präsent. Nur so vermeidet sie, das Unendliche im Endlichen verschwinden zu lassen und zu verlieren oder sich selbst dadurch zu verunendlichen, dass sie sich von aller irdischen endlichen Wirklichkeit löst.

Dabei stellt sich natürlich nicht nur die Frage, wie die Kirche in ihrem Handeln die Transzendenz Gottes bewahren, sondern auch die, wie sie ihre heilsgeschichtliche Eigenheit gewährleisten kann: Sich als Institution des dauernden Empfangens von Gottes Gnade zu definieren kann dahingehend missdeutet werden, dass die Kirche in Gott verschwindet. Naheliegendes Beispiel für eine derartige Selbstaufgabe ist die Minimierung der Differenz zwischen Christus selbst und seinem unsichtbaren Leib, der die Kirche nach 1 Kor 12 ist[117]. Problematische Folge einer derartige Selbstauflösung der Kir-

---

[117] Zu einer solchen Verneinung der Differenz zwischen Christus und seiner Kirche kann es leicht kommen, wenn man die magna carta der Leib-Christi-Ekklesiologie, das 12. Kapitel des 1. Korintherbriefes, isoliert; was die Kirche ist, kann nur im Zusammenhang der ganzen Schrift bestimmt werden. Dazu gehören z. B. auch die Wiederaufnahme und Abwandlung des Leib-Christi-Bildes in Eph 4, 15b.16 und die johanneische Ekklesiologie Joh 16, 7. Siehe dazu auch Sabine Mir-

che in Gott ist ein ideologisch verbrämter Fundamentalismus: Die Unmittelbarkeit zu Gott gewinnt die Kirche dann durch Selbstaufgabe ihrer irdischen Wirklichkeit, und zugleich beansprucht sie durch die Logik dieser Unmittelbarkeit die Macht, die allein Gott in Bezug auf seine Schöpfung zukommt. Wie kann die Kirche als Institution des unaufhörlichen Empfangens der Gnade sie selbst bleiben? War der Empfang der Gnade nach dem irdischen Modell des Tausches nicht ein Modus, irdische Souveränität zu denken, die weniger problematisch erschien als die Erschleichung himmlischer Gewalt durch Selbstaufgabe der irdischen Bedingtheit ihrer Wirklichkeit? Dieses Problem kann eine Analyse des Aktes des Empfangens, der Annahme und des Gehorsams erklären helfen: Auch dann, wenn die Differenz zwischen geschöpflicher und göttlicher Wirklichkeit nicht größer kann gedacht werden, versteht das Geschöpf diese Differenz nur adäquat, wenn es den Schöpfungswillen realisiert. Sich selbst durchzustreichen, sich im Akt des Empfangens der Gnade für unwichtig zu erachten oder gar aufzulösen widerspräche dem Schöpfungswillen Gottes und seiner Prärogative in der Erzeugung dieser Differenz. Den Unterschied, den Gott zwischen sich und seiner Schöpfung setzt, können weder der Mensch noch die sichtbare Kirche negieren.

Wie kann aber die Kirche die unaufhörliche Annahme der Gnade leben? Wie kann sie dieses Empfangen so praktizieren, dass im Empfangen deutlich wird, dass es Gottes Geschenk ist, das hier angenommen wird? Und wie kann dieses noch einmal so geschehen, dass die eigene Handlungsfähigkeit nicht hinter der Handlungssouveränität Gottes verschwinden muss, damit dessen Prärogative deutlich wird? Es gibt, so die Formel, nur ein einziges äußeres Authentizitätskriterium für den Empfang der Gnade: Nur der hat die Gnade empfangen, der sie an alle Menschen weitergeben will. Nur in diesem Weitergeben kann sich beweisen, dass es Gott war, der geschenkt hat. Dass das Empfangene nur empfangen worden ist, wenn es weitergegeben wird, ist ein Hinweis auf die Universalität und Göttlichkeit des Gebers. Dieses ist das gnadentheologische Fundament dafür, dass die Kirche in ihrem Wesen als missionarisch verstanden werden kann. Und dieses Fundament macht deutlich, dass

---

bach, *„Ihr aber seid Leib Christi". Zur Aktualität des Leib-Christi-Gedankens für eine heutige Pastoral*, Regensburg 1998.

die Mission kein zusätzliches fakultatives Handeln, sondern ein konstitutives Merkmal ihres Selbstvollzugs ist. Es ist ein Grundwort, dass die gleiche Reichweite hat wie andere Bilder der Kirche, die ihre Entsprechung zu ihrem Gründer, Ursprung und Auftraggeber aussagen: Pastoral, Tempel des Hl. Geistes etc[118].

Die Logik der missionarischen Dynamik löst nicht nur das Problem, die Autonomie der innerweltlichen Sachbereiche, in denen die Kirche allein sichtbar werden kann, und die Souveränität Gottes zusammen zu denken, sondern mit ihm vermögen die getauften Christen auch an der Einheit von Extrinsität und Intrinsität der Kirche fest zu halten. Die Kirche führt sich selbst auf das Offenbarungshandeln Gottes zurück. Sie ist nicht aus der Entwicklungslogik von Welt und Geschichte ableitbar, genauso wie die Göttlichkeit Jesu diese Erklärungsmöglichkeit sprengt. Die Kirche als Tradentin der Offenbarung ist ebenso Ereignis der Offenbarung. Sie bleibt sich nur treu, wenn sie in der Welt fremd bleibt; sie ist Vorschein eines Reiches, einer Realität, die nicht von dieser Welt ist. Auf der anderen Seite ist die Kirche aber nur dann ihrem Ursprung, der Zuwendung Gottes zu seiner Schöpfung, treu, wenn sie ganz in dieser Welt ist: Die Unabhängigkeit von dieser Welt ereignet sich, indem sie sich in vollständige Abhängigkeit von ihr begibt. Sie macht den Willen Gottes den Menschen dadurch vernehmbar und erfahrbar, dass sie die Bedingungen, unter denen Menschen leben, auch als die Bedingungen ihres Handelns und Lebens akzeptiert.

Das impliziert zweierlei: 1. Die Kirche kann sich den Bedingungen der Stadt unterwerfen, im Vertrauen auf den, der die Menschen geschaffen und ihnen Erlösung verheißen hat. Wer viel aus der Quelle des Glaubens getrunken hat, kann tiefer in die Wüste gehen (Wanke). 2. Mit den Augen des Glaubens sieht die Kirche in der Stadt mehr als diese von sich aktuell weiß. Sie macht die verdrängten und verschütteten Realitäten sichtbar – sie zählt auch die Menschen zum Gemeinwesen der Stadt, die in der herrschenden Meinung aus der Stadt ausgesondert und unsichtbar gemacht worden sind. Wo andere nur die glänzenden Fassaden der Banken und Geschäftshäuser sehen, sieht sie die Trümmer und Ruinen der Vorgängerbauten, die ihre Fundamente sind und die sie verdecken.

---

[118] Siehe dazu KKK 781–810.

Die Kirche verkündet das Reich Gottes, das wie sie nicht aus den immanenten Bewegungen der Menschheitsgeschichte ableitbar ist. Aber diese Unableitbarkeit des Reiches Gottes, das die Kirche so verkündet, dass in den Menschen sich davon schon Ahnungen einstellen, kann nicht durch Missachtung der politischen und moralischen Autonomie der säkularen Stadt gesichert und belegt werden – vor allem nicht unter Berufung auf die biblische Botschaft, dass Gottes Reich nicht von dieser Welt ist. Die Stadt bringt nicht das Reich Gottes aus sich hervor, aber ohne sie fehlte dem Reich Gottes das Material, aus dem es von Gott selbst gebaut werden wird. Die Stadt ist der Resonanzraum der Botschaft vom nahenden Reich Gottes. Wer meint, dass die säkulare Stadt erst zerstört werden müsse, damit das Gottesreich wachsen kann, lässt in Wirklichkeit die Botschaft von der Befreiung ins Leere laufen. Die Unableitbarkeit des Reiches Gottes aus der menschlichen Geschichte wird dadurch plausibel, dass ihre Boten und Zeugen bestehende Widersprüche in der Stadt beim Namen nennen. Diese Widersprüche macht die Kirche dadurch sichtbar, dass sie sich auf die Seite derer stellt, die in der Stadt nicht vorkommen und unsichtbar sind. Eine solche Option führt sie nicht nur in die Nähe der Einkommensschwachen, Obdachlosen und Kranken, sondern auch in die Nähe derer, die sich und ihre unverwechselbare Würde im akzellerierenden Wandel der Stadt zu verlieren drohen. In der Geldwirtschaft der Stadt liegen Aufstieg und Fall sehr viel dichter beieinander als in agrarisch geprägten Gesellschaften.

Unter Rücksicht auf die Beschreibung des Wesens der Kirche als missionarisch heißt das: Die Kirche ist in die Stadt gesandt und bleibt in sie gesandt, auch wenn sie in ihr bereits existiert und angekommen ist. Angekommen ist sie nur dann, wenn sie ihr Gesandtsein, ihre Bewegung in die Stadt nicht beendet oder für erledigt erachtet[119]. Sie bricht immer wieder neu in die Stadt auf. Sie bleibt in

---

[119] Die Rede von einer abschließenden Christianisierung einer Stadt, einer Landschaft oder einer Gesellschaft ist eine Vorstellung aus dem Bild- und Begriffsarsenal des militärischen, gewaltförmigen Handelns. Dann, wenn alle Widerstände gebrochen sind, ist eine Stadt vollständig erobert und die Kampfhandlungen können beendet werden. Dieses kann keine Vorstellungsbrücke für die Mission sein, weil Mission nie in der Brechung des Freiheits- und Autonomiestrebens der Menschen bestehen, noch vor dem jüngsten Tag für beendet erklärt werden kann. Diese Einsicht ergibt sich notwendigerweise aus dem Ziel jeder Mission

ihr fremd, sie kommt immer wieder von außen – und wird in ihr heimisch, aber heimisch als von außen kommende. D. h. sie inkulturiert sich, indem sie die Grenzen der existierenden Kulturen überwindet. Das Christentum ist im Rom des 2. und 3. Jahrhunderts die Religion der Armen geworden, indem sie den Armen die Hoffnung auf Befreiung mitteilte. Sie rezipierte die natürlichen Religionen, indem sie die Bildlosigkeit, Dysfunktionalität und Grenzenlosigkeit der wahren Religion zeigte. In der Weitung des Horizontes beweist die Kirche ihre Extrinsität, ihr Von-außen-Kommen, ihre Unableitbarkeit aus der Welt, ihren Ursprung im Handeln Gottes[120]. Diese Unverfügbarkeit ihrer Universalität findet ihre geschichtliche Realität in der Differenz zwischen der Gegenwart des kirchlichen Handelns und dem Vergangensein ihres Ursprungs. Der Universalität ihrer Sendung kann sich die Kirche nur dann bewusst und sicher sein, wenn sie sie unaufhörlich in der Rückbindung an ihren Ursprung im Heilsgeschehen, in Leben Jesu Christi vergewissert.

Vor diesem Hintergrund kann auch der für eine Theologie der Stadt nicht unerhebliche Befund, dass das Christentum eine Stadtreligion ist, verstanden werden. Die ihr eigentümliche Fremdheit in dieser Welt hat sie zuerst in der Stadt Heimat finden lassen. Kirche kann nicht ohne ihren städtischen Kontext verstanden werden. Nicht auf dem Land, sondern in der Stadt ist sie zuerst angekommen – in Jerusalem, Korinth, und schließlich im Zentrum der damaligen Welt, in Rom. Die Kirche hat sich immer wieder aus der Stadt heraus erneuert[121]. Dies wird unterstrichen durch die Bedeutung der Orden

---

und ohne das der Missionsbegriff unterbestimmt wäre: Mission hat den Glauben derjenigen zum Ziel, die noch nicht in die Gemeinschaft mit Jesus Christus eingegliedert sind. Der Glaube bleibt aber ein freier Akt Er ist das geheimnisvoll Zusammenwirken von Gnade und Freiheit. Nur als freier Akt ist er anrechenbar. Also ist Mission immer Kampf um die Freiheit, damit Menschen überhaupt eine positive Beziehung zu Christus gestalten können. Wenn die Kirche, wie im militärischen Vorstellungskreis, die Freiheit der Stadt bricht, konterkariert sie ihre Aufgabe. Und insofern „Mission" ein Grundwort der Kirche ist und ihre Wesenseigentümlichkeit beschreibt, ist der Wille, die Stadt, ihre Kultur und Freiheit zu zerstören, zuvor Zerstörung der Kirche. Zu dem Punkt, dass Mission eine bleibende Aufgabe der Kirche ist, siehe weiter unten Anm. 125.

[120] Der Ursprung der Kirche ist nicht die Transzendenz, sondern der personale Gott, dessen Transzendenz in seiner Zuwendung zum Anderen von sich offenbar und in der Menschwerdung seines Sohnes immanent geworden ist.

[121] Siehe dazu den Beitrag von Michael Sievernich in diesem Band.

der Armutsbewegung für den Weg der Kirche durch die Geschichte: Die Erneuerung erwuchs der Kirche aus der Stadt. Sie konnte ihr nur aus der Stadt erwachsen, weil sie wie Franziskus und Dominikus in die Stadt hineinging und das Evangelium auf den Marktplätzen und unter in den elenden Bedingungen der Existenz des Stadtproletariates glaubwürdig verkündete. In der Stadt hat sie die Nächstenliebe in der denkbar radikalsten Weise praktiziert, nämlich mit dem Verweis auf die Zuwendung Gottes zu allen Menschen. Nur eingedenk der Tatsache, dass das Christentum eine Stadtreligion ist, kann man auch die gegenwärtig dominanten Präsenzweisen der Kirche in den städtischen Zentren verstehen: Die freie Initiativen, die sich in vielen Fällen unter dem Programmwort der Citypastoral versammeln, knüpfen an die Verkündigungspraxis der Orden in den Städten an. Oft sind sie aus ihnen hervorgegangen[122].

Diese Initiativen verifizieren auf eine sehr anschauliche Weise den missionarischen Charakter der Kirche. Er wird in der Stadt und durch sie besonders sichtbar. In Bezug auf die innerstädtischen Pfarreiseelsorge sind die Aufbrüche der Orden, der Verbände wie Caritasverband u. a. bis hin zu den Citypastoralinitiativen immer auch Überschreitungen der Grenzen der bisherigen Realität der Kirche. Sie erweitern den Wirkungsradius der Kirche und verändern zugleich die Kirche.

Insofern ist die Rede vom missionarischen Aufbruch in die Stadt, auch wenn sie in der Stadt schon längst existiert, eine glückliche Formulierung. Denn nie ist sie vor der Gefahr gefeit, sich der Stadt gleich gemacht zu haben. Dann hat sie den Außenbezug, den Transzendenzbezug verloren – sie hat sich möglicherweise in das arbeitsteilige Schema der Kontingenzbewältigungspraxis[123] eingelassen und beschränkt sich darauf, autarke Gesellschaft in der Gesellschaft zu sein, reduziert ihre Sorge auf die Sorge um ihre Gebäude und Grundstücke. Das passiert auch dann, wenn die Kirche nur dort wirkt, wo sie – im durchaus säkularen Sinn – uneingeschränkt herr-

---

[122] Ottmar John, *Grundtypen der Citypastoral*, in: PThI 28 (2010–02) 44–54.
[123] Siehe dazu Ottmar John, *Religion und Politik. Gedanken über die Notwendigkeit ihrer Vermittlung im Anschluss an ein Diktum von Jürgen Habermas*, in: Knut Wenzel / Thomas M. Schmidt (Hrsg.), Moderne Religion? Theologische und Religionsphilosophische Reaktionen auf Jürgen Habermas, Freiburg 2009, 266–346, vor allem 289–300.

schen kann: Mitarbeiter einstellen, Geld verteilen oder durch Sanktionsmittel Willfährigkeit erzeugen[124]. Wenn sie nur so in der Stadt handelt, dann ist sie noch nicht bei den Menschen. Umso mehr sie sich den Menschen zuwendet und sich zu ihnen aufmacht, ihren angestammten Herrschaftsraum verlässt, desto mehr realisiert sie ihren Transzendenzbezug und ihre Jenseitsverwurzelung. D. h. auch wenn die Kirche aus der Stadt kommt, muss sie in die neue Stadt aufbrechen[125] – allein schon deswegen, weil die Stadt, aus der die Kirche kommt, nicht einfach die gleiche ist wie die Stadt, die heute im Entstehen begriffen ist. Auch in ihr mag schon Kirche irgendwie vorhanden sein. Aber oft nur als Museum, als Überbleibsel einer vergangenen Hochkultur, als Pflege einer Ästhetik und eines Geschmacks, der beim besten Willen nicht mehr der Geschmack heute lebender Menschen sein kann[126]. Der missionarische Aufbruch der Kirche aus der Stadt in die Stadt dient dem Ziel, dass es jetzt in der Stadt eine Hinwendung zu Gott gibt.

Ohne Gott wären die Ansprüche der Stadtbewohner an sich und an ihre Gemeinschaft bescheidener und weniger universal. Es be-

---

[124] Es gibt nach dem bisher Gesagten zwei Versuchungen, die Spannung zur Welt aufzulösen: Die Verjenseitigung und die Verdiesseitigung, die religiöse Überhöhung der Stadt und den Rückzug ins Ghetto bzw. in den autarken heiligen Bezirk. Auch die Verjenseitigung ist in Wirklichkeit eine Verdiesseitigung; denn als autarker, abgesonderter Bezirk in der Welt macht sich die Kirche dadurch der Welt gleich, dass sie ein sehr weltliches Verhältnis zur Welt pflegt. Sie realisiert den „Unterschied" zur Welt wie ein Teil der Welt sich von einem anderen unterscheidet, wie sich ein Staat zu einem anderen verhält.

[125] Damit ist der Topos der Unaufhörlichkeit der Mission der Kirche eingeholt: Mission ist kein Zustand, den man endgültig herstellt. Er ist keine Bewegung ausschließlich von innen nach außen, sondern die Bewegung nach außen hat zuerst Binnenwirkungen. Die Rückwirkung des Aufbruchs in die Welt ist das erste, was dieser Aufbruch bewirkt. Die Enzyklika Pauls VI. *„Evangelii nuntiandi"* von 1975 formuliert den zentralen Grundsatz des Paradigmas einer sich missionarisch verstehenden und ausrichtenden Kirche: Evangelisierung ist zuerst Selbstevangelisierung und Umkehr – die Verantwortlichen der Kirche stehen selbst unter dem Anspruch des Evangeliums und der Sendung: Die ersten Adressaten der Evangelisierung sind ihre Subjekte selbst. Die Unausweichlichkeit der Selbstevangelisierung ist auch ein Indiz für die Universalität ihres Ursprungs.

[126] Damit soll keineswegs verneint werden, dass die Verkündigung des Glaubens an einen solchen musealisierenden Gebrauch der Religion anknüpfen kann. Musealisierte Religion enthält gleich wie ihre Reduktion des Glaubens auf ein reines Für-wahr-Halten Entfaltungsmöglichkeiten zu einer vollen religiösen Praxis.

steht die Gefahr, dass die Hoffnungen der Menschen auf das reduziert werden, was man kaufen und dessen Herstellung durch den Marktmechanismus bewirkt werden kann. Es wäre zu kurz gedacht, wenn man die Marginalisierten als die versteht, die vom Marktgeschehen ausgeschlossen sind, weil sie besitzlos sind, ihre Arbeitskraft vermindert ist, sie auf dem Arbeitsmarkt mit ihren spezifischen Fähigkeiten keinen Abnehmer finden etc. Auf diese Herausforderung reagiert die soziale Marktwirtschaft dadurch, dass sie die Marginalisierten in die Arbeits- und Konsummärkte integriert. Wenn die Integration und Inklusion darin besteht, Menschen am Marktgeschehen zu beteiligen, dann unterstellt man, dass diese Gesellschaft nahezu vollständig durch den Marktmechanismus bestimmt ist. Die Kirche muss tiefer ansetzen, weil sie davon ausgeht, dass die Menschen fähig sind, über den konkreten Zustand der Gesellschaft hinaus zu sehen und zu hoffen, weil sie die Freiheit des Menschen allgemeiner und umfassender denkt als die Freiheit, über Waren zu verfügen. Nicht nur der Ausschluss vieler Menschen aus der Warenzirkulation ist ihr Anlass zur Kritik der Gesellschaft, sondern vor allem die Halbierung der Wünsche und Hoffnungen auf Bedürfnisse, die durch Waren befriedigt werden können.

3. Die Sendung der Kirche zu allen Menschen beinhaltet eine Bewegtheit und geschichtliche Dynamik: Ihre eigene Geschichte ist doppelt konditioniert: 1. In der johanneischen Ekklesiologie ist Christus in und durch die Kirche zwischen Himmelfahrt und Wiederkunft unter den Menschen anwesend. Das bedeutet, dass die Kirche eine zeitliche Erstreckung zwischen Ursprung und Ziel hat. Sie ist die Bewegung auf das Ziel hin; nur dadurch bewahrt sie ihren Ursprung in sich präsent. 2. Die geschichtliche Dynamik der Kirche ist bedingt durch die Zeitlichkeit menschlichen Lebens und menschlicher Gesellschaft. Sie ereignet sich im Zugehen auf die Menschen. Die Kirche verändert sich, weil sie auf die Menschen zugeht und mit ihnen sich auf den Weg in die Gemeinschaft mit Gott macht. Sie ist nur dann ganz bei den Menschen, wenn sie auch die verschiedenen Zeiterfahrungen der Menschen teilt und sich hineinziehen lässt in die Zeitverhältnisse und Zeitstrukturen, die menschliches Leben bedingen[127].

---

[127] Die Kirche hat ihre eigene Zeitlichkeit und Geschichtlichkeit. Diese ist durch das Ziel der Gemeinschaft mit Gott konstituiert. Sie ist pilgerndes Gottesvolk auf dem Weg zum ewigen Heil. Diese Bild der Kirche, das das Zweite Vatikanische

Umso mehr die Zeitstrukturen menschlichen Lebens und Handelns von Alltagserfahrungen geprägt werden, die Benjamin als signifikante Phänomene der modernen Stadt erachtet und mit dem Theorem der ewigen Wiederkehr des Neuen inklusive der Erhöhung der Bewegungstempi des gesellschaftlichen Wandels deutet[128], desto mehr geraten die Zeiterfahrungen der Menschen und die Zielorientierung der Kirche in Spannung zueinander. Zweifelsohne widersprechen sich unendliche Kreislaufbewegung der Zeit und die Auffassung der Geschichte als Weg zu einem unüberbietbaren Ziel.

Nun kann es sich nicht um einen einfachen Gegensatz handeln: Oben ist bereits auf die 1. Antinomie der kantischen Dialektik hingewiesen worden: Ob die Welt von endlicher Dauer ist und sich auf ein Ziel zu bewegt oder ob sie ziellos unendlich dauert, ist für die Vernunft unentscheidbar. Nicht zwei „Zeiten" geraten miteinander in Konflikt, sondern zwei Zeitkonzepte. Jedes kann vollständig begründet werden. Und jedes Zeitkonzept kann die Gründe für das andere integrieren. Die Auffassung der unendlichen Dauer der Welt findet im Gedanken von der ewigen Wiederkehr des Gleichen die Synthese von Endlichkeit und Unendlichkeit. Nur im dauernden Werden von Vergehen kann die Vorstellung der Unendlichkeit der Welt Plausibilität beanspruchen. Die Auffassung von der endlichen Zeit, die auf ein glückliches Ende der Welt zuläuft, bedarf, um widerspruchsfrei gedacht werden zu können, eine Vorstellung von einem Danach, einem Jenseits der Zeit, letztlich die Vorstellung der ewigen Glückseligkeit als notwendigem Gedanken, ohne den die zeitliche Sukzession der Dinge und Ereignisse nicht gedacht werden kann[129]. Mit der Notwendigkeit eines Jenseits ist noch nichts über die konkreten inhaltlichen Vorstellungen und erst recht nichts über die jüdisch-christliche Eschatologie gesagt, sondern lediglich auf ein Allgemeingut aller Religionen der Menschheit hingewiesen. Es gehört offensichtlich zur conditio hu-

---

Konzil vor allem in der dogmatischen Konstitution „*Lumen gentium*" erneuert hat – zum dynamischen und eschatologischen Charakter der pilgernden Kirche siehe vor allem das Kapitel 7 – ersetzt nicht die anderen Bilder, sondern ergänzt und vervollständigt sie.

[128] Wie oben in 2.2 als zeitliche Kernstruktur der Realität der Ware dargelegt.

[129] Das kann hier nicht näher belegt werden. Siehe für den notwendigen Zusammenhang von Leidenserfahrung und Hoffnung Helmut Peukert, *Wissenschaftstheorie – Handlungstheorie – Fundamentale Theologie*, Frankfurt 2009.

mana, dass sich Menschen Vorstellungen über ihr eigenes, endliches Leben hinaus machen können.

Die jeweiligen Metaphysiken der endlichen und unendlichen Zeit haben eine Reihe von Implikationen. Menschliche Individualität und Moralität gewinnt in den widerstreitenden Zeitkonzepten unterschiedliche Gewichtungen: Für die Vorstellung der unendlichen linearen Zeit verliert die moralische Handlung des individuellen Subjektes umso mehr an Bedeutung und Gewicht, je mehr Zeit vergeht. Da es keinen Endpunkt der Zeit gibt, von dem aus sinnvollerweise eine Rückschau auf das Ganze des Geschehens getätigt werden könnte, tendiert in dieser Zeitvorstellung die Bedeutung des sittlichen Aktes gegen Null – in Bezug auf sittlich verwerfliche Handlungen hat dieses prinzipiell den Rang einer Apokatastasis[130]. Die Vorstellung der endlichen Zeit ist die Implikation eines Selbstbewusstseins der Bedeutsamkeit sowohl menschlicher Individualität als auch Moralität. Es ist eine Forderung der praktischen Vernunft, dass es einen Ausgleich für ausgebliebenen irdischen Lohn für die Pflichterfüllung wie für sittliche Verfehlungen gibt[131]. Wenn für die Vernunft unentscheidbar bleibt, ob die Zeit unendlich oder endlich ist, dann ist die Wahl des Konzeptes eine Frage des Willens: Wer will, dass gute Taten einen Sinn haben, muss deren Sinn in seinem Handeln und Reden anerkennen und ein gutes Ende der Geschichte postulieren. Wer dieses unterlässt, bescheinigt auch sich selbst und seinem eigenen sittlichen Bemühen Bedeutungslosigkeit[132].

---

[130] Siehe dazu John, *Benjamins mikrologisches Denken* (Anm. 35).

[131] Kant verweist auf die Evidenz der Vergeblichkeit des Einsatzes für das Gute. Es gibt Menschen, die das Gute tun wollen, aber nicht bewirken können. Das wird dann zu einem Problem der Konstitution der praktischen Vernunft, wenn auch der, der das Gute tut, seiner nicht teilhaftig wird. Dass ein der Glückseligkeit würdiger Mensch nicht ihrer auch teilhaftig werde, dem kann aus moralischen Gründen nicht zugestimmt werden. Wenn aber dieser Ausschluss von dem gesellschaftlichen Glück oder Gemeinwohl endgültig ist, etwa deswegen, weil der moralisch würdige Mensch gestorben ist, dann gerät die praktische Vernunft mit sich selbst in einen Widerspruch – Immanuel Kant, *Kritik der praktischen Vernunft*, in: Derselbe, Werkausgabe VII (hrsg. v. Wilhelm Weischedel), Frankfurt 1974, A 199.

[132] Damit ist ein allgemeiner Begriff der Freiheit als Fundament der theoretischen Vernunft in Rechnung gestellt: Auf der einen Seite ist die Frage der Antinomie der zeitlichen Dauer eine theoretische Frage – die Vernunft stößt in der Beantwortung dieser Frage an ihre Grenzen. Auf der anderen Seite gibt es ein Postulat für die Auffassung der Endlichkeit der Welt, damit Vernunft, deren Subjekt im-

Der Sinn der Kirche besteht darin, den Glauben an Jesus Christus und die Hoffnung auf seine Wiederkunft zu verkünden und so zu leben, dass in ihren Lebensäußerungen das Ende schon erahnbar ist. Das verheißene Reich Gottes, die ewige Glückseligkeit aller Menschen, die universale Solidarität auch mit den Toten, wird vor allem in einer radikalen Liebe zum Nächsten vorweg genommen – radikal in dem Sinne, dass sie angesichts des Todesschicksals des Anderen nicht resigniert. Das kann nicht unabhängig vom Glauben der einzelnen Menschen bezeugt werden. Insofern formuliert die Kirche eine Option für ein Konzept der befristeten Zeit. Es ist evident, dass die Kirche für ihre Sendung in die Stadt natürliche Bündnispartner hat: Es sind jene Menschen, die ihrerseits aus moralischen Gründen die Stadt als Gemeinschaft auffassen und gemäß den Normen dessen, was die Menschen von der natürlichen Vernunft als ihre Pflicht zu tun einsehen können, für eine gute Zukunft der Stadt sich einsetzen. Die Differenz zwischen jenen, die für das immanente Geschichtsziel einer gerechten Gesellschaft kämpfen, und denen, die auf das Reich Gottes hoffen und in der Praxis wirklicher Solidarität Anzeichen seines Kommens erblicken[133], ist von gradueller Natur gegenüber der Differenz zu allen Spielarten der Selbstauslieferung der Menschen an einen anonymen, subjektlosen Lauf der Zeit, den sie dann auch noch für Fortschritt halten[134].

---

mer ein Individuum ist, überhaupt vollzogen werden kann. Vernunft kann dann vollzogen werden, wenn ein einzelner Mensch vernünftig sein will – an diese Bedingung ist die Realität des Vernunftgebrauchs gebunden. Diese Bedingung impliziert die Option für die endliche Dauer der Welt – keineswegs kann diese Option das Resultat der theoretischen Vernunft jedoch ersetzen. Es bleibt, obwohl es sein soll, ungewiss. Und es soll sein, ohne dass Gewissheit herrschen kann über den Erfolg eines Handelns, das diesem Imperativ entspricht.

[133] Zwischen Werken und Rechtfertigung existiert keineswegs eine formale Kausalität in dem Sinne, dass die Menschen durch ihre Gerechtigkeit die Gottesgerechtigkeit herbeizwingen könnten – soweit ist der lutherischen Kritik der Werkgerechtigkeit recht zu geben. Aber es gibt ein inhaltliches Entsprechungsverhältnis zwischen der Erfahrung der Liebe in dieser Welt und der im Himmel – wenn es überhaupt keine Entsprechung zwischen menschlicher Vernunft, Sprache und Handeln und dem Handeln Gottes gäbe, dann könnte es auch keine Bilder des Vorscheines des Reiches Gottes geben. Jede conversio ad phantasmata wäre sinnlos und Selbsttäuschung.

[134] Rahners geschichtstheologischer Grundbegriff der Koextensität der Heils- und Profangeschichte bezieht sich vor allem auf das Verhältnis von immanentem

Welchen Sinn hat aber dann der Begriff unendlicher Zeit, der gleichwohl denknotwendig und durch die Option für das gute Ende der Geschichte nicht einfach erledigt ist. Die Option für die befristete Zeit (Metz) ist nur dann ein widerspruchsfreier Begriff der Vernunft, wenn er den Begriff der unendlichen Zeit denken kann. Diesen Begriff der unendlichen Zeit kann man einmal als abstrakten Begriff von religiösen Vorstellungen ewiger Glückseligkeit auffassen, er ist in allen Begriffen der endlichen Zeit und Geschichte mitgedacht. Aber ist seine Abstraktheit nicht in dieser Perspektive ein Irrtum, oder wenigstens ein Merkmal seiner Vorläufigkeit? Muss er im Lichte der religiösen Jenseitsvorstellungen der Menschheit inhaltlich dechiffriert werden? Seine inhaltliche Dechiffrierung, d. h. der Nachweis der Künstlichkeit seiner Abstraktheit und Formalität sagt ja noch nichts über die Realität einer postfinalen zukünftigen Welt.

Welchen Sinn hat aber die Abstraktheit dieses Begriffs? Er behält die Evidenz, mit der unter Bedingungen des status viatoris nicht ausgeschlossen werden kann, dass die Geschichte der Menschen scheitert. Wenn die Menschheit sich selbst beseitigt hat, läuft die Zeit trotzdem weiter – anders ist das Ende der Menschheit nicht denkbar. Es ist deswegen eine Unüberlegtheit gewisser Theologien der sechziger und siebziger Jahre, mit der realen Möglichkeit des atomaren overkills die christliche Apokalyptik replausibilisiert zu sehen. Nicht das Ende der Zeit ist die Katastrophe, sondern dass es so weitergeht, hatte Benjamin schon im Blick auf die gesellschaftlichen Tendenzen der späten dreißiger Jahre gesagt[135]. Das Postulat des En-

---

und transzendentem Ziel der Geschichte – siehe dazu Karl Rahner, *Grundkurs des Glaubens. Einführung in den Begriff des Christentums*, Freiburg/Basel/Wien 1976 u.ö. 143 ff. Das ist aber angesichts des im Kapitalismus dominant werdenden Zeitverständnisses der ewigen Wiederkehr, der Kapitalzirkulation und der Beschleunigung zu kurz gedacht. Gibt es gegenüber geschichtsteleologischen Konzepten eine gewisse Gleichzeitigkeit, so gegenüber der ewigen Wiederkehr Ungleichzeitigkeit. Wenn sich die Kirche aber nicht auf das bezieht, was ihr fremd – sei es geblieben oder geworden – ist, bleibt diese Ungleichzeitigkeit unproduktiv. Wichtigste Forderung an das missionarische Handeln der Kirche: Ungleichzeitigkeiten produktiv machen!

[135] Benjamin, *Gesammelte Schriften* (Anm. 33) I 592; dazu sekundär Ottmar John, *Fortschrittskritik und Erinnerung*, in: Edmund Arens / Ottmar John / Peter Rottländer, Erinnerung – Befreiung – Solidarität. Benjamin, Marcuse, Habermas und die politische Theologie, Düsseldorf 1991, 13–80.

des der Zeit ist vernunftnotwendig, seine Nichterfüllung kann jedoch nicht ausgeschlossen werden. Die Nichterfüllung der Sehnsüchte der Menschheit muss denkbar bleiben – nur so sind sie Inhalt eines rationalen Begriffs. Wäre ihre Erfüllung im Begriff garantiert, hätte sich der Glaube erübrigt. Das gute Ende der Geschichte ist so plausibel wie die moralische und politische Praxis der Menschen – vor allem, wenn sie sich unter den Anspruch stellen, dass ihr Handeln dem Willen des allmächtigen Gottes entspricht. Gezeigt ist dieses Entsprechungsverhältnis, wenn es mit Gründen gegen den Verdacht der Selbstdivinisierung verteidigt werden kann und der Maßstab, an dem das Handeln der Menschen gemessen wird, von Gott selbst geoffenbart ist.

Wie kann diese Vorstellung mit der Zeitstruktur des Warencharakters vermittelt werden? Die Hoffnung auf ein gutes Ende der Geschichte und die Unendlichkeit der Warenzirkulation können keinen einfachen Gegensatz bilden[136], wenn ihr Verhältnis in Kontinuität zum positiven Verständnis der Schöpfung gestaltet wird; einfache Gegensätze disponieren zu gnostisierenden Vorstellungen und Verhältnisbestimmungen. Der Gegensatz zwischen der Hoffnung auf ein gutes Ende und dem Verschwinden der Dinge im Wechsel der Moden kann vermittelt werden in der Aufmerksamkeit der Menschen für das, was die Warenzirkulation zum Verschwinden bringt, aber doch ein notwendiges Substrat für die Realisierung von Tauschwerten darstellen: die Materialität und Besonderheit der Dinge. Ihre Brauchbarkeit, ihre Dienlichkeit und ihren Nutzen für das menschliche Leben zur Geltung kommen zu lassen, was nur der Einheit von theoretischer und praktischer Vernunft möglich ist, relativiert die ewige Wiederkehr des Gleichen bzw. des Neuen. Sie beschränkt die

---

[136] Von daher ist die einfache Gegenüberstellung von erfüllter und abstrakte Zeit nicht hinreichend: Die Theologie kann von „erfüllter Zeit" nicht in dem Sinne affirmativ reden, als ob sie jetzt Gegenstand der Anschauung sein könnte. Sie kann nur a) als ausständig, als für uns nicht gegenwärtig, also negativ von ihr reden, b) sie kann diese Negation nur als Differenz zwischen partikularem Vorschein und universaler Verheißung aussagen. Es muss etwas geben, das berechtigt, von dieser Zukunft zu sprechen. Theologisch war der Ursprung, die Erinnerung der Fülle der Zeit der Grund, weshalb es für alle Menschen eine gute Zukunft gibt. Wie ist diese in der Gegenwart vermittelt? Durch eine Praxis, die der Zuwendung Gottes zu seiner Menschheit entspricht, also in der Einheit von Mission und Nächstenliebe.

Funktion des Marktes auf die Sphäre der Produktion und des Handels – in diesen Grenzen muss er seine Produktivität für die Versorgungssicherheit aller Menschen beweisen. Freilich verbietet eine solche Auffassung von Marktwirtschaft jenen Aberglauben, dass mit dem Verschwinden der Waren im Wechsel der Moden zugleich automatisch Neues entstünde.

Eine Theologie der Stadt ist konstituiert durch die Erlösung der ganzen Welt in der Überwindung von Tod und Sünde im Geschick Jesu. Sie ist so offen und unfertig, wie diese Erlösung in einem Leben für alle anderen ausständig ist. Wie gewiss auch der Glaube an das Erlösungswerk Jesu Christi ist, er kann nicht die Offenheit des Lebensweges eines jeden Einzelnen, bis dass die ganze Geschichte ihr Ende und Ziel in der ewigen Glückseligkeit gefunden hat, verneinen.

Gott in der Stadt
Zu einer Theologie der Säkularität

Knut Wenzel

1. Historische Typologien

Der zwischen dem Zweistromland und dem Nil aufbrechende Geschichtsbogen der biblischen, jüdisch-christlichen Überlieferung, der, das Mittelmeer umrundend, schließlich durch Europa hindurch sich auf die Welt insgesamt hin ausspannt, und der bei näherem Hinsehen keineswegs homogen, einlinig oder notwendig erscheinen will, kennt viele Aufbrüche der Stadt (auch Zusammenbrüche und Ausbrüche aus ihr), bis hin schließlich zu den Megalopolen heutiger Zeit, denen viele die Zerstörung der Stadt mit ihren eigenen Mitteln attestieren[1]. Und es ist auch nicht zu leugnen, dass diesem selben Geschichtsbogen eine Tradition des Verdachts gegenüber der Stadt innewohnt, die sich über etliche Filiationen vom sprichwörtlich gewordenen Städtepaar Sodom und Gomorra (Gen 18,16–19,29), über „Babylon die Große, die Mutter der Huren und aller Abscheulichkeiten der Erde" (Apk 17,5) bis hin zur Hypostasierung Londons als neues Babylon in der Rastafari-Bewegung, bis hin zum Kampf gegen die Städte in den jugoslawischen Zerfallskriegen, bis hin auch zu den Anschlägen von New York (11.9.2001), Istanbul (15. u. 20.11.2003), Madrid (11.3.2004), London (7.7.2005) und Bombay (26.11.08; 13.7.11) erstreckt.

Zugleich gilt aber auch, was Raoul Manselli in seiner Biographie des Franziskus über den geistlichen Aufbruch im Hochmittelalter schreibt: das Aufkommen der Armutsbewegungen, das Aufbrechen der Laienspiritualität, die Entstehung neuer Ordenstypen ... – „[a]ll die Verschiedenheiten, Neuerungen, Umwälzungen lassen sich zurückführen auf ein einziges Phänomen, das nach dem Jahr 1000

---

[1] Vgl. hierzu *Das Ende der Stadt oder die Stadt ohne Ende*, das Schlusskapitel in Jacques LeGoffs *Die Liebe zur Stadt. Eine Erkundung vom Mittelalter bis zur Jahrtausendwende*, Frankfurt-New York 1998, 135–147.

sich als immer entscheidender erwies: die Entstehung und zunehmende Bedeutung der Städte."[2] Und Manselli lässt keinen Zweifel daran, wie er diese Entwicklungen beurteilt: „Es wäre jedenfalls ein schwerer Irrtum zu behaupten, dieses Bündel von Spannungen, geistlichen Standpunkten, religiösen Bewegungen sei Anzeichen einer Krise des europäischen Lebens gewesen. Vielmehr waren es Manifestationen einer Energie, die sich mit geballter Kraft und neuem Schwung in verschiedenste Richtungen ausdrückte und bewegte."[3]

Diese Städte können sich in Italien, vor allem in der Mitte und im Norden, in einem Zwischenbereich zwischen der weltlichen Macht des Kaisers, die mit dem Gottesgnadentum auch geistliche Autorität beansprucht, und der geistlichen Autorität des Papsts, die etwa mit der sogenannten kurialen Interpretation der Zweischwerterlehre (vgl. Lk 22,38), bis hin zur Konstitution *Unam sanctam* Papst Bonifaz' VIII von 1302, auch weltliche Macht beansprucht, entwickeln. Es entspricht dieser Zwischenstellung, dass sich in den Städten ein nicht-absoluter Typos von Macht etabliert, zwischen zwei Instanzen mit jeweils absolutem Machtanspruch. Die Macht in den Städten ist eine vor allem zeitlich begrenzte Macht, weil sie sich eben nicht wiederum auf eine absolute Instanz der Machtbegründung rückbezieht, sondern „von den Mitbürgern selbst übertragen" wird.[4] Diese Eindämmung von Macht – nicht nur durch ihre zeitliche Beschränkung, sondern auch durch die Herausbildung von Verfahren der Kontrolle und des Gegengewichts, Verfahren, die, wenn auch faktisch nicht von vornherein uneingeschränkt, so doch prinzipiell auf öffentliche Zugänglichkeit hin tendieren – diese Eindämmung von Macht führt nicht zu einer dysfunktionalen Schwächung, sondern zur Einbeziehung prinzipiell aller Bürger in die Regierung der Stadt. Eine solche Öffnung der Macht hin zu einer Verfassung der Einbeziehung aller ist für ein Gemeinwesen, das auf soziale, ökonomische und politische Beweglichkeit und Kreativität gegründet ist, notwendig. Dieser Typ Stadt entsteht in Europa ab dem 11. Jahrhundert. Es wird freilich Jahrhunderte brauchen, um das dort freigesetzte Potential auszuschöpfen, das heißt zu verwirklichen. Dies geschieht auf dem Weg

---

[2] Raoul Manselli, *Franziskus. Der solidarische Bruder*, Freiburg-Basel-Wien 1989, 24.
[3] A. a. O., 23.
[4] A. a. O., 25.

der Universalisierung, also der Abstrahierung vom Phänomen Stadt, der deswegen der Status einer Metapher für Emanzipation und Humanisierung zuwächst,[5] wobei zu bedenken ist, dass eine Metapher als „uneigentliche Rede" nur funktioniert, wenn sie auch eine Verankerung in der „Eigentlichkeit" behält, weswegen der Metapher Stadt auch ein Maßstab zur Diagnostizierung entgleisender Modernisierungsentwicklungen ablesbar wird.[6]

Franziskus jedenfalls, Kind solcher neuen städtischen Kultur, dessen Bekehrung keine Abkehr von ihr bedeutet, sondern deren Fortsetzung in einem neuen, radikalen Bedeutungsrahmen, muss in diesem ‚Bündel von Spannungen', das sich ‚in verschiedenste Richtungen ausdrückte und bewegte', verstanden werden. Es ist deswegen folgerichtig, wenn Mario von Galli den Leitbegriff der neuen städtisch-patrizialen Lebensform, die vom Adel entliehene *cortesia*, aufgreift und unter diesem Begriff die Linien seines Franziskus-Buchs zusammenlaufen lässt: *noblesse* als Chiffre franziskanischer Existenz.[7] Und ebenso versteht Andreas Alkofer seine inspirierte Studie zur Rehabilitierung der Höflichkeit als Fundamentalbegriff Theologischer Ethik als ein Unternehmen im Geist seines Ordensgründers.[8] Alkofer kann *en passant* das Gottesdenken und den Gottesglauben des Franziskus in der Formel zusammenfassen: „Dio è cortese".[9]

---

[5] Dem entspricht die Einschätzung Jacques LeGoffs, dass die politische Bedeutung des mittelalterlichen Typs Stadt heute wesentlich größer ist, womöglich erst in Zeiten der Globalisierung ihr volles Gewicht erhält. Vgl. Jacques LeGoff *Die Liebe zur Stadt* (Anm. 1), 137.

[6] Vgl. hierzu allgemein: Gerwin Zohlen, *Metropole als Metapher*, in: Gotthard Fuchs u. a. (Hg.), Mythos Metropole, Frankfurt 1995, 23–34.

[7] Vgl. Mario von Galli, *Gelebte Zukunft: Franz von Assisi*, Luzern-Frankfurt 1970, 206–232.

[8] Vgl. zur franziskanischen Grundlegung dieses Höflichkeitsdiskurses Andreas-P. Alkofer, *Konturen der Höflichkeit. Handlung – Haltung – Ethos – Theologie. Versuch einer Rehabilitation*, Würzburg 2005, 529–561.

[9] A. a. O., 512, Anm. 775.

2. Städtische Spiritualität

Diese neue städtische Spiritualität ist keine integrale mehr (wenn es die je gegeben haben sollte), sondern eine *vektoriale*. Sie wird nicht mehr mit einer Art *extensionaler Absolutheit* alle Phänomene und Lebensäußerungen in einem Deutungsrahmen versammeln wollen oder können, sondern sich in einer *intensiven Absolutheit* auf alle Phänomene und Lebensäußerungen beziehen wollen und müssen. Diese Umstellung von Integration auf Relation realisiert – im Sinn von wahrnehmen und verwirklichen – die Inhomogenität, wenn nicht Disparatheit der Wirklichkeit – die Irreduzibilität subjektgenerierter Einzelmomente –, und sie respektiert die, welche für die ‚Bewegung' und die ‚Expression' von Bedeutung ‚in verschiedenste Richtungen' verantwortlich sind: die Menschen, die sich je unverwechselbar ausdrücken und dadurch die Dinge ‚in verschiedenste Richtungen' in Bewegung versetzen. Dies ist mehr oder weniger idealtypisch formuliert, entbehrt deswegen aber nicht der real-historischen Basis. Um es pointiert zu sagen: Hatte die benediktinische Lebensform Europa einen neuen *ordo* eingepflanzt, brachte die franziskanische Lebensform die neue Kultur einer selbst zu verantwortenden *vita evangelica* zum Ausdruck.

Dem neuen städtischen entsprach ein neues religiöses Selbstbewusstsein, und zwar, schaut man auf die Sozialstruktur der Armutsbewegungen, vom Patriziat über die Handwerker bis zur Unterschicht: selbst in die Verantwortung für sein Heil gerufen zu sein und sich darin nicht vertreten lassen zu können durch die differenzierte Vermittlungsstruktur einer kirchlichen Gnadenanstalt. Mit den Armutsbewegungen des 12. und 13. Jahrhunderts erfährt die europäische Geschichte einen ersten großen Subjektivierungsschub, dessen religiöse Dimension nicht nur Echo sozialgeschichtlicher Umbrüche ist: selbst ein Leben gemäß dem Evangelium zu führen (und dies nicht den Spiritualitätsprofis des monastischen Stands zu überlassen), selbst die Botschaft Jesu weiterzutragen (und dies nicht dem Verkündigungsmonopol der Kleriker zu überlassen) – sind diese beiden Säulen der neuen Laienspiritualität nicht auch legitime Quellen der neuzeitlich-modernen Freiheitsrechte?

Eine solche Einschätzung hat aber Konsequenzen für die Beurteilung dessen, was Prozess der Säkularisation genannt wird. Es trifft zu, dass, wie Georg Essen unter Bezugnahme auf Ernst-Wolfgang

Böckenförde sagt, der neuzeitlich-moderne säkulare Staat nicht zwanglos aus dem Geist des Christentums hervorgegangen ist, sondern dass seine Hervorbringung „nicht … ohne den Akt einer humanen Selbstbehauptung" denkbar ist,[10] und zwar als einen Akt der Pazifizierung eines agonal gewordenen Konfessionsstreits um die Geltung der Wahrheit. Wenn aber als Ergebnis dieses Ablösungsprozesses des Staats von seiner religiösen Bindung festgehalten werden kann: „Das Recht der Wahrheit wird nicht länger im Recht des Staats verankert, sondern ist zurückgebunden an das Recht der Person!",[11] dann ist unabweisbar, dass dieses auf das Recht der Person zurückgebundene Recht der Wahrheit bereits im Subjektivierungsschub der Armutsbewegungen geltend gemacht worden ist. Dies hat nicht in historischer Kausalität zum religiös neutralen Verfassungsstaat neuzeitlich-modernen Typs geführt – wenn auch nicht zu übersehen ist, dass es mit der Reformation, den Aufbrüchen des 17. Jahrhunderts, dem Pietismus und den evangelikalen Erweckungsbewegungen des 18., 19. und frühen 20. Jahrhunderts eine ganze Kette religiös induzierter Subjektivierungsschübe in der Genese und flankierend zur weiteren Entwicklung des säkularen Staats gegeben hat und noch gibt. Es ist aber der Subjektivitätsschub der Armutsbewegungen, einschließlich der Bedeutung der hieraus hervorgehenden Bettelorden, an der Hervorbringung, sowie an der theoretisch-praktischen Begründung der Relevanz „des Städtischen" beteiligt.

Dieser Hinweis, der auf einen Begründungszusammenhang zwischen der Entstehung der Säkularität – die eine mittelalterliche Vorgeschichte oder Latenzphase hat – und dem Geltendmachen einer neuen Subjektivität aus genuin glaubenspraktischen und -theologischen Gründen aufmerksam machen will, zielt keineswegs darauf, die Säkularisierung zu leugnen oder gewissermaßen dadurch christlich zu kassieren, dass sie auf die Spätfolge einer neuen Religiosität reduziert wird. Nur als Zwischenbemerkung sei an dieser Stelle eingefügt, dass das sich hier immerhin als komplex darstellende Verhältnis von Religion und Säkularisation klassische Säkularisierungs-

---

[10] Georg Essen, *Sinnstiftende Unruhe im System des Rechts. Religion im Beziehungsgeflecht von modernem Verfassungsstaat und säkularer Zivilgesellschaft*, Göttingen 2004, 38. Beide beziehen sich freilich auf Hans Blumenberg; vgl. hierzu unten, 4.1.

[11] A. a. O., 42.

thesen der Ersetzung oder des Wegschmelzens von Religion zugunsten einer dadurch sich etablierenden Säkularität[12] als unterkomplex erscheinen lässt, wohingegen die Modernisierungsthese, wie sie etwa von Karl Gabriel und Franz-Xaver Kaufmann vertreten wird, der Komplexität dieses Verhältnisses eher gerecht zu werden scheint.[13] – Nicht auf die Bestreitung des Faktums oder der Geltung der Säkularisation zielt also die eben vorgetragene Argumentation, sondern im Gegenteil darauf, ein genuines Interesse der Religion, jedenfalls des Christentums, an der Säkularität zu begründen.

Wie auch immer man diese Zusammenhänge im Einzelnen bewerten mag: Der Weg des Franz von Assisi ist Teil eines Differenzierungsprozesses, als welcher die Stadt und die städtische Kultur sich etabliert. Ein entscheidender Hinweis auf diese Entwicklung findet sich wiederum im Leben des Franziskus: Er selber bezeugt durch sein Auftreten als reicher Kaufmannssohn, aber dann auch als Bekehrter, dass das adelige Konzept der *cortesia*, die *vita curialis*, in ihrer bürgerlichen Adaption eine entscheidende Modifikation durchlaufen hat: Das *vivre à court* ist aus dem geschlossenen adeligen Hof hinaus auf die Foren der Stadt geholt worden. Die Stadt selbst ist nun der öffentliche Raum – auch die Bühne – eines Lebens in Entsprechung zur *cortesia*. Anhand dieser Entwicklung wird etwas zugänglich, das *als solches* nicht greifbar ist, das gleichwohl im Zentrum der hier vorgetragenen Überlegungen steht:

Mit der Adaption der *vita curialis* befriedigt nicht etwa ein neureiches Bürgertum seine kulturbeflissene Geltungssucht, vielmehr erfüllt die *cortesia*, die *mezzura*, die *larghezza*, eine Funktion: Mit der Dynamisierung und Subjektivierung der städtischen Gesellschaft, mit der dadurch abnehmenden Bindungskraft überkommener Ordnungsgefüge, die insbesondere in ihrer undurchlässig hierarchischen Statik nicht mehr in der Lage sind, der neuen ökonomischen, kulturellen und religiösen Beweglichkeit eine Fassung zu geben, entsteht veritabler Koordinierungsbedarf der – nach Manselli – „Manifestationen einer Energie, die sich mit geballter Kraft

---

[12] Vgl. etwa Michael Ebertz, *Erosion der Gnadenanstalt? Zum Wandel der Sozialgestalt von Kirche*, Frankfurt 1998.
[13] Vgl. Karl Gabriel, *Christentum zwischen Tradition und Postmoderne*, Freiburg-Basel-Wien 1992 (= QD 141); Franz Xaver Kaufmann, *Kirche in der ambivalenten Moderne*, Freiburg 2012, v.a. 27–60, 87–104.

und neuem Schwung in verschiedenste Richtungen ausdrückte und bewegte", das heißt also: der auseinander strebenden, weil dynamisch-subjektiven, politischen, ökonomischen, kulturellen und religiösen Interessen. Das ‚Städtische' bildet sich als Koordinierung dieser divergierenden Interessen aus. Ob das *cortesia*-Konzept hierfür ausreicht, sei dahingestellt; es stellt aber einen Indikator dieses objektiven Bedürfnisses dar.

3. Die Sphäre der Säkularität

Die Koordination dynamisierter und subjektivierter Handlungsprozesse ist nicht mehr durch ihre Hypostasierung zu einer diesen Prozess transzendierenden Größe oder Gestalt abbildbar, nicht mehr also im Papst oder im Kaiser. Die Koordinierung divergierender Handlungsprozesse, welche vom Prinzip der Anerkennung derselben geleitet ist, wird selbst gar nicht mehr darstellbar sein. Alle Versuche, eine solche Repräsentierung einer koordinierenden Instanz dennoch in der Stadtkultur zu installieren, bedeuteten stets die Zerstörung eben dieser Koordinierung zugunsten einer Zentrierung der vital-divergierenden städtischen Handlungsprozesse, was nichts anderes als die Usurpation von Macht war. Exemplarisch gesprochen ereignet sich, gemessen am Bedeutungspotential dieses Typs Stadt, wie er durch die Biographie des Franziskus erschließbar ist, mit dem Aufstieg der Medici nicht die Verwirklichung, sondern der Niedergang des Prinzips Stadt.

Mit dem Begriff der Koordinierung soll also nicht ein relativ transzendenter Koordinator insinuiert sein, vielmehr sind komplexe Koordinierungsleistungen der Beteiligten selbst auf der Ebene, auf der sie sich jeweils im städtischen Straßennetz bewegen, gemeint. Diese Ebene kann die interpersonale Begegnung sein, aber auch die zwischen Gruppen oder Institutionen, oder Interaktionen, in denen die Ebenen sich überkreuzen. Die sich hier unter dem Begriff der Koordinierung abzeichnende Kerndimension des Städtischen ist eine Realität, die weder sozusagen eigene Substanz hat noch auf die einzelnen Beteiligten zurückgeführt werden kann. Sie ist, mit Hannah Arendt gesprochen, der die *polis* konstituierende Raum des „Zwischen", der für Arendt ja nichts anderes ist als der Raum des Politischen. Ein Raum allerdings ohne von vornherein festgelegte und dann unabänderlich geltende Strukturen und Umfassungen.

Als Raum ist er also eigentlich nicht greifbar; fest steht immerhin seine Notwendigkeit. Ich schlage zur Bezeichnung einer solchen Wirklichkeit, die zugleich ohne eigene Substanz und doch notwendig ist, den Begriff der *Sphäre* vor.

Ich zögere, diese Sphäre mit dem Politischen zu identifizieren. Nicht alles, was in ihr koordiniert, verhandelt, aufeinander bezogen, ineinander übersetzt wird, ist politisch in dem Sinn, dass es unmittelbar, ausdrücklich oder offenkundig das Gemeinwesen als Ganzes betrifft. Es betrifft allerdings das Gemeinwesen als Ganzes insofern, als es eben in jener Sphäre verhandelt oder behandelt werden kann – oder eben nicht. Wo nämlich diese Sphäre in der Weise gestört, verletzt oder manipuliert wird, dass es zu Exklusionen kommt, ist in der Tat das Gemeinwesen als Ganzes betroffen. Man könnte also von einer formal politischen Dimension dieser Sphäre sprechen, in welcher dann auch, doch nicht nur politische Themen Gegenstand des Austauschs werden.

Ähnlich verhält es sich mit dem Begriff der Öffentlichkeit. Er scheint als Bezeichnung der Sphäre nahezuliegen. Doch wiederum ist einzuschränken, dass in dieser Sphäre zwar öffentliche Themen oder Themen, die die Öffentlichkeit betreffen, ausgetauscht werden, dass sie aber auch paradoxerweise ein Forum für den privaten Austausch privater Themen sein muss. Dies hat damit zu tun, dass die Stadt von der Unterscheidung zweier Unterscheidungen lebt: Die Unterscheidung privat – öffentlich ist nicht deckungsgleich mit der Unterscheidung Haus – Forum. Will sagen: Es gibt genügend Formen und Inhalte privater Kommunikation, die nicht hinter verschlossenen Türen eines Hauses oder im Schutzbezirk der Familie stattfinden, sondern den Marktplatz queren können müssen, ohne dabei gezwungen zu sein, ihre Privatheit aufzugeben. Schließlich ist ja auch der Erfindung des Briefs die Erfindung des Briefgeheimnisses hinterhergeschickt worden. Das Briefgeheimnis, das bekanntlich heute unter den Bedingungen elektronischer Kommunikation wenn nicht als solches, so doch seinem prinzipiellen Gehalt nach zur Debatte steht, befindet sich in einer unauflöslichen Konjunktion mit dem Verdacht. Es reflektiert darin auf eine wesentliche Eigenschaft jener Sphäre. Jener Verdacht unterstellt nicht dem Schutzanspruch des Briefinhalts Verbergungsgründe, er richtet sich vielmehr gegen das meist institutionell verfasste Verlangen nach Kenntnisnahme und gegebenenfalls Bewertung des Briefinhalts, mit Folgen für Absender und Empfänger. Die hier in Rede stehende Sphäre kann aber ihre Aufgabe der Vermittlung nur erfüllen, wenn sie gegenüber den vermittelten Inhalten neutral ist.

Die Sphäre der Säkularität kann also nicht in der Weise in einer einzelnen Überzeugungstradition begründet sein, dass sie auf diese reduzierbar oder vollständig aus ihr herleitbar wäre. Als solchermaßen hergeleitete wäre sie eben kein offener Raum, der Begegnungs-, Übersetzungs- und Vermittlungszugänge von allen Seiten zuließe. Soll ihr diese Vermittlungsoffenheit zugeschrieben werden, muss sie in Äquidistanz zu allen Überzeugungstraditionen gedacht werden. Das schließt naheliegenderweise eine christliche Vereinnahmung aus, wie sie gleichwohl zuweilen mit Blick auf die Geschichte der Säkularisierung versucht wird. Ausgeschlossen ist dann aber genauso die Unterstellung einer atheistischen, agnostischen oder laizistischen Grundierung der Sphäre der Säkularität. Der Prozess der Säkularisierung hat sich nicht in der Etablierung des Atheismus (Agnostizismus, Laizismus) als herrschende Ideologie erfüllt, sondern hat die Möglichkeit, das heißt den Freiraum der selbstverantworteten Entscheidung in Glaubensdingen hervorgebracht. Diese Entscheidung, wie immer sie ausfällt, muss Raum zur Artikulation, zur Entfaltung, auch zur Korrektur, haben. Mit einem solchen Säkularisierungsprozess ist unmittelbar mitgegeben, dass die hieraus entstehende Überzeugungslandschaft irreduzibel plural verfasst ist. Sollen Grundüberzeugungen in pluraler Verfassung ungehindert und ihrerseits nicht hindernd artikuliert werden können, bedarf es eines zu keiner Seite hin verschlossenen Raums, in dem sich Menschen mit ihren Bekenntnissen, Überzeugungen Kulturen etc. treffen können, ohne einander zu verletzen. Die Sphäre der Säkularität wird als Ermöglichungs- und Schutzraum der Begegnung und Kommunikation gebraucht. In dieser Funktion hat sie auch ihren *Geltungsgrund*, der von ihrer *Herkunft* aus verschiedenen Überzeugungstraditionen, darunter auch der christlichen, zu unterscheiden ist.[14]

---

[14] Dies war die einst dezidiert vorgetragene These Johann Baptist Metz': „Die Weltlichkeit der Welt, wie sie im neuzeitlichen Verweltlichungsprozeß entstand und in global verschärfter Form uns heute anblickt, ist in ihrem Grunde, freilich nicht in ihren einzelnen geschichtlichen Ausprägungen, nicht gegen, sondern durch das Christentum entstanden: sie ist ursprünglich ein christliches Ereignis und bezeugt damit die innergeschichtlich waltende Macht der ‚Stunde Christi' in

Von einem solchen Begriff der Säkularität her fällt noch einmal ein anderes Licht auf die Anstöße, die Jürgen Habermas in den letzten Jahren verstärkt auf diesem Problemfeld gegeben hat. Habermas sieht eine postsäkulare Gesellschaft von religiösen und säkularen Bürgern gebildet. Hinsichtlich ihrer Überzeugungen (und deren Begründungen) stehen diese in einem hermeneutischen Verhältnis zueinander, das Habermas allerdings als ein asymmetrisches bestimmt, insofern nur die glaubenden Menschen in der Pflicht der Übersetzung religiöser Bedeutungspotentiale in eine allgemein zugängliche Begründungssprache stehen,[15] während den nicht-glaubenden Menschen lediglich die Pflicht auferlegt wird, die religiös codierten Bedeutungspotentiale ernst zu nehmen und sich an deren Übersetzung aktiv zu beteiligen. Diese Asymmetrie, der eine verkürzte Wahrnehmung der hermeneutischen Situation zugrunde liegt, kann aufgelöst werden, wenn die Säkularität als eine nicht-besetzbare, neutrale, durch keine explizite Überzeugungstradition bestimmte Sphäre der Vermittlung und Übersetzung, also als der hermeneutische Ort schlechthin, aufgefasst wird. Nun stehen nicht gläubige und säkulare Bürger einander gegenüber, denn die Säkularität ist niemandem vorbehalten. Sie ist *common ground*, auf dem alle sich treffen können und der frei gehalten werden muss, damit alle sich treffen können. Topologisch kann dieser *common ground* allen Englandreisenden anschaulich werden; nahezu in jeder Stadt und jedem Dorf, sogar in einigen *boroughs* Londons, können sie solche *common greens* finden: große Wiesenflächen im Zentrum, über die kein Einzelinteresse verfügen kann: nicht abzäunbar, nicht parzellierbar, nicht bebaubar. Eine andere, nicht weniger bedeutsame Füllung findet derselbe Begriff in einer Initiative zur diskursiven Heilung der tiefen Zerspal-

---

unserer Weltsituation." Johann Baptist Metz, Zur Theologie der Welt, Mainz 1968, 16. Siehe auch als den anderen der „beiden Dioskuren der Säkularisierungstheologie" (Ulrich Ruh): Friedrich Gogarten, Verhängnis und Hoffnung der Neuzeit. Die Säkularisierung als theologisches Problem, Stuttgart 1953; sowie Harvey Cox, *Stadt ohne Gott?*, Stuttgart 1968, 27–49. Umfassend: Ulrich Ruh, *Säkularisierung als Interpretationskategorie. Zur Bedeutung des christlichen Erbes in der modernen Geistesgeschichte*, Freiburg-Basel-Wien 1980 (= FthSt 119).

[15] Die Gläubigen „sind es, die ihre religiösen Überzeugungen in eine säkulare Sprache übersetzen müssen, bevor ihre Argumente Aussicht haben, die Zustimmung von Mehrheiten zu finden." Jürgen Habermas, *Glauben und Wissen*, Frankfurt 2001, 21.

tenheit der US-amerikanischen katholischen Kirche, die der damalige Erzbischof von Chicago, Kardinal Joseph Bernardin, unter dem Titel *Catholic common ground* angestoßen hat.[16] Auf die Sphäre der Säkularität können sich in unterschiedlicher Weise glaubende und ebenso unterschiedlich nicht glaubende Menschen beziehen. Bei näherem Hinsehen dürfte die klare Unterscheidung dieser zwei Blöcke ohnehin ins Fließen geraten, flüssig werden bis hinein in einzelne Menschenherzen. Alle stehen nun hinsichtlich der Sphäre der Säkularität in derselben, durchaus diskursethisch formulierbaren Pflicht, dass sie in dem Maß, wie sie für sich selbst und ihre Überzeugungen Geltung beanspruchen, zunächst die irreduzibel plurale Situation, innerhalb derer sie ihre Geltungsansprüche erheben, akzeptieren müssen, dass sie des Weiteren und zugleich damit die Legitimität dieser Ansprüche in Bezug auf jede andere Person anerkennen müssen (jede andere Position wäre selbstwidersprüchlich) und dass sie schließlich um jenen Raum, der diese plural verfassten Anerkennungsverhältnisse zulässt und ermöglicht, besorgt sein müssen. Alle stehen in der doppelten Übersetzungspflicht, als welche sich real die hier in Rede stehenden Anerkennungsverhältnisse vollziehen: Sie anerkennen und würdigen den Anderen, indem sie sich verständlich zu machen und den Anderen zu verstehen suchen. Was Habermas trennt und auf Gläubige und Nichtglaubende verteilt (wenigstens tendenziell), obliegt also allen Parteien gleichermaßen.

An einer leicht übersehbaren Stelle führt Jürgen Habermas selbst einen Gedanken ein, der in der hier vorgeschlagenen Richtung aufgenommen werden kann: Er spricht von der unter dem von ihm eingeführten Begriff einer „postsäkularen Gesellschaft" zur Geltung zu bringenden „zivilisierende[n] Rolle eines demokratisch aufgeklärten Commonsense, der sich im kulturkämpferischen Stimmengewirr gleichsam als dritte Partei zwischen Wissenschaft und Religion einen eigenen Weg bahnt".[17] Als die zu allen hier auftretenden Parteien un-

---

[16] Die den von Kardinal Bernardin angestoßenen Konsultationsprozess zusammenfassende Erklärung *Called to be Catholic* wurde am 12.8.1996 in Chicago vorgestellt. Sie ist veröffentlicht in: Origins 26(1996), 165–170. Vgl. zum Ganzen Nikolaus Klein, *Plädoyer für den Dialog in der Kirche*, in: Orientierung 60(1996), 201–203.

[17] Jürgen Habermas, *Glauben und Wissen* (Anm. 15), 13.

verfügbar ‚dritte Partei' wäre dieser *common sense* die gesuchte Sphäre der Säkularität.[18]

4. Christentum und Säkularisierung: Stationen und Aktualitäten einer historischen Debatte

Eine theologische Annäherung nun an die Sphäre der Säkularität wird zunächst einmal zur Kenntnis zu nehmen haben, dass sie denkgeschichtlich nicht voraussetzungslos stattfindet. Debatten um die theologische Einordnung der Säkularisierung sind seit der Wende zum 20. Jahrhundert bis in seine sechziger und siebziger Jahre geführt worden. Ihre Rekonstruktion ist für eine Theologie der Säkularität unerlässlich, um deutlich zu machen, an welche dort entwickelten Positionen und Argumentationen sie anknüpfen kann.

4.1 Strittige Erbschaftsverhältnisse

Im Zentrum jener Debatten, eine Vorgeschichte aufnehmend und zu einer stark diskutierten These bündelnd, steht Friedrich Gogarten. Er gelangt über mehrere Etappen zu einer differenzierten und zugleich paradigmatischen theologischen Bestimmung des Verhältnisses einer säkularisierten Welt zum Christentum. Denn darum geht es durchgängig in allen Spielarten dieser Jahrhundertdebatte: um die Bestimmung dieses Verhältnisses. Der Antagonist des Christentums kann dabei auch unter dem Namen der Moderne oder der Neuzeit auftreten; die Grundkoordinaten dieser gesuchten Bestimmung bleiben dieselben, auch wenn die Antworten denkbar verschieden ausfallen mögen.

Am Anfang stehen drei Denker, die, so könnte man in grober Verallgemeinerung sagen, das Erbe der Aufklärung mit den aufkommenden *Humanities* zu vermitteln suchen. Wilhelm Dilthey spricht von

---

[18] Innerhalb der taxonomischen Unterscheidung dreier Formen oder Verständnisse von Säkularität, die Charles Taylor vorschlägt – das Verschwinden der Religion aus der Öffentlichkeit (Säkularität I), das Verschwinden des religiösen Glaubens selbst (Säkularität II), die Pluralisierung der gesellschaftlich präsenten Überzeugungsmöglichkeiten dahingehend, dass „der Glaube auch für besonders religiöse Menschen nur *eine* menschliche Möglichkeit neben anderen ist" (Säkularität III) (Charles Taylor, *Ein säkulares Zeitalter*, Frankfurt 2009, 13–16, das Zitat: 15) –, entspricht der hier entwickelte Begriff von Säkularität am ehesten dem dritten Typ.

einer „mündigen Welt" oder einer „mündig gewordenen Welt" und meint damit den Prozess der Ablösung der Welt von der Hegemonie des Christentums. Er übt mit dieser Bestimmung unmittelbaren Einfluss auf Dietrich Bonhoeffer aus, der den Begriff von der mündigen Welt wörtlich aufnimmt und zu einer der Inspirationsquellen seines Konzepts eines „nichtreligiösen Christentums" macht.[19]

Ebenso wirkmächtig, auch mit Blick auf Gogarten, ist Max Webers bekannte Formel von der „Entzauberung der Welt". Der Begriff der Entzauberung bezeichnet einen Wandel im Weltverhältnis, der mit der biblischen Schöpfungstheologie beginnt – um dann freilich über das Christentum hinauszuführen. Die erste, nämlich schöpfungstheologische Entsakralisierung der Welt geschieht im religiösen Paradigma, während dieses am Ende selbst zugunsten einer bloß „säkularen" Bestimmung der Welt fallen gelassen wird.

Schließlich ist Ernst Troeltsch zu nennen, bei dem Gogarten in Heidelberg studiert. Troeltsch nimmt den Begriff der Säkularisierung auf – nicht in seiner rechtlichen Bedeutung, die etwa die Überführung von kirchlichen Gütern in weltlichen Besitz, wie dies im Anschluss an den Westfälischen Frieden und in der napoleonischen Zeit geschieht, bezeichnet, sondern in seiner kulturellen Bedeutung, wo mit Säkularisierung der „Proceß der Emanzipation des kulturellen Lebens (der Politik, der Wissenschaft, der Wirtschaft, der Literatur und der Philosophie) aus der kirchlichen Bevormundung" bezeichnet wird[20] – und expliziert mit ihm das Verhältnis der Moderne zum Christentum als eines von Kontinuität und Diskontinuität, so dass beide, trotz aller wechselseitigen Fremdheit und Skepsis, sich voneinander nicht lossagen können: „Die Anhänger des Christentums müssen lernen, sie [die moderne Welt] als zum großen Teil aus eben diesem selbst hervorgewachsen zu betrachten, und seine Feinde müssen einsehen, daß wohl von einzelnen Momenten, niemals aber von einer gar nicht vorhandenen einheitlichen Totalität der modernen Welt aus das Christentum zu entwurzeln ist."[21]

---

[19] Vgl. hierzu Ernst Feil, *Die Theologie Dietrich Bonhoeffers. Hermeneutik – Christologie – Weltverständnis*, München/Mainz 1971.
[20] Rosino Gibellini, *Handbuch der Theologie im 20. Jahrhundert*, Regensburg 1995, 116.
[21] Ernst Troeltsch, *Gesammelte Schriften*, Bd. IV, Aalen 1966, 333.

Gogarten nun, der seine Ausbildung als Schüler von Harnack und Troeltsch zunächst im Geist der liberalen Theologie erhält, entwickelt seine Theologie der Säkularisierung dennoch nicht in geradliniger Anknüpfung an diese Vorläufer, sondern in dialektischer Vermittlung durch die dialektische Theologie, zu der er als Thüringer Landpfarrer durch eine Begegnung mit Karl Barth 1919 in Tambach stößt. Dadurch entsteht eine intellektuell insofern brisante Konstellation, als Gogarten Intentionen zweier antagonistischer Theologien zusammenbringt. Mit der dialektischen Theologie – und dem Zeitgeist – teilt er das Bewusstsein der Krise, die auch der Quellort der Theologie sein muss.[22] Auf der anderen Seite leitet er aus dem Kernverständnis von Theologie, die als Rede von Gott immer auch Rede vom Menschen ist, die Notwendigkeit einer Theologischen Anthropologie ab,[23] womit er aber die Grundarchitektur der dialektischen Theologie infrage stellt, indem er ihr eine Grundoption liberaler Theologie implementiert. Der Bruch mit Karl Barth ist programmiert.[24]

Voll entfaltet liegt Gogartens Theologie der Säkularisierung erst nach dem Krieg vor, in seiner zweiten Schaffensperiode nach einem gut zehnjährigen Schweigen (1937–1948), das wohl mit dem Bruch mit Barth, aber auch mit einer Krise aufgrund einer kurzzeitigen aktiven Zustimmung zum Nationalsozialismus zu tun hat.[25] Die Grundstruktur der These ist schnell benannt: Die Säkularisierung hat „ihren Grund im Wesen des christlichen Glaubens" und ist „seine legitime Folge".[26] Die theologische Begründung verfährt zweistufig: Zum einen bewirkt die *Schöpfungs*perspektive in Kontrast zu einer Kosmosperspektive etwa griechischer Provenienz eine Ent-

---

[22] Vgl. hierzu v.a. den Aufsatz *Zwischen den Zeiten* (1919; in: Jürgen Moltmann [Hg.], Anfänge der dialektischen Theologie, Bd. 2, München ⁴1987, 95–101), der auch den Titel der Zeitschrift der dialektischen Theologie abgab, sowie den Aufsatz *Die Krisis unserer Kultur* (1920, in: a. a. O., 101–121).
[23] Vgl. *Das Problem einer theologischen Anthropologie* (1929); Der Mensch zwischen Gott und Welt. Gesetz und Evangelium (1952), Stuttgart ⁴1967.
[24] Gogarten stellt seine Sicht dieses Bruchs und seine Position gegenüber Barth dar in: *Gericht oder Skepsis* (1937).
[25] Gogarten ist vom April bis zum November 1933 Mitglied der Deutschen Christen; deren antijüdischer Kurs, dem das Alte Testament und Paulus im Kanon der christlichen Bibel zum Opfer fallen sollen, stößt ihn ab.
[26] Friedrich Gogarten, *Verhängnis und Hoffnung der Neuzeit* (1953), Stuttgart ²1958, 12.

sakralisierung der Welt; sie ist als Schöpfung Welt, wie sie als Kosmos Gott ist.[27] Sodann ist der Mensch als *Gerechtfertigter* zu einem Handeln freigesetzt, das in keiner Weise begründend an die Rechtfertigung rückgekoppelt wäre, zu dem der Mensch jedoch durch die Rechtfertigung als ein *fidele facere* in und an der Welt verpflichtet ist.[28] In dieser Doppelbegründung ist auch eine Befreiung des Menschen von der Welt enthalten, von der er „nicht mehr umhüllt und eingeschlossen wird".[29] Hierin besteht sicher ein starkes Argument für eine *Theologie der Welt*: dass der Mensch auch von der Welt befreit werden muss, dass heteronom der Mensch auch in seiner Weltumschlossenheit sein kann und deren Aufsprengung Autonomiegewinn bedeuten kann.

Nun stellt diese Theologie der Säkularisierung nicht nur eine theologisch-hermeneutische Erschließung der Situation des Menschen in der Welt dar, sondern auch eine präskriptive Beanspruchung des menschlichen Handelns und des integralen Weltzugangs des Menschen, samt seines Selbstverständnisses. Auf der Linie dieser präskriptiven Beanspruchung des menschlichen Selbstverständnisses führt Gogarten eine Unterscheidung zwischen einer Säkularisierung, die dem christlichen Glauben nicht fremd sein kann, und einem abzulehnenden Säkularismus durch. Wenn Gogarten erstere mit dem Bewusstsein der Sohnschaft des Menschen gegenüber Gott identifiziert und als „gebundene Freiheit" auffasst,[30] letztere als Verlust jenes Sohnesbewusstseins und als bindungslose Freiheit, fragt sich, ob hier die dem christlichen Glauben konforme Säkularisierung nicht doch durch eine *heteronome* Bestimmung des Menschen verunklart und ob der neuzeitlich-moderne *Autonomie*begriff nicht als Autarkie missverstanden wird.

Die Theologie Gogartens weist in ihrem Längsschnittprofil durchaus eine gewisse Affinität zu heteronomen Bestimmungen des Menschen auf. Schon 1921 hat Gogarten in einem sozialtheoretischen Aufsatz, der umstandslos die Grenzen zwischen gesellschaftlichem Außen- und kirchlichem Binnenbereich überquert, zwei Sozialisationsgestalten in einer Weise wertend einander gegenübergestellt, die

---

[27] Vgl. a. a. O., 10.
[28] Vgl. a. a. O., 101f., 204.
[29] Gibellini, *Handbuch* (Anm. 20), 124.
[30] A. a. O., 127.

fatal an die Ideologie des deutschen Sonderwegs erinnert: Was hier die Entgegensetzung der „deutschen" *Gemeinschaft* gegen die westliche *Gesellschaft* ist,[31] heißt bei Gogarten *Gemeinde* gegen *Gemeinschaft*.[32] Sieht er letztere durch die Herrschaft des modernen Individualismus bestimmt, ist jene von einer zwischen den Individuen vermittelnden und diese verbindenden Instanz des Dritten getragen: „Und dieses Dritte kann nur ein der Subjektivität und Individualität so Entnommenes sein, wie es die Autorität ist".[33] Scharf formuliert: „Autorität und Individualismus schließen sich gegenseitig aus."[34]

Abgesehen von der sich hier zeigenden Disponiertheit solcher Theologie, der nationalsozialistischen Verführung zur „Volksgemeinschaft" zu verfallen,[35] wird festzuhalten sein, wie die Moderne durch diese Theologie unter der Perspektive einer Gegensatzreihe wahrgenommen wird: Gemeinschaft – Gemeinde, Individualismus – Autorität, bindungslose Freiheit – gebundene Freiheit, Sohnschaft – Selbstbehauptung. Eine solchermaßen dichotomische Wahrnehmung von Neuzeit und Moderne läuft Gefahr, nicht eine „halbe[] Säkularisierung" zu diagnostizieren,[36] sondern die Moderne selbst zu halbieren. Ihr gelingt es nicht, den Autonomiegedanken als Möglichkeitsbedingung einer Formulierung des Gottesgedankens unter der Voraussetzung der Moderne zu gewinnen. Die Vermutung geht dahin, dass dies aufgrund der Dominanz der Rechtfertigungslehre in der Architektur dieser Theologie nicht gelingen will.

Jedenfalls formuliert Gogarten eine differenzierte theologische Wahrnehmung und Affirmation der Kontinuität zwischen Christen-

---

[31] So bezieht Ferdinand Tönnies, Gemeinschaft und Gesellschaft (1887), die Gemeinschaft als organische Sozialisationsgestalt auf eine geschlossen-einheitliche, möglichst ethnisch kodierte *Kultur* und Gesellschaft als eine konstruierte Sozialisationsgestalt auf die über die Individuierung und Koordinierung von Einzelinteressen entstehende *Zivilisation*.

[32] Vgl. Fridrich Gogarten, *Gemeinschaft oder Gemeinde* (1923), in: Moltmann, Anfänge (Anm. 22), 153–171.

[33] A. a. O., 165.

[34] A. a. O., 166.

[35] Was ja im Fall Gogartens tatsächlich zutrifft, selbst wenn er in diesem Text von 1923 ausdrücklich eine Identifizierung dieser Autorität mit einem Führer ausschließt – nämlich mit dem Argument, dass mit dem Führer der Individualismus gar nicht überwunden, sondern intensiviert wird (vgl. a. a. O., 166f).

[36] Friedrich Gogarten, *Frage nach Gott* Tübingen 1968 (posthum), 172.

tum und Moderne. Man kann ihm nun, wie auf einem Kupferstich Albrecht Dürers, zwei Antipoden zur Rechten und zur Linken beigesellen, die beide auf der identischen Linie einer vehementen Bestreitung solcher Kontinuität zu konträren Ergebnissen kommen.

Nur wenig vor Gogarten legt Romano Guardini mit der Publikation einer Vortragsreihe unter dem Titel *Das Ende der Neuzeit* eine Abrechnung mit der Neuzeit vor.[37] Die Neuzeit, so seine Kritik, konstituiert sich in einem Akt der Zurückweisung des Christentums, während sie doch zugleich sich eines „Nutznießertums" solcher Werte erfreut, wie sie vom Christentum hervorgebracht oder doch wenigstens gepflegt worden sind.[38] Gegen dieses illegitime Erbschaftsverhältnis der Neuzeit zum Christentum setzt Hans Blumenberg die Begründung der *Legitimität der Neuzeit* in ihrer Entgegensetzung zu einem christlichen Mittelalter, die in einem Akt der menschlichen Selbstbehauptung gründet.[39]

Vermutlich hat eine radikale Konsequenz aus dem von Gogarten gebahnten Weg zu einer theologischen Würdigung des Säkularen erst einmal gezogen werden müssen, um daran umso deutlicher erkennen zu können, dass eine Theologie der Säkularität mit diesem Weg (der sich keineswegs zwingend aus ihr ergibt) gerade nicht zu verwechseln ist: John A.T. Robinson, anglikanischer Bischof von Woolwich, und Paul van Buren, US-amerikanischer episkopalischer Theologe, veröffentlichen 1963 unabhängig voneinander Vorschläge zur Reaktion einer christlichen Theologie auf eine zunehmend nicht-christliche Welt.[40] Beide, Robinson näher an Rudolf Bultmanns Entmythologisierungsprogramm und an Dietrich Bonhoeffers Idee eines nachreligiösen Christentums, van Buren näher an Karl Barths theologischer Religionskritik, schlagen die Übersetzung der christlichen Glaubenssprache in die „Sprache der Welt" vor. Damit ist zunächst einmal die stets gültige Frage nach der aktualisierenden Neuinterpretation – und damit Tradierung – des christlichen

---

[37] Romano Guardini, *Das Ende der Neuzeit*, Würzburg 1950.
[38] Vgl. a. a. O., 117.
[39] Vgl. Hans Blumenberg, *Die Legitimität der Neuzeit*, Frankfurt ²1988 (1966), 139–259.
[40] John A.T. Robinson, *Gott ist anders*, München 1963 (*Honest to God*, 1963); Paul van Buren, *Reden von Gott – in der Sprache der Welt. Zur säkularen Bedeutung des Evangeliums*, Zürich 1965 (*The Secular Meaning of the Gospel*, 1963).

Glaubens in einer neuen Zeit gestellt, nun aber angesichts einer als neu und radikal wahrgenommenen Herausforderung, die die in einer zunehmend religionsfernen (und in *diesem* Sin säkularisierten) Gesellschaft bestehe.

Mehr als vierzig Jahre danach ist nun viel klarer erkennbar, dass eine damals als bestimmend wahrgenommene Säkularisierung als Religionsverdunstung so nicht stattgefunden hat – und das gilt nicht nur für die USA, sondern auch für West- und Mitteleuropa.[41] Was aber abgenommen hat – und dies nun in Europa signifikant deutlicher als in den USA –, ist die Relevanz und Präsenz der verfassten Religionen, christlich: der Kirchen. Damit ist freilich auch deren lebensweltliche Prägekraft geschwunden, weswegen Robinson und van Buren mit ihren Diagnosen in diesem Punkt wohl Recht behalten haben: Der kulturelle Kontext, in dem sich die christlichen Kirchen und Gemeinschaften hier und heute artikulieren, ist auf dem Weg, religiös illiterat zu werden oder auf eine parataktische Basissprache herabzusinken. Die Übersetzungsanforderungen an das Christentum haben sich in den entwickelten Gesellschaften erheblich erhöht.

Aber: Soll das heißen, dass unter Übersetzung zu verstehen wäre, das christliche Idiom ganz in eine säkulare Sprache hinein aufzulösen? Es gibt keine Übersetzung, die nicht verfehlte, verfremdete, verfälschte. Ihre Rechtfertigung erhält sie durch die Fortexistenz des Originals. So lagern sich Übersetzungen, aus denen eine religiöse Tradition sich bildet und fortzeugt, idealerweise an die übersetzten Texte an, ohne diese auszulöschen und zu ersetzen; vielmehr sind sie im stets möglichen Rekurs auf die ‚Originale' kritisierbar. Wo ein Text nur noch in einer Übersetzung bekannt und im Original verloren ist, haftet dies der Übersetzung als Verletzung an. Und nun soll die Bedeutungsgeschichte des Christentums in eine säkulare Sprache transformiert werden? Ist die Rede von Gott vollständig in eine innerweltliche Sprache, vorzugsweise in jene der Ethik, transformiert worden, ist kein Gott mehr ansprechbar. Der Gott der „Gott-ist-tot-Theologie", der sich ohne Rest in diese Welt und ihren

---

[41] Vgl. hierzu auch die Retraktation, die Harvey Cox seiner Theologie unterzogen hat, ohne freilich von deren Grundoption der Verpflichtung der Christinnen und Christen zu einer (nun befreiungstheologisch orientierten) Mitarbeit an der je humaneren Gestaltung einer säkularen Welt Abstand zu nehmen: Harvey Cox, *Religion in the Secular City. Toward a Postmodern Theology*, New York 1984, bes. 19f.

Geschichtsprozess hinein entleert hat, ist nicht mehr ansprechbar. Wozu sollte irgendein Mensch sich an einen solchen Gott oder auch nur an seine innerweltlichen Residuen wenden wollen? Täte eine Theologie, die keine der Säkularität, sondern ihrerseits eine säkularisierte wäre, der Welt mit solchem Restlosverzicht auf die Rede von Gott einen Gefallen? Müsste sie nicht vielmehr deswegen einen distinkten Gottesdiskurs aufrechterhalten, weil sie dadurch die Welt in jener prinzipiellen Weise offen hält, durch die es dieser erst möglich wird, zu sich selbst zu kommen? Diese Theologien, wie auch der Entwurf von Harvey Cox und (*grosso modo*) die *Death-of-God-Theology*, liegen auf der Linie der Gogarten-These, dass die Säkularisierung vom Christentum hervorgebracht worden ist, radikalisieren sie aber in Richtung auf eine Säkularisierung der Theologie selbst, die damit jede Möglichkeit, einen Diskurs der Differenz zur Welt, wie sie jeweils gerade ist, zu führen, verloren hat.[42]

4.2 Kirche in der säkularen Welt

Die katholische Theologie setzt nicht auf der von Gogarten markierten Linie einer geschichtstheologischen Verhältnisbestimmung von Christentum und Säkularisierung an, sondern bei der Bestimmung des Verhältnisses von Kirche und Welt. Dabei steht Jean Daniélou für die integralistische Variante, indem er die Möglichkeit eines lebendigen Glaubens an dessen Eingebettetheit in eine integral christlich geprägte Zivilisation bindet, was angesichts einer faktisch säkularen Gesellschaft wie die Bekundung eines ekklesialen Phantomschmerzes anmutet.[43] Marie-Dominique Chenu hingegen bewertet die Säkularisierung als das Ende der langen Konstantinischen Epoche der Geschichte des Christentums, wodurch nun erst die Kirche genötigt wird, ihre genuin missionarische Dimension wiederzuentdecken, indem sie nämlich aufgerufen ist, „Zeugin für das Wort Gottes an neutralen Orten" zu sein.[44]

---

[42] Gegen Altizer; vgl. Gibellini, *Handbuch* (Anm. 20), 137.
[43] Vgl. Jean Daniélou, *L'oraison, problème politique*, Paris: Arthème Fayard, 1965, 14f.
[44] Marie-Dominique Chenu, *La fin de l'ère constantinienne* (1961), in: Ders., La parole de Dieu II. L'Évangile dans le temps, Paris: Cerf, 1964, 34.

Ähnlich lotet Karl Rahner die Chancen aus, die für die Kirche in der neuen säkularen Weltsituation liegen. Die neue Situationsbestimmung der Kirche in der Welt von heute ist die der Diaspora, und über die Diaspora erschließt sich der Kirche ein ganz neues Verständnis von Katholizität. Die Präsenz der Kirche ist nun eben nicht an einen intakt katholischen oder christlichen Staat oder eine integral katholische oder christliche Kultur gebunden, eine Bindung, in der ja eine regionale Begrenzung liegt, die faktisch-historisch unüberwindbar erscheinen muss und eine Verwirklichung der Katholizität der Kirche gerade nicht ermöglicht oder befördert, geschweige denn garantiert, sondern im Gegenteil verhindert. Als Kirche-in-Diaspora aber kann die Kirche, kulturelle, gesellschaftliche und politische Grenzen unterlaufend oder überspielend, faktisch in allen Kontexten dieser Welt präsent sein und ist es auch schon: „Das Christentum ist (wenn auch in sehr unterschiedlicher Dosierung) überall in der Welt und überall auf der Welt in der Diaspora."[45]

Unter anderem als Frucht seiner über mehrere Jahre währenden thematischen Auseinandersetzung mit der Pastoralkonstitution *Gaudium et spes* des Zweiten Vatikanischen Konzils[46] hat Karl Rahner 1967 „Theologische Reflexionen zum Problem der Säkularisation" vorgelegt.[47] Darin werden mehrschichtige Analysen des Verhältnisses von Kirche (und Christen) und Welt unternommen und weitreichende Vorschläge für eine daraus resultierende kirchliche Praxis gemacht, von denen hier nur einige Grundlinien aufgenommen werden können.

So findet sich die mit diesen Überlegungen vorgelegte These zur Säkularität zunächst in einem Verhältnis der Konkordanz zu Rahners Unterscheidung der „,Säkularisierung' oder Weltlichkeit" von „einer a-theistischen Profanität der Welt" wieder.[48] Über die hier involvierten Begriffs- oder *label*-Zuordnungen kann bis heute gestrit-

---

[45] Karl Rahner, Zur gegenwärtigen Situation des Christen, in: Ders., Sendung und Gnade, Innsbruck ⁵1988 (1959), 13–47, hier: 27.
[46] Vgl. neben dem im Folgenden ausgelegten Text: Karl Rahner, *Die Herausforderung der Theologie durch das Zweite Vatikanische Konzil*, in: Ders., Schriften zur Theologie VIII, Einsiedeln-Zürich-Köln 1967, 13–42; *Zur theologischen Problematik einer „Pastoralkonstitution"*, in: a. a. O., 613–636;
[47] Karl Rahner, *Theologische Reflexionen zum Problem der Säkularisation*, in: Ders., Schriften zur Theologie VIII, Einsiedeln-Zürich-Köln 1967, 637–666.
[48] A. a. O., 638.

ten werden; sachlich ist jedenfalls zwischen der unvereinnahmbaren Eigenwirklichkeit der Welt und einer ausdrücklich anti- oder areligiösen Beanspruchung der Weltlichkeit der Welt zu unterscheiden. Diese Unterscheidung vorausgesetzt, ergibt sich aus einer Anerkennung der Eigenwirklichkeit und Eigenwürde der Welt keineswegs notwendig eine atheistische Ausformulierung von Säkularität. Im Gegenteil ist es gerade die Anerkennung der Weltlichkeit der Welt, aufgrund derer von einem Atheisten dieselbe Rechtfertigungs- oder Übersetzungsverantwortung gegenüber der gemeinsam geteilten Welt verlangt werden kann wie von einem religiösen Menschen. Dies alles ist in Rahners Basisunterscheidung im Spiel, wenn auch nicht in vollem Umfang ausdrücklich entfaltet. Die Größe und Konsistenz des Rahnerschen Denkens zeigt sich aber darin, dass es ihm auf der Basis der genannten Unterscheidung möglich ist, die Eigenwürde der Welt theologisch so konsequent zu denken, dass er diese Welt, weil sie eben „unter dem allgemeinen Heilswillen Gottes" steht, als den Ort begreifen kann, an dem „auch ein eigentlicher Atheist ‚bonae fidei' in der Dimension des reflexen Begriffs noch das Heil erlangen, also Gnade und Glauben besitzen kann".[49] Mit dieser Aussage, die kein Zugeständnis welcher Art auch immer, sondern nur Ergebnis eines zu Ende gedachten theologischen Gedankens ist, wird in der Binnensprache einer bestimmten religiösen Überzeugungstradition – der des Christentums in seiner katholischen Spielart – der unvereinnahmbaren Eigenwürde der Welt Rechnung getragen und Ausdruck verliehen.

Die geschichtliche Herausbildung der Säkularisierung entbirgt eine Realität, an der ein integralistischer Zugriff auf die Welt als Ganzer scheitert: Unter Integralismus versteht Rahner „die theoretische oder (unreflex) praktische Haltung, derzufolge das Leben des Menschen von allgemeinen, von der Kirche verkündigten und in ihren Ausführungen überwachten Prinzipien aus eindeutig entworfen und manipuliert werden könne".[50] Spätestens an der Realität menschlicher Entscheidungen, die aus solchen allgemeinen Prinzipien (der Offenbarung und/oder des Naturrechts) nicht ableitbar sind und ihnen andererseits auch nicht widersprechen und die ein solcher Integralismus als sittlich irrelevant ansieht, wird sichtbar,

---

[49] Ebd.
[50] A. a. O., 641.

dass dieser Integralismus „die Unableitbarkeit der ‚praktischen Vernunft' als einer Sinnerfassung, die nur innerhalb der tätigen und hoffenden Freiheitsentscheidung selbst gegeben sein kann", verkennt.[51] Woran der Integralismus also scheitert, ist die unintegrierbare Instanz der Subjekthaftigkeit des Menschen; er begegnet ihr im Modus des Scheiterns auch dort, wo die deduktiv gewonnene Bestimmung eines sittlich Verbotenen nicht die Erkenntnis mit enthält, welches Handeln stattdessen positiv geboten wäre. Hier öffnet sich vielmehr die Aussicht auf einen „offenen Raum verschiedener Möglichkeiten, innerhalb dessen die Welt autonom und in eigener Verantwortung entscheidet, ohne daß darum der Inhalt der konkreten Entscheidung schon in sich ‚human' unbedeutend oder auch nur sittlich irrelevant würde".[52] Rahner hat das bekanntlich in seinem Konzept einer Individualethik ausgearbeitet und verteidigt.[53]

Wenn Rahner die Konsequenzen hieraus für die Bestimmung des Verhältnisses von Kirche und Welt deutlich benennt,[54] unternimmt er, so könnte man minimalistisch sagen, nichts anderes als die Neubestimmung der Ekklesiologie durch das Zweite Vatikanische Konzil aufzunehmen, derzufolge ein vollständiger Begriff von Kirche nicht mehr ohne den „Umweg" durch die nicht inte-

---

[51] Ebd.
[52] A. a. O., 642.
[53] Vgl. Karl Rahner, *Das Dynamische in der Kirche*, Freiburg-Basel-Wien ²1958 (= QD 5); ders., *Über die Frage einer formalen Existentialethik*, in: Ders., Schriften zur Theologie II, Einsiedeln-Zürich-Köln ⁸1968, 227–246; ders., *Der Anspruch Gottes und der Einzelne*, in: Ders., Schriften zur Theologie VI, Einsiedeln-Zürich-Köln ²1968, 521–536; ders., *Zur „Situationsethik" aus ökumenischer Sicht*, in: a. a. O., 537–544.
[54] Die Kirche kann „das ‚Humane' und auch das je jetzt fällige Sittliche in der Welt gar nicht eindeutig determinieren" (Rahner, *Säkularisation* [Anm. 47], 643); sie „ist gar nicht und will gar nicht sein die integrale Manipulation des Humanen und Sittlichen in der Welt" (a. a. O., 644); sie „ist nicht das Ganze davon, sondern ein Moment in diesem Ganzen, das grundsätzlich vom Wesen her schon ‚pluralistisch' ist aus der konkreten geschichtlichen Situation, die nicht adäquat durchreflektierbar ist, aus den Prinzipien des Evangeliums, des recht verstandenen ‚Naturgesetzes' und aus der konkreten je einmaligen und doch auch so unter einem sittlichen Anspruch stehenden Entscheidung" (ebd.); die Kirche „entläßt von sich selbst her dauernd die Welt in ihre ‚Weltlichkeit' und eigene Verantwortung – nicht nur der Exekution, sondern auch der Findung der Imperative ihrer Entscheidung" (ebd.).

grierbare Welt gewonnen werden kann.⁵⁵ Doch zeigt Rahner, wie uneinholbar die Kirche sich durch diesen „Umweg" als in ihrem Begriff an die Welt gebunden zeigt. Der Ort, an dem sich, und der „Stoff", durch den sich die Realisation des Heils-von-Gott her ereignet, ist die Welt. In der Sprache der Ekklesiologie des Zweiten Vatikanischen Konzils heißt dies: Was die Kirche als Sakrament, das heißt Instrument und Werkzeug des universalen Heils, hat und ist, besitzt, wie die Bedeutungsdynamik des Begriffs „Sakrament" festhält, seine Bestimmung ganz auf die Welt zu: „Dieses Weltliche ist nicht das Profane und in sich Gleichgültige ‚Material', ‚an dem' nur christliches Tun realisiert wird, sondern auch (nicht: *das*) christliches Tun selber, das nicht integralistisch von der Kirche verwaltet werden kann. Die Kirche gibt bei dieser von ihr selbst vorgenommenen ‚Säkularisation' der Welt die Gnade Gottes, ihre Prinzipien und ihre letzten Horizonte mit, aber getan wird dieses Humane und Christliche von der Welt selbst auf ihrem eigenen Boden und in eigener Verantwortung."⁵⁶

Damit ist auf dem Weg einer theologischen Bestimmung des Verhältnisses zwischen Kirche und Welt ein entscheidender Fortschritt in der theologischen Debatte um die Säkularität erreicht: Die Säkularität – das heißt, in einer sehr vorläufigen Formulierung, die Welt als die nur durch sich selbst bestimmte Sphäre menschlichen Handelns – findet keine theologische Würdigung in der Figur ihrer Rückführung auf ein christliches Erbe: weder genealogisch durch die Ableitung der Säkularität aus dem Christentum noch soteriologisch durch die Herausstreichung einer notwendigen Re-Integrierung der Säkularität in eine christliche Weltdeutung noch auch apokalyptisch durch die Verurteilung der Welt ob ihrer Verweigerung einer solchen Integration. Vielmehr: Die Welt ist gewürdigt als das *Wofür* jener Kirche, die sich darin verwirklicht, als die innerweltliche und innergeschichtliche Repräsentationsgestalt der christlichen Heilsbotschaft beansprucht werden zu können. In der Konsequenz dieser theologischen Entwicklung liegt die Ausbildung der politischen Theologie als Identifizierung des gesellschaftlichen Handlungsraums mit seinen politischen, sozialen, ökonomischen, etc. Konflikten als des genuinen Geltungs-Orts der Botschaft Jesu Christi: „Das Ärgernis und

---

⁵⁵ Vgl. LG 1; 48; AG 1; GS 42; 45.
⁵⁶ Rahner, *Säkularisation* (Anm. 47), 644.

die Verheißung dieses Heils sind öffentlich".⁵⁷ Die kirchlich-theologische Würdigung der Welt geschieht dementsprechend nicht als kirchlich-christliche Integration der Welt, sondern als weltorientierte Desintegration der Kirche. Eine solche anti-integralistische Ekklesiologie ergibt sich bereits aus der missionarischen Dimension der Kirche: „Die Kirche erneuert sich nur dann, wenn sie sich nach außen wendet. Sie hat ihr Innerstes erreicht, wenn sie sich dem anderen Menschen, der Zukunft und den fernsten Nächsten zuwendet. Nur in der Entäußerung, in der Grenzüberschreitung bleibt sie sie selbst und wird immerzu sie selbst. Nicht bei sich zu sein und sich auf den anderen zu beziehen, ist das Authentizitätskriterium der Kirche."⁵⁸

5. Aspekte einer Theologie der Säkularität

Die Anerkennung der Sphäre der Säkularität, deren Benutzbarkeit gerade durch ihre Unverfügbarkeit ermöglicht wird, erfordert von allen Parteien den Durchgang durch die Lektion der Selbstbeschränkung. Für das Christentum, insbesondere in seinen verfassten, kirchlichen Gestalten, stellt sich wie für alle Parteien die Frage, ob es diese Lektion der Selbstbeschränkung zu leisten vermag, das heißt: ob es in der Lage ist, aus den Quellen der eigenen Bedeutungstradition schöpfend eine Anerkennung der Säkularität zu formulieren. Abschließend sollen einige Vorstöße in diese Richtung unternommen werden.

5.1 Gott anerkennt die Welt unbedingt und prinzipiell: Schöpfung

5.1.1 Der Welt Raum geben

Es liegt nahe, einen ersten Zuweg im Ausgang von der mit dem oben skizzierten Begriff von Säkularität eng verknüpften *Raum*metaphorik zu wählen. Im dogmatischen Raster bietet sich hier selbstverständlich die Schöpfungslehre als korrespondierendes theologisches Diskursfeld an. Bei näherem Zusehen wird freilich schnell klar, dass der Schöpfungstraktat, wenigstens in seiner konventionellen Gestalt,

---

[57] Johann Baptist Metz: *Zur Theologie der Welt*. Mainz 1968, 104.
[58] Ottmar John, *Warum missionarisch Kirche sein? Argumente jenseits der Selbstauslieferung an soziologische Empirie*, in: Matthias Sellmann (Hg.), Deutschland – Missionsland, Freiburg-Basel-Wien 2004, 42–68, hier: 55.

kaum eine entfaltete Theologie des Raums kennt – mit wenigen Ausnahmen, deren gewichtigste wohl die Schöpfungs- und Trinitätstheologie Jürgen Moltmanns darstellt.[59] Unmöglich, Moltmanns Theologie des Raums in ihrem hochspekulativen, wenn nicht hochmetaphorischen Anspruch hier darzustellen und zu erörtern, seien nur wenige Aspekte kurz beleuchtet:

Wie schon andere christliche Denker vor ihm vom Schöpfungsmythos der lurianischen Kabbala beeindruckt, entnimmt Moltmann ihr den Bildbegriff des *zim zum*, der Selbstrücknahme oder Selbstbeschränkung Gottes als Bezeichnung für Gottes Schöpfertätigkeit, oder genauer: für seinen inneren Selbstentschluss als Möglichkeitsbedingung der Schöpfung. Gott nimmt sich zurück und schafft dadurch die Möglichkeit und den Raum für eine von ihm unterschiedene, (relativ) unabhängige Wirklichkeit. Moltmanns gestische Sprache erlaubt ihm eine radikale Formulierung dieses Gedankens von der Schöpfung als einer Gott gegenüber selbständigen Wirklichkeit: „Der Raum, der durch Gottes Selbstverschränkung entsteht und frei wird, ist im wörtlichen Sinn ein *gottverlassener Raum*."[60]

Wäre das nicht ein veritabler theologischer Annäherungsbegriff an die Sphäre der Säkularität, insofern diese doch auch freigegeben ist oder freizugeben ist von allen Bestimmungen und eben dadurch ermöglicht wird? Ja, insofern die Selbstzurücknahme Gottes nicht an die erwähnte franziskanische Bestimmung des *Dio è cortese* erinnert. Der Höfliche lässt dem Anderen den Vortritt, er tritt zurück und gibt ihm Raum; er vollzieht darin einen fundamentalen Akt der Anerkennung des Anderen. Wer sich zurücknimmt, lässt Raum für das Leben der Anderen.[61] Eine Anerkennung des Anderen, die als Zu-

---

[59] Vgl. Jürgen Moltmann, *Gott in der Schöpfung. Ökologische Schöpfungslehre*, München 1985, 98–109; ders., *Erfahrungen theologischen Denkens. Wege und Formen christlicher Theologie*, Gütersloh 1999, 274–280; ders., *Gott und Raum*, in: Ders./Carmen Rivuzumwami (Hg.), Wo ist Gott? Gottesräume – Lebensräume, Neukirchen-Vluyn 2002, 29–41. Vgl. darüber hinaus aber den eigenständigen Entwurf: Asha De, *Widerspruch und Widerständigkeit. Zur Darstellung und Prägung räumlicher Vollzüge personaler Identität*, Berlin 2005.

[60] Jürgen Moltmann, *Gott in der Schöpfung* (Anm. 59), 100.

[61] Es wird freilich schwer sein, eine positive Lesart der Wendung „gottverlassen" gegen den Sog ihrer negativen Denotation durchzuhalten – zumal Moltmann sie äquivok sowohl schöpfungstheologisch als auch hamartiologisch verwendet: Die Herzkammerscheidewand zwischen Schöpfung und Sünde ist in der christlichen

rücknahme seiner selbst alles andere als defensiv ist; sie ist vielmehr ein gebender, Leben ermöglichender, ja schöpferischer Akt. So besteht, was die raumgebende Anerkennung anderer Wirklichkeit durch Gott anbetrifft, eine Kontinuität von der Schöpfungs- zur Heilstheologie. Diese Kontinuität wird von Medard Kehl *pneumatologisch* erschlossen, indem er den Geist, der *spiritus creator* und *spiritus redemptor* ist, unter Berufung auf J. Heinrichs und Karl Otto Apel als (personal verfassten) „Raum" bzw. „Sinnmedium" „gemeinsamen Verstehens und Sich-Verständigens" begreift.[62] Moltmann macht auf dieselbe Kontinuität mit dem Hinweis aufmerksam, dass einer der hebräischen Begriffe für „erlösen", *jasa*, wörtlich „Raum geben" bedeutet.[63] – Überall, wo die Höflichkeit dem Anderen den Vortritt lässt, finden also, so könnte im Umkehrschluss gefolgert werden, kleine, vorläufige, vestigienhafte Akte der Erlösung statt.

Freilich, Moltmann nimmt, die Raummetaphorik noch weiter ausschöpfend, schließlich einen hebräischen Begriff für Raum selbst auf, *makom*, der sehr spät zu einem Gottesnamen wird und als *makom kadosch* die *schechina*, die Einwohnung Gottes in der Schöpfung bezeichnen kann.[64] Auch wenn man den Bildbegriff der *schechina* als eine Bezeichnung des nicht überbietbaren Gewürdigt- und Anerkanntseins der Welt als Schöpfung durch ihren Schöpfer auffassen kann: Hier droht doch die Bedeutungsdynamik von einer Freigabe des Raums im *zim zum* in eine Inbesitznahme desselben Raums durch die *schechina* umzuschlagen. Es wird an dieser Stelle nötig sein, das metaphorische Feld des Raums zu verlassen, um der bereits vorbereiteten Frage nun ihr volles Gewicht zu geben: der Frage nämlich nach dem eigentlichen Adressaten der schöpferischen Anerkennung Gottes.

Tradition, wenn nicht im gesamtbiblischen Überlieferungsspektrum, notorisch undicht.
[62] Medard Kehl, *Kirche – Sakrament des Geistes*, in: Walter Kasper (Hg.), Gegenwart des Geistes. Aspekte der Pneumatologie, Freiburg-Basel-Wien 1979 (= QD 85), 155–180, hier: 157f.
[63] Vgl. Jürgen Moltmann, *Gott und Raum* (Anm. 59), 31.
[64] Vgl. a. a. O., 33.

5.1.2 Im Licht unbedingter Anerkennung

Dass der Skopos biblischen Schöpfungsdenkens nämlich nicht in der Kosmogonie besteht, weswegen auch spätere und gar gegenwärtige Aktualisierungen des Schöpfungsgedankens nicht darauf verpflichtet sind, eine biblische Weltentstehungslehre irgendwie mit naturwissenschaftlichen Hypothesen in Übereinklang oder aber sie gegen diese in Stellung zu bringen, dies lässt sich gut mit der philosophischen Reformulierung des Schöpfungsgedankens im Paradigma der Anerkennung aufweisen. Biblisches Schöpfungsdenken gibt jener Anerkennung sprachlichen Ausdruck und imaginative Gestalt, in deren Perspektive die Welt insgesamt als schlechthin gewollt sichtbar wird. Ihre Wirklichkeit ist als Ganze und in ihren Einzelvollzügen zwar kontingent, doch – in schöpfungstheologischer Perspektive – nicht beliebig; sie ist vielmehr *als* gewollte kontingent im Sinn von nicht notwendig. Dieses Gewolltsein trägt der Welt eine Bedeutsamkeit ein, die ihr deswegen entspricht, weil sie diese nicht hervorbringt; das Licht der Anerkennung, das auf sie fällt und in dessen Helle Spuren des Gewolltseins an ihr selber lesbar werden, lässt die Welt aufleben unter der Entlastung von der Notwendigkeit, auch noch für den Grund ihres Bedeutens aufkommen zu müssen, lässt sie aufleben in der Gratuität ihrer Bedeutung. Vorgängig zu allem weltlichen Anfangen und Gründen hat es mit dieser Welt schon angefangen, nämlich darin, dass sie – als sie selbst, in ihrer Weltlichkeit – schon gewollt ist: unbedingt, einschränkungslos: absolut.

Mit dem absoluten Gewolltsein der Welt dürfte das *theologoumenon* von der *creatio ex nihilo* in seiner Kernbedeutung bestimmt sein: Gott hat die Welt erschaffen aus nichts als aus seinem freien Selbstentschluss. Diesem geht nichts, was ihn ernötigen würde, voraus; er ist unbedingt. Ebenso unbedingt, an keine Bedingungen geknüpft ist das aus diesem Selbstentschluss Gottes hervorgehende Gewolltsein der Welt: Dass sie gewollt ist, stellt sie nicht unter den Zwang der Erwirtschaftung jener Wertschätzung, sondern setzt sie dazu frei, sich als sie selbst zu verwirklichen. Diese im Schöpfungswillen Gottes gründende Freisetzung zur Selbst-Verwirklichung bedeutet, dass die Welt nicht unter einem neutralen und schon gar nicht unter einem negativen, sondern unter einem positiven Vorzeichen steht. Der Welt ist als Schöpfung eine Vor-Gabe zugesagt, aus der sie stets schöpfen kann, ohne sie je zu erschöpfen. Es ist eben jene unbedingt positive Vorgabe, die in der Sphäre menschlichen Handelns Eltern in der vorgängigen, unbedingten und prinzipiell unverlierbaren Liebe aktualisieren, aus der ein Kind stets neu die belebende Sicherheit seines Anerkanntseins schöpfen kann. In der Sphäre menschlichen Handelns ist jede (also auch diese) Aktualisierung der Schöpfungsgnade – denn als ein (gemessen an der Zeit der Welt) erstes Gnadenhandeln Gottes ist die Schöpfung zu identifizieren – prekär: eingeschränkt von der endlichen Reichweite menschlicher Kompetenz und Handlungsfähigkeit, aber auch ausgeliefert menschlicher Schwäche und sündhafter Depravation. Umso deutlicher bleibt aber die noch in der dunkelsten Verfremdung gewissermaßen *e contrario* aufspürbare zweckfreie und unbedingte Schöpfungsliebe als unverfügbarer Maßstab aller menschlichen Realität bestehen: in ihr, jenseits von ihr. Die Maßstäblichkeit dieser Liebe – als welche eben eine unbedingte Anerkennung aufzufassen ist – ist in ihrer Unverfügbarkeit begründet, wie sie mit dem Gedanken von der *creatio ex nihilo* ausgesagt ist: Die Welt ist in ihrer Bedeutungshaftigkeit (nicht in ihrer naturalen Genese) in nichts anderem gegründet als darin, gewollt zu sein – gewollt von Gott als dem, der sie in ihrer Totalität überhaupt wollen kann.

Das Schöpfungslob, das die Welt in ihrer Schönheit preist und das im Refrain des Schöpfungsgedichts, welches der Heiligen Schrift als *Incipit* vorangestellt ist, dieser Welt zuspricht, dass sie gut sei – dieses Schöpfungslob sagt ja eigentlich keine Realität aus, die der Welt *substantialiter* zugehört; vielmehr liest es der Welt ihr Gewolltsein ab – und erkennt sie darin als Schöpfung. Es liest, wiewohl es doch theologische Rede, Rede des Glaubens ist, keine Sakralität in die Welt hinein; deren Schöpfungsschönheit besteht vielmehr darin, als die bejaht zu sein, die frei, unter der Vor-Gabe ermöglichter Freiheit, sich als sie selbst verwirklicht. War es ein folgenreiches Missverständnis der Theologie und Religionsphilosophie von Frühaufklärung und Aufklärung zu glauben, die Freiheit der Welt – jenen Freiraum, in dem auch die aufblühende Naturwissenschaft ihren theoretischen Platz gewönne – deistisch als völlige Enthaltung Gottes hinsichtlich der Welt in ihren realen, natürlichen und geschichtlichen Vollzügen denken zu müssen, wodurch, unter Beibehaltung eines rahmenden Gottesbegriffs, die reale Welt als gottesfreier Raum gedacht wäre, so erlaubt es das Paradigma der Anerkennung, die Welt so als Raum der Freiheit und den Menschen so als Subjekt freier Selbstbestimmung zu denken, dass der Freiheitsraum der Welt und die freie Selbsttätigkeit des Subjekts zwar geschichtlich zu erringen gewesen sein werden, aber zugleich nicht gegen die übermächtige Negativität einer nur sinnlosen Geschichte oder gegen die unendliche Gleichgültigkeit einer desinteressierten Natur permanent behauptet und neu gesetzt werden müssen, sondern als historische – und also menschliche – Errungenschaft betrachtet werden können, die in einer fundamentalen Bedeutung ursprünglich gewollt sind: so dass Gott als das absolute Subjekt dieser Anerkennung in diskreter Weise in dieser Welt und bei diesen Menschen ist, ohne jener wie diesem zu nahe zu treten. So wie ein Mensch dadurch, dass er einem anderen das Beste wünscht, ganz bei diesem sein kann, ohne ihn im mindesten zu bedrängen, womöglich ohne von ihm in diesem Gegenwartsmodus überhaupt wahrgenommen zu werden, so setzt Gott sich durch sein prinzipielles – also Ursprung und Anfang setzendes – Ja zu Welt und Mensch in der Welt und beim Menschen in diskreter, nicht bedrängender, sondern Lebensräume eröffnender und Leben freisetzender Weise gegenwärtig.

Die *creatio ex nihilo* klärt also nicht über den realen Ereignisablauf der Weltentstehung auf, sondern bezeichnet diese Welt als in ihrem Ursprung gewollt, als dem Willen Gottes entsprechend. Ursprungsdenken ist nicht identisch mit Anfangsdenken: Auch wenn die biblische Schöpfungsrede das, was sie von der Welt und dem Menschen sagen will, als Erzählung von ihrem Anfang aussagt, will sie in dieser Sprache des Anfangs den Ursprung der Welt markieren, will mit dem Sprachmaterial des Mythos eine transzendentale Bestimmung des Menschen in seiner Welt vornehmen. Der Mythos selbst erlaubt eine solche Ableitung, erzählt er doch ein Geschehen *vor* der Zeit, das aber alles, was *in* der Zeit geschieht, bestimmt. In ihrem Zeitablauf entfernt die Geschichte sich nicht vom Mythos, sondern spielt sich auf seiner Grundlage ab. Wird nun, in welcher Spielart immer, daran festgehalten, dass die biblische Schöpfungsrede mit der naturwissenschaftlichen, auf Hypothesen gestützten Beschreibung von Entstehung und Entwicklung der Welt konkurrieren oder auf gleicher Aussageebene harmonieren können muss, findet keine Rettung, sondern eine Unterbietung des Aktualitätsanspruchs des biblischen Schöpfungsmythos statt.

Der Ursprung, aus dem die Welt existiert, ihr Gewolltsein, ist dieser Welt eingeschrieben – als Wille Gottes. Der Wille Gottes in der Welt: Auf diesen Nenner hat John Henry Newman das *theologoume-*

non der *pronoia* gebracht. Einstimmen in die Vorsehung Gottes bedeutet dann anerkennen, dass die Welt in der unbedingten, kreatorischen Anerkennung Gottes existiert. So gefasst, konkurrieren oder kollidieren das Handeln der Menschen und das Handeln Gottes nicht länger; die Anerkennung des Anerkanntseins der Welt vollzieht sich in den Worten Newmans als „cheerful concurrence" menschlichen Handelns mit dem Willen Gottes in der Welt.[65] Das auf dem Schöpfungsdenken basierende christliche Verständnis der Vorsehung hat sich hier gänzlich vom Begriff des Schicksals getrennt und stellt recht eigentlich die Antithese zu ihm dar. Durch Newmans Auslegung des *pronoia*-Konzepts als Gottes Wille in der Welt wird die *creatio ex nihilo* als Strukturprinzip dieser Welt bestimmbar: Die Ursprungsbestimmung hat Geltung für alle weltlichen Vollzüge und ist nicht nur ihr *point of departure*. So wie die Welt als Ganze aus Gottes freiem und unbedingtem Entschluss zu ihr hervorgeht, so nehmen alle innerweltlichen Vollzüge ihren Ursprung in Gottes unbedingtem Willen zu dieser Welt; sie stehen, noch bevor sie geschehen und diesen oder jenen, sie immer weiter festzulegen scheinenden Verlauf nehmen, unter dem Vorzeichen der Möglichkeit ihres Gelingens; sie lassen dieses Vorzeichen auch nicht zurück, sondern führen es mit sich, so dass auch noch sozusagen in jeder Serpentine einer Talfahrt des Scheiterns die Möglichkeit von Ausstieg und Neuanfang besteht.[66] Darin, diese Möglichkeit bis in die Mikrostruktur menschlicher Handlungen und bis zum Ende offenzuhalten, besteht die *pronoia* als Gegenwart des Willens Gottes in der Welt.

Die Anerkennung der Vorsehung, von Newman gefordert und von ihm selbst in einem schrittweisen theologischen Erkenntnis- und lebensgeschichtlichen Glaubensweg erbracht, beugt sich nicht einem *fatum*, sondern anerkennt die Möglichkeit einer Handlungswirklichkeit, die aus der unbedingten Freiheit Gottes lebt. Dieses *pronoia*-Konzept lässt also jeden Augenblick aus dem Ursprung schöpfen, sich in ihm erneuern, während das Schicksalsparadigma

---

[65] Vgl. hierzu Knut Wenzel, *Glaube als Biographie, Die Modernität John Henry Newmans*, in: Claus Arnold/Bernd Trocholepczy/Knut Wenzel (Hg.), John Henry Newman. Kirchenlehrer der Moderne, Freiburg 2009, 158–179, bes. 177f.
[66] In der Sprache immanenter Transzendenz formuliert, wäre diese Möglichkeit das, was Walter Benjamin bewusst gegen das herrschende Verständnis als Revolution definiert: der Griff nach der Notbremse im rasenden Zug des Fortschritts.

Gegenwart und Zukunft unter die übermächtige Last einer unausweichlichen Vergangenheit stellt. Das allein ist schon negativ genug; wenn aber diese Vergangenheit ihrer Herkunft nach auch noch *materialiter* negativ determiniert ist, gibt es kein Entkommen. Theologiegeschichtlich ist diese Alternative in der Beanspruchung der *creatio ex nihilo*-Konzeption gegen die Bestimmung der Materie als von Ewigkeit her böse durch die Katharer verankert.[67] Eine solchermaßen unter das Prinzip des Teufels gestellte (materielle) Welt ist nämlich unrettbar. Deutlich wird an dieser theologischen Alternative, wie eine von der Schöpfungstheologie entkoppelte Theologie des Heils die Welt in ihrer Materialität schlicht verloren geben kann. Angesichts solcher Weltverachtung zeigt sich die biblisch begründete Schöpfungstheologie umso eindeutiger als Theologie der Welt im Sinn einer fundamentalen Weltbejahung.

Wenn nun im priesterschriftlichen Schöpfungsbericht der Welt attestiert wird, dass sie gut sei, handelt es sich dabei um keine (es sei denn, um eine dialektische) Aussage über ihren jeweiligen *status quo*. Auch ist damit kein identifizierbares Substanzelement der ‚Gutheit' gemeint. Vielmehr zeichnet der Schöpfungsbericht hiermit der Welt die ihr nun ablesbare Spur ihres Gewolltseins ein. Es wird also, darauf ist zuvor schon hingewiesen worden, in der Welt sozusagen ein Maßstab des Guten aufgerichtet. Dieser ist wiederum inhaltlich so wenig bestimmt, dass die viel geübte Praxis der dignifizierenden Rückbeziehung einzelner innerweltlicher Einrichtungen auf eine solche ‚Schöpfungsgutheit' eigentlich nicht zulässig ist. Was hat es dann aber mit diesem Maßstab auf sich? Faktisch als ein Einspruch gegen real erfahrenes Unheil aufgerichtet,[68] präsentiert er, diesem Unheil zum Trotz, die Ursprungsbestimmung der Welt zum Guten. Bereits in dieser Entstehungsszene biblischer Schöpfungstheologie zeigt sich ihre anti-fatalistische Dimension: Die Welt als vom Ursprung her gut ausweisen heißt, der real herrschenden Unheilsituation nicht das letzte – weil eben schon gar

---

[67] Vgl. hierzu Franz Schupp, *Schöpfung und Sünde. Von der Verheißung einer wahren und gerechten Welt, vom Versagen der Menschen und vom Widerstand gegen die Zerstörung*, Düsseldorf 1990, 340–352.
[68] Vgl. Jürgen Ebach, *Ursprung und Ziel. Erinnerte Zukunft und erhoffte Vergangenheit. Biblische Exegesen, Reflexionen, Geschichten*, Neukirchen-Vluyn 1986, 16–22.

nicht das erste – Wort überlassen, ihre Mächtigkeit einschränken, ihre Irreversibilität bestreiten.

5.1.3 Ordnung der Lebendigkeit I: Schöpfung

Das sind freilich alles Annäherungen an einen solchen ‚Maßstab zum Guten' *ex negativo*. In der Gewissheit über das Nicht-sein-Sollen einer negativen Wirklichkeit schwingt jedoch auch eine Vorstellung eines Gutes als des Sein-Sollenden mit. Dessen Kernbestimmung wird biblisch, wie gesagt, diskret behandelt – wenn auch mit etlichen Ableitungen des schöpfungstheologisch Legitimierten reich umkränzt. Die wesentliche Bestimmung jenes Maßstabs zum Guten besteht schlicht darin, dass seine Errichtung in das Handeln Gottes gelegt wird. Gut ist die Welt, insofern sie von Gott gewollt ist. Mit Blick auf die materiale Realität dieser Welt konkretisiert sich das Gutsein zum einen in der Depotenzierung anderer Gottheiten (vgl. Gen 1,14–19) – keiner relativen Macht sei diese Welt und seien die Menschen ausgeliefert –, zum anderen bezeichnenderweise in der Etablierung einer Ordnung. Die materiale Ausgestaltung dieser Ordnung wird als durch verschiedene Faktoren bedingt anzusehen sein, deren Geltungsreichweite unterschiedlich zu bewerten ist. Wenn demnach von einer Schöpfungs*ordnung* die Rede ist, wird nicht diese oder jene materiale Gestalt solcher Ordnung im Vordergrund stehen, sondern das ‚Dass' dieser Ordnung selbst bestimmend sein.

Der Ordnungsgedanke wird in schöpfungstheologischem Zusammenhang und in Hinsicht auf eine Theologie der Säkularität in zweierlei Hinsicht bedeutsam.[69]

Zum einen ist die Idee der Schöpfung als solche eine Idee der Ordnung. Sie setzt holistisch an, hat von vornherein die Totalität der Wirklichkeit im Blick und bietet eine prinzipiell umfassende Deutung an. Die postmoderne Kritik, die so genannten Großerzählungen und dem Einheitsdenken die irreduzible Pluralität sowohl der Wirklichkeit als auch der Erkenntniszugänge (Subjektivität) als auch der Beschreibungsinstrumente (Dissemination) entgegen hält, verfängt beim Schöpfungsdenken wenigstens des biblischen Typs insofern nicht, als dieses nicht kultur- und denkgeschichtlich durch

---

[69] Zu den religionsgeschichtlichen Kontexten der dann spezifisch biblischen Koordinierung von Schöpfung und Ordnung siehe Schupp, *Schöpfung* (Anm. 66), 55–96.

verschärfte Komplexisierungen überholt worden ist, sondern bereits eine Antwort darstellt, die gerade auf erfahrene und erkannte Komplexisierungen von Wirklichkeit hin formuliert worden ist. Die Komplexität der Wirklichkeit und die Erfahrung von Leid ist dieser Antwort nicht äußerlich, sondern in sie aufgenommen. Der schöpfungstheologische Versuch der Integrierung einer unübersichtlichen und leidproduktiven Wirklichkeit in eine prinzipiell intelligible Struktur mag in vielem diskutabel sein; aber er kapituliert vor der Vieldeutigkeit der Wirklichkeit nicht. Seine Interpretationen der Wirklichkeit mögen in einzelnen Durchführungen und womöglich sogar im Gesamtkonzept – im besten wie im schärfsten Sinn – als fragwürdig angesehen werden: nicht hintergehbar ist allerdings der Anspruch des sich in der Welt orientierenden und in dieser Welt-Verständigung seiner selbst vergewissernden – und auf diese hermeneutische Weise selbst-bewussten und also handlungsfähigen – Subjekts, dass dieser welthaltige Selbst-Vollzug als Auslegung der eigenen Subjektivität in einer Subjekt-Welt-Konstellation prinzipieller Bedeutungsfähigkeit geschehen kann. Dieser Anspruch wird paradoxerweise auch von den Protagonisten einer Tragödie (oder Farce) der prinzipiellen Abwesenheit oder Nichterreichbarkeit eines „Sinns" dieser Welt mit sich geführt. Derselbe Anspruch trifft im Schöpfungsgedanken auf eine umfassende Affirmation in Gestalt des unbedingten Gewolltseins der Welt. Mit dieser Gewinnung der *materialiter* unverfügbaren Welt im Modus der Bedeutung partizipiert der Schöpfungsgedanke an einer Grundfunktion aller nicht bloß kultischer, sondern bekenntnisgetragenen und doktrinal entfalteten Religionen: nämlich „Gnosis" zu bieten.

Für das biblische Schöpfungsdenken gilt zudem, dass der Ordnungsgedanke thematisch geworden ist, erzählt doch der priesterschriftliche Schöpfungsbericht die Erschaffung der Welt als Errichtung von Ordnung im Kontrast zu einer chaotischen Vorwelt. In dieser Gegensatzfigur von Ordnung und Chaos legt sich Bedeutungsschicht auf Bedeutungsschicht; Chaos, Ungeordnetheit ruht auf der Lebenswirklichkeit der Wüste auf, die in ihrer Ungesondertheit Lebensfeindlichkeit, Tod bedeutet; Ordnung ruht auf der Lebenswirklichkeit fruchtbaren, urbar gemachten, kultivierten Lands auf, das in seiner Strukturiertheit für Lebensermöglichung, Raum des Lebens steht. So konfrontiert die Gegensatzfigur von Ordnung und Chaos das Leben mit dem Tod. Im Zusammenhang dieser Figur bedeutet die Erschaffung der Welt die Gestaltung amorpher Materie zu einer Leben ermöglichenden, Leben entlassenden, Leben tragenden Ordnung – im Sinn einer bedeutungsvollen Struktur.

Auch das deutsche Wortfeld „Wüste" bewahrt ein Gedächtnis der Bedrängnis auf, unter welcher biblisch die Ordnung durch das Chaos steht: So bezeichnet die *Wüstenei* die zerstörte Ortschaft, in der kein Leben mehr ist, weil sie aus einer lebendigen, Leben ermöglichenden Struktur gewaltsam in eine Leben verneinende Gestaltlosigkeit zurückverwandelt worden ist. Dies entspricht insofern dem biblischen Verständnis von Wüste, als diese nicht als pure Natur, sondern als Negation von Leben wahrgenommen wird. Etwa in diesem Sinn sprechen wir, nun zum zweiten Mal im Wortfeld der Wüste die menschliche Ansiedlung thematisierend, auch von der *Stadtwüste*: Hier hat die Stadt sich in der Überspannung gewisser städtischer Eigenschaften auf ihre Antithese hin extremisiert; das quantitative Wachstum einer Stadt ist nicht von einem qualitativen Wachstum der Urbanitätsstrukturen begleitet gewesen; die Struktur der Stadt ist zu einer unendlichen Alliteration immer gleicher Stadtmodule zerfallen, zu einem unstrukturierten, orientierungsfreien, azentrischen, unüberschaubaren und undurchquerbaren Konglomerat – zu jener Gestaltlosigkeit, die biblisch mit Wüste, mit der Sphäre der Lebensverneinung assoziiert wird. Freilich, auch in solchen transurbanen Agglomerationen gibt es Leben; Abermillionen Menschen leben in Megacitys, die sich in weiten Bereichen zu solchen Stadtwüsten entwickelt haben.[70] Doch das menschliche Leben, das sich hier organisiert, in Städten jenseits städtischer Strukturen der Lebendigkeit: ist es nicht allzu versehrt von der amorphen Lebensfeindlichkeit, unter deren Bedingungen es sich vollziehen muss, als dass Menschen die Chance zu freier Selbstentfaltung hätten? Und dennoch gibt es auch das: Oasen des aufblühenden Reichtums alltäglicher Menschlichkeit in den Wüsten gesichtsloser Stadtausdehnungen. Sie sind wie Versprechen auf eine erst noch zu verwirklichende Urbanität

---

[70] Vgl. hierzu den auf einer Serie der Süddeutschen Zeitung beruhenden, essayistischen Band: Alex Rühle (Hg.), *Megacitys. Die Zukunft der Städte*, München 2008.

5.1.4 Ordnung der Lebendigkeit II: Gesetz

Die andere Hinsicht, unter der der Ordnungsgedanke schöpfungstheologisch und mit Blick auf eine Theologie der Säkularität bedeutsam wird, ist implizit bereits präsent. Die Anreicherung des Schöpfungsbegriffs um die Dimension einer Leben ermöglichenden Ordnung gehört in denselben theologischen Zusammenhang, in dem auch die aus Babylonien übernommene und in der Adaptierung radikal transformierte Schöpfungstheologie in die auf der Linie des JHWH-Glaubens entwickelte Geschichtstheologie integriert wird. Beides, sowohl die Deutung der Schöpfung als Ordnung des Lebens als auch die Einbeziehung der (neuen) Schöpfungsperspektive in die Geschichtstheologie, wodurch letztere womöglich allererst ihr universales Bedeutungspotential entfalten konnte, ist Leistung priesterschriftlicher Theologie. Nun wird durch diese theologische Arbeit, die sowohl das Deutungsmaterial von Schöpfung und Geschichte integriert als auch auf eben diesem Weg durch die Hinzugewinnung der universalen Perspektive den aus der eigenen Erfahrungs- und Deutungsperspektive gewonnenen Begriff eines geschichtlich zugänglichen, dem Leben zugewandten Gottes präziser zu bestimmen vermag, der Blick auf eine geschichtstheologisch verankerte Analogie zur Schöpfung als Ordnung des Lebens erschlossen: Das Gesetz nämlich, das christlicherseits im durchschnittlichen Glaubensbewusstsein und nicht selten immer noch in der kirchlichen Verkündigung von einer Mehltauschicht des Missverstehens bedeckt ist,[71] wahrgenommen nämlich immer noch im Assoziationsraum von Gehorsam und Strafe, dieses Gesetz ist in seinem wesentlichen Begriff, in dem die unterschiedlichen Gesetzestraditionen mit ihren je anderen Profilen, Begründungen und konkreten Formen – unter Einschluss der Theologisierung des Gesetzes, wie sie im Bundesbuch einsetzt und einen Höhepunkt in der deuteronomistischen Entkoppelung des Gesetzes von der Königstheologie findet, bis hin zum stark kultischen Gesetzesverständnis „ohne Tempel" der Priesterschrift – zusammenlaufen, Ordnung des Lebens in der Sphäre menschlichen Handelns. Darin besteht ja die nicht zu überschätzende Leistung priesterschriftlicher Integrationsarbeit, dass sie ein

---

[71] Vgl. hierzu die instruktiven, ideologiekritischen Erschließungsüberlegungen in: Meinrad Limbeck, *Das Gesetz im Alten und Neuen Testament*, Darmstadt 1997, 4–18.

Kontinuum lesbar werden lässt zwischen der Geschichte als der integralen, diachron verfassten Sphäre menschlichen Handelns und der Schöpfung als der Setzung der Grundbedingungen dieser Handlungssphäre. Diese Synthese von Schöpfung und Geschichte scheint noch einmal anders in der Doppelbegründung des Sabbatgebots auf, das einmal auf die Schöpfungsordnung (Ex 20,8–11) und ein andermal auf das Gedächtnis der Befreiung Israels aus dem Sklavenhaus zurückgebunden wird (Dtn 5,12–15). Im Licht jener Synthese von Schöpfung und Heilsgeschichte stehen diese Begründungen nicht alternativ, sondern komplementär zueinander. Ihr Ort in den zwei Versionen des Dekalogs markiert zudem (im Zusammenhang eines herausgehobenen Gesetzeskorpus) die Bedeutsamkeit des Gesetzes als Ordnung des Lebens.

Diese Überlegungen zielen nun nicht, das dürfte hinreichend deutlich geworden sein, auf die Begründung oder Apologie gewisser material-gesetzlicher Bestimmungen innerhalb biblischer oder, abgeleitet, kirchlicher Korpora, sondern auf die Bestimmung jenes Begriffs des alttestamentlichen Gesetzes, der die zentrale und durchgängige Bedeutung des Gesetzeswesens im Alten Testament überhaupt verständlich werden lässt – und an dem sich, dies wäre die prophetische Perspektive, faktisch in Geltung gehaltene Gesetze prüfen lassen müssen.

Das Gesetz wäre also als jene unter den Menschen geltende Ordnung zu begreifen, durch welche die Lebendigkeit, die Lebensbezogenheit der menschlichen Gemeinschaft vergegenwärtigt wird. Von Vergegenwärtigung ist hier zu reden, weil dem Gesetz zunächst auch eine Zeichenfunktion eignet: Es bezeichnet diese Lebendigkeitsordnung unter den Menschen und hält sie auf diese Weise präsent. Sodann ist deswegen von Vergegenwärtigung zu reden, weil das Gesetz die Durchsetzung der Lebendigkeitsordnung nicht garantiert: Weder ist die Befolgung des Gesetzes garantiert noch ist garantiert, dass durch die Befolgung eines faktisch geltenden Gesetzes dieser Lebendigkeitsordnung auch tatsächlich Genüge getan wird. Aber die bloße Existenz des Gesetzes erinnert daran, dass es reklamierbare Strukturen und appellierbare Institutionen der gerechtigkeitsorientierten Vermittlung zwischen den Menschen und zwischen ihren zueinander unverrechenbaren Lebensbedürfnissen geben muss – wiederum nicht als Garantie erfüllten Lebens der Menschen in Gemeinschaft, aber als notwendige Bedingung hierfür.

Die Geschichte des Gesetzes in Israel ist komplex. Das in vielen geschichtlichen Zusammenhängen gern bemühte Dekadenzmodell – hier etwa in Gestalt des Verfalls eines ursprünglich göttlichen zu einem ‚säkularen' Gesetz – dürfte allerding die Sache völlig verfehlen. Eher ist der umgekehrte Weg einer Theologisierung (zum Teil) ursprünglich ‚säkularer' Gesetze anzunehmen. Theologisierung steht zum einen für eine Strategie der Entziehung des Grunds des Gesetzes jeden menschlich-manipulativen Verfügens, vor allem der Verfügung der Macht. So ließ etwa die deuteronomistische Redaktion des Deuteronomiums „Mose in Dtn 5,9–10 das Dtn in idealer Gründungsgesch.[ichte] Israels am Gottesberg Horeb promulgieren und entzog es damit jedem unmittelbaren Zugriff von Interessengruppen".[72] Derselbe Zusammenhang, wenngleich in anderer Ableitung, mag auch in der priesterschriftlichen Betonung der Kultbezogenheit des Gesetzes von Bedeutung sein. Auf der Basis der zurückliegenden Kultzentralisation der JHWH-Verehrung auf Jerusalem, die als Antwort auf die Zentralisation des Assur-Kults auf den Tempel in der Stadt Assur zu verstehen ist und mit diesem Symbolinstrument die herausgehobene Bedeutung JHWHs in Rivalität mit dem Gott Assur bezeichnet, weitet die Priesterschrift die Bedeutung und Stellung des Tempels ins weite Feld des Gesetzes aus, und dies gerade angesichts der faktischen Zerstörtheit und Unzugänglichkeit des Tempels: Die nach dem Bild des Tempel-Kults modellierte JHWH-Verehrung ist durch keine faktisch-historische Entwicklung in ihrer Geltung aufzehrbar. Dies materialisiert sich im Gesetz. Die Theologisierung des Gesetzes steht in dieser Deutung nicht für die Vereinnahmung einer genuin weltlichen Ordnung durch die Religion, sondern für die äußerste Anerkennung einer in den offenen oder öffentlichen Raum zwischen den Menschen gestellten sichtbaren (wenn auch nicht materiellen) Installation des Lebens. Als dieses sei hier das Gesetz im Sinn einer Ordnung der Lebendigkeit in der Sphäre menschlichen Handelns verstanden: als öffentliche, womöglich das Forum der Öffentlichkeit mit konstituierende und in diesem Verständnis von Öffentlichkeit allgemein zugängliche Installation – also Artefakt und Sinnbild zugleich, Struktur und zugleich Gestalt – der Lebendigkeit. Bei allem, was pragmatisch durch das Gesetz geregelt wird,

---

[72] Vgl. hierzu Eckart Otto, Art.: *Gesetz. II. Altes Testament*, in: RGG⁴, Bd. 3 (2000), 845–848, hier: 847. Der Beitrag bietet insgesamt eine konzise Einführung in die Thematik.

ist es installierte, also in das „Zwischen" menschlichen Zusammenlebens gestellte Darstellung der Lebendigkeit. Als *diese* – und nicht in den konkreten Regelungen (den *leges positivae*) – wird das Gesetz durch seine Zurückführung auf göttliche Setzung gewürdigt. Und darin wiederum wird das vom Gesetz zur Darstellung Gebrachte, das Leben in seiner sein sollenden Lebendigkeit, gewürdigt.

Gott gibt der Welt Raum; in ihrer Weltlichkeit ist sie in seiner unbedingten Anerkennung gegründet; dieses unbedingt anerkennende, also liebende Interesse Gottes an der Welt kommt in ihr selbst in der dem Willen Gottes entsprechenden Ordnung der Lebendigkeit – als Schöpfungsordnung und als Gesetz – zur Darstellung: Hierin wird wohl der biblische Bedeutungsrhythmus einer Würdigung der Welt zu erblicken sein, durch den diese Welt als sie selbst anerkannt und somit im Idiom biblischer Gottesrede die Sphäre der Säkularität geöffnet wird – ohne dabei aber die Welt sich selbst zu überlassen.

Eine theologische Würdigung der Welt in ihrer säkularen Identität wird die Unbestimmbarkeit der Sphäre der Säkularität nicht in der Weise bejahen können, dass sie diese als gottlosen oder agnostischen Raum bestimmte. Dies zu tun hieße im Idiom der biblisch-christlichen Tradition, die Welt sich selbst zu überlassen – und aus einer Theologie der Säkularität eine säkularisierte Theologie zu machen. Ausgangspunkt der hier vorgelegten und zunächst in die Schöpfungstheologie führenden Überlegungen war ja, dass die Sphäre der Säkularität in ihrer prinzipiellen Unbestimmbarkeit darauf angewiesen ist, durch die Sprachen der Überzeugungstraditionen, die in ihr sich verletzungsfrei begegnen, bejaht zu werden. Der daraufhin geschlagene schöpfungstheologische Bogen spannt sich von der göttlichen Eröffnung des Eigenraums der Welt, über die unbedingte Anerkennung dieser autonomen Welt durch Gott, bis hin zur Präsenz des „Ja" Gottes zur Welt in ihr selbst, vergegenwärtigt durch die Figur der Schöpfungsordnung als Bejahung der Welt in ihrer lebendigen Bedeutsamkeit und durch eine Theologisierung des Gesetzes, durch welche dieses als Proklamation dessen markiert wird, dass Gott sich das menschliche Interesse an einer gerechtigkeitsorientierten Gestaltung des menschlichen Zwischeneinanders zu eigen macht.[73] Dieser Bogen

---

[73] Eine solche Theologisierung, wie sie wohl in der Geschichte des alttestamentlichen Gesetzes festzustellen ist, verläuft gegensinnig zu allen Figuren der Ableitung natürlicher oder menschlicher Gesetze aus einem göttlichen Recht. His-

zeichnet eine dynamische Bedeutungsfigur des Verhältnisses von Gott und Welt; sie beginnt mit der Frei-Gabe der Welt (was eine Absage an deren Sakralisierung enthält), um dann freilich Gott in diese säkulare Welt gewissermaßen rückeinzutragen – in Gestalt der Präsenz seines Willens in dieser Welt: als Providenz, als Ordnung, als Gesetz. Diese Präsenz Gottes in der Welt ist eine freigebend-liebende und nicht Besitz ergreifend; nicht kultisch ist die Präsenz Gottes – es sei denn, das ‚Kultische' wird eucharistisch verstanden, insofern Menschen ihrer lobend und dankend gedenken können –, sondern ‚weltlich'. Auf der Basis dieser Überlegungen kann nun auch wieder an den Gedanken von der Einwohnung Gottes angeknüpft werden, freilich ohne Moltmanns Identifizierung der *schekina* mit *makom*, mit dem Raum, mitzugehen. Gott nimmt nicht so in der Welt Wohnung, dass er von ihr Besitz ergriffe und ihre Eigenwirklichkeit zum Verschwinden brächte; er schlägt vielmehr in dieser Welt das Zelt der Anerkennung ihrer Säkularität auf. Im Gegensatz zu einem Gott des Kults begibt sich ein Gott des Gesetzes in die Welt, deren Gerechtigkeits- und Lebendigkeitsorientierung durch die Ordnung der Schöpfung und des Gesetzes repräsentiert wird.

Der Blick von Ordnung und Gesetz, dessen Kadrierung durch die Abstraktion des Nomos bestimmt wird, ist auf das Konkrete, das Faktische gerichtet. Gegenläufig hierzu eignet der Schöpfung zugleich die weitest-mögliche Horizontalisierung dieses Blicks aufs Konkrete; sie beinhaltet und übersteigt das Geschichtliche wie das Kosmische, bis hin zur Auflösung der Horizontqualität im Absoluten. „Schöpfung" bezeichnet diese äußerste Dimension allen Horizonts; an der Schwelle letzter Konturierung und absoluter Auflösung.

5.2 Gott würdigt die Welt aus dem Inneren ihrer Selbstvollzüge: Christologie

Der schöpfungstheologische Bogen hat am Ende mit der Gesetzesthematik in die Welt hinein und über den engeren Rahmen der Schöpfung hinaus geführt, ohne die Schöpfungsperspektive freilich im Grund zu verlassen.

---

torisch scheint die Bewegung der Theologisierung gegenüber solchen Figuren der Ableitung grundlegenderen Charakter zu haben. Systematisch investiert sie das Interesse des Schöpfers an seiner Schöpfung in deren Selbstvollzüge – und stellt keine deifizierende Legitimierung irgendeines positiven Rechts dar.

5.2.1 Jesus aus Nazaret als kategoriale Bestimmung der Inkarnation

In dieser Welt tritt auf: Jesus aus Nazaret, der das Gesetz nicht auflöst oder auf eine simple Weise überbietet, sondern der gekommen ist, es zu erfüllen (vgl. Mt 5,17f) – und es kraft dieser Erfüllung unüberholbar bestimmt. Die damit angeschlagene Konsonanz zwischen der Botschaft Jesu sowie einerseits der ‚alttestamentlichen' Überlieferung und andererseits dem Kerygma Jesu Christi gilt selbstverständlich nicht vorrangig dem Gesetz. Sie gilt der Botschaft von dem einen und einzigen Gott, der derselbe ist, welcher die Welt liebend hervorgebracht hat, derselbe, der sie im Sohn von innen her angenommen hat, derselbe, der im Geist in ihr geschichtlich präsent ist und sie auf ihren Wegen zur Vollendung bringen will. Die entscheidende Kontinuität dürfte im angesprochenen Konvergenzpunkt zwischen einer Theologie der Einwohnung und einer Theologie der Inkarnation liegen: Derselbe Gott, den Jesus mit Vollmacht vergegenwärtigt, hat sich selbst in der Tora in seinem Volk gegenwärtig gesetzt, indem er sich dem Streben der Menschen nach einer Ordnung der Lebendigkeit ihres Miteinanders zugewandt hat.

In der Person Jesu erhält die Selbstvergegenwärtigung Gottes unter den Menschen eine in dem Sinn endgültige kategoriale Bestimmung, als Gott seine Gegenwart in der Welt an die freie Zustimmung eines Menschen bindet. Diese menschliche Bestimmung der Gegenwart Gottes in der Welt ist schlechthin unüberbietbar. Jesu Ja zum Vater ist sakramental in Urgestalt: Es ist sowohl reale Vergegenwärtigung der Zuwendung Gottes zu den Menschen als auch zeichenhafte, maßstäbliche Deutung des göttlichen Freiheitsgrunds, aus dem dieses Ja Gottes zur Welt kreatorisch, heilend, vollendend hervorgeht.

Vergegenwärtigung und Deutung: Die Sakramentalität, wie sie Christus selbst theologisch zugesprochen wird, findet ihre Grundgestalt in Leben und Todesgeschick Jesu. Inkarnationshermeneutisch bleibt die Bedeutung des geschichtlichen Jesus als Erschließungsgrund jeder Christologie unüberspringbar. Dass die damit angesprochene Christologie ‚von unten' ohne die systematische Explizierung ihrer im engeren Sinn christologischen Implikate, also ohne in eine so genannte Christologie ‚von oben' zu münden, defizitär bliebe, ist ebenso unzweifelhaft. Der Ansatzpunkt beim geschichtlichen Jesus erlaubt einen allgemeinen, also nicht schon die Vorleistung des Glaubens erfordernden Zugang zu einem Verständnis des vom christologischen Dogma Ausgesagten. Unnötig zu betonen, dass ein durch einen solchen allgemeinen Zugang womöglich erschlossenes Verständnis das Eine ist, die glaubende Zustimmung zu den solchermaßen zugänglich gemachten Inhalten aber etwas ganz Anderes: Handlung nämlich des Subjekts unter Investierung seiner selbst – ausweisbar günstigenfalls als der Vernunft nicht widersprechend, von dieser gleichwohl nicht, etwa wie eine Erkenntnis und ein daraus sich absinterndes Wissen, produzierbar. In diesem Sinn ist die christliche Botschaft, wiewohl sie sich in ihrer frühchristlichen Geschichte auch dieses Begriffs bedient hat, nicht *Gnosis*. Was sie stattdessen oder vorrangig ist, lässt sich dem Leben und Todesgeschick Jesu aus Nazaret entnehmen. Dies kann hier, angesichts der reichhaltigen Fülle der einschlägigen Literatur,[74] aber auch mit Blick auf die Argumentationsökonomie dieses Beitrags, in größtmöglicher Abgekürztheit geschehen, auch wenn, mit Walter Benjamin, eine Abbreviatur stets etwa Ungeheures haben kann.[75] Ist aber nicht jede Glaubensformel (samt ihrer Platz greifenden Paraphrase in der Glaubensreflexion) in ihrer Abgekürztheit ungeheuer?

Und ist nicht das Leben Jesu, insoweit eine Religion und ihre Gläubigen und Theologen sich darauf beziehen – nämlich auf die etwa drei Jahre seines öffentlichen Wirkens bis zu seinem Tod – eine ungeheure Abbreviatur im Sinn Benjamins? Denn in diesem Lebensausschnitt hat Jesus sich beanspruchen lassen von der Zumutung Gottes, unter den Menschen gegenwärtig zu sein. Unter den

---

[74] Nur exemplarisch seien genannt: Hans Kessler, *Christologie*, in: Theodor Schneider (Hg.), Handbuch der Dogmatik I, Düsseldorf ³2006, 239–442, bes.: 261–291, 392–424; Thomas Pröpper, *Erlösungsglaube und Freiheitsgeschichte. Eine Skizze zur Soteriologie*, München ²1988; Jon Sobrino, *Christologie der Befreiung*, Mainz 1998 (vgl. hierzu: Knut Wenzel „Inmitten der Kreuzigung – in der Hoffnung auf Befreiung". *Die Christologie Jon Sobrinos*, in: Orientierung 62[1998], 259–264); Gerd Theißen/Annette Merz, *Der historische Jesus*, Göttingen ³2001.

[75] „Die kümmerlichen fünf Jahrzehntausende des homo sapiens', sagt ein neuerer Biologe, ‚stellen im Verhältnis zur Geschichte des organischen Lebens auf der Erde etwas wie zwei Sekunden am Schluß eines Tages von vierundzwanzig Stunden dar. Die Geschichte der zivilisierten Menschheit vollends würde, in diesen Maßstab eingetragen, ein Fünftel der letzten Sekunde der letzten Stunde füllen.' Die Jetztzeit, die als Modell der messianischen in einer ungeheueren Abbreviatur die Geschichte der ganzen Menschheit zusammenfaßt, fällt haarscharf mit *der* Figur zusammen, die die Geschichte der Menschheit im Universum macht." Walter Benjamin, *Über den Begriff der Geschichte*, These XVIII.

Menschen – das heißt in der Auslegung Jesu Christi: nicht in Objektivationen einer abstrakten Zwischenmenschlichkeit, sondern als ein Mensch.

Jesus nun, der Räume des Miteinanders geschaffen hat, indem er durch seine Einladungen zu Mahlgemeinschaften Menschen an einen Tisch zusammengebracht hat, die aufgrund der trennenden gesellschaftlichen Differenzbestimmungen nichts miteinander zu tun hätten haben dürfen und wollen – die angesehenen Schriftgelehrten, die einfachen und durch keine soziologische Rolle definierten Menschen, die aufgrund ihrer ökonomischen Kollaboration mit der Besetzungsmacht verachteten Zöllner, die wegen ihres Geschlechts zurückgesetzten Frauen …; Jesus, der mit seinen Krankenheilungen seelisch und körperlich versehrte Menschen so angenommen hat, als würde er Tote zum Leben erwecken; Jesus, der in der Todesenge der Sünde den lebendigen Neuanfang der Vergebung aufgerichtet hat; Jesus, der an der Botschaft vom Leben aus der *basileia* des Vaters auch in der ihn selbst erst bedrohenden und dann überwältigenden Todesnot festgehalten hat: dieser Jesus hat in seiner Lehre und durch sein Lebensgeschick bezeugt und im Leben der Menschen erfahrbar werden lassen, wer und was Gott ist: der Lebendige, der sich als Grund allen Lebens in diesem Leben selbst – in der Geschichte der Menschen, in ihren konkreten Lebenszusammenhängen – zugänglich und identifizierbar macht, der dadurch seine ursprüngliche Anerkennung geschöpflichen Lebens in diesem Leben selbst erneuert und bekräftigt, wodurch das Anerkanntsein als ein Maßstab der konkreten Lebensverhältnisse verstehbar wird.

5.2.2 Inkarnations- und trinitätstheologische Differenzbestimmungen

In einer Deutungsgeschichte, deren positive Lehrentwicklung sicher bis in das siebte Jahrhundert ausgreift und bis heute eine auch jetzt noch unabsehbare Geschichte der Kommentierung erfahren hat, ist das von Gott im Zeichen der Auferweckung endgültig gewürdigte Lebens- und Todeszeugnis Jesu als die Vergegenwärtigung Gottes selbst bestimmt worden. Im Zentrum der christologischen und, dieser zugeordnet, trinitätstheologischen Deutungsgeschichte steht die Erfahrung der Gewärtigung Gottes selbst in der Begegnung mit Jesus – eine Erfahrung, die offensichtlich weder in einer Divinisierung Jesu noch in einem Unberührtbleiben des bisherigen Gottesverständnisses einen angemessenen Ausdruck finden konnte. Weswegen christliche Theologie zwei wesentliche Differenzierungen auf den Weg brachte, an denen sie sich nach wie vor abarbeitet und die zugleich die inhaltliche Bestimmung des christlichen Glaubens festhalten:

Dass durch den Menschen Jesus aus Nazaret Gott sich in seinem Heil vergegenwärtigt hat, wird unter der Differenzbezeichnung der *Inkarnation* festgehalten. In der weiteren Bestimmungsgeschichte dieser Differenzierung wird die abstrichlose Präsenz des Göttlichen in Vermittlung durch das vollgültig Menschliche ausgesagt, und zwar so, dass das Menschliche vom Göttlichen weder überwältigt wird noch sich in ihm verliert, sondern in dieser Vermittlung vollends zu sich kommt, und das Göttliche nicht auf etwas Menschliches reduziert, sondern an ihm konkret wird. Mit der zweiten Differenzierung wird dieses inkarnatorische Konkretwerden Gottes an ihm selbst festgemacht, in seine *ousia* eingetragen: Er ist der, welcher sich in seinen Vergegenwärtigungen als schöpferischer Vater, rettender Sohn und begnadender Geist antreffen lässt. Diese *trinitäts*theologische Entfaltung nimmt von der Inkarnationserfahrung – wie sie sich christologisch mit der Auferstehung Jesu vollendet – ihren Ausgang. Inkarnations- und Trinitätstheologie, letztere ihren Gegenstand in seiner heilsökonomischen *ratio cognoscendi* erfassend, halten also die Präsenz Gottes in und durch Jesus aus Nazaret, die Vermittlung des Absoluten im Relativen, als Glaubensfaktum fest – wenn auch damit die (philosophische) Denkbarkeit dieser Glaubenstatsache nicht schon mit beansprucht werden kann.

Theologische Konzepte, die weder das Relative vom Absoluten überwältigt werden lassen wollen – etwa durch eine Divinisierung des Menschen (als Gattung oder im Menschen Jesus) oder durch eine Sakralisierung der Welt – noch das Absolute im Relativen sich verlieren lassen wollen – etwa im Sinn einer Theologie des Todes Gottes, der zufolge Gott sich restlos in die Welt hinein inkarniert hätte, wie in einem radikalen Missverstehen von Phil 2, das aber übersieht, dass ein sich völlig selbst entleerender Gott nicht Subjekt seiner Kenose sein könnte, oder in einer anthropologisierenden Aneignung des Gottespotentials nach Art der Religionskritik Ludwig Feuerbachs – Theologien also, die zwischen der Skylla einer Divinisierung des Menschen und der Charybdis einer Anthropologisierung oder Säkularisierung Gottes hindurch steuern wollen, werden nach genuin weltlichen Repräsentationen des Göttlichen Ausschau halten.

Diesen Weg hat etwa der Philosoph Emmanuel Levinas beschritten, der als ausgewiesener Kommentator des Talmud zugleich als Theologe bezeichnet werden kann. Er sieht die *Unendlichkeit* Gottes weltlich, zwischenmenschlich in der *Gerechtigkeit* repräsentiert – ein Weg zudem, auf dem er meint, die von Martin Heidegger diagnostizierte onto-theologische Versuchung der abendländischen Rede von Gott vermeiden zu können, da nun nicht die Metaphysik, sondern die Ethik „Erste Philosophie" sei.

Nicht nur die Geschichte des Gesetzes in Israel ist, wie oben bemerkt, komplex; dies gilt auch für das Verhältnis der christlichen Botschaft zu eben diesem Gesetz. Es gehört zu den christlichen Differenz-Stereotypen mit antijüdischer Tendenz, die jesuanische Botschaft der Liebe gegen einen alttestamentlichen oder jüdischen Gesetzesglauben auszuspielen. Der prominente Textbeleg hingegen für eine neutestamentliche Anknüpfung an die hohe Wertschätzung des Gesetzes im Alten Testament ist bereits erwähnt worden: „Denkt nicht, ich sei gekommen, um das Gesetz und die Propheten aufzuheben. Ich bin nicht gekommen, um aufzuheben, sondern um zu erfüllen. Amen, das ich sage euch: Bis Himmel und Erde vergehen, wird auch nicht der kleinste Buchstabe des Gesetzes vergehen, bevor nicht alles geschehen ist." (Mt 5,17f) Ein Leben unter Rechtsverhältnissen: Diese innerweltliche Repräsentanz des göttlichen Willens ist christlich nicht nur durchaus zugänglich; sie wird zudem in ihrem eigentlichen theologischen Skopos wieder neu erschlossen: Das Leben unter Rechtverhältnissen hat zum Ziel die Aufrichtung der Gerechtigkeit; diese ist heilsrelevant: „Darum sage ich euch: Wenn eure Gerechtigkeit nicht weit größer ist als die der Schriftgelehrten und der Pharisäer, werdet ihr nicht in das Himmelreich kommen." (Mt 5,20) Jenseits der Überbietungsrhetorik kann hinsichtlich dieser Neujustierung der Sinnspitze eines vertretbaren Gesetzesglaubens Konsens zwischen Juden und Christen bestehen. Dieser mögliche Konsens schließt auch die Zurückweisung eines reduzierten Gesetzesverständnisses, etwa in Gestalt einer bloßen Rhetorik und Pragmatik der Regelbefolgung, mit ein. In solch veräußerlichtem Verständnis liegt die Gefahr dessen, was eine rechtfertigungstheologische Skepsis gegenüber einer affirmativen Anknüpfung an das Gesetz zu Recht als Verdienstethik zurückweist. Und diese Gefahr trennt nicht Judentum und Christentum (als sei sie dort virulent und hier gebannt). Die zitierte, in der matthäischen Gemeinde situierte Rede Jesu gibt die Erfüllung des Gesetzes als Verwirklichung der Gerechtigkeit zu verstehen. Diese ist von der Gerichtspredigt Mt 25,31–46 her als rettende und erfüllende Gerechtigkeit aufzufassen. Bezogen auf das Gesamtspektrum neutestamentlicher Verkündigung schlägt die Aufforderung des Auferstandenen, dass die, welche das Heil Gottes suchen, sich dem Not leidenden Nächsten zuwenden sollen, um in ihm Jesus Christus zu identifizieren, den Bogen zurück zur mit dem Auftreten Jesu erfüllten Verheißung: „Der Geist des Herrn ruht auf mir; denn der Herr hat mich gesalbt. Er hat mich gesandt, damit ich den Armen eine gute Nachricht bringe; damit ich den Gefangenen die Entlassung verkünde und den Blinden das Augenlicht; damit ich die Zerschlagenen in Freiheit setze und ein Gnadenjahr des Herrn ausrufe." (Lk 5,18f) Unter Rechtsverhältnissen leben heißt dann, überhaupt leben können, menschwürdig leben können, erfüllt leben können. In diesem Dreiklang verbindet sich die Verheißung des Lebendigen mit den realen Bedingungen, unter denen die Menschen leben – als Sklaven, wie es in der drastischen Bildrede des Christus-Hymnus aus dem Philipper-Brief (Phil 2,7) heißt.

Dieser Kenosis-Hymnus hält damit übrigens, auch wenn dies in der Sprache liturgischer Poesie geschieht, eine Kontinuität zwischen der Botschaft Jesu und dem nachösterlichen Kerygma fest: Verbindet sich in christlicher Perspektive die Erfüllung des Gesetzes, nämlich die Aufrichtung von Gerechtigkeit unter den Menschen, mit der Sendung Jesu Christi, dann ist all dies als materiale Basis des Inkarnationsdenkens aufzufassen. Ohne die Terminologie von Gesetz und Gerechtigkeit gesagt: Dass Jesus durch sein Handeln seinem Leben, das er mit der Botschaft von der Gottesherrschaft identifiziert hat, die Bedeutung der Proexistenz gegeben hat: dies muss nicht nur der Prüfstein einer vertretbaren Deutung des Tods Jesu als eines Opfertods sein; hierin ist vor allem die menschliche Grundlage dessen zu erblicken, was der Interpretationsbegriff der Inkarnation aussagen soll. Jeder Inkarnationstheologie, die das „wahrer Mensch" ernst nimmt, wohnt ein untilgbarer Rest an Erhöhungschristologie inne: mindestens in dem Sinn, dass der Fleischwerdung des Göttlichen eine absolute Würdigung des Fleischs entspricht. Der „Sklave" Mensch ist würdig – und fähig – der Vergegenwärtigung Gottes.

5.2.3 Chalkedon: Hermeneutik einer Theologie der Welt

Dabei ist es den Evangelien ganz selbstverständlich – und diese Selbstverständlichkeit eint sie bei all ihrer differenten Theologie, Gemeindesituation, etc. –, dass dieser Jesus Mensch ist. Was auch immer über sein Menschsein hinaus von ihm noch zu sagen ist – es widerfährt einem Menschen, vermittelt sich durch einen Menschen, erscheint in menschlicher Gestalt, gibt sich in menschlicher Sprache zu verstehen. Es zeigt sich hier, wie bedeutsam die Formel von Chalkedon ist, auch wenn ihr etwas Aporetisches eignen mag, dergestalt, dass die dort getroffenen Aussagen über das Verhältnis von menschlicher und göttlicher Natur eigentlich nicht *gedacht* werden können.[76] Bedeutsam zeigt sich Chalkedon im Licht des bis hierher Erörterten als *Hermeneutik* der Rede von Jesus als dem Christus – wobei die den Rahmen setzende Aussage in der chalkedonischen Aneignung der Zwei-Naturen-Lehre zu finden ist: Sie schlägt sich, angezeigt nur im Gebrauch der Präposition, auf die Seite Antiochiens, gegen Alexandrien: eine Person *in* zwei Naturen, nicht *aus* zwei Naturen. Diese Lösung erlaubt es überhaupt, die Differenz zwischen Schöpfer und Geschöpf auch inkarnationstheologisch aufrecht zu erhalten. Mehr noch: Sie gestattet es überhaupt erst, Inkarnation widerspruchsfrei zu denken: Sobald nämlich die Differenz zwischen Schöpfer und Geschöpf in der Inkarnation nicht mehr aufrecht erhalten wird, ist diese eigentlich denkerisch aufgehoben.

In dem Unvermischtsein des Ungetrennten nun realisiert sich eine Würdigung des Menschlichen, die dieses gerade in seiner Eigenständigkeit anerkennt und will. Wenn die Art und Weise, wie das Göttliche im Menschlichen (und durch es) sich zur Geltung bringen will, weder doketisch noch absorbistisch gedacht werden darf, dann ist es die Eigengestalt des Menschlichen, durch die das Göttliche sich zeigen, die Eigenstimme des Menschlichen, durch die das Göttliche sich Gehör verschaffen will. Gottes Drängen in die Gegenwart der Welt richtet die Gestalt des Menschen auf, gibt seiner Stimme sonoren Klangraum. Die Verhältnisbestimmung, die dem Ineinander von Unvermischt- und Ungetrenntsein noch am ehesten zu entsprechen vermag, ist die der *Repräsentation*. Sie ist

---

[76] Vgl. hierzu Gregor Maria Hoff, *Chalkedon im Paradigma Negativer Theologie. Zur aporetischen Wahrnehmung der chalkedonensischen Christologie*, in: ThPh 70(1995), 355–372.

im Grund schon mit dem schöpfungstheologischen Motiv der Gottebenbildlichkeit intoniert. In Jesus Christus erhält sie eine Verankerung in der Geschichte der Menschen selbst.

Vergegenwärtigt wird das eine durch das andere: das Göttliche durch das Menschliche. Lässt sich Gott auf die Repräsentation seines Willens durch den Menschen ein, macht er diesen zur unüberspringbaren Instanz der Vermittlung seiner Gegenwart in der Welt. So geschieht es in der Erschaffung des Menschen zum Ebenbild Gottes. Weil dieses Bild die Vergegenwärtigung des Willens Gottes in der Welt ist, braucht es keine weiteren Bilder Gottes und der Mensch keine solchen zu verehren. Und die Rede Jesu – „Niemand kennt den Vater, nur der Sohn und der, dem es der Sohn offenbaren will" (Mt 11,27) – trägt nicht nur den Akzent der exklusiven Offenbarungsvermittlung, sondern spricht auch, und vielleicht vorrangig, davon, dass der Vater nur durch Jesus als durch jenen Menschen, der da vor den Jüngern steht, der anderen Menschen begegnet, der uns als Mensch überliefert ist, erreicht werden kann. Gegenüber einem womöglich gern als selbstverständlich bestehend geglaubten Offenbarungskontinuum von Gott zum Menschen trägt der Begriff der Repräsentation einer Unterbrechung Rechnung: Unterbrochen wird dieses Kontinuum durch eben die (von Gott als solche anerkannte) unüberspringbare Subjektinstanz des Menschen; auch in seiner gläubigen Vergegenwärtigung des Willens Gottes beginnt der Mensch bei sich selbst. Dafür steht die Menschheit Jesu – und das ist nebenbei die stärkste Aussage der Mariologie: dass hier ein Mensch von sich her „Ja" sagt zur Zumutung Gottes, sich durch ihn der Welt nahe zu bringen – und es ist genauso die stärkste theologische Aussage über Gott, dass er der ist, der sich in seiner Göttlichkeit darauf einlässt, das der Mensch – Jesus, Maria – von sich her einstimmt in seine Selbstzusage. Gott würdigt die Wirklichkeit, in der er sich vermittelt durch ihr „Ja" gegenwärtig setzen will. Darin steckt das Gegenteil einer göttlichen Überwältigung der Welt, nämlich deren absolute, weil von Gott ausgehende Frei-Setzung.

Gott entlässt die Welt in die Freiheit ihres Weltseins gerade auf dem Weg, dass er sich in ihr gegenwärtig setzen will. Denn er will dem Menschen in dessen Welt als Mensch begegnen und anerkennt ihn so in seiner Freiheit. So kann sich die Welt gerade *coram Deo* in ihrer Weltlichkeit anerkannt und gewollt wissen. Zwischen dem Selbstbewusstsein einer säkular sich verstehenden Welt und der christlichen – schöpfungstheologischen und christologischen – Interpretation ebendieser Welt besteht demnach kein prinzipieller symmetrischer Widerspruch. Vielmehr gibt eine christliche Theologie der Welt Gott als jenen zu verstehen, der die zweckfreie Existenz der Welt absolut anerkennt, indem er die Welt als Schöpfer bedingungs- und voraussetzungslos will, indem er sich im Sohn inkarnatorisch in sie begibt und sie von innen her, aus ihren menschlich-geschichtlich Vollzügen, annimmt, indem er schließlich im Heiligen Geist die Welt, sie prinzipiell und kategorial wollend, vollendet. Eine unverkürzte christliche Theologie der Welt muss also dazu kommen, die Welt als unbedingten, absoluten Zweck in sich selbst anzuerkennen. Dies entspricht aber einer Anerkennung der Sphäre der Säkularität aus den Quellen der eigenen Überzeugungstradition.

6. Schwellenbestimmungen einer Theologie der Säkularität

6.1 Von der Gottebenbildlichkeit zur Anerkennung der Freiheitsautonomie

Gottes Anerkennung richtet sich in letzter Instanz an die Schöpfung, insofern sie um sich weiß und in diesem Selbstbewusstsein frei auf jenes Anerkennungshandeln Gottes antworten kann – mithin an den Menschen, dem damit eine Würde zugesagt ist, die ihn im Gesamt der Schöpfung zugleich exponiert und integriert, ein Zugleich, das biblisch im Wort von der Gottebenbildlichkeit und deren inhaltlicher Bestimmung durch den Hege- und Pflegeauftrag ausgesagt ist (Gen 1,26–28). Soll das Wort von der Gottebenbildlichkeit ernst genommen werden, muss in ihm die Zusage nicht einer abgeleiteten und heteronomen, sondern einer ursprünglichen und autonomen Freiheit vernommen werden können, welche die Bestimmung des Menschen als Subjekt ist. Der Mensch als bloß abgeleitete, theonome Freiheit kann nicht Bild des unableitbaren Gottes sein; der im Sinn des Subjektseins freie Mensch ist deswegen aber nicht gottverschlossen, vermag er doch im Vollzug seiner Freiheit deren Verdanktsein zu erkennen und anzunehmen. Von hierher lässt sich die *schechina* als ein Nahekommen Gottes deuten, durch das er eine innerweltliche Beziehung zum Menschen aufnehmen will, wodurch zugleich der Mensch in seinem Subjektsein und die Welt als Ort und Raum seiner Selbstvollzüge gewürdigt ist.

Genau diese doppelte Würdigung des Menschen und der Welt in ihrer Autonomie, wie sie sich der theologischen Reflexion auf den Gott des biblischen Offenbarungszeugnisses erschließt, hat das II. Vatikanische Konzil in seinen zentralen Dokumenten lehramtlich festgehalten. So betont die Pastoralkonstitution *Gaudium et spes* die „Autonomie der irdischen Wirklichkeiten" (GS 36)[77] und hält fest, dass in der göttlichen Ordnung „die richtige Autonomie der Schöpfung und besonders des Menschen nicht nur nicht aufgehoben, sondern vielmehr in ihre eigene Würde eingesetzt und in ihr befestigt" ist (GS 41). In einem revisionären Rückgriff auf die scharfe und hier nicht unerwähnt bleiben dürfende Unterscheidung des Augustinus spricht das Konzil vom „Ineinander des irdischen und himmlischen Gemeinwesens" (*terrestris et caelestis civitatis compenetratio*; GS 40), um mit dieser interpretatorischen Intervention den Wert der *civitas terrestris* zu betonen. Solche Lehrentwicklungen haben eminente Folgen. Die Aussage, dass die Kirche vielfältiger Hilfe von Seiten der Welt bedarf, um ihre eigene Sendung verwirklichen zu können;[78] die Aussage, dass das Ziel der Humanisierung der Welt in der Perspektive der Selbstdurchsetzung des göttlichen Heils eine besondere Würde erfährt (GS 35; 40);[79] die Aussage, dass die Kirche im Verfolg des Ziels der Humanisierung der Welt allen Menschen und Kräften den Dialog anbietet – den christlichen Geschwisterkirchen und -gemeinschaften, den Menschen anderer Bekenntnisse, den Nichtglau-

---

[77] „… die geschaffenen Dinge und auch die Gesellschaften [haben] ihre eigenen Gesetze und Werte … Durch ihr Geschaffensein selber nämlich haben alle Einzelwirklichkeiten ihren festen Eigenstand, ihre eigene Wahrheit, ihre eigene Gutheit sowie ihre Eigengesetzlichkeit und ihre eigenen Ordnungen". (GS 36)

[78] Die Kirche ist „der festen Überzeugung, dass sie selbst von der Welt, sei es von einzelnen Menschen, sei es von der menschlichen Gesellschaft, durch deren Möglichkeiten und Bemühungen viele und mannigfache Hilfe zur Wegbereitung für das Evangelium erfahren kann." (GS 40; vgl. a. GS 44)

[79] Mit der Pastoralkonstitution will das Konzil deutlich machen, „dass das Volk Gottes und die Menschheit, der es eingefügt ist, in gegenseitigem Dienst stehen, so dass die Sendung der Kirche sich als eine religiöse und gerade dadurch höchst humane erweist." (GS 11) „In Verfolgung ihrer eigenen Heilsabsichten vermittelt die Kirche nicht nur den Menschen das göttliche Leben, sondern lässt dessen Widerschein mehr oder weniger auf die ganze Welt fallen, vor allem durch die Heilung und Hebung der menschlichen Personwürde … So glaubt die Kirche durch ihre einzelnen Glieder und als ganze viel zu einer humaneren Gestaltung der Menschenfamilie und ihrer Geschichte beitragen zu können." (GS 40; vgl. a. GS 35)

benden, schließlich auch den Gegnern der Kirche –[80] wäre ohne jene Lehrentwicklung nicht denkbar. Von noch größerer systematischer Tragweite als diese Formulierungen ist womöglich die Tatsache, dass der zweite Hauptteil der Pastoralkonstitution, dessen Status in den Vorbereitungsphasen hoch umstritten war, ins Detail gehende, ‚weltliche' Methoden verwendende Analysen des Zustands der Welt enthält, die dadurch Eingang in einen lehramtlichen Text kirchlicher Selbstbeschreibung von hoher Verbindlichkeit finden: Damit sind nicht die jeweiligen Ergebnisse der Analysen verbindlich gemacht, deren Überholbarkeit von der Konstitution vielmehr faktisch selbst thematisiert wird (vgl. etwa GS 4), sondern das unmittelbare, also mit ihrem Selbstverständnis nun untrennbar verknüpfte Engagement der Kirche in der Welt.

Autonomie und Freiheit des Menschen werden in zwei Argumentationsgängen, einem fundamentaltheologischen und einem ‚franziskanischen', thematisiert. Dass der Ort dieser Argumentationen, die Erklärung über die Religionsfreiheit *Dignitatis humanae*, bis heute im katholischen Spektrum ein offen oder verdeckt trennendes *schibbolet* darstellt, zeigt, was hier kirchlich auf dem Spiel steht. *Dignitatis humanae* argumentiert zunächst, dass der Anspruch des Glaubens gerade nicht dem Anspruch selbstbestimmter Freiheit widerstreitet, sondern im Gegenteil vom Menschen nur erfüllt werden kann, wenn und insofern er unerzwungen, von sich her und durch sich selbst das Ja des Glaubens sprechen und leben kann. Am Anfang des Glaubens – als personaler Akt des Menschen – steht also ein Nullpunkt der Nichtverfügbarkeit. Ohne ihn, also ohne die Subjektivität des Menschen, kein Glaube. Doch über diesen Nullpunkt verfügt auch Gott nicht (denn er räumt ihn ja ein), und so kann es erst recht die Kirche nicht.

Diesem Nullpunkt nähert sich die Erklärung noch einmal auf ganz andere Weise, die ich ‚franziskanisch' nenne, weil sie die Anerkennung der unverfügbaren Würde des Menschen in seiner Subjekthaftigkeit aus der Nachfolge Jesu begründet: Denn Jesu Verkündigungspraxis war von Respekt und Rücksicht geprägt; er hat „in Geduld zu gewinnen gesucht und eingeladen", nicht aber Zwang ausgeübt (DH 11). Diese selbstbeschränkende, höfliche Weise der

---

[80] Vgl. GS 92.

Verkündigung ist zugleich Paradigma der Sendung von Aposteln und Kirche in der Nachfolge Jesu (DH 11; 12).
Selbstbeschränkung ist, so hieß es vorhin, kein defensiver Akt. Das durch die Lektion der Selbstbeschränkung gehende Christentum anerkennt auf diese Weise die Sphäre der Säkularität als nicht durch es bestimmt. Dabei handelt es sich nicht um eine unzumutbare Relativierung der von den Kirchen zu vertretenden Botschaft und Sendung, sondern um den Beginn ihrer Verwirklichung. Die Anerkennung der Sphäre der Säkularität kann bereits Verkündigung des Raum gebenden Gottes sein. Die Anerkennung der Säkularität wäre also kein Akt der Toleranz im Sinn einer Duldung von eigentlich Abgelehntem, sondern ein Akt produktiven, gestaltenden Engagements für die und in der Sphäre der Säkularität, denn diese kann als nicht-bestimmte nicht aus eigener Substanz leben und bedarf der permanenten, aktiv-gestaltenden Sorge all derer, die ihrer bedürfen. Es gehört, so kann in Anlehnung an die Rede Bischof Franz Kamphaus' zur Eröffnung des Hauses am Dom in Frankfurt am Main gesagt werden, zum diakonischen Dienst der Kirche in der Stadt, „Menschen füreinander erreichbar zu machen, die sich sonst in Subkulturen voneinander abschotten".[81] Es gehört zum selben diakonischen Dienst, die, sagen wir: urbane, Mannigfaltigkeit menschlicher Lebensäußerungen und Selbstvollzüge zu pflegen und zu verteidigen. Der Gefahr des Zerfalls steht die Gefahr zwanghafter Homogenisierung gegenüber. Von ihr erzählt die Geschichte vom Turmbau zu Babel: davon, dass alle Menschen auf einem Fleck hocken wollen, gezwungen ins selbe Sprach- und Identitätsgehäuse (Gen 11, 1–9).[82] Dies aber bedeutete die Implosion der Sphäre der Säkularität als des Raums der vermittelten Begegnung des Verschiedenen. Zerstreuung und Vielsprachigkeit, die am Ende der Erzählung stehen, sind dann nicht als Strafe, sondern als Wiederherstellung des den Menschen gemäßen Zustands zu verstehen: „Vielsprachigkeit und v.a. Dezentralisation sind für die Erzählung und ihren Kontext (Gen 10!) nicht (nur) Strafe und Schicksal, vielmehr eine Reaktualisierung des

---

[81] Franz Kamphaus, *Gebunden zur Freiheit. Christlicher Glaube und Stadtkultur*, in: HerKorr 61(2007), 127–130, hier: 129.
[82] Vgl. Christoph Uehlinger, *Weltreich und „eine Rede". Eine neue Deutung der sogenannten Turmbauerzählung (Gen 11,1–9)*, Freiburg (CH)/Göttingen 1990 (= OBO 101).

Schöpfungssegens."[83] In einer polytop und polyglott differenzierten Menschheit sind Begegnungen und Verständigungen möglich – und notwendig, denn sie können, und am Ende mit ihnen die Menschheit insgesamt, scheitern. Aber nur weil beides möglich ist – Begegnung und Verständigung, sowie deren Scheitern –, haben die Menschen die Aussicht zu erfahren, wer sie sind.

Die Kirche, die in ihrer römisch-katholischen Verwirklichung auf dem II. Vatikanum einen Begriff von sich als Weltkirche gewonnen hat, ist als diese eigentlich prädestiniert, das Menschheitsprofil von Begegnung und Verständigung in sich abzubilden. Wer ihr die Bedingungen dazu, also etwa den Selbstvollzug in vielen Sprachen, absprechen will, und dies ausgerechnet hinsichtlich des bedeutungsverdichteten kirchlichen Selbstvollzugs der Liturgie, unterbietet deswegen den Vollbegriff von Katholizität. Die Kirche verwirklicht die ihr zugesprochene Universalität durch einen nicht-exkludierenden Dienst an der Welt und an den Menschen. Indem sie dies in konkreten Akten der Anerkennung vollzieht – nämlich in ihrem diakonischen Wirken, aber auch in einer aus den Situationen und Kulturen der Menschen heraus entwickelten Verkündigung, und genauso durch ihre sakramentalen Vollzüge, von der aufnehmenden Taufe über die Handlungsräume wieder erschließende Buße bis hin zur stärkenden Krankensalbung –, macht sie die unbedingte und nicht-relativierbare Anerkennung der Menschen durch Gott sichtbar. Dieser allgemeine Heilswille Gottes ermöglicht es der Kirche zugleich, Orte und Situationen der Vergegenwärtigung dessen, was für sie „Heil von Gott her" ist, auch außerhalb eines ausdrücklich kirchlichen Wirkungszusammenhangs zu identifizieren und zu begrüßen. Die Kirche kann sich demnach, getragen von der „Hoffnung, die nicht zugrunde gehen lässt" (Röm 5,4) und in authentischer Auslegung ihrer Sendung in der Sphäre der Säkularität bewegen, ohne bei einer Phantasie der „Wiederkehr der Religion" Zuflucht suchen zu müssen, und ohne sich der dieser Phantasie womöglich insgeheim zugrunde liegenden Sehnsucht nach Wiederherstellung einer integralen Christlichkeit der Gesellschaft hinzugeben.

---

[83] Christoph Uehlinger, Art.: *Turm(bau) zu Babel*, in: NBL III, Düsseldorf-Zürich 2001, 935–937, hier: 937.

6.2 Von der Schöpfungstheologie zur Präsenz der Kirche in einer säkularen Welt

Auch wenn die hier vorgeschlagene, schöpfungstheologisch fundierte und christologisch verankerte Theologie der Säkularität strikt anti-integralistisch argumentiert, läuft sie doch andererseits nicht darauf hinaus, eine als säkular angesehene Welt nun theologisch und in christlicher Praxis sich selbst zu überlassen. Die theologische Anerkennung der Säkularität kommt nicht der Bekundung eines theologischen oder allgemein christlichen Desinteresses für die säkulare Welt gleich. Und wenn die Säkularität auch jenen Weltanschauungen, die dem Christentum desinteressiert oder ablehnend gegenüber stehen, Raum zur Artikulation bietet, so kann doch das Christentum seinerseits aufgrund seiner normativen Struktur dieser Säkularität nicht gleichgültig gegenüber stehen. Die massiven Aussagen über die Welt, die sich im Prolog des Johannesevangeliums finden und die doch einer arg negativen Theologie der Welt Anlass zu bieten scheinen, lassen sich im Kern wohl auf diese Aussage zurückführen: Das Christentum ist von Jesus Christus selbst her nicht befugt, sein Engagement in der Welt von ihrer Zustimmung abhängig zu machen.

Damit ist nun wiederum nicht einer Heilsarroganz das Wort geredet, mit der die Kirche etwa das Urteil „der Welt" über ihre Botschaft einfach überspringen dürfte. Denn es könnte doch sein (und ist realistisch sogar zu erwarten), dass ein solches Urteil, zumal wenn es negativ ausfällt, gar nicht dem Inhalt jener Botschaft gilt, sondern der Gestalt ihrer Präsentation, und damit der Kirche selbst in ihrer faktischen *performance*. Dieses Urteil darf die Kirche aber nicht überhören wollen. Die Unterscheidung zwischen Gehalt und Gestalt der Botschaft – die bei all ihrer unbestreitbaren hermeneutischen Naivität doch unmissverständlich ist[84] – einmal vorausgesetzt, kann

---

[84] Unmissverständlich in der Bedeutung, die Papst Johannes XXIII. in seiner Eröffnungsrede zum Zweiten Vatikanischen Konzil, *Gaudet Mater Ecclesia*, dieser Unterscheidung gegeben hat, besonders in der italienischen Fassung, die unmittelbar auf ihn selbst zurückgeht. Dort heißt es: „Denn eines ist die Substanz der tradierten Lehre, d. h. des *depositum fidei*; etwas anderes ist die Formulierung, in der sie dargelegt wird." Vgl. hierzu Ludwig Kaufmann/Nikolaus Klein, *Johannes XXIII. Prophetie im Vermächtnis*, Freiburg (CH) 1990, 114.

die zuvor formulierte theologische Ableitung aus dem Johannesprolog (die Kirche darf ihr Welt-Engagement nicht von der Zustimmung der Welt abhängig machen) präzisiert werden:

Die von und durch Jesus aus Nazaret verkündigte Botschaft vom Schöpfergott, der sich in der konkret-materiellen Wirklichkeit als jener Gott des Lebens nahebringt und gegenwärtig setzt, der die Menschen und die Welt in ihrer unverkürzten und vollendungsoffenen Lebendigkeit unbedingt anerkennt, jene Botschaft also, die das Christentum im Kerygma Jesu Christi zur Geltung bringt, stellt gerade keine Affirmation eines jeweils gegebenen realen *status quo* dieser Welt dar, sondern richtet in den Selbstvollzügen der Welt jeweils einen Maßstab dessen auf, was dieser Welt in der Möglichkeit ihrer Selbstverwirklichung eigentlich zugesprochen ist.

Darin mit ausgesagt ist eine spezifische Gefährdetheit kirchlich-gemeindlicher Welt-Präsenz des Christentums. Die Gefahr geht dabei nicht von der Weltpräsenz selbst aus oder gar von „der Welt"; sie besteht vielmehr darin, dass die christlichen Kirchen und Gemeinschaften unter Umständen ihre Weltpräsenz so sehr in Kooperation mit den machtvollen Garanten und Nutznießern eines jeweiligen politischen und ökonomischen *status quo* praktizieren, dass die kritische Differenz des lebendigen Maßstabs der Botschaft, deren geschichtlich-gegenwärtiger Wirkungsraum sie eigentlich sein sollten, nicht mehr real werden kann. Die kritische Differenz des Christentums ist keine Differenz zur Welt schlechthin, sondern zu den vielfältig schlechten Situationen ihrer Realisation. Deswegen wird diese kritische Differenz auch nicht lebendig gehalten durch eine Grundoption christlicher Weltablehnung, sondern durch die Grundoption jener „Weltfreudigkeit"[85], die das, was die Welt in der Fülle verwirklichter Lebendigkeit sein kann und soll, in den und gegen die realen Verletzungen, Verkürzungen und Ausbeutungen weltlicher Lebendigkeit in Erinnerung ruft. Das vom Segen erfüllte Schöpfungswort des „und er sah, dass es gut war" wird ja über die reale Welt gesprochen – als jenes Urteil, das nicht verdammt, sondern all die von Schwachheit, Schuld und Sünde versehrten, gelähmten und verstockten Lebenszusammenhänge und Weltstrukturen aufgebrochen sein lässt auf jene unerrechenbare Lebensfülle hin, in der erst die Welt real wird.

---

[85] Vgl. hierzu Karl Rahner, *Die ignatianische Mystik der Weltfreudigkeit* (1937), in: Ders., Schriften zur Theologie III, Einsiedeln-Zürich-Köln 1956, 329–348.

So wird also jenes Nein, das die Welt immer wieder vom Christentum zu hören bekommt, nämlich im Wort von der Sünde, nur dann richtig gesprochen und verstanden, wenn es als ein spezifisches Nein unüberhörbar in das umfassendere Ja zur Welt eingebettet ist, wie es, entsprechend der biblisch normierten Sprache des Christentums, im heilsgeschichtlichen Dreiklang von Schöpfung, Erlösung und Vollendung ausgesagt wird.

Diese grundlegende Dialektik des je größeren Ja und des spezifischen Nein setzt sich orthopraktisch in Formen und Weisen pastoraler Präsenz und Wirksamkeit in dieser Welt um. Wenn nun in diesem Beitrag über weite Strecken von Welt und Säkularität die Rede war, ist damit das Thema der Stadt nicht aus den Augen verloren. Wie eingangs angedeutet, stehen Welt, Säkularität und Stadt in einem engen Bedeutungszusammenhang. Nichts, was bisher zu einer Theologie der Säkularität gesagt worden ist, muss mit Blick auf die Stadt zurückgenommen werden. Es käme hingegen einer Hypertrophisierung der Stadt gleich, würde man sie nicht im umfassenderen Rahmen der Welt behandeln. Mit dem diese Überlegungen leitenden Thema der Säkularität kommt die *normative Dimension* der Wirklichkeit Stadt zur Geltung; die Stadt ist demnach als eine historisch kontingente Real-Koordinierung des Zusammenlebens von Menschen zugleich die geschichtliche Herausbildung eines Modells realer Freiheitsverhältnisse – nicht im Sinn einschränkungslos realisierter subjektiver Freiheit, aber im Sinn der Etablierung revisionsfähiger Wege der Vermittlung subjektiver, also zueinander inkommensurabler Freiheitsinteressen; solcher Wege der Vermittlung subjektiver Freiheit, die sich zugleich auch als politisch, ökonomisch und kulturell erfolgreiche Koordinierungen eines funktionsfähigen Gemeinwesens erweisen.

Unbestritten ist damit, dass dieses Modell Stadt sich geschichtlich über Jahrtausende aus Formen der Vergemeinschaftung unter Zwang und durch diese Formen hindurch entwickelt hat – von der Tempelstadt über die Herrscherresidenz, über die Stadt des Fürstbischofs, des Patriziats, der Kaufleute und Zünfte, über die Frontstadt, die Garnisonsstadt, die Industriestadt und die Finanzstadt … All das ist unbestreitbar und müsste womöglich um die tödlichste Antithese der Stadt schlechthin erweitert werden, um das Lager. Man kann die Geschichte der Stadt auch als Geschichte der instrumentellen Verzweckung oder der Pervertierung des Urbanen schreiben, aber doch nur, um damit *ex negativo* den Geschichtserweis für eine Bedeutungssubstanz der Stadt zu erbringen. Diese mag in einem Versprechen bestehen, das sich durch die hier nur exemplarisch illustrierte Geschichte und Typologie der Stadt zieht, ein Versprechen, dessen Verwirklichung freilich weder konstatiert noch garantiert werden kann und das dennoch allen urbanen Dynamiken zugrunde liegen mag: dass die Assoziation vieler Menschen zu einem komplexen und beweglichen organisierten Gemeinwesen Schutz bietet und Subsistenzentlastung, dass deswegen neue Handlungsmöglichkeiten freigesetzt und durch die Vielzahl der miteinander assoziierten Individuen Freiräume eröffnet werden, dass durch die Ent-Traditionalisierung der Verhältnisse zugleich eine Personalisierung der Beziehungen ermöglicht wird: Ich kann werden, die oder der ich sein will, durch die Beziehungen, die ich knüpfe und durch die Verhältnisse, auf die ich mich einlasse.

Hoch entwickelte Gesellschaften verwirklichen diese am Real-Modell der Stadt erlernten neuen Freiräume personaler Selbstgewinnung generell, so dass in dieser Hinsicht ein Stadt-Land-Gefälle zunehmend an Bedeutung verliert. Solche kulturelle und normative Urbanisierung kann zum Verschwinden des „Provinzialismus" führen, ohne deswegen die lebensweltlichen Qualitäten der „Provinz" zwangsläufig zu negieren. In traditionalen oder agonischen Schwellengesellschaften wird hingegen die Stadt noch länger das Differenzen setzende Faszinosum eines Freiheitsversprechens sein – das auch deswegen weiterhin Anfeindung und Bekämpfung erfahren wird.

Das Modell oder Versprechen der Stadt ist nicht der Welt fremd, sondern aus ihrer Mitte hervorgegangen. Es trägt deswegen auch keine exkludierende Differenzierung, etwa entlang der viel beschworenen Dichotomie von Stadt und Land, in die Welt ein. Weil dies so ist, kann eine christliche Pastoral auch in ihrer spezifischen Antwort auf die Situation der Stadt ihrer allgemeinen Verpflichtung gegenüber den Menschen und der Welt als den Geschöpfen und der Schöpfung Gottes entsprechen; vieles dessen, was hinsichtlich der Stadtpastoral zu sagen ist, hat deswegen generelle Bedeutung hinsichtlich der Präsenz des Christentums in der Welt.

Oft ist die enge Verbindung von Stadt und Welt gesehen worden. Immanuel Kant fasst seine *Anthropologie in pragmatischer Hinsicht* (1796/97) als „Weltkenntnis" auf, die den Menschen als „Weltbürger" begreift. Solche Weltkenntnis gewinnt der Mensch, wie Kant konzediert, wohl auch durch das Reisen, zunächst aber „zu Hause durch Umgang mit seinen Stadt- und Landesgenossen" – wobei es Kant, der dem Reisen strikt Abholde, nicht versäumt, in einer Fußnote auf seine Heimatstadt Königsberg als einen solchen Lernort der Weltkenntnis hinzuweisen.[86] Diesem Menschen der Moderne, der Weltkenntnis im Stadtleben erwirbt, entspricht die Denkungsart des „Pluralism" (im Gegensatz zum „Egoism"). Sie besteht darin, „sich nicht als die ganze Welt in seinem Selbst befassend, sondern als einen bloßen Weltbürger zu betrachten und zu verhalten"[87] – nämlich als Bürger „eines Ganzen anderer, mit mir in Gemeinschaft stehender Wesen (Welt genannt)"[88]. – Christinnen und Christen können sich auf der Grundlage der zuvor entwickelten Theologie der Säkularität wie selbstverständlich als Weltbürgerinnen und Weltbürger im Sinn Kants verstehen. Dem entspricht, dass auch die Kirche sich nicht länger mehr als die Welt prinzipiell in sich integrierende, sondern als weltbürgerliche Körperschaft begreift: als wesentlich auf die Welt hin orientiert und als ihrem Wesen gemäß in der Welt verankert (wenn auch nicht auf ihr beruhend).

Was Kant Weltbürgertum nennt – nicht nur die Welt *kennen*, sondern sie *haben* im Sinn von: sie *leben* –,[89] rekonstruiert die Theologie hinsichtlich der christlichen Welt-Präsenz als jene Vergegenwärtigung des inkarnatorischen Selbst-Engagements Gottes in der Welt, welche die Kirche übt, indem sie sich als Sakrament begreift, wodurch sie sich nämlich wesentlich als durch ihre weltliche Heilsfunktion bestimmt versteht. Der Weltdienst der Kirche darf dann nicht auf ihren diakonischen Selbstvollzug beschränkt werden, womöglich so, dass dieser einerseits und die ekklesialen Selbstvollzüge der Liturgie und der Verkündigung andererseits gegeneinander ausgespielt werden. Solches Spiel würde nur auf Kosten der Identität der Kirche in ihren Grundvollzügen betrieben werden können. Weder aus der *leiturgia* als der feiernden Besinnung auf das eigene Zentrum noch aus der *martyria* als der Explikation des Wortes Gottes in der, vor der, mit der und gegen die Welt findet Kirche einen Grund

---

[86] Immanuel Kant, *Anthropologie in pragmatischer Hinsicht*. Herausgegeben und eingeleitet von Wolfgang Becker, Stuttgart 1983, 30.
[87] A. a. O., 40.
[88] A. a. O., 41.
[89] Vgl. a. a. O., 30.

der Abwendung von der Welt, sondern nur unterschiedliche Akzentuierungen ihrer Weltpräsenz. So verstanden aber, hat die Kirche fruchtbares Spiel in dieser Weltpräsenz.

Sie will, muss aufgrund ihrer Sendung wollen, dass die Menschen unter Partizipation und produktiver Fortentwicklung der politischen, ökonomischen und kulturellen Möglichkeiten ihrer Zivilisation und in stets neu auszuhandelnder Verständigung die Potentiale ihres Lebens erkennen, ergreifen, verwirklichen und einander fruchtbar werden lassen. Sie muss dies wollen, insofern sie das Leben der Menschen als Geschöpfe Gottes will. Die im Schöpfungswort enthaltene fundamentale Zusage vergegenwärtigt sich durch die Kirche in geschichtlicher Konkretheit, insofern die Kirche die Gemeinschaft der Getauften und Gefirmten ist, jene Gemeinschaft also, die sich unter der ausdrücklichen Gnadenzusage des Gottes Jesu Christi weiß, mithin in der Gnade einer unausschöpfbaren und geschichtlich zugewendeten Lebens-Ermunterung.

Darin, diese Vor-Gabe des Lebens unter den Menschen präsent zu halten, zugänglich zu machen und unter sie zu bringen, besteht das Wesen der Kirche, das deswegen missionarisch ist.[90] Ihre grundlegende Bestimmung erhält die missionarische Kirche aus der *missio* Gottes selbst: Im christlichen Bekenntnis wird die unbedingte Gewolltheit dieser Welt im reuelosen schöpferischen, erlösenden und vollendenden Selbst-Engagement Gottes für diese und in dieser Welt verwirklicht gesehen, mithin in der Sendung des Sohns und des Heiligen Geists, in welchen Sendungen, an deren heilsökonomischer und wesentlicher Identität die Trinitätslehre keinen Zweifel lässt, Gott sich selbst zum Inhalt seiner Lebens-Gabe macht.

Mit der missionarischen Wesensbestimmung der Kirche wird also zugleich ihre indispensable Weltbeziehung wie auch ihre wesentliche Rückbezogenheit auf diese primordiale *missio* Gottes ausgesagt. Die

---

[90] Vgl. hierzu das Wort der französischen Bischöfe *Proposer la foi dans la société actuelle* (1996), deutsch: *Den Glauben anbieten in der heutigen Gesellschaft. Brief an die Katholiken Frankreichs*, hrsg. vom Sekretariat der Deutschen Bischofskonferenz, Bonn 2000 (= Stimmen der Weltkirche 37); das Wort der deutschen Bischöfe „Zeit zur Aussaat". *Missionarisch Kirche sein*, hrsg. vom Sekretariat der Deutschen Bischofskonferenz, Bonn 2000 (= Die deutschen Bischöfe 68); Ottmar John, „Zeit zur Aussaat. Missionarisch Kirche sein". *Überlegungen im Anschluss an ein Wort der deutschen Bischöfe*, in: Klaus Vellguth (Hg.), Missionarisch Kirche sein. Erfahrungen und Visionen, Freiburg 2002, 120–141.

moderne Welt, die nicht in dem landläufigen Sinn einer unumkehrbaren Diffusion alles Religiösen säkularisiert ist, die vielmehr zu einer säkularen Welt im Sinn der irreduziblen Pluralität gleichermaßen präsenter Überzeugungstraditionen, ob nun religiös oder nicht, geworden ist, erweist der Kirche den – von ihr sicher nicht erwarteten – Dienst, ihre missionarische Dimension umso deutlicher hervortreten zu lassen.

Christliche Präsenz in säkularer Welt verteufelt diese nicht noch affirmiert sie sie einfachhin in ihrem jeweiligen *status quo*. Sie begreift und anerkennt diese Welt vielmehr als jenen unaustauschbaren Ort des Ringens um das Heil des Menschen. „Die plural-säkulare, nicht-integrierte Welt des Menschen ist keine Stätte des ‚Friedens' im Genuß einer – bei ‚gutem' Willen schnell hergestellten – integrierten, in sich zur Harmonie ‚versöhnten' Welt, sondern der Raum eines ‚agonalen' Daseins des Menschen."[91] Dieses agonale Dasein ist nicht schon an und für sich schlecht;[92] schlecht im Sinn von sündig ist es vielmehr, diese Welt aufgrund ihrer unintegriert-pluralen Verfasstheit nicht als den unaustauschbaren Ort der Verwirklichung des Heils der Menschen anzunehmen, sondern dieses Heil gewissermaßen schon in Abstrahierung von dieser Welt im eigenen Besitz zu wähnen; schlecht im Sinn von sündig ist es ebenso, dieser Welt aufgrund ihrer unintegriert-pluralen Verfasstheit gar nicht mehr zuzutrauen, Ort des Heils – Ort erfüllten Menschseins – sein zu können.[93] Jenseits dieser falschen Alternative einer fatalistischen Heilsvergessenheit und eines abstraktistischen Heilstriumphalismus ist der Kirche ein Heilsrealismus als Weg ihrer Präsenz in der säkularen Welt aufgegeben.

Die Stadt nun ist – wie gesagt, jenseits einer falschen Stadt-Land-Konfrontation – der Ernstfall solch heilsrealistisch geprägter Weltpräsenz der Kirche.

---

[91] Rahner, *Säkularisation* (Anm. 47), 663.

[92] „Der nicht-integrierte Pluralismus der menschlichen Wirklichkeit, ‚Konkupiszenz' genannt, und somit der säkularen Welt ist nicht schon ‚an sich' Sünde, sondern heilsgeschichtliches, nach vorne ‚offenes' Stadium auf eine Integration hin, die erst in der Vollendung des Menschen und des ‚Reiches Gottes' gegeben sein wird." (A. a. O., 662)

[93] „Dieser ‚Agon' fordert aber zunächst, daß er überhaupt angenommen wird … Er wird aber nicht akzeptiert, wenn der Mensch sich im Grunde weigert, die nicht-integrierte Pluralität seines Daseins und der Antriebe dieses Daseins, in die er immer schon hineinversetzt ist, anzunehmen und auszuhalten." (A. a. O., 663)

Christliche Weltpräsenz bejaht die Lebendigkeit der Stadt, die sich aus dem Versprechen einer (räumlich, sozial, kulturell) freizügigen, selbstbestimmten, genussvollen, wohlstandsproduktiven, inklusiven Lebensverwirklichung der unbegrenzt Vielen speist. Dieses Versprechen der Stadt ist ohne weiteres auf der Linie der biblisch-christlichen Tradition rekonstruierbar – und deswegen auf der Basis der christlichen Bedeutungsüberlieferung bejahbar. In dieser Bejahung ist das Wissen um die normative Dimension dieses Versprechens ausdrücklich mit enthalten. Denn dieses Versprechen verfügt nur solange über Realitätskraft, wie es prinzipiell nicht exklusorisch gilt und nicht auf dem Rücken der einen zugunsten der anderen verwirklicht wird. Für die Kirche leitet sich aus dieser ihrer Affirmation des Versprechens der Stadt eine Pflicht zu deren kritischer Vergegenwärtigung inmitten der real existierenden urbanen Wirklichkeiten ab. Indem sie so ihr je größeres Ja unter Umständen als spezifisches Nein zur Geltung bringt, nimmt die Kirche tatsächlich jenen prophetischen Einspruch gegen eine Welt, *so wie sie ist*, in Anspruch, wie er sich biblisch auf der Basis einer schöpfungstheologischen Affirmation der Welt, *insofern sie überhaupt ist*, und so, *wie sie sein soll*, artikuliert.

Nachwort: „Wohnt Gott in der Stadt?"

Michael Sievernich und Knut Wenzel

„Gott lebt in der Stadt" *(Dios vive en la ciudad)*, diese Auskunft geben die Bischöfe Lateinamerikas im Abschlussdokument ihrer kontinentalen Versammlung im brasilianischen Aparecida (2007).[1] Wie die Stadt ein Versprechen darstellt, auch wenn es nicht immer eingelöst wird, so gibt auch der Glaube das Versprechen auf eine lebendige Nähe Gottes in der Stadt, nicht nur für Christen, sondern für alle Städterinnen und Städter. Die beiden Versprechen fassen Evidenzen zusammen, welche in diesem Band die Brennpunkte einer Ellipse bilden und die verschiedenen Beiträge aufeinander beziehen, ohne die Pluralität ihrer Ansätze und Perspektiven zu homogenisieren. Denn die Antworten auf die Frage, wo und wie denn Gott im urbanen Raum „wohnt" oder „lebt", fallen sehr unterschiedlich aus. Die Frage fügt sich zeitgenössisch in die lange Geschichte einer theologischen und religiösen Interpretation der Stadt ein.[2]

Wie ist Gott in der Stadt präsent? In der Kirche als universalem Heilssakrament, an sakralen und volksfrommen Orten oder in Gotteshäusern? Sind die vielfältigen Orte diakonaler Hinwendung zu den Armen und Beschädigten die ubiquitären Wohnorte? Ist er in der Stadt eher auf Herbergssuche oder wohnt er im Widerstand gegen die ökonomische Exklusion oder gegen disziplinierende Pastoralmacht? Zeigt er sich im Subjektwerden des Einzelnen, in der Anerkennung der Würde aller Stadtbewohner oder in der Anerkennung der Säkularität der Stadt? Wie und nach welche Kriterien sind die Zeichen der Zeit zu lesen, die auf Gottes Wirken in der Stadt schließen lassen? Und wie steht es mit der säkularen Lesbarkeit kirchlicher Grundvollzüge, die seine Präsenz vergegenwärtigen sollen? Ist sein Wohnsitz mehr an der Peripherie in den Favelas oder mehr im Zentrum in den Räumen individualisierender Einsamkeit.

---

[1] V Conferencia General del Episcopado Latinoamericano y de El Caribe, *Documento final (Aparecida, 13–31 de mayo de 2007)*, Lima 2007, n. 514.

[2] Joseph Comblin, *Théologie de la ville*, Paris 1968; Peter S. Hawkins (Hg.), *Civitas. Religious Interpretations of the City*, Atlanta GA 1986.

Wohnt er in den Gemeinden und kleinen christlichen Gemeinschaften, die sich um Wort und Sakrament versammeln oder bei denen, die im Rahmen der Citypastoral den Glauben zu Markte tragen, wie schon Paulus „auf dem Markt täglich mit denen sprach, die er gerade antraf" (Apg 17,17)?

Die Heilige Schrift spricht von der immerwährenden Gegenwart Jesu Christi, der seine Präsenz für die Weltzeit zugesagt hat: „Ich bin bei euch alle Tage" (Mt 28, 20). Und sie spricht von der Zusage Jesu, mitten unter denen zu sein, die sich in seinem Namen versammeln (Mt 18, 20). Die Schrift gibt auch die Auskünfte, dass Gott „in unzugänglichem Licht wohnt" (1 Tim 6,16), aber auf dem Areopag mahnt Paulus die Großstädter Athens, sie sollten „Gott suchen, ob sie ihn ertasten und finden könnten; denn keinem von uns ist er fern" (Apg 17, 27). Das Miteinander von Ferne und Nähe Gottes in der Welt und in der Stadt findet biblisch ihren Grund in der Inkarnation des Wortes Gottes, das „unter uns gewohnt (gezeltet) hat" und dessen „Herrlichkeit" (doxa) wir gesehen haben (Joh 1, 14). Und sie findet ihren Grund in der pfingstlichen Sendung des Geistes, der alle ergreift und sprachlich kommunikationsfähig macht sowie die Städter und die fremden Völker in der Stadt zusammenführt (Apg 2,1–13). Die reale Präsenz Christi in Wort und Sakrament und die stärkende Gegenwart des Heiligen Geistes, der auch an unvermuteten Orten weht, gehören zu den theologischen Vor-Gaben aller pastoralen Bemühungen. Sie sind freilich an eine Bedingung gebunden, die auch Bedingung jeder kirchlichen Rede von Gott in der Stadt und von urbaner Pastoral ist. Denn dort ist es Aufgabe der Kirche, „Gott den Vater und seinen menschgewordenen Sohn präsent und sozusagen sichtbar zu machen, indem sie [die Kirche] sich selbst unter der Führung des Heiligen Geistes unaufhörlich erneuert und läutert (renovando et purificando)" (*Gaudium et spes* 21). Kirchliches Handeln in der Stadt und „unaufhörliche" (indesinenter) kirchliche Erneuerung und Reinigung gehen demnach offensichtlich Hand in Hand.

I.

Die theologische Reflexion auf das Kulturphänomen Stadt und das kirchliche Handeln im urbanen Raum, können ein einschneidendes Datum unserer Tage nicht außer acht lassen, als das Versprechen der

Stadt dem Verbrechen weichen musste und für viele Zeitgenossinnen und Zeitgenossen die Grundfrage auftauchte, wo Gott war, als religiös verblendete Attentäter vollbesetzte Passagierflugzeuge auf die New Yorker Türme steuerten und damit Tausende in den Tod rissen. Dementiert ein solches Ereignis Versprechen und Verheißung? War dieses tödliche Ereignis ein Anschlag auf den Schlaf oder auf den Traum der Vernunft (sueño de la razón), der nach Goyas berühmt doppeldeutigem *Capricho* Monstrositäten hervorbringt? Der terroristische Angriff vom Anfang des 21. Jahrhunderts, der sich als 9/11 nicht nur der Geschichte New Yorks, sondern auch der Geschichte des urbanen Raums schmerzlich einbrannte, zeigt nicht zuletzt die ambivalente Rolle der Religion, deren islamistisch verblendete Variante vor nichts zurückschreckt. Gab es bis dahin schon ökologische und ökonomische Katastrophenszenarios für die Städte und negative Krisendiagnosen wie „Barbarisierung, Privatisierung, Fragmentierung, Peripherisierung, Segregierung bzw. Homogenisierung", die Markus Schoer in seiner Diagnose der urbanen Räume auflistet,[3] so bedeutete Nine-Eleven eine grausame Wirklichkeit, die jedes Vorstellungsvermögen überstieg.

Nine-Eleven, der religiöse motivierte Terroranschlag auf die Zwillingstürme des New Yorker *World Trade Center* am 11. September 2001, entsetzte die Weltöffentlichkeit mit der Brutalität des Angriffs und erzeugte am Fernsehschirm zwanghaft wiederholte apokalyptische Bilder. Als die stolzen Symbole der Moderne einstürzten, machten sie nicht nur eine neue Verwundbarkeit der Städte offenbar. „Als hätte das verblendete Attentat im Innersten der säkularen Gesellschaft eine religiöse Saite in Schwingung versetzt, füllten sich überall die Synagogen, die Kirchen und die Moscheen."[4] So kommentiere Jürgen Habermas kurz nach dem Anschlag das Weltereignis, als er seine epochale Rede zur Verleihung des Friedenspreises des Deutschen Buchhandels in der Frankfurter Paulskirche hielt. Das säkulare Ereignis, das Tausende unschuldige Opfer in den Tod riss, blieb nicht singulär, sondern setzte sich in Nachfolgeanschlägen auf die Verkehrssysteme westlicher Metropolen wie Madrid (2004) und London (2005) fort. Die Anschläge und die Persistenz des Bedro-

---

[3] Markus Schroer, Räume, Orte, Grenzen. *Auf der Suche zu einer Soziologie des Raums* (stw 1761), Frankfurt am Main 2006.
[4] Jürgen Habermas, *Glauben und Wissen*, Frankfurt 2001, 10.

hungsszenarios überschatteten nicht nur den Beginn des zweiten Jahrtausends nach Christus wie ein Menetekel, sondern werfen auch ihre Schatten auf die Zukunft der Städte. Trugen bislang die Nationalstaaten ihre kriegerischen Konflikte meist über die Zerstörung der Städte aus, ob im Zweiten Weltkrieg oder in den jüngsten Konflikten im Nahen Osten, so stellt der New Yorker Angriff eine neue, bis dahin unbekannte Dimension dar.

Wie die Zäsur von Nine-Eleven die Perspektiven verändert hat, diesfalls die auf die Stadt New York, mag ein Vergleich verdeutlichen: Wie reflektiert der Semiotiker über die Lesbarkeit der Stadt, die er von den noch unzerstörten Zwillingstürmen von oben beobachtet, aber auch in der Fußgängerperspektive betrachtet? Und was sieht nach der Zäsur der junge Schriftsteller, der als Beobachter und Beteiligter seine Stadt durchstreift und über die Lesbarkeit der Trümmerleere nachdenkt, die der Einsturz der Türme hinterlassen hat.

Der französische Historiker und Semiotiker Michel de Certeau (1925–1986) beschreibt in seinem Werk über die Kunst des Handelns auch Alltagspraktiken im Raum, darunter das „Gehen in der Stadt". Der Weg dorthin aber beginnt mit dem panoptischen Blick von der 110. Etage des *World Trade Centers* auf Manhattan, das sich dem Betrachter als Meer mit vertikaler Dünung darbietet; doch verwandelt es sich erstarrt in ein „Textgewebe, in dem die Extreme des Aufwärtsstrebens und des Zerfalls zusammenfallen" (S. 179).[5] Der Betrachter könne hier in einem Universum lesen, denn die Gebilde aus Stahl, Beton und Glas bildeten die „größten Schriftzeichen der Welt" und eine „gigantische Rhetorik des Exzesses an Verschwendung und Produktion" (S. 180). Auf der Spitze des World Trade Centers sei man dem Zugriff der Stadt entrissen, verlasse den Wirrwarr der Stadt und sei ein Ikarus über den Wassern. Die erhöhte Stellung aber mache zum Voyeur, verwandle die Welt, von der man verhext war, in einen Text, lesbar für das mystische Auge, den „Blick eines Gottes" (S. 180). Die Renaissance habe die Vogelperspektive oder den Panoramablick nur als Fiktion malen können und mit diesem himmlischen Auge Götter geschaffen, nun aber sei die Utopie Wirklichkeit geworden. „Der 420 m hohe Turm, der das Wahrzeichen von Manhattan bildet, erzeugt weiterhin die Fiktion, die Leser

---

[5] Michel de Certeau, *Kunst des Handelns*, Berlin 1988 (Essay „Gehen in der Stadt" S. 179–208).

schafft, indem sie die Komplexität der Stadt lesbar macht und ihre undurchsichtige Mobilität zu einem Text gerinnen läßt." (S. 181) Doch sieht Certeau in dieser Panoramastadt nur ein visuelles Trugbild, die Fiktion, die ein „Voyeur-Gott" geschaffen habe. Der Sturz des Ikarus ist unvermeidlich, d. h. man muss wieder unten, auf der Ebene des Stadtnutzers ankommen. Auf der 110. Etage, so Certeau, habe ein Plakat dem Fußgänger ein Rätsel aufgegeben: „It's hard to be down when you're up." Seit Nine-Eleven hat das Rätsel eine Auflösung gefunden, die Certeau noch nicht erahnen konnte.

Ihm kam es auf das Gehen in der Stadt an, auf die Alltagspraktiken der Fußgänger, auf die Erfahrungen der Stadtbenutzer. „Die gewöhnlichen Benutzer der Stadt aber leben ‚unten' *(down)*, jenseits der Schwellen, wo die Sichtbarkeit aufhört. Die Elementarform dieser Erfahrung bilden die Fußgänger, die *Wandersmänner* (Silesius), deren Körper dem mehr oder deutlichen Schriftbild eines städtischen ‚Textes' folgen, den sie schreiben, ohne ihn lesen zu können. Diese Stadtbenutzer spielen mit unsichtbaren Räumen, in denen sie sich ebenso blind auskennen, wie sich die Körper von Liebenden verstehen." (S. 181f) Mit dem Verfall eines urbanistischen Stadtkonzepts, so kommt Certeau am Ende seines Essays zum Schluss, komme es zu einem Umgang mit dem (städtischen) Raum, der wie eine stille Kindheitserfahrung (Trennung von der Mutter) bedeute, *„zum Anderen überzugehen"* (S. 208).

Die Alltagspraktiken eines Stadtbenutzers beschreibt der junge, aus Nigeria stammende Autor Teju Cole (*1975) in seinem Roman *Open City* (2011).[6] Der aus Nigeria gebürtige Protagonist Julius, ein junger Psychiater in Facharztausbildung am Presbytarian Hospital, wird zum beteiligten Flaneur im New York des 21. Jahrhunderts. Er durchstreift mit U-Bahn, Taxi und als Fußgänger Manhattan, „allein im Herzen der Stadt" (S. 71), und beschreibt zum einen, wie die Stadt in sein Leben eindringt und zum anderen seine Alltagspraktiken, wenn er sich durch die Straßen treiben läßt, in Buchhandlungen und Musikläden, im Museum und im Konzerthaus Anker wirft, nicht ohne dabei seine Kenntnis der großen Literatur, der Kunst und der Musik bis hin zur Aufführungspraxis preiszugeben. Pathologische Fälle aus seiner Praxis, Unfälle und Überfälle begleiten ihn auf seinen Gängen durch

---

[6] Teju Cole, *Open City*. Roman, Berlin 2012 (amerik. *Open City*, New York 2011).

die Stadt, aber auch persönliche Beziehungen, Kindheitserinnerungen und Fetzen der Zeitgeschichte. Natur und Architektur nimmt er ebenso wahr wie Paare und Passanten unterwegs.

In allem Getriebe begleiten den gebildeten Flaneur mit afrikanischen Wurzeln nicht nur die künstlerischen Hervorbringungen der Vergangenheit, sondern auch sein eigenes Gewordensein, sein Leben in schwarzen und weißen Welten, in persönlichen und akademischen Kontexten. Er entdeckt auch immer tiefer die Vergangenheit und Vergänglichkeit anderer Menschen in der Stadt, die Toten auf den Friedhöfen, aber auch die Opfer alltäglicher Verbrechen oder der vergangenen Sklaverei, die einmal in der Stadt herrschte und an die in der Gegenwart wenigstens noch ein Denkmal erinnert. Und er begegnet einem weiteren Ort der Erinnerung: Es sind „die Ruinen des World Trade Center. Der Ort war zu einer Metonymie seiner Katastrophe geworden. Einmal hatte mich sogar ein Tourist gefragt, wie man zu 9/11 komme – nicht zum Schauplatz der Ereignisse von 9/11, sondern nach 9/11, zu dem in Trümmern versteinerten Datum." (S. 72). Dann reflektiert Julius darüber, dass an diesem Ort immer wieder Häuser ausradiert wurden, so die Enklave der syrischen Christen und anderer Levantiner. „Diese Stelle war ein Palimpsest, wie die ganze Stadt, beschrieben, ausradiert und erneut beschrieben. Es hatte hier bereits Siedlungen gegeben bevor Kolumbus überhaupt lossegelte, bevor Verrazano in der Meerenge seine Anker warf oder der portugiesische Sklavenhändler Esteban Gómez den Hudson stromaufwärts segelte. Hier hatte Menschen gelebt, sie hatten Häuser gebaut und sich mit ihren Nachbarn gestritten, lange bevor die Holländer den potentiellen Mark erkannt hatten, der in den reichhaltigen Fell- und Holzvorkommen der Insel und der ruhigen Bucht lag. Generationen rasten durch dieses Nadelöhr, und ich, einer von ihnen, noch nicht ausradiert, ging zum Eingang der Subway." (S. 80f).

Macht die Stadt als immer wieder beschriebenes Palimpsest auf die zahlreichen Lesarten der Vergangenheit aufmerksam, so verweist der Autor mit deutlichen Hinweisen auf Orte und Verhaltensweisen in seinem Roman auf eine weitere Lesart der Stadt aufmerksam, auf die Religiosität der Stadtbewohner, die nicht in bekennerischer Geste, sondern eher im beobachtenden oder fragenden Modus auftritt. So tauchen Kirchengebäude als architektonische Stützpunkte auf: Ausgangspunkt des Romans und der Streifzüge durch die Stadt ist die Cathedral of Saint John the Divine, ein neugotisches Gotteshaus der Episkopalkirche (S. 9). Die Trinity Church in der Nähe der Wall Street bleibt nicht nur Gebäude, vielmehr will der Protagonist darin für einen kranken Bekannten beten, was ihm jedoch die verschlossenen Türen der Kirche verwehren (S. 66, 71). Genau in der Mitte des Romans kommt ein weiterer erinnerter Ort ins Spiel, die Kirche Notre Dame de la Chapelle in Brüssel, die er vor dem Gespräch mit einer atheistisch gesinnten Person besucht. Im Gespräch mit einem Muslim kommt das Scheitern der Aufklärung zur Sprache, ein „Rationalismus, der für Gott blind ist und für die Dinge, die Gott den Menschen bietet" (S. 168). Weitere religiöse Alltagspraktiken sind die Momente des Gebets, die in den Text eingewoben sind, die eigenen Versuche und das Beten anderer. So schaut der Protagonist einer offensichtlich jüdischen Frau in der gegenüberliegenden Wohnung beim Beten zu. „Doch ich bete auch, und wenn ich es so gelernt hätte, würde ich ebenfalls mein Gesicht zur Wand zu wenden und vor und zurück schaukeln. Beten enthielt, davon war ich schon lange überzeugt, kein Versprechen, es war kein Mittel zur Wunscherfüllung, sondern eine Möglichkeit Präsenz zu üben, eine Form der Therapie, die darin bestand, präsent zu sein und seine Herzenswünsche zu benennen, die bereits bewusst und jene, die noch keine Form angenommen hatten." (S. 277). Weitere eingesprengte Praktiken des großstädtischen Wanderers sind das Gespräch im Gefängnis mit einem Häftling, der sein Gegenüber zuerst fragt, ob er Christ sei. „Ich zögerte und sagte dann, dass ich das hoffte. Oh, sagte er, das freut mich, ich bin auch Christ, ich glaube an Jesus. Würden Sie bitte für mich beten?" (S. 87). Eine dichte Episode kreist um Schuld und Vergebung, denn bei einer Party trifft er eine alte Bekannte, die er als Jugendlicher vergewaltigt hatte und die weder vergessen noch vergeben kann (S. 315). So stellt der Autor einen hochgebildeten New Yorker dar, durch und durch Zeitgenosse, und mit ihm viele literarische Bezugspersonen, darunter den mittelalterlichen Autor William Langland und dessen allegorische Erzählung *Piers Plowman* über die Suche nach dem wahren christlichen Leben (S. 229f), aber auch Simone Weil (S. 233), die suchende Mystikerin der Einwurzelung.

II.

Die Zäsur urbanen Lebens und ihre reflexive sowie narrative Einbettung in die Kontexte vor und nach der Zäsur lassen eine Pluralität des Lebens und eine Multiperspektivität der Wahrnehmung erkennen, die gleichsam einen dreidimensionalen Raum abbildet, da die Vertikale, ob physisch oder metaphorisch eingespielt, mit der Horizontale urbanen Lebens verknüpft wird. Der bekannte nordamerikanische Theologe, der mit großer Aufmerksamkeit die theologische Stadtreflexion, jedenfalls in Amerika, inaugurierte, beschrieb die Entwicklungen eher flächig und nacheinander, weniger in ihrer Gleichzeitigkeit und Perspektivität. Seine Darstellungen der religiösen Landschaft in den Städten entwickelten sich daher über Jahrzehnte, nicht ohne jeweils ältere Aussagen zu dementieren. Seine Wahrnehmung bietet daher eine geeignete Kontrastfolie.

Wie in einem Spiegel reflektieren die populären Bücher des nordamerikanischen (baptistischen) Theologen Harvey Cox im letzten Jahrhundert den jeweiligen Zeitgeist und den gesellschaftlichen Wandel, was das Verhältnis von Stadt und Religion angeht.[7] 1965 erschien sein Buch *The Secular City*, das zum Bestseller wurde und auch in Deutschland unter dem Titel *Stadt ohne Gott?* mehrere Auflagen erlebte. Darin griff er die beiden bis heute diskutierten Themen der Säkularisierung und der Urbanisierung auf, verband sie aber mit der zeittypischen These, dass die Religion ein vormodernes Phänomen sei, das mit zunehmender Modernisierung obsolet und verschwinden werde. Daher sah er im Entstehen einer urbanen Zivilisation und dem Zusammenbruch der traditionellen Religion ohne jede Hoffnung auf ein Comeback zwei Kennzeichen unserer Zeit. Die „Säkularisierung", d. h. das Mündigwerden des Menschen durch die Entzauberung der Natur, die Entsakralisierung der Politik und die Entheiligung der Werte, sowie die Notwendigkeit, sich auf die weltliche Welt einzulassen, vollziehe sich im Kontext der „Urbanisierung", die deutlich werde an den zwei Merkmalen des urbanen Zu-

---

[7] Harvey Cox, *The Secular City. Secularization and Urbanization in Theological Perspective*, New York 1965; dt. *Stadt ohne Gott?*, Stuttgart Berlin ⁴1968; ders., *Religion in the Secular City. Toward a Postmodern Theology*, New York 1984; ders., *Fire from Heaven. The Rise of Pentecostal Spirituality and the Reshaping of Religion in the Twenty-First Century*, Reading (MA) 1995.

sammenlebens (Anonymität und Mobilität) und den zwei Merkmalen urbanen Stils (Pragmatismus und Profanität). Die säkulare Stadt wird für Cox zur heimlichen Verheißung der Überwindung ländlich-religiöser Enge und zur Apotheose der Technopolis, welche die überkommene Religion verdrängt und die säkulare Stadt selbst religioid auflädt und zum Zeichen des anbrechenden Gottesreiches erklärt.

Zwei Jahrzehnte später jedoch revidierte er seine Säkularisierungsthese und beschrieb unter dem Buchtitel *Religion in the Secular City* das unerwartete Comeback der Religion in die säkularisierte Stadt. Symbol dieser Rückkehr war für Cox die Landung des gerade neu gewählten Papstes Johannes Paul II. in Mexiko-Stadt im Jahre 1979. Das Haupt der größten christlichen Kirche küsst den Boden der größten säkularen Stadt. Den neuerlichen Einbruch der Religion auf dem amerikanischen Kontinent diagnostizierte Cox im evangelikal orientierten Fundamentalismus nordamerikanischer und in den befreiungstheologisch ausgerichteten Kirchlichen Basisgemeinschaften südamerikanischer Provenienz. Die postmoderne Volte sah er darin, dass nicht religiöser Niedergang die Zukunft bestimme, sondern religiöses Wiederaufleben (religious revival) und die Rückkehr des Sakralen (rerturn of the sacral). „Wenn die Herausforderung der modernen Theologie darin bestand, den Glauben in einer Zeit des religiösen Rückgangs zu bestimmen und zu verteidigen, so besteht die Aufgabe der postmodernen Theologie darin, die christliche Botschaft in einer Zeit zu interpretieren, in der die Wiedergeburt der Religion (rebirth of religion), weniger ihr Verschwinden, die ernstesten Fragen stellt" (S. 20), auch wenn er nun die urbane Konsumreligion geißelt, die ihre Versprechungen nicht halten könne.

Drei Jahrzehnte nach seinem ersten Bestseller veröffentlichte Cox das Buch *Fire from heaven* (1995), das enthusiastisch die pentekostale Bewegung preist und in ihr eine Antwort auf die spirituelle Leere sieht und eine Umgestaltung der Religion im 21. Jahrhundert. In der Tat scheint die Pfingstbewegung[8] jene dritte „Konfession" zwischen Katholischer Kirche und protestantischen Kirchen zu werden, wenn man ihre quantitative Zunahme im christlichen Spektrum bedenkt, insbesondere in den Ländern des Südens und dort vor allem in den Megalopolen. Derselbe Trend gilt auch für die katholische Variante

---

[8] Allan Anderson, *Pentecostalism. Global Charismatic Christianity*, Cambridge UK 2004.

der Charismatischen Bewegung, die im Schwellenland Brasilien in Marcelo Rossi (São Paulo) eine im doppelten Sinn „charismatische" Leitfigur gefunden hat, die auf ihre Weise Massen zu mobilisieren vermag und dafür die größte Kirche des Subkontinents errichtet.

Ein diachronischer Blick auf Cox zeigt Aufstieg und Fall der Säkularisierungstheorie, die gleichsam in die Ausdrucksformen des enthusiastischen Christentums mündet. Damit aber wird zugleich deutlich, dass die großen moderne Städte weder religions- und moraldestruierende Kräfte freisetzen, wie am Anfang des 20. Jahrhunderts angenommen, noch im Zuge der Urbanisierung zum Ende der vermeintlich vormodernen Religion führen, sondern in der entfalteten Moderne eher religionsproduktive Tendenzen im urbanen Raum begünstigen. Denn in der späten Moderne kommt es zu einer gänzlich unerwarteten „Entzauberung", nämlich der rational durchformten Moderne, deren Dialektik der Säkularisierung destruktive Potentiale freisetzt, die man längst gebändigt zu haben glaubte.

Der Fokus auf die „Big Apple" genannte nordamerikanische Metropole New York soll den Blick nicht verengen, als ob es keine andere Großstädte in anderen kulturellenKontexten gäbe. Der Fokus hat exemplarische Bedeutung und soll den Blick weiten, indem er auf die Zäsur der Verwundbarkeit verweist, aber auch auf die Entwicklung der Metropolen und Megastädte in einem globalen Urbanisierungsprozess,[9] der das 21. Jahrhundert zutiefst prägen wird und die Stadtreligion Christentum vor neue Herausforderungen stellen wird. Die in diesem Fokus aufscheinende Multiperspektivität hat paradigmatischen Charakter, da sie dem komplexen Phänomen der Stadt und der ebenso differenzierten theologischen Wahrnehmung und den kirchlichen Handlungsoptionen gerecht zu werden vermag. Im bisherigen Fokus sah der Theologe Cox mit der Urbanisierung eine zunehmende Säkularisierung, ja Religionslosigkeit kommen, um wenige Jahrzehnte später mit dem aufkommenden Pentekostalismus die Rückkehr der Religion in die Stadt zu feiern, die dort freilich nie verschwunden war. Der Philosoph sah durch den Terroranschlag in New York die säkularisierte Gesellschaft religiös in Schwingung versetzt. Der Semiotiker ging vom „göttlichen" Blick (vom World Trade Center) auf die so lesbar werdende Stadt aus,

---

[9] Dirk Bronger, *Metropolen, Megastädte, Golbal Cities. Die Metropolisierung der Erde*, Darmstadt 2004.

um zum Stadtbenutzer herabzusteigen, der den „Text" der Stadt mitschreibt und als „Wandersmann" zum Anderen gelangen kann. Der Schriftsteller entdeckt den neuen Flaneur unserer Zeit, in dessen urbanen Praktiken auch die religiöse Dimension nistet. Die Zahl der Perspektiven ließe sich leicht vermehren, ebenso die Zahl der betrachteten Städte auf allen Kontinenten. Diese Pluralität bleibt bestehen und ist Zeichen der späten Moderne. Sie kann und braucht nicht vereinheitlicht werden. Im Gegenteil, sie gewinnt durch interkulturelle und interreligiöse Vielfalt. All dies kann in einem Band natürlich nicht annähernd abgebildet werden, wohl aber in einigen Facetten zur Sprache kommen, die ein Bild jener Urbanität entwerfen, die kirchliches Handeln in der Stadt mitgestaltet.

III.

Die Multisperspektivität der sieben Beiträge dieses Bandes kommt zunächst in ihrer Abfolge zum Tragen, die das Thema der Urbanität zunehmend ergänzen, erweitern und verdichten. So wirft der erste Beitrag von Margit Eckholt einen vergleichenden und sich kreuzenden Blick auf die Städte der nördlichen und der südlichen Hemisphäre und spürt der Frage nach, wie Gott an den Nichtorten des Nordens und in den Favelas des Südens gleichermaßen auf „Herbergssuche" ist. Bringe die städtische Entwicklung im Norden „Nichtorte" (Augé) wie Verkehrseinrichtungen, Einkaufspassagen oder Schnellrestaurants hervor und schaffe damit einen neuen Raum der Einsamkeit, so zeichne sich die städtische Entwicklung im Süden durch große Migrations- und Flüchtlingsbewegungen aus, die in der Ausbildung von Favelas münde, die gleichwohl zu „Ankunftsstädten" werden können. Jedenfalls ist die Stadt ein Laboratorium der zeitgenössischen Kultur, in denen das Christentum in einer Öffnungsbewegung zur religiösen Pluralität durch seine spezifische Gotteserfahrung und Subjekthaftigkeit des Glaubens ebenso zur mystischen Erfüllung des Alleinseins und zum Besten der Stadt beitragen kann wie durch „interkulturelle Citizenship" (Seibold) und Gastfreundschaft, die zu neuen Formen des Miteinander beitragen, ja neue Räume der Gnade eröffnen können. Wer sich um den Schalom der Stadt bemüht, muss sich in dialektischer Verschränkung zur Stadt bekehren, wenn er die Stadt bekehren möchte.

Was hier im vergleichenden Gegenüber zur Sprache kommt, entfalten die beiden folgenden Beiträge für die Großstädte des Nordens und des Südens. So veranstaltet Martin Wichmann eine Stadterkundung eigener Art, an der er die urban und pastoral interessierte Leserin und den Leser teilhaben läßt. Er reflektiert auf die Differenz von überkommener kirchlicher Raumordnung sowie ihrer Pfarrpastoral und der pastoralen Umcodierung auf Urbanität durch die Citypastoral. Diese Systemdifferenz spielt der Beobachter durch an den Metaphern des Marktplatzes (Umwelt und Konkurrenz), der Universität (Theorie und Praxis), des Speckgürtels (Urbanität als Mobilitätsprivileg) und des Sozialen Brennpunkts (Kommunikation und Referenz). Dass der Urbanität in Praxis und Theorie kirchlichen Handelns erhebliche Zukunftsbedeutung zukommt, liegt auf der Hand, jedenfalls für die typische Stadt des Nordens, die hier vor Augen steht. Demgegenüber hat Federico Altbach am Beispiel Lateinamerikas die typische Stadt des Südens vor Augen. Deren semiotisch entzifferte Symbolik gewährt Einblick in das gesellschaftliche Leben und die Entwicklung der Subjekthaftigkeit. An der Semiotik der historischen Raumordnung der lateinamerikanischen Städte durchgespielt, geht es darum, die „Zeichen der Zeit" (*Gaudium et spes* 4) zu entziffern und die diakonische Antwort der Kirche starkzumachen, die das eschatologische Zeichen der Präsenz Gottes im urbanen Raum bildet.

Um den urbanen Raum als privilegierten Ort des Christentums in Geschichte und Gegenwart kreist der mittlere Beitrag von Michael Sievernich, der im großen historischen Bogen die Prägung des Christentums durch die Stadt sowie die Prägung der Stadt durch das Christentums beleuchtet und dabei auch die Ordensspiritualitäten in Anschlag bringt. Einen weiterer Fokus bilden die architektonischen Gestalten des Sakralbaus in der Gegenwart, der unter den Aspekten ihres Verschwindens oder der Umwidmung aber auch des neuen Kirchenbaus im Stil der Moderne reflektiert wird. Schließlich wird die kirchliche Agenda im urbanen Raum festgemacht an der theologischen Topographie der Stadt, in der es die verborgene Gegenwart Gottes zu entdecken und die Kriterien kirchlichen Handelns zu bestimmen gilt.

Um das Machtproblem in Kirche und Stadt kreisen je auf ihre Weise die beiden folgenden Beiträge, die mit dem Kontrast arbeiten und einer kirchlichen Urbanität das Wort reden. Rainer Bucher kontrastiert die traditionellen kirchlichen Sozialformen und Strukturen der klassischen Pfarrei und der nachkonziliaren Gemeinde mit den neuen Formen citypastoraler Projekte, indem er die „Pastoralmacht" (Foucault) ins Feld führt, die vor allem auf Kontrolle, Disziplinierung und Überwachung aus sei, während die Citypastoral durch Gastfreundschaft, Anonymität und Spontaneität evangelisatorische Präsenz auf dem Markt entfalte. Eine grundlegende theologische Fundierung kirchlichen Handels in der Stadt steuert Ottmar John bei, indem er im Ausgang von Benjamins Passagenwerk und im Rahmen einer philosophischen Freiheitsreflexion die Marktfreiheit und die Freiheit als sittliches Vermögen kontrastiert. Den missionarischen Aufbruch der Kirche in der Stadt sieht er darin, dass die Kirche mit ihrer Präsenz den ökonomischen Totalitätsanspruch relativiert, die Macht der Warenzirkulation aufdeckt und die Transzendenz Gottes einfordert, wenn denn die inkarnatorische Struktur der Offenbarung eine Glaubenspraxis erfordert, durch welche die Zuwendung zum Nächsten zur Bezeugung Gottes in der Stadt wird.

Die Theologie der Säkularität findet eine systematische Grundlegung im letzten Beitrag von Knut Wenzel, der die Sphäre der Säkularität als Freiraum selbst verantworteter Entscheidung und neutralen Ort bestimmt, als *common ground* pluraler Überzeugungen. Im Ausgang von der Säkularisierungstheorie und im ökumenischen Gespräch mit zeitgenössischen Theologen wird die Theologie der Säkularität schöpfungstheologisch und christologisch so fundiert, dass Gott der Welt Raum gibt und die Selbstvollzüge der Welt würdigt. Eine „weltbürgerliche" Kirche affirmiert das Versprechen, das die Welt darstellt und bringt in ihr die eigenen Grundvollzüge zur Geltung.

Die Multiperspektivität zeigt sich auch in der Art und Weise, wie der gemeinsame Gegenstand des urbanen Raums und des kirchlichen Handelns in ihm in großer Variabilität eingefangen wird. So kommt die soziokulturelle Differenz der Stadtbildung auf den Kontinenten Europa und Amerika zur Sprache, freilich amalgiert mit der Nord-Süd-Differenz und den damit gegebenen Spannungen. Insbesondere werden die Besonderheiten lateinamerikanischer Städtebildung in historischer Typologie und zeitgenössischer Symbolik analysiert. Diese Städte des Subkontinents stehen exemplarisch für die Städte des Südens, auch wenn Afrika und Asien nicht weiter in den Blick kommen. Zu klassischen Definitionen der Stadt gehört neben Zentralität, Verdichtung und anderen Merkmalen auch der

Markt, der hier unter Berücksichtigung der Warenwelt und der neuen Zeitstruktur erörtert wird. Am bürgerlichen Zentrums des Markts sind freilich in der europäischen Stadt auch die Kirchen angesiedelt, während in den lateinamerikanischen, oft nach dem Gitternetz entworfenen Städten der Ort der Kirche am politischen Machtzentrum der *Plaza* zu finden ist. Mehrfach stellen die Beiträge Bezüge zur Geschichte der Stadt her und entfalten entsprechende Typologien. Auch der interpretative und operative kirchliche Bezug zur Stadt tritt auf vielfältige Weise zu Tage. So wird der Raum der spätantiken Städte zum Operationsfeld professioneller Missionare wie Paulus und zum Ort christlicher Gemeinden, die ein typisches „Miteinander" pflegen; in der Gegenwart sollen „interkulturelle Citizenship" und Gastfreundschaft zu neuen Formen des „Miteinander" führen (Eckholt). Welche Spiritualitäten die Städte geprägt haben, zeigen die Beispiele der Bettelorden in ihrer pastoralen und diakonischen Prägung der Urbanisierungsprozesse des Mittelalters oder der Jesuiten mit ihrer pastoralen und bildungsmäßigen „Auferbauung" der Städte in der Frühen Neuzeit (Sievernich, Wenzel). Dass partikulare (kirchliche) Gruppierungen in der Stadt nicht nur das eigene Klientel im Auge haben, sondern universale Ansprüche an alle und Angebote für alle Stadtbewohner offerieren, wird nicht nur in der Auseinandersetzung mit der Warenwelt deutlich (John), sondern auch bei Konzepten der Citypastoral, die von der pastoralen Umcodierung auf die Urbanität leben (Wichmann) und missionarische Präsenz durch Gastfreundschaft und Spontaneität zeigen (Bucher). Von den Grundfunktionen der Kirche, die einvernehmlich mit Glaubensdienst (Martyria), Gottesdienst (Leiturgia) und Nächstendienst (Diakonia) umschrieben werden, gilt insbesondere das diakonische Moment als privilegierter Raum kirchlichen Handelns in der Stadt (Altbach). Nicht zuletzt suchen Stadtbewohner sakrale Orte, ob in großer oder unscheinbarer architektonischer Form. Eva Demski nannte die alten Frankfurter Kirchen einmal „Rasthaus Gottes mit stiller Bedienung" und lobte diese Räume der Stille, die „an Vergänglichkeit erinnern und Ewigkeit verheißen."[10]

Besondere Aufmerksamkeit gilt den Ansätzen einer *Pastoral urbana*, wie sie auf kontinentaler Ebene die lateinamerikanische Kirche

---

[10] Eva Demski, *Unterwegs*, Frankfurt 1988, 156–168.

programmatisch formuliert hat, sowie den Ansätzen einer *City-Pastoral*, wie sie vor allem in Deutschland und anderen europäischen Ländern in ökumenischer Gemeinsamkeit zu finden sind. Eine weitere Norden und Süden verbindende spirituelle Kategorie mit starkem biblischen Anhalt (Joh 15, 13–15) ist das Motiv der Freundschaft, das leitmotivisch das Dokument von Aparecida durchzieht, aber auch als Gastfreundschaft konzeptuell die citypastoralen Bemühungen prägt.

Da in den Beiträgen verschiedene theologische Disziplinen ihre spezifischen Sichtweisen entfalten und überdies unterschiedliche methodische Zugriffe angewandt werden, ergeben sich allein daraus unterschiedliche Perspektiven. Zu finden sind christentumsgeschichtliche Ansätze, fundamentaltheologische und dogmatische Ausgangspunkte, pastoraltheologische Konzeptionen, aber auch interdisziplinäre Zugänge wie historische, philosophische, literarische, systemtheoretische, soziologische, semiotische und kulturanthropologische. All diese Perspektiven bringen unterschiedliche Ergebnisse hervor, die sich bisweilen ergänzen, aber auch konkurrieren können. Und sie referieren auf ein breites Spektrum von Autorinnen und Autoren, deren Ideen und Argumente dazu beitragen, dass Stadt und Kirche produktiv aufeinandertreffen können. Die Beiträge bieten keine Rezepte für die Pastoral im urbanen Raum und beschreiben auch keine *best-practice*-Modelle. Aber sie bilden einen sicher erweiterbaren Diskursraum aus, in dem künftig die Kirche und ihr Handeln in der Stadt zum theologischen Thema werden.

IV.

Angesichts des Städtewesens, das in seiner historischen und kulturellen Vielfalt eine anthropologische Konstante bildet, die in der beschleunigten Urbanisierung der Gegenwart einen Höhepunkt findet, dessen Folgen noch abzuschätzen sind, ist dem Historiker für Stadtarchitektur zuzustimmen: „Solange wir daran festhalten, daß Städte die komplexesten Kunstgebilde sind, die Menschen geschaffen haben, und solange wir daran festhalten, daß Städte über Generationen hin gewachsene, kumulative Gebilde sind, in denen unsere sozialen Werte ruhen und die uns den Hintergrund liefern, vor dem wir das Zusammenleben erlernen können, solange ist es unsere kollektive

Verantwortung, ihre Gestaltung in unsere eigene Hände zu nehmen."[11] Wer von Verantwortung für die Gestaltung der Stadt spricht, bringt über die pragmatische Einstellung hinaus auch gestalterische, ästhetische, kulturelle, ethische und religiöse Momente mit ins Spiel, die das „gute Leben" in der Stadt ermöglichen.[12] Verantwortung heißt auf der ethischen Ebene, solidarisch mit und für Andere zu handeln und wie Certeaus urbane „Wandersmänner" Grenzen zu überschreiten und zum Anderen überzugehen. Der Begriff der Verantwortung führt aber auch ein responsorisches Moment mit sich, in dem eine Antwort auf ein ergangenes Wort zum Tragen kommt, mithin eine Instanz „vor" der Verantwortung übernommen wird. Die „Wandersmänner" Certeaus verweisen als cherubinische auf die barocke Mystik eines Angelus Silesius, sind aber auch heute unterwegs, ob in der urbanen Einsamkeit oder Gemeinsamkeit. Es sind aber nicht nur die schlesischen Alltagsmystiker und die pastoralen Wanderarbeiter unterwegs, sondern auch Woody Allens *Stadtneurotiker* mit fragmentierter Biographie, der Ironie und Witz ins Stadtleben bringt; gehört doch schon in der Rhetorik Quintilians zur *urbanitas* die Fähigkeit, andere zu erfreuen und an jedem öffentlichen Ort auf angenehme Weise zum Lachen anzuregen.

Kirchliche Handlungsmodi in der Stadt, zu denen auch die Bereitschaft gehört, vom Glauben Zeugnis zu geben, selbst in Verfolgungszeiten wie in der Spätantike oder in der späten Moderne, sind unterfangen vom eschatologischen Symbol der Stadt, dem Versprechen Gottes auf jene neue Stadt, in der alle urbanen Bemühungen „aufgehoben" sind. Die biblische Tradition setzt städtische Lebensform selbstverständlich voraus und erhebt die Stadt darüber hinaus zum geschichtstranszendenten Heilssymbol der Vollendung der Welt von Gott her. Im großen Bogen betrachtet, erzählt das erste Buch der Bibel, die *Genesis*, von der Schöpfung Gottes und dem „Garten Eden" (Gen 2, 8), also einem Natursymbol. Das letzte Buch der Bibel dagegen, die *Offenbarung des Johannes*, erzählt von der „heiligen Stadt Jerusalem" (Offb 21, 2), also einem Kultursymbol, in welches der Paradiesesgarten integriert ist. Das „neue himmlische Jerusalem" ist aufgrund seiner enormen Größe und kubischen Form keine

---

[11] Spiro Kostof, *Das Gesicht der Stadt. Geschichte der städtischen Vielfalt*, Frankfurt / New York 1992, 336.
[12] Vgl. Kevin Lynch, A Theory of Good City Form, Cambridge MA 1981.

Blaupause, nach der eine irdische Stadt errichtet werden könnte. Sie stellt auch keine ferne Utopie dar, wie *Utopia* (1516), die Musterstadt Amaurotum des Humanisten Thomas Morus oder wie die christlich-brüderliche Stadt *Christianopolis* (1619) des Protestanten Johann Valentin Andreä.

Die Bedeutung des neuen Jerusalem als göttliches Versprechen erhellt schon daraus, dass die „Stadt" als solche zum eschatologischen Zeichen wird, also das größte Gesamtkunstwerk, das die Menschheit durch die Jahrtausende ihrer Existenz geschaffen und das nun in der Neuschöpfung verwandelt wird. Das Bild des himmlischen Jerusalem wird zum Symbol eschatologischer Vollendung von Gott her, aber doch so, dass die Stadt als menschliche Kulturleistung darin bewahrt und verwandelt wird. Die Verschmelzung von urbaner und himmlischer Metaphorik im biblischen Bild des „himmlischen Jerusalem" hat für das geistige Werden Europas und die Gestaltung seiner Städte eine herausragende Rolle gespielt,[13] man denke nur an die von oben schwebenden Radleuchter in europäischen Kirchen, etwa den Barbarossa-Leuchter im Aachener Dom. Welches sind typische Elemente der Wandlung, die schon auf die irdischen Städte ausstrahlen können? Ohne hier die reichhaltige Metaphorik von Kapitel 21 der Offenbarung des Johannes[14] ausdeuten zu können, seien nur einige Hauptzüge genannt.

Die eschatologische Perspektive deckt die Ambivalenz der irdischen Stadt auf, die zwar ein Versprechen darstellt und alle Gestaltungskräfte wachruft, doch auch zum Auftürmen von Sünden neigt, wie im Gegenbild der Stadt Babylon beschrieben (Offb 17 und 18), deren Reichtum nach dem Ende der Warenzirkulation (Offb 18, 11–17) dahinschwindet. Städte können biblisch auch Orte der Hybris (Babel) und der Gewalt (Ninive) sein, wie es der Ausdruck „Sündenbabel" sprichwörtlich tradiert. Das neue Jerusalem aber zeichnet sich dadurch aus, das es „Wohnung Gottes unter den Menschen" (Offb 21, 3) ist, dass Gott in ihrer Mitte, bei ihnen sein wird. Auch das Bild von der „Herrlichkeit (doxa) Gottes", das die himmlische Stadt erfüllt, verweist auf

---

[13] Vgl. Otto Borst, *Babel oder Jerusalem? Sechs Kapitel Stadtgeschichte*, Stuttgart 1984.
[14] Zur Einzelmetaphorik Peter Söllner, *Jerusalem, die hochgebaute Stadt. Eschatologisches und Himmlisches Jerusalem im Frühjudentum und im frühen Christentum* (TANZ 25), Tübingen / Basel 1998, 188–262.

die Anwesenheit Gottes, seine Präsenz. Wenn in gegenwärtigen Texten davon die Rede ist, dass Gott in der Stadt lebt, dort seine Nähe und Präsenz erfahrbar ist, bezeichnet dies die eschatologische Ausstrahlung auf die irdische Stadt, ohne die Spannung einzuebnen oder kurzschlüssig aufzuheben. Dasselbe gilt von den Bildern, dass keine Tränen, keine Trauer, keine Klage und keine Mühsal, ja nicht einmal mehr Tod sein werden. Es sind keine Bilder der Beschwichtigung oder Vertröstung für trauernde und mühselige Stadtmenschen, sondern Bilder des Trostes in aller Bedrängnis, auf die kirchliches Handeln „pastoral" im Sinn jenes „schönen Hirten" (Joh 10, 11.14) einzugehen hat, als den sich Jesus selbst vorstellt. Zu wesentlichen Bildzügen der Stadtvision gehört die äußere Gestalt der Stadt als riesiger Kubus mit einer Seitenlänge von 2200 km; da er ebenso viel Kilometer in der Höhe misst, gleichsam eine vorsorgliche Kritik an allen künftigen menschenmöglichen Höhenrekorden. Der Kubus, in der Antike ein Sinnbild höchster Vollkommenheit, steht hier für das schöpferische Wirken Gottes und zugleich als Gegenbild zum Menschenwerk des Turms zu Babel, dessen Spitze „bis zum Himmel" reichen sollte (Gen 11, 1–9). Dieser Turmbau, den Künstler wie die Breughels nachhaltig ins Bild gebracht haben, ist ein prärationales Symbol auch der postmodernen Versuche den wirtschaftlichen Erfolg an der Höhe des Turms zu veranschaulichen, ein Wettstreit, der sich längst von Nordamerika[15] aus globalisiert hat. Der Kubus referiert auch auf das Allerheiligste des Tempels, das Kubusform hatte (Ez 41, 4); und da die christliche Stadtvision keinen Tempel mehr vorsieht (Offb 21, 22), wird die himmlische Stadt selbst zum Tempel und zum Allerheiligsten, in dem die neuen Städter wohnen. Die symbolische Zwölfzahl der zwölf Tore und Grundsteine verweist auf die konstitutive Rolle Israels und der Apostel Jesu und damit auf die universale Kirche, die auf diesem Fundament aufbaut. Auf die universale Sendung verweisen im Text auch die „Völker" (éthnē), die im Licht des himmlischen Jerusalem einhergehen und ihre „Herrlichkeit" (doxa) in die Stadt bringen, Zeichen der Bedeutung des menschlichen Schaffens, das nicht verworfen, sondern in die Herrlichkeit Gottes eingehen wird. In diesem eschatologischen Horizont bleibt der urbane Raum und die Gestaltung der Urbanität dem kirchlichen Handeln überantwortet.

---

[15] Vgl. Thomas A. P. van Leeuwen, *The Skyward Trend of Thought. The Metaphysics of the American Skyscraper*, Cambridge MA 1988.

Autoren und Herausgeber

Federico Altbach-Núnez, Prof. Dr., Priester der Erzdiözese Mexiko Stadt, Generaldirektor der Katholischen Universität „Lumen gentium" und des Instituts für höhere kirchliche und pastorale Studien (ISEE) in Mexiko Stadt

Rainer Bucher, Prof. Dr., Universitätsprofessor und Vorstand des Instituts für Pastoraltheologie und Pastoralpsychologie an der Fakultät Katholische Theologie der Universität Graz

Margit Eckholt, Prof. Dr., Professorin für Systematische Theologie, Dogmatik mit Fundamentaltheologie, im Fachbereich Erziehungs- und Kulturwissenschaften der Universität Osnabrück

Ottmar John, Dr., Referent für Pastorale Entwicklung im Bereich Pastoral des Sekretariats der Deutschen Bischofskonferenz

Michael Sievernich, Prof. Dr., em. Professor für Pastoraltheologie an der Katholisch-Theologischen Fakultät der Johannes Gutenberg-Universität Mainz, Honorarprofessor an der Hochschule Sankt Georgen in Frankfurt am Main

Knut Wenzel, Prof. Dr., Professor für Systematische Theologie, Fundamentaltheologie und Dogmatik am Fachbereich Katholische Theologie der Johann Wolfgang Goethe-Universität Frankfurt am Main

Martin Wichmann, Dr., Pastoralreferent in der Seelsorgeeinheit Lahr/Erzbistum Freiburg